2004 中国政府采购年鉴

中国政府采购年鉴编委会　编

中国财政经济出版社

图书在版编目（CIP）数据

中国政府采购年鉴.2004/《中国政府采购年鉴》编委会编.—北京：中国财政经济出版社，2005.6

ISBN 7-5005-8174-2

Ⅰ.中…　Ⅱ.中…　Ⅲ.政府采购-中国-2004-年鉴　Ⅳ.F812.45-54

中国版本图书馆 CIP 数据核字（2005）第 042434 号

中国财政经济出版社出版

URL：http：//www.cfeph.cn

E-mail：cfeph@cfeph.cn

社址：北京市海淀区阜成路甲 28 号　邮政编码：100036

发行处电话：88190406　财经书店电话：64033436

北京外文印刷厂印刷　各地新华书店经销

787×1092 毫米　16 开　32.75 印张　732 000 字

2005 年 7 月第 1 版　2005 年 7 月北京第 1 次印刷

定价：160.00 元

ISBN 7-5005-8174-2/F·7146

（图书出现印装问题，本社负责调换）

安徽省副省长田维谦在省财政厅、省司法厅等有关方面负责人陪同下，参观首届安徽省政府采购产品展示交易会。

天津市市长戴相龙（前排左一）、天津市常务副市长黄兴国（前排左二）、天津市副市长崔津渡（前排左三）在天津市财政局局长杨福刚（后排左四）陪同下视察天津市政府采购中心。

湖南省委副书记、省长周伯华视察湖南省政府采购工程现场，对湖南省的政府采购工作给予支持和厚望。

摄影：邓惠珍

2003年北京市人民政府召开的政府采购领导小组办公室联席会议，对确定全年工作要点，推动全市政府采购工作起到了至关重要的作用。图为北京市财政局副局长王晓明在会上讲话。

摄影：周光辉

北京市政府采购办公室和市采购中心联合召开政府采购社会监督员座谈会，征求社会各方面的意见，更充分地发挥政府采购社会监督员的作用。

摄影：周光辉

北京市政府采购办公室与美国国际科学应用技术开发公司（SAIC）有关人员就两国政府采购政策的有关问题进行座谈和交流。

摄影：周光辉

2003年8月，湖南省长沙市召开长沙市行政事业单位会议及接待定点授牌大会。

2003年12月，内蒙古自治区政府领导在全区政府采购工作会议上，为政府采购工作先进盟、市颁奖。

2003年4月，浙江省政府在杭州市举办政府采购代理机构从业人员业务培训班。

中央国家机关政府采购中心召开办公家具招标开标大会。

2003年11月，青岛市政府召开政府采购竞争性谈判大会。

安徽省举办的首届安徽省政府采购产品展示交易会开幕式盛况（下图）。

湖南省长沙市一政府采购评标工作现场。图为主持人正在宣读长沙市政府采购中心招标、评标纪律。

在第六届中国北京国际科技产业博览会举办的政府采购专场上，供需双方正在举行政府采购项目现场签约仪式。

黑龙江省政府采购中心执行的省直某单位办公自动化设备采购的专家评标现场。

摄影：王佳音

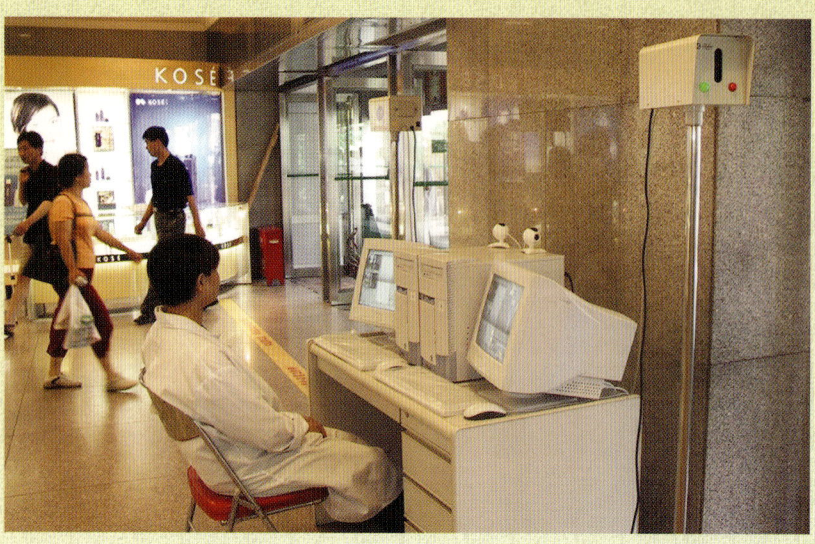

北京市政府采购项目：抗“非典”时期为翠微大厦采购的体温检测设备。

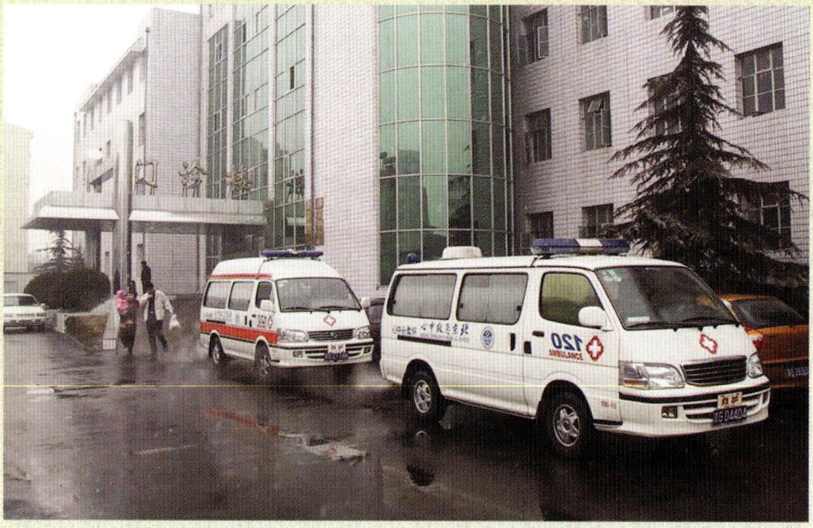

北京市政府采购项目：抗“非典”时期为医院采购的救护车。

2003年7月，上海市政府采购咨询专家对计算机集中采购分批供货项目供应商提供的计算机进行样品检测。

经政府采购竞争性谈判完成的工程：新疆维吾尔自治区阿勒泰地区财政局金融工程视频会议室。

摄影：冯红军

政府采购招标工程：新疆维吾尔自治区博尔塔拉蒙古自治州档案馆。

政府采购招标工程：云南大学生命科学院解剖镜实验室。

湖南省岳阳市财政投资的城市建设工程项目已经全部纳入政府采购范围。图为该市通过政府采购修建的岳阳大道。

摄影：彭宏书

政府采购招标工程：云南省第一监狱监舍(左图)。

海南省海口市苗木绿化工程，预算1077万元，中标价434万元，节约资金643万，节资率近60%。

海南大学运动场属于国债资金项目，通过实施政府采购，不仅节约了资金，也保证了工程质量。

中国政府采购年鉴

编辑委员会

《中国政府采购年鉴2004》
编辑出版工作人员

责任编辑：陈　吟

彩页编辑设计：定立新

英文目录翻译：陈　华

封面设计：郁　佳

版式设计：董生萍

责任校对：杨瑞琦

印制监督：刘春年

发行：定立新　高　波

广告代理公司：北京国信传媒广告有限公司

编辑说明

一、本书记录了2003年1月1日至12月31日期间内全国政府采购工作运行、发展的主要情况，收入了全年有关政府采购工作的重要文献和资料。

二、因当地政府采购机构未提供稿件，本书第三部分“地方政府采购工作概况”中缺少新疆生产建设兵团的政府采购工作概况介绍。

三、“法规选编”栏目中“全国性法规、文件”按国务院办公厅发文、财政部发文排序，财政部文件则按发文时间排序。此外，在本部分中还收入了与政府采购工作有较密切关系的《中华人民共和国行政许可法》、《行政法规制定程序条例》等法规，以便读者查阅。

本栏目下的“地方、部门性法规目录”一项中，凡向本书提供了有关资料的均已一一列出。

为更全面、具体地记录政府采购的发展情况，同时也为向读者尤其是广大供应商提供更多的政府采购信息，本栏目增设了“地方2003年政府集中采购目录”一项，收入了部分省、市2003年执行的政府集中采购目录。这些采购目录均为各地政府采购管理机构提供。因为这些采购目录均以政府文件形式拟制，所以虽然各地采购目录的格式、科目各不相同，但编辑认为不宜改动，所以均原文照登。

四、本书“政府采购统计资料”栏目中的统计信息与前两本年鉴相比略有变化，除“2003年全国政府采购信息统计汇总表”外，取消了原“全国政府采购信息统计总表”和“全国政府采购重要品目统计表”，增设了“全国政府采购资金和采购规模统计表”、“全国政府采购组织形式统计表”、“全国政府采购合同授予情况及采购方式统计表”和“全国政府采购计算机、小汽车情况表”，请读者查阅此部分内容时注意。此部分所有统计数据均由财政部国库司提供，图表由财会年鉴出版中心制作。

五、“政府采购相关机构”栏目为读者提供地方政府采购管理机构与执行机构的联系方式。由于机构调整尚未完成等原因，部分省（自治区、直辖市）暂时未能向本书提供此部分内容。同时，本书在“附录”中还特设了“部分省（自治区、直辖市）级政府采购公告媒体”及“部分省（自治区、直辖市）级政府采购监督举报电话”两项，以方便读者查询政府采购信息和监督政府采购工作。

许多中央单位和各地财政部门对本书的编纂工作给予了很多支持与帮助，提供了大量稿件与资料，限于篇幅，本书未能全部采用，谨向供稿单位表示衷心感谢并请见谅。本书宣传图片由中国财经报社和各地财政厅（局）提供。此外，在本书撰写、搜集资料和编辑的过程中，还得到了来自财政系统外的专家、学者及经济、工商界等有关方面的支持与帮助，在此一并表示诚挚的谢意。

中国财政经济出版社财会年鉴出版中心

二〇〇五年四月

目　录

Contents

一、重要文献

全面推进依法行政 努力建设法治政府

——温家宝总理在全国依法行政工作电视电话会议上的讲话

（二〇〇四年六月二十八日）

这次全国依法行政工作会议，是国务院召开的一次重要会议。今年3月，国务院发布了《全面推进依法行政实施纲要》。《纲要》贯彻落实依法治国基本方略和党的十六大、十六届三中全会精神，确立了建设法治政府的目标，明确提出了今后十年全面推进依法行政的指导思想和具体目标、基本原则和要求、主要任务和措施，是指导各级政府依法行政的纲领性文件。7月1日，《中华人民共和国行政许可法》就要正式施行了。这是一部规范政府共同行为的重要法律，必将对政府工作产生重大而深远的影响。国务院常务会议刚刚通过了新修订的《国务院工作规则》，对加强国务院及其各部门自身建设提出了一些新的要求。这三件大事一个共同的主题，就是推进依法行政、建设法治政府。这次会议的主要任务是，对贯彻落实《纲要》、行政许可法和《国务院工作规则》作出全面部署。下面，我讲几点意见。

一、充分认识推进依法行政、建设法治政府的重要性和紧迫性

党的十一届三中全会以来，我国社会主义民主与法制建设取得显著成绩。党的十五大在总结历史经验的基础上，确立了依法治国、建设社会主义法治国家的基本方略，九届全国人大二次会议将这一治国方略载入宪法。党的十六大和十六届三中全会又把依法治国、依法行政作为全面建设小康社会、完善社会主义市场经济体制的重要任务。为了贯彻落实依法治国基本方略，本届政府组成以来，按照执政为民的要求和建设法治政府的目标，突出强调实行科学民主决策、坚持依法行政和加强行政监督三项基本准则，并认真贯彻执行。这次国务院发布的《纲要》明确提出，全面推进依法行政，经过10年左右坚持不懈的努力，基本实现建设法治政府的目标。

经过多年的努力，各级政府依法行政取得了明显进展。政府法制建设得到加强，立法工作步伐加快，质量不断提高；行政执法体系逐步健全，执法力度加大，保证了法律法规的贯彻实施；行政管理体制改革稳步推进，政府职能和管理方式逐步转变，行政监督制度不断完善；各级行政机关工作人员特别是领导干部依法行政意识增强，依法行政能力有所提高。这些都为加快建设法治政府打下了良好的基础。

同时，也要清醒地看到，目前政府法制建设还不适应发展社会主义民主政治和完善社会主义市场经济体制的要求。政企职责不分，政府职责“错位”、“缺位”的问题仍不同程度地存在；一些地方有法不依、执法不严、违法不究的现象比较严重，违法或者不当的行政行为得不到及时制止和纠正；对行政权力的监督和制约机制还不够健全，权力与利益挂钩、与责任脱钩的问题没有完全解决；一些行政机关工作人员法制观念淡薄、不依法办事的问题还比较突出。从根本上解决这些问题，需要加快推进依法行政、建设法治政府的步伐。各级政府特别是领导干部，都要充分认识建设法治政府的重大意义，增强责任感和紧迫感。

第一，建设法治政府，是贯彻“三个代表”重要思想，维护最广大人民群众利益的本质要求。我们的政府是人民的政府，一切为了人民是政府工作的根本出发点和归宿。推进依法行政、建设法治政府，有利于促进各级政府依法履行职责，规范和约束行政权力，保障人民群众依法享有各项权利和自由；有利于人民群众对政府的监督，使政府工作人员摆正与人民群众的关系，全心全意履行为人民服务的宗旨，克服官僚主义和杜绝腐败现象，真正做到执政为民。

第二，建设法治政府，是适应改革开放新形势，完善社会主义市场经济体制的迫切需要。发展社会主义市场经济需要有完备的法制来保障。随着改革开放的不断深入，我国经济社会生活以及利益关系发生了许多新的变化，需要通过不断完善法律法规来加以规范和调整，加入世贸组织也要求我们按照国际通行规则办事。建设法治政府，依法界定政府与企业、政府与市场、政府与社会的关系，更多地运用法律手段管理经济社会事务，才能充分发挥市场在资源配置中的基础性作用，从而进一步解放和发展社会生产力。

第三，建设法治政府，是加强政府自身建设，提高行政管理水平的根本途径。在全面建设小康社会的新阶段，政府工作任务十分艰巨。要不负人民重托，履行宪法和法律赋予我们的各项职责，至关重要的是加强政府自身建设，提高行政管理水平。建设法治政府，可以促进各级政府贯彻落实科学发展观和正确政绩观，全面履行经济调节、市场监督、社会管理和公共服务的职能，提高行政管理效能；可以增强各级政府工作人员依法行政的能力，妥善处理人民内部矛盾和其他社会矛盾，维护国家利益和公共利益。

第四，建设法治政府，是落实依法治国方略，推进社会主义民主法制建设的重要内容。依法治国要求国家是法治国家，社会是法治社会，政府是法治政府。我国行政机关负责实施大部分法律法规，政府必须带头守法、严格执法。建设法治政府，就是为了使行政权力授予有据、行使有规、监督有效，做到依法治“官”、依法治权，防止行政权力的缺失和滥用，带动全社会尊重法律、遵守法律、维护法律。这对于发展社会主义民主法制，推进社会主义政治文明建设，具有十分重要的意义。

总之，各地方、各部门一定要统一思想，提高认识，自觉地把推进依法行政、建设法治政府作为一件大事抓紧抓好。

二、推进依法行政、建设法治政府需要着力抓好的几项工作

建设法治政府，是一项事关国家全局和长远发展的系统工程。《纲要》根据全面建设小康社会的新形势和依法治国的要求，明确提出了推进依法行政的六条基本要求和建设法治政府的七个方面目标，我们要全面贯彻落实。建设法治政府，最重要的是坚持做到：职权法定、依法行政、有效监督、高效便民。也就是说，行政机关的权力来自法律，行政行为应当遵守法律，行政违法必须承担责任，行政管理要提供优质服务。当前，要着力抓好以下五项工作：

（一）加强制度建设，做好政府立法工作。

这是推进依法行政、建设法治政府的基础。政府立法工作要以邓小平理论和“三个代表”重要思想为指导，围绕全面建设小康社会的奋斗目标，按照科学发展观的要求，在继续加强经济调节、市场监管方面立法的同时，更加重视社会管理、公共服务方面的立法，高度重视人民群众关注的热点、难点问题的立法。特别要做好应对各种突发事件、保障农民权益、促进就业和完善社会保障，以及科技、教育、文化、卫生等社会事业发展方面的立法。

加强制度建设，做好政府立法工作，要把握以下几点：首先是坚持党的领导。要把党的领导、人民当家作主和依法治国有机统一起来，善于把党的方针政策通过法定程序变为法律法规，成为政府管理经济、文化和社会事务的法律依据。二是坚持以人为本。要着眼于实现好、维护好、发展好最广大人民的根本利益，尊重和保障人权，保障人民群众的政治、经济和文化权益，创造有利于人的全面发展的制度环境。三是坚持改革创新。法律、行政法规和规章既要保持相对稳定性，又要适应形势要求适时修改完善，努力做到立法进程与改革和发展进程相适应。四是坚持法制统一。要严格按照法定的权限和程序建章立制。行政法规不得与宪法和法律相抵触，地方性法规和规章不得与宪法、法律和行政法规相抵触。规章之间、规范性文件之间也不能相互矛盾，不能政出多门，更不能各自为政。

加强制度建设，做好政府立法工作，重在提高质量。衡量一项行政法规、规章质量高低的标准，主要看其是否遵循经济社会发展规律，是否体现大多数人的意愿和利益，是否做到权利和义务的统一，是否有利于维护法制统一和政令畅通。要制定科学的立法计划。实行立法工作者、实际工作者和专家学者三结合，建立健全专家咨询论证制度、社会公众参与制度以及听取和采纳意见情况说明制度。行政法规、规章要明确具体、科学规范、切合实际，具有可操作性。

（二）加强和改善行政执法，确保法律法规正确实施。

行政执法是行政机关大量和经常性的管理活动，是全面推进依法行政、建设法治政府的重要环节。现在，经济社会生活中出现的许多问题，很多都与执法不力有关。最近，国务院严肃查处了一些地方违法违规乱上建设项目、违法违规征地拆迁侵害群众利益以及食品安全等方面的案件，就是要表明坚决依法行政，从严治政。各级政府、各部门要按照有法必依、执法必严、违法必究的要求，从体制、机制和队伍建设等方面入手，进一步加强和改善行政执法工作，做到严格执法、文明执法、公正执法。

一要严格按照法定权限和程序行使职权、履行职责。各级行政机关及其工作人员一定要认真履行法律赋予的职责，根据法律授予的权限管理经济社会事务和其他行政事务，既不能失职不作为，又不能越权乱作

为。行政程序是行政机关正确行使权力的保障。目前行政执法中普遍存在忽视程序的现象，这是滥用职权和执法犯法的一个重要原因。要加快完善行政程序制度。各级行政机关及其工作人员都要养成按法定程序办事的习惯，作出行政决定要符合法定程序，执法行为要遵守法定程序。在行政执法过程中，要注意依法保障当事人和利害关系人的权益，防止发生违法行使权力侵犯人民群众利益的行为。

二要完善行政执法体制。继续深化行政执法体制改革，加快建立权责明确、行为规范、监督有效、保障有力的行政执法体制。要按照职权法定、权责一致的原则，清理和规范行政执法主体，明晰职责权限，从源头上解决多头执法、重复执法、交叉执法的问题。积极推进综合执法试点，继续实施相对集中行政处罚权制度，探索相对集中行政许可权制度，提高执法的整体水平。完善行政执法经费保障机制，行政机关的收费和罚没收入都要严格执行“收支两条线”的规定，坚决制止各种形式的乱罚款和乱收费。要建立健全行政执法评议考核制和执法过错责任追究制，对各种违法行为都要依法追究责任。

三要进一步加强行政执法队伍建设。建立一支政治合格、纪律严明、业务精通、作风过硬的行政执法队伍，是提高行政执法水平的基本保证。行政执法与人民群众的切身利益密切相关，执法人员的素质和作风关乎政府形象。各级行政机关要按照从严治政的要求，把加强执法队伍建设作为一项基础性工作来抓。要加强对行政执法人员的职业道德教育，进一步强化执法为民的观念；加强行政执法人员的法律业务培训，增强依法行政、依法办事的能力；实行执法人员资格管理制度，不合格的一律不得上岗执法。要强化对执法人员的管理和监督，严格要求，严肃纪律，坚决纠正在执法中以权谋私等各种不正之风，对徇私枉法、执法犯法、欺压百姓的，要严肃查处，绝不姑息。

（三）完善行政监督机制，加强对行政权力的监督制约。

历史经验证明，权力不受制约和监督，必然导致滥用和腐败。建设法治政府，确保执政为民，必须强化对行政权力的监督。只有人民群众监督政府，政府才不会懈怠，政府工作人员才不会滥用手中的权力。近些年来，我们已经建立和实行了比较完善的民主监督制度，包括人大监督、政协的民主监督、司法监督、新闻舆论监督、群众监督以及政府系统内部的监督。对这些行之有效的民主监督制度，我们必须始终坚持和自觉地落实，切实做到有权必有责、用权受监督、侵权须赔偿、违法要追究。这里，我着重强调一下加强政府系统内部监督问题。

一是健全行政决策监督和责任追究制度。这是实行依法决策、科学决策、民主决策的重要保障，有利于行政决策机关和决策人员审慎决策，防止决策的随意性和减少决策失误。要完善群众参与、专家咨询和政府决策相结合的决策机制。明确决策权限，完善和遵守行政决策程序，坚持重大问题集体决策制度、专家咨询论证制度、社会公示和听证制度。要按照“谁决策、谁负责”的原则，建立并落实决策责任制度，对超越权限、违反程序决策造成重大损失的，要严肃追究决策者的责任。

二是认真实行行政复议制度。这是政府履行层级监督责任和自我纠错的重要法律制度，也是妥善解决行政争议、化解人民内部矛盾、维护社会稳定的有效途径。要认真执行行政复议法，加强行政复议机构和队伍建设，完善行政复议工作制度，通过行政复议及时有效监督所属部门和下级政府严格依法行政。对符合法律规定的行政复议申请必须依法受理，并依法作出行政复议决定；对违法或者不当的行政决定，必须坚决予以撤销或者变更。

三是完善规章和规范性文件的备案审查制度。要按照立法法和法规规章备案条例的规定，进一步健全有关备案审查程序，加强备案审查工作，及时受理和处理公民、法人和其他组织提出的审查有关法规、规章和规范性文件的建议。对于违反上位法规定、不符合经济社会发展要求，以及相互“打架”的法规、规章和规范性文件，该废止的坚决废止，该修订的及时修订。

四是加强审计、监察等专门监督。各级审计、监察部门要切实履行职责，敢于坚持原则，严格执法执纪，提高监督实效。审计部门要加强对财政预算执行和收支、政府投资管理和重点建设项目、重点国有金融机构和国有企业以及税收征管的审计监督，及时发现问题，并依法处理。最近，审计署对2003年度中央财政预算执行和其他财政收支进行了认真审计，从中发现了一些严重的问题，已向国务院和全国人大常委会作了报告，对违反财政财务法规的问题作出了审计处理决定。国务院要求有关部门、地方政府和企事业单位对这些问题高度重视，认真整改，吸取教训，对违法违纪人员追究责任、严肃处理。这次审计查出问题的全面整改情况，国务院年底前向全国人大常委会作出专题报告。监察部门要加强廉政监察、执法监察和效能监察，督促政府工作人员廉洁从政，保证政令畅通，防止官僚主义和形式主义。各级行政机关要积极配合审计、监察等专门监督机关的工作，自觉接受他们依法作出的监督决定，并切实改进工作。

加强对行政权力的监督和制约，实质是确保人民赋予的权力真正用来为人民谋利益，建设为民、廉洁、务实的政府。各级政府工作人员特别是领导干部要进一步规范从政行为，自觉地为人民掌好权、用好权，自觉地接受人民监督，始终坚持执政为民、廉洁从政，坚决反对以权谋私、权钱交易等腐败现象，努力做人民满意的公仆。

（四）严格执行行政许可法，推进政府职能转变和管理创新。

行政许可法的公布实施是我国社会主义民主与法制建设的一件大事，标志着政府对经济社会事务的管理进一步走向制度化、规范化、法制化。实施好这部法律，对于提高依法行政水平、加快建设法治政府，具有十分重要的意义。去年8月行政许可法公布以来，国务院先后下发了通知、召开了工作会议，对贯彻实施这部法律作出部署，并举办了省部级领导干部研究班。按照国务院的要求，国务院各部门和各地方认真开展了实施行政许可法的各项准备工作。包括广泛宣传行政许可法，培训实施行政许可人员，依法对行政许可依据、项目和实施机关进行了清理，完善了相关配套制度，尤其是加快了行政审批制度改革。这些工作都是很有成效的，为行政许可法的实施奠定了良好的基础。再过两天，行政许可法就要正式施行了。各级政府和各部门要严格执行行政许可法，并以实施这部法律为契机，积极推进行政管理体制改革和创新，提高依法行政的水平。

第一，加快转变政府职能和管理方式。这是完善社会主义市场经济体制的关键环节，也是建设法治政府的重要内容。现在，政府职能转变滞后于经济社会发展的要求，要通过实施行政许可法，促进政府职能加快转变。在市场经济条件下，政府管理总的方向是减少行政许可，把政府不该管的事交给企业、社会和中介组织，更大程度上发挥市场在资源配置中的基础性作用。各级政府必须切实转变管理理念和管理方式，不能一讲管理就是搞审批、就是发许可证。当然，政府该管的事一定要管好，实施行政许可法不是要放松管理。今后，对需要实施行政许可管理的事项，要严格依法进行，加强制约和监督，确保有关行政许可真正发挥作用；对不需要行政许可但需要政府管理的事项，要强化间接管理和事后监督，充分发挥行政规划、行政指导、行政合同的作用。

第二，继续深化行政审批制度改革。这是行政管理体制改革的重要内容，也是政府职能转变的具体体现。去年下半年以来，为了确保行政许可法的顺利实施，我们加大了清理和减少行政审批事项的力度。最近，国务院决定再取消和调整 495 项行政审批项目，加上前两批已经取消和调整的 1300 项，目前国务院部门的审批事项已减少 48.9%。地方也要加快行政审批制度改革的步伐。随着政府职能转变逐步到位，各类社会组织和中介机构不断发育，还要减少行政审批。要改变那种以批代管、只批不管、重审批轻服务的做法。现在大量的行政审批事项与投资有关。要推进投资体制改革，减少政府对资源的直接配置，增强企业和整个社会的活力与效率。

第三，严格依法设定和实施行政许可。行政许可法对行政许可的设定范围、设定权限、实施程序、经费保障等方面都作了明确的规定，一定要坚决执行。行政许可法公布以来，国务院有关部门共清理规章和规范性文件 1360 件，其中废止和修订了 635 件；对行政许可实施机关进行清理后，确定 83 个国务院部门和有关单位有权实施行政许可。各地也对地方性规章和规范性文件，以及行政许可实施机关进行了认真清理。这里再强调三点：一是行政许可的设定要于法有据。今后，除了法律、行政法规、国务院决定、地方性法规和省级人民政府规章可以设定行政许可外，其他规范性文件一律不能再设定行政许可。依法可以设定行政许可的，也不能超越权限、超越范围、违反程序。二是实施行政许可要严格按照法定程序进行。行政机关实施行政许可，要按行政许可法规定的程序办事，该谁办的事谁办，该办的事要快办，不能办的事也要及时答复。各级行政机关要进一步强化服务观念，改进工作作风，做到公开透明、高效便民。三是实施行政许可不得违法收费。一些行政机关利用审批搭车收费甚至乱收费，人民群众意见很大。今后，凡是没有法定依据，实施行政许可一律不得收费；依法可以收费的，也要按照法定项目和标准收取并严格管理。实施行政许可所需的费用，各级财政要列入预算予以保障。要通过实施行政许可法，切实解决权力与利益挂钩的问题。

第四，强化对行政许可的监督检查。为确保行政许可法的各项规定落到实处，国务院将对地方和部门设定与实施行政许可进行检查，各地方、各部门也要加强对下级行政机关的检查。要重点检查违法设定行政许可，搞地方保护、行业垄断，该许可的不许可、不该许可的乱许可，许可后不依法履行监督职责的问题。对造成严重后果的违法行为，一经发现就要坚决纠正，并严肃处理有关责任人和行政领导。

（五）认真落实《国务院工作规则》，切实加强国务院自身建设。

《国务院工作规则》，是规范国务院工作，加强自身建设的重要文件，对保证国务院工作高效有序运转发挥了积极作用。去年 3 月本届政府组成后，对《国务院工作规则》进行了修订。一年多来的实践，使我们对坚持执政为民、建设法治政府有了更深刻的理解，对经济社会发展及政府管理规律有了更科学的认识。这次修订《规则》，主要强调了四点：一是坚持以人为本，树立和落实科学发展观；二是坚持依法行政，努力建设法治政府；三是加快政府职能转变，全面履行政府职能；四是建立健全各种突发公共事件应急机制，提高政府应对公共危机的能力。同时，进一步完善了实行科学民主决策、坚持依法行政、加强行政监督三项基本准则。修订后的《规则》即将正式下发。这里，就学习贯彻《规则》，对国务院各部门提几点要求：

第一，认真组织机关干部学习《规则》。要全面掌握和领会《规则》的内容和精神实质，牢固树立立党为公、执政为民的信念，树立自觉遵守宪法和法律的意识，树立科学的发展观和正确的政绩观，忠于职守、严守纪律，全心全意为人民服务。要把学习贯彻《规则》与实施《纲要》和行政许可法紧密结合起来，不断提高行政能力和管理水平。

第二，全面执行《规则》的各项规定。国务院及各部门要带头转变政府职能，深化机构改革，推进政企分开、政事分开、政社分开，搞好宏观调控，更加重视社会管理和公共服务；带头推进政府管理创新，加快电子政务建设，增强政府工作透明度，降低行政成本，提高行政效率和服务质量；带头实行科学民主决策，坚持依法行政，加强行政监督，加快建设法治政府。

第三，切实加强国务院机关政风建设。严格执行《规则》关于会议制度、公文审批、作风纪律等方面的具体要求，进一步树立良好的政风，为下级机关作出表率。要发扬求真务实精神，精简会议和文件，深入实际调查研究。要强化大局意识和纪律意识，确保政令畅通、令行禁止。要认真落实反腐倡廉责任制，自觉做廉洁从政、勤政爱民的模范。

三、切实加强对推进依法行政、建设法治政府的领导

推进依法行政、建设法治政府，关键在于领导重视，抓好落实。各地方、各部门要把这项工作摆上重要位置，切实加强领导，认真组织实施。

第一，坚持把依法行政贯彻到政府各项工作中去。推进依法行政、建设法治政府，不是一项具体业务工作，而是涉及政府工作方方面面的全局性工作；不单是法制机构的事，而且是政府所有部门职责内的大事；不仅是主管法制工作的领导干部的责任，也是所有领导干部特别是主要领导干部的责任。各级政府、各部门都要围绕建设法治政府这个目标，按照《纲要》和行政许可法的要求，制定科学规划，落实具体方案，精心组织实施，加强监督检查，把依法行政落实到政府工作的各个方面、各个环节，有计划、有步骤地推进。

第二，领导干部要带头学法、守法、用法。要坚持学习法律制度。所有行政机关工作人员特别是领导干部，都要加强法律知识学习，树立宪法和法律观念，增强法律素养和专业素质，提高依法决策、依法行政、依法管理的能力和水平。要善于运用法律手段解决各种问题和矛盾，积极支持执法部门严格执法，不得以任何形式干预行政执法，更不能以权代法、以权压法、以权废法。

第三，充分发挥各级政府法制机构的作用。政府法制工作的专业性、技术性很强，领导干部工作任务繁重，不可能都成为法律专家。各级政府和各部门要充分发挥法制机构在依法行政方面的参谋、助手和法律顾问作用。政府法制机构要认真履行职责，为政府立法、行政决策、处理矛盾、解决难题出谋划策，提供服务。要加强法制机构和队伍建设，为他们开展工作提供支持和保障。法制机构工作人员也要适应新形势、新任务的要求，不断增强政治和业务素质，努力提高工作能力和水平。

第四，大力加强法制宣传教育工作。依法行政需要人民群众的监督与支持，离不开

良好的法制环境。要精心组织普法活动，采取多种形式在全社会开展法制宣传教育，积极营造尊法、守法、依法办事的良好环境，逐步形成与建设法治政府相适应的社会氛围。

建设法治政府任重道远，意义重大。让我们紧密团结在以胡锦涛同志为总书记的党中央周围，以邓小平理论和“三个代表”重要思想为指导，按照建设社会主义法治国家的要求，全面推进依法行政，为实现建设法治政府的目标而不懈努力！

贯彻“三个代表”重要思想做好新时期财政工作

金　人　庆

当前，全党正在兴起学习贯彻“三个代表”重要思想的新高潮，这是推动党的事业继往开来、与时俱进的重大战略举措。财政是国家职能的重要体现，财政工作是党和国家事业的重要组成部分。实现党的十六大提出的宏伟目标，推进全面建设小康社会，财政承担着十分艰巨繁重的任务。财政部门必须进一步增强贯彻“三个代表”重要思想的自觉性和坚定性，振奋精神，扎实工作，不断开创财政工作新局面。

一、紧抓发展主题，促进经济持续较快发展

发展是硬道理，“三个代表”重要思想贯穿的就是发展这一主题。紧紧抓住发展这个党执政兴国的第一要务，促进经济和社会发展，始终是社会主义公共财政的首要任务。充分发挥财政职能作用，进一步解放和发展生产力，做大国民经济这块“蛋糕”，实现财政、经济良性循环，并有力地支持和促进其他各项社会事业的发展，本身就是财政工作最大的政治。当前和今后一个时期，财政在促进发展方面要重点抓好以下工作：

（一）充分发挥公共财政职能，一手全力保障防治非典资金需要，一手着力促进经济发展。我国部分地区爆发“非典”疫情，不仅严重危害着人民的身体健康和生命安全，而且给国民经济发展带来直接的负面影响，特别是与第三产业相关的部分行业受到较大的冲击。党中央、国务院对此高度重视，采取了一系列有效应对措施，专门建立了20亿元“非典”防治基金，对农民和城镇困难群众中的“非典”患者实行免费医疗救治，为遏制疫情发展起到了重要的物质保障作用。胡锦涛总书记指出，只有下大力气抓好“非典”防治工作，切实保护人民群众的身体健康和生命安全，才能为经济发展提供良好的社会环境；只有坚定不移地抓好发展这个第一要务，保持经济的稳定增长，才能有足够的财力、物力投入到防治斗争中去，才能把“非典”带来的不利影响减少到最低限度。财政作为政府履行职能的重要保障和国家宏观调控的主要手段之一，要充分认识一手抓防治“非典”，一手抓促进发展的极端重要性。一方面要克服困难，切实保障防治“非典”的资金需要，用好、管好

"非典"防治基金；另一方面要采取有效措施，支持、帮助受"非典"影响较突出的行业和企业渡过难关，恢复生产经营，加快经济发展。目前，为了支持受"非典"影响较大的一些行业保持正常生产经营，国家已经出台了一系列财税优惠政策，减免了这些行业的部分税收、部分行政事业性收费和政府性基金，对民航、中央大型旅游企业给予临时短期贷款贴息，一些地方根据本地实际也采取了相应的扶持措施。各级财政部门要加大工作力度，确保这些政策措施有效落实。同时，要密切关注疫情变化及其对经济的影响，及时研究制定进一步支持和促进经济发展的政策措施。

（二）实施好积极的财政政策，促进经济稳定较快增长。保持宏观经济政策的连续性，继续实施积极的财政政策和稳健的货币政策，促进经济稳定较快增长，是党中央、国务院的重大战略决策。各级财政部门要坚决贯彻党中央、国务院的部署，继续实施好积极财政政策。针对我国民间投资增长逐步加快，基础设施瓶颈制约已基本缓解的新情况，为从根本上建立起经济长期自主增长的机制，要研究如何进一步完善积极财政政策的问题。比如，政策目标要从短期目标转到支持解决中长期体制问题方面来，政策着力点要从刺激总量需求转到促进结构调整与升级方面来，政策实施方式要从以财政直接投资为主转到以财政引导社会投资为主方面来，政策内容要从以国债投资为主转到以税收、补贴、贴息、收入分配等政策组合作用方面来，等等。利用一部分国债资金财力，支持进一步完善税收制度，特别是要适时合并内外资企业所得税和推动生产型增值税向消费型增值税的转型，以促进社会投资和企业技术进步；支持深化社会保障、住房制度和教育体制等事关居民消费的各项改革，解除居民扩大消费的后顾之忧，推动最终消费持续增长；完善出口退税机制，加大解决出口欠退税力度，鼓励和扩大出口，是新时期对积极财政政策走向和结构变化提出的新课题。

（三）加大支持力度，促进城乡协调发展。实现现代化目标、建设小康社会，难度最大而又非完成不可的一项任务，就是解决好"三农"问题。各级财政部门一定要从城乡协调发展的高度来认识解决"三农"问题的重要性和紧迫性，按照党的十六大精神要求，突出抓好以下几项工作。一是全面推进农村税费改革，切实减轻农民负担。农村税费改革是建国以来我国农村继实行土地改革、家庭承包经营制度之后的又一项重大改革，是理顺国家、集体和农民的分配关系，减轻农民负担、增加农民收入的重大政策，得到了亿万农民的衷心拥护，被广大农民誉为"德政工程"。按照党中央、国务院部署、农村税费改革正在全国全面展开试点。财政部门要同有关部门一道，以"三个代表"重要思想为指导，加强指导，总结经验，完善政策，着力深化。要加大对粮食主产区的支持力度，中央和省两级财政的转移支付，重点向农业主产区特别是粮食主产区倾斜，进一步减轻粮食主产区和种地农民的负担；积极创造条件，取消农业特产税；全面落实税费政策，深入推进配套改革，确保农民负担明显减轻、不反弹，确保乡镇机构和村级组织正常运转，确保农村义务教育经费正常需要。二是深化粮食流通体制改革，搞活农产品流通。要根据加入世贸组织后我国农业面临的新形势，本着保护农民利益、保证国家粮食安全和减轻财政负担的原则，深化粮食流通体制改革，推进粮食流通市场化。要对粮食主产区农民实行重点保护，改革和调整粮食补贴的范围和方式，压缩粮食流通环节的财政补贴，增加对粮食生产环节和粮食生产者的直接补贴；要加快推进国有粮食购销企业改革，转换经营机制，促进国有粮食购销企业真正走向市场。三是建立多元化的稳定增长的农业投入机制，加大对“三农”的支持力度。要保证财政支农支出按法定要求增长，确保对教育、文化、卫生的新增支出主要用于农村，促进农村公共事业发展，逐步缩小城乡社会事业发展差距；要加强支农资金存量调整和管理，提高支农资金使用效益；要在实施积极财政政策中，调整国债资金结构，向农业农村倾斜；要研究制定有效的税收、补贴、贴息等政策，建立农业投入的激励机制，积极鼓励、引导农民和工商企业资金、信贷资金及外资等增加农业投入。

此外，财政还必须通过完善财政体制、规范转移支付、加大资金投入等，支持西部大开发战略、企业发展、老工业基地改造和调整及科技创新等，积极推进经济结构战略性调整，着力提高经济增长质量和效益，促进国民经济持续、健康、快速增长。

二、把握前进方向，促进社会主义政治文明、精神文明建设

人类社会的发展史证明，在一定的社会中，物质文明、政治文明和精神文明紧密联系，互为条件，互为目的，相辅相成。支持和促进社会主义政治文明和精神文明建设，积极发展社会主义民主政治和先进文化，是社会主义公共财政的神圣职责。当前和今后一个时期要突出抓好以下几项工作：

（一）大力促进实施“科教兴国”战略，提高国民素质。百年大计，教育为本。支持教育发展一直是财政支出的重中之重，今后要进一步加大支持力度，促进“科教兴国”战略发展。一是按照公共财政体制要求，调整支出结构，加大对教育的投入力度，确保教育事业发展资金需要。二是进一步建立和完善农村义务教育投入保障机制，积极推动农村教育发展。要结合农村税费改革，理顺农村义务教育管理体制，建立稳定的义务教育投入机制，从根本上确保教师工资的及时足额发放。三是充分利用市场机制，从财税政策、资金投入方向等方面采取有效措施，整合财政资源，积极鼓励和引导社会资金投资教育事业，丰富和完善以政策投入为主，多渠道、多形式筹措教育经费的体制。四是进一步完善机关资助贫困学生的政策和制度，建立有效的大学生资助政策体系，促进高等教育均等化。

（二）支持政权建设，推动社会主义政治文明建设。公共财政既是一个经济范畴，又是一个政治范畴，是社会主义政治文明不可或缺的组成部分和物质基础，社会主义政治文明决定和规范着公共财政的方向和内容，并对公共财政建设提出了新的更高的要求。积极支持政权建设，推动社会主义政治文明建设，既是财政在新形势下的重要内容，又是财政自身发展的要求和方向。一是科学地把握社会主义政治文明的基本内涵和特点，将公共财政建设融入社会主义政治文明建设的系统工程，在社会主义政治文明建设的大框架中谋划和推进公共财政建设。二是财政要进一步自觉地贯彻党和国家的方针政策，体现党和国家的意志；算政治账，算长远账，为党执政兴国提供必要的物质支撑和财力保障。三是要提高依法理财的水平，大力推进民主理财，增强财政管理的透明度和公开性，进一步健全财政的科学民主决策机制，规范财政重大决策的规则和程序。四是确保行政管理、国防、外交、治安、立法、司法、监察等国家安全事项和政权建设的支出需要，为社会主义政治文明建设提供财力保障。

（三）支持文化事业发展，促进社会主义精神文明建设。建设社会主义精神文明，关系到党和国家和前途命运，关系到中华民族自尊、自信、自强地屹立于世界民族之

林。加强社会主义精神文明建设，必须坚持先进文化的前进方向，积极发展文化事业和文化产业。支持文化事业发展，促进社会主义精神文明建设，是公共财政的职责所在。一是要积极支持文体广播事业的发展，保障文化公益事业，扶持党和国家重要的媒体，扶持体现民族特色和国家水准的重大文化项目和艺术院团，扶持对重要文化遗产和优秀民间艺术的保护工作，并在支持老少边穷地区和中西部地区的文化发展上给予资金倾斜。二是加大对文化基础设施建设和各类群众文化的支持力度。三是积极支持推进体育事业的改革和发展，从财税政策等多方面积极支持办好 2008 年北京奥运会。四是根据社会主义精神文明建设的特点和规律，适应社会主义市场经济发展的要求，积极支持文化产业发展和文化体制改革。

（四）支持哲学社会科学研究，促进理论创新和学术繁荣。哲学社会科学是人们认识世界、改造世界的重要工具，是推动历史发展和社会进步的重要力量。哲学社会科学建设是社会主义精神文明建设的重要组成部分，又是为推进社会主义社会的物质文明、政治文明、精神文明建设服务的。国家财政要支持哲学社会科学研究、培养哲学社会科学人才、提高全民族的哲学社会科学素质，促进理论创新和学术繁荣；要加大对哲学社会科学领域全局性、战略性、前瞻性的重大研究课题的支持力度，促进理论创新和先进文化发展；要积极改善哲学社会科学研究机构和人才培养的条件，改善哲学社会科学方面专家学者的科研条件，促进哲学社会科学优秀人才茁壮成长。

三、牢记党的宗旨，切实维护人民利益

维护好、实现好、发展好最广大人民群众的根本利益，是党和国家全部工作的出发点和落脚点，是建设社会主义的根本目的。社会主义财政取之于民，用之于民。时刻不忘人民利益，切实做到权为民所用、情为民所系、利为民所谋，维护广大人民群众的根本利益，始终是财政工作的根本宗旨。当前和今后一个时期，财政工作要着重解决好关系人民群众切身利益的几个重大问题：

（一）全力以赴支持做好非典型肺炎防治工作，切实保护人民群众的身体健康和生命安全。做好“非典”防治工作，说到底，是为了维护和实现好最广大人民的根本利益。财政部门一定要按照党中央、国务院的要求和部署，从资金上保障防治“非典”所需，从财税政策上促进经济发展。要从长远出发，支持从机制和根本上切实保护人民群众的身体健康和生命安全，保证广大人民群众生产生活的正常进行。一是积极支持建立突发性公共卫生事件应急反应机制，充分保障其建设及运行的经费需要。二是大力支持事关人民群众身体健康和生命安全的科技攻关项目和科技成果应用。三是着力推进农村医疗制度改革，研究建立社会救助机制。四是研究探索建立财政应对突发性事件的应急机制和制度，增强财政应对突发事件的快速反应能力、保障能力和财政资金管理能力。

（二）支持社会保障和再就业，维护好人民群众的切身利益。建立健全与经济发展水平相适应的社会保障体系，既是全面建设小康社会的重要方面和发展社会主义市场经济的必然要求，也是关系广大人民群众切身利益，保持社会稳定和国家长治久安的根本大计。十六大对健全社会保障体系提出了明确目标，财政部门要继续深化财政改革，增加社会保障投人，加强资金管理，进一步完善社保体系，以实际行动实践“三个代表”重要思想。一是多渠道筹集并管好用好社会保障资金，加大对社会保障的支持力度，加强“两个确保”和城市“低保”工作，搞好

“三条保障线”的衔接，依法扩大社会保障资金的覆盖面。二是积极参与、推动和支持各项社会保障制度改革，做好完善城镇社保体系的试点工作，建立健全中国特色的社会保障体系。三是积极发展社会福利、社会救济等社会事业。四是在有条件的地方进行试点，结合家庭赡养、土地保障和社会救济等方式，探索建立农村养老和最低生活保障制度。

就业是民生之本。财政部门一定要认真贯彻去年党中央、国务院召开的全国再就业工作会议精神，深入研究“非典”疫情对我国就业和再就业形势的影响，把支持就业和再就业工作作为一项重大而紧迫的任务，切实抓紧抓好。一是认真实施积极的财政政策，努力促进经济较快增长，缓解社会就业压力。二是对下岗失业人员自谋职业、服务型企业批量招收下岗失业人员、国有企业通过主辅分离分流安置富余职工等，通过实行税费减免、社会保险补贴、小额贷款抵押等在税费政策上给予支持。三是从资金上积极支持职业培训和就业服务，促进劳动力市场建设。

（三）解决好困难群众生产生活及其他问题。利为民所谋，首先要为困难群体谋好利益，这是最基本的要求。财政部门一定要从密切党和人民群众血肉联系、维护改革发展稳定大局的高度，充分认识关心群众生活、解决好困难群众生产生活问题的极端重要性，认真落实中央关于解决困难群众生产生活问题的各项要求和措施，多做得人心、暖人心、稳人心的工作，把党和政府的温暖送到广大人民群众的心坎上。一是中央财政加大对中西部地区财政转移支付力度，缓解中西部地区财政困难，改善中西部地区困难群众生产生活条件。二是将长期亏损、停产、半停产困难企业符合条件的在岗职工全部纳入“低保”范围，做到应保尽保。三是着力解决好老红军、老复员军人、伤残军人、烈属等重点优抚对象和劳动模范、先进工作者以及农村五保户的实际困难。四是增加扶贫开发的支持力度，帮助贫困落后地区的困难群众改善生产生活条件。五是增加救灾投入，帮助灾区群众解决基本生活困难问题。六是支持促进贫困地区农村医疗和卫生事业发展。

（四）大力发扬艰苦奋斗的作风，管好用好财政资金。艰苦奋斗是我们党的优良传统，也是我们必须长期坚持的作风。财政工作必须牢记“两个务必”，不论是富裕地区还是较为困难的地区，不论是增收较多的时候还是收支矛盾较为突出的时候，不论是预算编制的环节还是在日常预算执行之中，始终都要发扬艰苦奋斗、勤俭节约的优良传统，牢固树立过紧日子的思想，精打细算，厉行节约，管好用好每一笔财政资金，为人民当好家、理好财。一是坚持勤俭办一切事业，严格控制一般性支出，尤其是要大力压缩会议、出国考察、招商和各种无实际效果的论坛、研讨会。二是继续从严控制党政机关办公楼和培训中心项目建设，对国家严禁开工建设的各种“形象工程”、“政绩工程”，财政停止一切形式的支持。三是对各项财政支出，特别是重点支出，包括防治“非典”的支出，既要足额保障也要严格财经纪律，加强监督检查，坚决制止并严厉查处贪污、挤占、挪用以及铺张浪费等行为。四是继续深化“收支两种线”管理、部门预算、国库集中收付、政府采购等改革，从制度上、源头上治理腐败，切实提高财政资金使用的安全性和规范性。五是大力推进财政资金使用绩效评估工作，建立一整套科学有效的评价体系和机制，全面提高财政资金使用效益。

财政改革与发展的目标已经确定，蓝图已经绘就。我们要紧密团结在以胡锦涛同志为总书记的党中央周围，高举邓小平理论伟大旗帜，全面贯彻“三个代表”重要思想，认真落实国务院各项政策，与时俱进，开拓进取，扎实工作，为建立稳固、平衡、强大的国家财政，全面建设小康社会而努力奋斗。

（选自 2003 年第 8 期《中国财政》）

二、综合概述

进一步提高管理和执行水平 全面推进政府采购制度改革

一、我国政府采购制度改革发生了新的变化

《中华人民共和国政府采购法》自2003年1月1日正式实施，党中央、国务院非常重视这项法律的贯彻实施工作。党的十六届三中全会提出，要进一步深化政府采购制度改革工作。国务院办公厅转发了财政部《关于全面推进政府采购制度改革的意见》，对政府采购法的贯彻实施作了全面部署，确定了政府采购制度改革的方向和工作重点，为我国深入开展政府采购制度改革指明了方向。财政部门以及各有关方面以政府采购法实施为契机，抓住机遇，共同奋斗，经过一年的努力，开创了我国政府采购制度改革的新局面。

（一）新一轮的制度建设工作全面展开

2003年是政府采购法实施的第一年，制定符合政府采购法规定的规章制度体系，指导和规范政府采购活动，是今年政府采购制度改革工作的重要内容。

2003年，国务院颁布了《中央单位2003年政府集中采购目录和标准》，转发了《财政部关于全面推进政府采购制度改革的意见》。财政部根据政府采购法的贯彻实施要求，废止了《政府采购管理暂行办法》、《政府采购招标投标管理暂行办法》，启动了《政府采购法实施条例》的起草工作，制定了《政府采购货物和服务招标管理办法》、《政府采购信息公告管理办法》、《供应商投诉处理办法》、《政府采购专家管理办法》、《政府集中采购机构考核办法》、《软件政府采购管理办法》、《中央单位政府采购运行规程》、《采购代理机构备案管理办法》等13个办法。此外，财政部还成立了政府采购合同范本编写组，组织专家学者进行计算机、复印机政府采购协议供货、货物政府采购以及工程政府采购等4个合同范本的编写工作。

许多地区以及大部分中央部门根据政府采购制度改革工作的需要，按照政府采购法规定精神，积极开展制度建设工作。政府集中采购机构在加强内部建章立制方面做了大量工作，初步形成了内部管理制度框架。

一些地区将2003年定位为“制度建设年”，从实际工作看，2003年也是全国的“制度建设年”。中央和地方这些规章制度的陆续颁布和实施，为我国政府采购制度改革

沿着法制化轨道向纵深推进提供了制度保障，为规范化管理奠定了基础。

（二）政府采购的范围更加明确，政府采购的规模再创新高

中央和各地区政府或财政部门以文件形式规定了2003年实行政府采购的范围，使政府采购法的适用范围更具体、更明确。在2003年的政府采购范围中，依据不同的采购组织形式分别确定采购项目。具体分为三类：一是将跨部门的通用采购项目纳入政府集中采购目录，由政府集中采购机构实施采购。二是将部门或者系统有特殊要求同时又具有批量特征的采购项目纳入部门集中采购范围，由部门实施集中采购。三是对政府集中采购目录和部门集中采购范围之外的采购项目确定一个限额标准，达到限额标准以上的采购项目，由采购人依法实行分散采购；不足限额标准的采购项目，由采购人自行组织采购。

与以前年度相比，2003年中央和地方的政府采购范围更加宽泛。过去中央单位的政府采购范围主要是列入政府采购预算的项目，今年则是按照资金性质确定采购范围。凡是用财政性资金安排的、属于政府采购目录以内和限额标准以上的采购项目，都要依法实行政府采购。如文化部将举办春节联欢晚会纳入了政府采购范围。从地方看，河南等地区将中央补助项目、工程项目都纳入了政府采购，扩大了规范采购行为的领域。

一些地区采取了行之有效的措施，促进纳入政府采购范围的采购项目依法开展采购活动。除编制政府采购计划、实行采购资金财政直接拨付外，湖北等省开展了全省专项检查活动，北京、浙江等地区政府采购管理机构请业务处室对预算专项实施跟踪管理，湖南等地区的政府采购管理机构对地、县的采购工作实行考核制度。

随着政府采购范围的拓宽和监督管理力度的加大，2003年政府采购规模再创佳绩。按照2002年全国政府采购工作会议确定的目标，2003年全国政府采购规模要在2002年基础上增长50%，达到1500亿元。经过努力，至2003年底，全国政府采购规模比2002年增长了64.4%，达到了1 659.4亿元。

（三）政府采购管理与执行机构分离取得了实质性进展

按照政府采购法有关规定和国务院要求，政府采购管理机构和执行机构要在2003年内完成分离和转制工作。中央和各地区对此都非常重视，并已经取得了阶段性进展。

从中央看，国务院系统中央国家机关政府采购中心成立后，财政部在2003年初已将原来承办的政府采购执行性事务全部移交给中央单位和中央国家机关政府采购中心。从地方看，深圳、黑龙江等地区将政府集中采购机构独立设置为政府直属事业单位。内蒙古等地区撤销了原来隶属财政厅和计委的政府采购中心和建设采购中心，重新组建副厅级政府采购中心，挂靠政府办公厅。安徽省政府批准设立了副厅级政府集中采购机构，挂靠财政部门。湖北省将直属政府的省成套设备招标局（事业单位）改制为政府集中采购机构。至2003年底，除中央单位外，全国已有27个地区完成了政府采购管理机构与执行机构的分离工作，其他大部分地区的分离和改制工作也正在紧张进行中。

随着机构分离工作的推进，很多地区加强了政府采购管理机构的建设。广东省将原来的执行机构政府采购中心改制为政府采购管理机构；重庆、江西等地区将政府采购管理职能从国库处分离，成立了政府采购处；四川省经政府批准，成立了政府采购处，与国库处合署办公。各地区的地、县级政府基本上都成立或明确了政府采购监督管理机构。

在机构分离的同时，政府采购管理机构与执行机构的职责更加明确。国务院办公厅在转发财政部文件中，对政府采购管理机构和执行机构的职责再次做出了界定。基本原则是，政府采购的管理性工作由财政部门负责，政府集中采购机构的职责主要是接受采购人委托，组织实施政府集中采购目录中的项目采购。

按照政府采购法规定以及国务院划分的职责，各级财政部门在加强机构建设的同时，已开始履行各项监督管理职责，包括确定政府采购范围、编制政府采购预算、制定政府采购计划、审批政府采购方式、接受政府采购合同备案、处理供应商投诉、拨付政府采购资金、研究落实政府采购政策。集中采购机构则按政府采购法的要求，在建章立制基础上，承担起委托代理责任，根据采购人的委托开展采购活动。

（四）中央单位基本上扭转了政府采购工作滞后的局面

2003年中央单位的政府采购工作开局良好，各部门、各单位的政府采购意识普遍增强，自觉性明显提高，政府采购工作已全面展开。新闻出版总署、国家知识产权局、中国红十字会等以前只参加协议供货采购的部门，今年普遍增强了实施政府采购的力度。中国科学院、国土资源部等部门所属的京内外单位全面推行了政府采购。卫生部、海关总署、测绘局、广电总局、农业部、国家地震局、国家税务局等实行政府采购较早的部门，今年不仅采购范围继续扩大，还在规范操作上做了大量工作。水利部等工程行业管理部门，积极研究和探索对工程实行政府采购的问题。交通部成立了部级课题组，对在全系统实行政府采购开展专题研究。中央单位在政府采购活动中，开始注重兼顾有关政策，如采购国产品牌的设备和家具。民政部在救灾帐篷采购中，按比例分配给中小企业，并重点向残疾人企业倾斜。

中央单位在组织建设上也有显著进展。各中央单位初步建立了本部门、本系统的政府采购组织体系和执行队伍，并积极开展培训、交流活动，提高队伍素质。国家地震局等专用设备采购量较大的部门成立了部门集中采购机构，中直管理局、国家税务总局等部门也启动了系统采购中心的筹建工作。至此，中央单位初步形成了政府集中采购、部门集中采购和单位分散采购多种采购形式并存的格局。

二、提高认识，改进工作方法，是我国政府采购制度改革迈上新台阶的先决条件

政府采购法的贯彻实施，标志着我国政府采购制度改革由试点进入全面推行时期。实践表明，我们的改革虽然取得了很大的成绩，但与贯彻实施政府采购法的要求相比，还存在着相当大的差距，突出表现在：各地区、各部门的进展情况很不平衡，政府采购的组织实施形式单一，政府采购程序不完整、行为不够规范，采购效率偏低，政府采购管理机构与执行机构越位与缺位现象依然存在等。出现这些问题，有管理上的原因，有执行能力方面的原因，更主要的是认识上的原因，是对政府采购法的精神领会不够全面、不够透彻。这些问题再不及时解决，将影响政府采购制度改革的健康发展。在政府采购法实施后，我国应当建立什么样的政府采购制度以及如何有效地推行这一制度，关系到我国政府采购制度改革工作的全局，是当前必须解决的首要问题。只有全面、正确地认识政府采购制度改革，才能更有效地贯彻实施政府采购法，才能使我国政府采购制度改革名符其实地进入全面实施时期。

（一）政府采购制度是公共财政支出管理的一项基本制度，建立政府采购制度是一个长期的制度建设过程政府采购制度是市场经济产物，是市场经济条件下政府加强财政资金使用管理的一项制度。这一制度的核心是确立财政资金使用的一套规则，包括兼顾的政策、遵循的程序、接受的监督管理等。归根到底，是要让财政资金使用得公开、公正、公平和物有所值。这套规则代表纳税人意志，只要存在公共财政支出，就永远不会废止。正因为如此，政府采购制度在西方国家已经有 200 多年历史，至今仍然在不断地改革和完善，并被实行市场经济体制的国家和地区自觉采用。

我国社会主义市场经济体制建设还处于初级阶段，政府采购制度是适应市场经济体制建设的必然产物，它将随着市场经济的发展而不断改革和完善。为了给政府采购制度的推行提供法律保障，全国人大在立法任务十分繁重的情况下，以超乎寻常的进度，在 3 年多时间里制定并颁布了政府采购法，以法律形式确立我国建立政府采购制度的目标和行为规范，就充分表明了建立和推行政府采购制度的重要性。

国际经验和我国立法表明，在我国推行政府采购制度改革、建立科学的制度体系不是一项短期的工作，也不是节约资金、治理腐败的权宜之计，而是要通过发挥这项制度应有的作用，完善市场经济条件下的公共财政管理体制，增强财政的宏观调控能力。因此，在我国建立和完善这项制度，虽然不会像西方国家一样经历 200 多年时间，但仍会是一项长期任务。

（二）实行政府采购制度，关键是要发挥政府采购的各种积极作用，尤其是宏观调控功能

实行政府采购制度的目标是多方面的，不能简单地认为只是要节约资金，防止腐败，还要从国家宏观经济管理的角度来看待节约资金和防止腐败问题。按照我国政府采购法的规定，政府采购是指行政事业单位的采购行为。每一个预算单位的采购资金是有限的，但如果将全部预算单位看作一个整体，其采购资金规模就非常可观，也就是通常所说的占到了 CDP 的 10%—15%，国际上将政府采购看作是最大的消费者，即源于此。规模巨大的采购必然会对经济运行产生影响，因此，政府机构必须依法行政，充分运用政府采购制度的政策功能，使宏观调控由可能变为现实。

政府采购的首要调控目标是保护国内产业，扶持一批具有国际竞争实力的国内企业。因此，政府采购法规定，政府采购除特殊情况外，应当采购本国货物、工程和服务。也就是要将占 CDP 10%—15% 的采购资金投向国内企业，以采购的方式增加对国内企业的投入。这是市场经济条件下政府向企业投资的主要方式。当然，政府采购对国内企业的保护绝不是保护落后，必须引入竞争机制，让资金向少数优势企业倾斜，做大做强一批具有国际竞争能力的国内企业。政府采购对民间采购还具有导向作用，可以增强公众的国货意识，带动全社会增加对国内企业的投入。这就是我们通常所说的政府采购效益最大化。政府采购的另一个宏观调控目标，是规范市场秩序。政府采购是一个特定市场，政府采购法是这个市场的交易规则。这套规则来源于社会市场，但标准更高。在我国建立和完善这个市场，实现公开竞争，公平交易，可以对整个社会市场起到示范和促进作用。政府采购还要有助于实现政府其他经济和社会政策目标，包括扶持中小企业、保护环境、支持经济不发达地区和少数民族地区经济发展等。

（三）政府采购制度不仅是一项国内管理制度，还是国际贸易政策的重要组成部分

从交易角度来考察，政府采购的交易活动并非完全局限于采购人与国内供应商之

间，也有与外商之间的交易，这就涉及到国际贸易问题。各国和地区都将政府采购作为保护国内企业的手段，直接表现是禁止或者严格限制政府机构购买非本国产品，政府采购实际上成了一种非关税贸易壁垒。在国际经济一体化和投资贸易自由化的浪潮下，随着关税的普遍下调，政府采购被视为扩大国际贸易的一大障碍。为此，一些发达国家为了给本国企业和产品寻求出路，以投资贸易自由化为借口，要求发展中国家开放政府采购市场。自从原关贸组织《政府采购协定》制定以来，一些国际性和地区性经济组织，纷纷将政府采购列入双边或者多边谈判领域。目前，我国面临着签署 WTO《政府采购协定》的强大压力，不久的将来，APEC 和亚欧等组织也要就政府采购市场开放进行谈判。在我国企业整体竞争力不强、加入 WTO 后保护国内企业的手段非常有限的情况下，开放政府采购市场将直接影响到国内企业的生存和发展，最终关系到国家利益和社会公共利益。对此，必须要充分认识紧迫性，在有限的时间内发挥政府采购对国内产业的保护和扶持作用。

基本上述认识，要进一步深化政府采购制度改革，在实践中正确处理好以下几个方面的关系。

一是依法采购与开拓创新的关系。政府采购法实施后，我们要坚持依法行政的原则，依法开展采购活动，做到有法必依，执法必严，违法必究。凡是政府采购法有规定的，必须按规定执行。不按规定执行的，就属于违法行为，应当依法追究法律责任。

目前，由于政府采购法实施时间很短，许多实施办法还来不及制定，没有形成比较完善的法律法规体系，在实践不充分、经验缺乏的情况下，我们的改革工作的确面临很多困难，工作难度大。这对我们管理人员和执行人员都是一种考验，此时最能检验我们对政府采购法各项精神的领会程度和应用能力。观望、无所作为都不是科学态度，只能使改革工作陷入更加被动的境地。有效的应对方式是，发扬与时俱进的精神，开拓创新，不断推进政府采购制度改革工作。

近几年来我国政府采购制度改革取得的成果，都是开拓创新的结果。从政府采购第一个管理办法的出台，到政府采购第一个管理机构和第一个采购中心的成立；从制度框架的形成到各项措施的落实；从单项招标到协议供货，都是从无到有，是地地道道的制度创新。目前的条件和状况比以前优越，政府采购法为我们的创新工作提供了法律依据。在 2003 年，不少地区通过创新取得了许多成果。如河南、上海等地区，在财政部有关办法未出台前，依据政府采购法制定了地区性实施办法；北京市在公务用车定点加油采购中实行了采购卡管理制度；广州市开发建立了比较完善的专家管理系统和采购项目管理系统；湖北、内蒙古等地区在集中采购机构建设上另辟蹊径，同样也是一项创新。

财政部门和各部门要与时俱进，发扬开拓精神，努力创造条件积极开展采购活动。政府集中采购机构要创新，提高采购效率，降低采购成本，改进工作作风。创新要依据法律，与改革所处的阶段相结合，要注重实际效果，当前要把主要精力集中于近期经过努力就能实施的工作上。

创新是前进的动力。我们的每一项创新，都会将政府采购制度改革向前推进一步。如果各个方面都注重并投入到创新事业中，将会从整体上推动政府采购工作迈上新的台阶。

二是发展与规范的关系。“发展是硬道理”，政府采购的发展重在上规模。规模大了，表明实行政府采购制度的单位多、范围宽，说明实行政府采购制度的意识增强。只有规模上去了，政策功能才有发挥价值，节约的资金才会更多。规范是一项相对标准，实现规范有一个过程，而且没有止境。在政府采购法实施初期，二者都不可偏废。首先是要行动起来，做出规模，然后根据实践中暴露的问题及时进行更正。如果过于强调规范，政府采购制度改革工作很可能出现停滞不前的局面。

三是效益与效率的关系。效益是实行政府采购制度的优势所在，没有效益，这项制度就没有推行价值。效率是实行政府采购制度的生命，如果效率低下，效益再好，这项制度也很难长久。在处理二者关系时，既要讲效益，也要讲效率，要同时兼顾。对于政府采购的效益和效率问题，首先要有正确认识。关于效益，在正常情况下政府采购的价格都比市场价格低，但由于存在地区差异、企业差异和产品质量差异等复杂因素，价格高低是相对的。同时，政府采购也要遵循市场经济原则运行，正常价格中应留给企业合理的利润。因此，政府采购的效益不等于市场最低价。关于效率，政府采购必须按照规定方式和程序开展采购活动，有一个运行过程，目前还有一个认识和熟悉过程，效率肯定不如传统的自由采购高。实行政府采购重在规定行为，而不是要比以前更快。政府采购的效率问题就如同机关办公文，如果公务员拿到起草好的文件后就发布，效率会很高。但经过公文处理程序，直到有权签署人签发，效率会降低，但重要的是保证了文件的安全性和严肃性，制度安排大大降低了发生问题的可能性，因此非常必要。当然，我们不能将规范作为解释现在政府采购效率偏低的借口。目前，我们要讲究效益，但更要提高效率，重点是改革妨碍效率的落后的管理方式，消除人为因素。对此，财政部门要减少审批，简化工作环节。采购人要增强采购的计划性，早做准备。政府集中采购机构要提高专业能力，增强服务意识，努力创新，采取扩大协议供货范围等有利于提高效率的措施。

四是政府采购制度改革与其他财政改革的关系。推行政府采购制度不是一项独立的改革，它是整个财政改革的有机组成部分，与部门预算、建立国库集中收付制度共同构成了财政支出管理改革的三个环节，各有侧重，同时互为一体。

编制部门预算是财政支出管理改革的源头，主要解决支出的科学分配问题。支出都要落实在项目上，因此，部门预算改革是要科学确定各预算单位采购什么项目和应当花多少钱，实质上是解决“该不该买和买多少”的问题。政府采购处于预算执行阶段，主要解决支出使用问题，重点是用钱的过程，使预算资金转变为现实的货物、工程和服务，实质上是解决“如何买”的问题。国库集中收付制度中的集中支付管理，主要是解决预算执行效果问题，即预算项目是否按规定用途使用、是否按规定花钱、花了多少钱，实质上是解决“买得怎么样”的问题。只有按照规定使用资金，并且不突破预算，才能拨付资金。如果在前两个阶段中存在问题，即使有预算、有用款计划也不能支付。这三项改革相互联系，又相互促进。部门预算是政府采购的前提，政府采购是检验预算准确性的尺度，同时能促进预算编制细化。政府采购是集中支付的基础，集中支付又为政府采购提供保障。

明确政府采购制度改革与其他财政改革之间的关系，目的是要在实际工作中协调做好这些改革工作。首先，各部门、各单位对政府采购制度改革与其他财政改革都要重视，做到齐头并进，相互促进。第二，财政部门的政府采购管理机构要通过做好自身工作为其他财政改革服务。例如，收集采购合同价格和商品价格，建立价格数据库，供预算编制机构在核定项目预算时参考。再如，将监督管理过程中掌握的项目资金使用情况，向国库管理机构和支付中心反映，供这些机构在审核拨款时参考。第三，深入开展政府采购制度改革，发挥其在支出管理中的作用。本届政府对财政改革仅提出一项要求，即增收节支。政府采购可以通过吸引外资和购买国货来培养税源，对增收有间接作用，但在节支方面却能够直接发挥其他改革不可替代的作用。政府采购实现节支的方式与传统做法有着本质区别。传统做法主要靠行政手段，如砍预算、压开支、撤项目等来实现节支，政府采购则是通过市场方式来节支，即引入竞争机制，由竞争决定应当支付多少资金。以 2002 年为例，按照政府采购规模占 GDP10%计算，我国政府采购规模应当在 10 000 亿元左右。如果按照 10%的资金节约率计算，就可以节支 1 000 多亿元资金。从实际工作看，政府采购在节支上潜力巨大。我们的改革工作越深入，支出管理效果就越显著，也就更能引起各方面的重视和支持。

五是集中采购与分散采购的关系。这二者都是政府采购法规定的采购组织实施形式。我国实行集中采购与分散采购相结合的模式，首先是因为我国幅员广阔，体制复杂，高度集中不现实。第二，过度集中容易形成新的垄断，不利于公平竞争。第三是防止权力过大，产生新的腐败。因此，政府采购法规定要适度集中，并将集中采购分解为政府集中采购和部门集中采购，从源头上避免采购权过于集中，同时发挥部门的积极性。目前，一味强调政府集中采购而忽视部门集中采购和分散采购，或者只搞分散采购而抛弃集中采购的做法，都不符合政府采购法的要求。

六是基本目标与政策功能的关系。在政府采购的初创阶段，强调节支和反腐是正确的，因为这两方面的效果容易体现，矛盾也少。在政府采购法实施后，按照法律规定，要更加重视政策目标的实施。在实际工作中，必须首先考虑采购国内货物、工程和服务，这是政府部门的一项责任，必须落到实处。

三、2004 年的工作任务

根据全国财政工作会议精神，2004 年的政府采购制度改革工作是，要加大政府采购法贯彻实施力度，在进一步加强制度建设的同时，实现一个转变，双轮驱动，三个突破，四个加强。

（一）一个转变，即财政部门的工作要全面转变到管理与监督上，对政府采购执行工作要监督但不参与和干预

财政部门是政府采购的监督管理部门，政府采购法赋予其编制政府采购预算、审批采购方式等十个方面的监督管理职责。目前，各级政府采购监督管理机构普遍存在力量不足的问题，监督管理任务十分繁重。随着管理机构与执行机构的分离，财政部门要将原来承担的执行事务全部移交给政府集中采购机构和采购人，做到机构分离，职责分清。

财政部门在监督管理活动中，要突出管理职能，既要到位也不能越位。工作重点要放在编制政府采购预算和计划、制定规章制度、政策指导、聘用专家管理和监督检查上。在具体监督检查活动中，财政部门不得进入采购市场参与商业交易活动，不得干预正常的采购交易活动。对于政府采购项目的委托、专家抽取等具体事务，交给采购人或采购代理机构办理。财政部门担负着“裁判员”的职责，只有从具体商业交易活动中脱离出来，才能公正地处理各种争议，才能树立起权威，监督管理才有实效。

财政部门在履行监督管理职责时，要提

高工作效率，改进工作作风，建立务实、高效、廉洁的工作机制，为政府采购制度改革做好服务工作。

（二）双轮驱动，即上规模、抓规范，通过上规模促进改革发展，通过抓规范提高工作质量

按照原定计划，2004 年的采购规模为 2000 亿元。根据 2003 年实施情况看，要完成 2000 亿元以上的目标，困难有，但空间大，关键是要有工作方法。一是要调动各单位的积极性。对采购量较大的部门，要鼓励开展部门集中采购。同时，要降低采购限额标准，将更多的项目纳入政府采购范围，由采购人开展分散采购。部门集中采购和分散采购都是法定的采购模式，只要做到依法采购，无论采用招标方式还是其他采购方式，财政部门都要加强监督管理，都要纳入统计范围。二是要在工程领域开展政府采购。工程已经纳入了政府采购范围，我们要解决的是实施方式问题，关键是要定一个标准，符合标准的工程采购就应当认定为政府采购，并纳入统计范围。

在扩大规模的同时，要加强规范化建设。规范化建设的中心工作，一是要加强制度建设，从制度上规范采购行为。对于缺乏制度规定的行为，要在总结实践经验和教训的基础上制度化。对于经实践检验缺乏科学性的规定，要对原有的制度进行修订。对于现行制度中出现的漏洞，要及时制定相关办法防止再次发生类似问题。财政部在拟定《政府采购法实施条例》的同时，准备重点制定一些操作性的实施办法，包括颁布政府采购合同范本、编写政府采购工作指南、汇编政府采购案例分析等。二是要加强监督检查，以监督促进规范。这项工作每年都列入了计划，但落实不够，2004 年要将其作为全国的一项重要工作来抓。监督检查的形式要多样化，要开展由财政、纪检监察、审计等部门参加的联合检查，中央与地方以及地方与地方之间的异地检查，政府采购专项审计等，对政府采购法的贯彻实施情况作一次全面的评估，找出差距，明确规范化建设的重点内容。

（三）三个突破，即在工程政府采购上要有突破，在发挥政府采购的政策功能上要有突破，在管采分离问题上必须彻底突破

首先，在工程政府采购上要有突破。政府采购法规定，国家机关、事业单位和团体组织用财政性资金安排的工程项目，要依法实行政府采购。工程采购与货物和服务采购的差别，在于工程采购已经有一套法律和制度进行规范，工程实行政府采购主要是完善政府工程的采购制度。因此，工程实行政府采购，不是要改变现行工程的管理体制和做法，而应当是在维持现行制度前提下，从财政资金管理角度出发，按照政府采购法的规定，加强对工程采购的监督管理。其中，对不实行招标的工程项目，要严格按照政府采购制度规定执行；对实行招标的工程项目，在不改变现行工程招标管理方式、程序的基础上，增加财政监管环节，包括落实政府采购有关政策、依法编制政府采购预算、制定政府采购计划，除原有媒体外还要在财政部指定的政府采购信息发布媒体上发布招标公告和中标公告，采购合同副本报财政部门备案，采购资金实行财政直接支付。工程采购能够做到这几点，无论是集中还是分散，也不管是业主采购还是委托采购，都应当视为政府采购。

第二，在发挥政府采购的政策功能上要有突破。一方面，财政部将会同国务院有关部门制定政府采购货物、工程和服务国货认定标准，并分行业或者产品制定具体认定办法，为采购活动提供依据。另一方面，要研究制定政府采购实现政府有关经济和社会政策目标的具体办法，例如政府采购支持中小

企业的措施等。

第三，在管采分离问题上必须彻底突破。政府采购管理机构与执行机构分离是政府采购法的规定，是建立和完善我国政府采购监督制约机制的基本要求。2004年省级地区的政府采购管理机构与执行机构必须完成分离工作，否则将被认为是政府采购法实施不力的地区。管采分离涉及机构和编制，超出了财政部门的职责，但财政部门要积极做工作。政府集中采购机构独立设置的形式不是惟一的，上海以及前面提到的一些地区的做法都符合政府采购法的规定。目前尚未完成政府集中采购机构分离或者改制的地区，可结合实际情况，就政府集中采购机构的设置或者改制，抓紧向政府提出建议。财政部将就管采分离问题专门下发文件，提出具体要求，推动和督促这项工作的落实。

（四）四个加强，即继续加强宣传，加强培训，加强透明度建设，加强调查研究

加强宣传，进一步改善政府采购制度改革环境。近年来对政府采购所做的宣传工作很有成效，政府采购这个概念的普及面越来越广，政府采购工作也比以前容易开展。但目前实施政府采购的社会环境状况离全面贯彻实施政府采购法的要求还有很大差距，需要继续做好宣传工作。领导的重视和支持是推行政府采购制度的前提，目前政府采购制度改革正处于攻坚阶段，更离不开领导的重视和支持。因此，2004年要重点做好向各级政府、各部门、各单位领导干部的宣传工作。具体宣传方式是，要争取将政府采购列入高级干部讲坛、党校、行政学院的宣讲内容，要印发政府采购简报送党政领导和各部门领导参阅，要借助党报党刊和部门报刊开展政府采购宣传。在2004年1月政府采购法实施一周年期间，财政部将组织集中宣传活动，各地区、各部门可以利用这次机会，采取各种行之有效的方式，向各级领导反映情况，争取更大的支持。

加强培训，普及政府采购法知识，提高采购人员的政策水平和专业能力。2004年的培训工作要继续加大力度，要全面展开。财政部门的培训对象要从财政系统延伸到政府采购当事人，尤其是采购人和政府集中采购机构。中央各部门至少要开展一次系统内培训，向直属单位领导解释政策，提高执行人员的专业能力。政府集中采购机构要经常性地开展培训活动，提高工作人员的政策水平和业务能力。财政部将不定期地为各地区、各部门培训师资力量，并统一组织编写培训教材，指导和规范全国的培训工作。

加强透明度建设，要着重做好政府采购信息发布工作。在财政部指定媒体上公告的政府采购信息，除了法律、规章制度和招标公告，还要增加资格预审和中标、成交结果，提高采购活动的透明度，促进公平竞争，预防采购活动中的腐败行为。

加强调查研究。各级财政部门要经常深入实际，了解情况，听取意见和建议，为制定政策和加强管理提供依据。同时，要就我国政府采购制度改革中的一些难点、热点问题进行研究，制定解决措施。财政部要着重就关系政府采购制度改革全局的重大问题开展调研工作，包括政府采购政策功能的落实、加入WTO《政府采购协议》的对策、电子政府采购的开发与应用、评标方法和专家管理等。各部门、政府集中采购机构也要加强调查研究，解决实际工作存在的具体问题。

为了做好和完成上述政府采购制度改革工作，财政部门和中央各单位的政府采购有关部门要加强学习，提高管理水平。政府采购法已经实施，要守法、执法，必须知法、懂法。因此，无论是管理人员还是执行人员，都要学习政府采购的法律和实务知识。财政部门肩负着制定政府采购政策、指导政府采购改革工作的重任，自身的能力和水平

直接关系到政府采购工作的方向和进展，更应当加强学习。肖捷副部长曾在2002年全国政府采购工作会上指出，政府采购工作对人员素质要求最高。实际上也是如此。政府采购涉及面太广，涉及的学科很多，对人员的要求特别高。只有学习，才能了解新知识；只有不断地学习，才能丰富知识；只有具备丰富的知识，才有能力指导实践活动。政府采购管理人员在短期内不可能都成为专家，但绝不能总是外行，惟一的办法就是学习，学习，再学习。对此要引起足够重视，要坚持不懈地学习，练好内功。

中央各部门要全面行动起来，为地方做出表率。按照政府采购法规定，所有的采购项目都属于各部门、各单位。政府采购制度改革就是改变各部门、各单位传统的采购方法，实行依法采购。中央部门都是行业主管部门，采购量大，直属机构遍及全国各地。中央部门实行政府采购的广度和深度，反映了中央单位的法律意识、政策水平和管理能力，对地方政府采购制度改革有非常大的示范效应。各部门、各单位领导要重视这项改革工作，加强制度建设、机构建设和队伍建设，勇于实践，在本部门、本系统全面推行政府采购制度，为地方工作起到模范和带头作用。中央各部门、各单位相对于财政部门而言，是政府采购的执行单位，但对本部门、本系统还负有管理责任。因此，各部门负责预算和财务管理的司（局）要挑起担子，在政府采购预算和计划编制、内部协调、组织和指导政府采购活动、开展人员培训、加强采购资金管理等方面负起责任，配合财政部门做好相关管理工作，共同将我国的政府采购制度改革事业向前推进。

政府集中采购机构要为采购人做好服务工作。根据政府采购法规定，政府集中采购机构首先是执行机构，与其他各部门一样是政府采购的具体实施单位。在执行机构中，政府集中采购机构属于采购代理机构，接受采购人的委托开展采购活动。因此，政府集中采购机构要按照法定职责开展工作，为各部门、各单位当好采购员，做好服务工作。在代理采购活动中，要坚持原则，还要有灵活性。既不能对采购人惟命是从，也不能将采购人的合理要求置之度外。目前，政府集中采购机构还是一个新机构，人员少，专业人员不多，要量力而行，尽力而为，提高效率。在当前阶段，对集中采购机构而言，规范比规模更重要，形象比范围更重要。规模不属于对政府集中采购机构的考核内容，希望政府集中采购机构先把有限范围内的采购项目做好，创造“名牌”优势，赢得采购人的信任和支持，为今后扩大服务范围铺平道路。

当前，全国正在掀起学习“三个代表”重要思想的新高潮。推行政府采购制度，无论是为了保护国内产业、支持国内企业，还是为了节约财政资金、促进廉政建设，都代表着广大人民的根本利益，是立党为公、勤政为民的具体体现。政府采购的管理人员和执行人员，要成为“三个代表”重要思想的实践者，以与时俱进的科学态度学习和贯彻“三个代表”重要思想，在学习上得到新收获，在思想上获得新解放，在理论上有新发展，在实践上有新创造，在改革上取得新成果。

（财政部国库司供稿）

突出重点　打好基础
积极推行政府采购制度

2003年初召开的中央纪委全会和国务院廉政工作会议，对实行政府采购制度提出了明确要求，继续把它作为反腐败抓源头的一项任务部署。各级纪检监察机关按照统一部署和要求，十分重视并积极参与推行政府采购制度的工作。

2003年3月，监察部制定了《2003年抓源头工作的要点和措施》，对2003年政府采购工作提出了以下总体要求：以《中华人民共和国政府采购法》以下简称《政府采购法》的颁布实施为契机，按照“突出重点，打好基础，稳步推进”的原则，全面贯彻落实好《政府采购法》的各项规定要求，进一步完善政府采购的管理体制、运行机制和监督体系。(1)积极做好贯彻实施《政府采购法》的各项准备工作：加强对《政府采购法》的宣传；强化培训，抓好队伍建设；继续加强制度建设。(2)依法理顺政府采购管理体制：原来设在财政部门的集中采购机构和操作职能，力争在今年年底前从财政部门分离出去；分离确有困难的地区，也要抓紧做好相关准备工作。在理顺管理体制的同时，会同财政部门加强对集中采购机构的监督管理。(3)要进一步完善监督体系：进一步明确纪检监察和审计部门对政府采购的监督重点和实施监督的方式、方法，发挥这些部门在监督上的优势，强化对政府采购行为的约束；协调好财政部门与对政府采购招标投标活动负有监督职责的有关部门之间的职责分工，理顺监督管理关系；建立供应商投诉机制，明确供应商投诉的条件和要求，建立受理和处理供应商投诉的程序，及时对供应商投诉做出处理决定，保护供应商合法权益，维护公平竞争；开辟社会监督渠道，如公布投诉、举报电话等，发挥媒体和社会公众的监督作用。(4)政府采购资金财政直接拨付规模要有大的突破：要进一步扩大政府采购的范围和规模。2003年的政府采购范围要在现有基础上进一步拓宽，尤其是要增加工程和服务项目。(5)制定政府采购实现政策目标的措施。《政府采购法》规定的宏观调控目标很多，首先要从购买国货开始。纳入各级政府2003年政府采购范围的采购项目，除法定的特殊情况外，一律要采购本国货物、工程和服务。

2003年5月和下半年，中央纪委、监察部领导多次听取财政部、国家机关政府采购中心等有关部门的汇报，研究具体工作，提出具体要求，推动政府采购工作深入开展。监察部办公厅具体负责日常事务，积极做好调研和指导工作，深入到国务院有关部门和地方政府了解情况，听取意见，沟通协调。党中央、国务院各部门和各省（区、市）监察机关推行政府采购制度的积极性很高，认真落实中央以及国务院有关部门的要求，使政府采购工作保持了良好的发展势头。许多地区和部门把推行政府采购制度作为反腐败抓源头的一项重要工作，紧密结合财政管理体制改革，加大工作力度，认真抓好落实，进行了积极的探索，努力使这项工作取得新的进展。

各部门和各地区开展政府采购工作的基本做法是：

1. 加强领导。各级政府的政府采购工作领导小组继续发挥作用，党委、政府的负责同志注意了解掌握这项工作的进展情况，及时协调解决工作中遇到的困难，排除干扰和阻力，使政府采购工作得以顺利开展。

2. 扩大宣传。各地在开展政府采购工作中坚持多渠道、全方位、立体式地宣传实行政府采购制度的意义、作用、效果以及开展这项工作的办法和程序。许多地方在进行政府采购活动时，从具体招标项目的公告到开标、评标、中标等都在当地报刊、电台、电视台、互联网等媒体上进行广泛的宣传，大造舆论，逐步取得了领导、群众及有关单位的重视、理解和支持。

3. 监督检查。各级监察机关注意把社会监督和专门机关的检查结合起来，加强社会公众、新闻媒体、人大、纪检监察机关、审计部门等方面对政府采购工作的外部监督，强化供应商、中介机构、评标委员会、采购中心、财政部门之间的内部制约，确保政府采购工作规范运作，保证政府采购活动的公开、公平、公正和采购机构人员的清正廉洁。

2003 年监察部在对政府采购方面重点抓了以下几项工作：

1. 督促各级政府准确定位并科学设置政府采购机构，促使各地尽量按照国务院的要求做到：政府采购监督管理与具体操作机构必须分设；集中采购部门由中央和地方按财政集中支付层级分别设立，或委托中介机构履行集中采购职能；设立集中采购机构要从实际出发，特别是尚处于“吃饭财政”状况的地方和县级以下（含县级）的地方，既不必层层设立，也不必强求对口设立。

2. 会同政府主管部门制定并出台相关的法规制度。联合财政等部门根据实践的发展制定颁发相应的配套法规、政策，涉及政府采购条例实施细则、政府采购目录范围、供应商市场准入、中介机构资格规定、合同违约赔偿、采购人员责任追究等多个方面，使政府采购工作规范化、科学化、法制化。例如，长春市以规范政府采购行为、提高政府采购资金使用效益、维护当事人合法权益、促进党风廉政建设为目的，从建章建制入手，制定下发了 23 个规范性文件，已初步构建起较为完善的政府采购廉政制度体系。除了制定下发《长春市政府采购管理暂行办法》之外，长春市在政府采购规程方面先后制定了《政府采购预算和计划编报暂行规定》、《政府采购供应商资格认定管理暂行规定》、《政府采购评标会场管理暂行办法》、《政府采购文件的检查、备案管理暂行办法》以及关于定点印刷、定点维修、定点保险、公务出国机票等方面政府采购的规范性文件；在政府采购资金管理使用方面，出台了《政府采购会计核算暂行规定》、《政府采购资金财政直接拨付管理暂行办法》、《政府采购资金国库集中支付核算暂行办法》等规范性文件；在机构设置、职能分工和操作手段上，形成了“大三段”和“小三段”的操作模式，建立了有效的内部制衡与外部监督相呼应的多层次制约机制；制定了《关于对违反政府采购有关法规责任人员党纪政纪处分的暂行规定》，进一步强化采购人员的责任意识，有效地制约和规范了其采购行为。这些制度、机制和规范性文件的出台和实施，有力地保障了政府采购工作的顺利开展，取得了明显的社会效益和经济效益。另外，根据《中华人民共和国招标投标法》和《政府采购法》的规定，配合有关部门或结合监察工作实际，制定或完善关于政府采购的操作和监管系列规章制度，逐步形成了一整套结构严密、规范有效的管理制度。

3. 理顺条块关系，明确政府采购范围。加强协调，理顺部门、行业关系，同财政部门一起，进一步明确纳入政府采购的货物、工程、服务的范围，并以文件的形式加以确认，使管理部门、采购机关、货物供应商等主体在具体操作上有章可循。

4. 逐步加快建立计算机网络的进度。结合各地各部门开发政府采购软件的进程，建立监管政府采购工作、机构和人员的信息渠道，以便指导和帮助各级政府采购管理部门制定本地区的政府采购政策，堵塞漏洞，规范操作，纠正不良行为，维护公正合理的秩序。通过建立和利用计算机网络，初步实现了扩大影响、共享信息、降低成本、提高效率、增强透明度、便于监督等多重目标价值。

5. 加强对政府采购行为的指导和监督检查。市、县等基层政府采购工作中存在的问题比较多，监察部领导对此非常重视，要求各地加强对市、县级的政府采购工作的指导。各地区注意探索和总结，省一级监察部门对具体问题专门进行了研究，提出有参考意义的指导意见。监察机关加强同财政、审计部门的互相配合协调，加强对政府采购活动的专项检查，同时加强对分散采购支付行为的监管。2003 年重点检查了政府采购工作中管理机构和执行机构是否分设、有无违反规定规避政府采购、在具体采购过程中有无违纪违规行为等。对检查中发现的问题提出了整改意见。对严重的违纪行为，根据情况追究了相关人员的责任。对领导干部违反规定干预和插手政府采购活动的行为给予了严肃查处。

（监察部办公厅供稿，何平执笔）

加大审计力度　深化审计内容
推动政府采购制度的健全和完善

2003 年 3 月，温家宝总理在国务院廉政工作会议上指出，要进一步完善并严格执行政府采购制度。推动政府采购制度适应社会主义市场经济体制的要求，有利于推进财政公共支出改革、加强资金管理、提高财政资金的使用效益；有利于推动和实现政府消费行为市场化、公开化，从源头上抑制采购工作中的各种腐败现象，促进国家机关的廉政建设；有利于创造一个公平、公正的市场机制，促进企业之间的良性竞争和健康发展，为我国建立与国际市场接轨的经济秩序创造条件。因此，实行政府采购制度具有重大的经济和政治意义。审计机关作为财政经济的综合监督部门，认真贯彻落实《中华人民共和国政府采购法》（以下简称《政府采购法》）赋予的职责和国务院的要求，加大审计力度、深化审计内容，在推动政府采购工作方面做了大量工作，取得了一定的成效。

一、2003 年的主要工作

2003 年是《政府采购法》颁布实施的第一年。审计署围绕《政府采购法》，提出完善政府采购体制的意见建议，并根据《政府采购法》的要求，明确政府采购审计的范围、内容，组织相关审计项目，主要做了以下一些工作。

一是促进建立和完善政府采购管理体制。随着《政府采购法》的颁布实施，国务院办公厅、财政部、监察部等部门相继出台了《关于全面推进政府采购制度改革意见》、《中央单位政府采购管理实施办法》等健全和完善政府采购管理体制的规章制度。在这些规章制度的制定过程中，审计署认真研究，提出修改意见，促进了这些制度的完善。地方审计机关也认真研究各地政府采购实施过程中出现的新情况、新问题，提出健全制度、规范管理的意见和建议，促进了各地政府采购管理体制的不断完善。

二是将政府采购纳入审计监督范围，初步建立了政府采购审计监督制度。为全面落实《政府采购法》，配合财政支出改革的顺利实施，审计署适时地开展了针对政府采购工作的调研和咨询，探索建立政府采购的审计监督制度。审计署专门下发通知，要求全署各单位及其派出机构在中央部门预算执行审计和其他财政财务收支审计工作中，把政府采购审计作为一项重要内容，加强对政府采购预算、计划编制、招投标等采购程序执行和采购合同履行等环节的全过程跟踪审计，必要时可组织专项审计和审计调查，并对政府采购审计的具体内容和要求作了规定。地方各级审计机关也相应制定了审计监督制度。

三是组织开展政府采购审计和审计调查工作。2003年，审计署结合中央部门预算执行审计，把中央各部门执行政府采购制度情况作为一项重要审计内容，对中央各部门、单位开展了政府采购审计工作。不少地方审计机关根据审计署的指导意见，对本省政府采购活动也进行了审计和审计调查，并以政府集中采购机构为中心环节，延伸检查了相关财政部门和部分采购单位的政府采购管理和执行情况，同时向供应商进行了调查。从总体上看，各地、各部门按照财政体制改革的总体部署，大力加强政府采购制度建设，不断扩大采购规模，采购支出管理得到了加强，财政资金使用效益有所提高，政府采购工作取得了很大成绩。通过审计，也发现了政府采购管理和执行中的一些问题。审计署本着促进规范管理、完善制度的目标，向各级政府采购管理和执行部门提出建议，取得了较好的效果。

二、2003年政府采购审计的基本情况

我国政府采购制度尚处于全面推行的初期，中央部门和地方都还存在一些执行和管理不规范的问题。审计发现，这些问题既有采购管理部门、集中采购机构的，也有采购单位的。产生这些问题的原因，既有体制、制度、预算、计划管理不到位的因素，也有采购执行不规范、不严肃的因素。

审计中央部门政府采购发现的主要问题是，少数部门对政府采购重视不够，执行政府采购制度不够严格。首先是对政府采购预算、政府采购计划的编制重视不够。虽然财政部明确要求各部门在编制部门预算时要单独编制政府采购预算，但一些部门没有认真对待。其次是政府采购预算不完整、不细化，一些按规定应编制政府采购预算的项目没有编入采购预算，一些专项资金中的采购事项也没有列入政府采购预算。再次是按规定应纳入政府集中采购目录的项目没有进行集中采购，而是由一些部门自行采购。最后是一些采购方式和程序不合规，如：应公开招标的项目没有公开招标；已纳入政府集中采购的项目存在采购单位指定供应商、指定品牌、随意变更评标结果等现象；竞争性谈判、询价采购没有严格执行规定程序；一些采购单位没有完全按照采购结果签订合同，在合同执行过程中通过与供应商签订补充合同的方式变更采购结果，等。另外，采购机构在具体实施采购时也存在一些不规范的问题。

在对地方政府采购工作进行的审计中发现的比较突出的问题是：政府采购体制不尽合理，一些地方财政部门既履行监督管理职责，又负责实施集中采购业务，缺乏有效的监督制约；一些地方政府采购机构设置重叠，同级设有多个综合性集中采购机构，人为地将同类采购业务划分成两个部分，造成重复采购；一些中西部经济欠发达县虽然设置了政府采购执行机构，但采购效果不明显；采购项目执行时间过长，有些物品集中采购价格偏高；政府采购预算管理普遍不到位，主要是缺乏计划性，多数采取采购单位随时申报、政府采购管理机构随时审批、集中采购机构随时采购的无计划做法，以致同类物品采购批次多、批量少、金额小，难以达到规模效益；采购单位规避集中采购问题比较普遍，未纳入集中采购的金额比例较大；采购方式和程序执行不严格，公开招标采购比例过低，评标管理不规范，评标组织不够严密，等。

中央部门和地方政府采购中存在的问题有一定的共性，主要表现在管理不到位和执

行不规范两个方面。审计机关审计后，一方面向采购单位、集中采购机构下达了审计意见书和决定，要求认真整改；另一方面，针对政府采购中存在的普遍性问题，向政府提出了审计报告，建议有关方面在加强政府采购管理和规范采购执行上下功夫，推动政府采购健康发展。

三、加大审计力度，规范政府采购行为

根据《政府采购法》规定，政府采购管理部门、政府集中采购机构、采购单位、招标代理机构、供应商等都在审计监督的范围内，都有依法接受审计监督的义务。为加强政府采购审计监督，审计署将加大审计力度，对参与政府采购管理和执行的各单位开展审计，促使其严格按法律和制度要求规范采购行为，努力提高依法行政、依法理财、依法采购的水平。

对于政府采购管理部门，审计机关主要审计其履行政府采购监督管理职责的情况，包括政府采购管理制度的制定和执行、政府采购预算及采购计划的编制和下达、采购资金国库集中支付及其管理以及履行其他监管职责的情况等。要求政府采购管理部门加强采购项目预算管理，严格审核、批复采购预算，加大政府采购资金国库集中支付的力度，对资金支付环节加强控制和管理。同时，要求采购部门将政府采购项目纳入部门预算，编制具体的采购项目预算和计划。

政府集中采购机构是审计监督的中心环节，审计机关主要审计其对集中采购活动的组织管理及其执行情况，包括政府集中采购的规模、方式、组织形式，采购活动的信息发布，委托的中介机构，对招标、投标、评标、中标的组织管理，对采购合同签订及履行的管理，采购后续管理，采购各环节的内控制度，内部财务收支情况等。要求政府集中采购机构完善集中采购操作的运行机制，健全内部控制制度，规范采购操作流程，公开采购项目评标办法和标准，充分发挥专家决策的作用，加强采购活动及采购合同、采购档案管理等基础工作，为政府采购审计监督提供基本条件。同时，集中采购机构对采购活动也要认真行使应有的行政职能，加强对采购单位和供应商的监管工作。

对于采购单位，审计机关将政府采购列入对其年度预算执行审计的范围，进行经常性的审计监督，主要审计其政府采购收支和采购活动的真实性、合法性，包括采购项目立项，采购资金来源、管理和采购预算执行情况，执行政府采购法规情况，以及采购合同的签订和履行情况等。要求采购单位严格执行《政府采购法》等法律制度和采购预算，对列入集中采购目录的项目必须委托集中采购机构进行采购，加强对政府采购各具体环节和采购物品的管理，增强依法采购的自觉性。

对于参与政府采购的中介代理机构，审计机关主要审计其资质情况和接受委托开展采购活动的合规性。对于供应商，主要审计其投标活动的合规性、报价的合理性、采购合同履行情况等。参与政府采购的各方面都是政府采购审计的涉及对象，审计机关将根据情况向中介代理机构、供应商进行延伸调查。

政府采购工作是一个新的工作领域，涉及面广，政策性强，而且由于正处于起步和推进阶段，一些配套改革措施还不太完善，有关规章制度还不太健全，这些因素给对其实行审计监督带来了一定困难。为了做好此项工作，审计机关今后将积极搞好与有关部门特别是与财政、监察和主管部门的协调配合，为不断改进和完善政府采购制度，使之健康、有序地推行而努力。

（审计署行政事业审计司供稿，
叶林、刘贝执笔）

三、地方政府采购工作概况

北　京　市

2003年，北京市政府采购工作以“三个代表”重要思想为指引，以《中华人民共和国政府采购法》（以下简称《政府采购法》）的贯彻实施为契机，积极进取，努力拼搏，使政府采购规模再创新高，采购范围不断拓宽，制度不断创新，政府采购工作程序进一步规范，政府采购的宏观调控作用得到更大的发挥。同时，采取有效措施，在首都抗击“非典”的工作中发挥了政府采购应有的作用。

一、政府采购的规模再创新高，范围继续拓宽，制度不断创新

（一）加强对政府采购预算的执行，超额完成全市政府采购预算指标

2003年全市完成政府采购预算69.4亿元，比全年政府采购预算54.7亿元超额26.9%；政府采购合同金额为65.7亿元；节约资金3.7亿元，节约率为5.28%；财政直接支付金额18.87亿元，直接支付比例为37%。

（二）拓宽政府采购领域，加大服务类和工程类政府采购项目的执行力度

1. 加大服务类政府采购项目的执行力度。市级行政事业单位车辆统一保险工作实行一年来，参加统一保险机动车辆共16764辆，平均每辆车保险费3794元，比定额低706元，在节约财政资金方面取得良好效果。完成“市级行政事业单位机动车辆统一维修”、“北京市市级财政授权支付业务代理银行”、“建筑工程预决算审计事务所”及其他服务类政府采购项目。

2. 加大工程类政府采购力度。2003年市本级工程类政府采购预算为12亿元，全年完成金额为12.07亿元，比2002年增长58.8%。

（三）与时俱进，实现制度创新

1. 推出“政府采购公务卡”。北京市在招标确定市级行政事业单位机动车辆统一维修服务商后，又在支付方式上积极探索，与中信实业银行配合推出了“政府采购公务卡”，通过建立“一车一卡”制，实现了维修费用的实时结算，在节约资金的同时有效地提高了财政资金的使用效率。全年共为全市10852辆机动车建卡，拨付资金0.71亿元。

2. 配合国库管理制度改革，探索政府采购资金支付的新思路。一是对纳入国库单一账户制度改革试点的9家试点单位的政府采购资金，无论集中采购还是分散采购项目，全部实行财政直接支付方式。二是将试点单位由采购办拨付政府采购资金的方式，改为由试点单位在需要支付资金时直接向国库支付中心申请，由国库支付中心直接拨付供应商的方式。

二、在抗击“非典”期间建立应急机制，采取有效措施，发挥政府采购的作用

其一，抗击“非典”期间，北京市将市财政追加的专门用于抗击“非典”医疗设备的政府采购项目纳入政府采购计划。对年初已列入市卫生系统政府采购计划的项目，根

据对预算指标的调整情况，及时变更采购计划。市卫生系统的政府采购项目，全部由市卫生局自行采购。

其二，制定非常时期资金拨付程序，确保抗击“非典”资金的及时拨付。对市卫生系统及抗“非典”一线单位的政府采购项目涉及的资金，不论金额大小，随时办理，当天拨付。

其三，为保证市民出行、购物安全，为部分商场、超市和车站等采购体温门检设备418台，为文化和旅游系统购置体温门检设备120台。

三、多项措施并举，积极贯彻落实《政府采购法》

（一）以《政府采购法》贯彻实施为契机，进一步规范政府采购工作程序

1. 根据《政府采购法》的规定，北京市对原有的政府采购程序做了四个方面的调整。一是要求各预算单位在财政预算批复下达后编制政府采购计划。二是将政府采购立项的申请审核方式由文字申请调整为统一的表格申请。三是政府采购招标代理机构委托方式由原来财政下达委托书的方式改为由采购人自主委托。四是规范了政府采购评标结果公告制、合同备案制等制度。

2. 在政府采购方式上，北京市按《政府采购法》的要求坚持以公开招标作为政府采购的主要方式，同时规范对其他采购方式的审批。2003年市本级以公开招标方式进行的政府采购比例达到84%。

3. 为使《北京市政府采购招标文件（货物类）范本》更加规范实用，在其初稿确定后，组织招标中介和有关专家进行评审修改，并报财政部国库司政府采购处审核。定稿后，于2003年7月份在北京市政府采购中心和西城区、丰台区开展了试点工作，待成熟后将向全市推广。《北京市政府采购招标文件（货物类）范本》的编制和试行工作，为规范北京市政府采购招标工作中各当事方的行为和增加政府采购招投标的透明度发挥了重要作用。

（二）加强制度研究，做好政府采购制度建设的准备工作

《政府采购法》出台后，在市政府的建议下废止了《北京市政府采购办法》，并向法制处提出了废止其他与《政府采购法》有冲突的文件的建议。同时，加强了制度研究，根据在政府采购实践过程中总结的经验和教训，为财政部代国务院草拟的《中华人民共和国政府采购法实施条例》等法规提出修改意见，在为财政部完善上述法规提供参考的同时，也为北京市下一步建立政府采购制度的工作打下基础。

（三）加大培训和宣传力度，提高社会各界对政府采购工作的认识

1. 北京市采取了多种形式，提高政府采购当事人的业务水平，增强他们的法律意识。例如：在年初各部门预算单位专业会上宣讲政府采购程序；组织市与区、县政府采购管理机构工作人员约100人进行封闭式业务培训；召开采购中心和部分中介机构的座谈会，就《政府采购法》实施以来，北京市政府采购活动在采购程序以及操作细节上的突出问题进行了认真的探讨和研究，等。

2. 进一步加大宣传力度。制作并出版了《阳光工程——北京市政府采购事业五年》大型画册，记述了北京市政府采购五年来组织建设和制度创新、贯彻政府采购法律法规等情况，真实地反映了首都政府采购事业的蓬勃发展。成功举办了第六届中国北京国际科技产业博览会第五次政府采购专场，首次推出政府采购项目现场签约仪式，签约金额达1.06亿元。

（四）充分发挥政府采购的宏观调控功能

1. 实施2003年北京市政府采购网络计算机计划，支持高新技术产业的发展。为进一步引导、培植和扩大网络计算机消费市场，2003年，仅教育系统就推行网络计算机7000余台。此举有效促进了北京市高新技术产业的发展。

2. 支持北京市汽车制造业的发展，扶持具有竞争力的国内产业。在将北京现代汽车纳入党政机关公务用车政府采购范围之后，2003年通过政府采购，共批准采购北京现代索纳塔轿车1477辆，涉及资金3.26亿元；采购大切诺基416辆，涉及资金1.67亿元。

3. 为控制大气污染，保护首都环境，北京市将行政事业单位财政供养的“黄标车”更新一律纳入政府采购项目。2003年完成“黄标车”置换170辆，其中索纳塔2.7轿车31辆，索纳塔2.0轿车92辆，国产旅行车47辆。

四、进一步增强服务意识，提高办事效率，加强信息化建设

其一，改进定点采购，增强为采购人服务的意识。为解决采用财政部定点供应商价格变动滞后问题，2003年北京市对党政机关及市属预算单位业务用计算机、打印机政府采购销售定点项目进行了重新招标。经公开招标，确定了19个中标品牌、38家中标分销商，确保了采购人能够采购到性能优质、价格合理、时尚的计算机产品。

其二，缩短实物调拨的结算时间，由过去的一月一结，改为一周一结，受到供应商的普遍好评。

其三，2003年，市政府将党政机关汽车核编网上审批与管理系统项目列入北京市电子政务二期建设项目。9月底完成了项目的公开招标工作，到2003年底，程序基本开发完成，进入调试阶段。汽车核编网上审批与管理系统建立后，将缩短党政机关公务用车的审批时间，提高审批工作效率。

其四，加强了北京市政府采购网站建设。在保持原有栏目的基础上，对网页进行了重新设计改版工作，新增了“区县政府采购”和“计数器”两个板面，为下一步建立区、县政府采购二级虚拟网站奠定了基础。

五、进一步加强政府采购监管工作

其一，召开了2003年北京市人民政府政府采购工作领导小组办公室联席会议，对确定2003年政府采购工作要点、推动北京市政府采购工作起到了至关重要的作用。

其二，制定并落实政府采购社会监督员工作计划。邀请政府采购社会监督员参与建筑工程预决算审计事务所政府采购项目、北京市网络计算机政府采购项目及其他重点政府采购项目的监督工作。召开政府采购社会监督员座谈会，组织教委系统各校就政府采购工作的实施情况进行座谈，征求各方面意见，以更充分地发挥政府采购社会监督员的作用。

（北京市政府采购办公室供稿，
潘磊执笔）

天 津 市

2003 年，天津市政府采购工作呈现高水平、快增长、新跨越的特点。随着《中华人民共和国政府采购法》的颁布实施，政府采购进入了法制化管理轨道。天津市各地区、各部门牢牢把握这一时机，乘势而上，在强化管理上做文章，以管理促规范，以规范促发展，全面规范政府采购行为，建立健全法制化、科学化和高度透明的政府采购运行机制，进一步扩大政府采购规模，采购预算首次突破 20 亿元大关，取得了抗击“非典”和政府采购规模上水平的双胜利。

一、强化管理，进一步扩大政府采购规模

政府采购规模直接反映了政府采购工作成果。2003 年，天津市从政府采购的源头和基础性工作入手，加强依法管理工作。一是制定印发了《天津市 2003 年政府采购目录》，合理制定了限额标准，推行了政府采购预算制度，增加了采购品目，拓展了采购范围。二是重点抓住政府采购项目审核、采购方式审批、采购预算编制、采购计划报送等基础工作，积极推行政府采购信息公告、司法公证和社会监督制度，建立采购执行机构内部相互制约机制，实现政府采购预算与执行、使用与采购、采购与付款、监管与执行的分离，健全了从采购项目立项、招标、采购，到采购资金支付、采购商品实际使用和效果评价等全过程、全方位的监管体系。三是逐步建立由财政部门与建管部门共同参与的财政性投资建设项目监管体系，合理确定各自的职责范围，明确财政部门对资金管理的侧重点，将财政投资工程项目置于政府采购管理范围，有效地扩大了政府采购的范围。四是遵循市场经济下的公平竞争规则，探索建立招标代理机构市场准入制度，鼓励社会中介组织积极参与分散采购业务和工程招投标活动。

二、坚决贯彻政府采购法，以与时俱进的科学态度全面理顺政府采购管理体制

按照政府采购法关于管理部门与执行机构相分离的法律原则，天津市逐步理顺政府采购监督管理体制。2003 年 10 月，市人民政府批转的市财政局《关于进一步加强政府采购管理意见》提出，以“合理分工、相互制衡，规范管理、强化监督”为原则，在天津市建立市政府采购管理委员会、市政府采购办公室和市政府采购中心“三位一体”的组织管理模式。天津市政府采购管理委员会作为全市政府采购工作的组织领导机构，负责领导、监督和协调全市政府采购工作，研究解决政府采购工作中的重大问题，参与制定全市政府采购法规、政策。委员会下设政府采购办公室，具体负责委员会的日常管理工作，并履行财政部门的监督管理职责。集中采购机构和具有政府采购资质的社会中介机构均属于政府采购业务的具体执行机构，不具有政府采购行政管理权，直接受理采购业务并实现独立运行。同年 12 月，由主管副市长任主任，有关委、局主要领导为成员的天津市政府采购管理委员会正式组建，标

志着天津市政府采购管理体制建设取得了突破性进展。

三、大力推行公开招标采购方式，规范政府采购行为

规范化管理是政府采购的灵魂。政府采购法的实施，要求政府采购的方式、方法、程序均依法执行，这对政府采购工作提出了新的要求。2003 年，天津市提出“用科学的制度管理，用规范的程序约束”的管理目标，以严格执行公开招标采购方式为切入点，从严规范政府采购行为。要求实施政府采购业务必须以招标方式为主，采购代理机构或采购人采用招标以外方式的，必须事先报经财政部门批准；对正在实施或已实施的政府采购项目，由于特殊原因需要改变原有采购方式的，也必须报经财政部门批准。同时，建立规范的采购方式报批程序，尤其是对客观存在的来不及公开招标、不需要公开招标和不能公开招标的采购项目，要求采购人必须及时提出采用其他采购方式的理由，报经财政部门批准后方可执行。这些严格的措施确保了政府采购工作的规范运作。

四、深入挖掘区域潜力，区、县政府采购在规范管理中各具特色

在各区、县政府的高度重视下，到目前为止，已有 9 个区、县成立了专门的政府采购管理机构。各区、县依据本地区的特点相继开展了各具特色的政府采购工作。静海县按照“堵塞漏洞、节约开支、规范操作”的工作思路，抓一项落实一项，在车辆的保险、维修管理方面工作较为细致，做到了一车一档，有专人负责，初步形成了事前有申报、事中有人管、事后有监督的管理模式。塘沽区在工作中注重加强干部队伍的素质建设，制定了一系列规章制度，用制度约束人。为了强化监督机制，武清区成立了主管区长直接领导，区人大、政协、政府、财政、计委、纪检委、审计等部门为成员的政府采购工作委员会。和平区根据自身的实际，在全市率先编制了政府采购预算，并严格按照有关程序进行审批。东丽区以服务为本，改进工作作风，变管理为服务，充分体现了亲和力。河东区在采购活动中积极与市政府采购中心连动，既满足采购人的需要，搞好了服务，提高了工作效率，又节省了财政支出。

五、以推行高效、优质服务为动力，政府采购管理手段现代化步伐明显加快

随着政府采购制度的全面推行，政府采购工作量越来越大。为了适应这一情况，天津市政府采购管理工作在规范政府采购行为的同时，采取措施，尽快实现政府采购管理手段的现代化，有效地提高了工作效率，为采购人和供应商提供了更加优质、高效的服务。一方面，本着“统一管理、集中发布、分级维护”的原则，利用互联网技术，建立了天津市的政府采购网站，实现了政府采购信息公开化，方便采购人和供应商通过公开、简便的途径及时获取政府采购信息。另一方面，积极探索网上采购的模式，包括尝试标书传递、网上询价、电子投标、网上评标和网上支付等方式，有效地促进了电子政府采购环境的进一步优化。

六、注重财政各项改革的协调配合，对政府采购的推动效果日益显现

推行的部门预算和国库集中支付制度改革与政府采购制度改革共同构成了财政支出管理制度改革，通过三项改革的相互配合，可以从预算源头和资金支付关口把住财政性资金采购项目的来龙去脉，已成为推动和深化政府采购制度改革的有效助推器。天津市自 2001 年起，以部门预算改革为契机，全面建立政府采购预算制度，实行政府采购计划编报制度，要求编制预算的部门和单位，必须同时编制政府采购预算，并按规定程序及时编报采购计划，一经批复的采购计划不得随意调整。加强对采购预算合理性和完整性的审核，提高了采购预算的可操作性，有效地把住了资金的来源。同时，将政府采购作为国库集中支付制度改革的突破口，率先开立政府采购资金支付专户，对由财政预算安排和纳入财政专户管理的资金安排的政府采购项目，其预算指标和支出计划继续下达给各部门和单位，但资金不再拨付给采购人，由财政部门根据采购合同将资金直接支付给有关供应商，实现财政性资金的集中管理和统一核算，严格控制了资金的去向。

2003年天津市政府采购工作之所以能取得较好的成绩，获得较大的发展，首先，领导重视是关键。各级党委、政府、纪检监察部门的重视与支持是做好政府采购工作的关键。其次，定位准确是前提。天津市政府采购工作自初始阶段就树立了“阳光下采购、市场化运作”的工作理念，并制定了使全市政府采购工作达到采购活动市场化、采购管理制度化、服务方式网络化的明确目标，把工作职责定位在监督管理的过程中，保证了采购过程的公开、公平、公正和资金的有效使用。第三，制度完备是保障。几年来，天津市十分重视制度建设，先后出台了一系列规章制度，建立了内部监督、社会监督、新闻监督、纪检监督机制。同时，坚持“五公开”，即公开招标信息、公开招标程序、公开招标文书、公开定标原则、公开中标结果，从而保证了采购活动的公开、公平、公正。第四，不断创新是核心。结合工作实际，天津市先后制定了标准化文本、询价采购步骤和竞争性谈判采购程序、政府采购档案管理办法等。第五，勤奋工作是基础。全市从事政府采购工作的同志们勤于思考、努力工作，在人手少、任务重、头绪多的情况下，以事业为重，加班加点，相互协作，有效地保证了全市政府采购事业的健康发展。

（天津市财政局供稿，于世明执笔）

河 北 省

2003年，河北省政府采购工作以宣传贯彻《中华人民共和国政府采购法》（以下简称《政府采购法》）为主线，积极探索新形势下政府采购工作的特点和规律，将扩规模、抓规范、提效率作为工作重心。通过监管标书论证、现场抽取专家等重点环节和推行协议供货制度，全面推进政府采购工作的开展，采购规模和采购效益进一步提高。2003年采购金额38.2亿元，比上年同期增加15.6亿元，增长69.2%；比预算节约资金4.79亿元，资金节约率为11.15%。

一、认真贯彻执行《政府采购法》，全面推进政府采购

《政府采购法》从今年2003年1月1日开始实施，河北省将宣传贯彻落实好《政府采购法》列为全省各级财政部门的重要工

作，省发文要求各级财政部门加强对宣传工作的指导，充分利用国内、省内各种宣传媒体及财政信息网、政府采购网，采用知识窗、评论、专题报道等多种形式，加大对政府采购的宣传力度。省采购办在《公共支出与采购》杂志开辟《政府采购法》宣讲专栏，以百题问答、专题文章等形式进行宣传。组织人员撰写理论文章积极探索政府采购理论问题，以指导日常工作，全年发表有关改革实践和理论研究探讨的文章多篇。邀请有关专家进行《政府采购法》相关知识的培训。与此同时，积极指导和推进各市的宣传工作，各市在这方面做了大量工作。如邯郸市的《政府采购法》宣传工作搞得有声有色。市财政局党组召开会议对这项工作做了专题研究，制定了详细计划上报市政府，并向主管市长进行了专题汇报。市财政局安排了专项活动经费，在《邯郸日报》开辟了政府采购专栏，刊登了常务副市长、财政局长、财政局副局长以及市监察局、市审计局、市农业开发办等单位的7篇文章。同时，还开展了上街宣传、电视专题报道、举办座谈会、培训班、知识竞赛等活动。省采购办为省直单位部分装备管理人员举办了《政府采购法》培训，对政府采购的意义、采购法立法目的、政府采购基本流程等方面内容进行了深入浅出的讲解。通过一系列的宣传和培训活动，扩大了政府采购的影响力，提高了采购人依法执行政府采购的自觉性。

二、政府采购规模进一步增长，采购范围进一步扩大

围绕扩大规模这一目标，河北省做了四方面工作。一是多渠道宣传和扩大《政府采购法》的影响，使政府采购工作得到各方面的理解和支持，提高了对政府采购制度改革的认识和执行政府采购制度的自觉性。二是通过编制《河北省2003—2004年政府集中采购目录及采购限额标准》，增加了采购品目，扩大了采购范围，明确了工作要求。例如，将财政拨款购买的粮食纳入了政府采购的范围。三是通过编制2003年政府采购预算，将纳入集中采购目录的货物、工程和服务全部列入政府采购预算，实施部门预算管理，把好政府采购管理的第一关。四是注重采购预算的落实，加强对公共工程采购的管理，并对代理招投标机构进行了登记备案。通过这几方面的措施，全省政府采购规模达到38.2亿元，超过了年初确定的30亿元的目标。

三、加强制度建设，规范政府采购行为

《政府采购法》的实施为规范政府采购工作提供了法律依据。河北省对政府采购工作的规范管理主要体现在：一是明确政府采购监管部门职责，定好位，既不缺位也不越位。政府采购监管部门的职责主要有预算管理、政府采购的信息管理、政府采购方式管理、政府采购合同管理、受理供应商投诉、规定政府采购专业岗位任职要求、监督检查、处理违法违规行为等。二是抓好重点和关键环节的规范化管理，出台了政府采购的资金管理办法、信息发布管理办法、政府采购预算编制管理办法等，确保各级政府采购活动有法可依，有章可循。三是对采购目录和纳入采购预算的项目制定了科学的分类编码和统一的名称，为政府采购实施自动化管理打下基础。

四、抓创新提高采购效率

为解决交通工具、办公自动化设备采购效率低的问题，河北省在充分调研的基础上制定了《河北省省级行政事业单位购置交通工具、办公自动化设备政府采购协议供货管理暂行办法》，第四季度率先在省直行政事业单位推行政府采购协议供货制度。截至2003年12月31日，办公自动化设备已实现协议供货102批，涉及计算机、打印机等9种产品，具体型号700余种，采购金额达到1 334.5万元。协议供货制度的实施，大大缩短了办公自动化设备的采购周期，采购周期由原来的平均20天缩短为2—3天，提高了采购效率。此外，河北省积极探索提高采购效率的新途径，如实行集中打捆的办法，提高单次采购的规模，既降低了采购成本，又提高了采购效率。

五、规范政府采购预算的编制，政府采购资金实行财政直接支付

为规范政府采购预算管理，河北省财政厅专门制发了《河北省政府采购预算编制及执行管理办法（试行）》，对政府采购预算的范围、资金性质、编制和执行原则、编制和执行的程序等做出了具体规定，为规范政府采购预算管理打下了基础。2003年政府采购预算编制和执行与以往相比具有以下特点：一是部门对政府采购预算编制的重视程度和预算编制质量进一步得到了提高；二是部门预算和政府采购预算同步编制、同步批复，增强了政府采购执行的时效性；三是政府采购预算的约束性增强，克服了前边编后边改，随意性较大的问题，增强了预算的约束性。据统计，2003年纳入预算的部门和单位已占全部预算部门的95 %，比上年有较大提高。省本级政府采购预算达4.73亿元。政府采购预算的编制使实行政府采购的机关、单位的货物、服务和工程项目纳入了预算管理。对纳入政府采购预算的项目，资金不再拨付部门，而由财政直接支付。政府采购预算的编制，增强了政府采购的计划性，为集中采购和集中支付的实施打下了基础。

为了进一步做好政府采购工作，使政府采购预算与部门预算相衔接，河北省财政厅出台了《河北省省级政府采购资金财政直接拨付管理办法》，规定纳入政府采购预算计划的财政预算内、外资金不再拨付部门，而是由支付中心直接支付给供应商。该办法同时还规定，单位用自筹资金进行的政府采购也比照财政预算内、外资金进行管理。实行财政直接支付制度，改变了财政部门对政府采购资金重分配、轻管理的状况，使财政部门对政府采购资金的管理由资金分配环节延伸到资金使用环节，对保证专款专用，防止截留、挪用资金起到了非常重要的作用。

六、加强对政府采购招投标的管理，确保政府采购招投标的顺利实施

一是开标前对标书进行论证。在吸取近几年政府采购工作经验教训的基础上，河北省要求执行机构编制的政府采购招标文件必须经政府采购评审专家论证。论证的主要内容包括：技术需求中的技术标准是否规范；技术需求的编写有无缺陷；技术需求有无倾向性；评标标准、评标办法是否规范、具体等。实践证明，标书论证这一环节的设置，规范了政府采购行为，使公开、公平、公正的原则在招标文件中得到了全面的体现，提高了招标采购的成功率。《中国财经报》对这一成功经验进行了报道，使之在全国范围内推广开来。

二是评标专家在开标前现场抽取。从2003年元月1日起，政府采购专家库由执行机构移交监管机构管理。河北省对原有的专家进行了甄别，在此基础上，进一步充实了专家库，建立了省级政府采购专家库。政府采购专家库由监管部门负责的做法，使管采分离的目标得以实现。同时，为规范管理，河北省还制定了《河北省政府采购评审专家管理办法》和《河北省政府采购评标专家抽取办法》，对政府采购专家的认定、管理、培训及采购专家的抽取程序等进行了规范，要求必须在开标当天的前1个小时，在采购办监督下，由采购人和执行机构共同从监管部门专家库中随机抽取出评标专家。这一做法最大限度地克服了以往在开标前一天提前确定专家而可能对评标公正性造成的影响。供应商、采购人等各方对此做法普遍反映较好。

三是把好信息发布关。要求采购信息发布渠道统一、内容规范、发布及时，并将政府采购信息发布率纳入考核范围。

四是规范政府采购招投标的现场组织。要求：公开招标、竞争性谈判、询价采购开标后有效投标家数必须达到三家以上；改变采购方式必须报经同级政府采购监管部门审批的做法；招投标（包括各种采购方式）应在财政、监察、公证机关的监督下进行；进入评标室的评委必须中断与外界的一切联系；评标过程要封闭；技术标和商务标分开；采购中心不进评标委员会。上述措施进一步加大了对政府采购招投标工作的管理，减少了人为因素对招投标的影响，增强了招投标的科学性和公平竞争性。

七、建立监督机制保障政府采购健康发展

为了加强对政府采购工作的监督管理，河北省建立了财政、监察、审计及社会组成的多层次多结构的政府采购监督体系。招标事项邀请监察部门进行监督，大的招标事项还邀请新闻媒体到场进行监督，以排除人为因素的干扰，防止暗箱操作，确保招标活动按公平竞争原则进行。为维护政府采购活动的公平、公正，所有的公开招投标活动都请当地公证部门进行现场公证。部分采购中心还聘请了常年法律顾问，以确保所有采购的程序、文件、材料的规范和合法性。审计部门加强了对政府采购的审计监督，2003年已将政府采购执行情况列入审计范围，重点对采购范围和资金的运用进行了审计。政府采购监督体系的建立，有利于从根本上杜绝钱权交易、暗箱操作，保证了政府采购的健康发展。

（河北省政府采购办公室供稿，许金元执笔）

山 西 省

2003年是《中华人民共和国政府采购法》（以下简称《政府采购法》）实施的第一年，山西省政府采购工作紧紧围绕“全面贯彻实施《政府采购法》、进一步健全监督机制、规范政府采购行为、推动采购规模再上新台阶”的总体目标，以宣传《政府采购法》为契机，以落实《政府采购法》为目标，狠抓各项基础管理工作，确保了全省政府采购工作深入健康开展。据统计，2003年全省政府采购合同采购总额达到18.56亿元，比预算节约资金1.73亿元，取得了较好的社会效益和经济效益。

一、积极宣传《政府采购法》，促进依法行政与依法采购意识的提高

《政府采购法》的正式实施为进一步深

化政府采购制度改革创造了良好的法律环境。为宣传落实好采购法，山西省采取了举办培训班、编发制度选编材料、寄发宣传贺年卡、举办知识竞赛、在报纸上开辟宣传专栏等多种宣传形式积极宣传介绍政府采购的法律法规知识，总结政府采购工作的成果与经验。通过一系列宣传活动，各级预算单位守法意识明显增强，财政部门依法行政观念得到进一步强化，有力促进了全省政府采购工作的深入开展。

二、有法必依，完善制度建设，严格规范政府采购运行规程

根据《政府采购法》的要求，财政部门不得设立政府集中采购机构，已经设立的，要与财政部门脱钩。为此，山西省组织专门力量，到机构改革比较完善的上海、吉林等省进行了专题调研，在征求有关部门意见的基础上，结合山西省实际，与省监察委员会联合提出了省级政府集中采购机构分设意见，已正式上报省政府审批。

为了从制度上保证政府采购工作的规范运行，减少人为干扰因素，山西省制定颁布了《山西省政府采购招标代理机构管理暂行办法》、《省级分散采购管理暂行办法》、《山西省省级政府采购评审专家抽取办法》、《山西省政府采购评标委员会工作规程》等一系列制度，对规范政府采购行为具有积极的推动作用。

对照《政府采购法》的要求，山西省重新完善了目前的政府采购运行规程，注意规范与监督政府采购的重点、核心环节，调整或废止了一些不符合采购法要求的具体做法；在采购方式上坚持以公开招标为主，已经开展的集中采购活动中，除个别特殊采购项目外，90%以上的采购项目采取公开招标采购；严肃了采购信息公告制度，所有招标信息都能按照要求在法定信息发布媒体上及时公布；省本级及多数市、地建立了政府采购评审专家库，招标时按随机原则抽取专家，有效保证了政府采购评标工作的公平公正进行。

三、改进与完善采购流程，不断提高采购效率

根据目前政府采购以货物类为主的特点，以及为解决招标周期过长、采购效率不高等问题，山西省在技术层面上进行了积极探索。主要是在充分考虑采购规模效益的基础上，努力增加采购频次，有效缩短项目前期审核时间，对单位上报的采购清单做到及时审核、及时汇总、及时委托，基本满足了采购单位在时间上的要求。

为了切实提高政府采购效率，山西省不少地、市积极探索对大宗通用货物实行招标采购、协议供货制度，显著提高了采购效率，实现了规模采购与效益采购有机结合的政策目标。

四、强化预算约束，促进政府采购规模进一步扩大

2003年政府采购预算资金20.28亿元，合同采购金额18.56亿元，占全省GDP的0.7%；占财政一般预算支出比重的4.5%，比上年提高一个百分点；绝对额增加6.66亿元，增幅为56%；合同采购金额同预算相比节约1.73亿元，综合节约率为8.52%。2003年政府采购结果呈现出以下明显特点：一是招标方式成为政府采购的主要方式，政府采购的公开和透明原则得到有效贯彻和实施；二是采购资金中以预算内资金为主，预算内外资金并重，政府采购涉及资金范围进一步扩大；三是在认真做好政府采购货物类项目的同时，工程与服务类采购呈现上升趋势；四是集中采购组织形式在政府采购推进过程中发挥着主力军作用，其中集中采购机构规模效益尤为明显，中介机构在政府采购实施过程中的专业技能和服务质量初步显现；五是合同授予情况以国内供应商为主，凸显了购买国货原则，并且国内采购中省外供应商获得了近两成的采购额度，公平竞争、非歧视性原则得到切实体现；六是技术标准统一、市场竞争充分的一般设备及交通工具仍是政府采购中的主体品目，同时，其他采购技术复杂的品目采购额也呈逐步上升趋势，政府采购范围趋于扩大。

五、存在的问题及对策

总的来看，山西省的政府采购工作2003年取得了比较大的进步，但与政府采购法的规定和改革发展的要求相比仍有很大差距。例如：政府采购的规模和范围仍然偏小，占财政支出及GDP的比重还很低，集中采购的制度还不很完备，存在许多亟待完善的方面；尽管实行了政府采购预算制度，但项目编制较粗，准确程度不高，导致采购预算及采购计划的执行率偏低；部门从自身利益出发，瞒报、漏报采购项目，逃避政府采购制度约束的情况较为严重，等等。

今后一段时期政府采购工作的主要任务是：对照《政府采购法》的要求，进一步完善各项规章制度，规范采购程序，促进政府采购工作依法健康运行；认真落实《国务院办公厅转发财政部关于全面推进政府采购制度改革意见的通知》精神，进一步提高认识，稳步推进政府采购制度改革；积极采取措施，突出重点，逐步扩大政府采购规模；积极做好管理与执行机构分设工作，加快政府采购管理体制的建设；继续抓好制度建设，推进政府采购工作规范化管理；开展监督检查，进一步完善政府采购监督体系；狠抓政府采购队伍建设及干部培训工作，为造就一支政治觉悟高、业务素质强、勤政廉洁的采购队伍做出积极贡献。

（山西省财政厅国库处供稿
徐继忠执笔）

内蒙古自治区

2003年，内蒙古自治区各级财政部门以《中华人民共和国政府采购法》的实施为契机，认真贯彻国务院办公厅转发的财政部《关于全面推进政府采购制度改革的意见》和《内蒙古自治区人民政府关于全面推行政府采购制度的意见》精神，积极探索，开拓进取，促使自治区的政府采购工作取得了良好的经济效益和社会效益。

一、政府采购范围不断扩大，政府采购规模保持增长势头

2003年，内蒙古自治区区本级和各盟、市根据社会经济发展状况和财力状况，科学地制定政府集中采购目录和限额标准，增加政府采购项目，降低限额标准，扩大政府采购范围和规模，超额完成了年初确定的政府采购计划规模。2003年自治区政府采购计划规模20.4亿元，实际采购规模达到22.2亿元，完成年度计划的109%，比上年增长67%，占自治区财政总支出的4.75%，其中自治区本级和盟、市实际采购规模分别完成3.59亿元和18.61亿元，分别是年度计划的101.4%和110.4%。2003年自治区采购项目预算数24.32亿元，实际支出采购金额22.2亿元，节约资金2.1亿元，资金节约率为8.6%，其中自治区本级和盟、市的资金节约率分别为9.4%和8.5%。货物、工程和服务采购分别占采购规模的54.8%、39.6%和5.6%；集中采购和分散采购的比重分别为88.4%和11.6%；公开招标比重为52.2%；财政直接支付比重为47.6%。呼和浩特市、乌盟、包头市、呼伦贝尔市、赤峰市、鄂尔多斯市和锡盟等地区2003年采购规模超亿元。鄂尔多斯市、乌盟等10个盟市超额完成了年度采购计划。

二、政府采购管理体制逐步建立，监管机构与执行机构分离取得实质性进展

2003年自治区基本建立了政府采购管理体制，形成了政府采购领导机构、监管机构、执行机构三个层次的监管职能和执行职能相互分离、相互制约的运行机制，政府采购管理机构与执行机构的职责更加明确，操作更加规范。截至2003年底，政府采购监管机构和执行机构分设并在财政部门单设政府采购管理科（办公室）的盟、市有呼和浩特市、包头市、赤峰市、乌盟、鄂尔多斯市、兴安盟；监管机构和执行机构分设，与其他科室合属办公的盟、市有通辽市、呼伦贝尔市、阿盟、锡盟、满洲里市。机构尚未分设的盟、市有乌海市、巴盟、二连市，其中巴盟和二连市管理和执行职能均由采购中心承担，乌海市未成立执行机构，监管职能和执行职能由国库科代管。除乌海市外，其他盟市均成立了政府采购中心。其中，兴安盟、锡盟、赤峰、呼市、阿盟的政府采购中心为准处级建制，挂靠政府管理的有赤峰、呼市、阿盟，其他暂还在财政部门。

三、政府采购制度建设得到加强，依法行政和依法采购意识普遍提高

在国家与《中华人民共和国政府采购法》配套的有关制度办法尚未出台之前，各级财政部门以政府采购法为依据，不等不靠，制定出台了有关政府采购监督管理、政府采购操作程序、评审专家管理、提高政府采购效率等方面的制度办法，为开展政府采购工作提供了制度依据。自治区为加大全区推行政府采购工作的力度，制定了《内蒙古自治区关于全面推行政府采购制度的意见》，由自治区人民政府印发各地实施；为规范政府采购程序，出台了《自治区本级政府采购程序》；为简化采购程序，提高采购效率，制定了《内蒙古自治区本级行政事业单位、团体组织购置交通工具、办公自动化设备政府采购协议供货管理办法》；为规范政府采购评审专家管理，印发了《自治区本级政府采购项目评审专家管理有关问题的通知》；为保证从2004年起全面实施服务类政府采购，拟定了《会议政府采购管理暂行办法》、《公务车辆保险政府采购管理暂行办法》、《公务车辆加油政府采购管理暂行办法》、《车辆维修政府采购管理暂行办法》、《印刷政府采购管理暂行办法》五个服务类政府采购办法。各盟、市也研究制定了适合本地区实际的制度办法。

四、建立政府采购评审专家库，政府采购规范化管理进一步加强

为更好地体现政府采购的公开透明、公平竞争和公正的原则，2003年自治区建立了政府采购评审专家库，实行政府采购评审专家和政府采购供应商管理相分离的制度。

年初明确了政府采购供应商建库管理工作由集中采购机构负责，政府采购评审专家库建库管理由监管部门负责。根据自治区政府采购专家管理体制建设以信息化管理系统为依托、以制度建设为保障、以专家队伍为核心的总体思路，政府采购评审专家库实行动态管理，专家人数和专业随着政府采购规模的扩大和政府采购业务的需要，在使用中不断充实完善。从具体实施情况看，各方对这一做法反映良好。

五、认真汇总编制自治区本级政府采购预算，加大政府采购预算执行力度

自治区在总结2002年试编政府采购预算的经验的基础上，加大了2003年政府采购预算的编制力度，在各预算单位和财政厅各业务处室的积极配合与大力支持下，形成了较为完备的政府采购预算。剔除条管部门盟、市执行部分和服务类采购资金，2003年自治区本级政府采购预算为3.23亿元。在执行中，凡列入年初政府采购预算或纳入政府采购范围的都必须按规定程序进行，否则财政部门一律不拨付采购资金，保证了预算的严肃性和约束力。

六、加强政府采购基础性工作，进一步提高规范化管理水平

2003年，政府采购工作由起步阶段的在发展中规范，逐步转变为现在的在规范中发展。为规范政府采购行为，尽可能减少人为干预，自治区通过不断总结和摸索，在政府采购组织形式和采购方式的确定上，遵循既要严格依法办事，又要提高办事效率的原则，制定了一套较为行之有效的采购程序，并通过多种渠道向政府采购各当事人说明业务流程，通过规范的采购程序增加工作的透明度。政府采购信息统计工作作为政府采购的一项基础性工作，得到了各级领导的高度重视。各地克服人手少、工作量大、统计手段相对落后、基础管理薄弱等不利因素，确保信息统计报表及时上报，报表质量和分析水平进一步提高。2003年下半年，为及时反映自治区政府采购工作开展情况，准确掌握采购任务完成的进度，了解工作中存在的问题，在年报、季报制度的基础上建立了政府采购统计月报制度，并以简报的形式报送有关部门和领导参阅。

七、进一步完善政府采购监督体系，充分发挥政府采购监管职能

一是从采购预算的编制到采购资金的支付，各个环节都建立了比较完善的操作规程和监督手段。二是针对不同对象分别制定了不同的监督管理办法。三是政府采购重大问题提交自治区政府采购领导小组成员单位会议进行研究。四是建立了以财政部门为主，纪检监察、审计等部门共同配合的有效监督机制，主要政府采购活动邀请纪检监察部门进行现场监督。五是开展了政府采购专项检查。2003年11月初，财政厅与自治区监察厅联合对20个自治区直属单位进行了政府采购重点检查。呼和浩特市、兴安盟等盟、市财政部门与纪检监察、审计等部门联合进行了政府采购专项检查。通过专项检查，强化了政府采购监管职能，各预算单位执行政府采购制度的自觉性也大大提高。

八、积极探索政府采购工作的新途径，政府采购工作有新的突破

一是自治区本级服务类政府采购工作有了新的突破。2003年通过一年的调查研究，拟定了自治区本级会议、印刷、公务用车保险、加油、维修五个服务类政府采购暂行办法，为2004年自治区本级全面推开服务类政府采购工作奠定了基础。截至2003年底，完成公务用车加油和保险政府采购招标工作，并组织了较大规模的签字仪式，拉开了服务类政府采购的帷幕。从招标结果看，节约资金效果明显，车辆保险优惠率达到40%以上，自治区本级一年节约资金预计将达1 000万元以上。服务类政府采购制度的实行，对于加强行政事业单位车辆、会议及印刷管理，堵塞漏洞，必将起到积极的促进作用。

二是对零星采购的办公自动化设备和交通工具实行协议供货制度。经过前期准备工作，已和15家汽车生产厂家进行了第一轮谈判，力争2004年第一季度正式开始实施此项制度。在自治区范围内推行汽车协议供货制，这在全国也是首家，各汽车生产厂家参与的积极性很高，竞争激烈，大幅度让利。这一制度的实施，能够降低采购成本，大大提高政府采购工作效率。

三是提出了构建政府采购区域市场的基本思路。这一思路的基本内容是：针对自治区部分盟、市特别是旗、县普遍存在的采购规模小、供应商少、采购经验缺乏等现实，为方便基层采购和提高采购效率，探索建立一个以自治区为依托，各盟、市、旗、县参与的，信息互通、资源共享的政府采购区域市场，实现上下连动式采购、区域间横向联合采购和自治区集中采购。

九、积极开展政府采购调研活动，加大学习、宣传、培训力度

一是组织各盟、市开展了自治区政府采购调研活动。通过调研活动，自治区政府采购监督管理部门对自治区政府采购工作中的热点、难点和亟需解决的问题有了比较全面的了解，为推动自治区政府采购工作向深层次发展奠定了基础。二是多次组织盟、市赴政府采购工作做法较好的省、市学习调研，把可借鉴的经验和做法付诸工作实际，在一定程度上提高了工作效率。三是各地根据工作需要先后举办不同层次的政府采购培训班10多期。四是为政府采购人员的学习和工作服务，自治区编发了《政府采购简报》、《内蒙古自治区政府采购工作手册》和《内蒙古自治区政府采购文件汇编》。五是各地还利用新闻媒体积极宣传自治区政府采购工作开展情况，让全社会了解政府采购制度的精神和内容，努力营造自觉执行政府采购制度的良好社会氛围。

（内蒙古自治区财政厅政府采购处
供稿，李耘田执笔）

辽 宁 省

2003年，辽宁省实施政府采购预算总金额69.75亿元，比上年同期增长56.3%；实际支出62.06亿元；节约资金7.69亿元，节支率为11%。其中，省本级实施政府采购预算总金额5.81亿元，比上年同期增长45%；实际支出5.41亿元；节约资金0.4亿元，节支率为6.7%。

一、强化法律宣传，为构建依法采购氛围与环境创造条件

为加强政府采购法的宣传工作，全省各级财政部门普遍运用广播、电视、报刊和网络等宣传媒体进行了广泛的法律宣传教育活动。2003 年 1 月，省政府采购管理办公室与辽宁日报共同举办了“雪佛兰杯”政府采购法知识竞赛，全省共有三万余人参加了竞赛活动。各市也按照要求积极行动，对政府采购法的基本内容、法律意义以及近年来政府采购工作取得的成果，进行了广泛深入地宣传。通过集中宣传活动，提高了社会各界对实施政府采购制度重要性的认识，增强了采购单位依法采购的意识，为政府采购法的顺利实施奠定了坚实的基础。

在做好政府采购法宣传工作的同时，各级政府采购管理机构还注重做好培训工作。2003 年，省政府采购管理办公室为来自省直有关部门、各市政府采购集中采购机构、社会中介机构、具有一定生产和经营规模的供应商等方面的人员举办了三期政府采购法律知识培训班，培训人数 300 余人。培训班邀请了财政部有关领导及政府采购和招标投标法律专家授课，使各级集中采购机构、政府采购业务代理社会中介机构工作人员和供应商准确理解和掌握政府采购法的各项规定，增强了政府采购监督管理人员和采购经办人员的法律意识，提高了政府采购工作人员依法行政的管理水平和依法采购的业务技能。

二、加强规章制度建设，进一步完善了政府采购的制度框架和运行机制

首先，形成了较为完备的法律制度体系。按照政府采购法和《辽宁省政府采购管理规定》确定的原则及有关要求，省政府采购管理办公室起草了《辽宁省 2003 年政府采购集中采购目录及采购限额标准》和《辽宁省全面实行政府采购制度实施方案》，由省政府办公厅发布施行。各市也加强了本地区政府采购制度建设，全省政府采购工作已经步入法制化管理的轨道。

其次，政府采购管理机构和集中采购执行机构建设工作进一步取得成果。按照政府采购法和全国政府采购工作会议的要求，在借鉴其他省市经验的基础上，起草了政府采购管理机构和集中采购机构调整设置方案，确立了监管与执行分开、采购与使用分离的政府采购管理体制和运行模式，并向省政府有关领导同志汇报了集中采购机构设置的法律要求和其他省市机构调整设置情况，为依法确定政府采购管理体制和依法调整集中采购机构设置提供了决策依据。2003 年，全省各级政府采购管理机构力量得到了进一步充实，集中采购执行机构工作职责调整也取得了一定程度进展，工作人员业务素质不断提高。机构和人员的充实为政府采购工作的深入开展提供了强有力的组织保证。

第三，政府采购监督机制日趋完善。在辽宁省，已形成了财政部门、纪检监察部门和审计部门分工协作、各司其职、共同监督的政府采购行政监督管理体系。供应商的监督意识日益增强，社会各界对政府采购实施过程也日益关注，全方位的政府采购监督体系正在逐步健全。

三、不断扩大采购范围，全省实施政府采购规模快速增长

2003 年，全省各级政府采购管理机构强化采购项目和采购资金的分类管理，集中力量抓好对重点采购项目的管理和重点采购资金的使用监督，取得了良好的效果。在采购对象方面，2003 年，工程类采购达到 29.6 亿元，占政府采购规模的比重为 47.7%，首次超越货物类采购成为政府采购的第一大类。在采购资金管理方面，2003 年，全省政府采购资金构成中，预算外资金和单位自筹资金达到 23.2 亿元，占政府采购资金总量的比重为 33.2%。大量的预算外资金和自筹资金支出实施政府采购，规范了财政性资金使用管理，为按照公共财政要求“做大财政蛋糕”发挥了积极的作用。

四、强化采购监管，政府采购的经济效益和社会效益十分显著

随着政府采购工作的推进，改革的成效逐步显现出来，主要表现在以下四个方面：

一是规范了采购单位购买性支出的管理。2003 年实际节约资金 7.69 亿元，为进一步加强财政资金的管理和缓解财政收支矛盾做出了重要贡献。

二是推进了预算管理制度改革进程。通过编制政府采购预算和实行政府采购资金国库直接拨付制度，有力地支持了部门预算和国库管理制度改革。2003 年，全省国库直接拨付政府采购资金总额达 39.1 亿元。

三是促进了反腐败工作。政府采购的透明度不断提高，使以往在采购活动中经常发生的腐败现象得到了有效遏止，从源头上防范了腐败行为的发生。

四是进一步发挥了政府采购的政策性功能。2003 年，各级政府采购管理机构在保护国内企业、支持优势企业发展等方面进行了有益的探索，并取得了一定成效。

五、抓好队伍建设，有力地促进政府采购事业发展

事业兴衰，关键在人。为落实政府采购法的各项要求，辽宁省在 2003 年重点抓了政府采购管理机构及相关机构工作人员的政治业务素质和专业技能的提高。

首先，在政府采购管理队伍建设方面，通过加强政府采购职业道德、廉洁自律教育和相关法律知识的培训，努力建设一支作风过硬、业务精良的政府采购管理人员队伍。

其次，通过加强监管与考核，指导集中采购执行机构履行法定职责并规范服务。各级集中采购执行机构努力提高队伍的政治素质和业务技能，在工作中树立良好形象，为推进政府采购工作付出了辛勤的努力。2003 年，全省各级集中采购执行机构实际组织采购项目金额 22.3 亿元，占政府采购实际支出的 36%。

第三，积极培育和规范政府采购中介市场，促进政府采购招标代理机构提高服务水平。2003 年上半年，开展了全省范围的政府采购招标业务代理机构登记备案工作，制定了政府采购招标代理机构登记备案工作实施方案，确定了登记备案范围和条件，明确了登记备案要求，约定了获准登记备案的代理机构的权利和义务。通过对全省依法设立的招标投标中介公司的普查登记和考核备案，认定 15 个具有优良资质和信誉并具备一定规模的社会中介机构为省级政府采购招标代理机构，指导和监督其规范政府采购招标业务，促进了政府采购招标代理机构的有序竞争和政府采购市场的健康发展。2003 年，全省招标代理机构实际代理采购项目金额 32.2 亿元，占政府采购实际支出的 52%。

此外，2003 年全省各级政府采购管理机构在严格行政事业单位车辆配备使用的审批管理以及加强省际、地区间工作经验交流等方面也做了一些工作，取得了一定的成效。

（辽宁省政府采购管理办公室供稿，
田贵伟执笔）

大 连 市

2003年是《中华人民共和国政府采购法》(以下简称《政府采购法》)颁布实施的第一年，大连市政府采购管理办公室（以下简称采购办）抓住这一契机推动政府采购工作全面步入法制化、规范化、科学化的轨道。一年多来的政府采购实践，也充分表明了贯彻实行《政府采购法》面临着许多艰巨和复杂的工作。采购办在坚持“开拓创新、求真务实、监管有力、行为规范”原则的基础上，克服重重困难，工作取得了较为明显的实效，采购规模和范围不断扩大。2003年全市累计完成政府采购12亿，其中市本级采购项目685项（是2002年同期的3.57倍)。采购资金预算8.66亿元，实际支出7.41亿元，与去年同期相比增长了38.7%；节约资金1.25亿元，资金节约率达到了14.39%。

一、宣传贯彻《政府采购法》，营造政府采购的良好工作氛围

《政府采购法》出台以后，采购办针对采购当事人的不同特点，立即着手组织并策划了一系列的宣传培训活动。一是在大连市委宣传部的大力协助下，利用“大连讲坛”，财政局邀请清华大学法学教授于安就政府采购做了专题报告。二是组织召开了全市二级以上预算单位大会，宣传了依法进行政府采购的重要意义，阐释了大连市政府采购的程序，并回答了与会单位提出的有关政府采购方面的问题。三是组织对市、县两级财政部门政府采购管理人员、政府采购从业人员进行培训，使他们掌握了政府采购的政策和技能，真正做到知法、懂法、依法进行政府采购。

二、几项重点工作

2003年是政府采购工作走向法治化进程的重要开端。随着采购法的颁布实施，各机关事业单位依法使用财政性资金的观念普遍得到增强，大连市的政府采购规模也在迅速扩大。采购办在认真对待每一个项目的前提下，严把质量关，着重抓好一些重点项目的采购工作，力争多出精品项目。

（一）克服重重困难，打赢抗击“非典”的战役

在“非典”疫情发生的特殊时期，防治“非典”设备的采购存在着需求紧急与供给不畅的矛盾。为了能及时采购到急需的医疗设备，同时还要防备供应商可能有的价格欺诈行为，争取最优惠的价格，采购办拟定了如下的采购原则：一是零时差反应机制，凡接到采购批示便立即组织采购；二是与卫生局、政府法律顾问在合同设计、性能选择和供货期确定等方面积极沟通合作，减少采购前期工作时间；三是多方快速询价，以政府采购信誉为基础，调动中介机构的积极性，引导供货商接受尽可能短的供货期、优惠的价格和货到付款的条件。按照这些原则，根据市委、市政府的指示，在抗击“非典”期间，市财政局与市卫生局密切配合，共组织了五批设备采购，采购设备310台（套），除其中使用单位事先未报预算的部分设备和设备调整相应预算未调整的部分设备外，其

余设备的采购总预算为 2 811.56 万元，合同总额为 2461.1 万元，节约资金 350.45 万元，资金节约率为 12.46%。

（二）筹备亚欧经济部长会议，圆满完成设备采购任务

2003 年亚欧经济部长会议在大连举行，市政府要求对会议所需的全部设备进行政府采购。在设备品种无法提前确定、设备（尤其是一些防爆设备）技术要求特殊的情况下，采购办通过媒体发布采购公告，在互联网上寻找供应商，对设备的市场情况进行摸底调查，掌握了采购的主动权，顺利地组织采购代理机构采购了十大类、几百台（套）相关设备，保证了会议需要，圆满完成了这项重要的采购任务。

（三）备战“软交会”，树立政府采购良好形象

大连（国际）软件和信息产品交易会原定于 2003 年 7 月举行。按照市政府和有关部门的安排，大连市采购办在交易会上承办政府采购展台。为配合交易会筹备委员会的工作，采购办从 5 月份开始，就对大连市机关、事业单位的信息产品需求情况进行了统计汇总，可以在会议期间采购的信息产品的需求规模在 6 月份就初步形成。后受“非典”影响，该展会改在 9 月 26—29 日进行，采购办又立即对比较紧急，不能在会议期间采购的项目进行了逐一落实。经过努力，2003—2005 年信息产品需求规模在布展前全部形成，总计为 2 000 多万元。

在展会上，采购办组织政府采购业务代理社会中介机构，对 2003 年的信息产品发售了招标文件，发布了 2004 年、2005 年信息产品政府采购需求意向。同时，还在展会上与 IBM 和方正两大知名公司就信息产品协议采购的相关问题签署了协议。在市财政局领导的大力支持下，采购办在“软交会”上的布展及采购工作达到了预期的目标，树立了政府采购的良好形象，被大会组委会授予“最佳布展奖”。

（四）扩大政府采购范围，突出重点，攻克难点

1. 规范服务类项目政府采购工作。服务类采购项目通常工作难度较大，影响面广，采购效果直接影响政府采购工作形象，因而服务类政府采购是政府采购工作的重点之一。通过公开招标，大连市分别确定了 25 家汽车维修企业和 14 家印刷企业作为政府采购的定点服务单位。为了配合后期管理，采购办制定下发了《大连市机关事业单位公务用车定点维修管理暂行办法》和《大连市机关事业单位定点印刷管理暂行办法》，明确了参与采购各方的责任，同时下大力气做好前期解释工作，分层次召开了用户单位、企业及专家座谈会和公务用车维修、印刷政府采购说明会，对如何参与服务类政府采购进行了具体的解答。同时，采购办对各定点企业提出了严格要求，并颁发了统一制作的定点服务牌匾。

2. 加强工程类项目政府采购工作。工程采购是采购工作的难点之一。2003 年，在市财政局领导的正确领导下，在各方的大力配合下，大连市采购办先后圆满完成了大连市东北路绿化工程、大连市煤气管网改造工程、沈大高速大连段河道整治工程等一系列政府重点工程的政府采购，并且通过这一系列工程项目的政府采购工作，使得众多单位对政府采购工作从不理解到理解，从不愿参与到主动积极参与，为采购办日后的工作打下了良好基础。

在实施政府采购的实践中，采购办已经总结出很多有益的经验，特别是随着《政府采购法》的颁布实施，大连市的政府采购工作逐步纳入了规范化、法治化的进程中。在“先原则后灵活”的指导方针下，采购办积

极探索符合大连实际的灵活采购方式，充分发挥各区、市、县的优势和积极性，建立和完善、规范“协调统一、相互补充、规范有序”的政府采购大市场；在原有政府采购专家库的基础上，尽可能利用各大机关、企事业单位和高校的人才优势，扩充政府采购专家库的规模，并进一步搞好各类专家的分类管理工作；做好重点项目的采购监管工作，在不断扩大采购规模的同时突出重点，加强对重大项目的监管工作力度；依法管理，健全内部的工作制度和程序，继续完善政府采购制度的各项相关配套制度，加强与相关业务处室配合，逐步扩大政府采购的范围和规模，进一步推进政府采购制度的改革。

（大连市财政局政府采购管理办公室供稿，孙伟执笔）

吉林省

2003年，吉林省完成政府采购额22.19亿元，比上年增加11亿元，增长98.47%；节约资金2.52亿元，节支率10.21%。

一、进一步加强政府采购制度建设

一是对全省过去发布的政府采购规范性文件进行了全面清理，使之与《中华人民共和国政府采购法》的规定相符合。

二是对照《中华人民共和国政府采购法》，积极组织修订《吉林省省级政府采购计划编报暂行规定》、《吉林省省级政府采购资金管理暂行规定》和《吉林省省级政府采购运行规程暂行规定》等制度办法，形成正式文件下发执行。

三是为加强对冬季取暖用煤政府采购的监督管理，与吉林省政府采购中心配合，制定下发了《取暖煤政府采购监督管理办法》，成立了监督管理领导小组，制定了监督管理措施，进一步完善了吉林省省级政府采购制度建设。

二、规范和理顺政府采购管理体制

鉴于吉林省省级两个政府集中采购机构并存的情况，按照《中华人民共和国政府采购法》的规定，从年初开始，吉林省财政厅政府采购管理工作办公室着手理顺政府采购管理体制工作，向吉林省政府呈报了《关于我省开展政府采购工作情况的报告》，明确提出将省级两个采购中心合并组建吉林省政府采购中心的意见。2003年4月23日，按照吉林省政府的决定，吉林省省直两个采购中心正式合并，由吉林省省直机关事务管理局代行管理职责。2003年8月18日，国务院办公厅下发了《国务院办公厅转发财政部关于全面推进政府采购制度改革意见的通知》（国办发［2003］74号），要求“独立设置与行政部门没有隶属关系和利益关系的集中采购机构”，吉林省财政厅政府采购管理工作办公室立即代吉林省省政府起草了《吉林省人民政府办公厅转发〈国务院办公厅转发财政部关于全面推进政府采购制度改革意见的通知〉的通知（代拟稿）》。该文件已由吉林省省政府办公厅转发。按照文件要求，吉林省政府采购中心将与行政部门彻底分开，不能再存在任何隶属关系。

三、认真贯彻实施《中华人民共和国政府采购法》，不断强化政府采购管理工作

一是加强了对政府采购方式的管理，制发了《关于印发〈吉林省省级政府采购公开招标限额标准和组织形式及采购方式管理暂行规定〉的通知》，明确规定了政府采购限额标准，科学地界定了不同额度的政府采购项目所适用的采购方式，规定政府采购项目金额达到公开招标数额标准以上必须进行公开招标，进一步明确了将公开招标作为政府采购的主要方式。

二是在加强政府采购方式管理的同时，科学地改革政府采购组织形式。改变了过去不分采购项目的性质和特殊要求一律实行集中采购的僵化模式，在《中华人民共和国政府采购法》规定的范围内，坚持集中采购与分散采购相结合的原则，科学地运用不同的政府采购组织形式，使得政府采购在工程采购和进口仪器设备等物资的采购中有效地发挥了部门集中采购的优势，达到了抑制腐败、节约资金和提高政府采购工作效率的目的。

三是在吉林省省级政府采购资金结算工作中，建立了"专人结算、专人审核、领导签批"制度，实现了任务下达、资金归集、账簿处理与资金拨付相衔接，确保了国库集中支付和政府采购资金的安全运行。

四是根据《2003年吉林省省级部门预算》安排，快捷、全面、完整地编制了吉林省省级政府采购计划和冬季取暖用煤政府采购计划，确保了计划早下达、早运作。同时，编制了《2004年度吉林省政府集中采购目录》，确定了2004年吉林省政府采购的项目和限额标准，并报经吉林省政府办公厅发布执行。

四、积极开展定点采购工作，提高政府采购工作效率

为进一步规范政府采购工作，节约政府采购支出，提高政府采购工作效率，在2002年调查研究的基础上，吉林省先后制定了《吉林省省直单位车辆保险改进办法》、《吉林省省级公务出国国际机票定点采购暂行办法》和《吉林省省级政府采购定点采购办公自动化设备及通用软件管理办法》，并委托吉林省政府采购中心采取竞争性谈判的方式组织采购，确定了定点采购供应商，对汽车保险、公务出国国际机票、办公自动化设备及通用软件项目实行了定点采购管理。通过推行定点采购，大幅度降低了政府采购成本，节约了政府采购时间，提高了政府采购工作效率，受到了采购人的好评。

五、研究和探索政府采购工作的新举措

一是不断加强政府采购计划管理。在编制政府采购计划时，不再局限于列入部门采购预算的采购项目，还要求将没有列入采购预算而应当实施的采购项目全部编入政府采购计划，保证了政府采购计划的完整性。

二是进一步细化了政府采购资金国库集中支付的范围。除实行集中采购的项目外，对实行部门采购和部分自行采购的项目也实行了国库集中支付采购资金的办法，加强了对政府采购资金国库集中支付工作的管理。

三是积极扩大了政府采购的范围。一方面，将基本建设工程项目纳入政府采购范围，初步实现了《中华人民共和国政府采购法》与《中华人民共和国招投标法》的有效衔接。另一方面，在采暖用煤的采购方面，采取了提前预购的办法，于2003年6月份向吉林省政府采购中心下达了预购28万吨

冬季取暖用煤任务，最大限度地降低煤炭采购成本。与此同时，还积极研究逐步将生活用煤纳入政府采购的办法，2003 年暂实行申报制度，待条件成熟后将付诸实行。

六、强化政府采购业务培训，提高干部队伍素质

为了适应新时期政府采购工作发展的客观要求，深入贯彻落实《中华人民共和国政府采购法》，指导和推动全省政府采购工作沿着规范、有序和健康的轨道向前发展，2003 年 9 月，吉林省财政厅政府采购管理工作办公室分别在长春市和吉林省财政厅松花湖培训基地举办了“吉林省省直单位政府采购业务培训班”和“吉林省财政系统政府采购业务培训班”。纳入吉林省省级部门预算管理的国家机关、事业单位、团体组织及部分所属事业单位的财务处长或资产处长以及全省各市、州、县（市）财政部门政府采购办主任和部分工作人员约 450 人参加了培训。两个培训班以全面贯彻实施《中华人民共和国政府采购法》、规范政府采购工作为重点，结合吉林省政府采购工作开展的实际情况，围绕“《中华人民共和国政府采购法》释义”、“政府采购招投标业务”、“政府采购规程及业务操作”、“政府采购定点采购管理”及“政府采购资金结算业务”等专题进行了系统培训，重点讲解了政府采购预算的编制、计划编报、资金归集和结算、定点采购等业务操作流程。通过培训，吉林省省级采购人员和全省财政系统政府采购管理人员对《中华人民共和国政府采购法》和政府采购业务有了更全面、更深入、更系统的了解和掌握，进一步提高了政策和业务水平，为下一步工作的开展打下了坚实的基础。

七、加大力度，全方位宣传《中华人民共和国政府采购法》

按照财政部和省财政厅党组的部署，吉林省集中开展了多项活动宣传《中华人民共和国政府采购法》。一是将政府采购法原文印成小册子，下发全省各地和省直各单位。二是请吉林省人民代表大会常务委员会领导作了电视讲话，对吉林省贯彻实施《中华人民共和国政府采购法》提出了要求。三是在有关报刊上刊发了《中华人民共和国政府采购法》全文、摘要或释义。四是与长春市财政局配合，在吉林电视台、长春电视台播出宣传《中华人民共和国政府采购法》的节目和新闻，同时在长春市主要街道、商业区及机场、车站等区域悬挂宣传标语和气球。宣传活动有效地扩大了《中华人民共和国政府采购法》的影响，使社会各界更加深入地了解了政府采购工作。

（吉林省财政厅政府采购办公室供稿，胡青山执笔）

黑龙江省

2003 年，黑龙江省政府采购工作在财政部的指导下，认真贯彻实施《中华人民共和国政府采购法》（以下简称《政府采购法》），不断加大政府采购制度改革力度，在加强制度建设、扩大采购规模和范围、理顺政府采购管理体制、规范监督管理和采购操作程序等方面取得了一定成效，全省实现政府采购额 28.8 亿元，比 2002 年增加 8.1 亿元。

一、广泛学习和宣传《政府采购法》，强化了依法采购观念

2003 年是《政府采购法》颁布实施的第一年，黑龙江省各级财政部门紧紧抓住这一有利契机，广泛开展了普法学习和社会宣传活动。一是省财政厅下发了《关于贯彻实施〈中华人民共和国政府采购法〉的通知》，对《政府采购法》的宣传、学习和实施等都提出了具体要求。二是省、市、县联动，积极采取多种有效形式进行宣传。省财政厅指定《黑龙江省经济报》为全省政府采购信息发布媒体，开设了《政府采购法》宣传专栏。各市、县充分利用各种宣传手段，通过在繁华地段张贴宣传广告和大型条幅、印发政府采购宣传单、举办政府采购知识电视大奖赛、撰写学习宣传文章以及举办政府采购人员、财务人员、供应商培训班等多种形式广泛宣传贯彻《政府采购法》。通过一系列的宣传和培训活动，提高了社会各界对政府采购工作的了解和认识，也强化了各部门和单位依法行政和依法采购的自觉性。

二、积极拓宽政府采购工作思路，扩大了政府采购的范围和规模

2003 年，黑龙江省各级政府采购管理部门按照“稳步推进、由小到大、先易后难”的工作思路，结合本地实际，科学地制定政府集中采购目录和资金限额标准，对能纳入政府采购的项目都实行政府集中采购，使政府采购范围和规模不断扩大。2003 年，全省实现政府采购额 28.8 亿元，比上年同期增加 8.1 亿元，增长 28.1%；节约资金 4.1 亿元，平均节支率为 12.3%。其中，省本级实现政府采购额 8.9 亿元，比上年同期增加 2.4 亿元，增长 26.9%；市（地）级实现政府采购额 13.9 亿元，比上年同期增加 4.5 亿元，增长 32.4%；县（市）级实现采购额 6 亿元，比上年同期增加 1.2 亿元，增长 20%。从采购项目构成情况看，全省实现货物类采购 19.9 亿元，工程类采购 7.8 亿元，服务类采购 1.1 亿元，在政府采购总规模中所占的比重分别为 69.1%、26.9%、4%。特别是工程类采购所占比重增长较快，比上年增长 49.7%。从政府采购资金构成上看，预算内资金采购额为 16.7 亿元，预算外资金采购额为 6 亿元，自筹资金采购额为 6.1 亿元，分别占采购资金总额的 58%、20.8% 和 21.2%，预算内、外采购资金占采购资金总额的比重分别比上年提高 1.2 和 2.9 个百分点，自筹资金比同期下降 4.1 个百分点。

三、加强法规制度建设，依法规范了政府采购运行规程

《政府采购法》颁布实施后，全省各级财政部门对现行的规章制度进行了全面清理，对与《政府采购法》原则规定不相符的，做了重新修订。省本级下发了《关于废止〈黑龙江省政府采购省直单位分散采购管理办法〉的通知》（黑财采［2003］13 号）、《关于取消省本级分散采购定点商店的通知》（黑财函［2003］92 号）。同时，在法律规定的权限内，根据工作实际需要，制定了一些过渡性的管理办法，指导和规范政府采购活动。一是制定了《关于实施〈政府采购法〉若干问题的规定》（黑财采［2003］4 号）。依照《政府采购法》，对采购预算的编报、采购计划的申报、采购合同的后续跟踪、供应商和专家评委的选定等方面工作提出了明确要求。二是制定了《实施政府采购招投标制工作方案》（黑财采［2003］1 号）。进一步明确规定货物类、工程类、服务类采购项目资金达到一定额度必须采取公开招标方式采购。2003 年政府采购公开招标采购所占的比重比同期提高 8.5 个百分点。三是制定了政府采购预算编报制度和政府采购计划定期申报制度。省本级要求各预算单位必须按照部门预算的要求，根据政府采购目录完整地编报年度政府采购预算，并规定采购单位每月 25 日前根据年度预算申报下一个月的政府采购计划。部分市、县也试行了采购预算编报制度，使采购的计划性和预算的约束力明显增强，采购运行规程不断完善。

四、加强组织机构建设，积极推进了集中采购机构分离工作

按照《政府采购法》关于集中采购机构与行政机关不得存在隶属关系的规定，省财政厅向省政府呈报了关于集中采购机构分离的报告，并积极与有关部门沟通协调。2003 年 4 月 24 日省编制委员会正式下发了《关于黑龙江省政府采购中心变更隶属关系并升格为副厅级的通知》（黑编［2003］57 号）。为进一步明确采购管理机构和执行机构的工作职责，省财政厅和省编制委员会印发了《黑龙江省政府采购监督管理机构和集中采购机构工作职责暂行规定》（黑财人［2003］31 号）。在基本理顺省级政府采购管理体制后，省财政厅下发通知，要求市（地）参照省级政府采购机构的设立模式，尽快做好机构分离工作。各地结合本地实际，都提出了机构分离的具体方案。大庆、齐齐哈尔两市已按照省级模式，率先完成了机构分离工作。鸡西、双鸭山、伊春、黑河四个市的机构分离工作基本确定，其他七个市（地）正在运作中。

五、加强政府采购信息化建设，努力实现全省政府采购资源共享和联网联购的目标

为提高政府采购管理水平和工作效率，按照黑龙江省政务信息化建设总体目标的要求，省财政厅对政府采购信息化管理系统开发工作进行了认真的研究和论证，于 2003 年 4 月初向省政府呈报了《关于开发我省政府采购信息管理系统的实施意见》和《技术方案建议书》，经省政府政务信息化领导小组组织专家组评估论证后获得批准实施。2003 年 6 月，该项目通过邀请招标方式确定了软件开发商，并签订了技术开发合同。至 2003 年 12 月，该系统前台网站子系统软件开发已基本完成，后台管理子系统开发已完成过半，待开发资金落实后，力争 2004 年在全省 13 个市（地）投入使用。这个信息管理系统的开发建设，将极大提高全省政府采购的运行效率和工作透明度，大大降低采购成本，为形成区域联动的采购市场，扩大政府采购规模，奠定坚实基础。

六、加强采购人员业务培训和交流，切实提高了采购人员的素质和工作效率

全省各级财政部门以贯彻实施《政府采购法》为契机，在提高从业人员综合素质方面做了大量工作，不断增强了从业人员的法制意识、廉洁意识和服务意识，干部队伍综合素质明显提高。为总结和交流工作经验，推进全省政府采购工作深入发展，2003 年 9 月组织召开了全省政府采购工作座谈会。各市地通过交流在贯彻实施《政府采购法》工作中的做法、经验，进一步拓宽了工作思路，查找到了工作差距，明确了今后工作的努力方向。

七、强化对政府采购工作的监督检查，及时纠正政府采购制度执行中存在的问题

2003 年，全省各级财政部门采取多种监督形式，不断加大对政府采购工作的监督检查力度。一是各级财政部门坚持经常同纪检监察、审计部门沟通情况，形成工作合力。对大型的招标采购活动，请纪检监察部门同志参加，进行现场监督。2003 年 10 月份，联合下发了《省财政厅、省监察厅、省审计厅关于开展〈政府采购法〉贯彻实施情况专项检查的通知》（黑财采［2003］11号），部署了全省政府采购专项检查工作。12月，各级重点抽查工作结束。各级财政、监察、审计部门将根据检查出来的主要问题，制定和下达整改意见，对违法违纪案例进行通报和处罚，并向当地政府报告专项检查情况。二是各级政府采购管理机构认真履行监督职能，加强了对集中采购机构的采购活动的监督检查。三是加强了对采购合同执行情况的后续监督，依法确认招标结果，认真审验采购合同执行情况，明确审批合同变更程序。四是强化了社会舆论的监督作用。例如，指定《黑龙江省经济报》为全省政府采购信息发布媒体，及时发布政府采购招标公告和中标结果，加大了政府采购信息发布密度和宣传力度。有的市还建立了政府采购特邀监察员制度，监督政府采购活动。此外，还发挥了供应商的监督作用，对供应商的投诉及时受理，认真调查处理，提高了政府采购的社会信誉。

（黑龙江省财政厅政府采购管理办公室供稿，那延会执笔）

上 海 市

2003 年是《中华人民共和国政府采购法》（以下简称《政府采购法》）正式实施的第一年，上海市政府采购工作围绕学习宣传和贯彻实施《政府采购法》，以扩大政府采购规模、规范采购行为和提高服务质量为重点，努力使政府采购工作跨上一个新台阶。

2003 年，上海市市和区、县两级共完成政府采购项目 27577 批次，采购金额 90.56 亿元，比上年同期增加 21.22 亿元，增幅为 30.61%；节约资金 8.33 亿元，同比增加 1.74 亿元，增幅为 26.46%；节资率为 8.42%，与上年同期相比下降 0.25 个百分点。在全市 90.56 亿元的采购金额中，市本级 28.33 亿元，占 31.28%，同比增加 3.03 亿元，增幅为 11.99%；区、县级 62.23 亿元，占 68.72%，同比增加 18.19 亿元，增幅为 41.29%。从采购项目分，货物采购 34.64 亿元，占 38.25%；工程采购 52.19 亿元，占 57.63%；服务采购 3.73 亿元，占 4.12%。货物、工程、服务采购金额同比的增减额分别为 6.21 亿元、16.14 亿元、-1.13亿元。从各区、县完成的采购金额看，超过 3 亿元的有 7 个，分别是浦东新区 18.78 亿元、虹口区 4.63 亿元、徐汇区 3.99 亿元、金山区 3.74 亿元、闵行区 3.51 亿元、普陀区 3.22 亿元、长宁区 3.04 亿元。

一、围绕学习宣传《政府采购法》，开展课题研究，广泛听取意见，积极组织培训

（一）组织力量开展有关进一步推进上海政府采购制度的课题研究

《政府采购法》公布后，上海市政府采购管理办公室、市政府采购中心、部分区、县政府采购机构和部分政府采购咨询专家组成了“进一步推进上海政府采购的思考和对策”课题组。课题组经过近一年的调研，完成了《进一步推进上海政府采购的思考和对策》课题研究报告。

（二）广泛听取有关各方对政府采购的意见和建议

2003年，为配合财政部做好起草《中华人民共和国政府采购法实施条例》的有关工作，上海市财政局召开有相关部门参加的政府采购法实施条例相关问题座谈会，就实施条例如何进一步明确政府采购法及政府采购过程中的相关问题进行了讨论。上海市政府采购管理办公室、市政府采购中心还组织召开了一系列宣传贯彻实施《政府采购法》的座谈会，认真听取部分预算单位、供应商、政府采购中介机构、市政府采购特邀监察员、市政府采购咨询专家的意见和建议。

（三）积极开展学习《政府采购法》的辅导培训工作

2003年，上海市政府采购管理办公室和市政府采购中心编写了《政府采购法学习辅导提纲》，组织举办了由预算单位、供应商参加的《政府采购法》学习班，并对各区、县的政府采购机构、财政以及政府采购业务管理等方面的人员进行《政府采购法》学习辅导。

（四）配合完成政府采购专项审计和市人大预算工委的专题调研

2003年上半年，上海市审计局连续第三年对政府采购进行了专项审计，随机抽查了30多个采购项目，总体情况良好。审计组对上海市政府采购部门的工作给予了充分的肯定，并对加强政府采购的宣传、进一步规范和完善政府采购预算计划的执行和监督等方面工作提出了改进意见。2003年下半年，上海市政府采购管理办公室、市政府采购中心还配合完成了市人大预算工作委员会的政府采购专题调研工作。

二、围绕贯彻实施《政府采购法》，修订运作办法，形成标准文本，改进信息系统

（一）实施新的采购业务工作基本规程

为进一步规范采购业务操作程序，建立、健全相互制约的内部监督机制，提高政府采购工作的质量和效率，根据《政府采购法》等有关法律法规的规定，上海市政府采购中心制定了《上海市政府采购中心采购业务工作基本规程（试行）》，自2003年1月1日起试行。基本规程对“下达采购计划”、“安排采购计划”、“制定采购文件”、“发布采购信息”、“签订采购合同”、“合同履行”、“业务资料归档”等16个环节的工作程序作了明确的规定。

（二）修订完善政府采购业务流程和标准格式文本

2003年上半年，上海市政府采购管理办公室、市政府采购中心按照《政府采购法》的规定，结合上海的实际，对《货物招标采购业务流程》、《货物竞争性谈判采购业务流程》、《货物询价采购业务流程》、《货物单一来源采购业务流程》、《工程项目招标采购业务流程》、《上海市政府采购中心评标程序》、《上海市政府采购中心评标工作纪律》等业务流程以及招标文件、采购合同等标准格式文件范本进行了修订，并在内部试行。

（三）不断提升政府采购网的办事功能

为了与实施《政府采购法》相适应，上海市对政府采购信息管理系统的核心模块做了相应调整，对原有的流程做了变更。同时，为了适应不断增加的政府采购公告信息数量，方便预算单位、供应商等对信息进行分类检索，上海政府采购网第四次改版，细化了公告信息的类型，并突出了经常更新的栏目。到2003年底，上海政府采购网首页点击数已从上年的39万人次增加到75万人

次，增幅为45%。

三、围绕为用户单位服务，加强基础管理，改进服务方式，提高工作效率

（一）补充和修改业务需求表

为进一步贯彻实施《政府采购法》，认真落实《政府采购法》的有关要求，规范政府采购行为，上海市政府采购中心根据近几年的实际工作情况，对市级预算单位的政府采购业务需求表进行了较大的修改和补充，印制了汽车、计算机、工程等方面的24个具体采购业务需求表发放到有关部门和单位，用户也可以直接在上海政府采购网上下载这些需求表。

（二）对采购业务需求采取新的集中受理方式

为方便预算单位，实现"一门式"服务，2003年市级政府采购部门对受理预算单位采购需求的方式实施了改革，由上海市政府采购中心计划财务部集中受理并进行分类和汇总，分配给中心各业务部门实施采购。

（三）增强市和区、县两级政府采购的互补性

按照上海市政府采购委员会第八次会议精神和市领导有关政府采购工作的指示精神，上海市政府采购管理办公室、市政府采购中心就市与区、县的资源共享、优势互补提出了具体设想。市和部分区、县政府采购中心积极尝试"公开招标，分批供货"的上下联动的采购方式，取得良好成效。上海市政府采购管理办公室还会同市政府采购中心，着手统一全市供应商信息库和有条件地逐步开放政府采购咨询专家库，进一步方便区、县利用网上竞价平台，充分发挥网上竞价的优势。以上这些措施的实施产生了规模效应，提高了工作效率。

（四）探索工程项目招投标管理

按照上海市政府采购委员会第九次会议上市领导关于扩大工程采购规模的指示精神，2003年下半年，上海市政府采购管理办公室、市政府采购中心和市招投标办等部门就政府采购工程项目招投标管理工作进行沟通，通过召开政府采购工程项目招投标管理的联席会议，对简化工程施工招投标备案环节、工程监理和设计项目招投标的监管模式、区县政府采购中心参与的有关工程项目的监管模式以及充分利用本市工程类专家库等问题达成了共识，从管理和运作两个方面对进一步扩大工程项目政府采购规模、规范采购行为和提高采购效率起到了积极的作用。之后，上海市政府采购管理办公室根据上述精神，就园林绿化工程项目政府采购问题与有关部门达成了意向。

（五）加强对政府采购咨询专家、政府采购中介机构等的管理

为了适应上海市政府采购发展的需要，确保政府采购规范运作和廉洁、高效，上海市政府采购管理办公室向社会公开选聘第三批上海市政府采购咨询专家。同时，完成了政府采购中介机构的资格认定、资格核验以及对第一批、第二批政府采购咨询专家的资格核验工作。向社会公布了《上海市2004年政府采购集中采购目录》。

四、在认真落实防"非典"措施的同时，做好各项政府采购工作

在抗击"非典"期间，上海市政府采购管理办公室和市政府采购中心制订了防范"非典"的7条规定，加强服务意识，保证采购任务的完成。为了减少预算单位的往返，上海市政府采购中心主动与预算单位联系征询采购需求，并采用传真、电子邮件等方式为预算单位提供方便。为了保证采购质量，在防范"非典"最紧张的时期，上海市

政府采购中心员工坚持下现场落实各个采购环节。有些采购项目需要到"非典"防治医院召开布置协调会，市政府采购中心的员工坚持以工作为重，一丝不苟地认真执行每一个程序。

（上海市政府采购中心供稿，赵漪文执笔）

江　苏　省

2003年，江苏省政府采购工作以《中华人民共和国政府采购法》（以下简称《政府采购法》）的正式施行为契机，遵循"突出重点、打好基础、稳步推进、勇于创新"的原则，在建立健全政府采购政策、加强采购监管、扩大采购规模、规范采购行为、科学设定采购规程等方面取得了较为显著的成绩，全省政府采购规模首次突破100亿元大关，并被财政部评为全国政府采购信息统计工作先进单位。

一、稳步推进，政府采购范围不断扩大

2003年，全省各级财政部门想方设法、求真务实，扩大政府采购范围，取得了较好的成绩。

2003年，全省共实施政府采购预算137.12亿元，实际支付121.69亿元，与2002年相比增长了75%；节约预算资金15.43亿元，节约率为11.26%。

公开招标成为政府集中采购的主要方式，占集中采购额的60.97%，较2002年47%的比例上升了14%。

工程类项目比例明显提高，全年实施工程政府采购预算达56.62亿元，比去年增长29亿元，增长比例达139%；比重从2002年的31%上升到41%，提高了10个百分点。

各地在努力扩大政府集中采购范围方面攻坚克难，做了许多有益的探索。常州市财政局与市建设局、计经委等多方协商，率先将工程类采购纳入政府集中采购目录，较好地解决了政府采购法与招标投标法的衔接问题，达到了建设资源共享的目的。苏州市财政局主动争取市委、市政府、市纪委的支持，联合市卫生局、药监局、物价局等部门，将药品纳入政府采购范围，仅2003年10月份组织的药品公开招标采购规模就达4亿多元。南通市所属的如皋、如东、通州、启东、海安等5县（市）也将工程项目纳入了政府采购，规模合计达4亿元。据初步统计，政府采购规模与2002年同比增长一倍以上的市有苏州市、南通市和扬州市，同比增长50%以上的市有无锡市、常州市、连云港市、盐城市。

二、形式多样，积极开展采购制度宣传

2003年，各级政府采购监督管理部门在2002年第四季度普遍开展了广泛的、多层次的普法宣传的基础上，以《政府采购法》正式施行为契机，采取多种形式，有针对性地就《政府采购法》施行中的重点和难点加强宣传，取得了较好的效果。

一是组织社会各界开展网上大讨论，要求各级政府采购管理部门、集中采购机构、

采购人、供应商，就河北省农业厅信息化建设项目招标中供应商反映招标文件设置技术壁垒的问题，从不同角度提出自己的意见和看法，《中国财经报》政府采购专版 1 月 31 日在头版刊登了江苏省这次网上大讨论中各采购当事人的意见摘要，为进一步规范全省乃至全国的公开招标行为在理论上和舆论上做了铺垫。

二是根据省财政厅包厅长在厅机关全体干部会议上的讲话精神，积极探索减少“非典”对经济影响的有效途径，根据政府采购调控经济和控制财政支出的功用，研究制定了五大措施，将“非典”对江苏省经济运行的影响降到最低。《中国财经报》以“江苏五大举措，劲扫‘非典’阴霾”为题，在 6 月 3 日政府采购专版上特别报道了江苏的这一工作成绩，并由此特地增设了“重管理、重效益”专栏，填补了《中国财经报》对政府采购效益报导的空白。

三是将《政府采购法》的宣传日常化、制度化，结合政府采购日常工作，以召开座谈会、上门走访调查、受理政府采购投诉、参加重大招投标活动、答复政策咨询等各种方式，以及通过省级报刊、电视台，对江苏省政府采购的成绩和阶段性工作要点以及重大会议、活动进行报导，加大了宣传力度。据不完全统计，2003 年，《中国财经报》刊登的报导江苏省政府采购工作的稿件达 98 篇。同时，在《江苏经济报》上开辟了“政府采购之窗”专栏，在《江苏财政简报》上编发政府采购专版。所有这些宣传工作，对《政府采购法》在江苏省的施行起到了良好的促进作用。

四是全省各地也开展了一系列学习宣传活动。南京市向全市各有关部门及区、县发放了《政府采购法》单行本，召集集中采购机构负责人、供应商、采购人等进行多层面的政府采购法宣传培训。无锡市组织了有监管部门、采购单位、供应商参加的宣传演讲比赛，印制各种《政府采购法》宣传提纲、小册子及纪念品等。政府采购法宣传学习活动的开展，使政府采购的有关各方普遍增强了依法采购的意识和参加政府采购的自觉性。

三、建章建制，逐步建立政府采购制度体系

为做好现有规章制度与《政府采购法》的衔接工作，各级政府采购管理部门做了大量的工作。

一是加强省级政府采购制度建设，形成了较为完整配套的省级政府采购工作监管制度体系。上报省政府办公厅转发了省财政厅《关于省级政府采购工作的实施意见》，同时制定了较为详细、利于操作的《省级政府采购计划操作规程》和《省级政府采购操作指南》，并对省一级和二级预算单位 600 多名政府采购协管人员进行了培训，有力地推动了省级政府采购工作的开展。

二是根据《政府采购法》的要求，理顺了“一个目录、两个标准”的授权关系。省政府办公厅批复了江苏省财政厅《关于我省政府集中采购目录、限额标准、公开招标数额标准确定公布权限的请示》，明确省级的“一个目录、两个标准”授权省财政厅确定和公布，各省辖市负责本市市级和所属各县（市、区）“一个目录、两个标准”的确定和公布，从而全面规范了江苏省政府采购集中采购目录、采购限额标准和公开招标数额标准的确定和公布行为，明确了管理权限。

三是下发了《关于明确政府采购方式确定及变更程序的通知》，进一步加强了对政府采购方式的监督管理，规范了采用公开招标以外方式的政府采购项目的审批程序，促进了以公开招标作为政府采购主要方式的目标的实现。

四是积极配合省法制办研究制定并上报了《江苏省政府采购管理办法》（草案）。

五是在实践上大胆创新，组织了江苏省省级机关公务用车定点维修公开招标现场观摩会，探讨公开招标采购实务操作规程和公开招标监督管理规范标准文本，在全国开创了将标准化管理应用于政府采购实践的先例。

六是结合实际情况，因地制宜，在制度建设方面不断创新。南京市制定了《南京市政府采购合同货物类示范文本》和《南京市政府采购合同履约和验收管理暂行办法》，规范政府采购合同履约和验收工作。常州市制定了《政府采购廉政准入规定》，用以规范供应商参与政府采购廉政行为。盐城市制定了《盐城市政府采购工作考核暂行办法》，强化对政府采购的管理。

四、转变观念，树立政府采购良好形象

实施政府采购是财政支出改革的内容之一，改革的进程中必然会存在这样和那样的问题。全省各级政府采购管理和执行机构针对政府采购工作在推进过程中存在的问题，坚持“发现问题、绝不回避”的原则，做到转变观念，换位思考，主动服务。

一是加强自身建设。各级都建立健全了内控制度，包括制定和落实政治和业务学习制度、工作责任制度、廉政建设规定等多项内部管理制度，强化了政府采购监管部门自身建设，提高了工作效率，促进政府采购监管工作人员自身廉洁自律。

二是转变观念，主动服务。为方便所有采购当事人，使他们更好地开展政府采购活动，全省上下共同努力，借新闻采编站的力量，编发了《江苏省政府采购指南》，有力地指导和服务了全省政府采购工作，受到了社会各界的欢迎。

三是对重点项目进行跟踪服务。比如，省政府采购中心执行省无线电管理委员会委托的无线电监测系统采购，省财政厅政府采购处在项目采购结束后进行了跟踪服务。一方面倾听采购人和使用人的意见，另一方面检查合同履行情况，注意总结经验和教训，以便在下一阶段的采购中扬长避短，更好地为采购人服务。这一举动深得采购人和使用人的好评。

四是各市的服务也很有特色。徐州市联合市监察局聘请了31名政府采购监督员，对各采购人执行《政府采购法》和有关规章制度情况，采购范围、采购方式、采购程序规范情况，采购人员职业素质和专业技能情况，采购合同履行情况，政府采购质量等进行全过程监督，及时反馈信息，努力提高服务质量。常州市在供应商中开展政府采购诚信服务竞赛活动，通过对十项服务内容的评比，促使供应商售后服务上水平，从而提高政府采购服务质量。泰州市从政府采购信息发布、项目经办双人制、内部审批、评委组成、现场监管、档案管理等六个方面规范政府采购操作程序，树立政府采购“阳光工程”形象。

五、统筹兼顾，逐步整合全省信息资源

政府采购的信息要素很多，比如政策制度信息、产品信息、专家信息、项目信息、供应商信息、采购信息等。如何做到统筹兼顾，整合资源，信息共享，是贯彻执行政府采购“公开、公平、公正、诚信”原则的具体体现。2003年，省财政厅政府采购管理处在这方面做了一些尝试。

一是在全省范围内征集了产品比较特殊、专家数量稀少行业的政府采购评审专家，初步形成了全省统一的拥有14类专业600多名专家的政府采购评审专家库，有力促进了全省政府采购专家信息资源的共享。

二是启用了江苏省政府采购系统电子邮

件信箱，充分利用现代化的信息手段，加快了信息传递速度，提高了工作效率，特别是方便了省与市及各市之间的政府采购工作的交流。

三是利用江苏省政府采购网和各市的政府采购网，发挥网络方便、快捷的优势，及时加载省级和市级政府采购制度规定、招标文件和合同条款文本、采购实践和经验、理论探索等方面的内容，使各项信息为各地的政府采购实践所共享，节约了大量的人力、物力和财力，网上采购项目也在不断增加。

六、调控纠偏，逐步改进完善采购方式

财政部门对政府采购的监督管理职责之一，就是要适时调控纠偏。2003 年，江苏省在这方面主要做了以下工作：

一是针对省级各部门对政府采购工作所提出的采购周期长、效率低、环节多、部分产品价格高、售后服务差等问题，通过改进采购方式来调控纠偏。一月份财政厅政府采购管理处召开了省级部分单位政府采购协管员座谈会，了解到上述意见集中在对通用设备的定点采购上，而通用设备品种繁多、单项采购金额小、采购批次多（占全部采购批次的 70%以上），集中采购机构忙于应付，根本无法顾及售后服务。因此，省财政厅政府采购管理处会同省级两个集中采购机构，借鉴中央机关和有关省、市的做法，在征得厅有关业务处室的支持后，对原计算机及外设、办公用空调的定点采购方式进行了改进。即：在定点供应商确定后，由采购人直接在定点供应商中进行选择，从而缩短采购周期，提高采购效率，减少采购环节。政府采购监督管理机构重点是研究制定各采购人采购定点范围以内产品的具体程序和规则，并开展适时的监督检查；集中采购机构重点是加强价格指导。这一方式改进运行两个月后，省财政厅政府采购管理处派联合调查组对省级 11 个部门政府采购的“计算机和空调定点采购执行情况”进行了跟踪调查。调查结果显示，采购人对完善后的定点采购方式满意率高达 90%以上，普遍反映这一采购方式上的改进缩短了采购周期，简化了采购程序，提高了工作效率。

二是针对全省各级政府采购检查中发现的采购行为不规范等问题，采取“典型引路、以点带面、以会代训”的方法调控纠偏。在全省的政府采购检查中发现，有些地方对政府采购五种方式的操作规程和监督管理不规范，为此，省财政厅政府采购管理处组织了有全省政府采购管理机构和集中采购机构 50 多名负责人参加的公务用车定点维修公开招标现场观摩会，统一公开招标的操作规程和管理规范。

三是针对人大、政协代表提案，研究改进政府采购工作，准备逐步扩大定点采购和协议供货范围。

四是各地针对采购过程中出现的问题改进工作。如徐州市试行政府采购协议供货制度，与联想公司延签订了供货协议，方便了行政事业单位；对一些大型的、技术复杂的采购项目，采取实物评标的方式。扬州市规范组织公开招标，做到信息发布制度化、招标成员格式化、组织招标程序化，全市公开招标率达到 90%。南京市帮助、指导、督促市级行政单位建立内部政府采购制度，加强对部门集中采购规范操作的管理和对分散项目的内部管理。

七、开展检查，依法规范政府采购行为

一是会同省监察厅、审计厅对全省各采购人 2002 年及 2003 年上半年政府采购制度执行情况进行检查，以进一步了解应纳入集中采购目录的项目执行集中采购的情况。通过对全省 14 555 个单位的检查发现：应纳

入政府集中采购的金额2002年为54.51亿元，2003年上半年为35.52亿元。但实际参加政府集中采购的金额占应纳入政府集中采购金额的比重，2002年度为84%，2003年上半年为87%。检查结果说明：全省政府采购制度的执行情况2003年好于2002年；已参加政府采购单位占应参加政府采购单位数的比例2003年好于2002年。

二是对省级七项定点采购进行专项检查。2003年8月下旬至9月中旬，组织了对2003年度省级定点采购供应商合同履约情况检查。七项定点的66家供应商有61家进行了认真自查。随后组织采购人代表、采购管理部门、集中采购机构及行业管理专家对37家定点供应商进行了抽查，抽查面达56%。对检查情况进行了通报并分别四种不同情况进行了处理：对定点合同履行好、采购人满意的3家定点供应商续签一年定点采购合同；对定点采购合同履行较好，采购人较满意的4家供应商给予通报表彰，在下一年度参加定点采购招标时适当加分；对定点采购合同履行较差、采购人有投诉的6家供应商给予通报批评，在下一年度参加定点采购招标时适当扣分；对违反定点采购合同条款，损害采购人利益的5家定点供应商根据情节轻重给予没收部分履约保证金或禁止一年进入政府采购市场的处罚。通过检查，进一步规范了政府采购行为。

（江苏省财政厅政府采购管理处供稿，王卫星执笔）

浙 江 省

2003年，浙江省各级财政部门以“三个代表”重要思想和十六届三中全会精神为指导，认真贯彻落实《中华人民共和国政府采购法》（以下简称《政府采购法》），以扩大采购规模、规范采购管理、提高采购效率为重点，进一步深化政府采购制度改革，完善政府采购监管体系，开拓创新，努力工作，促使政府采购工作取得了持续、快速、稳定的发展，获得了较好的成效。

一、加强对《政府采购法》的宣传和学习，进一步统一思想认识

2003年是《政府采购法》实施的第一年，为贯彻落实《政府采购法》，浙江省政府采购管理办公室（以下简称省采购办）精心组织，充分准备，全省上下联动，通过悬挂大幅宣传标语，张贴宣传画，发放宣传手册，请人大、政府领导作电视讲话，在省、市电台的在黄金时间播出节目和在报纸的主要版块刊登文章等形式宣传《政府采购法》。同时，召开全省市、地采购办主任座谈会，举办监督管理部门业务培训班，积极开展宣传、学习工作。通过宣传和学习，统一了思想，提高了认识，使政府采购当事人特别是广大采购单位对政府采购工作由理解到支持，变“要我采购”为“我要采购”。社会各界对政府采购工作也越来越关注，全省初步形成了一个依法采购的良好氛围。

二、调整集中采购目录，政府采购规模进一步扩大

根据浙江省政府采购工作的实际情况，在2002年的基础上，省政府及时调整了2003年政府集中采购目录和采购标准。其中，省本级的集中采购目录由原先的20项增加到26项，同时将集中采购目录之外、单项金额在20万元以上货物类、服务类项目和50万元以上的工程类项目也依法纳入政府采购。据统计，全年全省政府采购预算92.56亿元，实际采购金额80.21亿元，比预算节约资金12.34亿元，资金节约率为13.34%。与上年同期相比，采购预算总价增加26.87亿元，增长40.9%；实际采购资金增加23.13亿元，增长40.52%，较好地完成了年初确定的工作任务。

三、积极稳妥地推进政府采购管理体制改革

根据《政府采购法》的要求，省采购办在深入调研的基础上，适时提出了浙江省政府采购管理机构和集中采购机构设置的原则，供省领导和有关部门决策。按照浙江省政府采购工作领导小组的指示，省采购办积极配合省编办、省监察厅及时向省政府提出关于具体设置、配备的建议，同时就进一步明确政府采购管理部门和集中采购机构的工作职责、理顺工作关系、明确市和县工作机构的设置等问题提出了意见。

四、加强政府采购制度建设，规范采购行为

为进一步规范集中采购行为，提高采购效率，切实方便采购单位，浙江省在省本级积极尝试定点采购。省级单位办公用纸和车辆保险定点采购分别从2003年7月和2004年1月起全面实施。根据各定点供应商的报价测算，纸张和保险的定点采购价格分别比市场价格下降10%和40%以上。同时，为节约采购成本，提高采购效率，省采购办出台了《浙江省政府采购协议供货制实施办法(试行)》，在全省全面推行政府采购协议供货制度，实现了政府采购制度的创新。

五、认真编好政府采购预算

为贯彻财政部和浙江省政府采购工作领导小组关于进一步扩大政府采购的范围和规模的指示精神，浙江省率先在省级部门预算中单独编制政府采购预算，明确各部门、各单位政府采购预算编报程序，以及省财政厅内部政府采购预算审核、审批及资金拨付流程。同时，要求各单位根据批准的政府采购预算，按月编报政府采购预算执行建议，对无预算或超预算的采购项目，一律不予采购，强化了政府采购预算的刚性约束，在源头上加强了对政府采购的监管力度。

六、调整省政府采购工作领导小组成员

因人事变动和工作需要，经浙江省省政府领导同意，2003年对省政府采购工作领导小组成员单位及组成人员做了适当调整。调整后领导小组组长由浙江省常务副省长章猛进担任，副组长由省政府秘书长孙忠焕、省财政厅厅长黄旭明担任；浙江省政府采购管理办公室主任由省财政厅副厅长沈继宁兼任。同时，增加省经贸委和省质量技术监督局为成员单位。这次调整有利于加强对浙江省政府采购工作的领导和协调，对进一步推进全省政府采购工作起到了重要的作用。

七、做好对政府采购代理资质的认定和管理工作，培育和发展中介代理市场

根据《浙江省政府采购代理机构管理暂行办法》文件要求，在对执业人员进行政府采购业务培训的基础上，审核了申请政府采购业务代理资格的17家中介机构的申报材料，认定浙江省机械设备成套有限公司等9家符合条件的机构为第一批浙江省政府采购代理机构，赋予其承担和实施全省分散采购项目的代理采购资格。同时，积极利用市场化手段，通过对代理机构的业务监管，加强对分散采购的管理，促进政府采购工作的健康发展。

八、加强对重大政府采购活动的监管，认真受理和查处供应商的投诉

省采购办重点对浙江省省级办公纸张、车辆保险、正版软件采购等社会影响较大的集中采购项目和单项预算金额较大的分散采购项目开展现场监管工作，及时规范采购单位和采购代理机构在开标、评标、定标中的行为。同时，重视供应商投诉处理工作，2003年直接受理和查处4起供应商投诉，经调查核实后，依法对招标投标过程中违法违规的单位予以了处理，较好地维护了采购当事人的合法权益。

九、认真办理有关政府采购的人大建议和政协提案，接受省审计厅对政府采购工作的专项审计

2003年，省采购办承办省人大建议和省政协提案共三件，其中省重点提案一件。浙江省财政厅专门成立政府采购提案工作小组，组长由省财政厅副厅长沈继宁同志担任。省采购办对省人大代表和省政协委员所提出的意见和建议，进行了专题研究，深入建议单位进行调查，多次与人大代表、政协委员进行面对面的商讨或电话沟通，对有关意见和建议在工作中予以认真吸纳。另外，积极配合浙江省审计厅做好2002年度省本级政府采购专项审计，对省审计部门所提出的问题，以书面形式实事求是地进行了说明，并进一步规范和完善政府采购工作，促进了全省政府采购工作健康、快速地发展。

十、认真做好政府采购信息统计和宣传等工作

浙江省按照财政部的统一要求，认真做好政府采购统计报表编报及统计分析工作，政府采购信息统计工作受到了财政部的表彰。同时，做好浙江省政府采购网站建设，切实做到政府采购信息公开、透明。另外，按照省财政厅的要求，积极组织政府采购信息稿源，向《浙江财政信息》、《中国财经报》、《中国政府采购信息报》、《钱江廉潮》投稿，宣传浙江省的政府采购工作。编发《浙江政府采购》简报12期，对加强全省各地政府采购工作的交流和及时指导各地政府采购工作起到了积极的作用。

十一、组织开展政府采购业务培训

一是举办政府采购代理机构从业人员培训班，重点学习《政府采购法》及有关规定。通过学习，使广大的参训人员增强了法律意识，进一步熟悉了政府采购代理业务的相关知识，掌握了有关操作程序，达到了较好的培训效果。二是举办全省政府采购管理人员培训班。通过培训使全省政府采购管理人员进一步了解了《政府采购法》及政府采购工作的发展趋势，对实施政府采购与反腐倡廉的关系有了更深刻的认识，掌握了政府采购的监督与管理、电子信息化项目的政府采购等知识，为全省政府采购工作的顺利开展奠定了基础。

（浙江省财政厅政府采购管理办公室供稿，陈军训执笔）

宁 波 市

根据《中华人民共和国政府采购法》的规定和财政部对 2003 年政府采购工作的要求，宁波市财政局紧紧围绕“扩面增量、理顺关系、规范管理、增强服务、提高效率”的工作方针，切实采取有效措施，进一步推进政府采购制度建设，并取得了一定的成果。

一、扩大政府采购范围和规模

2003 年，宁波市政府采购覆盖面迅速扩大，市级和县（市、区）全面推行了政府采购制度，并基本覆盖到各行政事业单位。采购品目向多样化方向发展，采购目录已达 3 大类、21 项、42 种。工程和服务类采购的比重逐年提高，2003 年，工程类采购量 4.2 亿元，占 29.72%；服务类采购量 4500 万元，占 3.18%。政府采购范围的扩大，促进了政府采购规模大幅度增长，2003 年实际完成采购金额 14.13 亿元，较上年的 6.45 亿元增长了 119%，占本年财政支出的 7.84%，其中市本级完成采购金额 4.06 亿元。

二、进一步完善政府采购制度

一是制订管理办法。在已颁发了政府采购管理运行规程、项目委托代理采购管理监督、资金国库集中支付、供应商登记及管理等办法的基础上，2003 年又制定了《宁波市政府采购合同履约和验收暂行规定》、《宁波市政府采购实行协议采购管理的暂行规定》等管理办法。

二是完善政府采购预算制度。将政府采购预算作为部门预算的组成部分，2003 年，全市政府采购预算 16.03 亿元，其中市本级全年政府采购预算为 5.07 亿元，是 2002 年的 2.5 倍。建立和完善月份采购计划制度，理顺工作流转程序，及时组织采购。对纳入集中核算的部门和单位实行资金国库集中支付制度，2003 年仅市级就审核拨付资金 1.14 亿元，涉及合同 400 多个。

三是规范配套措施。进一步充实评审专家数据库，2003 年新增各类技术专家 109 名，使市级专家库人数累计达到 600 多位。在政府采购活动中全面推行公开采购信息、评委随机抽取、对大型项目开标评标（谈判）活动实施现场监督、采购合同签订和验收由采购人负责等措施，保障政府采购行为的规范有序。

三、加快理顺政府采购的管理体制

在各级政府的重视下，按照执行与监管相分离的原则，除市本级完成机构分设外，推行政府采购制度的 14 个县级机构中有 10 个已完成机构分设。14 个监管机构中有 7 个单设，10 个分设的集中采购机构中有 5 个与招投标中心合署，2 个为机关事务管理局直属事业单位，3 个为政府直属事业单位。据统计，2003 年全市有从事政府采购管理的人员 32 人，从事集中采购工作的人员 48 人。机构的健全和队伍的充实为政府采购工作的深入开展提供了有力的组织保障。

四、采用多种形式的采购组织方式

一是扩大协议采购管理范围。完善印刷、办公用纸定点采购办法，新增了对计算机及部分外设的协议采购。依据公开招标结果，确定了11家供应商的9个品牌79种型号的台式电脑、8个品牌64种型号的笔记本电脑和4个品牌98种型号的打印机为协议采购范围。全年全市政府采购计算机23 145台，采购金额为1.41亿元，占采购总额的9.98%。

二是实施部门集中采购。批复了在机构和工作人员方面都已具备了集中采购条件的教育局、宁波大学实行部门集中采购，使其可以自行按法定程序组织教育专项设备采购，财政部门负责监督，提高了采购效率，满足了专业设备采购要求。

三是探索采购方案论证的实施办法。对部分采购金额大、技术要求高的项目，在采购计划下达前，邀请采购代理机构、采购人和技术专家开展项目论证。2003年对住房资金管理中心、公路管理局两个信息化工程项目的采购进行了此项工作的试点，提高了采购合理性和质量。

四是培育社会中介政府采购代理机构。2003年确认6家社会中介招标机构具备从事政府采购业务资格，主要从事国际招标业务。全年委托代理采购业务的总金额为1.8亿元，实际完成采购金额1.04亿元，节约率为15.64%。

五、改进政府采购监管工作

一是加强宣传、培训工作。主动深入基层单位，到县（市、区）和主管部门讲解政府采购制度，培训政府采购从业人员。2003年分别在余姚、象山等县（市）和卫生、公安、社会保障等系统开展讲座，共有近二百人次参加。加强与人大代表、政协委员的联系，汇报工作情况，听取各方意见，争取社会各界对政府采购工作的理解和支持。

二是完善政府采购特邀监察员制度，邀请人大代表、政协委员和来自新闻媒体及社会上有关方面的人士等共8位同志担任监察员，监督指导政府采购工作。

三是建立走访采购人制度，每月走访两个以上采购人，征求对政府采购工作的意见。

四是建立政府采购质量日常跟踪反馈制，印制质量跟踪卡并在每个采购项目完成后发放给采购人，以便采购人及时反映政府采购项目完成质量方面的情况。

五是及时处理投诉事项。全年共受理采购人投诉13次，查实供应商违约10起；受理供应商投诉5次，无一起有效投诉。

六是加强对采购合同履约情况的审查，对拖延履约时间的14个供应商按合同约定进行了严肃处理。

（宁波市财政局供稿，包建华、林永喜执笔）

安徽省

2003年，安徽省各级财政部门认真贯彻落实《中华人民共和国政府采购法》（以下简称《政府采购法》)，按照省里确定的政府采购改革发展整体思路和工作重点，积极进取，开拓创新，不断扩大政府采购的规模和范围，赢得了社会各界的广泛认同。

一、全省政府采购规模取得新的突破

2003 年，安徽全省政府采购项目预算金额 32.98 亿元，实现采购合同金额 28.32 亿元，节约资金 4.66 亿元，平均资金节约率为 14.12%。全省政府采购规模按实际支付合同金额 28.32 亿元计算，占到全省财政总支出的 5.58%，按可比口径计算，比去年同期增加 11.18 亿元，增长 65.25%，超过财政部规定的增长 50% 的要求。其中，货物、工程和服务三大类的增幅均超过两位数。全省政府采购规模超亿元的市及单位达到 6 个，其采购规模合计占到全省总采购规模的 60.19%。

2003 年，省级政府采购将财政部规定的政府采购代理机构的政府采购项目纳入了信息统计范围。据统计，省级共完成采购预算金额 4.54 亿元，实际执行合同金额 4.03 亿元，节约资金 0.52 亿元，资金节约率 11.37%。其中：省政府采购中心共完成采购预算金额 4.02 亿元，实际执行合同金额 3.54 亿元，节约资金 0.48 亿元，资金节约率达到 11.89%。

二、认真学习宣传贯彻《政府采购法》

2003 年是《政府采购法》颁布实施的第一年。为了加快安徽省政府采购制度改革的进程，更好地发挥政府采购活动中财政部门的监督管理的职能和作用，安徽各级财政部门以《政府采购法》的颁布、施行为契机，认真组织学习，广泛地开展宣传工作，利用电视、电台、报刊等各种宣传媒体，采取咨询、知识竞赛、讲座、图片展览等多种形式，向政府采购当事人以及社会各界宣传《政府采购法》，形成认真学习《政府采购法》、自觉遵守和贯彻执行《政府采购法》的良好氛围。省级制作了宣传《政府采购法》的专题片在安徽卫视连续播出，扩大政府采购的影响；省财政厅把《政府采购法》和有关制度、办法汇编成册，及时发到省直各部门、单位和全省财政系统。合肥市利用《政府采购法》颁布实施之日，在市区主要地段向社会各界广泛宣传《政府采购法》；蚌埠市组织财政局全体干部认真学习《政府采购法》，通过答题的方式，使大家了解法律规定的具体内容与精神实质。六安、铜陵、马鞍山等地积极利用讲座、宣传车等多种方式宣传《政府采购法》和政府采购有关知识，使《政府采购法》的各项规定深入人心。

三、进一步完善制度建设，规范政府采购行为

2003 年，安徽省继续抓好政府采购制度建设，促进采购行为的进一步规范。省级经过深入调查研究，在广泛征求意见的基础上，适时制定和出台了《安徽省省直行政事业单位复印纸定点采购管理暂行办法》，规范省级各部门复印纸采购行为。同时，按照《政府采购法》要求，在全国率先拟定出台了《安徽省工程项目试行政府采购制度暂行规定》，并正式启动将基本建设工程项目纳入政府采购管理的工作。为严肃采购纪律，省财政厅还与省监察厅联合拟定了《政府采购中违法行为的行政处分规定》，由省人民政府印发全省执行。

四、不断创新发展，努力扩大政府采购规模

一是全面实施政府采购预算管理制度。2003 年，省级从年初开始就要求各预算单位，按照集中采购目录的规定和有关程序规

定，严格编制政府采购预算，凡属集中采购目录以内或采购限额标准以上、使用财政性资金的项目，一律纳入政府采购预算，实行集中采购，并统一由国库集中支付。2003年省级部门政府采购预算比上年增加了2.47亿元，增长186%，增幅有了较大提高。为做好2004年政府采购预算编制工作，省级及时拟定了《安徽省省级政府采购2004年集中采购目录及标准》，并以省政府办公厅文件颁发，为省直各部门、单位编好2004年度政府采购预算提供依据。

二是不断开拓，扩大政府采购的范围和规模。具体的措施有：第一，将基建工程项目纳入政府采购范围。2003年，省级确定4个基本建设投资项目，对其使用财政性资金进行的勘察、设计、施工、监理以及与建设工程有关的重要设备、材料等，按政府采购法规定的程序进行采购。第二，建立复印纸定点采购制度。根据省直行政事业单位复印纸用量大和分散采购的特点，2003年，省级对复印纸定点采购进行公开招标，选择了5家定点供应商13种复印纸品牌。省直行政事业单位凭省财政厅制发的《安徽省省直行政事业单位政府采购复印纸记录卡》，可在定点供应商范围内采购复印纸，享受优惠价格和服务。这一做法受到普遍好评。

五、举办首届政府采购展示交易会

经安徽省人民政府批准，2003年9月，省财政厅举办了首届政府采购产品展示交易会。展示交易会共设400个国际标准展位，吸引了国内外150家知名企业参展。安徽省人民政府副省长田维谦，省委、省人大、财政部国库司政府采购处以及省直有关部门的负责人出席了展示交易会开幕式，并参观了展示交易会。来自社会各界和全省各级财政部门以及省直有关部门的有关人员共4万多人参观了展示交易会。江苏、浙江、福建、山东、大连等省市的20多位政府采购负责人也参观了展示交易会，并与安徽省的同行进行了工作交流。展示交易会上还举办了政府采购说明会、政府采购现场开标会、重点供应商推介会等十余场会议，使社会各界和广大供应商直观感受政府采购工作流程，引导优秀企业积极介入政府采购市场。展示交易会盛况空前，影响深远，达到了宣传政府采购、交流采购信息、展示采购风采、扩大采购规模的良好效果，受到社会各界的普遍好评。

六、开展省级政府采购专项检查

按照省财政厅《关于开展2003年度省级政府采购专项检查的通知》要求和财政专项检查工作安排，省财政厅会同省监察厅、省审计厅于2003年11月联合对省直部分部门、单位2003年政府采购执行情况进行了专项检查，分别抽查了省药监局、省卫生厅等9个部门及其所属二级单位。从抽查结果看，各部门、单位执行政府采购制度的总体情况良好。检查中绝大多数部门、单位能够按照省财政厅的要求，认真做好自查工作，积极配合检查组工作。但也发现一些问题，主要是个别部门、单位存在着没按政府采购规定进行采购的现象。对此检查组给予了批评，提出了整改意见，并指出，在今后年度再出现此种情况时，将按照《安徽省人民政府印发关于政府采购中违法行为的行政处分规定的通知》中的有关规定进行严肃处理。

七、切实抓好政府采购信息统计工作

政府采购信息统计工作是政府采购制度改革的重要内容和组成部分，是准确、客观反映政府采购工作成果的一项基础性工作，也是为做好政府采购工作提供科学合理的决策依据。安徽省历来重视政府采购信息统计工作，并为此下发了专门文件，指定专人负责

此项工作，开展了专门培训，确保政府采购信息统计工作做到层层落实。2003年财政部对政府采购信息统计报表软件进行改动，并相应增加了报表张数。为保证信息统计工作的连续性和及时、准确上报统计数据，安徽在县级机构不完善、人手普遍紧张、人员不固定的情况下，积极采取措施对相关人员进行培训，使他们及时掌握信息统计软件报表的使用，并准确及时报送信息统计报表。

八、做好政府采购各项基础性工作

一是认真做好政府采购项目执行和资金的支付工作。按照政府采购工作程序，认真审核部门、单位月编报政府采购清单，并根据月度政府采购清单下达计划给省政府采购中心组织实施采购。同时，把好资金支付关，要求采购单位按照要求报送采购合同、验收证明和发票复印件，经审核后开具资金拨付凭证，拨付政府采购资金。整个采购程序中做到认真审查，严格核对，一丝不苟，提高效率，一年来没有发生一笔漏错，赢得了供应商和采购单位的好评。

二是适时开通市级政府采购网站。为使政府采购信息公开透明，解决市级政府采购信息发布难的问题，省财政厅积极与财政部信息中心联系，并单独为全省市级政府采购网站设置登陆密码，使市级政府采购网站及时开通，消灭了市级政府采购信息“开天窗”的现象。

（安徽省财政厅政府采购处供稿，
胥慰庆执笔）

福　建　省

2003年是《中华人民共和国政府采购法》（以下简称《政府采购法》）实施的第一年，福建省政府采购工作围绕着贯彻《政府采购法》，在健全和完善政府采购制度、探索高效规范的运行机制、加强监督和管理等方面都取得了明显成效。

一、建立健全政府采购制度

为贯彻实施《政府采购法》，福建省政府颁布了《关于贯彻〈中华人民共和国政府采购法〉实施意见》，福建省政府办公厅下发了《关于印发福建省省级政府采购运作规程暂行规定的通知》，福建省财政厅及采购办修订下发了《福建省级政府采购代理机构资格登记备案暂行规定》、《福建省省级政府采购供应商资格登记备案暂行规定》，《关于做好省级政府采购信息公告工作的函》，福建省财政厅制订下发了《关于编报政府采购计划的通知》、《关于省级政府采购评审专家库管理使用规定的通知》以及《福建省2003年省级政府采购目录》，福建省财政厅、福建省监察厅联合转发了财政部、监察部《关于印发〈集中采购机构监督考核管理办法〉的通知》、《关于印发〈政府采购评审专家管理办法〉的通知》。这些制度的建立，为全省政府采购工作规范运作提供了配套法规，有力地促进了全省政府采购工作的健康发展。

二、进一步规范政府采购行为

为确保《政府采购法》的全面实施，贯

彻执行《国务院办公厅转发财政部关于全面推行政府采购制度改革意见的通知》精神，进一步深化全省政府采购制度改革，依法规范政府采购行为，切实解决存在的突出问题，加大从源头上预防和治理腐败的力度，福建省财政厅、福建省监察厅联合下发了《关于认真贯彻政府采购法　加快推行政府采购工作的通知》，在建立健全政府采购运行机制，加强政府采购预算、计划和目录管理，严格政府采购方式审批，探索廉洁高效、切合实际的机制，规范政府采购行为，增强政府采购工作透明度和公正性，加强政府采购机构建设，提高采购人员职业素质和采购工作水平，开展检查以及加大政府采购监督和管理力度等方面做了具体规定和要求，有力地促进了全省政府采购工作的规范运作。

通过宣传和实施《政府采购法》及其相关配套制度，各单位实施政府采购制度的意识普遍增强。许多单位都建立了政府采购工作的职能机构，配备了专职人员，加强了对采购计划的编报和管理工作，单位的纪检监察部门也积极介入政府采购项目招标的现场监督，单位擅自采购以及指定单一品牌采购的现象大大减少。同时，确定采购项目、采购项目的委托、标书的审定、合同的签约、项目的验收等工作也得到了进一步的完善和加强。

各级政府采购监管部门基本做到了认真履行法律赋予的职责，把好政府采购方式审批关，对特殊情况用公开招标以外的其他方式进行政府采购的，能对照政府采购法规定的条件进行审批。各政府采购中心和政府采购代理机构也基本上做到了严格按政府采购程序组织实施采购项目，目前未发现违规行为。

三、积极探索高效便捷、切合实际的运行机制

在实施省级政府采购过程中，为了提高政府采购项目的效能，最大限度地满足各单位的需求，福建省采购办与福建省政府采购中心及有关部门研究并实施了“公开招标确定协议定点供应商”的采购形式，目前已实施的项目有公务车辆统一保险、办公用纸、空调设备、学生体质健康测试器材和数字福建建设存储设备五个项目，并下发了《关于省直行政事业单位公务车辆统一保险的通知》、《关于省直单位空调设备协议供货有关事项的通知》以及《关于省直单位办公用纸定点供应的通知》等具体操作办法，规范协议供货行为。此外，厦门、泉州、南平、漳州以及龙岩等地也在通用物品和车辆保险维修、出国机票采购等方面实施定点协议采购，有效地解决了各单位对采购项目指定单一品牌而造成无法招标采购和零星采购的问题，也相应地解决了由于公开招标所需时间较长而影响采购方使用的问题，提高了政府采购的效率。

四、政府采购规模上了新台阶

根据《政府采购法》的规定，由福建省政府授权，各级政府进一步拓展了本级政府采购目录，同时把部分工程和药品采购纳入采购范围，加上各单位对贯彻实施政府采购制度认识的显著提高，政府采购行为的进一步规范，使全省政府采购工作取得较好成效。2003 年，全省完成政府采购预算 104.11 亿元，比上年同期 30.42 亿元增加 74.02 亿元，增长 243.33%；实际支付采购款 91.01 亿元，节约资金 13.10 亿元，资金节约率 12.59%，较上年提高 0.26 个百分点。其中省级完成采购预算 40.52 亿元，比上年同期增加 35.68 亿元，增幅 874.51%；资金节约率为 14.04%，较上年提高了 3.95 个百分点。同口径比较，即扣除工程、药品的采购量，全省完成采购预算 34.58 亿元，比上年增加 15.73 亿元，增长 83.45%；资

金节约率为11.66%，比上年提高0.62个百分点。省级完成采购预算6.91亿元，比上年增加2.9亿元，增长72.32%；资金节约率12.31%，较上年提高1.86个百分点。

五、认真履行政府采购监督管理职责

一是配合预算编审部门提出下年度政府采购预算编制要求，加强财政内部职能部门之间工作的配合，做好政府采购预算的编制工作。二是规范采购计划的实施工作，建立政府采购计划审核制度，严格按照批准的预算执行。三是加强政府采购资金的审核拨付工作，对不符合规定以及资金支付材料不完整的予以拒付，有效防止了违规行为。四是认真履行法律赋予政府采购管理部门的职责，把好采购方式审批关，对特殊情况用其他方式进行采购的，对照政府采购法规定的条件进行审批，并严格按政府采购程序组织实施。五是加强对招标现场的监督，重大项目邀请纪检监察等部门一起监督。六是认真处理投诉事项，加强对采购人、采购执行机构、采购代理机构、供应商之间纠纷进行仲裁的力度，认真履行“裁判”的职责。

六、加强政府采购监督管理工作

为了切实加强对政府采购招标过程的管理，提高采购项目评审的公正性，福建省财政厅制定了《关于省级政府采购评审专家库管理使用规定的通知》，对福建省政府采购中心和福建省级政府采购招标代理机构的专家库实行统一管理，各招标项目所需评标专家在规定的时限内到采购办的专家库中随机抽取，当场打电话邀请。这一做法在一定程度上有效地避免了个别专家与供应商或采购人之间的串通，保证了项目评审的客观公正。

七、加大政府采购的宣传和培训工作

一是继续在《开放潮》、《福建财会》杂志上开设专栏，每期两页，宣传政府采购工作。二是拍摄了政府采购宣传片，通过福建电视台播出，对《政府采购法》进行宣传，努力使其做到家喻户晓。三是向《中国财经报》、《中国政府采购杂志》以及《中国政府采购信息报》投稿，介绍福建省政府采购工作情况。四是深入部分省直单位举办《政府采购法》的专题讲座，推动部门政府采购制度的顺利实施。五是通过《政府采购网》开展宣传工作。六是召开政府采购管理人员、政府采购代理机构以及供应商座谈会，以会代培，进一步提高全省政府采购管理人员和从业人员的业务素质、法律意识，对依法行政，规范采购行为起了积极的促进作用。

八、加强对全省各地政府采购工作的指导

2003年为进一步提升县、市一级政府采购的规范化程度采取了一些措施。一是及时把省级政府采购实践中的经验、做法传递到全省，指导各地规范化地开展政府采购工作。二是督促市、县、区逐步扩大政府采购范围，拓展政府采购规模。三是到各地进行现场指导，并认真研究基层工作中的问题。四是会同福建省监察厅、福建省采购中心到有关地、市进行专题调研，为解决各地反映的一些热点问题，联合福建省监察厅下发指导意见，对全省依法管理政府采购工作、全面推进政府采购制度起了积极的推动作用。

（福建省政府采购领导小组办公室供稿）

厦　门　市

2003年，厦门市以贯彻执行政府采购法为核心，坚持依法采购，继续规范管理、强化监督，深化政府采购制度改革，力促政府采购工作再上新台阶。

一、坚持完善“六个一”，促进政府采购全面协调发展

（一）建立健全政府采购制度体系，推进采购监管法制化

1.制定转发综合制度、政策，全面规范采购工作。

（1）2003年5月，厦门市印发《关于贯彻财政部〈2003年政府采购工作计划要点〉的意见》，提出了加快规章制度建设、调整集中采购目录范围、继续加强宣传沟通、加强信息统计与业务培训、加强规范化管理、完善投诉处理和监督机制等工作计划要点。

（2）2003年7月印发《关于进一步完善政府采购工作的若干意见》，对政府采购工作实行分类分级管理、扩大政府采购代理市场、进一步提高采购效率、加强采购规范管理和监督等方面工作提出了新的改进意见。

（3）2003年10月转发由国务院办公厅转发的财政部《关于全面推进政府采购制度改革意见的通知》，对指导全市深化政府采购制度改革、规范政府采购行为具有重要意义。

（4）2003年11月转发福建省财政厅、福建省监察厅《关于认真贯彻政府采购法加快推进政府采购工作的通知》，落实关于建立健全运行机制、严格采购方式审批、规范采购行为、加强采购机制建设、加大监督和管理力度等工作要求。

2.研究制定具体管理制度，规范采购运作行为。

（1）改革政府采购资金集中支付申请程序，重新明确了集中支付资金范围、申请支付主体、办理部门、申请材料、办理要求等有关事项，进一步理顺资金支付关系，提高支付效率。

（2）将通用办公设备、空调的定点采购制度变更为协议供货制度，公开招标确定协议供货供应商，并制定了具体管理制度。

（3）制定政府采购评审专家抽选暂行办法，明确抽选主体、程序、监督、记录等事项，建立评审专家抽选制度，进一步规范专家抽选行为。

（二）改进采购模式，调整采购目录，提高采购综合效益

1.实行分类分级管理。为不断改进采购管理模式，厦门市根据项目的不同情况，对政府采购逐步实行分类管理。主要做法有：建设工程统一进入厦门市建设工程交易中心进行招标；通用货物、服务实行全市综合集中采购；部分有特殊要求的专业设备、仪器可实行部门集中采购，由部门委托具备资质的采购代理机构操作。依据资金性质实行市、区两级管理，采购目录范围由市级统一规定，各区结合实际进行适当调整。

2.统筹兼顾，调整集中采购目录。根据“统筹兼顾、实事求是、总体稳定”的原则，厦门市下发了《关于调整2003年度厦

门市集中采购目录及政府采购限额标准的通知》，对2003年的集中采购目录进行调整，取消部分项目，提高部分项目的限额标准，适度缩小了集中采购范围，扩大了采购单位对部分采购项目的采购自主权，同时又保持了集中采购目录内容的总体稳定。

（三）扩大采购代理市场，加强代理机构监管

1. 2003年7月，厦门市组织开展了2003年度政府采购代理机构登记备案工作，并发文公布了登记备案结果。此次增加了代理机构的数量，市场扩大，有助于促进代理机构间的良性竞争，有助于提高政府采购项目操作效益和代理机构执业水平。

2. 完善代理市场监管机制。

(1) 督促采购代理机构坚持“公开、公平、公正”原则，健全内部制度，依法规范运作，加强各项代理组织工作，提高代理业务水平。

(2) 召开多次代理机构工作会议，宣传贯彻政府采购法，重申代理机构从业规范、职业道德，提出代理机构执业工作新要求，交流代理工作经验。

(3) 出台《关于进一步加强政府采购代理机构监督管理的通知》，在规范运作、正当竞争、提高执业素质、加大处罚力度等方面做了明确要求和规定。

（四）抓好采购队伍建设，提高采购人员素质

1. 2003年8月组织开展全市政府采购管理及从业人员的业务知识培训，邀请大学教授、部分有经验的管理人员和从业人员授课，重点培训政府采购法、政府采购操作规程、代理组织技巧等方面的内容，提高采购人员依法采购的意识和能力。

2. 2003年11月组织开展政府采购管理人员及代理机构中高级管理人员培训，研讨政府采购法实施问题，讲解管理和操作注意事项，重申执业纪律和违规责任，进一步强化代理机构的职业道德观念、服务意识，提高管理人员、代理机构从业人员素质。

3. 制定我市政府采购管理人员勤政行为“十不准”规定，提出“不准从事有损于政府采购形象的一切活动”等十条要求，督促政府采购管理人员依法行政，坚持廉洁采购，自觉保护国家利益和社会公共利益，维护采购当事人的合法权益。

4. 督促采购代理机构加强对人员入口的把关，严格按从业人员的资质要求选聘人员，加强对工作人员的教育和培训，定期对采购人员的专业水平、工作实绩和职业道德状况进行考核。

（五）充实采购专家库，加强评审专家管理

1. 组织选聘第三批政府采购专家，新增部分评审专业类别，细化原有专业分类，逐步将代理机构原有专家库人员纳入政府采购专家库，进一步充实专家库资源。

2. 组织第一批评审专家年审换证工作，逐步建立择优聘用、能进能出的机制，进一步确保专家评审的权威性、公正性和科学性。

3. 督促采购代理机构做好专家日常表现考核记录，综合反映专家评审活动德、能、勤、绩情况，作为年审和奖惩依据。

4. 制订政府采购评审专家抽选暂行办法，进一步规范评审专家抽选活动，减少人为因素，提高评审活动的公正性。

（六）完善监督机制，加大监督力度

1. 加强对投诉案件的调查处理。对每个投诉案件，均本着对国家负责、对采购当事人负责的态度，以事实为根据、以法律为准绳，认真细致地调查各个环节、各方情况，并及时进行协调、查处。

2. 积极配合监察、审计部门开展政府采购监督工作，及时通报政府采购情况，沟

通监督工作思路和重点，提供有关资料，依法协助调查处理投诉和违法违纪行为。

3. 继续开展政府采购系统预防职务犯罪工作，制定管理人员“十不准”行为守则，组织政府采购管理人员和从业人员接受警示教育，邀请有关人员向政府采购系统人员讲解预防职务犯罪的知识、案例。

4. 依法进一步加强全面监督检查。2003 年 11 月至 12 月，厦门市财政局与厦门市监察局共同组织开展政府采购制度专项检查活动，重点对市直单位、采购代理机构 2003 年的政府采购活动实施专项检查。检查中既发掘了有关代理机构执业的特色和优势，也发现和纠正了一些不规范的问题。

二、抓好“两个提高”，持续提升采购成效

（一）改进采购管理基础工作，不断提高管理水平

1. 修改政府采购计划表格式，增加部门预算项目名称、专户历年结存资金情况、采购人选定采购代理机构等栏目，进一步完善表单内容，明确反映采购项目与部门预算项目的对应关系、采购资金专户中历年结存资金情况，为建立采购台账提供了依据。

2. 修改政府采购资金集中支付申请书和政府采购资金支付流程，变更付款申请主体和审核主体，进一步加强了对资金运行情况的监控，也有利于对账、核算。

3. 重新制订政府采购办事指南，并在厦门市人民政府网站上公布。明确了办事对象、办理条件、申报材料、办事依据、问题解答、办理时限、办理时间地点等有关内容，方便采购单位了解和办理政府采购事宜。

（二）采取多种措施，进一步提高采购效率

1. 进一步提高采购计划性。通知各部门在财政批复预算后一个月内编制政府采购年度计划。增强预算编制宣传，提高各部门、单位加强采购项目前期调研、编制采购预算的意识。

2. 借鉴财政部协议供货的做法，完成了 2003 年两期通用设备协议供货、一期空调协议供货招标工作，减少了代理机构发放通知书的环节。继续对出国（出境）机票和公务用车实施定点采购。通过实施协议供货、定点采购，提高小额通用设备采购效率，保障质量和服务。

3. 重新梳理政府采购工作流程，将办事表格发布到厦门市政府采购网上，压缩特殊方式审批办事时限，加快采购事项办理进度。

4. 督促采购代理机构在接受委托后抓紧与采购人联系沟通，加快编标进度，及时答复质疑，提高采购操作的效率。

（厦门市财政局供稿，陈世龙执笔）

江 西 省

2003 年是贯彻落实《中华人民共和国政府采购法》（以下简称《政府采购法》）的第一年，也是依法全面推进政府采购制度改革的第一年。在江西省省委、省政府以及江西省财政厅党组的正确领导下，在财政部的指导下，各级财政部门以《政府采购法》的

颁布为契机，积极推进政府采购制度改革工作。通过全省各级政府和财政部门的努力，2003 年江西省政府采购制度改革工作取得了一定的成绩，逐步规范了政府采购行为，政府采购规模不断扩大，政府采购的效益和效率不断提高，政府采购的优势逐渐得到了发挥。

一、认真学习贯彻和宣传《政府采购法》

《政府采购法》颁布实施以来，江西省各级财政部门积极组织各种形式的学习培训班。2003 年 12 月 16 日—18 日，江西省财政厅举办了各设区市财政局分管领导和政府采购管理办公室主任培训班，各设区市也相继对所辖县（市、区）财政部门的同志进行了培训。通过培训，全省各级财政部门对实施政府采购制度改革有了更深一步的认识，各级财政部门对政府采购制度改革工作的重视程度也得到了进一步的提升。

为顺利地推进政府采购制度改革工作全面开展，江西省财政部门通过报刊、电视、网站等新闻媒体以及其他有效形式加强了对《政府采购法》的宣传。如：江西省财政厅、吉安市财政局分别通过江西财政网、吉安市招标投标网宣传《政府采购法》；赣州市财政局定期编写《政府采购简报》，积极宣传《政府采购法》的有关政策规定，宣传政府采购取得的成绩，交流政府采购工作经验，公布政府采购的有关信息。通过加强对政府采购工作的宣传，取得了各级党委、政府对政府采购工作的重视和支持，也得到了各行政事业单位对开展政府采购制度改革的理解和配合，促进了江西省政府采购制度改革工作的顺利进行。

二、积极加强政府采购管理机构和管理体制的建设

根据《政府采购法》的有关规定，经江西省编委批准，2003 年 11 月正式成立了江西省政府采购工作领导小组办公室，人员定编 5 名，改变了江西省近几年来政府采购工作只有执行机构而无专门管理机构的情况。全省各级政府也高度重视政府采购管理机构建设。据统计，到 2003 年 12 月底，江西省共有 10 个设区市在财政部门设立了政府采购管理机构，其中单独设立专职政府采购管理机构的有 7 个设区市。全省共有 79 个县（市、区）财政部门设立了政府采购管理机构。由于加强了政府采购管理机构的建设工作，财政部门对政府采购工作的管理水平和财政性资金的使用效益得到了进一步的提高。

为了建立管理机构与集中采购机构相互协调、相互监督的政府采购运行机制，确保政府采购在“公平、公正、公开”的环境下进行，根据《国务院办公厅转发财政部关于全面推进政府采购制度改革意见的通知》（国办发［2003］74 号）有关独立设置与行政部门没有隶属关系和利益的集中采购机构的要求，2003 年 12 月底全省有 7 个设区市完成了管理机构与集中采购机构分离工作。

三、完善政府采购制度，实行规范化管理

一是科学地制订政府集中采购目录和政府采购限额标准。经江西省人民政府批准同意，省财政厅以赣财库［2003］17 号文发布了《江西省省本级 2004 年政府采购目录》。各设区市也根据各地实际情况制定了政府集中采购目录和政府采购限额标准，从政府采购目录方面规范了政府采购实施范围。

二是根据《政府采购法》制订相应的政府采购配套规章制度和办法。为更好地做好政府采购工作，指导和规范政府采购行为，江西省各地相应地制订了一些政府采购管理办法，并及时废止或修改了在《政府采购法》颁布实施以前制定的政府采购有关规章制度。如景德镇市在2003年5月制定了《关于印发〈市政府采购管理处工作人员守则〉的通知》、《关于印发〈市政府采购管理处档案资料管理制度〉和〈市政府采购管理处档案管理工作规范〉的通知》，加强对政府采购机构内部工作的管理，确保政府采购的规范运作。

三是不断加大政府采购规范化管理的力度。2003年全省各级政府采购工作坚持公开透明、公平竞争和公正原则，以公开招标作为政府采购的主要采购方式，逐步扩大了公开招标采购方式的运用范围。2003年，全省以公开招标方式实施的政府采购资金占到政府采购资金总额的45.56%。同时，进一步改进和完善采购程序，探索使规范采购和提高效率二者有效结合的采购办法。全省已有部分市、县开展了汽车维修、保险定点协议采购，规范了采购单位的政府采购行为。如：2003年9月，景德镇市对全市行政事业单位公务用车实行了定点保险，到2003年底，全市共有137辆公务用车纳入了政府采购定点协议保险范围。在专家管理方面，建立了科学、规范的政府采购聘用专家管理办法，在政府采购工作中基本上实现了专家的管理与使用相分离，规范了政府采购行为，促进了政府采购健康有序的发展。

四、积极采取措施，扩大政府采购规模，提高政府采购效益

一是加强了政府采购预算和计划的编制工作。2003年省本级在编制部门预算中将政府采购预算作为一项重要内容，列明了预算科目、采购资金数额、采购资金构成、采购数量、规格型号和采购时间等。尚未实行部门预算改革的单位也单独编制了政府采购预算。由于加强了政府采购预算和计划的编制工作，强化了政府采购预算的约束力，为2003年政府采购工作按制度、按计划的进行创造了条件。

二是积极推行政府采购资金财政直接支付办法。为规范各行政事业单位的政府采购行为，扩大政府采购规模，2003年省级财政和南昌市财政对部分国库集中支付改革试点部门政府采购资金实行了财政直接支付。另外，全省共有9个设区市的财政部门专门设立了政府采购资金专户，实行了政府采购资金专户管理，通过财政直接支付手段，在规范政府采购行为和扩大政府采购规模的同时，提高了财政资金管理水平。

三是政府采购规模不断扩大，效益不断提高。在江西省各级党委、政府的重视与支持下，全省各级财政部门以扩大政府采购规模、抓规范管理为工作重点，逐步完善了政府采购制度。如：萍乡市在2003年4月29日对春荒救济粮实行政府采购，通过公开招标，节约资金达5万元，在原计划购买30万公斤的基础上增购了1.25万公斤春荒救济粮。通过此项政府采购，一方面提高了春荒救济款的经济效益，另一方面保证了春荒救济粮的质量和数量。据统计，2003年全省政府采购规模达到25.27亿元，比2002年增加8.85亿元，增长53.85%。2003年全省政府采购预算为27.87亿元，实际采购金额25.27亿元，比预算节约资金2.6亿元，资金节约率达9.32%。

（江西省财政厅政府采购管理办公室供稿，欧阳青波执笔）

山 东 省

2003年，山东省各级财政部门以“三个代表”重要思想为指针，认真贯彻落实《中华人民共和国政府采购法》（以下简称《政府采购法》）的各项规定和全国政府采购工作会议精神，以扩大采购范围、规范采购管理为重点，进一步完善政府采购制度体系，积极进取，开拓创新，使全省政府采购工作取得新的进展，全年政府采购规模再创新高，突破了80亿元大关。

一、政府采购执行的基本情况

2003年全省共编制政府采购预算97.64亿元，全年实际完成政府采购金额82.77亿元，较2002年增长了52.56%，圆满完成了比上年增长50%的既定目标；与采购预算相比，节约资金14.87亿元，资金节约率为15.22%。

（一）政府采购工作的计划性得到加强

为加强政府采购的计划管理，保证政府采购规模逐年扩大，各级财政部门配合部门预算和国库管理制度改革，以落实政府采购预算和计划为重点，继续改进政府采购预算和计划的编报方式，加大政府采购资金直接支付的力度，基本实现了预算、采购、支付三分离，切实增强了对预算执行过程中的监督、调控能力，解决了突击采购、盲目采购、超标准采购和超预算采购的问题。各地在这方面积极探索，取得了一些好的经验。如，烟台、泰安等市针对年初政府采购预算批复给部门后在执行过程中调整过多的问题，采取了年初预留政府采购预算指标，待采购项目完成后根据采购合同下达政府采购预算指标的做法，既解决了采购预算执行难的问题，也使节余的资金完全留在政府财政上。2003年，全省政府采购预算比上年增加31.83亿元，增长48.37%，占全年财政支出预算的比重比上年提高2.47个百分点，达到10.40%。

（二）市级政府采购规模增长迅速

全省17个市（含青岛市）全年共完成政府采购金额77.87亿元，占全省的94.07%，较2002年增长了72.39%。其中，仅采购额超过6亿元的市就有5个，排在前两名的烟台、潍坊的采购额均在13亿元以上。这5个市的采购额达47.77亿元，占全省采购总额的57.71%。这是各地认真贯彻《政府采购法》，努力加强监管，积极扩大政府采购范围，特别是将工程纳入政府采购的结果。

（三）工程类采购工作进一步加强

许多地方，如烟台、潍坊、青岛、聊城、东营等市，纷纷将大型重点工程和市政公共工程建设全部纳入政府采购范围，实行公开招标，使全省工程类政府采购规模呈现迅猛增长态势。2003年，全省共完成工程类政府采购项目总额42.47亿元，比2002年增加21.56亿元，增幅达103.16%，有效地保证了全年采购任务的完成。

（四）财政直接支付采购资金的规模继续扩大

将政府采购资金由财政直接支付给供应商，是推动政府采购工作向纵深发展的重要措施。2003年，全省各级财政部门结合财政国库管理制度改革，继续加强这方面的工作，进一步完善了政府采购资金财政直接支付办法，共直接支付政府采购资金45.44亿元，占政府采购资金总额中财政资金（包括预算内和预算外）的81.18%，比上年财政直接支付数额增长了41.10%。

（五）政府采购方式运用更加科学合理

各级政府采购机构在合理选择采购方式和规范操作的基础上积极探索，大力推行招标采购方式，招标尤其是公开招标的比重进一步提高。2003年，全省采用招标方式采购的项目占项目总数的64.24%，其中78.46%为公开招标方式，节支效果显著。

（六）服务采购领域进一步拓宽

在对公务用车实行统一保险和定点加油以杜绝跑、冒、滴、漏造成浪费和腐败问题的基础上，省级及淄博、东营等市积极探索，进一步拓宽服务采购领域，对财政支农科技推广项目和节水灌溉项目的资金分配实行公开招标，在全国首创将政府采购机制引入财政资金分配领域的做法，克服了传统资金分配方式的弊端，保证了财政资金分配的科学、公开、公正。这是对财政支出管理方式改革的一种积极尝试，对探索建立适合我国国情的公共财政管理体制将起到积极作用。

（七）全省联合采购效果明显

省政府采购中心联合各市、县（市、区）政府采购机构，通过举办山东省政府采购公务用车展示会的方式，与全国汽车行业代表就联合采购的有关问题达成协议，形成了全省范围内统一的公务用车联合采购市场。2003年，各级政府采购机构通过联合采购市场共采购公务用车7 147辆，金额10.92亿元，收到良好效果。

二、存在的主要问题

2003年是《政府采购法》正式实施的第一年，虽然山东省的政府采购工作在《政府采购法》的推动下发展迅速、成效显著，但与法律的要求相比还存在一定的问题。

（一）政府采购运行机制不顺

主要是部门预算及政府采购计划编制、政府采购计划执行、预算执行等环节的业务运行衔接不够顺畅。许多预算单位不能严格按政府集中采购目录编制政府采购预算，编入政府采购预算的项目也以种种理由逃避集中采购。年初编制的政府采购预算数额比较小，而年中追加预算时应纳入集中采购范围的，大多数没有相应地调整政府采购预算和计划，没有实行集中采购。

（二）政府采购规模偏小

山东省政府采购规模虽然连年大幅度增长，但还远远没有达到应有的规模。按照国际上政府采购一般占财政支出30%的口径计算，2003年山东省政府采购规模应该在300多亿元，而实际上只有75.51亿元，只占应有规模的25.17%。从目前情况看，许多该纳入政府集中采购范围的项目仍然由单位自行采购，尤其是工程作为政府采购的一个大项，在省级和一部分市、地尚未被纳入政府采购，这在很大程度上制约了政府采购规模的增长。

（三）政府采购管理体制尚未理顺

目前的政府采购管理体制是在《政府采购法》颁布前根据推动政府采购改革的需要设置的，没有统一的模式，省及部分市还没有专门的政府采购管理机构。这种状况既导致政府采购机构建设和人员配备特别是政府采购管理力量的薄弱与政府采购工作迅速发展的矛盾十分突出，也不符合《政府采购法》的规定，而且直接影响到政府采购监督体系的建立。随着政府采购规模的日益扩大，以目前的管理体制将更加难以对政府采购活动实施有效的管理。这种状况如不尽快改善，势必会影响政府采购工作的质量。

（山东省财政厅国库处供稿）

青 岛 市

2003 年，青岛市认真贯彻落实“三个代表”重要思想，以建设市委市政府提出的“五项工程”、“四型机关”管理体系为重点工作目标，解放思想，与时俱进，开拓创新，规范管理，扩大政府采购范围和规模，提高工作效率和透明度，积极实施“阳光采购”工程，使全市的政府采购工作取得了明显的经济效益和社会效益。

一、全面贯彻落实政府采购法，建立完善的政府采购法规体系

首先，青岛市财政局于 2003 年初以《中华人民共和国政府采购法》（以下简称《政府采购法》）颁布实施为契机，充分利用广播、电视、报刊、网站等媒体，采取各种有效形式，全面宣传《政府采购法》的主要内容、意义以及近年来政府采购工作取得的实际成果，使《政府采购法》深入人心，把规范地实施政府采购变成社会各界的自觉行动。其次，陆续出台了《青岛市政府采购当事人违规处罚办法》、《青岛市政府采购供应商投诉处理暂行办法》、《青岛市市直行政事业单位办公设备、办公耗材定点采购管理暂行办法》等十多项与《政府采购法》相配套的规章制度，对政府采购信息披露、运行规程等作出了具体规定。这标志着青岛市已形成了一整套推动和规范政府采购工作的法规体系。

二、争创“阳光采购”服务品牌，进一步提高政府采购效率和服务水平

在青岛市市委市政府的正确领导和相关部门的大力支持下，青岛市财政局“阳光采购”服务品牌理念识别系统、行为识别系统和视觉识别系统已于今年 8 月份正式投入使用。围绕创建“阳光采购”服务品牌，青岛市做了以下工作：

1. 充实完善评审专家库。青岛市财政局在原有专家库的基础上，实行将自有专家库与组织部高级拔尖人才库、省内省外采购代理机构专家库对接的办法，以实现资源优势互补。2003 年，青岛市的政府采购评审专家库已由年初的 300 人充实到了 1 100 多人，确保了评标过程的公正性、权威性。同时，严格执行政府采购评审专家准入制度，加强对专家资格评审工作的管理，进一步规范了评审专家的执业行为。

2. 推行“承诺限时”服务。要求做到对手续齐全的采购项目，无特殊情况必须在规定时间内（30 日）办结。

3. 完善政府采购代理机构考核制度。在原有 4 家代理机构的基础上，青岛市财政局于 2003 年 6 月份又新审核登记备案了 5 家具备相应资质的中介机构作为政府采购代理机构。为规范管理，引导代理机构有序竞争，依据《青岛市政府采购业务代理工作考核暂行办法》，加强了对现有 9 家代理机构的管理和考核，并将考核结果在媒体上公示。

4. 不断拓展服务职能，深入开展“跟踪式回访”服务。青岛市财政局实施了“跟踪式回访”服务制度，对政府采购项目完成情况分五个项目进行评价。2003 年共

收到政府采购项目完成情况意见反馈表300份，据统计，采购人对采购项目完成情况、政府采购办公室工作、采购机构组织工作、供应商履约情况、项目质量和服务、专家评审情况这五个项目的综合满意率在99%以上。

三、逐步扩大政府采购规模和范围

2003年青岛市政府采购规模达到了7.2亿元，同比增长56%；节约资金1.2亿元，节支率达到了15%。在扩大采购规模和范围方面主要做了以下工作：一是于2003年8月份编制了《青岛市2004年政府集中采购目录》，并已下发给各单位。二是制定了集中采购限额标准。2003年集中采购限额标准暂定为5万元，2004年集中采购限额标准提高到10万元。三是为解决经常性采购项目的重复采购、成本高、工作效率低、用户缺乏自主权等问题，对计算机、打印机、复印机和微机耗材等物品实行了定点采购。四是通过竞争性谈判招标的形式，确定了市直行政事业单位公务用车保险项目的招标机构。五是对公务用车定点维修、定点加油、会议接待、飞机票项目进行了调研，对定点加油暂行办法在各有关部门征求了意见，年底出台。

四、创新政府采购形式，提高采购效率，缩短采购周期

2003年3月，青岛市在全省率先推行网上政府采购。已经完成的网上公开竞标采购，中标金额225.24万元，比预算节约53万元，节约率达19.04%。网上采购“高效率、高透明度、高节约率、低成本”的实际效果受到了采购人的青睐。6月，通过政府采购公开招标方式确定了2003年市直行政事业单位6种办公设备（台式计算机、笔记本电脑、打印机、复印纸、碎纸机、投影仪）和2种办公耗材（复印纸、打印机硒鼓）的定点供应商。其中办公设备定点采购项目，中标供应商承诺的比市场价最高折扣率，台式计算机为25%，复印机为30%，碎纸机的最高折扣率达50%。

五、建立防治“非典”的政府采购绿色通道，确保防治“非典”工作需要

2003年的“非典”疫情发生后，在青岛市委市政府的直接领导下，青岛市财政局迅速制定了切实可行的工作计划和工作措施，给各政府采购代理机构下发了《关于进一步做好防治“非典”时期政府采购工作的紧急通知》，要求全力以赴做好防治“非典”物资的政府采购工作。一是规定凡是青岛市防治“非典”所需物资，一律特事特办、急事急办，免收标书费和中标（成交）手续费。二是建立代理机构协调工作机制。要求各代理机构成立“防非”采购工作领导小组，对同一防治“非典”物资的政府采购项目，所有采购代理机构应合作完成。三是采取措施确保防治“非典”物资及时供货。青岛市共采购防治“非典”物资512万元，全部按市防治“非典”指挥部的要求及时供货，为市防治“非典”工作提供了物资保障。

六、深入开展思想作风整顿，切实提高工作水平

2003年，青岛市财政局按照实施“五项工程”、创建“四型机关”，整顿机关作风，建立高效、廉洁、规范的行政管理体系和运行机制的要求，对在思想、作风、纪律、服务意识、工作效率和质量等方面存在的不足进行了认真的查摆和分析，进行了认真的整改。具体的措施：一是建立了学习制度，每周一召开例会，加强政治理论和业务学习。二是建立健全了政府采购规章制度和

岗位责任考核制度，全面提高工作效率和工作质量。三是细化了重点工作目标，进一步明确了岗位职责，规范了政府采购工作流程。四是增强服务意识和创新意识，按照“简、明、顺、快”的要求，减少了不必要的工作环节，使工作程序简洁、明晰、顺畅、高效。

（青岛市财政局政府采购办公室供稿，于全发、乔红花执笔）

河　南　省

2003 年，河南省在政府采购工作中认真贯彻落实政府采购法和全国政府采购工作会议精神，以“上规模、理关系、促规范、拓范围”为目标，各项工作取得很大进展。

一、政府采购规模再创佳绩

2003 年河南省政府采购规模目标是比上年增长 50%，即在 2002 年 35 亿元的基础上达到 50 亿元。为了完成这一任务，河南省财政厅为各省辖市下达了指导性计划，扩大了规范采购行为的领域，将政府采购范围拓展到各级国家机关、实行预算管理的事业单位和社会团体使用预算内资金、预算外资金以及国内外政府性贷款、赠款采购的政府采购目录以内的货物、工程和服务。在编制部门预算时，根据政府采购目录，把属于政府采购的项目纳入政府采购预算管理，切实抓好政府采购预算的执行工作。在年度预算执行中将对各部门的追加预算、中央补助项目以及政府投资工程也纳入政府采购范围。2003 年全省实现采购规模 52.3 亿元，节约资金 7.16 亿元，资金节约率为 12.04%。与 2002 年同期相比，政府采购规模增加 48.71%。焦作、洛阳两市的政府采购规模分别达到 5.4 亿元和 5.2 亿元，郑州、南阳分别达到 4.7 亿元和 4.5 亿元，安阳、三门峡、许昌、驻马店、濮阳、新乡、鹤壁等市政府采购规模也超过了 1 亿元。有些市政府采购规模大幅增长，南阳、濮阳、漯河增长均超过 200%，郑州、洛阳、新乡、济源增长超过 100%。

二、政府采购管理与执行机构分离取得了实质性进展

按照政府采购法有关规定和国务院要求，政府采购管理机构和执行机构要在 2003 年内完成分离和转制工作。河南省对此非常重视，做了许多切实的工作，并取得了阶段性进展。省级认定 14 家招标中介机构作为政府采购代理机构，政府采购业务由采购人直接委托采购代理机构组织实施，实现了管采分离，形成了一批专业水平较高的采购代理中介机构。郑州、洛阳、焦作、新乡、许昌、鹤壁、南阳、周口、漯河、濮阳、商丘、三门峡等地相继成立了政府采购中心，执行集中采购任务，完成了管理机构和执行机构分离的工作。其他地方也已经完成了分离方案的研究工作，管理机构与集中采购机构的工作职责趋于合理。

在机构分离的同时，政府采购管理机构与执行机构的职责更加明确，建立起了职责明确、分工有序的运作体系。据统计，截至

2003年底，全省政府采购管理机构人员为475人，集中采购机构人员133人，机构的建立和队伍的充实为政府采购工作的深入开展提供了强有力的组织保障。政府采购监督管理人员队伍迅速壮大，业务素质也在不断提高。2003年河南省提出建立“政治可靠、业务精通、作风严谨、服务周到”的政府采购监管队伍，以完成政府采购法赋予政府采购监督管理部门的各项职责，让政府采购成为真正的“阳光工程”。为此，全省政府采购监督管理系统开展了“文明办公，优质服务，转变作风，廉洁自律”活动。活动突出了四个主题：一是树立法制观念，坚持依法行政；二是树立终身学习观念，提高管理水平；三是树立服务意识，实行文明办公；四是树立廉政意识，做到廉洁奉公。

三、规范化管理取得了一定的成效，初步形成了公开、透明的政府采购运行机制

《中华人民共和国政府采购法》颁布实施后，河南把规范采购行为作为制度建设、监督管理的关键环节，制定了《河南省政府采购行为规范》，以进一步增强政府采购当事人和监管部门依法行政、依法办事的自觉性，规范化管理取得了一定成效。这突出表现在：公开招标在采购规模中的比重稳步上升，2003年占总采购规模的55.78%，已经成为政府采购的主要采购方式；采购行为更加规范，政府采购公告在指定媒体的登载数量成倍增加，2002年登载公告240条，2003年增加到600多条，许昌、洛阳、鹤壁、驻马店、商丘、新乡等市公告发布量不断增加；执行政府采购的自觉性有所提高，采购人依法采购的意识不断增强；管理要求和程序更加透明，“中国河南政府采购网”为政府采购透明度建设提供了平台；专家库的管理更加完善，实行政府采购评标专家随机抽取的办法，保证了评标的公平、公正；供应商投诉处理工作有序进行，投诉机制逐步建立和完善，等。

四、工程政府采购取得很大进展，农村中小学危房改造工程政府采购效益显著

各地在做好货物和服务采购的同时，将工作重点逐步转移到工程项目采购。洛阳、焦作和三门峡等市政府出台了将工程项目纳入政府采购的规定。工程政府采购已经成为扩大政府采购规模的支撑点。对公共工程政府采购，河南省省级和市（县）级采取了不同的模式。省级政府采购监管部门主要是在加强与计划、建设等部门沟通和协作的同时，抓好编制政府采购预算、在政府采购指定媒体发布招标中标信息、招标文件及合同备案和国库集中支付采购资金等环节。市、县两级的公共工程政府采购工作，因为比省级阻力小，省财政厅要求步子可以大一些，速度可以快一些，参与的程度可以深一些。

在推动公共工程政府采购方面，2003年河南省重点是抓好在农村中小学危房改造工程中试行政府采购，并以此为突破口，探索路子，总结经验，全面推动工程政府采购工作。为了做好此项工作，河南省财政厅与省教育厅、监察厅、审计厅共同下发了《关于河南省中小学危房改造工程实行政府采购有关问题的通知》和《河南省中小学危房改造工程项目政府采购实施办法》，以指导市、地的危改工程政府采购工作。本次农村中小学危房改造项目学校共328所，计划投资7 127.43万元。通过政府采购公开招标，总中标金额6 326.67万元，比原计划节约资金800.76万元。

五、初步建立政府采购预算制度和政府采购资金国库直接拨付制度

为保证政府采购工作顺利进行，促进政府采购工作有序、协调、高效地开展，使政府采购制度化、规范化，2003 年，河南省财政厅在前几年对政府采购预算编制进行探索的基础上，形成了《河南省省级政府采购预算管理暂行办法》，规定了政府采购预算的编制、执行和审核程序，明确了政府采购预算管理中各部门的职责，建立了政府采购预算制度，为政府采购工作的开展奠定了基础。

适应财政国库管理制度改革需要，河南省财政厅及时调整了政府采购处处内各组的工作职责，规范和简化工作运转程序，并积极参与国库管理制度方案的制订与论证。本着“方便采购单位、满足工作需求”的原则，提出了国库集中收付系统中政府采购子系统建设的构想。拟定了《河南省省级财政国库管理制度改革后政府采购有关事宜的通知》，减少审批环节，简化审批事项，提高工作效率，积极配合了财政国库管理制度改革。

六、发挥政府采购的政策功能，宣传、扶持地方企业，促进省内经济发展

在加强政府采购监管工作的同时，河南省政府采购工作认真贯彻省政府关于扶持河南省汽车工业发展的有关精神，发挥政府采购的政策功能，积极宣传、扶持郑州日产、宇通客车等企业。利用召开全省政府采购工作座谈会的机会，组织与会代表参观郑州日产、宇通客车和少林汽车公司，增强全省政府采购监管部门对本省汽车工业的认识。2003 年 6 月又联合中国财经报社在全国范围内开展“‘日产帕拉丁杯’我与政府采购”有奖征文活动，得到社会各界的积极响应，扩大了郑州日产在全国的影响和知名度。

（河南省财政厅政府采购处供稿，
宋熙文执笔）

湖 北 省

一、学习、宣传《中华人民共和国政府采购法》（以下简称《政府采购法》），提高认识，转变观念

2003 年，全省各级财政部门分别利用广播、电视、报刊、杂志、网络等舆论工具，采取培训班、座谈会、法律咨询、图片展览等各种有效形式，大力学习、宣传《政府采购法》。主要的活动有：省级举办了省直单位财务人员政府采购业务培训班；各级政府采购监管人员到单位讲解、宣传《政府采购法》；将政府采购制度改革列入全省财政系统干部教育的内容；通过全省政府采购工作现场会，促进交流，提高认识，转变观念。一年来，全省政府采购系统通过创新理念，不断增强了对政府采购政策进行超前研究探索的自觉性；通过创新制度，不断完善了政府采购的监督管理体系；通过创新机制，不断规范了政府采购的运作；通过创新方式，不断增强了政府采购的宏观调控作用；通过创新手段，不断提高了政府采购的工作效率和质量；通过创新目标，不断扩大了政府采购的范围和规模。

二、全面推行政府采购预算，不断扩大政府采购的范围和规模

2003年，全省各级财政部门积极探索，大胆创新，在政府采购范围和规模上力求突破。例如，将政府采购制度改革融入到部门预算和国库集中收付制度改革当中，省级全面推行政府采购预算编制、批复和政府采购计划下达以及政府采购资金财政国库直接支付制度，并于7月、12月两次对省级政府采购预算的执行进行了督促；同时启动了工程类和服务类采购在这方面的试点工作。经过积极努力，2003年全省绝大多数市（州）、县（市、区）在政府采购预算编制、批复和政府采购计划下达以及政府采购国库直接支付方面有了新的突破。

通过编制政府采购预算，拓展政府采购范围，全省政府采购规模继续持续快速增长。全年全省政府采购预算金额40.5亿元，实际采购金额36亿元，比上年增长60.9%；资金节约额4.5亿元，资金节约率为11.1%；政府采购规模占GDP的比重达到6.9‰，占地方财政支出的比重达到6.7%。

三、理顺政府采购机构，逐步完善政府采购管理体制

2003年，全省各级财政部门坚决贯彻执行《政府采购法》的规定和财政部的要求，把完善政府采购管理体制作为工作重点来抓。3月至4月就如何建立政府采购机构问题进行了专题调查研究，并借鉴外省经验，结合实际，提出了全省政府采购机构的设置方案，报经省政府同意。5月印发了《关于全省政府采购机构设置的通知》。同时，通过召开全省政府采购工作现场会、电话催办、文件督办和实地督办等方式，明确要求县以上财政部门内设政府采购监管机构，名称统一为“政府采购管理科（股）”，也可以加挂“政府采购办公室”，市、州级3—5人，县级2—3人，经费纳入本级财政预算，做到政府采购的机构、编制、人员和经费“四到位”。

省级明确了政府采购执行机构的设置。按照不增加机构、不增加人员编制、不增加财政支出的原则，省政府、省编委分别于2003年10月、11月批准成立“湖北省政府采购中心”。该中心为省政府直属副厅级事业单位，具有独立的法人资格，业务上接受省财政厅的监督管理。中心人员编制30名，内设综合处、采购一处、采购二处，基本支出列入省财政预算，业务经费按省级集中采购项目的一定比例由省财政厅从采购项目中直接拨付。

截至2003年底，全省各级政府采购监管机构全部到位。

四、规范政府采购行为，提高政府采购工作效率

一是加强政府采购制度建设。湖北在这方面做的工作主要有：及时修改制订《湖北省执行〈中华人民共和国政府采购法〉监督管理的暂行规定》，明确政府采购监管机构与执行机构的职责划分，明确政府采购监督管理和政府采购计划表、委托协议书、采购方式变更审批表等程序规定；拟定并上报省政府后，颁布了2004年湖北省政府集中采购目录和标准；配合省纪委出台了《关于违反政府采购法律法规行为的党纪政纪处分暂行规定》；出台了《加强省级政府采购管理工作的规定》，明确政府采购预算、计划和资金管理，规范政府采购程序，提高政府采购效率，加强部门集中采购管理，加强政府采购委托代理费管理等；继续推进全省区域政府采购市场建设，完善协议供应商制度。

二是开展政府采购监督检查工作。2003年9月至11月，省财政厅、省监察厅、省审计厅联合在全省开展了对政府采购预算编制、执行情况和《政府采购法》执行情况的检查，在各地自查的基础上，组织力量分别对省级、市（州）和县（市、区）30%的行政事业单位进行了重点抽查。检查达到了宣传政策、加强联系、发现问题、求得共识、改进工作、规范行为的目的。

三是加强专家库建设。2003年扩大了政府采购专家库的征集范围，采取多种办法广泛征集，并实行全省资源共享。到年底，省级政府采购专家库人数达到412名，比上年扩大了1倍。同时，加大了政府采购网络建设力度，维护信息网，完善管理网，加快了政府采购信息传递，提高了工作效率。

五、加强对政府采购工作的指导，确保县（市）政府采购工作达标

2003年，全省各级财政部门按照厅党组的统一部署，将政府采购工作纳入全省财政改革与管理工作量化考核范围，作为财政改革与发展工作的重点内容；作为支持县域经济发展的一项措施，纳入激励性转移支付计算范围。省财政厅结合实际制定了全省政府采购制度改革考核验收标准，即编制政府采购预算、建立政府采购监管机构、政府采购规模占财政支出比重达到5%、政府采购重点检查率达到30%。同时，将政府采购工作量化为四类指标体系，即政府采购发展速度指标、政府采购工作绩效指标、政府采购公开透明指标、政府采购配合工作指标，并将这些指标以及目标值细化分解，对各地实行百分制考核，进行规范化管理，加以引导和激励。省财政厅3月至4月全面开展了调研和目标落实检查工作，6月份召开了全省政府采购工作现场会，11月份又召开市、州政府采购办主任会进一步督促此项工作。截至2003年底，经省财政厅有关处（室）考核验收，全省共有49个县（市）政府采购工作达标，占71个县（市）的69%，超过年初制定的50%的目标，超额完成了省委、省政府关于政府采购县（市）达标面30%的任务。

六、研究运用政府采购政策功能，支持省内企业发展

一是申报省社会科学研究课题，开展对政府采购政策功能的理论研究和实践总结。2003年完成了《论政府采购制度的经济社会功能》研究课题。二是初步探索运用政府采购政策支持中小企业、民族地区企业和不发达地区企业发展的政府采购办法，并在防“非典”设备政府采购、再就业网络政府采购等项目实施中取得初步成效。2003年全省政府采购富康、万通等省内车326辆；县乡防“非典”医疗设备政府采购中，省内4家生产企业、2家销售企业中标，占36%，中标金额1 483万元，占24.7%；全省再就业网络政府采购中，蓝星电脑中标3 199台，金额1 924万元，占85%。并且，经过积极争取，财政部已经将我省的富康、蓝星两个品牌纳入全国2004年政府采购统计范围。

七、加强队伍建设，提高政府采购人员素质

一是强化自觉学习的力度，不断提高政治、业务素养，重点抓好全省财政系统特别是从事政府采购工作人员的以学习《政府采购法》为主要内容的培训活动。2003年全省财政系统政府采购监管人员全部轮训一次，执行机构人员有三分之一接受了培训，共培训513人。此外还举办了一期省直单位

财务人员政府采购业务培训班。二是强化廉政建设的力度，不断提高防腐拒变的自觉性。三是强化服务意识，不断提高工作效率，强调增强服务观念，寓监管于服务中，在做好为预算单位服务、为基层服务、为代理机构服务工作的同时，积极为财政支出改革服务，为推动社会主义市经济建设服务，为廉政建设服务。四是强化团结协作的力度，不断增强凝聚力和战斗力，要求全省政府采购工作统一行动，优势互补，做到全省一盘棋，打整体战。

（湖北省财政厅政府采购管理处供稿，曾智勇执笔）

湖　南　省

2003年是《中华人民共和国政府采购法》（以下简称《政府采购法》）实施的第一年，湖南省紧紧抓住政府采购法正式实施这一机遇，加快政府采购制度创新，进一步扩大政府采购范围和规模，为深化财政支出管理体制改革，提高财政资金使用效益，促进廉政建设，进行了积极有益的探索，取得了明显成效。据统计，2003年，湖南省政府采购合同金额合计41.78亿元，同比增长44.5%，实现了年初预定的采购规模增长30%的奋斗目标；与预算金额相比，节约资金6.35亿元，节支率为13.2%。从采购资金的构成看，预算内资金为17.56亿元，占采购总额的42.03%；预算外资金和单位自筹资金为24.22亿元，占采购总额的57.97%。从地区采购情况看，湖南省省本级政府采购规模为6.09亿元，占采购总额的15%；14个市、州采购规模合计35.69亿元，占采购总额的85%。从采购项目构成看，货物采购金额24.1亿元，占采购总额的57.7%；工程采购金额13.7亿元，占采购总额的32.8%；服务采购金额3.98亿元，占采购总额的9.5%。

一、围绕《政府采购法》的实施抓宣传

为了热烈庆祝《政府采购法》正式实施，切实做好宣传贯彻工作，从2002年底至2003年初，湖南省财政厅统一组织了全省“《政府采购法》集中宣传月”活动，印制了宣传资料，发布了专门文件，召开了专门会议，对集中宣传活动的开展做了总体部署。之后，各地财政部门迅速行动起来，以电视、报纸、网络、广播等现代传媒为依托，通过撰写文章和新闻报道，悬挂横幅，张贴标语，举办培训等灵活多样、行之有效的形式，对政府采购法的基本精神、主要内容、重要意义，以及近年来各地政府采购工作所取得的成果，进行了广泛深入的宣传。宣传月期间，湖南省财政厅还与湖南省监察厅联合举办了全省政府采购法知识竞赛，全省各级行政事业单位、政府采购供应商、采购代理机构和社会各界人士15 000余人参加了活动。政府采购集中宣传活动的开展，营造了依法采购的法制氛围，进一步提高了社会各界对政府采购的认识，使政府采购法深入人心，为《政府采购法》在湖南省顺利实施打下了良

好的社会基础。

二、按照《政府采购法》的要求抓规模

为了实现2003年政府采购规模在上年基础上增长30%的奋斗目标，湖南省各地想了不少办法，采取了一系列有效措施。首先，狠抓政府采购项目计划的编报。省本级年初制发了《关于编报2003年政府采购计划的通知》，要求各单位在财政下达预算后的20个工作日内上报年度采购计划；岳阳、益阳、张家界等地实行定期上报制度，整合采购项目，实现规模采购，增强了工作的计划性。其次，狠抓预算管理单位的采购面。常德、娄底、邵阳、株洲、郴州、永州等地将政府采购的范围扩大到乡镇一级；省本级、郴州等地在有关部门和单位继续实行政府采购联络员制度和回访制度，要求各单位在财务部门以及与政府采购相关的部门明确一至两名政府采购兼职联络员，具体负责本单位和系统政府采购项目预算或计划的编制、采购项目的申报、采购资金的结算、采购物品的验收等工作。此外，积极组织采购机构和供应商对用户进行回访，广泛听取意见，帮助解决和落实售后服务问题；第三。不断拓宽采购品目，并着力在增长潜力较大的工程和服务项目上下功夫。2003年初，湖南省本级首次对省直单位的会议实行了政府采购，并取得明显成效。岳阳、株洲、衡阳等地的工程采购，永州、长沙、湘潭等地的车辆保险，长沙、娄底等地的车辆维修，长沙、岳阳、益阳的会议接待等也都取得了新的成效。邵阳市隆回县还将学生校服、药品纳入了政府采购的范围。第四，继续实行目标责任制，加强对各级政府采购工作的考核和评比工作。通过采取一系列措施，此项工作取得了明显效果。湖南省省直和各市、州全部实现预定采购目标，部分市、县继续保持采购规模翻番的良好态势。全省采购规模过亿元的地区有11个，增长幅度较大的地区有株洲、郴州、岳阳、湘潭等。长沙的浏阳市2003年政府采购规模达到1.34亿元，率先成为全省采购规模过亿元的县级市。

三、围绕《政府采购法》的内容抓规范

一是进一步加强制度建设。2003年，湖南省对照《政府采购法》完善现行政策和制度，适时废止与政府采购法有抵触的制度和办法，依法修订和起草了《湖南省省本级政府采购工作程序》、《湖南省政府采购代理机构资格认定管理办法》等7个制度和办法。同时，省本级按照《政府采购法》的要求，调整了工作思路和内部分工，制定了《湖南省政府采购管理办公室内部工作规程》。二是继续坚持对政府采购项目实施现场监督，坚持重大项目邀请监察部门的同志参加，坚持随机抽取评标专家。2003年以来，湖南省政府采购监督管理机构对重大项目都实施了现场监督，确保了政府采购项目的顺利进行。三是按照《政府采购法》和全国政府采购工作会议的要求，理顺政府采购管理体制，采管分离工作取得了实质性进展。到2003年底，湖南省本级、绝大多数市和部分县已经按照湖南省人民政府办公厅湘政办［2003］12号文件精神，实现了政府采购工作的监管和操作职能相分离。四是规范标书制作，对政府采购标书实行了专家审核制度。为了贯彻落实《政府采购法》的有关规定，防止出现对供应商的差别和歧视待遇，防范采购风险，维护政府采购当事人的合法权益，确保政府采购标书编制规范，2003年7月制定下发了《湖南省财政厅关于对政府采购标书实行专家审核制度的通知》，规定预算金额在100万元以上300万元以下、使用除单一来源以外方式采购的项目，其采购标书在向采购人和政府采购监督

管理部门送审和备案前，应当经过2名以上政府采购咨询专家对技术条款的认证。预算金额在300万元以上或低于300万元但比较复杂的采购项目，采购代理机构应当组织召开标书审核会议，邀请专家、政府采购监督管理机构和采购人代表共同参与标书审核。四是抓违规处罚。2003年，湖南省政府采购管理办公室联合监察部门，对供应商投诉南华大学政府采购项目事项进行了认真调查，并依照有关规定对当事人湖南绿扬电子有限公司、长沙博进招标代理有限公司和在该项目中违规的评标专家进行了严肃处理和处罚。

四、紧扣政府采购法的精神实质抓创新

一是创新采购方式。针对湖南省省直单位计算机采购随机性大、采购次数频繁、工作效率低等情况，首次在省直单位对公开招标数额以下的计算机采购实行协议供货制度。通过公开招标确定定点供应商，在采购人与供应商之间构建了一条快捷、便利、高效的政府采购“绿色通道”。此外，对公务车辆以及零星复印机、打印机等办公用品实行协议供货制度的工作也在筹划之中。二是创新政府采购资金支付方式。2003年初，湖南省政府采购管理办公室会同湖南省财政厅国库处制定了《湖南省本级政府采购资金财政直接拨付管理办法》，规定凡政府采购项目，采购资金不再拨付到各单位，而是经过政府采购程序后，实行国库集中收付制度，将采购资金直接支付给中标或成交商，从而有效地从源头上堵塞了资金流失漏洞，消除了采购资金被挤占或挪用的现象。三是创新工作方法。为了加强与供应商和政府采购评审专家之间的联系和沟通，湖南省政府采购管理办公室先后两次召开了政府采购供应商座谈会和政府采购评审专家座谈会，广泛听取供应商和评审专家对湖南省政府采购工作的意见和建议，为改进工作方法，提高监管水平，提供了重要参考。第四，依法扩展政府采购功能。如省本级和常德市首次尝试利用政府采购政策，对残疾人福利企业进行扶持，得到全国残联领导的肯定和赞赏。

五、按照《政府采购法》的要求抓队伍建设

一是适度培育代理机构，借助中介力量做好政府采购工作。为适应政府采购业务迅速发展的需要，湖南省财政厅按照《政府采购法》和《湖南省政府采购业务代理资格管理暂行办法》的规定，对技术力量雄厚、有多年招标经验或具备招标能力的中介机构，经过政府采购业务培训后，授予政府采购业务代理资格，充分发挥中介机构综合素质高、技术力量强、便于管理等优势，促进政府采购工作规范发展。2003年，全省新增采购代理机构12家，并圆满完成了数亿元的招标代理业务。二是提高采购队伍的政治和业务素质。政府采购是政府的“形象工程”，建立一支作风过硬、业务精良的政府采购队伍至关重要。为此，各地从自身建设入手，制订了政府采购职业道德和廉洁自律守则，要求工作人员经得起任何形式的监督和检查，为湖南政府采购树立良好形象。另一方面，建立政府采购业务培训制度，定期举办业务培训班，设法提高采购队伍的管理水平和业务操作技能。

（湖南省政府采购管理办公室供稿）

广东省

2003年，广东省政府采购工作在省委和省政府、财政厅党组的正确领导和监察、审计等部门的支持配合下，按照全省财政工作会议精神，紧紧围绕"抓机构建设、抓政府采购法宣传贯彻、抓制度建设、抓规范管理、加强监督检查、扩大政府采购规模和范围"的工作思路，进一步规范政府采购行为，使全省政府采购工作取得了新成效。

一、全省政府采购执行基本情况

（一）政府采购规模继续快速增长并位列全国之首

2003年全省完成采购金额127.53亿元，比去年增加44.06亿元；节约资金17.12亿元，节约率11.84%。政府采购规模再创新高，比上年增长52.79%，并位列全国第一。其中，省级完成采购金额19.91亿元，增加8.94亿元，同比增长81.48%；节约资金2.69亿元，节约率11.92%。地方完成采购金额107.62亿元，增加35.12亿元，同比增长48.44%；节约资金14.43亿元，节约率11.82%。（见下图）

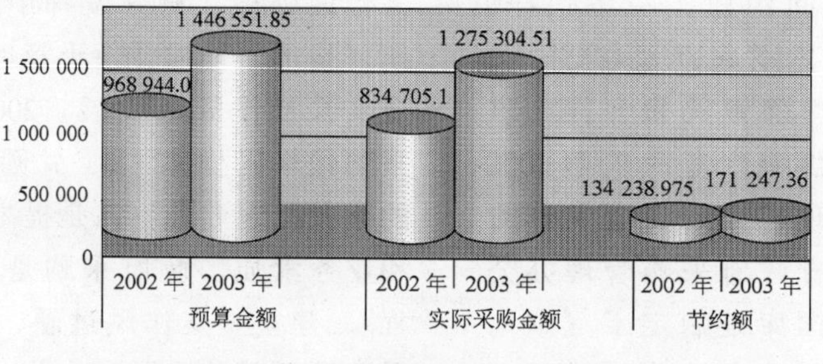

2003年与2002年全省政府采购规模对比图（金额单位：万元）

（二）政府采购重点集中在珠江三角洲经济发达地区

2003年，广东全省政府采购规模在1亿元以上的有深圳、广州、省直、东莞、佛山、江门、珠海、中山、韶关、湛江、肇庆、梅州、汕头、惠州、茂名、阳江、清远17个地区。省内其余5个地区采购规模均在8 900万元以下。省级和珠江三角洲地区（深圳、广州、东莞、佛山、江门、珠海、中山、东莞）政府采购规模共110.7亿元，占全省总规模的86.80%。不发达地区虽然覆盖全省面积的66.7%，但采购规模只有16.83亿元，占总规模的13.2%。

（三）以政府集中采购和公开招标方式为主的政府采购格局得到进一步加强

2003年，广东省政府采购中的集中采购和公开招标比重达到94.62%和56.56%，分别比上年增加3.55个百分点和4.85个百分点，说明广东省政府采购规范化程度得到进一步提升。

二、主要工作措施

（一）切实加强了政府采购工作力度

为保证《中华人民共和国政府采购法》（以下简称《政府采购法》）贯彻实施，广东省委、省政府对政府采购工作一直给予高度重视，多次作出重要指示。2003 年 3 月省委副书记王华元同志再次指出：贯彻执行《政府采购法》，进一步扩大政府采购范围和规模；政府采购管理机关与执行机构必须分设，加强监督管理。广州、佛山等市由副市长或政府秘书长担任政府采购领导小组组长，从组织上加强了政府采购的领导。省财政厅把政府采购工作作为全省财政支出改革的重要工作，始终将其摆在重要的议事日程上，研究政府采购工作中的问题，帮助解决政府采购工作中的困难。

（二）依法理顺体制，推进机构建设

根据《政府采购法》关于政府采购管理机构与执行机构要分离的要求，省财政厅把 2003 年明确定为“机构建设年”，重点加强全省机构建设。1 月，省财政厅和省监察厅联合向省政府上报了《关于健全我省政府采购机构的请示》，省编办批复将原省政府采购中心更名为省政府采购管理办公室，作为省财政厅下设的专职政府采购监督管理机构，并依托省机械设备成套局成立了省政府采购中心。自此，广东省政府采购机构的设置实现了管采分离、机构到位、职能到位。

在抓省级机构建设的同时，5 月召开了全省政府采购工作会议，要求各级财政部门依法在 6 月底之前设立政府采购管理机构，充实人员，明确职责，并将原隶属于各级财政部门的政府采购中心与财政部门分离。通过各级财政部门的努力，我省政府采购机构建设取得了实质性成果，21 个地级市有 17 个市在财政局成立了专职监督管理机构，另外 4 个市已经上报待批。基本实现了全省政府采购机构设置从不合规到依法规范化、合法化的转变。

（三）大力宣传贯彻《政府采购法》

为保证《政府采购法》全面正确实施，广东省先后召开了省直单位政府采购工作会议和全省政府采购工作会议，宣传贯彻《政府采购法》。组织了两期学习班，累计培训 600 多人，提高各地、各部门政府采购从业人员依法采购、依法实施监督管理的自觉性，加大贯彻执行《政府采购法》的力度。

（四）完善制度，规范政府采购管理

一是为了促进政府采购工作制度化，省采购管理办公室先后制定下发了《广东省省级 2003 年政府采购目录》、《关于印发政府采购方式及采购程序的通知》、《关于统一开发建立广东省政府采购网的通知》、《关于省直单位公务用车协议维修的通知》、《关于招聘政府采购评审专家的通知》等制度办法，使政府采购工作有章可循。

二是完善内部工作制度，进一步强化内部管理工作的制度化和规范化。制定了《广东省政府采购管理办公室工作人员守则》、《广东省政府采购管理办公室工作纪律》等九个内部规章制度，明确了工作人员安全保密“六不得”和廉洁自律“十不准”制度，进一步规范和完善采购管理办公室内部工作程序和工作机制，加强自身建设，严肃工作纪律。

（五）加强监督检查，促进规范运作

1. 进一步加强政府采购评审专家的管理工作。2003 年，省政府采购管理办公室根据《广东省政府采购评审专家管理暂行办法》和厅领导指示精神，通过向社会招聘政府采购评审专家，进一步充实和完善了广东省政府采购专家库。同时，加强了评审专家管理工作，采取随机抽取方式组建评标委员会，并指定专人负责评委抽取和通知，有效强化了保密工作，维护了政府采购的“三公”原则。

2. 加强对制度执行情况的监督检查。省政府采购管理办公室联合监察、审计部门，年内对12家省直单位进行了抽查，检查各单位贯彻执行《政府采购法》和政府采购的有关规章制度、编制政府采购计划和信息统计等方面的情况；联合招标代理机构，检查了部分协议供应商执行供货协议以及售后服务情况。

3. 建立了政府采购供应商库，通过对供应商的资格审查，有效加强了对供应商的管理。

（六）积极推进政府采购工作的信息网络化

省财政厅把政府采购网络建设列入了省“金财工程”规划，并在2002年10月份开通“广东省政府采购网”的基础上，进一步完善了网络平台。专家管理系统、信息管理系统、代理机构管理系统、供应商管理系统等投入使用，并实现评审专家和供应商网上注册、网上随机抽取评委等功能。各市也把信息网络化建设作为推进政府采购工作的重要措施。广州市开发了“政府采购语音咨询系统”、“专家随机抽取自动通知系统”、“网上申报采购计划系统”、“政府采购专家管理和信息统计系统”；珠海市在拓展政府采购电子商务的同时，加快电子政务步伐，开发“政府采购办公自动化”管理软件，全面升级“珠海政府采购网站”和优化“政府采购银行卡管理系统”，尝试开展网上询价采购和网上投标。各地通过政府采购信息网络化建设，提升政府采购的质量和效率，为推进全省政府采购工作打下了基础。

（七）开拓创新，完善运行机制

为使政府采购制度改革深入、健康地发展，广东省致力于建立两个竞争机制和一个制约机制，即：采购代理机构的竞争机制，供应商的竞争机制；供应商、代理机构、采购人、管理机构之间的相互制约机制。这些机制的建立和完善，将使政府采购工作更加公开化、透明化和规范化。今后，还将逐步建立采购人、供应商、政府采购代理机构之间的制约机制。

三、下一步工作措施

（一）继续推进政府采购管理机构建设，强化对政府采购工作的监督和检查力度。

（二）加快制度建设，促进广东省政府采购工作的制度化、规范化。

（三）简化程序和手续，缩短采购时间，提高采购效率。

（四）大力推进细化编制政府采购预算的工作，加强政府采购的计划管理，实行政府采购资金国库集中支付制度。

（五）加强政府采购网络信息化建设。

（六）进一步完善政府采购两个竞争机制和一个制约机制，促进政府采购工作的公开、公正、公平。

（七）积极扩大政府采购规模和范围。

（八）加强思想教育和廉政建设，建立一支过硬的政府采购队伍。

四、2003年典型政府采购项目采购情况介绍

（一）省级公务用车统一保险服务项目招标采购

根据广东省政府采购管理办公室的要求，广东省政府采购中心在总结2002年省级公务用车统一保险服务项目招标经验的基础上，组织实施了2003年省级公务用车统一保险服务项目招标工作。

根据公务用车的特点，此次招标在要求投标人提供优质服务的前提下，在保险费率上给予了最大优惠。

根据保险市场现状，省政府采购管理办公室提出：要充分体现“政府采购应当有助于促进中小企业发展”的原则。因此，在本项目招标文件确定的中标人标准中，明确规定中标供应商中应当有一家中小企业，打破了往年由三大公司垄断的局面。这一做法在提高资金使用效益及社会效益方面均取得良好的效果。

（二）省级办公自动化设备协议供货项目招标采购

2003年组织实施的“2004年度省级办公自动化设备协议供货”招标工作，协议供货范围在原有协议供货品目的基础上扩大到采购频率较高的摄像器材、办公耗材等，品目达到41个，比2002年的12个增加了29个；协议供货商数量达到295家，比2002年的87家增加了208家，更好地满足了省直各单位不同的采购需求，得到省直单位的一致好评。

（三）广州本田等公务车协议供货谈判采购

为方便省直单位采购公务用车，提高采购效率，节省财政资金，受广东省政府采购管理办公室委托，广东省政府采购中心组织实施了2003年度公务车协议供货谈判采购工作。

其中，广州本田车型情况最为特殊。由于广州本田轿车在市场上供不应求，省直单位难以采购到所需车辆。为确保谈判工作的顺利进行，广东省政府采购中心采取了多种措施，如派专人送邀请函和采购文件至广州本田公司，多次与本田公司销售部协商，坚持要求广州本田公司销售部高层管理人员参与谈判等。在广东省政府采购管理办公室的指导下，谈判中广东省政府采购中心坚持原则，晓之以理，最终促使广州本田汽车有限公司每年拨出300辆小车指标用于广东省省直单位的政府采购，解决了省直单位的急需，受到省直单位一致好评。

（广东省政府采购管理办公室供稿，
梁杰贤执笔）

深圳市

2003年，深圳市财政部门按照公共财政改革要求，进一步完善财政支出的手段和方法，围绕“规范管理、强化监管”的思路，理顺关系，规范政府采购各方当事人的采购行为，着力构建政府采购运行新机制，使政府采购监管力度得到加强，政府采购制度改革进入全面推进的阶段。

一、采购额大幅增长，资金节约效果明显

2003年深圳市全年预计完成的采购额比上年有较大增长，突破年初制订的工作目标。全年全市政府采购预算金额约为28.10亿元（含预算内、预算外、基建投资、国土收入、各项基金和政府扶持企业专项金），招标后实际采购金额为24.5亿元，节约财政资金3.6亿元，资金节约率为12.8%。其中，市本级政府采购预算金额为16.7亿元，招标后实际采购金额为14.4亿元，节约财政资金2.3亿元，资金节约率为13.7%。

二、理顺政府采购监管与执行的关系，完善政府采购运行机制

2003 年，财政部门根据政府采购办公室和政府采购中心这两套机构运作的实际情况，进一步调整了二者的职责分工，明确监管定位，初步形成制衡与协作相结合、协调与衔接相联系的新格局。

1. 财政局收回采购方式审批职责。为了切实履行《中华人民共和国政府采购法》赋予财政部门对政府采购进行监督管理的职责，财政局在年内收回原暂由采购中心行使的非公开招标采购方式审批职责，明确规定：凡采购中心确认不能进行公开招标的或公开招标失败的采购项目，如要采取非公开招标采购方式采购，必须报财政局审批确定。采购办公室严格对照法律规定的条件，对欲采取非公开招标方式进行采购的项目进行认真审核，保证采购活动顺利进行。

2. 落实网上采购的制度配套，规范网上采购的运作。网上采购是深圳市政府采购从手工操作向电子操作转变的一项新的尝试。为做好这项工作，在任务新、时间紧、配套保障机制欠缺的情况下，出台了《深圳网上政府采购管理暂行办法》，从制度上规范网上采购行为。财政局与采购中心联合组织了有市直机关事业单位 300 多人参加的全市政府采购培训，要求各单位确定一名专（兼）职政府采购员，具体负责政府采购工作。针对网上采购中出现的新问题，财政部门密切跟踪，提出解决方案，并要求采购中心研究提出网上询价的实施方案及应用范围，规范运作。

3. 财政局与采购中心密切配合，做好政府采购信息统计工作。两个部门在这方面的分工是，采购中心负责基本数据的收集、加工与初步统计、分析、采购办公室负责汇总、整理、全面分析与上报。两个部门配合良好，必须向财政部、省财厅报送的年报与季报，向监察部门报送的季报及投诉处理情况分析，均做到及时保质完成，受到多方好评。在 2003 年全国政府采购统计工作布置会议上，深圳市获得“2002 年全国政府采购统计工作先进单位”荣誉称号，受到财政部的通报表彰。

4. 建立政府采购工作定期协调制度，指导采购中心建立内部工作规范。政府采购涉及到采购预算、组织实施、资金支付等财政支出的多个环节。在配套制度尚不完善的情况下，采购办公室通过定期与采购中心、财政局内各业务处召开协调会的方式，及时解决在采购工作中出现的情况与问题，要求采购中心及招标代理机构进一步建立、健全内部管理制度，细化工作规则及工作流程。

5. 积极探索建立科学的管理体系和高效的运行机制，实现政府采购管理的程序化、标准化、科学化。2003 年在这方面做的工作主要有：要求采购中心围绕逐步扩大通用物品定点采购的范围这一目标，加紧调研提出方案，成熟一项、推出一项；将一些量大面广、采购次数频繁的项目进行整合，实现主动采购和规模采购；对教育系统的暑期集中采购、市里的重点工程等紧急项目和重大项目提前准备，实行主动服务，保证按时完成任务；对防治“非典”物资的采购等应急项目开辟绿色通道，在各个环节优先安排，保障需求。

三、制订相关规范性文件，逐步完善政府采购法规体系

2003 年在政府采购制度建设方面完成的主要工作是：第一，年初，经市法制局审核通过的《深圳市政府采购投诉管理暂行办法》在市府公告上刊登，使投诉管理有据可依。第二，年底草拟了《深圳市政府采购监督管理暂行办法》、《深圳市政府采购供应商

准入管理办法》、《深圳市政府采购评审专家管理暂行办法》第三个配套管理办法，并已报市法制局，预计2004年初可发布实施。第三，为进一步加强采购单位对未纳入集中采购范围的项目自行组织采购活动的管理，制订并发布了《关于进一步规范采购单位自行组织分散采购工作的通知》，使分散采购行为有章可循。第四，出台了《2004年深圳市本级政府集中采购目录》，对通用物品集中采购的范围做了较大的调整，使之在执行上更加便捷与规范。

四、进一步简化政府采购手续，规范政府采购流程，提高政府采购效率

2003年初，市采购办公室组织召开部分单位政府采购工作座谈会，发送征求意见函，多方了解情况，征求意见，研究相关问题，在广泛调研的基础上形成了《政府采购计划管理的基本情况及改进措施》并施行，其主要内容包括：

1.改进政府采购计划调整的审批办理程序，简化流程。规定凡进行计划调整不涉及由集中采购转自行采购的，由财政局业务处按规定办理，不再经采购办审批；开发网上政府采购计划调整软件，计划调整直接由业务处录入系统，减少环节与差错。

2.结合网上申报系统的运行，改进采购申报环节，采购单位严格依照计划办理采购申报，申报时不再由市财政局相关业务处确认。

3.结合网上采购的开展，筹建供应商资料库，开通网上询价系统，对未纳入定点采购（协议供货）范围的小额、通用物品采购实行网上询价，加快了采购的实施进程。

4.按照“抓大放小”的原则，适当调整政府集中采购范围，对单项预算金额在5万元以下的家具和摄影摄像器材放由单位自行采购。

五、改进政府采购计划管理方式，切实落实依计划采购

编制采购计划是政府采购工作中的一个重要环节，“依计划采购”是政府采购工作的基本要求之一。2003年深圳市是第二次全面编制采购计划，做法是在部门预算中切实落实当年集中采购目录等规范性文件的要求，对市本级预算单位的3 103个项目列示了详细的计划内容。采购计划的编制为按计划实施政府采购提供了坚实的基础。同时，注重加强对政府采购计划执行情况的监控，严格做好采购计划调整的审核工作。

2003年11月，深圳市进一步扩大了政府采购计划制度的覆盖范围，规定凡进行政府采购必须事先经市财政局相关业务处计划立项。采购计划（年初采购计划、年中计划调整）经审核、批准后，各采购单位严格依照计划办理采购申报，政府采购中心直接对照计划受理申报，不再受理无计划的采购申报。此外，将原来只对纳入部门预算的采购项目实行的计划管理扩大到对由专项资金、基建资金及单位自筹资金等安排的采购项目均实行计划管理，实现全部政府采购项目的先计划，后申报，彻底杜绝了无计划采购现象，提高了政府采购的计划管理水平。

六、加强对政府采购工作的监管

2003年财政部门组织力量对政府采购的组织实施及执行情况进行了检查，对违规行为进行了处理，特别是有针对性地加大了对定点企业、中介机构的监督检查和违规惩处力度。在这方面采取的主要措施有：

1.加强对电脑及外围设备集中采购、协议供货的监督检查。在招标环节对评标标准的掌握、分值设定的原则等做出严格规定，密切监督评标过程，并对中标企业履约情况进行实地检查，对发现问题的提出整改措施。

2. 开展对第三轮政府公务车定点维修情况的专项检查，主要围绕维修收费及维修质量等热点问题，详细对照维修厂家与采购中心签订的采购合同中的规定及承诺，检查其“人工工时费”与“材料管理费”的收费标准执行情况、履约情况等，并对发现的问题提出整改意见。

3. 对公务车定点加油站进行了突击检查，对违规的不按卡号加油的10个加油站进行了通报批评，并责成其主管部门进行了严肃的处理。从石油公司整改情况看，目前基本杜绝了公务车不对车号加油的状况。

4. 对有关部门向直属单位统一指定公务车保险承保行为进行了纠正，规范了公务车保险承保这一采购项目的操作。

5. 对于供应商及其他当事人的每一件投诉认真进行调查、取证、实地勘察。对调查发现的问题依法做出严肃处理，维护各方当事人的合法权益。2003年对两家招标代理机构的违规行为做出了罚款、整顿、处理相关人员等行政处罚；对两家投标商串标行为给予罚款、不良行为履约记录等处理。

（深圳市财政局供稿，邓广执笔）

广西壮族自治区

2003年，广西壮族自治区政府采购工作以贯彻实施《中华人民共和国政府采购法》（以下简称《政府采购法》）为主线，全面推进政府采购制度规范化建设，政府采购工作又跃上一个新台阶。全年完成政府采购规模33.62亿元，政府采购合同金额28.86亿元，比2002年增加7.22亿元，增长33%；与政府采购预算相比，节约政府采购资金4.75亿元，资金节约率为14.2%。

一、基本情况

（一）从资金总体构成情况看，政府采购资金呈多元化格局

2003年广西完成的政府采购资金中，预算内政府采购资金为14.34亿元，占采购资金总额的49.7%，成为政府采购资金的主要来源；预算外政府采购资金为10.2亿元，占采购资金总额的35.4%，成为政府采购资金的辅助来源；单位自筹资金4.3亿元，占采购资金总额的14.9%。政府采购资金多元化格局是与广西推行部门预算制度改革相适应的。部门预算制度改革要求预算单位编制预算应包括预算内资金、预算外资金和单位其他资金。

（二）从政府采购组织形式看，政府集中采购成为主要组织形式

2003年，广西实际完成政府采购资金28.86亿元，其中：集中采购金额27.34亿元，占政府采购资金总额的94.7%；分散采购金额1.51亿元，占政府采购资金总额的5.3%。在集中采购项目中，属于政府集中采购机构组织的采购金额25.34亿元，占集中采购资金总额的92.7%；属于部门组织的集中采购金额2亿元，占集中采购资金总额的7.3%。

（三）在政府采购方式上，坚持以公开招标为主要采购方式

2003年实行公开招标方式采购的采购金额为13.88亿元，占采购资金总额的48.1%；实行邀请招标方式采购的采购金额为2.53亿元，占采购资金总额的8.8%；实行竞争性谈判方式采购的采购金额为4.18亿元，占采购资金总额的14.5%；实行询价方式采购的采购金额为5.54亿元，占采购资金总额的19.2%；实行单一来源方式采购的采购金额为2.73亿元，占采购资金总额的9.5%。由于采取竞争性谈判与询价采购方式可以缩短采购周期，提高采购效率，2003年实行这两种方式的采购资金占采购总金额的比例增长较快。

（四）从政府采购合同授予情况看，体现了支持国货的原则

2003年，实际完成货物类采购金额18.52亿元，实际完成工程类采购金额8.64亿元，实际完成服务类采购金额1.7亿元。从采购品目看，多数集中在汽车、计算机等一些大宗通用产品。其中，全区采购汽车2 846辆，采购金额4.27亿元；采购计算机30 308台，采购金额1.77亿元，两项采购金额合计6.04亿元，占采购总金额的20.9%。从政府采购合同授予情况看，广西严格执行政府采购法要求购买国货的有关规定，累计授予国内供应商合同的采购资金为28.74亿元，占采购总金额的99.6%。

（五）积极推行政府采购资金实行国库集中支付，有力促进财政支出制度改革

据统计，2003年，广西实行财政直接支付的政府采购资金达14.22亿元，占采购资金总额的49.3%，有效地保证了政府采购合同的履行及对政府采购支出的监督和管理，有力促进了财政支出制度改革，为下一步全面推行财政国库集中支付积累了经验。

（六）从总体规模看，全区政府采购总体规模偏小

2003年，全区政府采购资金支出占当年财政支出的6.5%，比2002年增长1.3个百分点。扣除财政支出中的工资性支出，全区购买性支出约为330亿元，政府采购资金支出占购买性支出的比重约为8.7%。

二、主要做法及其成效

（一）以实施《政府采购法》为契机，充分改善实施政府采购制度的社会环境

一是积极开展政府采购制度宣传活动。自治区财政厅在2002年12月中旬至2003年元月中旬开展了为期一个月的政府采购法知识宣传月活动。活动期间，在报纸刊登政府采购法规知识及专题宣传文章，在电视台黄金时间播放宣传字幕及新闻报道，在闹市区主要街道悬挂宣传标语及气球，以多种多样的形式，宣传广西开展政府采购以来取得的成绩、实施政府采购的重大意义以及政府采购法知识。宣传月活动极大改善了全区实施政府采购制度改革的社会环境，提高了社会各界依法实施政府采购工作的自觉性。二是通过座谈会形式，增进社会各界对政府采购制度的理解和支持。自治区财政厅先后组织召开了供应商座谈会、采购单位座谈会、中介代理机构座谈会、专家评委座谈会。座谈会上，自治区财政厅向各方面代表介绍广西自治区政府采购工作取得的成就、存在的问题及改革的思路，与会者则就如何依法完善广西政府采购工作畅所欲言、各抒己见。三是积极配合自治区纪委、自治区审计厅开展政府采购专项监察、审计调研活动。2003年2月，自治区财政厅积极配合自治区纪委到南宁、柳州等地开展政府采购调研。2003年4月，配合自治区审计厅到南宁市等14个地级市及部分县政府采购中心（采购办公室），以及自治区本级三家代理机构、61个采购单位（其中自治区单位24个，市级单位26个，县级单位11个）开展全区范围的政府采购专项审计调查。这些活动对于进一步提高全社

会对政府采购制度的认识和改善实施政府采购的社会环境起到了积极的促进作用。

（二）以规范为重点，进一步强化政府采购管理

一是依法积极推进政府采购预算编制工作。2003 年，自治区人民政府作出规定，凡使用财政性资金（含预算内资金和预算外资金）采购货物、工程和服务的，必须按照《政府采购品目分类表》编制政府采购预算。应编制政府采购预算而未编制的，将视同该部门在预算年度内无政府采购安排，预算年度内不安排政府采购资金。二是组织有关招标代理专家和法律专家依法修改了与《政府采购法》精神相冲突的各种采购文件内容，重新编制各种采购方式的采购文件范本，严格审核政府采购代理机构编制的各种采购文件的合法性和规范性，对与政府采购法要求有冲突的条款予以废除。三是进一步完善了各种采购方式的采购程序。对政府采购方式的选择、政府采购方式的流程、政府采购合同签订和验收、政府采购资金的拨付等政府采购活动的各个环节做出了明确的规定，确保政府采购工作有章可循，规范运作。四是根据有关法律、法规，重新确定自治区政府采购专家评委聘任条件。按照科学分类的原则，对专家库的所有专家评委进行了重新分类、重新归档、重新签订聘任合同的工作，进一步明确了专家评委的权利和义务，增强政府采购评委的责任感。

（三）以透明度建设为重点，进一步完善政府采购的监督机制

一是除以公开招标作为政府采购的主要方式外，对所有的竞争性谈判采购项目都在《中国财经报》、《广西日报》和广西政府采购网上进行公告。原则上不采用邀请招标和询价采购方式，尽可能地实现采购项目的公开和透明。二是制定政府采购信息网上发布管理办法，督促政府采购代理机构依法在政府采购监管部门指定的媒体上公开发布采购信息，明确规定了政府采购信息的收集、审核发布及有关经办责任，提高了政府采购信息的透明度。同时，积极做好广西政府采购网站的建设维护和管理工作，及时全面加载有关政府采购信息，保证了政府采购信息的及时发布和透明公开。三是加强对采购活动的监督，扩大监标队伍。自治区本级规定，凡采购规模达到 200 万元以上的采购项目，都要邀请纪检、监察、检察、审计等监督部门派员参与对整个采购活动的全过程监督。四是对重大、复杂、敏感的项目逐步引进公证程序，由公证员到场对采购过程进行现场公证，同时也邀请新闻媒介报道和监督，增强采购项目的透明度。

（四）以职能分设、机构分离为重点，依法推进“管”、“采”分离工作。一是根据《政府采购法》的规定，向自治区人民政府提出了自治区本级实施“管”、“采”分离的意见和建议。二是在各地级市因地制宜推行“管”、“采”分离。桂林、柳州通过招标方式选择中介机构代理集中采购业务，将竞争机制引入了对采购代理机构的选择中，开创了社会中介机构代理集中采购业务的新路子。三是全区 14 个地级市政府采购体制基本上完成职能分离、机构分设工作。

（五）以夯实基础工作为重点，提高政府采购日常管理水平

一是制定供应商履约保证金管理办法，确保供应商履约保证金的安全，防范政府采购风险。二是根据重新分类的专家库，进一步完善了随机抽取项目评标专家的软件，为科学公正地选择专家评委提供了扎实的基础。三是进一步完善项目档案的管理工作，除依法做好 2003 年项目档案的归档外，还对历年的项目档案整理编号，依法规范了项目档案管理。四是按月报送政府采购统计报表，提高政府采购统计报表编制质量。

（六）以稳步推进工程类项目采购为重点，不断提高政府采购规模

一是通过宣传和培训，使采购人全面了解和掌握《政府采购法》和《中华人民共和国招标投标法》的有关知识，从而使其能依法实施工程类项目政府采购。二是对招标方式以外的工程类项目采购，严格按照政府采购法规定的采购方式和采购程序组织实施。三是对政府投资的工程类项目，要求采用有上限控制价的无标底方式进行评标，降低工程采购成本，规范建筑采购市场。四是将工程采购范围从施工、监理扩大到规划、勘察和设计等。

三、存在的主要问题

（一）实施政府采购制度的社会环境有待改善

这方面的问题具体表现在：个别采购单位不按规定明确采购需求；不按规定的时间审定采购文件；不按规定派代表参加评标；不接受评标委员会的评定结果；不按时签订政府采购合同；不按时验收，等。

（二）政府采购预算和政府采购计划未按规定进行编制

有些单位没有按规定编制政府采购预算，有些单位编制的政府采购预算不明确、不细化，有些单位虽然编制了政府采购预算但没有按预算执行。另外，还存在同一采购单位短期内多次申报、多次招标同一采购品目的情况。

（三）供应商参与政府采购活动的能力有待提高

有些供应商不注重学习研究政府采购法律、法规和政策；有些供应商编制的投标文件在技术性能、商务条款上遗漏较多；有些中标供应商信用度低，没有按规定的时间履约合同。

（四）代理机构的政府采购业务服务质量有待提高

一是政府采购文件编制质量不高。二是对采购单位提出的违规要求不做说服工作。三是对某些项目特别是大型复杂的项目的组织评标能力不强。四是从业人员素质参差不齐，工作责任心不强，服务意识不够。

（广西壮族自治区财政厅供稿，韦志涵执笔）

海南省

2003年，海南省认真贯彻执行《中华人民共和国政府采购法》，按照财政部“进一步扩大政府采购制度实施范围和规模，进一步规范政府采购行为”的要求，积极推动政府采购制度改革，政府采购工作取得了新的进展。

一、政府采购的范围更加明确

经省政府同意，省财政厅以文件形式规定了2003年实行政府采购的范围，使政府采购法的适用范围更具体，更明确。政府采购从组织形式上分为集中采购和分散采购，以采购品目和采购资金限额为划分标准。在2003年的政府采购范围中，凡是用财政性资金安排的采购项目，属于政府集中采购目录以内和采购限额标准以上的采购项目，都要依法实行集中采购。集中采购目录以外或

采购限额标准以下的采购项目可以由单位分散采购。

二、政府采购管理机构与执行机构的职责更加明确

在国务院办公厅转发的财政部文件中，对政府采购管理机构和执行机构的职责再次做了界定。基本原则是，政府采购的管理性工作由财政部门负责，政府集中采购机构或采购代理机构的职责主要是接受采购人委托，组织实施政府集中采购目录中的项目采购。

按照政府采购法的规定和国务院的要求，全省各级财政部门在加强政府采购机构建设的同时，已开始履行各项监督管理职责，包括确定政府采购范围，编制政府采购预算，制定政府采购计划，审批政府采购方式，接受政府采购合同备案，处理供应商投诉，拨付政府采购资金，研究落实政府采购政策。集中采购机构或采购代理机构按政府采购法的要求，在建章立制的基础上，承担起委托代理责任，根据采购人的委托开展采购活动。

三、政府采购的规模进一步扩大

根据全省政府采购信息统计报表统计，2003 年度全省政府采购预算金额 3.96 亿元，实际采购金额 3.75 亿元，节约资金 0.21 亿元，资金平均节约率为 5.23%。全省政府采购执行的基本情况简要列表如下（金额单位：万元）。

类型	采购预算总计	实际采购金额	节约资金	节约率%	财政直接支付	集中采购	集中采购比例%	公开招标	公开招标比例%
总计	39 599.46	37 528.3	2 071.16	5.23	24 896.34	35 378.39	94.3	22 739.6	60.6
货物类	32 082.77	31 001.13	1 081.64	3.37	23 375.29	29 134.24	94	20 204.85	65.2
工程类	4 299.22	3 545.71	753.51	17.53	574.83	3 381.71	95.4	1 939.68	54.7
服务类	3 217.47	2 981.46	236.01	7.34	946.22	2 862.44	96	595.07	20

按可比口径计算，2003 年全省政府采购规模比去年同期增加 1.635273 亿元，增长 77.2%，采购金额占全省 GDP 的 0.75%，超额完成了财政部制定的增长 50%的目标，但离国际标准的占 GDP 的 10%还有很大距离。

从采购项目构成看，货物类采购 3.1 亿元，工程类采购 0.35 亿元，服务类采购 0.3 亿元。在政府采购总规模中所占的比例分别为 82.61%、9.45%、7.94%，工程和服务政府采购工作的开展还有待加强。

从采购组织形式和采购方式看。在 3.75 亿元采购规模中，集中采购为 3.54 亿元，占采购金额的 94.27%。采用公开招标方式的采购占 60.6%。集中采购和公开招标已经成为政府采购的主要组织形式和采购方式。

从采购效益看，政府采购的价格普遍低于预算价和市场价，政府采购的平均节支率（扣除教育系统用采购节余资金再采购的部分）为 5.23%，与上年同期相比上升 0.73 个百分点。

四、规范化管理取得了一定的成效

2003 年，海南省加强了对招标中介机构和采购活动的监督管理主要措施有：不定期召开政府采购代理机构工作会议，研究提高采购质量和效率的办法，进一步明确工作程序和工作要求，分析存在的困难和问题，提出改进意见；就供应商资格审查、招标文件的编制、采购方式变更、项目调整、评标标准的完善、建立相关数据库、质疑处理、信息公告等工作明确了有关要求；对所有开标、评标过程政府采购监督管理部门都派专人进行现场监督，保证了采购行为的规范。

此外，海南省高度重视政府采购合同履约验收工作，2003 年就供货质量和售后服务等问题对部分用户进行了回访，抽查了部分供货商的供货质量情况，同时发文要求各预算单位履行好自己的职责，认真及时做好验收工作。

通过上述工作，公开招标的比重稳步上升，采购行为和程序更加规范，政府采购公告在指定媒体上的登载数量大幅增加，采购质量提高，供应商质疑和投诉数量明显减少。

五、创新采购方式，提高采购效率

在采购方式的创新方面，省本级对复印机采购试行协议供货制度并完成了首期招标工作，大大降低了采购成本，提高了采购效率。

为完成 2003 年的采购规模目标，省财政厅及时对政府采购资金情况、采购进度及影响采购进度和采购支出的因素做统计分析，并针对具体情况实施了提高采购效率的计划。一是制定措施，加强管理。定期将所有未采购项目逐一列出，找出其未实施采购的原因；按轻重缓急将项目排序，优先安排金额大或需求紧急的采购项目；针对项目的具体情况、特点和要求，合理选择不同的采购方式，对公开招标的项目尽可能早地将招标信息在有关媒体上公布，以便让更多的供应商提前做好投标准备；对不能明确采购需求的预算单位组织专家协助其制定采购计划；及时帮助招标中介机构解决在实施采购中遇到的困难，同时要求其进一步合理划分工作岗位，调整内部工作程序，以适应加快采购进度的要求。二是重点项目逐一落实。例如省农业厅无规定动物疫病区建设项目设备及省公安厅、外事办和宣传部的博鳌亚洲论坛项目等，都是通过主动与用户协调，督促用户认真做好采购的前期准备工作，保证了集中采购的顺利实施。三是督促供货及验收。对已签定合同的项目逐个跟踪，督促中标供货商按时供货。

六、预算单位对政府采购的认识进一步提高

通过学习政府采购法，绝大多数预算单位认识到，推行政府采购制度改革，建立科学的制度体系，不是一项短期的改革工作，也不是节约资金、治理腐败的权宜之计，而是要通过发挥这项制度应有的作用，完善市场经济条件下公共财政管理体制，增强财政宏观调控能力。推行政府采购制度对预算单位提出了更高的要求。预算单位必须增强采购的计划性，早做准备，同时加强采购各环节的内部管理与协调，如采购经费的分配、采购项目的确定、采购计划的申报、采购货物的验收等。如果单位内部采购管理体制没有理顺，缺乏配合和协调，就不能适应实行政府采购制度的要求。预算单位对政府采购制度的重视和坚决执行，将成为政府采购工作深入开展的良好基础。

（海南省财政厅政府采购管理处供稿，王雅林执笔）

重 庆 市

2003年，重庆市政府采购预算24.7亿元，实际完成采购金额23亿元，节约资金1.7亿元，节约率为6.9%；政府采购额比2002年增长110.2%，占当年财政支出的5.9%。

从资金构成看，预算内采购资金15.2亿元，占采购资金总额的66%；预算外及自筹资金7.8亿元，占采购资金总额的34%。

从采购项目构成看，货物类采购资金12.2亿元，占采购资金总额的53.1%；工程类采购资金9.5亿元，占采购资金总额的41.4%；服务类采购资金1.3亿元，占采购资金总额的5.5%。

从采购组织形式、采购方式及支付方式看，集中采购17.4亿元，占采购金额总额的75.7%；分散采购5.6亿元，占采购金额总额的24.3%；采用公开招标采购方式采购金额11.6亿元，占采购金额总额的50.4%；财政直接支付9.2亿元，占采购金额总额的40%；采购单位支付13.8亿元，占采购金额总额的60%。

一、大力宣传《政府采购法》，营造良好的外部环境

《中华人民共和国政府采购法》（以下简称《政府采购法》）于2003年1月1日正式施行，全市为此组织开展了声势浩大的宣传月活动。一是市政府黄奇帆副市长、市人大肖祖修副主任、市纪委滕久明书记，通过记者专访的形式宣传《政府采购法》。市财政局马千真局长在电视台接受了关于实施《政府采购法》的电视专访。电视台制作了专题宣传电视片。二是在《重庆日报》连载4期《政府采购法》宣传专题。在市区设置展板宣传《政府采购法》。以答题的形式举行了《政府采购法》知识竞赛活动，共发放竞赛题4600多份，收回2000多份，并对竞赛活动进行了评奖，加深了群众对《政府采购法》的认识和了解。三是邀请了清华大学于安教授、财政部周成跃副司长等领导举行《政府采购法》专题报告会，参会人员包括市级各部门和各区、县从事政府采购相关工作的人员共计300多人。

二、扩大政府采购范围，政府采购规模再创新高

2003年，重庆市为扩大政府采购范围采取了一些措施。一是将跨部门的通用采购项目纳入政府集中采购目录，由政府采购中心或代理机构集中采购。二是对有特殊要求、采购业务量较大的部门，进行部门集中采购试点。三是加强对工程政府采购的监督，将工程纳入政府采购统计范围。随着政府采购范围的拓宽和监管力度的加大，2003年全市的采购规模比2002年增长一倍多，完成了市水利局旱情预测预报系统、市环保局公众环境显示屏、区县地氟病炉具、中央政法专款设备等项目采购，确保了全年采购任务完成。

三、建立健全规章制度，逐步规范政府采购工作

一是完善政府采购管理制度。2003年

印发了《重庆市政府采购委托中介机构工作程序》、《重庆市市级部门集中采购管理试点办法》等规章制度，并协助市监察局制订了《重庆市违反政府采购有关法规的处罚办法》。根据《国务院办公厅转发财政部关于全面推进政府采购制度改革的通知》，代市政府草拟了《关于全面推进政府采购制度改革的意见》。同时，2003 年还向民主党派、政协、人大聘请了 100 位社会监督员对政府采购的实施过程进行监督，提高了社会各界对政府采购工作的参与程度。

二是进一步规范政府采购操作程序。为搞好政府采购工作，建立了政府采购资金专户管理制度、内部核算办法、信息统计制度、供应商登记制度等一系列配套措施。建立了政府采购申报、审批、采购、拨款、转账等规范的操作程序，在不打乱原有预算申报程序的情况下，核定支出项目中政府采购的内容、数量和金额，依法进行采购，根据合同实行财政专户直接支付供应商，项目完成后及时与业务处办理转账。这些工作环环相扣，互相监督，互相制约。

四、利用现代科技手段，提高管理水平和办公效率

一是利用世界银行 100 万元人民币的捐款与市政府办公厅联合开发《政府采购网上招投标系统》，搭好网上招投标平台，提高政府采购效率。二是利用现代科技手段，将繁琐的具体事务简单化。政府采购具体工作十分繁杂，很多款项需分年拨付，且资金直接拨付到供应商，手工操作容易出现差错。为从具体繁杂的工作中解脱出来，市局与软件公司合作开发了政府采购管理软件系统。该软件由“资金来源表”（即各业务处送达政府采购处的采购任务表）、“采购任务书”（即政府采购处下达给政府采购中心的采购任务）、“合同登记和查询”、“与总会计接口”、“开具拨款通知单”、“政府采购收支明细台账”、“政府采购信息统计”、“政府采购专家库”、“供应商库”等模块组成，实现了计算机对政府采购合同管理、采购资金台账管理、开具拨款通知单等环节的全过程控制，解决了以往手工登记合同、手工登记台账、手工开具拨款容易出现差错的现象。软件为网络版，各业务处通过软件加载政府采购任务，并可以通过该软件查询采购的执行情况和进程。有先进的技术作保障，2003 年政府采购做到了“三无误”，即：转账工作与各业务处核对无误，政府采购专户与国库处核对无误，政府采购拨款与合同核对无误。

五、实行市级部门集中采购，扩大定点采购范围

一是推进部门集中采购工作。为进一步扩大政府采购规模，重庆市对采购业务量较大、本系统有特殊要求的采购项目，进行了部门集中采购工作。2003 年市公安局、市工商局、市农业局和市计生委四个部门为部门集中采购单位。市财政局印发了《重庆市市级部门集中采购管理试点办法》，对部门集中采购的具体方式、资金拨付和监督检查作了具体要求。二是进一步扩大定点采购范围，提高采购效率。2003 年通过招标，对计算机、复印机、传真机、一体机、办公消耗品、文具及旅游商品等进行了定点采购。印发了《重庆市财政局关于对办公消耗材料及文具实行定点采购的通知》，扩大了定点采购的内容和规模，大大缩短了采购时间，提高了政府采购工作效率。同时，为加强财政资金支出管理，对政务会议和汽车维修定点重新进行招标；对市级机关 3 700 多辆公务车保险进行新一轮招标，实行按单车均价计算保费，并对市消防总队的高档消防车按照车价分档核定了保费。

六、督促区、县实行机构“管采”分设，加强对区县的政府采购培训

一是督促区、县实行“管采”分设。《政府采购法》规定政府采购的管理机构和执行机构必须分设。按此要求，重庆市通过召开会议和进行小组专题调研的形式，催促区、县的政府采购管理机构和执行机构分设。2003年全市有28个区、县实行了“管采”分设，有5个区、县未设立政府采购中心，具体采购业务主要通过部门完成，另有9个区、县正在进行机构“管采”分设工作。

二是进行政府采购业务培训。为提高区、县政府采购工作的管理水平，重庆市财政局邀请了财政部国库司领导、重庆市成套招标局和重庆市机电招标局有关专家，对全市区、县的政府采购从业人员进行政府采购招投标业务的培训，提高政府采购业务水平。

（重庆市财政局供稿，李士杰执笔）

四　川　省

2003年四川省政府采购工作在各级政府的领导下，认真贯彻落实《中华人民共和国政府采购法》（以下简称《政府采购法》），按照省政府采购领导小组“完善制度建设，扩大采购范围和规模，加强监督管理”的工作要求，在规范管理、规范操作上下功夫，积极探索，不断开拓，工作成效显著。全年全省政府采购预算49.96亿元，实际采购金额45.53亿元，比去年同期增长92.33%；占GDP的0.83%，比上年增加0.35个百分点；占财政支出的6.21%，比上年增加2.8个百分点；节约财政资金4.43亿元，资金节约率为8.87%。

一、政府采购工作的总体情况

2003年四川省的政府采购规模进一步扩大，采购范围不断拓宽，采购品目和项目向多样化方向发展，工程和服务类采购量增幅较大。各级财政部门加强对政府采购的管理，在各部门和集中采购机构的共同努力下，政府采购工作呈现出良好的发展势头。

一是从采购规模看，全省采购金额比上年增长近一倍，实际采购金额上亿元的地区（含省级）有11个，5 000万元以上的有8个，5 000万元以下的有3个。由于受当地经济财力状况、政府采购管理水平及执行水平的影响，省内各地在采购规模上仍有较大的差异，全省政府采购规模还有较大增长潜力。

二是从采购项目构成看，货物、工程和服务采购所占比例分别是61%、32%和7%。货物、工程和服务采购量较去年均有大幅增长，尤其是工程和服务采购增幅较大，分别比上年同期增长296%和108%，但在政府采购总额中货物采购比例仍占绝对优势。进一步扩大工程和服务的采购量，是实现政府采购工作扩面增量的突破口。

三是从采购组织形式和采购方式构成看，集中采购占实际采购额的55.47%。以集中采购形式为主，取得了规模效应，减少了重复采购，降低了成本。分散采购占实际采购额的44.53%，较上年同期增长196%。2003年主要是加强了对工程和服务项目的政府采购管理，这两项分别较上年增长了5倍和3倍，是四川省政府采购量增长的主要原因。在政府采购方式中，各地贯彻了以公开招标为主、其他方式为辅的政府采购方式，公开招标占51%，比上年提高了3个百分点。

四是从采购部门分类看，行政管理部门的政府采购额占采购总金额的24%，比上年有较大增长；公检法司部门的政府采购额占采购总金额的13%；卫生部门由于去年抗击“非典”的因素，增加预算较大，采购金额占采购总金额的14%。

五是从资金支付方式看，政府采购资金实行财政直接支付的金额占实际采购总额的45.62%，比上年增加10.7个百分点。目前全省集中采购项目资金基本实现了财政直接支付。随着财政国库管理制度改革的进一步深化，将逐步把分散采购的资金纳入财政直接支付范畴。

二、政府采购工作的进展情况

一是建立和完善政府采购监督管理制度。为进一步规范省级单位的采购行为，简化采购环节，四川省财政厅制定了《四川省省级政府采购工作规程》和《四川省省级定点采购管理办法》，并委托省政府采购中心完成了经常性办公设备和汽车的定点采购协议供货的招标工作，标志着定点协议采购工作在四川省正式开始实施，对指导和规范全省政府采购行为起到了积极示范作用。省政府办公厅向省级各部门和各市、州印发了《四川省2004年集中采购目录和采购限额标准》，为部门预算编制提供了依据。同时，逐步培育和建立政府采购的中介市场，完善对政府采购专家的管理，为下一步政府采购工作的扩面增量提供了基础。

二是加大对政府采购执行工作的监督管理力度。2003年四川省各级财政部门在这方面做的工作主要有：与纪检监察和审计部门密切配合，各司其职，加强了对各级政府采购中心的监督管理，使各级政府采购中心的工作局面有了很大的改观；配合有关部门监督部门和单位的分散采购；建立了政府采购投诉处理制度，对政府采购的投诉按法律的规定进行了处理；建立了“供应商不良记录名单”，对在四川省政府采购活动中有违法违规行为的供应商予以限制，进一步规范了政府采购市场。由于这些工作得到了落实，四川省的政府采购工作初步形成了以财政部门为主，纪检监察部门和审计部门协作配合、各司其职、共同监督的行政监督管理机制。

三是机构建设进一步得到加强。按照《政府采购法》的要求，省级在年初就完成了管理机构与采购中心分设工作。随着市、州机构改革的完成和《政府采购法》的实施，在各级政府的支持下，各市、州都在财政部门建立和明确了政府采购管理机构，配备了专（兼）职管理人员，全省各市、州政府都成立了政府采购中心，部分市、州已按《政府采购法》的要求实现了集中采购机构和监督管理部门的脱钩。机构的建立和队伍的充实为政府采购工作的深入开展提供了有力的组织保障。

四是加强宣传和培训工作。按照省政府采购领导小组的要求，省财政厅利用业务会议和决算布置会对各市、州财政部门和省级各部门的财务人员进行了政府采购工作程序的培训，各市、州财政部门也在年内开展了不同形式的政府采购宣传培训工作。

五是认真做好政府采购预算和计划的执行工作。各级财政部门与各部门和政府采购中心密切配合，认真执行政府采购预算，加强对政府采购计划和资金的管理，保证政府采购资金的及时支付，保障采购单位和供应商的合法权益。同时，根据财政部的要求，认真完成了 2003 年全省和省级政府采购信息统计报表的编报工作。

三、政府采购工作面临的问题

一是部分市、州政府采购管理体制尚未理顺。政府采购法对市、州级以上集中采购机构的设置已作出了明确规定，国务院办公厅又于 2003 年 8 月发出《国务院办公厅转发财政部关于全面推进政府采购制度改革意见的通知》，要求将市、州级以上集中采购机构设置为不隶属于任何行政机关的政府直属事业单位，但省内尚有部分市、州未完全执行。

二是依法采购观念淡薄，采购行为不规范。具体表现在：部分单位未按政府采购目录规定单独编制政府采购预算，导致政府采购预算规模较小，实际执行中采购项目脱离财政监管；有的单位为规避政府采购，将采购项目化整为零；有的单位观念没有转变，对政府集中采购方式不理解，存在指定货物品牌和供应商的现象，影响了政府采购工作的开展；采购环节较多，采购效率不高，支付时间滞后，等。

三是政府采购监督管理和执行机构的队伍建设和人员素质有待进一步加强和提高。四川省绝大多数政府采购管理和执行机构都是新机构，人员缺乏培训，政府采购管理和执行的经验技巧、专业知识、工作技能都存在很多不足之处，不能适应政府采购业务发展的需要。而且，政府采购管理人员的相对缺乏和政府采购中心人员的配置不齐，阻碍了内外部互相监督、互相制约机制的形成，一定程度上影响了政府采购的顺利推进。

四是政府采购信息化建设滞后。随着部门预算的进一步细化、国库制度改革的深入和政府信息化建设工作的加快，政府采购预算编制和项目执行的明细化给政府采购的预算管理和执行工作提出了更高的要求，但目前四川省各级政府采购的管理和执行工作还停留在人工阶段，明显影响了政府采购监督管理和执行工作的效率。

（四川省财政厅国库处供稿，
黄永昶执笔）

贵 州 省

2003 年，贵州省政府采购工作以扩大政府采购范围和规模为目标，以深入学习、宣传和贯彻落实《中华人民共和国政府采购法》（以下简称《政府采购法》）为契机，理顺管理体制，加强机构和制度建设，强化监督管理，规范采购行为，取得了可喜的成绩。全省完成政府采购预算 14.96 亿元（占当年全省财政支出的 4.51%），比上年增长 167.81%，较财政部下达的比上年增长 50%的目标高出 117.81 个百分点；采购金额 13.11 亿元，节约资金 1.86 亿元，资金节约率为 12.43%。

从采购资金构成看，预算内资金 11.44 亿元，预算外资金 1.43 亿元，自筹资金 2.09 亿元，分别占采购总预算的 76.44%、9.56%和 14%。

从采购项目构成看，货物类采购 12.85

亿元，工程类采购1.9亿元，服务类采购0.21亿元，分别占政府采购总规模的85.87%、12.72%和1.41%。

从采购方式看，公开招标、邀请招标、竞争性谈判、询价、单一来源和其他方式采购分别完成6.26亿元、0.73亿元、3.19亿元、2.2亿元、0.53亿元和0.2亿元，各占采购总额的47.79%、5.55%、24.35%、16.75%、4.05%和1.51%。

从政府采购合同授予情况看，国内产品13.08亿元，占99.77%；进口产品0.03亿元，占0.23%。

一、领导重视，精心安排，狠抓落实

省长石秀诗在年初的《政府工作报告》和省人民政府廉政工作会议上的讲话中都将推行政府采购制度作为全省各级政府的一项重要工作，提出明确的要求，并将其作为各级各部门工作目标的一项重要内容，年终进行考核。副省长顾庆金也多次对如何做好政府采购工作作出指示。省财政厅领导在多次会议上强调，要切实做好政府采购工作。此外，各级政府领导对这项工作也十分重视，加强领导，大力支持相关部门认真履行职责。为做到早安排、早落实，省财政厅于年初向各市（州、地）财政局下发了《关于进一步做好政府采购和控购工作的意见》，就全年政府采购工作的任务、目标和重点提出具体的要求。对此，各级政府采购监督管理部门在人手少、任务重的情况下，齐心协力，努力克服各种困难，紧紧围绕全年的工作目标狠抓落实。

二、政府采购范围和规模进一步扩大，部分大宗设备全省集中采购效益显著

省财政厅根据全省政府采购工作的发展实际，本着既积极又稳妥的原则，合理地制定了《贵州省2003年政府采购集中采购目录及限额标准》，使全省政府采购范围在上年一般设备、交通工具、部分专用设备和少量工程的基础上，增加了建筑物、建筑装饰材料、水利防洪工程及部分其他工程、办公消耗用品和部分服务，具体品目达到100余个。《政府采购法》的正式实施提高了各级各部门对开展政府采购工作的重视程度，继省级之后9个地（州、市）也全面推行了政府采购制度。同时还有74个县（市）也开展了这项工作，占全省县（市）总数的85%以上。地、县的采购规模因此比上年增长高达187.93%。为了扩大政府采购规模，各级财政部门努力排除各种阻力和困难，逐步把工程类政府采购项目纳入政府采购程序，使全省工程类政府采购项目完成采购预算1.9亿元，比上年增加1.5亿元，增长368.47%。部分项目特别是大宗设备项目全省集中采购节约率高，如“义教工程”项目，采购预算为3 103万元，中标金额为2 281万元，节约资金822万元，节约率达26.5%。又如“贵州省农村中小学远程教育工程”项目，采购预算为14 000万元，中标金额为10 790万元，节约资金3 210万元，节约率达22.93%。

三、相关制度进一步完善，监管工作进一步强化，采购活动进一步规范

省财政厅制定了《省级政府采购运行规程》和《省级政府采购资金财政直接拨付管理办法》，规范省级政府采购活动和省级政府采购资金的拨付管理。同时，根据全省政府采购工作发展的实际情况，省财政厅重新修订和完善了《贵州省政府采购供应商管理暂行办法》、《贵州省政府采购代理机构管理暂行办法》和《贵州省政府采购项目评审专家管理暂行办法》。各级政府采购管理机构也不断完善有关措施和办法，并认真按照政府采购监督职能与执行职能相分离的原则，由政府采购监督机构和执行机构各司其职，各负其责，保证政府采购活动公开、公平、公正地进行。各级财政、监察、审计部门通力合作，共同构建政府采购监督管理体系，加强对政府采购活动全过程的监督管理，促进了政府采购工作健康有序地发展，增强了政府采购的公开、透明、规范和公信度。

四、进一步夯实政府采购的基础工作，加强督促指导

为了创造良好条件促使政府采购制度改革的不断深化，省财政厅通过多种渠道向社会各界新征集政府采购项目评审专家 800 多人，新登记供应商 600 余家，使省级政府采购评审专家库人数达到 1 100 多人，供应商库的供应商户数达 1 087 家。对省级政府采购信息，省财政厅及时在“中国政府采购网”、《中国财经报》、《贵州商报》等指定媒体上予以公布，便于各方面了解和监督。各级财政部门及时、准确、完整地汇总分析政府采购执行情况，把握进度，查找问题，提出对策，为上级领导决策和指导工作服务。为了帮助各级各部门学习和掌握政府采购的相关知识，提高政府采购管理水平，省财政厅一方面举办政府采购知识培训班，另一方面主动到省级各部门和部分县（市）做政府采购知识学习辅导。省财政厅先后派人到黔东南州、铜仁地区及所属县（市）和湄潭、龙里等县进行调查研究和督促指导，并帮助解决有关问题。

（贵州省财政厅供稿，张昌泽执笔）

云 南 省

2003 年，在云南省委、省政府的正确领导下，在各行政事业单位的大力支持协助下，全省政府采购工作人员严格按照财政部的部署和要求，始终坚持业务工作、队伍建设两手抓，积极开展工作，使云南省的政府采购工作取得了新成果。

一、全省政府采购管理机构与集中采购机构分设工作进展顺利

为贯彻落实《中华人民共和国政府采购法》，按照 2002 年全国政府采购工作会议提出的政府采购管理机构和集中采购机构最迟应于 2003 年一季度完成分设工作的要求，在省委、省政府的高度重视和支持下，云南省省级政府采购管理机构和集中采购机构分设工作于 2003 年 3 月底顺利完成，成立了云南省财政厅政府采购管理处。按照职责划分，采购管理处负责政府采购政策制定、采购预算编制和政府采购的监督管理工作，采购中心负责政府采购的具体实施。随后，全省各地也积极着手机构的分设工作，到 2003 年底，有 6 个地、州顺利完成了政府采购机构分设工作。机构的分设解决了过去采购工作管理和执行不分、难以形成监督制约机制的问题，有利于政府采购的规范运作和采购队伍的廉政建设，从制度上保证了政府采购工作的健康发展。

二、结合全省工作实际，积极开展政府采购的指导和培训工作

一是制定了《关于政府采购机构分设的指导意见》，指导全省的政府采购机构分设工作。为确保各地政府采购机构分设工作的顺利进行，结合云南省实际，省财政厅制定下发了《关于政府采购机构分设的指导意见》，对各地、州、市政府采购管理机构和集中采购机构的分设时间、具体职责作了明确规定，并要求：地、州、市一级均应设立相应的政府采购管理机构和集中采购机构，县一级是否设立集中采购机构要结合本地实际决定。这一文件的下发为全省政府采购管理与执行机构的分设提供了基本的政策依据。

二是举办全省政府采购信息统计布置工作会。为全面、准确反映政府采购工作成果，做好2003年政府采购信息统计工作，按照财政部的要求，云南及时组织召开了全省政府采购信息统计布置工作会议。会议通报了全省政府采购的进展情况，对2003年全省的政府采购信息统计工作进行了布置，并对信息统计软件的使用进行了培训。全省各地、州、市财政局政府采购工作的负责人和具体负责信息统计工作的人员共70多人参加了培训。通过培训，各单位工作人员都熟练掌握了政府采购信息统计的手段和方法，为全省统计数据的及时报送打下了基础。

三、重视和加强政府采购制度建设，不断规范采购行为

云南省财政厅始终将制度建设作为一项工作重点来抓，坚持用制度来推进政府采购改革、完善工作程序和规范采购行为。在这方面主要做了以下工作：一是按照政府采购法的有关规定，结合2002年的政府采购执行情况，在2002年度采购目录的基础上，编制了《云南省2003年度政府集中采购目录及采购限额标准》，由省政府下发执行。二是积极推进政府采购预算的编制工作。针对政府采购计划性不强的问题，2003年省财政厅按照部门预算的要求，对2004年政府采购预算的编制进行了研究，确定了总体思路和具体要求，并结合部门预算进行了具体布置。采购预算编制的启动，使政府采购工作进一步向规范化、程序化迈进。三是为增强采购工作的计划性、主动性和协调性，便于各地安排2003年的政府采购工作，在2003年初制定下发了《云南省2003年政府采购工作计划要点》，指导全省政府采购工作。四是为充分发挥公证在政府采购招投标活动中的监督作用，规范采购程序，维护政府采购的公平竞争环境，解决在对政府采购招投标进行公证过程中出现的新问题，省财政厅制定下发了《关于对政府采购招投标进行公证有关问题的通知》。此外，还针对在采购项目申报、采购节余资金处理、车辆定点保险和维修等方面存在的问题，制定了相应的规范措施。

四、提高认识，认真组织，努力做好政府采购信息统计工作

为加强政府采购管理工作，增强政府采购决策的准确性和科学性，2003年初，云南省财政厅对2002年全省的采购信息进行了全面统计和汇总分析。同时，针对全省各地信息统计的不同层次进行了分类指导，实行专人负责，进一步完善和规范了2003年的季报和年报工作。通过加强对分散采购、定点采购和部门集中采购基础信息的备案管理，使统计数据更加合理、准确和全面。

五、积极探索灵活多样的采购组织形式和采购方式，不断扩大政府采购规模

一是按照政府采购法的规定，将分散采

购、政府集中采购和部门集中采购三种采购组织形式相结合，既充分调动采购人的积极性，满足采购人的特殊需求，又适当集中，发挥政府采购的规模效益。二是探索新的采购方式方法，不断提高采购效率。按照财政部“大力推行政府采购协议供货办法”的要求，昆明市和曲靖市在借鉴发达地区成功经验的基础上，结合本地实际，在全省率先实行协议供货制度，极大地方便了采购人，提高了采购效率，得到了采购人的广泛欢迎。

2003 年全省政府采购规模达 26.18 亿元，较 2002 年的 18.08 亿元增长了 44.8%；比预算节约资金 2.13 亿元，资金节约率为 7.51%。省级采购规模为 10.95 亿元，节约资金 0.92 亿元，资金节约率为 7.77%。集中采购和公开招标成为政府采购的主要采购方式。集中采购金额为 23.35 亿元，占采购金额的 89.22%。实行公开招标采购的金额占采购总金额的 52.43%，比 2002 年的 51.06%提高 1.37 个百分点。

（云南省财政厅供稿，姜滔执笔）

西藏自治区

2003 年，西藏自治区各级政府采购部门本着“稳步发展、扩大规模、规范操作、全面推进”的原则，严格按照《中华人民共和国政府采购法》，积极推进政府采购制度改革，规范政府采购操作程序，取得了良好的社会和经济效益。

一、完善制度，规范运作，促进政府采购健康发展

（一）完善政府采购制度

为了完善全区政府采购工作制度，使政府采购工作制度化、规范化，保证采购工作廉洁、高效运作，各级政府采购部门不断加强制度建设，用规章制度规范政府采购行为。自治区政府采购中心按照《中华人民共和国政府采购法》的规定，进一步完善了《西藏自治区区直政府采购实施细则》、《西藏自治区区直政府采购招投标管理办法》、《西藏自治区区直政府采购供应商审批办法》、《西藏自治区区直政府采购中介机构管理办法》、《政府采购节余资金管理办法》、《政府采购中心内部运作管理办法》，制定了《政府采购工作人员工作要领》，同时为了细化政府采购中心内部职责，重新制定了《政府采购中心内部工作人员职责分工》。各地、市结合当地实际，出台了一系列符合当地实际的单项采购管理办法，初步形成了较为完善的制度体系，成为全区政府采购工作步入制度化、规范化轨道的保障，有力地促进了政府采购的健康发展。

（二）规范政府采购运作程序

1. 严格操作程序，规范政府采购行为。2003 年，西藏自治区所实施的政府采购一般都采取公开招标采购方式，非公开招标采购方式必须经过严格审批后方可采用；开标采用公开开标形式，同时邀请供应商和采购单位参加；建立供应商准入制度；评标委员会须为五人以上的单数，由经济、技术专家以及纪检、审计部门、采购单位代表组成，其中技术专家占多数，以确保招投标工作达到预期目标。在规范操作程序的同时，加强内部约束，提高服务质

量，提高干部的廉洁自律性。

2. 公开采购信息，接受社会各界监督。在采购过程中邀请有关部门参与招投标的全过程。区纪委在执行廉政纪律和管理规定方面进行监督；区公证处对招投标的全过程进行公证；使用单位派人参加采购领导小组和评标委员会。各方参与政府采购的全过程，互相监督、互相制约，使采购方式、采购程序、采购结果更加透明，把政府采购管理部门和采购具体操作部门的职责、权限都置于社会各界的监督之下。

二、继续拓宽政府采购范围，扩大政府采购规模

西藏自治区的政府采购规模呈现成倍增长的特点，到2003年底，政府采购已覆盖全区七地、市。政府采购种类从原来的办公设备、医疗器械、药品、消防器材、农机用具车辆等拓展到货物、服务两大类近百个品种，并将区直单位会议定点、车辆定点加油、定点维修、定点保险等服务类项目纳入了《2003年政府采购目录》。会议定点单位招标工作已经结束，车辆定点加油、定点维修、定点保险等服务类项目已着手开始前期准备工作。据统计，2003年全区政府采购总额1.7亿元，比上年增长了15%，节约率达到11%。

三、加强培训，努力提高政府采购人员素质

政府采购工作涉及面广、政策性强，是一项全新的系统工程，要求采购人员掌握招投标、合同、谈判等多方面的知识和技能。为了满足工作需求，自治区政府采购中心始终把提高各级政府采购人员业务素质作为政府采购工作的基础。通过培训，全区从事政府采购工作的人员对政府采购知识有了比较系统的了解，政治意识、责任意识和大局意识明显提高，服务意识明显加强，工作作风、工作态度进一步改进，促进了工作水平和工作质量的进一步提高。

（西藏自治区政府采购中心供稿）

陕西省

2003年，陕西省的政府采购工作在有关部门的大力配合下，基本完成了预定的各项任务。据初步统计，当年共开展政府采购活动26 279次，采购预算金额14.48亿元，实际采购金额13.14亿元，资金节约率为9.26%。

一、主要工作

（一）认真开展政府采购法的宣传、培训工作

《中华人民共和国政府采购法》（以下简称《政府采购法》）于2003年1月1日正式实施。按照财政部的统一安排，2002年12月和2003年1月份为全国政府采购法宣传月。陕西省紧紧抓住这一机遇，以党的十六大精神为指导，组织各级财政干部认真学习《政府采购法》。同时，利用广播、电视，报刊等媒介，向社会各界大力宣传政府采购法。一是利用《陕西日报》广泛开展宣传活动。陕西省财政厅领导两次在《陕西日报》上发表文

章，进行动员，带头宣传；《陕西日报》连续多次刊登《政府采购法》重要条文释义和有关宣传材料，介绍《政府采购法》的主要内容，宣传实施《政府采购法》的意义，省财政厅与陕西日报社一起举办《政府采购法》百题知识竞赛活动，共收到答卷5 238份，对其中的优胜者进行了奖励，收到了良好的社会效果。二是省财政厅领导接受陕西电视台、陕西广播电台专访，阐述了实施《政府采购法》的重要意义、采购法的主要内容以及陕西省贯彻落实采购法的具体措施。三是举办了一期全省财政系统《政府采购法》培训班，全省各市政府采购管理机构和集中采购机构以及陕西省政府采购中心共计90人参加了培训。通过培训，加深了采购工作人员对《政府采购法》的理解，提高了他们依法行政的自觉性。会后，各市也对县、区政府采购机构的人员进行了培训。

（二）管理机构与集中采购机构分设工作取得新的进展

《政府采购法》要求，集中采购机构必须独立设置，不能隶属于任何行政机关。按照这一要求，2002年陕西省政府采购工作会议要求全省各市的集中采购机构在年内完成脱钩工作。截至2003年底，除陕西省省本级、咸阳市、安康市采取管理委员会模式外，其余各市正在积极制定分设方案。

（三）政府采购的范围和规模得到进一步拓展

在制定2003年度政府采购目录时，陕西省按照“先易后难、循序渐进”的原则，提高了采购限额标准，将批量印刷、绿化工程等纳入政府采购范围。政府采购范围的扩大，使采购规模呈现出较快的增长势头。2003年末，陕西省又制定了2004年度的集中采购目录和采购限额标准，首次将1万元以上的设计费、工程监理费及招标代理费纳入了分散采购范围。

（四）政府采购的规章制度得到进一步完善

2003年，陕西省按照《政府采购法》的要求，对原有的政府采购制度办法进行了认真的清理，重新修定了关于加强政府采购供应商库管理的办法，完成了供应商年检工作；制定了2003年度中介机构代理政府采购业务登记备案办法，实现了全省资源共享；印发了《关于加强驻西安以外省属单位、省级垂直管理系统市县级单位政府采购管理工作的通知》，规定驻西安以外的省属单位、垂直管理系统的市县级单位采购货物、工程、服务项目，凡达到公开招标限额以上的，必须由省政府采购中心采购，未达到公开招标限额且属于集中采购项目的委托单位所在地政府采购机构采购，使省属各部门、单位的采购都纳入了省级政府采购管理；根据陕西省省级单位政府采购工作的实际，借鉴外省市的做法，从减少工作环节、简化资金结算层次、提高工作效率的角度出发，重新制定了省级单位政府采购运行规程，并对各部门的经办人员进行了培训。

（五）政府采购效率得到不断提高

为提高采购工作效率，更好地服务于各部门、各单位，2003年3月份，陕西省完成了几种常用公务用车的定点采购。做法是，通过竞争性谈判，统一具有代表性车型的价格，要求各供应商按不同车型确定在市场价基础上下浮百分率的定点采购价格，并按全年采购此品牌车辆总数再下浮若干百分点。同时，结合车辆售后服务点情况，确定别克、奥迪、桑塔纳、红旗、帕萨特等每种品牌车型的1—3家定点供应商。2003年11月，又完成了用量大、采购次数多、时间要求紧的计算机、打印机、复印机等办公设备的定点采购招标工作，分品牌确定了不同的定点供应商。这项制度计划从2004年1月1日起在省级部门全面实行，各市、县如果需要，也可以在定点单位提货，以促进全省政府采购大市场的形成。

（六）完成了政府采购的调研工作

在2003年全省财政工作会议上，贾治邦省长对政府采购工作提出了新的要求。为落实省长讲话精神，2003年春节过后，陕西省财政厅党组召开会议，以提高采购效率和理顺管理体制为重点，对近年来的政府采购工作进行了认真总结，部署了调研课题。按照部署，陕西省财政厅政府采购管理处、预算处、国库处、信息中心、省政府采购中心联合组成考察组到湖南、江苏、上海、浙江、深圳、珠海等地，对政府采购的机构设置、运作程序、预算编制、资金结算、网络建设等内容进行了实地学习考察，在此基础上，提出了改进政府采购工作的意见和建议。

（七）按照特事特办的原则，满足了“非典”防治工作的需要

在防治“非典”的时期，陕西省本着特事特办的原则，将陕西省结核病医院的改造工程、陕西省卫生厅的防“非典”医疗仪器采购等纳入部门采购，采取了单一来源和竞争性谈判等一些特殊办法，满足了防治“非典”工作的需求。

（八）认真处理供应商投诉，保证了政府采购的公平和公正

2003年陕西省共收到两起供应商的投诉。一起是2003年上半年陕西省地方税务局计算机网络工程招标后，投标供应商托普集团科技发展有限公司和其产品提供者中国惠普公司西安分公司的投诉；另一起是在陕西省人民医院医疗设备招标活动结束后收到的到西安三杰电子科技有限公司的投诉。对这两起投诉，省财政厅政府采购管理处及时对相关情况进行了调查核实。经调查，这两起招标活动都没有违反政府采购的相关规定，评标结果是真实可信、客观公正的。按照《政府采购法》的规定，陕西省财政厅做出了投诉处理决定，同时还将调查结果向陕西省监察厅做了专题汇报。

（九）认真开展对《政府采购法》及政府采购制度执行情况的专项检查

2003年三季度，陕西省财政厅印发了《关于开展对〈政府采购法〉执行情况进行专项检查的通知》。按照文件要求，各单位、各设区市首先进行自查，在此基础上形成自查报告。然后由监察厅、财政厅、审计厅抽调人员组成联合检查组开展专项检查，重点检查各部门是否指定了专人负责政府采购工作，是否按照省级集中采购目录的规定实施集中采购，是否出现违规自行采购的现象，有无化整为零规避集中采购和公开招标的行为；各设区市是否开展了《政府采购法》的宣传培训活动、是否按要求将政府采购的监督管理机构和集中采购机构进行了分设、是否根据有关文件精神制定了相应的配套制度，集中采购机构的运作是否规范，监督管理是否到位以及执行中有什么问题等等。

（陕西省财政厅供稿，龚宇执笔）

甘肃省

2003年，甘肃省以“夯实基础、重点突破、依法规范、优化服务”为指导方针，

以贯彻落实《中华人民共和国政府采购法》(以下简称《政府采购法》)为中心，坚持一手抓基础促规范，一手抓改革求拓展，继续深入推行政府采购制度。2003 年全省政府采购规模和范围进一步扩大，操作程序日趋规范，人员素质逐步提高，监督检查不断加强。全年全省采购金额 17.91 亿元，较 2002 年增加 1.58 亿元，资金节约率为 9.77%，取得了较好的经济效益和社会效益。

一、政府采购制度不断完善

《政府采购法》颁布后，急需制定相关的配套管理办法，规范政府采购行为。为配合《政府采购法》的实施，推进全省政府采购工作的开展，进一步规范政府采购行为，省级政府采购管理部门在进行了大量调查研究和学习考察的基础上，整理和修订了以前年度制定的各项政策规定，按照《政府采购法》的规定拟定了甘肃省政府采购运行规程等管理规定，为全省政府采购制度的完善以及政府采购规范化运作奠定了基础。

二、机构设置逐步科学合理

国务院和财政部多次明确要求政府采购集中采购机构必须按《政府采购法》的规定与财政部门“脱钩”。这项工作政策性强，涉及部门多，操作难度大。甘肃省本着积极稳妥的原则，根据《政府采购法》以及国家相关政策的规定，借鉴外省的一些做法，并从甘肃省采购代理机构设置的实际情况出发，认真研究集中采购机构设立方案，就集中采购机构地位、职能、人员构成及制度建设等方面，及时提出了集中采购机构设置的可选方案。方案明确了政府采购监督管理部门与集中采购机构职责划分，理顺了两者之间的工作关系，为下一步政府采购监督管理部门与集中采购机构的分设提供了决策依据，打下了良好的基础。

三、政府集中采购目录制定更加切合实际

为了使政府采购工作有计划、有步骤地开展，甘肃省根据财政部颁布的政府采购目录，结合甘肃政府采购工作的实际情况，拟订了《2003 年度甘肃省政府集中采购目录》，以省政府办公厅的名义印发，并增强了实施力度。合理地制定政府采购目录提高了政府采购的工作效率。通过目录管理，明确了集中采购、部门集中采购和分散采购的范围和限额标准，规定列入政府采购目录的项目原则上必须由政府集中采购机构实行集中统一采购。同时规定属部门集中采购的货物、工程和服务项目，各部门单位根据采购的具体情况，选择集中采购机构或者其他采购代理机构采购。

四、采购模式更加符合工作需求

对价格变化较快、型号较多且各部门需求量大的办公自动化等通用设备的采购，为避免重复招标和降低采购成本、提高采购效率，根据财政部在中央单位政府采购时执行的协议供货方式灵活地采用了类似协议供货的采购方式。具体做法是，在一定时期内通过公开招标定产品、定价格、定服务，由集中采购机构与中标供应商根据一段时间内实际供货情况签定供货合同的办法来实施。这种采购方式既解决了使用单位在品牌、配置要求上的矛盾，又满足了使用单位对供货时间的要求。

五、政府采购资金国库集中支付范围进一步扩大

国库集中支付制度是推行政府采购制度的重要保障和管理手段。为了进一步发挥财政支付手段的管理作用，2003 年甘肃省财政厅政府采购办公室与国库处共同重新修订

了省级政府采购资金支付结算办法，扩大了政府采购资金实行财政直接拨付的规模，对实行国库集中支付改革试点部门和非改革试点部门的政府采购资金均采取直接拨付的方式。通过设立“政府采购资金专户”，保证了专款专用，从源头上遏制了采购单位执行政府采购政策的随意性，有效地促进了政府采购规模的扩大和采购行为的规范。

六、政府采购信息管理得到加强

按照相对集中、受众分布合理的原则，省级指定“甘肃政府采购网”、《甘肃日报》、《西部商报》和《财会研究》为政府采购信息发布媒体。为提高政府采购工作的透明性，将涉及政府采购的法律法规、政府采购招标公告和中标公告等政府采购信息在政府采购监管部门指定的媒体上公开发布。为了做到信息公开的最大化，根据财政部的有关规定，省级和地区的招投标信息也同时在“中国政府采购网”上发布。

为了使全省政府采购工作中的好经验、好做法等得到及时反映，在各地设立了通讯员，做到了信息的及时反馈。对各地反映上来的材料，筛选后编辑成《政府采购简讯》，向有关领导和有关部门通报，推广好的做法，及时纠正问题。

加强了甘肃省政府采购网站和全国政府采购网甘肃分网的建设维护和管理工作，及时加载有关政府采购的政策和采购信息，增强了政府采购信息的公开化和透明度。

七、监督机制进一步完善和健全

逐步摸索建立了以财政部门为主、其他监督部门为辅的监督检查机制。明确了纪检、监察和审计部门对政府采购的监督重点和方式，发挥了这些部门在监督检查方面的优势，并通过监督职责分工，理顺了财政部门与其他监督部门在政府采购活动中的关系。逐步建立了供应商投诉制度，明确了供应商在招投标中的权利；建立受理和处理供应商投诉的程序，及时对供应商投诉做出处理决定，保护供应商合法权益，维护公平竞争。同时，开辟社会监督渠道，公布投诉、举报电话，发挥媒体和社会公众的监督作用，建立多层次、全方位的监督制约机制。

八、努力配合纪检部门做好对公务用车的检查工作

为了节约财政资金，加强党风廉政建设，发现并纠正省、市一些行政单位在公务用车配备使用中相互攀比的倾向，省政府采购办公室配合纪检部门对省级领导干部公务用车配置情况进行了监督检查。通过监督检查，全面掌握了公务用车的配置情况，及时发现和解决了公务用车管理中出现的超编、超标配置等一些问题，促进了公务用车管理制度的进一步完善。利用检查这个契机，还对全省公务用车管理办法进行了重新修订，并由省委办公厅、省政府办公厅发布实施了《甘肃省机关事业单位公务用车配备管理办法》。该办法进一步加强了公务用车编制管理、排气量管理、价格管理，进一步加强了购置公务用车审批程序管理，严格了公务用车配备标准。

九、宣传和培训工作不断加强

2003年是《政府采购法》实施的第一年。为了全面宣传贯彻《政府采购法》，甘肃省采用广播、电视、报刊、网络等各种媒体宣传《政府采购法》的内容、意义及近年来政府采购工作取得的重要成果，使政府采购工作广为人知。

通过举办各种形式的培训班，加强对政府采购管理人员、政府采购执行机构从业人员和使用单位人员的培训。组织部分地区人

员赴政府采购工作成绩较突出的省、市学习考察，提高了相关从业人员的执业水平和业务素质。

十、存在的问题

由于政府采购工作正处在调整和变革时期，还存在一些亟待在今后的工作中不断解决的问题。一是采购预算和采购计划还没有开始编制，没办法从源头上进行控制，导致临时性的采购事项较多，不能确保政府采购项目按计划有序开展。二是政府采购规模和范围还需进一步扩大。与其他省、市相比，从采购规模上看，甘肃省采购规模总量偏低；从范围上看，采购项目集中在货物类，服务类项目采购和工程类项目采购较少。

（甘肃省财政厅政府采购办公室供稿，李可狄执笔）

青 海 省

2003 年，青海省政府采购规模迅速增长，全省政府采购规模突破 2 亿关口，政府采购预算资金达 20 575.98 万元，其中：预算内资金 17 256.12 万元，预算外资金 857.67 万元，自筹资金 2 462.19 万元；实际完成政府采购 19 284.23万元，较上年增长 36%，其中：集中采购资金 13 957.99 万元，部门集中采购资金 396.82 万元，分散采购资金 4 929.41 万元；节约资金 1 291.75 万元，资金节约率 6.28%；财政直接支付资金 14 023.84 万元。

一、几个特点

1. 2003 年的采购规模较上年增幅较快，实际完成政府采购 19 284.23 万元，比 2002 年全年实际完成的 14 109.44 万元增长 5 174.79万元，增长率为 36%。能实现这一较大的增长率，一是各州、地（市）加大了政府采购管理的力度，促进了采购规模的增长；二是分散采购和部门集中采购首次纳入政府采购统计和管理之中，分别为 4 929.41 万元和 396.82 万元，占采购金额的 27.61%。

2. 公开招标采购的比例占采购总额的 32.7%，较上年有所下降。竞争性谈判的比例大幅上升，达到 6 453.23 万元。

3. 在政府采购合同的授予方面国内占绝对比例，为 18 274.61 万元。其中省内 11 267.06万元，省外 7 007.55 万元。

4. 货物类在采购项目中的比例仍然较大，为 15 379.22 万元。其中：交通工具 6 099.02万元，占三成以上；工程类采购与上年相比增幅不大，为 2 511.58 万元；服务类与上年相比有一定增长，为 1 786.76 万元。

5. 在计算机采购中排名前几位的品牌仍以国产品牌为主，依次是联想、同方、IBM、方正。小汽车采购总量略有上升，为 113 辆，采购金额为 2 075.48 万元，其中桑塔纳汽车仍据首位。

6. 2003 年政府采购规模虽大幅增长，但资金节约率与上年相比基本持平。其原因，一是采购方以已采购的金额为计划数上报采购预算，资金节约数则为零，无形中“拖累”了政府采购“大盘”的资金节约率；二是目前政府采购的货物市场价格透明，价格弹性不大，尤其计算机、汽车等货物的让利空间不大；三是服务类中的绝大多数项目，受地方或部门既有财力的限制，预算安排得很紧，甚至不足，往往需要自筹配套资金完成政府采购，表现在资金节约率上则为零。

二、几点经验

1. 建章立制，积极推进政府采购工作。2003年，青海省各级政府采购机构在学习借鉴外地经验的基础上，联系本区实际，一方面制定了一系列规范性文件，明确政府采购机构运作程序；另一方面积极完善采购制度和规范政府采购行为，抓好落实各项管理制度和规定，规范政府采购行为。省采购办印发了《关于加强涉密计算机信息系统政府采购管理工作的通知》、《关于做好今年政府采购工作的通知》，拟定了《关于进一步推进我省政府采购工作的意见》，待省政府批转执行。

2. 2003年，青海省在编制部门预算的同时，认真编制了政府采购预算，同时认真执行政府采购预算和下达采购计划，严格执行年初预算和追加预算的项目，认真审核下达政府采购计划，合理确定采购方式，为预算单位和供应商提供方便，为国家节约了资金。内部工作程序逐步完善，形成了采购预算、采购计划、采购操作、资金结算各个环节相互监督、相互支持的运行程序。

3. 做好政府采购的监督工作，严格监督政府采购运作的各个环节，确保政府采购的“公开、公平、公正”。同时，积极配合其他部门对政府采购工作进行监督。

4. 做好政府采购宣传及培训工作。2003年多次邀请电视台、报社对政府采购公开招标活动进行宣传报道，建立并完善政府采购宣传渠道，充分利用各种新闻媒介宣传政府采购制度和有关政策，加强信息沟通与交流，发挥中国政府采购网青海网页的作用。

5. 完成了对湖南等四省、市政府采购工作的考察，学习了兄弟省、市的先进经验，为做好今后的政府采购工作打开了思路。

6. 通过调研，草拟了《青海省政府采购条例》初稿。

三、几点体会

1. 统一认识，领导重视，是搞好政府采购工作的关键。青海省政府采购工作之所以能够在较短时间内取得一定的效果，与各部门领导的热情关注和积极支持分不开。各县财政部门都把推行政府采购制度当作促进党风廉政建设的硬任务来抓。为了解和研究政府采购工作，主管领导经常参加招标会，并进行实地调查，听取多方意见，及时帮助解决工作中遇到的一些实际问题。

2. 完善法规，强化机制是搞好政府采购工作的根本。有了好的制度，才有好的结束机制。近年来，全省各州、地、市及部分县相继出台了一系列规范性政府采购制度，有力地保证了政府采购工作的顺利进行，基本建立和完善了青海省的政府采购法规框架体系。

3. 培养高素质人才是政府采购工作的保证。青海省始终把廉政建设和人才培养作为政府采购的重要任务来抓。政府采购管理办公室提出了“五要求”，明确了“五不准”，有效地规范了采购人员的行为。与此同时，还组织政府采购人员参加外省的政府采购招标会，既了解了各地的政府采购情况，扩大了视野，又使本省的采购人员得到了很好的培训。

4. 政府采购机构必须提供优质的服务，为此，青海省政府采构机构着重在以下几个方面下功夫。一是严格按规范的程序办事。二是提供招标全过程的优质服务，尽可能在标书中详尽反映买方的需求，使中标的供应商完全能满足招标文件的要求并达到采购目的。三是做好履约过程中的协调工作，建立质量监督机制和质量验收、回访制度。一系列的措施保证了优质的服务，使各方都能在采购中得到实惠，并对政府采购制度有了较清晰的认识和较高的评价，积极地支持这项工作的开展。

四、几个问题

近年来，青海省政府采购制度改革工作取得了较大进展，但也存在一些问题，主要是一些部门和单位对政府采购制度还存在观望态度，干预具体采购活动的现象时有发生，采购行为不够规范透明，采购程序不够科学严密，管理体制尚不健全，采购管理人员和执行人员素质有待进一步提高等。

1. 各地政府采购管理机构和具体操作机构尚未分开，或一个机构、一套人马、两块牌子，或一块牌子到底，既制订政策，又操作业务，政事合一。这些状况既有悖于“公开、公平、公正”的原则，也不符合“财政部门不得参与和干涉政府采购的具体商业活动”的要求，不利于政府采购事业的纵深发展。

2. 政府采购操作规程不尽统一和规范，改革配套措施有待完善。在政府采购实践中，还存在着对政府采购法的理解和认识不足、采购方式选择随意性大、擅自简化采购程序、缩短采购周期、不按规定发布采购信息、评标方法不公开、不严密、人为因素多等问题。

3. 政府采购总体规模小，范围过窄。从青海省目前的实际情况看，虽然政府采购规模逐年扩大，但由于采购资金占 GDP 的比重偏小，且采购项目中货物类所占比重很大而工程类采购比重较小，因此政府采购的宏观调控作用还不明显，尤其是在支持国内产业发展方面做得还很不够。

4. 分散采购手段滞后，监督乏力。为解决广泛的小额、急需的采购项目，各管理部门或招标定点单位实行定点采购，或特例批复采购单位自行采购，实行采购结果备案制度。较之集中公开采购，这类采购活动时效性强，有利于发挥采购单位的积极性。但由于对这种采购方式的管理力度不够，管理方式缺乏创新，管理手段明显滞后，监督工作没有跟上，因此实际上很难达到政府采购应有的效果。

5. 政府采购队伍建设落后于采购工作的发展。政府采购工作是一项政策性、技术性要求很高的工作，需要一批具有较高政治素质、业务素质和专业技能的人才。同时，由于政府采购是一项崭新的事业，招投标、商业谈判、合同拟定等方面还需要逐步完善，采购人员也需要有一个在实践中逐步摸索的过程。

（青海省财政厅政府采购管理办公室供稿，党军执笔）

宁夏回族自治区

一、加强政府采购制度建设，加大宣传力度

《中华人民共和国政府采购法》（以下简称《政府采购法》）的实施，标志着我国政府采购活动步入制度化和法制化的轨道，这不仅为政府采购工作制定了有序的操作规程，而且为我们有效开展政府采购监管

工作提供了有力的法律保障。为确保《政府采购法》的顺利实施，做到既规范采购，又体现效率，针对规范化管理上出现的相关问题，宁夏回族自治区政府采购办公室结合自治区政府采购工作的实际，研究制订了相关管理办法和工作程序；在 2002 年对全区国家机关、事业单位、团体组织公务机动车辆实行统一采购和定点加油的基础上，又制定出台了《全区国家机关、事业单位、团体组织旧公务机动车辆过户的通知》和《自治区本级国家机关、事业单位、团体组织公务机动车辆定点保险的通知》，对投保单位、车辆种类、保险种类、优惠条件、投保办法等做出明确规定；提前制定下发了《宁夏回族自治区 2004 年政府集中采购目录》，对采购品目和限额标准做出规定。

为进一步深化政府采购制度改革，规范政府采购行为，宁夏回族自治区政府采购办公室做了大量的宣传工作。一是张贴了《政府采购法》宣传标语。二是印制、张贴宣传画，深入宣传《政府采购法》。三是在《宁夏日报》上登载专刊，向社会宣传政府采购工作的重点和政府采购工作取得的成绩。四是制作电视专题片《阳光下的交易——解读宁夏政府采购》，进一步向社会各界宣传政府采购制度，推动政府采购制度的顺利实施。五是从宁夏政府采购百题知识竞赛的有效答题卡中随机抽取出 101 名获奖人员进行了奖励，并对 10 个组织单位颁发了优秀组织奖，同时在《宁夏日报》上公布了获奖名单。六是在全区政府采购工作会议上对市、县政府采购工作人员、各采购人、招标代理机构负责政府采购的相关业务人员进行培训，对《政府采购法》和采购实务进行深入、细致的讲解。七是在报纸、杂志、广播电台发表有关政府采购的理论探讨文章及宣传报道 60 多篇。

二、扩大采购范围和规模，提高采购效率

按照 2003 年全区政府采购工作会议提出的实现全区采购资金 5 亿元的奋斗目标，2003 年全区共开展政府采购活动 1 889 次，采购预算金额 20 亿元（包括部门集中采购 13.15 亿元），实现合同金额 19 亿元，比 2002 年增长了 486%；节约资金 1 亿元，资金节约率为 5%。其中区本级开展政府采购活动 210 次，采购预算金额 3.1 亿元，实现合同金额 2.8 亿元；节约资金 0.3 亿元，资金节约率为 9.48%。

本着依法采购、特事特办的原则，在 2003 年“非典”疫情蔓延时期，自治区政府采购办公室积极主动与卫生厅联系，在时间紧、任务重的情况下，放弃休假日，上门服务，及时完成了抗击“非典”所需的医疗设备、防护用品、医院改造等项目的采购任务。

9 月份全国少数民族传统体育运动会在银川召开，为办好这次盛会，自治区政府采购办公室与民运会筹委会协调配合，保障了运动村的电器、家具、厨具、床上用品、洗涤用品等设备的采购。针对民运会接待用车数量大、接待车辆车型紧张的实际情况，自治区政府采购办公室与民运会筹委会协作，主动和生产车辆厂家联系，得到了厂家的大力支持，达成了订货协议，购进广州本田轿车 18 辆、别克轿车 33 辆，共节约资金 65.44 万元。此举既节省了财政资金又提高了采购效率，确保了民运会的接待用车。

为进一步扩大采购范围和规模，加强公务机动车辆保险工作，自治区政府采购办公室根据 2003 年的集中采购目录，对自治区本级国家机关、事业单位、团体组织的公务机动车辆实行了定点保险，通过招标确定中国人民财产保险公司宁夏分公司为承保单位，保率下降 32%。目前此项工作正在区本级全面推行。

三、加大监管力度

在《政府采购法》的指导下，自治区政府采购办公室加大监管力度，着力解决采购过程中及采购项目实施后出现的违规、违纪问题，根据不同的监督对象，实行有效的监督。

2003年7月，由财政厅联合自治区审计厅对部分采购人执行《政府采购法》的情况进行了检查，有28个单位（其中一级预算单位8个，二、三级预算单位20个）被抽查。检查发现，这28个单位在2003年1—6月共发生未纳入集中采购的资金支出2 155万元；有17个单位未参加定点加油；发生10万元以下房屋购置及维修费用584万元、10万元以上工程（房屋配套、空调、绿化）采购231万元。通过检查还发现，一些单位对推行政府采购制度的认识不到位，对政府采购的认识存在误区，存在以招标代替政府采购的现象。还有一些单位从行业和部门利益出发，对政府采购工作不支持，逃避集中采购，化整为零，规避政府采购的门槛价。

为了保证公务用车定点加油这一办法的顺利执行，自治区采购办公室组织监察人员和建行的系统管理人员，对政府采购定点加油站点不严格执行车卡加油规定、违规操作的问题进行了突击检查，对违反规定加油的站点进行了整改，对建行操作系统出现的问题也提出了改进措施。经过整改，定点加油工作已逐步趋于规范，违规问题相应减少，纳入定点的采购单位增多，每月的加油金额平均为70万元。

实行全区公务机动车辆集中采购后，针对部分市、县车辆管理部门违规办理入户手续的情况，自治区政府采购办公室联合监察厅对车辆管理部门进行了检查，对检查出的违规入户车辆责令写明原因、作出检查后办理相关入户手续。

有效投诉是政府采购监督管理的手段之一。为保证投诉渠道的畅通，自治区政府采购办公室设立了多种投诉渠道。2003年共接到供应商投诉6件，已调查处理，并对投诉供应商作了答复。

四、提高政府采购统计报表的报送质量，认真做好信息公开发布工作

为了提高政府采购统计报表的报送质量，按照财政部《关于做好2003年地方政府采购信息统计工作的通知》要求，自治区政府采购办公室在报表的报送质量上狠下功夫，通过各项措施，使各市、县信息统计人员熟练掌握软件操作程序，报表填报、数据审核、汇总分析等各环节的工作都达到了部里的要求，做到了报表报送及时、完整准确。

政府采购信息的公开发布是政府采购工作透明、公正的保证，宁夏在政府采购工作中始终注意抓好这一环节，对招标公告、中标结果以及政府采购的政策、法规、相关信息在指定媒体上向社会公开发布，既提升了公开招标的参与性与公正性、透明度，又增加了与兄弟省、市交流经验的渠道。

五、加强政府采购机构建设，完善政府采购监管体系

过去，宁夏区本级没有集中采购机构，长期委托招标代理机构代理采购。按照《政府采购法》的要求，为了规范区本级的政府采购行为，充分发挥集中采购机构的优势，自治区政府采购办公室在对外省政府采购机构进行考察的基础上，多次向厅党组及自治区政府提出集中采购机构设立方案。2003年8月，区本级政府采购中心正式挂牌成立，标志着区本级的政府采购工作步入正规化管理轨道。同时，为加强监管，自治区政府又成立了由自治区政府主席助理郝林海为主任，政府秘书长、财政厅厅长为副主任，

监察厅、审计厅、建设厅、计委等13个厅、局负责人为委员的自治区政府采购管理委员会。管委会为非常设的机构，负责政府采购重大政策、采购目录的审议及采购目标的确定、重大事项的协调等。管委会办公室设在自治区政府采购办公室。通过机构的分离设置，宁夏的政府采购监管体系和操作体系得到了进一步完善。

六、存在的问题

第一，采购范围有待进一步扩大。按照政府集中采购目录的要求，目前宁夏回族自治区列入政府集中采购目录范围的有货物、工程、服务三大类、30项、196个品目，实际执行不到50%。特别是应该依法纳入政府采购范围的大型工程项目没有纳入政府采购，还有国债资金和中央各部委下达的各类专项资金也没有纳入政府采购。

第二，操作质量和采购效率有待进一步提高。目前在招标投标活动中缺乏先进的招标手段，一些采购项目采购时间长，采购质量低，造成供应商的质疑和投诉。同时，也有一些采购人不按采购法的要求参与采购活动。

第三，采购人对纳入政府采购制度改革的认识还待于进一步提高。政府采购制度改革是对现有管理方式的改革，必然涉及一些利益的调整，在一定程度上改变了过去采购人一些不规范的采购做法，一些采购人规避采购制度的现象时有发生。

第四，大量的工程项目游离于政府采购的监管之外。按照《政府采购法》的要求，财政性资金安排的工程项目必须纳入政府采购，但是在实际工作中，大量的工程项目特别是新建工程没有纳入政府采购范围。

（宁夏回族自治区政府采购办公室供稿，白建军执笔）

新疆维吾尔自治区

2003年，新疆维吾尔自治区（以下简称自治区）在政府采购工作中大力宣传《中华人民共和国政府采购法》（以下简称《政府采购法》），始终把管理、改革和发展作为政府采购工作的主线，不断完善政府采购的各项规章制度，使自治区政府采购工作取得了全面发展。

一、政府采购规模进一步扩大

2003年自治区行政事业单位政府采购规模为22亿元，比2002年增加了7亿元，增长46.67%，实现了年初制定的采购规模增长15%的目标；与采购预算24亿元相比节约资金2亿元，节约率为8.33%。在实际完成的政府采购规模中，集中采购为13亿元，占采购规模的59.09%；财政直接支付8亿元，占采购规模的36.36%。从采购项目三大类构成看，货物类采购11亿元，工程类采购8亿元，服务类采购3亿元，在政府采购总规模中所占的比例分别为50%、36.36%、13.64%，货物类采购仍占政府采购的主导地位。从行业系统分类看，国家机关采购规模9亿元，占采购总规模的40.91%；事业单位采购规模

12 亿元，占采购总规模的 54.55%；团体组织采购规模 1 亿元，占采购总规模的 4.54%。

二、加大对政府采购法的宣传力度

为了进一步贯彻实施《政府采购法》，自治区各级财政部门积极采取措施，努力扩大政府采购的社会影响。全区上下制定了学习贯彻政府采购法的宣传、培训计划，有以下一些主要做法：一是把 2003 年 1 月份作为政府采购法宣传月。利用电视、广播、报刊和编发简报、悬挂宣传标语等方式增强宣传效果，掀起了政府采购法宣传高潮。二是为了帮助相关单位、人员学好政府采购法，自治区财政厅先后举办了 4 期政府采购业务和政府采购法培训班，并配合自治区纪检、审计部门及地、县做好政府采购法的宣传培训工作，选派专人授课。三是深入基层了解政府采购法的贯彻实施情况，指导各地区、各部门熟悉和掌握政府采购法的各项规定，推进了自治区政府采购工作向深度和广度发展。

三、不断完善制度和机构建设

2003 年，自治区按照《政府采购法》调整和改进政府采购工作，着重抓了以下工作：一是不断完善各项规章制度。其一，为改变以往政府采购程序复杂、周期长、效率低下的问题，自治区财政厅出台了《关于改进和加强新疆维吾尔自治区本级政府采购管理的通知》和《新疆维吾尔自治区区级政府采购资金财政直接拨付管理补充规定》，主要措施是在政府采购计划开始实施的环节对预算内外资金采取周转金方式，采购活动结束后再按实际发生额支付预算内外资金，并以此向预算单位下达预算指标。这一做法取消了以往将预算内外资金先存入政府采购专户再由国库处向政府采购管理办公室提供资金确认手续的操作方式，避免了烦琐、易错和扯皮的现象。其二，制订了《新疆维吾尔自治区本级会议服务试行定点管理的通知》，并通过公开招标方式，对各投标宾馆的服务设施情况、服务报价、安全设施及服务质量等方面进行综合评审，确定了 13 家单位为自治区政府采购二类会议服务定点宾馆，规定自治区本级各行政事业单位召开的二类会议必须在会议服务定点宾馆举办。其三，根据工作计划制订了《关于新疆维吾尔自治区本级行政事业单位 2003 年机动车辆保险实施政府采购的通知》、《关于印发〈新疆维吾尔自治区级网上政府采购管理暂行办法〉的通知》等办法。二是逐步完善政府采购的机构建设。2003 年已有 15 个地、州（市）和 73 个县（市）成立了政府采购管理机构，15 个地、州（市）和 62 个县（市）成立了集中采购机构。同时，为实行政府采购的管理与执行机构分离和职责划分做了大量的调研工作，提出了自治区机构分设的初步方案。

四、加强对政府采购工作的监督检查

为规范各地区、各单位的政府采购行为，加强政府采购主管部门的责任意识，自治区财政厅、监察厅、审计厅联合下发了《关于开展 2003 年政府采购大检查的通知》，要求各地区各单位对贯彻落实政府采购法的各项规定和政策情况、规范政府采购行为、提高政府采购资金使用效果、促进廉正建设等方面情况进行认真检查，并结合实际提出改进措施。自治区各部门各单位都按照要求对本单位的政府采购情况进行了自查。自治区财政厅、监察厅、审计厅组成政府采购联合检查组，对自治区 8 个厅局单位进行了抽查。按照通知要求，各地财政、监察、审计部门联合行动，纷纷召开动员会，成立政府采购大检查领导小组，转发文件等，并有重点地进行检查。检查结束后，自治区财政厅、监察厅、审计厅就检查结果向财政部、监察部、审计署做了专题汇报。同时，为加强对自治区政府采购业务代理机构的管理，维护政府采购招标投标当事人的合法权利，对政府采购业务代理机构的政府采购业务开展情况也进行了检查。

（新疆维吾尔自治区财政厅供稿，
朱玫执笔）

四、中央单位政府采购工作概况

国务院机关事务管理局
中央国家机关政府采购中心

按照《国务院办公厅关于印发中央国家机关全面推行政府采购制度实施方案的通知》和中央编办《关于国务院机关事务管理局成立中央国家机关政府采购中心的批复》，2003年1月10日中央国家机关政府采购中心（以下简称“采购中心”）正式成立。这是全面推进政府采购制度改革的一项重大举措，有力地促进了中央国家机关政府采购制度的全面实施。一年来，采购中心在国务院机关事务管理局（以下简称“国管局”）党组的正确领导和财政部的监督指导下，以邓小平理论和“三个代表”重要思想为指导，认真贯彻落实《中华人民共和国政府采购法》以及党的“十六大”和十六届三中全会精神，加强内部建设和各项基础工作，积极开展各项采购业务，全年完成采购金额7.1亿元，公开招标46次，节约资金0.82亿元，节约率10.4%，较好地完成了各项工作任务。

一、加强制度建设，规范采购行为

采购中心成立伊始，就把加强制度建设和规范管理放在首要位置。2003年研究制定了《中央国家机关政府采购中心内部操作规程》、《中央国家机关政府采购中心工作规则》、《中央国家机关政府采购中心评审专家管理暂行办法》、《中央国家机关政府采购中心供应商资格登记管理暂行办法》、《中央国家机关政府采购中心供应商询问、质疑处理暂行办法》等18项规章制度，编印了《中央国家机关政府采购中心制度汇编》和《2003年中央国家机关政府集中采购文件选编》，为采购工作的制度化、规范化打下了基础。

二、注重业务培训，提高人员素质

为做好中央国家机关政府集中采购工作，明确集中采购工作要求和操作规程，2003年7月举办了中央国家机关政府集中采购工作培训班。国务院各部委、各直属机构、事业单位和有关人民团体共90个一级预算单位、180名负责政府集中采购工作的人员参加了培训班。吕世光副局长和财政部、审计署有关司局的负责同志在培训班上讲了话。11月，又组织国务院有关部委、全国人大、全国政协以及部分省市负责政府集中采购工作的同志共25人赴加拿大进行了政府采购培训。

三、加强调查研究，理顺工作关系

为学习和借鉴地方集中采购的经验和做法，2003年3月采购中心分别对上海、四川、湖南等十个省市的政府采购工作进行了调研，并完成了《关于上海等十省市政府采购工作的调研报告》。11月份召开了上海等六省市政府采购中心负责同志参加的集中采购工作座谈会，交流了经验，研究了工作中存在的问题和困难，探讨了下一步基本的工作思路。

采购中心十分重视与各部门的联系沟通工作。中心领导带领有关工作人员先后走访了全国人大常委会办公厅、全国政协办公厅、公安部、海关总署、国家税务总局、中科院、最高人民法院等部门和单位，介绍采购中心的业务工作情况，了解各部门的需求，听取对集中采购工作的意见和建议。随后，组织成立了中央国家机关政府集中采购工作协作组。

四、积极投入抗击“非典”斗争，圆满完成采购任务

2003 年 5 月，按照国务院领导同志批示要求，国管局党组把为中央国家机关各部门采购防治“非典”物资的任务交给采购中心。采购中心立即成立了专门工作小组，全力以赴投入到防治“非典”物资的采购工作中。一方面迅速向中央国家机关各部门了解防护用品、消毒药液等防治“非典”物资的具体需求，一方面向北京市有关部门疏通采购渠道。工作小组的同志连续作战，保质保量地完成了防治“非典”物资的采购和分发任务，共为中央国家机关 38 个部委采购防治“非典”物资 22 万余件，价值 304 万元。

五、创新方法，做好政府集中采购工作

（一）认真开展货物类项目采购

一是在财政部 2002 年协议供货制度的基础上，进一步扩大了协议供货的范围，并由过去报价格改为报折扣率。二是通过中国政府采购网实现了招标文件远程下载，既方便了供应商，又减少了采购成本。三是根据国务院办公厅颁布的 2003 年政府集中采购目录中不同货物的不同特点，认真完成了货物类项目采购。据统计，2003 年完成货物类项目采购 68 001 万元，占采购资金总额的 95.8%。

（二）努力做好服务类项目采购

2003 年完成了中央国家机关定点汽车维修厂和定点印刷厂两个服务类项目的公开招标工作，分别确定了 15 家定点厂，并经财政部同意，将上述两个服务项目有关定点管理的通知印发中央国家机关各部门。同时，认真做好汽车定点维修和定点印刷服务项目的日常管理工作，及时了解并解决日常工作中存在的问题。据统计，2003 年完成服务类项目采购 1 322 万元，占采购资金总额的 1.9%。

（三）积极探索工程类项目采购

为做好工程项目招标，采购中心多次与北京市建设行政主管部门进行沟通，同时结合中央国家机关的特点，研究提出了中央国家机关工程招标程序的建议方案。在此基础上，尝试进行了工程项目的采购，并坚持在开标前公开评标办法，增加了工程采购的透明度。据统计，2003 年完成工程类项目采购 1 664 万元，占采购资金总额的 2.3%。

六、认真做好政府集中采购评审专家和供应商信息库的建设和管理工作

为保证政府集中采购工作的公开、公平和公正，采购中心十分重视专家库和供应商库的建设管理工作，公开在“中国政府采购网”和《中国财经报》等六家媒体上发布征集中央国家机关政府采购评审专家和供应商资格登记有关事宜的公告。2003 年共审核确定了 183 名政府采购评审专家，为 269 家供应商办理了资格登记，并开发了电子信息管理系统，实现了评审专家和供应商的随机抽取。

七、重视基础工作，加强廉政建设

采购中心成立一年来，很好地发挥了党组织的政治核心作用和党员的先锋模范作用。一年来，采购中心注意结合政府集中采购工作特点，建立制衡约束机制，明确集中采购活动的决策和执行程序，使政府集中采购各环节之间既分工协作，又相互制约。在对各处（室）职能进行合理分解的基础上，制定了职位说明书，明确各个岗位的职责和权限，保证了政府集中采购工作的健康开展。全体工作人员认真遵守“六不准”的要求，领导班子成员和党员领导干部在廉洁自律方面积极发挥表率作用。2003年，中心未受到任何投诉，树立了良好形象。

一年来，中央国家机关政府集中采购工作也存在一些问题，主要是规避政府集中采购的现象时有发生，在执行政府集中采购目录和采购管理方面有待于进一步加强；采购计划性不强，采购批次多、规模小，工程采购所占比例更小，导致政府集中采购规模效应难以体现，很大程度地制约了采购效率的提高。下一步，采购中心将紧紧围绕“规范采购行为、扩大采购规模、提高采购效率”这个中心，坚持公开、公平和公正的原则，认真贯彻落实政府采购法，进一步加强内部建设，建立健全规章制度，改进和完善采购程序，探索更加有效的采购方式，加快信息化建设，努力完成中央国家机关政府集中采购任务。

（国务院机关事务管理局中央国家机关政府采购中心供稿，陆疆执笔）

科学技术部

科学技术部（以下简称“科技部”）于2001年制定下发了《科技部事业单位政府采购管理暂行办法》，并及时转发了国务院办公厅、财政部、中央国家机关政府采购中心（以下简称“采购中心”）关于政府采购的所有文件，同时就政府采购制度的实行进行了广泛的宣传，推动政府采购制度建设。根据科技部的工作安排，部属事业单位的政府采购工作由机关服务中心综合管理处组织实施。经过几年的工作，规范了事业单位的采购行为，政府采购工作取得了一定效果。

一、提高对政府采购工作认识，转变传统的采购观念

为了让事业单位了解政府采购政策，支持政府采购工作，增强依法采购的意识，规范政府采购的运作行为，机关服务中心先后转发了《关于对中央国家机关有关印刷项目、公务车辆维修实行定点管理的通知》和《关于中央国家机关2003年第三期政府采购协议供货工作有关事宜的通知》等文件。通过学习和实践，事业单位普遍认识到，实行政府采购制度，提高了采购活动的透明度，强化了财政监督，抑制了腐败行为的发生，具有十分重要的意义。

二、加强制度建设，推动政府采购工作的进行

为贯彻落实政府采购的各项规定，规范政府采购管理，树立依法采购的观念，科技部结合部内各中心的实际情况，对事业单位的政府采购工作进行了统一部署，强化管理，转发了中央预算单位2004年政府集中采购目录及标准，对采购审批、采购执行、支付程序、合同归档和信息统计等各工作环节都做出了明确的规定。主要如：第一，为保证部电子政务系统业务网工作的顺利开展，科技部要求建立全网安全支撑及防病毒

体系。为此，部信息中心急需购置网络设备及影像设备，设备金额都在 80 万元以上。对此项采购，科技部机关服务中心严格按照国务院办公厅印发的中央预算单位政府集中采购目录及标准执行，对纳入政府集中采购目录中的采购项目全部通过采购中心办理。采购中心根据我们上报的技术指标、设备档次、供应商的报价、资金规模、售后服务提供了 7 个厂家供科技部信息中心全面测评，最后选定 1 家签订了合同。第二，对于零星办公设备的采购，科技部采取了“协议供货”方式，从中标的产品中采购。这种做法使得采购者能详细了解产品的性能、指标等情况。采购产品确定后，签定“中央国家机关政府采购协议”，使采购在产品的质量、供货时间、价格、服务等方面得到保证。实践证明，这种方式不仅方便、快捷，而且供应商在供货时间、售后服务等方面都能较好地满足我们的需求。第三，对既达不到公开招标限额标准，又不是“协议供货”的办公设备，通过采购中心采取竞争性谈判方式采购，以保证采购到价格合理、性能满意的产品。例如，科技部机关服务中心购买的印刷设备，就是通过竞争性谈判的方式采购的。采购到的设备技术先进、适用，提高了印刷质量，受到部机关的好评。

（科学技术部供稿，曲颖执笔）

水 利 部

政府采购制度改革是财政支出管理改革的重要内容，对提高财政资金使用效益，支持国内企业发展，从源头上防止和治理腐败，具有十分重要的意义。近年来，水利部政府采购工作取得了很大成绩，特别是《中华人民共和国政府采购法》颁布实施后，政府采购工作全面展开，大多数单位都能按照政府采购法律制度的相关规定依法开展采购。同时政府采购的范围、规模不断扩大，在规范和效率的前提下，采购的质量也有了显著提高。2003 年水利部政府采购支出为 23.4 亿元。为了更好地实施政府采购，水利部按照“突出重点，打好基础，稳步推进”的原则，全面贯彻落实《中华人民共和国政府采购法》的各项规定要求，进一步完善政府采购的管理体制、运行机制和监督体系，主要做了以下工作。

一、加强组织领导，统一思想，积极做好政府采购的宣传工作

政府采购制度改革涉及面广，政策性强，任务艰巨，特别是 2003 年有关政府采购的法律及规章制度相继出台和实施，没有一个强有力的组织领导作保证是不行的。为了搞好这项工作，水利部做了大量工作，对国务院、财政部及中央国家机关政府采购中心（以下简称“采购中心”）有关政府采购的文件及时进行了转发，要求所属单位的领导及经办政府采购业务的人员进一步统一思想，树立依法行政、依法采购的观念，使其充分认识实行政府采购制度的重要意义，自觉执行政府采购法及国务院有关文件的各项规定，以充分发挥政府采购的作用。据统计，2003 年水利部政府采购预算 25.65 亿

元，实际发生政府采购支出23.39亿元，比上年增长8.7%。

二、依法采购，狠抓落实，全面开展政府采购工作

政府采购制度改革是一项复杂的系统工程，涉及制度创新和观念转变，与内部管理规范化紧密相关。因此，狠抓落实工作，并根据法律和有关规定研究制定水利部自己的具体实施办法和工作程序，显得尤其重要。

（一）指导和规范部属单位的政府采购活动

2003年6月，水利部水规院急需购买地理信息系统软件，经报财政部同意后，采用竞争性谈判方式来实施此项采购。水利部对该采购的整个程序及采购的方式方法进行了指导。组织方邀请了目前国内最有实力的北京超图地理信息技术有限公司、北京中地时代软件工程有限公司以及ESRI中国（北京）有限公司三家供应商，由来自国家基础地理信息中心和清华大学的有关专家组成了谈判小组和审核小组，分别与每家供应商进行谈判，最后经专家评定，确定ESRI中国（北京）有限公司为该项采购的成交供应商。这次采购活动为水利部以竞争性谈判方式采购货物做了有益尝试，并取得宝贵经验。

（二）与采购中心签订委托采购协议，将水利驻京单位的政府采购委托采购中心进行集中采购

根据《中华人民共和国政府采购法》等相关法律法规的规定，2003年8月份，水利部机关及所属的13家驻京单位向采购中心提供了本单位法定代表人签署的授权委托书，并与其签订了政府采购委托代理协议，明确了委托事项、权限与范围，约定了双方的权利和义务。按照协议，对授权范围内使用财政性资金采购纳入政府集中采购目录范围的货物、工程和服务项目的具体采购事宜，由采购中心全权处理。采取这一做法，一方面规范了政府采购程序，另一方面提高了采购效率。

三、积极参与相关政策研究，为我国加入世界贸易组织政府采购协定谈判提供理论支持

2003年11月3日，水利部参加了由商务部组织召开的“WTO政府采购问题研讨会”，并同与会专家及有关部委就我国加入世界贸易组织政府采购协定的利弊进行了讨论。会后，水利部组织相关司、局研究了《政府采购协定》的基本原则和内容，分析签署该协定对我国特别是对水利行业的影响，形成研究报告，并及时提供给相关职能部门以作正式谈判时的理论支持。

（水利部供稿，宋樾执笔）

国务院新闻办公室

2003年，国务院新闻办公室（以下简称国新办）全面实行政府采购，严格规范采购行为，建立完善规章制度，注重采购实效，政府采购工作取得了较好效果。

一、积极稳步推进政府采购工作

国新办政府采购工作起步于 2001 年，其时由国新办具体组织实施国际互联网络新闻宣传系统工程建设，范围包括人民网（人民日报社）、新华网（新华社）、中国网（中国互联网新闻中心）、国际在线（中国国际广播电台）、中国日报网站（中国日报社）和中国经济网（经济日报）等六家中央重点新闻网站，内容包括采、编、制系统，网络基础设施公共发布服务平台，备份中心等建设任务。工程总投资 5.74 亿元。2001 年该项目被财政部列为政府采购的试点项目，对 2001 年 7 月 2 日以后实施的项目采购实行政府采购，并于当年进行了第一批次的政府采购。至 2003 年，该项目已全面实行政府采购。截至 2003 年底，累计采购预算规模为 1.07 亿元，累计实际采购金额 0.87 亿元，预算节约资金 0.2 亿元，资金节约率为 18.32%。

二、加强监督管理，规范政府采购行为

为保证国际互联网络新闻宣传系统工程政府采购工作的全面展开，并使其符合国家有关法律法规的规定，针对中央重点新闻网站建设的特殊性和复杂性，国新办在 2003 年着重抓了以下几个方面工作：一是将所有的货物、工程和服务项目均纳入政府采购范围，除对个别突发性的应急采购项目和上级交办限时完成的重大采购任务采取竞争性谈判方式采购外，绝大部分采购项目都采取公开招标方式采购。二是严格按照政府采购程序办事，使招标的全过程严谨、公开、透明。凡符合公开招标条件的，一律采取公开招标方式进行采购；确因特殊情况需采取其他方式采购的，必须经项目办公室、中直管理局和财政部等主管部门批准。三是遵循公开、公平、公正、效益、效率和维护公共利益的原则，委托招投标公司招标采购。采购项目在网上公开招标，由主管部门、项目办公室、建设单位和专家库随机抽取的专家组成评标小组进行评标，对采购方式、采购原则、采购程序、采购结果等每一个环节严格把关和指导。四是事先确定评标方法、评标标准，避免评标过程中的随意性和各种干扰。

三、不断完善政府采购制度

为了保证政府采购工作有章可循、有法可依，结合中央重点新闻网站建设的实际情况，国新办制定了《国际互联网络新闻宣传系统工程资金使用管理程序》和《国际互联网络新闻宣传系统工程政府采购管理暂行规定》，从网站建设规划与项目申报，政府采购的组织管理，政府采购方式，采购合同与货物验收，资金使用的范围、程序、拨付与资产管理，项目监督和惩处制度等方面规范政府采购行为，较好地保证了国新办政府采购工作的有效进行。

四、政府采购工作的体会

（一）领导重视是政府采购工作得以迅速顺利推进的关键

自 2001 年开展政府采购工作以来，国新办领导高度重视、认真研究此项工作，明确指示“要通过建设中央重点新闻网站工程，为国新办全面实行经常项目下的政府采购工作积累经验”，“加大政府采购力度，争做政府采购之典范”，在政府采购过程中做到“制度严谨、程序公正、过程透明”。办领导多次召开项目建设单位主管领导座谈会，研究解决政府采购工作中的问题，指出推行政府采购工作是提高财政资金使用效益的需要，是维护政府形象、推进廉政建设的需要，是加快中央重点新闻网站建设的需要。办领导的重视极大地促进了国新办政府

采购工作的开展。

（二）健全有效的工作与运行机制是做好政府采购工作的基础

国新办作为国际互联网络新闻宣传系统工程建设的主管单位，组织成立了有中直管理局、国新办和各重点新闻网站建设单位人员参加的项目办公室。项目办公室和建设单位技术部门为政府采购主办部门，中直管理局、国新办秘书局和建设单位财务部门为监督单位，按照财务隶属关系，对项目实行统一领导、分级管理。同时建立健全以技术、财务部门为主体，相关部门（物资、行政、审计、监察等）密切配合的政府采购运行机制。

（三）不断完善管理制度是作好政府采购工作的重要保证

在认真贯彻落实政府采购法的同时，国新办结合中央重点新闻网站项目建设的实际，相继制定印发了《国际互联网络新闻宣传系统工程资金使用管理程序》、《国际互联网络新闻宣传系统工程政府采购管理暂行规定》、《关于加强网络新闻宣传系统工程资金管理的通知》和《关于做好互联网新闻宣传工程基建财务管理工作的通知》等规章制度，为推进和规范政府采购管理工作提供了重要保证。

（国务院新闻办公室供稿，刘明霞执笔）

海 关 总 署

2003年，海关总署政府采购工作在总署党组的正确领导下，有关业务部门积极努力，认真贯彻落实“依法行政，为国把关，服务经济，促进发展”的海关工作方针，按照“各项工作要有新举措”的要求，推动海关系统政府采购工作的开展，取得了良好的成绩。

一、完成海关系统政府采购情况

在贯彻政府采购法的实践中，海关政府采购格式基本形成，采购行为逐渐规范，招标规模不断扩大。2003年海关总署先后对毒品检测仪、H2000工程PC和PC服务器、网络设备、程控交换机、化验仪器、冷水机组、高低压柜、卡口设备、X光机、地磅、办公家具等进行了公开招标采购。采购的设备主要为：计算机、检查设备、通讯设备、化验室、大楼弱电类设备等合同成交额2.31亿元，与预算比，节省资金6 500万元；车、船类、工作证等合同成交额2.16亿元，与预算比，节省资金851.57万元。现已有30艘缉私艇、2艘监管艇、10艘内河缉私艇、42艘摩托艇、39套集装箱检查设备、3 844辆汽车及一大批计算机网络设备、检查设备等物资装备投入使用。

二、保持忧患和风险意识，树立扎实、务实、落实的工作作风

海关总署物资装备供应中心是海关系统政府采购的执行部门，其廉政建设必然面临着许多风险与挑战，对此大家都有共识。针对这一实际情况，中心一是坚持以正面教育为主，时刻绷紧反腐倡廉这根弦，

适时地、有针对性地经常开展警示教育。二是坚持采取和加强保障措施。除严格执行《海关人员 6 项禁令》外，还对采购工作作出规范，如：公开采购信息、投标情况及评标原则；对重大采购项目，除邀请公证人员进行公证外，均邀请驻署监察局派员参加招标全过程；严格要求工作人员遵守制度，禁止利用工作之便向业务单位借钱物和报销个人开支费用；不准私自接受各种回扣和佣金；不准利用职权为亲友经商办企业，等。三是坚持定期检查制度和党内民主生活会制度，每半年检查一次廉政建设情况。

三、规范管理，完善制度建设

为贯彻落实政府采购法，中心结合海关政府采购工作的特点，一是为加强对海关系统及其院校政府采购的管理和指导，下发了《关于加强海关政府采购工作的意见》；二是根据形势的发展变化和工作中遇到的新情况，修改和完善了现有的规章制度和办法；三是加强了对政府采购法的宣传。以推动《政府采购法》在海关系统的贯彻实施。

四、加强业务培训，搞好海关采购队伍建设

政府采购是一项法律性、政策性、技术性很强的工作，政府集中采购工作水平如何，关键在于人员的能力素质。为此，中心经常组织政府采购的主管部门和执行机构人员系统地学习政府采购法、招标投标法、合同法等法律法规，了解西方国家政府采购的历史、现状及其发展趋势，组织经常性的业务培训，促使从事政府采购工作的人员拓宽现有的知识结构，提高专业水平和业务素质，弥补自身存在的专业差距。为了更好地开展政府采购工作，海关系统还需要尽快培养出更多的熟悉相关政策、商品知识、合同管理以及市场情况，掌握招标技能的人员，建立起一支德才兼备的海关采购队伍。

（海关总署供稿，李慧执笔）

国家税务总局

2003 年是《中华人民共和国政府采购法》（以下简称《政府采购法》）实施的第一年，各级国家税务局深入贯彻实施《政府采购法》，积极发挥系统垂直管理优势，大力推行政府采购制度，初步形成了政府集中采购、部门集中采购和单位分散采购相结合，具有系统垂直管理特色的政府采购模式，取得了显著的经济效益和社会效益。

一、党组高度重视，严格要求，加强对政府采购工作的领导

国家税务总局党组高度重视政府采购工作，在 2003 年《全国税务系统工作会议》、《全国税务系统党风廉政建设工作会议》等会议上多次强调：推行政府采购制度是加强财政资金监控的重要内容，是从源头上预防和治理腐败的重要举措。总局机关和各级国家税务局必须坚决、模范地执行政府采购相关法律，法规，严格政府采购程序，提高采购效率。2003年，为加强对总局和全国国家税务局系统政府采购工作的领导和协调，国家税务总局成立了由分管局长担任组长，税务业务部门、技术部门、财务（采购）司及监察局等有关司局领导为成员的政府采购领导小组，全面负责国家税务总局及国家税务局系统的政府采购工作。2003年8月底，党组还开会专门研究了加强总局和系统政府采购工作的措施，并为作为采购工作主管部门的财务司增调一名副司长主抓政府采购工作，多方位加大政府采购工作的力度。

为确保政府集中采购、部门集中采购重大项目的采购质量，总局领导多次召开局长办公会议、项目专题会议，听取采购工作汇报，并协调、解决采购工作中的重大问题。在2003年召开的全国国家税务局系统财务暨内部审计工作会议上，局领导结合全年工作，要求国税系统和总局机关要不断总结经验，完善相关制度，加强协作与配合，按照党组的要求认真落实好政府采购的相关法律、法规和各项规定，保证政府采购工作的顺利完成。

二、建立健全规章制度，积极探索集中采购的方式、方法

从1998年国家税务总局机关率先实行政府采购制度以来，国家税务局系统自上而下、积极努力地推行政府采购制度，以系统财务部门为依托，初步形成了总局、省（区）、地（市）和区（县）四级集中采购的工作体系。2003年初，根据《国务院办公厅关于印发中央预算单位2003年政府集中采购目录及标准的通知》，国家税务总局下发了《关于国家税务局系统实行政府采购有关问题的通知》、《国家税务总局关于总局机关政府采购有关问题的通知》，还先后制定了《国家税务总局机关政府采购各部门职责和工作规程》（试行），制定了2003年总局部门集中采购目录、采购限额标准、公开招标标准，明确了中央政府集中采购与总局部门集中采购及省以下各级税务部门分散采购的关系，对总局机关及国税局系统政府采购各部门的基本职责、采购程序、监督与法律责任等内容做了具体规定，从而规范了总局机关及各级国税局机关的政府采购行为，以制度维护国家利益，提高了财政资金的使用效率。

同时，总局和各级国家税务局在政府采购工作实践中积极探索，开拓进取，取得了许多有益的经验和好的做法。主要有：

大部分省级国家税务局相应成立了政府采购领导小组，明确了负责政府采购具体工作的部门，从组织和机制上保证了政府采购工作的顺利进行。

总局初步制定和完善了机关内部政府采购工作程序和操作规程。对一般项目，由采购工作组研究后报领导小组批准；对采购金额大的项目，由采购工作组提出初步意见后报领导小组进一步研究，最后报局务会研究决定；对业务复杂、技术含量高的项目，还要召开专家论证会，充分听取专家及业务、技术人员意见。

完善并充分发挥评标委员会的职能作用。如，由采购人员与评标委员会委员共同制定评标办法、评分标准，在充分讨论中，让专家评委熟悉项目的基本情况，并按《政府采购法》的要求注重发挥专家评委的作用。通过充分发挥评标委员会的作用，使集中采购项目的运作更加规范，切实做到公开、公平、公正和透明。

广东、湖南、山东、辽宁、深圳等部分省（市）国家税务局已将政府采购工作纳入目标管理考核和责任制管理，与年终评比先进及奖励的工作相挂钩，建立了相应的激励惩处机制，极大地调动了政府采购工作人员的积极性，也提高了他们的责任心和廉政意识。

三、深入贯彻《政府采购法》，扎实有效地推进总局机关和系统的政府采购工作

2003 年国家税务局系统政府采购规模迅速扩大，采购金额成倍增加，经济和廉政效益显著提高。全年共完成政府采购采购项目 13 503 个，实现采购金额达到 49.12 亿元，其中总局采购金额为 2.21 亿元，各省级国家税务局采购金额为 46.91 亿元。在 2003 年实现的采购金额中，总局和省局集中采购的金额达 33.71 亿元，分散采购的金额为 15.41 亿元。由此可见，集中采购在国家税务局系统的政府采购中占有主导地位。从政府采购方式上看，公开招标采购金额 24.7 亿元，邀请招标、竞争性谈判、询价采购、单一来源采购及其他方式采购 24.42 亿元。这充分说明，公开招标采购比例超过了 50%，已经成为国家税务局系统采购的主要方式。

2003 年国家税务局系统在采购金额大幅度上升的同时，经济效益也十分显著。据初步统计，2003 年共节约资金 5.04 亿元，平均节约率为 9.3%，极大地提高了财政资金的使用效率。

总局和系统税务部门在政府采购活动中，依法采购，依法监督，在制度上、程序上不断完善，积累了许多行之有效的监督管理经验。总局机关建立了财务管理和行政监察双重监督机制，财务司和监察局司局领导及工作人员全过程地参与政府采购工作组和领导小组的工作，从而保证了对政府采购工作全方位、全过程的监督。省级税务部门也建立了相应的监督机制，取得了较好的效果。实践证明，国税局系统能够不断强化对政府采购工作的监督，有利于从源头上预防和控制腐败行为，有利于保护干部，并极大地促进了国税局系统的廉政建设。

（国家税务总局供稿，王淑美、阳春执笔）

新闻出版总署

一、新闻出版总署政府采购工作的回顾

2001 年 7 月 5 日，为贯彻落实财政部《政府采购管理暂行办法》，新闻出版总署召开了政府采购工作会议，向各级预算单位布置了 2001 年下半年政府采购预算编报工作。这次会议标志着新闻出版总署政府采购工作正式开始。2001 年底，新闻出版总署第一次按政府采购的要求组织了计算机和复印机等办公设备的公开招标采购。2001 年新闻出版总署按照政府采购形式进行的采购共计 778 万元，其中采用公开招标方式的采购金额为 24 万元，采用邀请招标等其他方式的采购金额为 754 万元。

2002 年，新闻出版总署成立了资产与采购管理处，设在计划财务司，具体负责总署的政府采购工作，从组织上保证了政府采购工作的开展。为做好 2002 年的政府采购工作，新闻出版总署印发了《总署 2002 年政府采购实施方案》，规定列入 2002 年部门预算中政府采购预算表规定范围的采购项目或品目，必须实行政府采购，并明确了政府采购的组织形式和采购方式。

2002年新闻出版总署按照政府采购形式进行的采购共计496万元，其中采用公开招标方式的采购金额为432万元。采购形式主要为协议供货和单位分散采购。

二、新闻出版总署2003年政府采购工作

2003年，为全面贯彻落实《中华人民共和国政府采购法》，新闻出版总署政府采购工作从加强制度建设、提高法律意识、规范采购行为入手，以部门集中采购为突破口，在学习中实践，在探索中完善，使政府采购工作逐步规范。

（一）健全制度，规范行为

为推动政府采购工作的开展，规范采购行为，减少工作的随意性，使政府采购工作有法可依，有章可循，经过调研和广泛征求意见，新闻出版总署于2003年4月制定并印发了《总署政府采购管理暂行办法》。

2003年6月，新闻出版总署根据国务院办公厅《中央预算单位2003年政府集中采购目录及标准》、财政部《关于进一步做好中央单位2003年政府采购工作有关问题的通知》和部门预算，制定了《总署2003年政府采购工作实施方案》，对2003年政府采购预算编制、组织形式、采购方式以及验收、监督等做了具体的安排，提出了明确的要求。

根据实际工作的需要，新闻出版总署还制定了《部门集中采购工作小组工作规程》、《部门集中采购工作小组工作纪律》和《部门集中采购项目合同谈判工作规程》等内部规章，规范了相应的工作程序，制定了严格的工作纪律，保证了政府采购工作公开、公正和透明。

（二）加强培训，提高认识

为提高各采购单位和采购人员的法律意识、业务素质，新闻出版总署于2003年3月举办了机关及直属单位政府采购工作培训班，请财政部相关部门负责同志和采购代理机构的专家对《中华人民共和国政府采购法》、《中华人民共和国招标投标法》等相关法律法规进行讲解。各预算单位的主管领导、财务负责人、业务主管等参加了培训。通过培训和各种工作会议上的宣讲，总署机关和直属单位的政府采购意识普遍增强，自觉性明显提高，有关人员熟悉了采购的操作程序，提高了业务技能。

（三）积极实践，总结经验

2003年，新闻出版总署部门集中采购取得了突破性进展。总署成立了由计财司、办公厅、科技司及有关的业务司局和直属单位代表参加的部门集中采购工作小组，负责组织部门集中采购项目的采购工作。2003年8月，新闻出版总署部门集中采购工作小组对“全国新闻记者证管理及核验网络系统”、“记者证印制”、“中国出版科学研究所出版科研网络系统”和“全国新闻出版统计信息管理系统”等项目以公开招标的方式进行了采购，获得了较好的采购效益。

在采购过程中，新闻出版总署部门集中采购工作小组边工作，边摸索，边规范，在经验不足的情况下，及时总结、调整工作思路，解决了各种各样的问题。总署纪检监察局和机关纪委全程参与监督了采购小组的工作。

部门集中采购工作的开展，积累了有益的实践经验，培养了一批采购人材，为以后更好地开展政府采购工作打下了基础。

2003年，新闻出版总署政府采购实际采购金额为2 023.45万元，节约资金50.41万元。其中：政府集中采购496.61万元；部门集中采购1 482.59万元；单位分散采购

44.25万元。在全年的采购工作中，根据不同的情况采用了公开招标采购、邀请招标采购、询价采购、单一来源采购等多种采购方式。

（新闻出版总署供稿，董晋执笔）

国家体育总局

2003年1月1日《中华人民共和国政府采购法》（以下简称《政府采购法》）正式实施，国家体育总局（以下简称“体育总局”）对执行《政府采购法》、推行政府采购制度十分重视，在直属单位范围内全面推行政府采购工作，并在总结政府采购实施经验的基础上，结合体育行业的特点、规律，确定政府采购实施工作方案，主要做了以下几方面工作。

一、政府采购机构与职责

根据财政部统一归口、分级管理的原则，为进一步规范政府采购工作，提高工作效率，完善政府采购工作机制，体育总局于2003年5月20日下发了《关于进一步做好政府采购工作的通知》，明确了部门职责。

（一）体育经济司

负责总局政府集中采购工作的管理和监督，履行以下职责：

1. 根据国家政府采购的有关规定，制定体育总局系统政府集中采购工作的规章制度。

2. 确定并调整体育总局实行的政府集中采购目录及标准。

3. 负责各单位年度政府集中采购计划及经费预算的审批。

4. 负责对政府集中采购工作执行情况进行监督检查，处理有关投诉事项。

（二）财务管理和审计中心

负责对京内直属单位采购资金的审核和采购情况的年度汇总上报，具体职责如下：

1. 负责京内直属单位年度政府集中采购计划的布置工作。

2. 负责对京内直属单位上报采购计划的汇总及资金的审核。

3. 协助经济司对采购代理单位的实施情况进行监督检查。

4. 负责汇总并定期向体育总局反馈采购信息及年度京内直属单位的采购情况。

5. 负责体育总局委托的政府集中采购政策咨询、宣传及采购人员培训等业务。

（三）体育总局部门集中采购工作由三家采购代理单位负责

这三家单位分别是体育器材装备中心、体育彩票中心、中国体育科学学会。具体职责如下：

1. 按照《政府采购法》中规定的采购方式和采购程序，实施采购。

2. 负责制定代理范围内采购工作实施细则，并根据政府集中采购代理工作需要，提出工作改进措施及管理建议。

3. 体育器材装备中心负责采购京内直属单位训练、竞赛用国产、进口体育器材及体育装备、体育彩票公益金配建的全民健身工程所需的物资及装备、京内直属单位办公用品等。

4. 中国体育科学学会负责采购国家队

的运动营养补品。

5. 体育彩票中心负责统一采购用于销售电脑体育彩票的终端设备。

（四）京内直属单位

负责编报本单位年度预算和采购计划，定期提出采购目录，其职责是：

1. 按照《政府采购法》和体育总局的有关规定，开展政府集中采购工作。

2. 确定本单位政府集中采购工作的部门和工作人员。

3. 上报单位政府集中采购预算，并按照批准的预算，定期报送采购详细目录。

二、确定政府集中采购目录

根据国家政府采购有关规定，体育总局将京内直属单位使用财政性资金及自筹资金的采购项目均纳入了部门集中采购的范围。具体采购目录有：

（一）已列入政府集中采购商品目录的物资、装备（如计算机及附属设备、办公家具、电梯、锅炉、汽车、复印机、空调器等）

（二）用体育彩票公益金配建的全民健身工程所需的物资、装备

（三）用于国民体质监测的仪器、设备

（四）用于销售电脑体育彩票的终端机

（五）国家队的运动营养补品

（六）各单位购买的训练、竞赛用的国产、进口器材及设备

三、政府采购方式

在政府采购方式方面，体育总局积极探索和灵活运用公开招标、邀请招标、竞争性谈判、单一来源采购、询价等多种采购方式。在2003年的采购中，五种采购方式分别占全年采购量的30.32%、28.14%、10.04%、10.37%、21.13%。针对不同情况选择适宜的采购方式，对提高采购效率、降低采购成本起到了积极作用。

同时，体育总局从制度上、程序上保证政府采购公开透明、规范操作。重大项目请纪检监察人员全程现场监管，并规定单项50万元以上的采购招标须由体育总局监察局及财务管理和审计中心人员参加。

对工程项目中涉及到的重大设备如灯光、地板、冷冻机组等，采取邀请招标方式确定供货单位。

四、政府采购工作的实践与成果

通过开展政府采购工作，不仅强化了经费支出管理，最大限度地发挥了事业经费的使用效益，同时也通过公开招标的形式，体现了公平交易的原则，为国内优势企业提供了发展机会。

2003年体育总局政府采购规模为21 353.14万元，比2002年的政府采购金额24 837.7万元减少3 484.56万元（主要是全民健身路径器材采购金额比2002年减少11 291.5万元）；比采购预算21 969.19万元节约资金616.05万元，资金节约率为2.8%。2003年的政府采购项目仍然以货物采购为主，但工程采购的规模在不断增大。全年货物采购金额为13 651.39万元，占采购总金额的63.93%；工程采购金额为7 701.75万元，占采购总金额的36.07%。政府采购的组织形式以部门集中采购为主，分散采购为辅。具体的采购方式以公开招标和邀请招标的方式为主，其中：公开招标的采购金额为6 475.06万元，包括工程招标6 383.75万元，政府采购协议供货91.31万元；邀请招标6 008.5万元。

以上数字表明体育总局2003年的政府采购工作取得了较好的成绩，这主要得益于以下几个方面的工作。

一是加强制度建设，编制年度政府采购预算和计划。2003年下发了《关于进一步

做好政府采购工作的通知》和《国家队专项器材暂行管理办法》等规定，并要求部门采购代理单位根据有关规定和直属单位的具体情况，建立健全采购制度。同时，结合年度预算总体安排，编制政府采购预算，并按照预算编制相应的采购计划，按照计划进行政府采购工作。

二是坚持公平、公开、公正原则，严格政府采购工作程序。遵照政府采购制度规定，在政府采购活动中，坚持采购内容公开、采购程序公开、采购结果公开、采购纪律公开，使政府采购工作始终在公众全方位的监督机制下运行，保证了政府采购工作的公众透明度和专业可信度。

三是根据行业特点，科学合理地确定体育部门的政府集中采购工作内容。严格专项体育器材采购。体育总局根据资金及项目需求，按照保证重点兼顾一般的原则，统筹核定项目器材经费预算，原则上每年制定两次采购计划，采购数量按满足训练、比赛的需要并留有一定余地的原则确定。

反兴奋剂是保障体育事业健康发展不可或缺的一项工作。体育总局把国家队的运动营养补品列进政府采购范围便是体育界反兴奋剂工作的一项具体举措。2003 年国家队运动营养补品的政府采购金额为 1 914.98 万元。

四是加强政策学习。2003 年《政府采购法》实施后，总局组织直属单位对《政府采购法》及相关规定进行学习，并就如何做好体育总局的政府采购工作进行了座谈，听取意见和建议，理清了思路，制定了措施，并在实践中不断完善政府采购的各项工作。

（国家体育总局供稿，蒋文新执笔）

国家测绘局

在财政部的大力支持下，2003 年度国家测绘局政府采购工作顺利完成，采购金额达 9 784 万元，采购的范围主要包括测绘生产技术装备和国家基础航空摄影项目。

一、主要采购项目完成情况

（一）测绘生产技术装备政府采购

国家测绘局按照局务会确定的 2003 年度测绘生产技术装备配置原则，在对局所属预算单位仪器配置方案进行了调整和汇总后，委托国信招标有限责任公司具体组织和实施本次招、评标工作，该公司按照招标评标法的要求，成立了以国信招标中心副主任王敏为主任，国家测绘局财务司李永雄司长为副主任的招标领导小组，分别在《中国测绘报》、《中国财经报》、“中国政府采购网”、“中国采购与招标网”等媒体登载了国家测绘局 2003 年测绘生产技术装备政府采购公告。

按照安排，国信招标有限责任公司组织召开了开标大会，共有 30 家供货商参加了投标，有 8 个品目符合开标条件。开标过程由北京市公证处进行公正监督。评标专家对入围的厂商所投货物进行了严格审查，并对设备性能、价格、售后服务承诺等方面进行对比，采用量化打分的方法进行评标，完成了评标结论和中标单位优选方案。国家测绘局根据评标结论和优选方案，确定了北京麦格天宝科技发展有限公司等 13 家供货商为中标单位。

评标工作结束后，国家测绘局根据评委推荐的中标候选单位情况，确定了中标单位，并与之签订了购销合同。

本次政府采购公开招标总预算为2 208万元，实际采购金额为 2 051 万元（含由各单位询价采购的商务车），比预算节约156.52 万元。此项目的采购工作取得了很好的经济效益和社会效益，得到了财政、审计部门的大力支持和认可，但也存在着一些问题，如：采购实施时间较晚，在一定程度上给资金支付、仪器设备如期交货、验收、及时使用带来了不便，以及采购品目较散等。这些问题将在今后的政府采购工作中加以改进。

（二）国家基础航空摄影项目政府采购

2003 年国家基础航空摄影项目经费7 733万元，全部实施部门集中采购，其中含基础航空摄影项目和遥感影像资料采购。基础航空摄影项目采购共涉及航摄摄区 29 个，面积约 60 万平方公里。遥感影像资料订购项目计划订购 SPOT、资源二号、高分辨率遥感数据、ETM 和 MODIS 五种类型的遥感数据，总面积约 390 万平方公里。

国家测绘局委托中国机电设备招标中心作为 2003 年度国家基础航空摄影项目和遥感影像资料项目政府采购的中介机构。在规定的媒体上发布招标预告和招标公告后，航摄招标共有 21 家潜在投标人购买了招标文件，15 家投了标。中国机电设备招标中心和国家长安公证处共同接受了投标。最终10 家单位中标，签订航摄合同 23 项，合同总金额 6 298 万元。遥感资料招标共有 7 家潜在投标人购买了标书，6 家投标人投标。最终 2 家单位中标（ETM 数据、SPOT 数据、资源二号数据采用单一来源采购方式采购）。

在航摄招标过程中有一个品目流标，一个品目废标。对此国家测绘局按照政府采购的有关程序进行了妥善处理，对于流标、废标的品目报经有关部门同意后采用邀请招标的方式完成了政府采购工作。

二、2003 年政府采购工作的体会

在 2003 年的政府采购工作中，国家测绘局根据前几年的政府采购工作情况，不断总结经验、克服不足，改进工作。在组织实施采购项目时，严格按照国家法律、法规的规定、要求和操作程序运作，稳步推进本部门采购工作的开展。

（一）结合测绘工作的特点做好政府采购工作

测绘仪器设备技术含量高、精度高，国内产品往往很难满足需要；航空摄影项目属于服务类品目，比较特殊，且受天气、气候的影响较大；遥感影像数据资料订购受到卫星等因素的限制。这些因素形成了测绘部门政府采购工作的特殊性。针对这些特点，国家测绘局在不断的摸索过程中，形成了自己的一套行之有效的采购方案。在仪器设备采购的前期调研中，国家测绘局广泛听取生产单位的实际需要，结合野外测绘的实际情况，使制定的设备参数既能符合测绘生产的实际需要，又能吸引更多的供货商参与竞标，提高了财政性资金的使用效率。在国家基础航空摄影项目的招投标工作中，国家测绘局组织专家评审，在航摄摄区技术设计细化、投标人资质要求、航摄合同范本的完善、评标办法的细化等方面做了大量的准备和调研，使采购实施方案更科学合理，更具可操作性。国家测绘局还增加了航摄管理及技术人员的投入，在监督检查、航摄验收及资料管理等方面做了大量的工作，确保整个采购任务的顺利完成。

（二）加强制度建设，做到依法、依规办事

国家测绘局不仅较早地开展了政府采购工作的试点工作，并且取得了一定的成就，而且注意加强制度建设。2003 年，国家测绘局研究制定了《国家测绘局政府采购管理实施办法（试行）》，以指导和规范本部门的政府采购工作。

（三）加强宣传、培训和调查研究工作

为进一步提高国家测绘局所属预算单位对政府采购工作重要性的认识，国家测绘局十分注重政府采购知识的普及和培训工作，以不断提高采购人员的政策水平和专业能力。同时，在工作中加强调查研究，了解情况，听取意见和建议，为科学合理地制定采购方案和加强管理提供了依据。

（国家测绘局供稿，赵磊执笔）

五、文　选

我国政府采购法的几个问题

内容摘要

本文认为，物有所值的立法宗旨是政府采购法制度设计的根据，也是认识我国政府采购制度变革的基础。政府采购的政策功能应当服从于提高政府采购效益的目标。实现立法宗旨的根本途径是充分利用以招标为中心的市场竞争机制，但是这种竞争应当受到采购过程效率原则的限制，使采购竞争成本与采购实际收益保持适当的比例。政府采购合同性质是影响法律适用和法律救济的重要因素。政府采购合同具有公法与私法的兼容性，无论使用何种救济途径都应当注意这种混合性合同的特点。

2003 年 1 月开始实施的《中华人民共和国政府采购法》（以下简称《政府采购法》）对我国行政法学和合同法学提出一系列新问题，这些问题有具体制度层面的，也有理论原则层面的。本文讨论理论原则方面的三个问题："物有所值"宗旨与市场机制，强制竞争及其限度，政府采购合同的公私法兼容性。

一、"物有所值"宗旨与市场机制

尽管现在在法律和经济方面有各种学说、理论解释近几十年来异峰突起的政府采购和对政府采购的法律规制（Regulation），但是它们讨论问题的共同基础是"物有所值"（Value for money），因此"物有所值"是认识政府采购现象的真正源泉。"物有所值"在我国的《政府采购法》上表述为"政府采购资金的使用效益"，性质上属于政府采购法的制度宗旨或者首要立法目标，是分析我国政府采购立法的出发点。

关于"物有所值"的意义和作用，英国教授 Susan L. Arrowsmith 认为，全部公共采购制度的主要目的，是物尽所值（best possible value for money），即以可能得到的最好条件成功地取得政府所需要的货物、工程或者服务。这一目标包括以下几个方面：第一，保证取得的货物、服务和工程是符合需求的；第二，合同本身是根据可以得到的最好条件缔结的；第三，政府必须保障所选择的合同商能够提供协议条款所要求的内容。这位教授说，取得"物有所值"在一定程度上经常会牺牲对其他目标的追求，包括廉洁、社会和产业目标，国际自由贸易的发展。① "物有所值"的宗旨意义表明，政府采购制度应当将经济和技术效果置于首要地位。实行这一宗旨造成的重要后果是降低政府采购传统目标的地位。由于各国立法和立法背景的不同，这种降低或者牺牲的程度并不一致。对此，我国《政府采购法》首先在第 1 条中规定制定本法的目的之一是提高政府采购资金的使用效益以及促进廉政建设，然后在第 9

① Susan L. Arrowsmith: Regulating Public Procurement, Kluwer Law International, 2000, p.28－31.

条中规定政府采购应当“有助于”实现国家的经济和社会发展政策目标。这种立法表述反映了“物有所值”目标在我国政府采购立法中的优先地位。

如果以“物有所值”来解释对政府采购进行法律规制的原因和必要性，那么就意味着以前解决政府供应问题的制度和方式大多存在低效益或者不效率的问题。以下几种情况都可以被认为是造成过去低效益采购的原因：公共生产方式，竞争不充分的市场机制，政府采购政策功能过大，采购人员腐败造成的采购成本，采购资金支出管理的粗放，采购组织形式的分散。上述各种原因在导致采购效益低下上的作用是有区别的，其中公共生产方式和市场竞争不充分是最重要的。

关于公共产品生产方式与政府采购效益的关系，马国贤先生的分析富有启发意义。马先生认为，政府采购是由社会上存在着公共部门与私人部门两大部门，以及存在公共生产和私人生产两种生产方式而引起的。公共生产是我国政府的传统公共产品生产方式。但是，由于公共生产缺乏竞争，因此一般来说其效率较低，也易产生官僚主义。而官僚主义是阻碍政府效率提高的主要问题之一。私人生产是指公共产品由私人部门来生产。这也是公共产品的重要生产方式。在私人生产条件下，政府要将这类产品用于公共用途，就必须出钱将它购买回来。这一过程称为政府采购。私人生产由于具有较高的效率，因而为市场经济条件下的政府所广泛采用。公共产品的生产方式包括公共生产和私人生产两种。一般说来，只要私人部门能够生产的公共产品，从效率的观点来看，都应当采取私人生产、政府采购的方式。① 经济学公共产品理论意义上的私人生产，在法律上似可理解为一切有经营自主权的企业或者其他组织的生产经营活动。从上述分析中可以看出，政府采购是一种利用市场机制满足政府采购需求的制度。如果政府采购制度将“物有所值”作为宗旨，就应当充分依靠市场机制的作用。

但是普通的市场机制只能为提高政府采购效益提供一般制度条件，其作用是基础性的又是有限的。正如实行市场经济体制并不等于经济繁荣自然到来一样，如果政府采购当事人只受普通市场交易规则的约束，提高政府采购资金效益的可能性并不会很高。市场是有缺陷的和会失灵的，市场的有效性取决于竞争的充分性。我们看到的不仅是公共产品完全依靠公共生产方式的低效率，同样也看到普通市场经济体制下政府采购的低效率。自发性的市场机制不会确定无疑地带来政府采购的高效益，却可能使采购官员利用普通市场机制的自由空间贪污受贿，从而提高政府采购的成本。因此只有受到法律规制具有充分竞争可能性的市场机制才能为政府采购效益的提高提供有效的制度条件，正是在这一意义上政府采购法被认为是政府对政府采购市场的规制法②。

将“物有所值”作为当代政府采购的制度宗旨，不但降低了政府采购的政策功能，而且客观上要求将市场竞争机制作为实现该宗旨的主要制度条件。

二、强制竞争及其限度

如果说政府采购法是政府规制法的话，那么这种规制的主要方式就是实行强制竞争。法律规定政府采购人向供应商授予政府采购合同，必须经过以招标为中心的竞争程序。政府采购的国内和国际规范都以政府采

---

① 参见马国贤：《中国公共支出与预算政策》，上海财经大学出版社 2001 年版，第 280、148、147 页。

② 英国教授 Susan L. Arrowsmith 一本法学著作的名称就是《规制公共采购》（Regulating Public Procurement, Kluwer Law International, 2000）。

购合同的授予方式和程序作为制度重心和现代化的基本标志，甚至有的政府采购规则就只限于合同授予制度，至于合同履行和其他相关事项则可以按照普通民事规则和其他已有规则办理。我国《政府采购法》的内容和布局结构也大致如此。强制竞争制度在法律上集中表现在政府采购方式（第3章）和政府采购程序（第4章）的规定，以及保障公平竞争的供应商资格制度（第22条）和采购市场准入制度（第5条）。虽然各国国内和国际组织都不言而喻地实行这种政府采购制度，但是将其明确概括为“强制竞争”，则是英国保守党政府作为改革政府采购制度的政策纲领提出来的。应该说这是一个精辟的概括，它在确立竞争必要性的同时又排除了竞争的自发性，体现了利用市场和管制市场的有机结合。政府采购制度的一个基本假设是竞争就是效益，所以政府采购就是制造竞争的制度，强制竞争是政府采购的本质所在。

但是竞争并不是无限制无条件的。政府采购竞争本身也有成本支出，法律的规制作用是根据“物有所值”宗旨将竞争的收益与成本保持在一个适当的比例上。英国教授将此称为采购过程的效率（Efficiency of the procurement process），以保证合同授予过程以及时和有效成本的方式进行。她认为这是政府采购过程的另外一个目标，在设计政府采购程序中必须予以考虑。采购程序的财务成本和其他成本必须与物有所值意义上的收益取得平衡。举例说，购买一个几百美元的激光打印机，采购人可以通过联系几百个合同商和邀请他们投标获得最好的价格。但是如果联系供应商和评标的成本超过了得到便宜条件的任何可能的节省，这种事情就不该去做。①

采购过程效率原则对于我国政府采购法制度设计和适用的作用，在两个方面特别明显。第一在适用范围上，法定采购方式限于被列入集中采购目录以内的或者采购限额标准以上的采购事项（《政府采购法》第2条）。除此以外的采购事项，例如对因为严重自然灾害和其他不可抗力事件所实施的紧急采购，仍然按照普通的民事交易规则进行，即不实行强制竞争。其次在采购方式上，《政府采购法》第3章规定了竞争强度依次递减的五种采购方式。选择低竞争强度采购方式的根据，除了客观不能（例如具有特殊性只能从有限范围的供应商处采购）以外，就是采购过程的不效率和不经济，包括供应时间上的不效率和竞争费用的不经济。例如根据《政府采购法》第29条的规定，如果采用公开招标方式的费用占政府采购项目总价值的比例过大，对货物或者服务的采购就可以不进行公开招标，而采用竞争性比较弱的邀请招标。因此过度竞争的采购思路，不符合“物有所值”宗旨，是一种需要放弃的观念。

三、政府采购合同的公私法兼容性

政府采购是通过采购人与供应商之间结成合同关系进行的，因此可以说政府采购法主要是政府采购合同法。我国《政府采购法》第2条第4款规定，本法所称采购，是指以合同方式有偿取得货物、工程和服务的行为。合同是政府采购区别于其他政府需求获得方式的主要标志。例如政府对公民个人所有的动产或者不动产的强制征用，补偿费数额的根据往往是法律规定或者政府依据法律授权发布的行政性规定，而不是经过双方协商达成的协议。合同是政府利用市场机制实现“物有所值”制度宗旨的法律表现。平等协商、互利有偿是所谓市场机制的主要因

① Susan L. Arrowsmith: Regulating Public Procurement, Kluwer Law International, 2000, p.31-32.

素，将这种财产交易方式引入政府采购被认为可以有效地提高政府采购的效益。

对于政府采购合同的性质，人们有不同的看法和主张。合同性质的差别影响到司法救济渠道的提供和法律的适用，所以也是一个亟待解决的实践问题。早在我国《合同法》的制定过程中，人们已经注意到政府采购合同不同于普通民事合同的特殊性，提出了“对政府的采购行为，要专门制定政府采购法来规范”；“关于政府机关参与的合同，有各种不同的情况，应当区别不同情况分别处理”；“对政府的采购行为应当加以规范，目的是防止浪费，杜绝腐败，保护民族工业等。但这种规范，仅是对政府方的采购行为进行约束，并不是约束对方”。①

关于政府采购合同性质的讨论，较多地涉及到政府采购合同属于行政合同还是民事合同的问题。虽然说提出这种问题的制度基础是公法与私法的差别、民事诉讼与行政诉讼两种法律救济渠道的划分，但是这种寻求截然划分结论的努力本身有一些问题。

行政合同质的确定性比较低，无论在制度上还是在学说上都远不能够达到民事合同的那种程度。法国和德国是实行行政合同制度的代表国家，两国对行政合同的定义就很不一样。早年德国在引入法国的行政法观念和制度时，就冷落了行政合同。后来德国自己发展起来的行政合同与法国的制度也大异其趣。即使 1976 年的德国联邦《行政程序法》将行政合同作为行政活动的一种法定方式规定下来，但是“行政合同领域中仍然有很多问题和争论。幸好在行政合同的定义上还有最低程度的统一性，所以才有一个确定的出发点”。② 政府采购是法国行政合同中的一个重要组成部分，而德国的政府采购则主要按照私法合同进行规范。由于欧洲联盟对政府采购统一立法的缘故，法国和德国两国的政府采购制度才开始接近，德国 1999 年的《反垄断法》加上政府采购一章后才使其政府采购制度有了较多的公法内容。仅从法国与德国两国规范政府采购合同的历史过程看，政府采购合同并不确定地与公法合同或者私法合同联系在一起，更何况行政合同本身质的确定性比较低。

如果将政府采购合同看作为公法与私法合同的混合合同，或者是有公法因素的民事合同，则比较接近政府采购合同的实际状况。从内在因素看，政府采购制度既不承认公共生产方式的有效性，也不信任纯粹市场支配的有效性。政府采购是自由市场与政府规制相结合的制度，或者说是以市场机制为基础和有限政府干预的交易制度。一方面，政府利用市场机制提高采购效益，在法律上就一定要以民事法律作为合同的基本制度。因此政府采购合同首先是民事合同，不承认这一点就等于放弃了当代政府采购制度的市场基础。另一方面，为了克服市场的自发性和激发市场机制的有效性，政府通过立法和行政干预推行强制竞争和多渠道救济的制度，立法规定采购合同当事人的强行性公法义务和行政机关干预的职权，对市场失灵方面进行弥补。我国《政府采购法》基本上按照这一思路进行制度设计。法律授权行政机关对当事人公法义务的履行进行监督管理，法律还设定了刑事的、行政的和民事的等多方面的法律责任。这一设计参考了国际上的有关规范和外国的有益经验，所以它反映了政府采购的普遍做法。

关于政府采购合同性质问题的讨论，对我国政府采购的立法也发生了影响并且在立

---

① 顾昂然：《中华人民共和国合同法讲话》，法律出版社 1999 年版，第 8 页。

② Hartmut Maurer: Der Verwaltungsvertrag, Probleme und Moeglichkeiten, Verwaltungshandln durch Vertraege und Absprachen (Herausgegeben von Hermann Hill), Nomos Verlagsgesellschaft, 1990, S. 15.

法中反映出来。一方面，立法确认政府采购合同具有民事性质。采购人和供应商之间的权利义务，应当按照平等、自愿的原则以合同方式约定，因此政府采购合同应当适用合同法。这里的“合同法”应当理解为是指民事合同法。这些内容表述为我国《政府采购法》的第43条。这一条款是我国政府采购合同法律适用的基础性法律规定，它以法律形式保障政府采购在市场机制下运行，对于利用市场机制提高政府采购的效益具有重要意义。另一方面，《政府采购法》对当事人在合同订立和履行中的公法义务，行政机关对政府采购合同的监管职权也作了比较充分的规定。例如公开透明原则、公正原则既是采购人的基本义务，也是供应商可以对采购人主张的基本权利。这些原则并不产生于双方的约定，而是出于法律的直接规定，具有明显的公法意义。又例如在法律责任方面，供应商有提供虚假材料谋取中标、成交或者《政府采购法》第77条规定的其他情形的，不但要依照第79条的规定承担致人损害的民事责任，而且还要依照第77条的规定承担行政处罚责任和违法犯罪的刑事责任。行政责任和刑事责任这两类公法责任是为保障公法权利义务设立的，在普通合同法中是极少见的。根据《政府采购法》第2条第1款，上述这些规定也适用于政府采购合同。因此，客观地说，政府采购合同具有公法与私法因素，是一个公私兼容的合同。

处理政府采购合同法律争议的诉讼渠道，在法律界尚未达成对行政合同的共识和行政诉讼法缺少对合同争议处理程序规则的情况下，进入民事诉讼渠道是能够为多数人所接受的办法。但是无论进入哪一种诉讼渠道，法官都应当充分注意到政府采购合同的公私法兼容性质，全面适用政府采购法的规定。

（作者：清华大学　于安）

WTO《政府采购协定》谈判焦点及我国的对策

《政府采购协定》是世界贸易组织法律框架中的制度规范之一。它是关于政府采购市场开放，以非歧视待遇原则进行政府采购活动的准则，规定了各缔约方的权利义务，是为有关各方的政府采购法律、规则、程序和措施的制定和实施设立的国际标准。

按照加入世贸组织时的承诺，我国很快将启动加入《政府采购协定》的谈判。由于政府采购领域在国际贸易中是一个最为特殊的领域，它的开放受多重因素的影响和制约，涉及经济贸易问题，更涉及政治和社会问题，所以谈判准备不能仅限于对其法律条文的研究，而须站在宏观经济、财政政策、政治发展和社会稳定等多种角度，进行深层次的研究，以提出切实可行的加入对策。

一、政府采购国际市场开放进程

经济合作与发展组织（OECD）早在20世纪60年代初期就开始研究政府采购国际规则的问题。1963年开始对各成员国的国际政府采购政策和状况进行调查，1964年成立专家组研究解决办法，1967年提出了研究报告和方案。此后，政府采购壁垒问题在每年一度的经济合作与发展组织（OECD）部长级理事会上历次被提出来，逐渐形成了《政府采购政策、程序和规则草案》，为关贸总协定东京回合上达成《政府采购协定》做了铺垫。

欧共体的政府采购立法超前于其他任何国际经济组织。1966年，欧共体出台了第一部以“指令”为立法形式的政府采购法。到GATT开始谈及政府采购问题时，欧共体已经具有政府货物采购和公共工程采购两部业已修订过的法律。随着一体化的发展，该组织加紧政府采购内部市场开放的进程，到目前为止，欧盟共制定了六个关于政府采购的法规，不仅对有关法律、程序、透明度等进行规定，而且还包括两个完整的对供应商救济和损害赔偿的法规。

GATT东京回合（1973—1979）谈判围绕非关税壁垒问题进行，歧视性政府采购政策是讨论的问题之一。GATT于1976年7月建立了政府采购委员会，负责该领域的研究和协议起草工作。委员会较多地采纳了OECD递交的有关政府采购规则的建议草案，该草案汇集了发达国家之间特别是欧共体十余年的立法经验和成果，提出“要为政府采购走向国际公开竞争，取消在政府合同授予中对外国供应商的歧视，制定一个具体解决办法”。

有关各方认为，世界各国政府采购已占全世界 GNP 的 15%左右，开放政府采购市场将会极大地促进国际贸易的发展，更大范围地实现国际市场公平竞争，同时，还能开辟一个向发展中国家提供优惠待遇的新领域。通过分析，关贸总协定最后达成共识：应该形成一个政府采购的国际行为准则，在非歧视性政策和国民待遇问题上，就法律、程序、规则、政府采购的透明和公开、争议的解决及为发展中国家制定一个特殊和优惠的规定等一系列问题上，制定一个协议。终于，《政府采购协定》于 1979 年达成，并于 1981 年 1 月 1 日生效。此后，经过了 1986 年和 1994 年 2 次比较大的修改，使协议适用范围扩大，对运作程序的规定更加具体，并且补充了透明度条款和质疑审查程序等。新协议于 1994 年 4 月 15 日在马拉喀什重新签署，于 1996 年 1 月 1 日正式生效。

作为 WTO 协议框架的一部分，《政府采购协定》目前有 28 个缔约方（27 个国家和地区，1 个区域性国际组织）签署参加，另外，有近 30 个观察国或地区作为该协议的观察方。

世界贸易组织《政府采购协定》共有 24 条，主要包括适用的范围、国民待遇与非歧视原则、采购程序的规定、透明度原则及信息披露、申诉和争端解决机制等五方面内容。

WTO 所有协议中，政府采购与服务贸易协议的达成是最坎坷的，然而，服务贸易领域如果排除政府干预的成分，其市场开放会简化许多，争议主要集中在发展中国家与发达国家间的差距方面，也就是说，根本上还是经济发展程度的问题。而政府采购的争议则是全方位的，它会涉及发展中国家与发达国家之间、发达国家之间，以及发展中国家之间等多方面的问题。矛盾的焦点在于：每个国家、地区都以其政治制度、行政结构和政府管理手段的自身规律强调其特殊性，市场开放问题因而错综复杂。

二、协议管辖的范畴——是经济问题还是政治问题

关贸总协定原本是站在发展经济贸易的角度讨论政府采购问题的。由于歧视性政府采购制度在世界盛行并导致贸易自由化受阻，于是提出规范和开放的问题。世贸组织也强调，政府采购规范化以协调和改善世界贸易运行环境，促进国际贸易的扩大和自由化为目标。“通过建立有关政府采购的多边法律框架，促进世界的贸易扩大和更深程度的自由化，以及各国政府采购法规的非歧视和透明度。”

协议缔约方认为，平均占全世界 GNP 的 10%—15% 的政府采购如果全部开放的话，世界贸易将会有突破性的发展；开放政府采购还可实现更大范围的国际竞争，使购买国获得更优惠的价格，促进对公共支出的更有效利用。据欧盟研究统计，开放政府采购市场至少可以提高经济效率 10%，使财政赤字下降 1%—1.5%。此外，开放市场的长期规模效应还会对全社会产生积极影响。

WTO 对《政府采购协定》实施以来的效果分析也主要集中在经济层面上。据分析，1996 年以来，政府采购开放的程度扩大了 10 倍，每年有 3 000 亿美元的政府采购合同受协议的约束。它估计，如果现有的观察国也参加协议的话，仅中央政府一级的政府采购数量，每年就可以增加 3 000 亿美元以上，加上地方政府的采购，总数每年大约 9 000 亿美元。这意味着国际贸易巨大的潜力。

事实上，政府采购的开放问题一直是世

界贸易组织的一个极其敏感的领域。与其说这是一个政府经济管理领域，不如说它更接近政治范畴。政府采购市场不仅包括货物、工程、服务各个方面，而且，国家大规模采购又对国民经济产生重要影响。政府采购除了满足政府部门消费和公共服务的需要之外，还可以用来支持某个行业、地区或部门的发展，甚至服从于政治目标，例如保证国内就业，促进社会稳定，体现民族政策和社会平等。所以，政府采购一向被各国看作实现经济、社会政策目标的有力工具，是国家行使政治权利的重要手段。如果开放政府采购市场，首先受到冲击的不是国内产业，而是各级政府部门以及公共事业部门，直接受到约束和规范的也是各级政府采购部门以及相关的法规、政策。因此，政府采购市场的开放不是单纯的经济贸易问题，而是涉及国家宏观政策的执行，关系到政治、社会甚至是国家主权的问题。

此外，即使政府采购自由化能给所有参与国带来利益，但存在着市场收益分配不均的问题。发展中国家与发达国家在该市场所获利益相差悬殊。由于发达国家企业竞争力强，在政府采购市场的竞争中发展中国家很难争到订单。发展中国家企业即使打入发达国家的政府采购市场，其取得的合同也往往集中在低附加值产业方面。

三、协议的性质——“双边”、“诸边”还是“多边”

众所周知，国际规则走的是一条从双边到诸边，再到多边的发展道路。多边协议和规则是国际经济组织存在的基础。双边协议强调特殊，互相给惠，所享受的利益具有排他性；多边协议要求规则统一，平等竞争，共担责任，利益均沾。同类双边协议的横向增加、参与国的增加促使国际共同协议的诞生，这已成为国际组织的发展规律。换言之，诸边协议向多边协议的转化是世界贸易组织成熟的标志。《政府采购协定》则与多边化原则相悖，以双边谈判的形式完成了诸边协议的达成。

诸边协议[①] 是世界贸易组织中的一个特定概念，它是相对独立的、自成体系的条约，只对签约方适用。诸边协议与 WTO 的多边协议共同形成世界贸易组织协议的两大类型。“诸边”（Plurilateral）的概念最早是由外交学家沃尔多克爵士于 1962 年提出的。其作用的广泛发挥是在关税和贸易总协定第七轮回合谈判中，当时共达成九个诸边协议。到乌拉圭回合谈判结束时，5 个协议经过修订被纳入“一揽子协议”，变成多边贸易协议。WTO 建立时有 4 个诸边协议（《政府采购协议》、《民用航空器协议》、《牛肉协议》和《奶制品协议》）被共同纳入到 WTO 协议框架下。1997 年，有两个协议到期结束使命，WTO 协议框架中目前保留了两个诸边协议，即《政府采购协定》和《民用航空器协议》，收录在《建立 WTO 协定》的附件 4 中。

诸边协议的特殊性表现在：首先，约束对象特殊。政府采购是关于公共市场的开放问题，与企业或私人的购买有很大的不同，因此这个市场的开放受到多方面条件的限制。其次，它是自愿加入的协议，其规则仅对签字国发生效力。这说明，只有承诺实施各项条款规定，与其他各缔约方达成一致，才能成为协议的缔约方。第三，协议各方对市场开放承担了比其他世贸组织成员所承诺的更多的义务，因而也就比其他 WTO 成员方享受更多的权利。最后，协议通过双边谈判，以互惠为条件给予国民待遇。

---

① 说明：诸边也被翻译为“复边”，但因“复”有“双”的含义，“复边”的翻译容易引起歧义，所以笔者认为将其译为“诸边”为好。

尽管在协议的条文中明确了缔约方之间的非歧视待遇，但在承诺开放市场的谈判中，各缔约方采用的是出价、相互给惠的办法。例如，在协议的《附录一》中，各缔约方都有各自的出价条件，市场开放的范围和程度有大有小。特别是在政府服务采购方面更为明显：欧盟与美国的相互开放条件不适用于政府采购协议的其他缔约方，除非第三方也给予美国或欧盟相同的优惠条件。

其结果形成政府采购协议中的最惠国待遇的执行是一种有条件的执行，协议缔约方之间再次形成差别待遇。例如，《政府采购协定》缔约方之间承诺在政府采购中相互给予国民待遇，缔约方的产品、服务和企业在对方政府采购市场上享受平等待遇。缔约方之间相互给予的优惠不会扩散到其他WTO的成员方中。换句话说，协议的非缔约方不可能在不承担任何责任的前提下享受他国市场开放的好处。因此在协议中没有出现“最惠国待遇”的字样，而是用“非歧视待遇”，以排除其他缔约方“免费搭车”（free - rider）。

上述矛盾现象之所以仍能存在，一是因为《政府采购协定》特别强调“权利与义务的平衡”，即各方所享受的权利与其在谈判中所承诺的条件相匹配，不能只享受权利而不承担责任，即“免费搭车”；二是该协议的缔约方把主要注意力都集中在对本国市场的保护上，对在他国市场争取平等权利未敢问津。加之以互惠而排除最惠国待遇的做法并非《政府采购协定》首创，WTO的服务贸易总协定也用相同的做法排除了最惠国待遇，所以该问题并不显得比WTO的其他问题更突出。

近年来，上述特点有所改变。WTO建立后，《政府采购协定》被要求在WTO的体系内运作，接受WTO总理事会的管理，需要“定期将其活动通知总理事会”。总之，WTO的诸边协议与总协议之间的关系比GATT诸边协议与总协定之间的关系更为密切，其组织与运作机制在实际上已纳入了WTO体系，成为WTO框架内性质较为特殊的领域。这一变化标志着诸边协议正逐渐朝着多边化方向发展。

四、协议的前途——更宽松还是更严格的执行机制

目前，在协议的执行上有两大对立观点成为WTO新一轮多边贸易谈判开始之前，在历次部长级会议上争论的主题之一。

第一种观点认为，协议下一步工作是使规定更加严格，并应增加新的条款进行约束。例如政府服务合同的采购问题，地方政府和其他公共组织采购机构范围的问题等。其理由是，由于条件过于灵活，造成现有的缔约方之间承担责任不平衡，或者由于双边谈判的不同结果使得权利义务不平等。

第二种观点是，不要再增加新规定或细化现有规则，而是考虑以适当宽松的条件吸引更多的发展中国家加入协议。更宽松的条件则是为了解决促使WTO其他成员方尽快加入该协议的问题。目前，协议的缔约方仅占世贸组织全体成员的19%，而占WTO大多数的发展中成员都不是该协议的签字国。显然，对政府采购委员会来说，促成更多的发展中国家的加入，推动协议朝着多边化发展的工作显得更为重要。

从世界贸易组织的角度看，发达国家和发展中国家的界限会妨碍最惠国待遇和非歧视原则的执行，因此除了在加强对国家贸易政策方面的审查外，还强调对一国贸易水平和国际收支的审查，推行针对发展中国家的“毕业”制度。这些制度可以通过WTO的“一揽子”多边协议强制推行，但是对于自愿加入的诸边协议来说，特别是对于涉及一国的经济主权和政府宏观政策的政府采购来

说，它的加速推行就会遇到阻力，甚至适得其反。因此，与其在协议中纳入一些严格甚至苛刻的条款，不如放宽标准，给予发展中国家一个略微自由的空间，即较多的差别待遇。

此外，协议对发展中国家敞开大门的一个根本原因是，发展中国家在很长一段时间内都不会对发达国家的政府采购市场构成威胁。首先在企业实力方面，发展中国家无论在技术、资金、经营水平上，都难以与发达国家企业匹敌；其次，在市场开放的准备上，发达国家有着长期的经验积累和一系列法律法规，在打开的门户后编织了密实的天罗地网，没有对该国政府采购规章制度的研究和掌握作基础是无法轻易进入的。因此，发达国家可以在政府采购开放方面暂时不严格强调“对等开放”的问题。

五、协议的原则——透明度适用范围的外延

WTO 建立以来，政府采购透明化问题得到各方面广泛重视，透明化的进程加快。乌拉圭回合上所达成的《政府采购协定》增加的透明度条款不但在内容上填补了以往没有的空白，而且，为那些暂时不考虑加入协议但愿意参照协议执行的国家开了方便之门。协议的“透明度”条款提出了技术规格、发布公告和遵守事先约定采购条件等三方面要求，并指出，执行上述要求的非缔约方可以成为观察方。需要说明的是，这三方面要求恰恰是协议的最核心的规定。也就是说，协议已经把适用范围扩展到各观察方。

在协议之外，世贸组织对政府采购市场开放的推进也十分重视。1996 年 12 月召开的 WTO 部长级会议上，决定成立“政府采购透明化工作组”，每年召集会议，讨论研究促使各国政府采购透明化的有效手段，主要是就进一步强化政府采购透明度规则、提高政府采购透明度的方法与途径等问题进行深入的研究与谈判，以便为将来可能建立的 WTO 政府采购透明度多边协议提供内容上的支持。这就意味着，政府采购虽然尚处于诸边协议阶段，但其中的透明度条款已经向着多边化发展。

WTO 近几年还通过推动政府采购信息的电子化、网络化来解决透明度的技术问题。对于已经有网络化基础的发达国家，政府采购信息的处理在技术上已经过关，在成本上已达到递减阶段，并不会构成太大的负担。但是对于发展中国家来说，一切从零开始建设，政府开支的负担会骤然增加，技术问题和资金问题都会使政府采购的成本因此而加大。为此，WTO 至今没有贸然提出以电子信息加速透明化的议题。

六、结束语

上述争论的焦点也正是我国在加入《政府采购协定》谈判时应当特别注意的重点问题。我们应从战略角度充分利用 WTO 规则和诸边协议的特点。

在谈判承诺方式方面，要区分多边协议与诸边协议的不同。按照世贸组织规定，多边协议是“一揽子”加入，即新成员在加入谈判时不能在各项 WTO 多边协议中选择、修改或附加条件。《政府采购协定》则有很大不同，新成员可以自由选择加入，还可以在参加的条件上，即协议管辖范围方面，与其他缔约方进行谈判。只要与谈判方达成一致，协议最终约束的范围就只在出价的范围内。《政府采购协定》通过相互谈判——“出价与要价”的方式，列出本国执行协议的各采购部门和机构，同时向对方提出对等的条件或其他要价。

在可享受的优惠待遇方面，《政府采购协定》向发展中国家提供了较大优惠，包括根据本国的经济发展程度、资金和贸易需

求，灵活提出承诺条件。我国作为发展中国家，应当充分利用《政府采购协定》的“出价”权利和对发展中国家的优惠条款。也就是说，我们可以承诺加入《政府采购协定》，但并不是全部开放公共市场。开放的部门数量和开放的程度由我方开列名单和条件，并向政府采购委员会提出排除国民待遇原则在某些部门的适用性。

（作者：国际关系学院　刘慧）

政府采购的三种分类

《中华人民共和国政府采购法》（以下简称《政府采购法》）规定，我国政府采购实行集中采购和分散采购相结合。从法律上确立了我国的政府采购模式，对指导和规范具体政府采购工作有着十分重要的意义。但是，从一些书籍、文章的论述中来看，对这一规定的理解还存在着一定的歧解。主要表现为混淆了集中采购和代理采购、集中采购和公开招标采购、分散采购和自行采购的概念，忽视了各种概念之间的联系和区别。为了正确理解《政府采购法》的立法精神，准确把握政府采购的分类，笔者认真学习了《政府采购法》的相关规定，认为我国政府采购主要有三种分类。

一、按照采购项目的通用性或者可集中性不同，政府采购可以分为集中采购和分散采购

（一）关于集中采购

《政府采购法》规定：“纳入集中采购目录的政府采购项目，应当实行集中采购。”“采购人采购纳入集中采购目录的政府采购项目，必须委托集中采购机构代理采购。”“纳入集中采购目录属于通用的政府采购项目，应当委托集中采购机构代理采购；属于本部门、本系统有特殊要求的项目，应当实行部门集中采购；属于本单位有特殊要求的项目，经省级以上人民政府批准，可以自行采购。”通过这些具体的规定和《政府采购法》的立法精神，可以这样定义集中采购：所谓集中采购就是指对所有或者部分采购人，或者一个部门、一个系统通用的，能够形成批量的，并依法纳入政府集中采购目录的货物、工程或者服务，由政府或者政府部门依法设立的专门机构进行统一采购的制度或行为。其基本目的在于将各个不同采购单位相同的采购项目集中起来，形成一定的批量优势，获得一定的规模效益，从而降低采购成本，提高财政资金使用效益，保证所采购的货物、工程或者服务的质量。全面理解集中采购，应当认真把握以下几点。

第一，集中采购包含两种意义。首先，集中采购是一种制度，包括关于集中采购的各种规定、办法和规范。其次，集中采购是对具体采购项目进行采购的一系列活动的总和。

第二，实行集中采购的政府采购项目是所有或者部分采购单位，至少是一个部门或者一个系统通用的，能够集中起来统一采购的。只有个别单位或者少数单位使用，具有特殊性而且用量小，不能形成批量的采购项目，不应当进行集中采购。

第三，实行集中采购的政府采购项目是依法纳入集中采购目录的。具体采购项目是否实行集中采购由集中采购目录进行规定，只要列入集中采购目录的采购项目，不管数量多少，也不管金额大小，都要进行集中采购。没有列入集中采购目录的采购项目，不能要求采购人进行集中采购。根据《政府采购法》的规定，集中采购目录只能由国务院和省一级政府或者其授权的机构确定并公布，其他单位无权确定集中采购目录。

第四，集中采购分为集中采购机构进行的采购和部门集中采购两种。集中采购机构进行的集中采购是指所有的或者部分采购单位通用的货物、工程或者服务，必须委托集中采购机构代理采购。而一个部门或者一个系统有特殊要求，只是本部门或者本系统通用，其他采购单位不使用或者很少使用的，应当实行部门集中采购。《政府采购法》对部门集中采购的具体执行没有明确规定，但是，从整个法律的系统性和其他具体规定分析，笔者认为，部门集中采购可以由部门或者系统组织，可以委托集中采购机构或者被依法认定资格的采购代理机构具体执行采购。为便于实际操作，集中采购机构采购的目录和部门集中采购的目录应该分别编列。

第五，凡列入集中采购机构采购目录属于通用的采购项目，是法定的强制代理采购，必须委托集中采购机构采购，任何单位不能自行采购；凡列入部门集中采购目录的采购项目，本部门或者本系统所属预算单位不得自行采购。如果本单位有特殊要求，需要自行采购的，必须经省级以上政府批准。

第六，纳入集中采购目录的采购项目，应当尽量集中一定的批量进行采购，克服零星采购和分散采购，减少同一采购项目的多次重复采购。所以，一方面，制定完善的政府采购预算和政府采购计划十分重要；另一方面，集中采购机构可以对不同单位的相同采购项目实行定期的统一采购。

第七，集中采购机构代理采购不一定是集中采购。采购人委托集中采购机构代理采购的未纳入集中采购目录的，或者属于本部门、系统、单位有特殊要求的采购项目一般应当实行分散采购。

（二）关于分散采购

《政府采购法》除了第七条“政府采购实行集中采购和分散采购相结合”以外，再没有一处就分散采购进行规定。根据《政府采购法》关于集中采购的规定以及法的内在一致性，可以这样概括：所谓分散采购是指对个别单位或者少数单位使用数量小而且具有一定特殊性，不够或者不宜集中形成批量的政府采购项目，根据具体采购项目的特点和要求不同，分别或者单独进行采购的行为。对于分散采购的具体范围，《政府采购法》没有明确规定。从逻辑上理解，凡是没有纳入集中采购目录的政府采购项目都是分散采购的范围。但是，由于《政府采购法》调整的范围只限于纳入集中采购目录以内的和采购限额标准以上的采购项目，而且又明确规定纳入集中采购目录以内的政府采购项目应当实行集中采购，因此，分散采购的范围是没有纳入集中采购目录的、采购限额标准以上的政府采购项目。关于分散采购有以下两点需要特别注意。

第一，分散采购不是自行采购。应当实行分散采购的政府采购项目，采购人可以自行采购，可以委托集中采购机构代理采购，也可以委托依法取得认定资格的采购代理机构采购。

第二，采购限额标准和集中采购目录都是确定是否适用《政府采购法》的标准。限额标准是以采购项目的金额来界定的，集中采购目录是以采购项目来界定的，二者不能交叉。采购限额标准是指，集中采购目录中没有的采购项目只要达到规定的金额，就必须按照《政府采购法》的规定执行。所以，在具体执行中，凡是应当集中采购的，不能进行分散采购；属于分散采购范围的，如果能够适当集中的可以适当集中采购。

全面准确贯彻执行《政府采购法》，要准确把握集中采购目录和采购限额标准。凡是没有纳入集中采购目录，又达不到采购限额标准的采购项目，不属于《政府采购法》调整的范围，因此，不能硬性要求采购人执行《政府采购法》，采购人愿意按照《政府采购法》办理的例外。

二、按照执行采购的主体不同，政府采购可以分为自行采购和代理采购

（一）自行采购

顾名思义，所谓自行采购就是由采购人就具体采购项目自己进行采购的行为。实行自行采购的只有两种情况。一是《政府采购法》规定，采购人“采购未纳入集中采购目录的政府采购项目，可以自行采购，也可以委托集中采购机构在委托的范围内代理采购”。就是说，只要没有纳入集中采购目录的采购项目，采购人可以选择是自行采购还是代理采购。二是《政府采购法》规定，纳入集中采购目录“属于本单位有特殊要求的项目，经省级以上人民政府批准，可以自行采购”。这是指，尽管政府采购项目纳入了集中采购目录，但是采购单位有特殊要求的，可以自行采购，但必须经省级政府或者国务院批准。需要特别注意的是，自行采购不是“自由采购”，实行自行采购只是表明采购活动由采购人自己执行，绝对不是说可以离开《政府采购法》而进行自由采购。自行采购除了执行采购的主体是采购人自己以外，采购的原则、政策取向、政府采购预算、采购的程序、采购方式等等，都必须遵守《政府采购法》的规定。

（二）代理采购

所谓代理采购是指政府采购人依法将政府采购项目委托给集中采购机构或者依法取得认定资格的采购代理机构进行采购的制度和行为。根据《政府采购法》的规定，代理采购又分为集中采购机构代理采购和认定资格的采购代理机构代理采购。

第一，集中采购机构代理采购，是指由集中采购机构代理采购人进行采购。集中采购机构代理采购又分为强制性代理采购和可选择的代理采购。强制性代理采购是指“纳入集中采购目录属于通用的政府采购项目，应当委托集中采购机构代理采购”，采购人不能选择其他机构或者人员进行采购。可选择的代理采购有两种情况。一是属于部门集中采购的政府采购项目，主管部门可以选择委托给集中采购机构代理采购。二是没有纳入集中采购目录的、限额标准以上的政府采购项目，采购人可以选择委托给集中采购机构代理采购。可选择的代理采购必须在委托的范围内进行。

第二，认定资格的采购代理机构代理采购，是指由依法取得认定资格的采购代理机构代理采购人进行采购。《政府采购法》规定：“采购人可以委托经国务院有关部门或者省级人民政府有关部门认定资格的采购代理机构，在委托的范围内办理政府采购事宜。”全面准确理解这一规定，应当把握以下几点。一是认定资格的采购代理机构代理采购的范围，应当是集中采购目录中通用的政府采购项目以外的政府采购项目，可以是部门集中采购的采购项目，也可以是采购限额标准以上的采购项目。二是采购代理机构的资格只有国务院和省级政府有关部门才能认定，市级以下政府及其部门无权认定。三是没有依法认定资格的代理机构不能接受委托办理政府采购事宜。四是任何单位不能委托没有依法认定资格的代理机构办理政府采购事宜。五是代理采购必须在委托的范围内进行。

第三，凡是代理采购，采购人应当与采购代理机构签订委托代理协议，依法确定委托代理的事项，约定双方的权利义务。

三、按照采购方式不同，政府采购可以分为公开招标采购、邀请招标采购、竞争性谈判采购、单一来源采购、询价采购和其他方式采购

《政府采购法》规定，政府采购采用公开招标、邀请招标、竞争性谈判、单一来源采购、询价和国务院政府采购监督管理部门认定的其他采购方式。公开招标应作为政府采购的主要采购方式。这既从法律上明确了政府采购应当遵循的采购方式，又从采购方式上对政府采购进行了分类。正确理解和执行这一规定，应当把握以下几点。

第一，政府采购方式适用于集中采购和分散采购，也适用于自行采购和代理采购。不管是集中采购，还是分散采购；也不管是自行采购，还是代理采购，都必须在这些采购方式中选择一种进行采购。

第二，公开招标应当作为政府采购的主要采购方式，但不是必须采用的采购方式。《政府采购法》规定："政府采购工程进行招标投标的，适用《招标投标法》。""采购人采购货物或者服务应当采用公开招标方式的，其具体数额标准，属于中央预算的政府采购项目，由国务院规定；属于地方预算的政府采购项目，由省、自治区、直辖市政府规定；因特殊情况需要采用公开招标以外的采购方式的，应当在采购活动开始前获得设区的市、自治州以上的人民政府采购监督管理部门的批准。"理解和执行这些规定，需要注意几点。一是政府采购项目采用公开招标方式应当达到一定的数额标准，没有达到规定的数额标准的政府采购项目，不能强制要求进行公开招标。采购人或者执行采购的机构自愿采用的除外。二是工程采购公开招标的数额标准按照《招标投标法》规定执行；货物和服务采购公开招标的数额标准只能由国务院或者省级政府规定。设区的市及其以下各级政府或者各级政府的部门无权规定。三是依法规定的数额标准适用于集中采购、分散采购、自行采购与代理采购。这四种采购中，只要采购项目的金额达到规定的数额标准，都应当采用公开招标方式进行采购。四是政府采购项目达到公开招标的数额标准，因特殊情况需要采用其他方式的，必须在采购活动前经设区的市级以上的政府采购监督管理部门批准，县级及其下级政府以及各级政府的政府采购监督管理部门以外的其他部门都无权批准，也不得在采购活动进行中或者结束以后补批，必须在采购活动开始前得到批准。五是要严肃法律责任，凡是以化整为零、故意拖延时间或者其他方式规避公开招标的行为，要严格依法进行处理。为了防止化整为零，一般来讲，一个单位相同的采购项目一年内不得采用公开招标以外的方式采购两次以上。六是政府采购采用公开招标、邀请招标、竞争性谈判、单一来源采购和询价以外的任何方式必须得到国务院政府采购监督管理部门的认定，其他任何单位都无权认定。

第三，公开招标以外的其他采购方式，必须根据政府采购项目的具体情形，按照《政府采购法》的规定进行选择。

（本文选自 2003 年 8 月 15 日《中国财经报》。作者：河北省秦皇岛市财政局　田鸿彦）

县级政府采购的难点与对策

政府采购制度作为财政支出管理体制改革和从源头上治理腐败的一项重大举措，已在全国普遍推行，县级以上政府都相应成立了政府采购机构，运行效果非常明显，财政资金使用效益得到了提高，廉政建设取得了新的成果。但由于政府采购属于新生事物，尚处在探索阶段，因此难以避免地存在着不完善的地方，特别是县级政府采购工作更是亟待改进。

一、问题与难点

目前，制约县级政府采购工作的因素主要有：

(一) 思想观念难以改变

政府采购将分散采购变成集中采购，使过去习惯随意花钱办事的人难以接受，认为政府采购削弱了自己原有的权力。还有人认为，实行政府采购会侵犯单位的利益，甚至会侵犯某些人的个人利益，于是便在工作上不配合，设置重重障碍，如故意把预算价格定得过低或付款条件苛刻，导致招标失败，然后再向政府采购部门申请由其进行分散采购；在实施采购过程中，擅自改变采购条件，以达到不可告人的目的；不与中标供应商及时签定合同，等。

(二) 采购难以发挥规模效应

由于县级政府财力有限，单位经费紧张，用于添置物品的资金有限，因此县级实施政府采购一般每次数量不多，如货物类中的电脑采购，往往只有几台，价值也只有2—3万元。这对于县级的供应商来说没有多大的吸引力，导致参与的供应商不多，形成不了竞争，资金节约效果不明显。

(三) 采购资金支付不到位

目前县级政府采购资金支付有两种方式：一是采购单位将采购资金先汇入政府采购专户，由政府采购部门在项目完成后直接支付；二是由单位自行支付。对前一种方式，政府采购部门都能及时支付，供应商也比较满意。而后一种方式资金回笼慢，存在着结算风险，有时不送礼就结不了账，影响了供应商的积极性，也影响了政府采购的形象。

(四) 缺乏从事政府采购的专业人员

政府采购涉及多方面的专业知识，是一项实践性、政策性，技术性都很强的事务。而县级政府采购从业人员大都没有经过正规培训，缺乏与供应商谈判的技巧，编制的招标文件也有疏漏，工作质量有待进一步提高。此外，县级政府采购专家库的建设进展缓慢，参与评标的专家有限；评标的原则不科学；难以服众。

二、对策和建议

要克服以上存在的不足，笔者认为应做好如下工作：

（一）采取多种形式加强对政府采购工作的宣传

政府采购是一项新的工作，需要以宣传为先导，争取领导重视，寻求社会配合。一是要充分利用新闻媒体开展宣传，将出台的每项政府采购的规章制度、重大举措发布在新闻媒体上，争取社会各界的广泛关注和支持。二是要及时向市（县）委、政府有关领导汇报工作中存在的问题和难点，争取领导的重视和支持。三是办好政府采购简报，总结政府采购工作的经验。既要宣传成功的采购案例，也要反映采购失败的一面。四是不定期召开由采购单位、供应商参加的座谈会，倾听他们对政府采购的意见和建议，以便改进工作，同时也可进一步取得采购单位的理解和支持，并能引导供应商积极参与政府采购工作。

（二）编制政府采购预算，充分发挥政府采购规模效应

每年年初各预算单位向政府采购部门编报当年的采购计划，由采购部门对计划分类进行汇总，集中进行招标。这样采购规模相对来说要大得多，必然会吸引更多的供应商参与竞标，资金节约效果更明显。另一方面，实行计划采购，采购部门才能做到早安排，早落实，有效解决采购单位需求的时效问题。

（三）推行国库集中支付制度，促使政府采购良性发展

政府采购由财政部门直接拨付货款，化解了供应商的资金结算风险，解决了资金回笼慢的问题，并且供应商也乐意从中让出风险利润以获得政府采购定单，同时也取得社会影响。这样，政府采购就能使政府与供应商形成一种积极有益的双赢关系，从而使政府采购步入良性循环的轨道。但就目前而言，县级政府还没有条件推行国库集中支付制度。作为一种替代方法，可以要求采购单位先把采购资金汇入政府采购专户，原则上资金到位后才进行采购，采购结束后由政府采购部门直接将货款支付给供应商。对经批准分期付款的采购项目，在分期付款日，则要求采购单位将货款汇入采购专户，由政府采购部门支付，以杜绝其中可能产生的腐败现象。对拖欠货款的，由政府采购部门从其预算内、外经费中及时扣划。

（四）处理好广度与深度的关系，逐步完善政府采购目录

县级政府采购刚刚起步，缺乏专业技术人员，因此不能求大而全，应先把容易搞并且群众意见大的项目搞好，争取单位和社会各界的支持。而对那些专业性较强的项目，如药品采购、水利工程招标等，在初期阶段不宜涉入，应待条件成熟后再将其纳入政府采购目录。否则，强行介入，非但搞不好，还会影响政府采购的形象，给今后的工作开展带来不利影响。总之，要按照先易后难、循序渐进的原则，逐步拓展县级政府采购的广度和深度。

（五）加大处罚力度，强化政府采购管理

一些单位对实行政府采购制度抱着无所谓的态度，我行我素，甚至设置障碍。针对这些不良现象，要采取多种强有力的方式予以纠正，严肃财经纪律。对重点采购单位和采购意识差的单位要进行经常性检查。对违纪的单位和个人，不管部门、单位级别多高，负责人职位多大，都要按制度规定处罚到位，决不手软，并将其违纪情况和处理结果在报纸、电视等新闻媒体上予以曝光。对供应商的违规行为要严

惩，并将其从政府采购市场中清除出去，以净化政府采购市场，同时对其维权行为也要予以支持。

（六）加快对从业人员的培训，建立一支高素质的政府采购队伍

高水平的业务能力和较强的政治素质是做好政府采购工作的前提。这要求我们既要学习书本上的知识，也要学习社会实践知识；既要学习别人的成功经验，也要擅于根据自己的实际情况灵活运用别人的经验。为了切实有效地推动县级政府采购工作，我们应力争在最短的时间内培养出一支精通政府采购法律制度、了解市场经济运行规则和经济知识、具备多方面的专业知识、懂得采购技巧的采购队伍。

总之，只有认真实施《中华人民共和国政府采购法》，灵活运用各种采购方式，规范采购行为，创造性地开展工作，才能使县级政府采购工作取得新的发展。

（作者：江西省瑞昌市政府采购办公室）

专家怎样才能专起来

政府采购评审专家，是指经政府采购监督管理部门按照规定程序审查合格后，可从事政府采购评审、咨询工作的专业人员。在政府采购活动中，无论是招标采购、竞争性谈判、询价采购的评审，还是有关政府采购咨询工作，都少不了评审专家的参与。政府采购评审专家管理工作的好坏，关系着政府采购“公开、公平、公正”原则的实现与否，影响着政府采购活动的质量高低。经过几年的实践和探索，政府采购评审专家管理工作在制度建设、运作规范等方面取得了一定的成效，积累了较为丰富的经验，但笔者认为仍存在一些问题有待进一步探索与完善。

资格审查

现有政府采购评审专家管理办法一般都规定，纳入政府采购评审专家库的专家要符合“具有高级专业技术职称或具有同等专业水平，并在相关领域工作较长时间（一般都是8年以上），且享有一定声誉”等条件，这些限制条件无疑保证了评审专家的专业水平和评审结果的权威性，但也带来了以下弊端：一是审查条件门槛较高，符合条件的专家太少，往往不能保证政府采购评审活动的需要。加上许多专家年龄较高，精力不济，还有科研、教学等事务缠身，更加剧了这一矛盾。二是评审专家数量少与采购评审活动相对较多的矛盾，造成部分专家在政府采购活动中频频亮相，使有些供应商有机可乘。三是符合条件的专家“身价”不菲，评审活动的正常报酬相对他们的资历、级别、收入来讲往往太低，部分专家不太愿意参加。

笔者认为，在评审专家的资格审查上应坚持“实用、有效”的原则，合理放宽对专业技术职称的要求，注重专家的实践经验和对相关政策法规的掌握程度。

知识与能力考核

目前，在政府采购评审专家的资格审查中，片面注重评审专家的专业技术资质，而忽视评审专家政府采购相关政策法规水平的现象比较严重。尽管在评审专家的管理办法中都有评审专家“应当熟悉政府采购、招投标相关政策法规和业务知识”等相关规定，但在实际操作过程中，由于未实行考试、考核制，因此这一规定大都流于形式。这造成政府采购专家库中的部分评审专家虽然具备专业知识，但却因政府采购相关知识匮乏而导致不能胜任评审工作的现象，从而影响了评审工作的质量。此外，评审专家在政府采购评审活动中的能力未得到有效的考核。政府采购管理机构与执行机构的职责分工规定，管理机构负责专家认定和专家库管理，执行机构负责专家使用。由于管理机构不能直接参与政府采购的具体活动，因此评审专家在政府采购活动中的能力往往得不到及时有效的考核。

笔者认为，要加强对专家的管理，一要建立定期联络制度，把对专家的培训和考核纳入全年工作计划。管理机构要定期为专家寄发学习资料，让专家及时了解和掌握政府采购相关知识和工作动态。二要建立对专家能力的考核制度。使用单位应在评标项目结束两日内如实填写“政府采购评审专家工作情况反馈表”报政府采购管理机构，内容包括评审专家的工作态度、专业水平、分析表达能力、综合水平和有无违纪违规行为等内容。同时要求评审专家在评标项目结束后，要及时填写“政府采购工作意见反馈表”报政府采购管理机关，内容包括对组织单位的意见和建议。以此，形成一种使用单位、评审专家相互监督、相互约束的机制，保证政府采购项目的评审质量。

报酬支付

评审专家的报酬是政府采购评审专家参加项目评审的合法劳动收入，及时支付合理报酬是对政府采购评审专家劳动成果的肯定和激励。报酬的支付在目前主要有两种模式。一是由政府采购中心或代理机构支付，标准由支付单位根据项目情况和专家的资质确定。这种模式的优点是可以保证专家报酬能及时得到支付。报酬的来源多是靠出售标书、收取中标服务费或以采购节约额的百分比提取的费用。据某省对近几年该省政府采购代理机构所发生政府采购相关费用的统计显示，支付政府采购评审费用平均占政府采购业务代理机构委托代理收入的15%—20%左右，政府采购代理机构的经济压力较大。随着经济的发展和人民生活水平的提高，政府采购评审专家的报酬也有递增的趋势，而伴随着竞争的日趋激烈，政府采购代理机构代理业务的费率却有逐步下降的趋势。受以上因素的影响，政府采购代理机构不得不采取各种降低成本和费用的措施来减轻压力，比如以采取规避公开招标的方式来降低采购活动支出，或将多个政府采购项目合并实施以降低费用。规避公开招标违反了政府采购法的规定。将多个政府采购项目合并采购虽然降低了采购成本，但容易导致政府采购项目庞大，组成复杂，采购周期过长的问题，且难以保证采购质量，给采购人和供应商带来很多不便。二是由采购人支付。其优点是符合“谁受益谁付费”的原则，但会影响评审专家决策的公正性，损害政府采购的公平、公正原则。

为了有效地解决报酬支付上存在的问题，笔者认为应在政府采购预算中对评委报酬实行单列，由政府采购管理机构负责管理，通过国库集中支付的方式支付给评审专家。其优点，一是符合我国社会主义市场经济建设和政府采购制度的发展方向。随着我国社会主义市场经济建设的不断深化，金融体系逐步完善，金融业务不断拓展，通过金融机构进行支付将成为一种规范的，并为大多数经济活动所采取的方式。在此基础上，随着政府采购范围的不断扩大和个人账户的逐步建立，将个人劳务报酬的支付纳入政府采购的范围，并通过金融机构由国库进行集中支付已经成为发展趋势。从这个意义上讲，由财政部门支付评审专家报酬是符合社会主义市场经济建设和政府采购制度的发展方向的。二是符合谁受益谁付费的原则。政府采购活动，无论采购人是国家机关、事业单位还是团体组织，其使用的资金全部是财政性资金，属于政府所有，而政府采购节约的资金，同样也属于政府所有，各级政府是政府采购的受益人，由财政支付评审报酬这项费用合情合理。三是各级财政部门作为各级政府资金的管理者和政府采购活动的监管部门，对政府采购预算和计划有充分的了解，能够较为精确地测算年度政府采购活动将要发生的政府采购评审专家支出，进而提出准确的支出预算，有利于加强预算管理。四是有利于减轻政府采购业务代理机构的经济压力，使其能够严格按照政府采购有关规定实施政府采购活动，保证政府采购质量。五是保证政府采购评审专家费用能及时支付，尊重政府采购评审专家的劳动成果，保护其积极性，进而有利于政府采购评审专家的管理。

（本文选自 2003 年 6 月 20 日《中国财经报》。作者：湖北省财政厅政府采购管理处　胡琴　熊晓飞）

采购师的职责与执业要求

政府采购制度的进一步推进与完善，无疑对政府采购人员提出更高的要求。建立一支高素质、专业化而又稳定的政府采购队伍，是推进政府采购制度建设不可或缺的重要内容之一。《中华人民共和国政府采购法》(以下简称《政府采购法》) 明确了政府采购执行机构采购人员的岗位职责，提出政府采购人员应当具备相关的职业素质和专业技能。那么，政府采购的管理机构如何明确集中采购机构专业岗位任职要求？集中采购机构如何对其内部的采购人员进行教育、培训和考核？

一、岗位任职要求

（一）岗位设置

集中采购机构的岗位设置应当符合专业分工的要求，同时满足集中采购机构内部监督制约的要求。政府采购的过程可以简单表述为政府采购合同的订立和合同的履行过程，一般地，政府采购合同的订立采取招标的方式，所以通常人们认为政府采购就是招标，在现行的政府采购执行机构的人员设置上强调招标人员的岗位设置。笔者认为这仅仅是岗位设置的一方面。政府采购是过程管理，在合同订立之后，随之而来的是合同的履行。政府采购的经办人员如何对合同履行进行监督、验收？在岗位分工未明确的情况下通常由一人包办，这种做法显然是无法实现集中采购机构内部的相互制约的。《政府采购法》第六十一条明确规定，经办采购的人员与负责采购合同的审核、验收的人员的职责权限应当明确，并相互分离。政府采购涉及的范围广泛，就采购对象而言包括货物、服务和工程，在采购经办人员中应当有相应的专业人员，对不同的专业人员提出不同的专业岗位的任职要求。合同的审核、验收人员也应当有专业方面的要求。合同的审核包括法律、商务和技术等方面的审核，而合同的验收主要是技术方面的，有严格的技术性。由此可见，相同的岗位，有不同的专业要求。除明确设置采购经办人员和合同审核、验收人员外，政府采购的相关人员的岗位设置也应当明确，如采购计划的编制人员、接受供应商询问和质疑的专门人员、从事教育培训的人员等。

（二）任职要求

专业岗位的设置应当有明确的任职要求，根据《政府采购法》第六十二条之规定，集中采购机构采购人员的专业岗位任职要求由政府采购监督管理部门规定。不同专业岗位的任职要求也是对采购人员进行考核的依据，所以，专业岗位的任职要求应当具体化并具有可操作性。政府采购涉及面广，程序复杂，而且政府采购还关系到政府的形象，影响国家和社会公共利益。所以对政府采购的从业人员应当是高标准、严要求，就学历而言应当要求大学本科以上。政府采购需要各方面的人才，包括经济、技术和法律方面的人才，更需要懂技术、懂经济、懂法律、懂外语的复合型人才。

一般而言，对政府采购人员的任职要求应当包括以下几方面的职业素质和专业技能：一是政治素质。从事政府采购的人员应当具备较高的政治素质，因为政府采购人员代表政府进行采购，其言行影响政府的形象，关系到国家利益、社会公共利益。所以，政府采购人员要有强烈的责任感和职业的荣誉感，能够正确理解并掌握国家的方针政策。二是职业道德和执业纪律。建立政府采购制度的目的之一是促进廉政建设，从源头上遏制腐败，所以对从事政府采购的人员应当有严格的职业道德和执业纪律方面的要求。为此，政府采购监督管理部门可以制定《政府采购从业人员的职业道德和执业纪律》。三是政府采购人员应当熟悉《政府采购法》以及与政府采购相关的法律、法规和规章，包括《招标投标法》、《合同法》、《建筑法》、《产品质量法》等。四是在专业技能方面，对不同的专业岗位要有不同的要求，各类专业人员应当具备各自专业的任职资格或技术等级。如工程采购人员应当获得工程造价师资格，计划财务人员应当具备会计师或审计师资格，法务人员应当具备律师资格等。

二、资格认定问题

(一) 执业资格的模式

由于在我国政府采购制度还是新鲜事物，在政府采购制度的草创阶段，政府采购人员主要来自于财政部门和其他政府部门。到目前为止，我国尚未建立政府采购人员的执业资格制度。但就发展趋势而言，建立政府采购人员的执业资格制度是必然的。这方面国外的经验值得借鉴。

美国拥有一支由30 000名采购专家、15 000名采购官员组成的专业采购队伍，形成了一套政府采购官员的选拔和培训的程序和规则。美国政府采购人员有三种类型：一是合同官员；二是采购官员；三是采购经办人员。美国对政府采购人员的管理实行培训上岗制度和认证制度。美国政府采购人员资格认证的称号有专业公共采购员（P.P.B.）、注册公共采购官员（C.P.P.O.）、注册采购管理员（C.P.M.）、注册专业合同官员、注册专业后勤师等。可以给予政府采购人员资格认证的机构有：公共采购认证理事会、全国采购管理协会、全国合同管理协会、后勤师协会。美国政府采购人员的资格认证名目繁多，不同的资格认证由不同的行业协会考核认定。对采购人员实行资格认证制度，是保证采购人员质量，对政府采购官员进行有效管理，促进政府采购事业发展的重要手段。这是值得我国借鉴的。

目前我国许多省市尚未建立政府采购的行业协会，对政府采购人员的从业资格应当由政府采购监督管理部门来认定。在我国应采取何种执业资格模式？有学者提出三种可供选择的模式：单一资格模式，即政府采购合同签约资格制度；双重资格模式，即除政府采购合同签约资格之外，还要求从事政府采购合同履约验收的人员具备特定的验收资格；三重资格模式，即除政府采购合同签约资格和验收资格外，还应当包括对政府采购一般人员的资格认定（徐焕东《执业资格制度化探讨》，《中国财经报》2002年8月、9月连载）。这种设计和探讨对建立我国政府采购执业资格制度是非常有益的。从我国政府采购实际情况出发，对政府采购执业资格的认证宜粗不宜细，可以采取一般的资格认定，在名称上可以统称为政府采购员，或政府采购师，属于国家资格系列范畴。获得政府采购师资格是从事政府采购的前提条件，政府采购师以政府采购机构的名义进行执业活动。

（二）执业资格的考核认定

政府采购师由谁认定？通过什么方式、程序认定？考核应当包括哪些内容？如前所述，由于我国许多省、市尚未建立政府采购行业协会，对政府采购师的认定一定是由政府采购监督管理部门进行，但应当实行全国统一的管理，统一注册。认定的方式和程序，应根据实际情况采取考核与考试相结合的办法。现有从事政府采购的人员大多从财政部门或其他行政机关调动而来，也有些地方是通过社会公开招聘进来的，所以在学历层次方面有一定的差异。但他们都是我国政府采购事业的开拓者，积累了较丰富的政府采购的工作经验。所以应对已有的政府采购从业人员进行必要的培训，对其道德品质、工作业绩和业务能力三方面进行考核，考核合格的，赋予他们政府采购师资格。而对新录用的人员则必须要求他们取得政府采购师资格。政府采购师资格考试应采取全国统一考试。由于政府采购所涉及的范围广泛，要求具备不同的专业人才，所以政府采购师的考试应当采取分类考试。考试的内容可分为：综合考试，包括政府采购的一般知识，法律、法规等；职业道德与执业纪律考试；专业考试，专业的分类大致包括财经类、工程类、计算机类、机电类、法律类等。考试合格的由财政部统一颁发政府采购师资格证书，此为其从事政府采购的前提条件。对政府采购师报考的条件要有严格的限定，一般要求具备大学本科以上，已经具备某一方面的专业资格，如已经取得会计师、造价师、律师等执业资格。

三、职业道德与执业规范

职业道德是指在一定职业活动中所遵循的、具有自身特点的道德准则和规范。在我国，大力倡导“爱岗敬业、诚实守信、办事公道、服务群众、奉献社会”的社会主义职业道德，这是职业道德的一般要求。政府采购人员代表政府从事采购活动，更应当有高尚的职业道德要求。政府采购人员职业道德的基本准则应包括：奉公守法，廉洁自律，树立政府采购的良好形象；诚实守信，勤勉尽责，忠实地维护采购人的利益；保守国家机密和供应商的商业秘密，自觉维护国家利益和社会公共利益；珍视和维护政府采购人员职业声誉，模范遵守社会公德；努力钻研业务，不断提高职业水平；积极参加社会公益活动。

为确保政府采购人员的廉洁自律，采购机构应当制定严格的执业纪律，主要是要求采购人员在采购过程中不得基于私人的目的与供应商发生任何关系。政府采购人员不得收受供应商的礼金、礼品等财物；不得参加供应商的宴请、娱乐、旅游等活动；不得利用从事政府采购的职务和工作便利从事有偿中介活动或者谋取其他不正当利益等等。采购机构应制定相关的制度，诸如政府采购人员的回避制度等。

四、知识结构与专业素质

政府采购人员是专业人员，但政府采购是综合性的业务，所以，政府采购人员除具备专业知识之外，还应当具备其他相关的知识。

一是法律知识。政府采购主要特征之一就是方式和程序的法定性，所以，政府采购人员首先要熟悉政府采购的法律、法规和规章。《政府采购法》是政府采购的基本法，政府采购人员对其应当充分理解和掌握。与政府采购相关的法律还包括《招标投标法》、《合同法》、《产品质量法》、《建筑法》等。特别是对《招标投标法》和《合同法》应当熟练掌握，以规范招标行为和签约行为。

二是经济知识。包括一般经济学原理、国家宏观经济政策、国际经济贸易规则与国际惯例等。

三是财务会计知识。政府采购人员应当能够解读财务会计报表，熟悉预算的编制。

四是商品知识。政府采购的对象包括货物、工程和服务。作为专业从事采购的人员，特别是从事某一类型的专业采购人员，必须具备相关的商品知识，从事货物采购的人员，要求掌握所采购货物的功能作用、技术性能、规格要求、技术标准与等级、价格构成、包装状况等；从事工程采购的人员，必须具备建筑工程方面的知识，包括工程设计、工程预算、工程结构、建筑材料的种类、性能、技术规格、工程造价、工程质量检测与评价方面的技术与知识等；从事服务采购的人员，应该对服务内容、种类、评价方式等具备专门的知识。

五是计算机和外语知识。随着网上采购的推广，政府采购人员不仅要能熟练掌握办公自动化技能，还要熟练掌握网络技术，熟练操作各种采购软件。

我国加入 WTO《政府采购协议》是迟早的事，中国的政府采购市场最终将要对外开放。政府采购人员要接受外国供应商的投标，就必须要具备一定的外语能力，以应对加入 GPA 的要求。

除具备上述知识之外，政府采购人员应当具备一定的能力和技巧：

一是实际采购的技术。政府采购人员应该是精通采购技术的专家。采购人员应当掌握一定的采购原理，在实际工作中熟练运用各种采购方式和程序，特别是编制采购计划和制作招标文件，组织评标或主持采购谈判的技术。

二是市场分析与判断能力。政府采购人员应当具备对市场调查、分析和判断的能力，能够及时掌握国际、国内市场的变化特征及发展趋势。为此，政府采购人员要明确政府采购的需求定位，广泛收集市场变化信息，研究和分析产品价格的变动趋向，善于进行采购价格和采购成本的核算，对各种不同产品成本进行科学的估算，以实现政府采购的物有所值。

三是缔约与履约验收的能力。政府采购人员要能够制作合同文本，充分理解合同条款的含义，明确双方的权利和义务。在合同履行过程中要懂得全面适当履行合同，懂得行使合同履行的抗辩权。要及时了解政府采购的货物、工程、服务的履约状况，掌握商品质量与技术监督方面的知识和技能。

四是政府采购管理能力。政府采购管理是对整个政府采购过程的组织、协调、监督与控制过程，它贯穿于整个政府采购过程之中。政府采购人员应该懂得政府采购的管理知识与技术，具备对政府采购过程进行管理的能力。

我国政府采购制度建设正在《政府采购法》规范下全面推进，政府采购队伍的建设对政府采购制度的发展至关重要，因此，政府采购管理部门和政府采购执行机构应当努力加强对政府采购人员的教育和培训。

（本文选自 2003 年 9 月 5 日《中国财经报》，载入本书时标题作了修改。作者：上海市政府采购中心　王周欢）

六、案　　例

湖南省省直单位会议定点竞争性谈判采购案例

一、项目背景

为严格控制和精简会议，降低会议成本，切实改进机关作风，促进党风廉政建设，规范会议接待制度，经湖南省委、省人民政府同意，中共湖南省委办公厅、省人民政府办公厅制定了《湖南省省直行政单位会议管理暂行办法》。文件要求一、二类会议及三类会议中的综合性会议都必须在会议接待定点单位召开，会议接待定点单位以政府采购方式确定，会议经费采取国库直接拨付方式支付，财政、监察部门参与对采购活动的监督。

二、采购准备

1. 采购方式的确定。鉴于当时湖南省“两会”即将召开，急需确定会议接待单位，同时考虑到湖南省会城市长沙市区的宾馆、招待所较多，属于买方市场，有利于形成有效竞争，经省委办公厅、省政府办公厅、省财政厅、省机关事务局等采购人代表商讨，后报省政府采购监督管理部门同意，此次省直会议定点单位的政府采购采取竞争性谈判方式。

2. 供应商范围的界定。由于湖南省省直行政事业单位绝大多数地处长沙市区范围内，根据本省会议接待标准，考虑到财政的承受能力，为节省开支，经征求各方意见，确定参加投标的供应商为在长沙市市区范围内（不含四县）的接待单位以及二星级和三星级旅游涉外饭店。

3. 评标方法的选择。为了客观公正，减少人为因素，此次政府采购采用综合评分法。从投标人对采购文件的响应程度、基础设施及服务等情况和投标报价三方面分别评分，最后将综合得分由高到低依次排序。

4. 会议接待单位的入围数量。一、二、三类会议定点单位分别为 9 个、19 个、29 个。

5. 会议接待资格的有效期限。本次采购确定会议定点单位后，省直行政事业单位会议必须在定点单位召开。各定点单位会议接待资格的有效期限从 2003 年 2 月 30 日至 2004 年 2 月底。

三、采购过程

1. 委托采购代理机构。按照政府采购的有关规定，经研究委托有政府采购业务代理资格，并有能力、信誉好的代理机构代理此项采购。

2. 编制采购文件。采购文件中对报价（住宿、餐饮、会场租费）实行了最高限价（按省委、省政府两办文件规定的标准）；对服务内容、标准提出了要求，并要求投标人单独承诺；对合同格式进行了规范；为方便省直行政单位，要求投标人在投标文件中详细说明自己的基本情况（如地理位置、床位数、停车位、就餐数及商务条件等）。

3. 发布采购信息。会议类别按一、二类会议及三类会议中的综合性会议分为三个品目，允许投标人就其中一个类别投标。采购文件对投标者的基本功能、服务、设备、餐饮、业绩及经验、投标条件做了要求。采购文件经省财政厅、省采购办审核后对外发布。为方便更多的供应商参加谈判，除在“中国政府采购网”和《中国财经报》上发布采购信息外，还在《湖南日报》登载采购信息。共有 45 家供应商购买了采购文件。

4. 组织现场答疑。谈判文件发出后，为确保采购活动顺利进行，省财政厅牵头组织购买了采购文件的供应商进行了现场答疑，并宣传实行会议定点政府采购的意义及做法。根据答疑会的情况，将供应商提出的带共性的问题书面告知每一供应商。

5. 组建谈判小组。经商议，从湖南省委办公厅、省政府办公厅、省财政厅、机关事务局及省直政法、文教、农业、社保等采购代表单位有会议管理经验的人员中，以随机方式抽取 7 人组成了谈判小组。湖南省政府采购管理办公室、湖南省监察厅分别派人监督了谈判小组成员产生及谈判的全过程。

6. 谈判过程。递交投标文件的截止日期为 2003 年 1 月 28 日 9:30 时（北京时间）。有 35 家供应商参加了投标。谈判小组对每一投标人的投标情况进行澄清；与投标人就投标文件不明确的地方及投标价格在最高限价以上的问题进行了谈判；对投标报价（住宿、餐饮、会场租费）均符合省委、省政府两办文件规定的标准和采购文件的限额标准要求的投标人（采购文件中此条款列为废标内容）进行了评审，对采购文件的响应程度、基础设施及服务等两部分由评委依据采购文件独立评分，投标报价部分由采购代理机构用两套软件分别计算得分。评分过程经过反复核对，最终确定省本级 2003 年度一、二、三类会议定点单位分别为 9 个、19 个、29 个。

四、总结授牌

会议定点竞争性谈判采购结束后，在“中国政府采购网”上公布了成交结果，并发出了中标通知书和未成交结果通知。湖南省委办公厅、省政府办公厅举行了由省直单位及中标单位参加的授牌仪式，湖南省政府办公厅有关领导、省财政厅厅长及省直单位和中标单位代表在会议上讲话。湖南省委办公厅、省政府办公厅和省财政厅分别就省直单位会议定点有关事项发布了规范性文件和具体操作文件。至此，省直单位会议定点政府采购工作结束。

五、点评

湖南省对省直单位的会议实行政府采购定点后，效果非常明显，在省直单位及社会各界产生了较大影响。一是极大地方便了省直各单位。采购活动结束后，有关各会议定点接待单位的基本情况、价格、合同格式、联系方式均在“中国政府采购网”上可查，公开透明。各采购人可根据不同的会议选择适当的定点单位，提高了办事效率。二是节约了财政资金，提高了服务质量。据统计，2003 年度与上年相比，湖南省省直单位一、二类会议经费节省 400 多万元，与预算相比，节约率达

49.3%。同时，定点单位的服务质量得到了提高，省直单位的会议管理步入制度化、规范化轨道。三是省直单位会议的一、二、三类会议实行政府采购定点后，对于省直单位规范管理未列入一、二、三类会议的其他会议起到了示范作用。省公安厅、司法厅等单位相继出台了相关的会议管理配套办法，进一步规范了本单位、本系统的会议管理。四是有效遏制了虚增会议支出、假借会议发放福利等不正之风，在客观上对切实改进机关作风、促进党风廉政建设起到了积极作用。

（作者：湖南省政府采购管理办公室）

深圳市公安局警用直升机竞争性谈判采购案例

深圳市公安局经市计划局立项批准采购警用直升机一架，市公安局进行了前期考察论证，于2002年9月委托深圳市政府采购中心采购。9月下旬，该预算金额为4 000万元的项目经市财政局批准以竞争性谈判方式进行采购。市政府采购中心通过反复调研论证形成了谈判文件，定于2003年1月6日至10日于××培训中心进行封闭谈判。经过5天艰苦谈判，顺利选出了成交供应商。中标金额为470.65万元美元，合计人民币3 900万元（其中增加了价值约70万美元的警用设备）。

一、慎重选择采购方式和精心准备谈判文件

2002年9月上旬，深圳市公安局就其警用直升机采购提出进行邀请招标的申请。此前，该局和市计划局考察了国外生产厂家和国内的相关用户，从节约成本和精选机型的角度出发，建议不实行公开招标。

深圳市政府采购中心认为此项目不仅涉及机型的选择和警用设备的选配，而且还有二者的匹配、后续服务、飞行员的培训等诸多问题，而且对用户和采购中心来说，采购直升机都是第一次。在此情况下，哪些技术要求是准确的，哪些选装设备是合适的，什么样的售后服务和培训计划是合理的，等等这些问题都不易在招标文件中准确地写出。因此也认为不宜采用公开招标方式。根据国际经验和财政部《政府采购管理暂行办法》、《政府采购规程暂行规定》的要求，市政府采购中心提出了采用竞争性谈判的方式，认为其优点是：效率高；通过多轮谈判能更好地体现采购需要；竞争激烈，节资效果好。谈判邀请的三家公司分别是欧洲直升机公司、意大利阿古斯特公司和麦道公司。

市财政局同意此建议，要求市政府采购中心严格按程序组织谈判工作。

市政府采购中心随即抽调骨干力量组成国际采购项目小组，着手制订谈判文件。项目组两次去多次购买直升机的中信海直公司请教，专程去省财政厅及香港物料供应处学习了采购直升机的经验，并与国内曾代理采购直升机30多架的中国航空技术公司进行了多次交流。经多方学习，项目组对直升机采购的技术要求有了比较全面的了解，并在商务和售后服务谈判中要注意的问题方面取

得了不少经验。在此基础上，形成了谈判文件的初稿。随后，市政府采购中心随机抽取了专家对此谈判方案进行封闭论证。根据专家的建议对谈判文件进行了修改，同时拟订了谈判方案和评标办法，与谈判文件一并报政府采购主管部门审批。

2002 年 12 月 16 日，市政府采购中心将市公安局签字认可的谈判文件发给了受邀请的供应商，定于 2003 年 1 月 6 日至 10 日与供应商进行封闭谈判。

二、严密组织谈判程序

2003 年 1 月 4 日下午，谈判小组成员(其中专家系随机抽取)、监督管理部门人员、谈判工作人员全部到达谈判地点。按规定，谈判小组成员的手机收缴封存、房间电话撤除。1 月 5 日，谈判小组在评委守则上签字，根据谈判文件的内容拟定了谈判评分标准。然后，在监督人员监督下，打开三家供应商的谈判文件。谈判小组对三家供应商提交的谈判文件进行了审阅，并制订了便于比较的统一表格由供应商填写，讨论了第二天谈判的程序及策略。

1 月 6 日谈判开始。第一轮谈判主要是要求供应商对谈判文件中未说清的内容进行澄清和确认。同时，谈判小组向三家供应商提供了统一的技术和价格表格，要求供应商按照要求提交报价。第二轮谈判就前述的细节问题进行了磋商，并就警用设备的配置等问题进行了谈判。在接下来的几轮谈判里，谈判双方就技术、售后服务尤其是价格问题进行了深入谈判。1 月 10 日，谈判小组要求供应商进行了最后报盘。

之后，根据拟定的评分标准，在市监察局和市财政局政府采购办代表等相关方面的监督下，谈判小组成员进行了独立打分，最后综合评定阿古斯特公司为中标单位，中标总价格 470.65 万美元。

三、经验总结

警用直升机采购项目金额数目大，技术复杂，深圳市政府采购中心是第一次操作此类大规模的国际性谈判项目，谈判能取得圆满结果，总结起来，应是得益于以下几点。

（一）积极钻研，虚心学习

采购任务明确后，项目组迅速展开了谈判前的准备工作。首先是收集和查阅资料，了解国际贸易和国际竞争性谈判的程序及要求、不同国别供应商的情况及谈判特点、谈判技巧等等多方面的知识与信息。其次，就专业问题进行走访和调研。同时，本着服务采购单位的精神，多次与深圳市公安局协商交流。经多方探讨和论证，形成了谈判文件的初稿，并邀请专家对谈判文件进行论证和修订，拟订了谈判方案报相关部门批准。

（二）规范组织，专业高效

根据采购任务的不同分工成立了三个组：谈判组、监督组和后勤组。谈判组由采购单位、采购中心的代表及随机抽取的专家组成，负责通过谈判选定供应商。监督组由监察局和市财政局政府采购办代表的人员组成，监督整个谈判过程，保障谈判的公正与公平。后勤组负责资料、文印、记录及生活保障。

在组织谈判的过程中，根据《中华人民共和国政府采购法》、《深圳经济特区政府采购条例》的规定，重点注意了几个环节：(1) 谈判专家由中心不负责采购具体业务的综合部抽取并通知，并邀请用户代表在场签字认可。(2) 谈判小组进入封闭场地后，收缴了手机，并将房间电话撤除，只留专用电话对外联系。(3) 所有的谈判文件于规定的时间提前收齐封存，并在监督人员的监督下打开。(4) 在谈判时分别与供应商进行谈判，在时间和空间上对他们做了分隔的安排，使之彼此无法了解各自的谈判内容。

(5) 综合评分细则在正式谈判前确定，综合考虑了技术、价格、售后服务、飞行员培训等因素。评分以数字为依据，使主观因素降到最低。谈判小组成员各自独立打分，且在此之前不知各方报价，报价所得分根据拟定的公式算出，与专家的打分相加后成为最后的得分。

专家普遍反映，此次谈判公平、公正、效率高，有开拓性和推广价值。中标的阿古斯特公司称此种采购方式“很好”，组织得“很职业”；未中标的欧直公司和麦道公司也认为此次谈判对供应商是公平、公正的，谈判中提出的问题非常专业、准确和清楚。

（三）策略得当，效益明显

为了争取谈判成功，谈判小组对谈判文件进行了认真细致的研究，制定了具体详细的谈判的方案。因而，谈判中我方能够有理有据地指出对方提供的资料中存在的技术、商务等方面存在的不足，能够使我方的发言重点突出，疏而不漏，掌握了谈判的主动权，又对供应商形成了竞争的压力，取得了较好的效果。

化繁为简也是此次谈判中一个成功的策略。谈判小组对照供应商提交的几大箱资料，针对整个谈判时间比较紧的事实，根据谈判文件整理出十种标准表格，要求供应商在规定的时间内提交。这样做便于谈判小组对比和分析大量的资料，清楚了解供应商所提供的设备的性能，有利于谈判小组从时间上和内容上把握整个谈判过程。

谈判取得的效益是明显的。以报价为例，有的供应商的最终报价与其最高报价相比降低了近百万美元。据采购过十几架飞机的某公司的专家说，这次采购成交的飞机比他们一年前买的同样的飞机还便宜，而正常情况飞机价格应是上涨的。一位专家这样评价此次谈判：“就其公正公平原则而言，做到了尽善尽美，是具开拓性的创举，是典范，是其他采购活动的参照。”

（作者：深圳市政府采购中心 黄长山，深圳市财政局政府采购办公室 邓广）

上海工程采购步步为营

一、理顺关系

（一）谁是工程采购的主体？

根据《上海市政府采购管理办法》规定，凡是使用财政性资金，且纳入集中采购目录的项目（包括工程项目）必须由政府采购中心统一实施集中采购。上海市政府采购中心作为上海市人民政府明确规定的货物、工程和服务的集中采购机构已在《上海市政府采购管理办法》中明确，不存在再由其他部门审批的问题。在进行工程项目采购时，上海市政府采购中心与预算单位作为联合招标主体实施操作。

（二）谁来管理工程招标采购？

建设行政主管部门对招标投标的管理，是对投标单位的资质、能力、业绩、专业技术标准等方面进行管理，目的是维护建筑市场正常秩序，保障建筑活动当事人的合法权益，保证工程质量和安全。而工程项目的政府采购，是包括从项目采购计划编制一直到招投标结束后的合同实施、资金控制的全过程管理。政府采购部门在接受建设行政主管部门对政府采购工程项目实施招投标管理的同时，还要接受财政部门的管理，以保证财政资金正确、可靠、有效地使用，保证采购项目控制在财政资金批复的使用方向和范围内，保证对政府采购在招标投标环节和实施阶段进行全过程控制与管理。在工程项目招标投标管理问题上，政府采购与建设行政主管部门并无原则性的矛盾，只是在管理内容上各有侧重，而政府采购管理的面更宽。因此，政府采购中心应在财政局、建设行政主管部门、审计局、监察部门等有关部门的监督管理下，在工程项目报建、招标和实施阶段遵守国家法律及地方法规和规章，组织实施工程项目的招标采购。

（三）谁来组织实施工程采购？

按建设系统的做法，工程项目的招投标活动必须在建设工程交易中心进行，中标通知书必须由建设主管部门盖章后才具有法律效力。而政府采购中心的招投标活动在采购中心或招标文件中确定的地点进行，中标通知书由政府采购中心会同预算单位发出。这样操作，虽与建设系统招投标活动的惯例不一致，但并不违背招标投标法、建筑法及有关法规的规定。

（四）使用哪个部门的评标专家？

按建设部门的规定，工程项目在评标时要使用建设系统专家库的评标专家。但上海市自 1999 年就开始筹建上海市政府采购咨询专家库，并在审核专家资格时严格按照招标投标法规定的条件进行。上海市政府采购咨询专家库的评标专家资格符合招标投标法的规定，且上海市政府采购咨询专家库属省市一级的专家库，也符合招标投标法关于评标专家使用的规定。经市政府采购部门和建设管理部门协商达成以下意见：上海市政府采购咨询专家名单向市招投标办一次性备案，工程项目政府采购的评标专家由政府采购管理机构在政府采购咨询专家名单中抽取。

二、明确分工

上海政府采购部门和建设行政主管部门对如何解决工程项目政府采购问题都十分重视。双方都认为，在建设工程的行业管理方面，政府采购和建设行政管理部门的目标和管理方法是一致的，关键是如何在具体采购过程中找到一个结合点。上海市政府采购管理办公室按照“各司其职、各负其责、加强协调、相互配合”的十六字精神，结合建设系统的管理体制改革，提出了上海市推进工程政府采购的意见。以下几点明确了各自对属于政府采购范围的工程项目的管理分工。

第一，建设工程招投标管理办公室对政府采购工程项目的招投标活动统一进行监督管理。

第二，政府采购中心目前主要是参与组织财政预算单位自用或自身受益、财政拨款的工程项目的招投标活动。大型政府投资项目，通过委托社会中介机构招标或代建制等方式来实施。

第三，政府采购中心参与采购的建设工程项目，由政府采购中心与建设单位共同组成联合招投标主体，进行招投标活动的运作。工程项目公开招标信息可同时在政府采购系统和建管办系统信息渠道（媒体）上发布，中标通知书采用建设主管部门的统一格式。

第四，关于纳入政府采购工程项目范围的有关统计资料，由市建管办、市招标办按政府采购办公室的要求提供。

三、具体操作方式

目前，上海市政府采购中心组织实施工程采购，基本上按如下方式进行操作。

第一步，接受委托，落实项目的实施范围和规模。政府采购中心接受采购办下达的采购计划和预算单位提交的采购需求表后，首先与该工程项目的预算单位进行联系，对采购计划和采购需求进行核对，然后到现场向预算单位了解项目实施的操作条件、范围、规模、时间等，核算批复的预算资金和项目是否匹配，并就具体情况或存在的问题与预算单位协商，确定实际采购的范围、标准、时间等事项。

第二步，与预算单位签订采购协议，明确分工职责。政府采购中心与预算单位签订采购协议，明确各自在项目实施过程中的具体分工和职责。工程项目的功能性和使用性方面的要求应由预算单位明确提出，如涉及规划报批等手续应由预算单位来办理，现场实施条件应由预算单位予以保证。采购中心的职责是在预算单位要求的内容、范围内完成项目采购，包括招标、资金控制、质量控制、时间控制等事项。

第三步，编制招标文件，确定招标方式及范围。政府采购中心参照国家建筑工程行业示范文本并根据工程采购的具体情况和内容编制招标文件。预算单位可对招标文件提出修改意见，并在招标文件发出之前双方取得一致，由预算单位和采购中心共同盖章。招标文件中包括评标办法和合同条款。在确定招标方式和范围之前，采购经办人员编制采购申办表，说明选择招标方式和施工单位的理由，经采购部门和采购中心内部监管部门审核后，报采购中心领导批准。

第四步，进行项目报建及发布招标信

息。对采购项目按建筑法有关规定，向上海市建设工程招投标管理办公室进行报建（招标文件在报建时同时备案）；达到公开招标限额的（目前上海将此限额定为100万元）同时在上海市建设工程招投标网站和上海市政府采购网发布公开招标信息。

第五步，对投标报名单位进行资格审核。按照招标公告设定的资质、业绩等要求和标准，由采购中心对投标报名单位进行资格审核，包括营业执照、资质证书、经营手册等。同时，根据项目情况，由采购中心在具备资格的报名单位中随机抽取参与竞争单位，一般抽取4—6家，也可以由全部报名单位参与竞争。然后，向参加竞争的投标单位发出招标文件。

第六步，现场踏勘、答疑。现场踏勘、答疑等活动由采购中心负责组织，预算单位共同参加。答疑后，由采购中心形成书面答疑纪要，并作为招标文件的补充，由采购中心与预算单位共同向所有参加投标的单位发出。

第七步，组成评标小组。评标小组由政府采购咨询专家库中的专家和预算单位的人员组成，其中专家人数占2/3以上。政府采购管理办公室根据采购中心报送的专家需求表所提出的专业、人数、时间、地点等要求，在政府采购咨询专家库中随机抽取符合条件的专家，并在评标前一天通知采购中心。

第八步，开标。在招标文件规定的截止时间后，由采购中心组织开标，上海市建设工程招投标管理办公室派员参加监督。重大项目开标，应通知监察、审计、财政、公证等单位进行现场监督。开标前要对投标人的身份（收取法人委托书）、标书密封情况进行确认。开标后要求投标人对投标汇总表进行复核并签字确认。

第九步，组织评标工作。评标一般在开标当日进行。由采购中心负责评标的组织工作，并在评标前向评标小组介绍工程概况、工程要求、评标办法、评标纪律，但不参与评标。评标小组成员根据评标办法和投标单位的标书编制、报价等情况，对投标单位进行评估（或打分），推荐出2名（有排序）中标候选单位，并写出推荐理由。上海市建设工程招投标管理办公室派员参加监督。投标单位的报名、资格审核以及开标、评标均在上海市政府采购中心招标文件规定的地点进行。

第十步，中标结果公示。由采购中心和预算单位对中标候选单位进一步询标后确定中标单位（一般排序第一的为中标人），并向中标单位发出中标通知书。中标通知书采用上海市建设工程招投标管理办公室的统一格式。中标结果按招标投标法规定在上海市政府采购网和上海建设工程招投标网站上公示。

第十一步，签订合同。中标结果公示期满后，由采购中心会同预算单位与中标单位签订合同。合同格式一般由采购中心提供，中标单位无异议后签订。合同签订后，采购中心将评标小组成员名单、签到记录、开标评标记录、中标通知书、中标单位投标文件、合同等送上海市建设工程招投标管理办公室备案；预算单位和中标单位到上海市建设工程质量、安全监督总站办理质检、安检的报监手续，并根据备案记录办理施工许可证的审核手续。

第十二步，施工管理。在与中标单位签订合同后，采购中心还要进行项目现场管理。采购中心会同监理单位、预算单位共同组成一个项目小组进行管理，对项目的管理要求和职责，都要在与监理单位、投资控制单位签订的合同中加以明确。同时，采购中心经办人员要深入现场，帮助预算单位协调解决现场出现的问题，并对项目实施的进度、范围是否超出合同范围、是否保证质量等方面情况进行检查。

第十三步，资金支付。施工单位根据现场的进度情况报出工作量进度请款报告，由监理单位、预算单位审核确认，由采购中心复核后填写付款联系单和明细表，报政府采购管理办公室和财政局有关部门审核后，由财政国库直接支付给施工单位。

第十四步，工程验收。项目竣工后，根据施工、监理单位预验收后提出的初步工程项目监理意见，由采购中心与预算单位按照合同内容，共同组织监理单位、施工单位以及设计单位等进行工程验收，包括实物验收和资料验收。

第十五步，工程结算及审计。工程结算及审计分为两种，一是由采购中心进行审计，二是委托社会上有资格的审计单位或会计师事务所进行审计。审计的依据为招标文件、投标文件、合同、竣工决算报告、现场有关签证等。

第十六步，资料归档。经办人员将采购中的申报表、签报表、开标评标记录、招标文件、投标文件、合同、纪要、会议记录、竣工验收记录、付款记录、竣工结算、审计报告等资料进行整理汇总，并经过规定的审核程序后移交采购中心档案管理部门。

在上述工程项目采购操作过程中，政府采购中心除接受政府采购管理部门、建设行业主管部门及相关管理部门的监督外，还实施采购中心内部的监督和制约，由采购中心内部的监督管理部门对招标方式的确定、招标范围的确定、招标文件编制、开标、评标、合同签订、项目验收、资料的完整等环节进行监督管理，并对业务员和业务部门的工作质量进行评估。

（本文选自2003年6月13日《中国财经报》。作者：尚彩）

我的服务您满意吗?

——从问卷调查看政府采购工作

2003年，四川省成都市政府采购服务中心在部分采购人和供应商中以无记名方式开展了一次问卷调查，从收回的44份答卷可以看出，政府采购工作受到社会各方面的关注和认同。同时，也反映出集中采购机构自身还存在一些有待改进的实际问题。对本次答卷情况的分析如下。

第一，问卷调查涉及的内容全面具体，便于广泛了解采购人和供应商对政府采购工作的反映。

成都市政府采购服务中心此次问卷调查的内容涉及政府采购工作的各个方面，包括“政府采购的方式、程序和资金结算方式”，“政府采购的经济、社会效益和廉政作用”，“中心职工的服务态度、办事效率和廉洁自律情况”，“中心采购采购人和供应商建议的情况”，“对政府采购工作的意见和建议”等5个大的方面，子栏目达20个，具有全面评价政府采购工作的功能。

第二，问卷调查制订的标准针对性强，便于正确掌握采购人和供应商对政府采购工作的评价。

成都市政府采购服务中心在问卷调查中，制订了不同的评价标准。在对“政府采购的方式、程序和资金结算方式”进行调查时，设计了“好、一般、差”三种评价标准；在征求对“政府采购的经济、社会效益和廉政作用”的意见时，分别为调查对象提供了“大、一般、小”的标准；在调查“中心职工的服务态度、办事效率和廉洁自律情况”、“供应商的服务态度和售后服务工作”和“中心采纳采购人和供应商建议的情况”时，制订了“好、一般、差”三种标准，有针对性地征求采购人和供应商的意见。所有调查问题的评价标准都具有较强的针对性，有利于调查对象正确评价政府采购工作。

第三，问卷调查评价的结果比较真实，便于集中采购机构进一步改进和规范政府采购工作。

调查显示，对“政府采购的方式、程序和资金结算方式”反映良好。对目前的政府采购方式，100%的供应商认为好；采购人中87%认为好，13%的认为一般。对政府采购程序的规范程度，供应商中95%认为好，5%认为一般；采购人中87%认为好，9%认为一般。对政府采购资金结算方式，供应商中76%认为好，24%认为一般；采购人中91%认为好，9%认为一般。调查说明集中采购机构要严格依法办事，采取灵活实用的政府采购方式，进一步规范政府采购程序。同时，要积极改进和完善资金结算方式，为采购人和供应商提供便利条件。

对“政府采购的经济、社会效益和廉政作用”反映一般。政府采购对供应商的经济效益，供应商中62%认为好，19%认为一般，19%认为小；政府采购对供应商的社会效益，供应商中90%认为好，10%认为一般；政府采购对廉政建设的作用，采购人中83%认为好，13%认为一般，4%认为小。调查说明有的供应商在政府采购招标采购中实行低价策略，影响了企业的经济效益，需要集中采购机构在政府采购招标中要求供应商之间不搞恶性价格竞争。政府采购只有在保证供应商获取合理利润的前提下，才能保证产品质量和良好服务。

对“中心职工的服务态度、办事效率和廉洁自律情况”反映好。对中心职工的服务态度，100%的供应商认为好；采购人中91%认为好，9%认为一般。对中心职工的办事效率，100%的供应商认为好；采购人中87%认为好，13%认为一般。对中心职工的廉洁自律情况，100%的供应商认为好；采购人中83%认为好，4%认为一般。调查表明，绝大多数调查对象对这三项都反映好，没有评价差的，说明集中采购机构内部建设抓得不错。但从采购人的评价中看出，集中采购机构要对职工加强教育，进一步改善服务态度，提高办事效率，廉洁从政。

对“中心采纳采购人和供应商建议的情况”反映欠佳。对此项情况，供应商中95%认为好，5%认为一般；采购人中78%认为好，17%认为一般。说明集中采购机构在采纳供应商和采购人的建议方面还有一定差距。

通过此次问卷调查，成都市政府采购服务中心获得了一个对自己的工作较为全面的评价，对推动政府采购工作更快更好地开展有很大的益处。

（本文选自2003年9月16日《中国财经报》。作者：杨光顺　陈仕伟）

打一场保障有力的漂亮仗

——天津抗击“非典”期间的政府采购工作

一切采购工作坚决为抗击“非典”让路，特事特办、网上竞标、现场采购、银行划转等一系列应急时期的“战法”派上用场，当务之急是保障有力……2003年春末，天津市政府采购中心在抗击“非典”的战役中打了几场漂亮仗。

保存自己消灭“敌人”

“非典”疫情在华北地区蔓延后，采购中心及时调整采购招标工作部署，超前做好防御疫情的准备。中心成立了预防“非典”工作指挥部，下设信息综合组、安全保障小组、采购招标组、应急处理组、对外联络组，明确职责分工，统揽“非典”特殊时期的应急采购工作。采购中心主任张季良在接受记者采访时说：“为了保存自己消灭‘敌人’，我们把工作人员的健康放在第一位，为每位人员统一购置了预防药剂、口罩、手套、体温表和消毒液。通过有效的防治措施，打消了采购工作人员的顾虑，稳定了他们的情绪，确保了工作正常运转。工作安排上，我们实行‘三三制’工作制，将大型采购活动分散组织进行，并推延了涉及疫区业务的采购活动。对必须完成的大宗采购任务，通过开通网络视频系统，连接购供双方，利用电子邮件、网上竞标、明传电报等现代化办公手段开展应急采购业务，并设立了接待室办理正常业务往来，有效预防了‘非典’的传播。”

开辟采购的第二“战场”

为了保证疫情期间采购工作的正常运转，采购中心明确了“一手抓预防，一手抓采购”的指导思想，针对“非典”疫情发展态势，本着“特殊时期特殊办法、特殊项目特殊程序”的原则，及时调整采购重点，开通网上采购通道，实施应急采购措施，急事急办，特事特办，确保采购任务不误时不误事。

4月28日，正值天津市“非典”疫情高发时期，市经济协作办公室委托采购中心对《天津投资合作指南》印刷项目进行采购，并要求“五一”前确定供应商。为按时完成这个项目，中心立即采取网上询价方式进行采购，仅用了两天时间便确定了供应商，并协调甲乙双方签定了采购合同。天津“非典”疫情出现后，采购中心没有出现恐慌，采购计划仍按部就班地进行。

天津市的一些医院设施采购项目投标商主要来自北京，为了不耽误医院临床使用，满足医院防治“非典”的需要，采购中心要求投标商通过电子邮件、特快专递等途径，将投标文书送达采购中心，在网上竞标、投标、开标，不仅避免了因人员流动可能带来的疫情，而且缩短了采购时间，提高了采购效率，尝试了电子采购带来的便利。许多采购单位和供货商普遍认为，“非典”疫情不仅未影响采购进度，反而促进了采购服务管理部门电子化进程。4月份以后的抗击“非典”最紧张的一段时期里，市政府采购中心完成了多个采购项目，如：市房管局办公管理软件采购预算500万元；金达园装修采购招标预算600万元；公安系统指挥管理软件采购预算200万元，等等。抗击“非典”是全国一盘棋，采购中心在特殊时期采取的措施，为全社会抗击“非典”提供了及时有力的物资保障。

奔赴阻击“非典”的“前线”

4月中旬以后，天津医疗机构急需大量防治“非典”医用品，一份份紧急委托采购项目电报送至采购中心各个部门。5月5日，市政府决定用最短时间、最快速度，将中铁十八局中心医院改建成收治“非典”患者的定点医院。医院采购涉及医疗仪器、网络设备、车辆、电器、办公设备等近百个项目，采购物资分散，质量标准高。市政府要求采购中心4天内将物资采购到位。为按时保质完成任务，中心简化了一些程序，实施现场报价、现场论证、现场验货、现场谈判、现场采购。为保证采购设备有科学依据、价格合理，中心还参考以往招标结果，签订采购合同。对不能续订合同的采购项目，根据市场调研结果进行商务谈判，确保采购设备有据可循。在为医院紧急采购汽车的招标中，采购中心直接与厂家取得联系，按照前期采购价格签订采购合同，购进后与车辆管理部门协调，及时办理车辆购置附加费和行车牌照，保证采购车辆当天投入使用。一次中心接到采购DDN专线设备项目时，距首批“非典”病人进驻只有十几个小时。在万分紧急的情况下，中心一方面与熟悉的供货商直接联系，另一方面组织工程承包，实施现场发包、现场公证、现场监理。当天，采购中心的工作人员还同施工人员一起干了个通宵，提前4个小时完成了采购施工任务，确保了DDN专线准时全线开通。卫生部专家组考察后认为，天津海河医院设备先进、设计超前、目标明确，功能设施完全符合收治“非典”患者救治需要。

抗击“非典”期间，天津市政府采购中心先后为海河医院、传染病医院、肺科医院、武警医院采购了大批量的急救车、呼吸机、监护仪、X光机等急需的医疗用品，以及网络设备、电视、厨具、家具等物品。在这场没有硝烟的战争中，他们的努力为抗击“非典”提供了有力的保障，而这个特殊的战场，也锻炼了他们在紧急情况下组织大宗物资采购的能力和顾全大局、迎难而上、团结奋战、忘我工作的毅力。

（本文选自2003年5月27日《中国财经报》。作者：曲明）

七、大 事 记

2003 年

1 月

●1月1日，《中华人民共和国政府采购法》正式实施，我国政府采购工作进入法制化时代，财政部门开始依法履行监督管理职责。

●1月10日，国务院系统成立中央国家机关政府采购中心，中央单位以此为契机，顺利完成政府采购管理与执行职能分离工作。

2 月

●2月12日—13日，财政部代表团赴泰国参加APEC政府采购专家组第16次会议，并向与会代表报告我国政府履行《APEC政府采购非约束性原则》进展情况。

●2月25日—26日，贯彻落实国务院《振兴软件产业行动纲要》工作会议在北京召开。会议内容之一是讨论由财政部会同有关部门起草的《软件政府采购管理办法（讨论稿）》。

3 月

●3月13日，财政部组织召开政府采购信息发布指定媒体座谈会，对指定媒体为政府采购法的贯彻实施做好宣传工作做出部署，提出要求。

●3月14日，国务院办公厅印发《中央预算单位2003年政府集中采购目录及标准》，规定中央预算单位2003年政府集中采购目录、部门集中采购项目、部门采购限额标准以及政府采购货物和服务公开招标数额标准。

4 月

●4月3日，财政部组织召开中央单位集中采购工作座谈会，听取全国人大、中直、国务院、全国政协、高检、高法等系统对开展政府集中采购工作的意见和建议。

●4月14日，财政部就多家代理商代理一家制造商产品参加投标如何计算供应商家数做出规定。

●4月28日，财政部下发《关于进一步做好中央单位2003年政府采购工作有关问题的通知》，对中央单位依法开展政府采购活动提出要求。

●完成2002年全国政府采购信息统计工作。统计显示，2002年全国政府采购规模达到1009亿元。

5 月

●5月30日，商务部组织召开WTO新一轮谈判情况协调会，财政部阐述对《政府采购透明度协议》谈判的立场。

6 月

●6月4日，科技部组织召开医疗设备采购座谈会，财政部提出要发挥政府采购在采购国内设备、规范采购行为上的作用。

●6月17日—19日，由财政部、商务部组成的代表团赴瑞士日内瓦参加WTO政府采购透明度工作组第18次会议。代表团在此次会议上表明了我国政府对《政府采购透明度协议》制定和谈判的立场。

●6月29日—7月4日，财政部国库司赴安徽调研县级政府采购改革情况。

7 月

●7月10日—11日，财政部在广西南宁市召开政府工程采购座谈会，探讨工程实行政府采购的思路和方法。

●7月31日，财政部国库司周成跃副司长与美商务部副部长助理会谈，阐明中国政府的软件政府采购立场。

8 月

●8月5日，财政部就WTO坎昆贸易部长会议关于《政府采购透明度协议》谈判问题，会同商务部拟定我国政府的谈判立场。

●8月6日，中国美国政府采购制度电视交流会在北京举行，美国联邦采购政策办公室主任向中方代表介绍美国政府采购制度。有关地区政府采购管理机构负责人、中央单位代表以及专家、学者参加了会议。

●8月13日—16日，财政部代表团赴泰国分别参加APEC“亚太地区促进小企业准入政府采购市场和建立电子采购市场”研讨会和政府采购专家组第17次会议。

●8月18日，国务院办公厅转发财政部《关于全面推进政府采购制度改革的意见》，对贯彻实施政府采购法做出全面部署。

●8月26日—29日，财政部组织起草《政府采购法实施条例（讨论稿）》。

9 月

●9月3日，财政部与美国大使馆、美国信息技术办公室联合召开研讨会，共同探讨软件政府采购政策。

●9月17日，财政部就美国提出将“加强透明度和打击腐败”提交给APEC领导人会议审议的方案，提出在政府采购领域的立场。财政部召开座谈会，讨论政府采购专家分类问题。

●9月23日，财政部在中国信息化应用大会上提出我国电子政府采购的基本设想。

●9月26日，财政部就北京印钞厂对新闻出版总署记者证印刷项目的投诉做出处理决定。这是自政府采购法实施后财政部处理的第一件投诉事项。

10 月

●10月10日—14日，财政部启动政府采购合同范本编写工作，由政府采购货物、工程和协议采购3个小组分别承担相关领域的具体编写事务。

●10月15日，财政部在江苏召开地方政府采购信息统计工作会。

●10月20日，财政部办公厅印发《关于征求〈中华人民共和国政府采购法〉实施条例（征求意见稿）意见的通知》，请地方财政部门提出修改意见和建议。

●10月24日，财政部与国家发展改革委员会共同成立课题组，研究政府采购支持中小企业的制度措施。

11 月

●11月4日，财政部就日本关于我国履行有关政府采购入世承诺的问题清单做出答复。

●11月5日—6日，财政部在广州组织政府采购专家库管理座谈会，财政部国库司张通司长参加会议，并观看了广州市政府采购专家库管理系统。

●11月17日，财政部与监察部联合下发了《政府采购评审专家管理办法》、《集中采购机构监督考核管理办法》。

●11月21日，财政部就美国在WTO货物贸易理事会对我国入世承诺进行审议时提出的问题清单做出答复。

12 月

●12月1日，财政部在山东举办“全国政府采购实务培训班”，深入学习政府采购法，总结交流政府采购法实施一年来的情况，研讨2004年政府采购工作。

●12月9日—29日，财政部在美国组织“政府采购政策与实务培训班”，财政部及13个地区的政府采购管理人员参加了这次培训活动。

●12月29日，中编办批准中直系统成立中央直属机关政府采购中心。

（财政部国库司供稿）

附：“非典”简介

“非典”是非典型性肺炎的简称，它是一种人类尚未完全认识的传染病。2002年11月底，“非典”在我国的初始病例发现于广东佛山。2003年2月，“非典”病症在广东省形成传染和发病高峰期。2003年3月12日，世界卫生组织正式发布“非典”流行的全球警报。3月15日，世界卫生组织把“非典”病症正式命名为“严重急性呼吸系统综合症”，并逐日发布全球疫情通报。4月，北京开始形成“非典”的传染和发病高峰，其他多个省份也有“非典”病例或疑似病例的报告，“非典”的传染和发病在我国呈现出连锁反应之势。到2003年6月中旬，我国内地共发生“非典”确诊病例5326例，死亡347例，疫情共涉及24个省、直辖市和自治区，成为建国以来较为罕见的重大公共卫生事件。

党和国家高度重视“非典”的防治工作，紧急调动各方财力、物力和人力，采取了一系列有效的应对措施，在全国范围内展开防治工作。同时，迅速建立了全国性的病例报告系统向社会公告最新疫情，并向全民宣传“非典”防治知识。防治工作取得了显著成效，疫情被明显遏制。2003年6月24日，世界卫生组织解除了北京的旅行警告，同时将北京排除出疫区名单，标志着中国抗击“非典”取得了阶段性胜利。

（陈 吟）

八、法规选编

（一）全国性法规、文件

国务院办公厅关于印发中央预算单位2003年政府集中采购目录及标准的通知

（2003年3月13日　国务院办公厅　国办发［2003］14号）

国务院各部委、各直属机构：

《中央预算单位2003年政府集中采购目录及标准》已经国务院同意，现印发给你们，请遵照执行。

中央预算单位2003年政府集中采购目录及标准

一、政府集中采购目录

以下项目必须按规定委托集中采购机构代理采购：

1. 货物类。空调机、计算机、打印机、复印机、印刷设备、服务器、网络设备、程控交换机（国务院系统）、电话机（国务院系统）、投影仪（国务院系统）、炊事设备（国务院系统）、建筑装饰材料（国务院系统）、电梯、起重机、锅炉、办公家具、公务用车（轿车、越野汽车、面包车、大客车）、摩托车。

2. 工程类。统一组织的房屋修缮、装修。

3. 服务类。公务车辆维修（在京单位）、公务车辆保险（在京单位）、规定的印刷项目（在京单位）、计算机通用软件、规定的会议服务。

二、部门集中采购项目

以下项目原则上应当实行部门集中采购。部门集中采购由部门自行组织，可以委托集中采购机构或社会招投标代理机构采购。

1. 货物类。救灾物资、防汛物资、抗旱物资、农用物资、储备物资、网络专用设备、医疗设备和器械、计划生育设备、交通管理监控设备、港口设备、农用机械设备、气象专用仪器设备、人工影响天气作业设备、航测设备、消防设备、警察设备和用品、专用教学设备、广播电视和影像设备、体育设备、海关专用物资装备、税务专用物资装备、救助船舶和直升机、港务监督巡逻艇、检察诉讼设备、法庭内部装备、救护车、缉私船。

2. 工程类。部门确定的本系统单位公用房建设和宿舍建设，以及修缮和装饰工程。

3. 服务类。本部门或本系统信息管理系统开发及维护、部门确定的其他有特殊要求的专用服务项目。

三、部门采购限额标准

除政府集中采购目录和部门集中采购项目外，各部门自行采购（单项或批量采购）80 万元以上的货物和服务项目、100 万元以上的工程项目应执行《中华人民共和国政府采购法》有关规定。

四、政府采购货物和服务公开招标数额标准

政府采购货物或服务的项目，单项或批量采购金额一次达到 80 万元以上的，必须采用公开招标采购方式。政府采购工程公开招标数额标准按照国务院有关规定执行。

国务院办公厅转发财政部关于全面推进政府采购制度改革意见的通知

（2003 年 8 月 18 日　国务院办公厅　国办发［2003］74 号）

各省、自治区、直辖市人民政府，国务院各部委、各直属机构：

财政部《关于全面推进政府采购制度改革的意见》已经国务院同意，现转发给你们，请认真贯彻执行。

关于全面推进政府采购制度改革的意见

（财政部　二〇〇三年八月五日）

《中华人民共和国政府采购法》（以下简称《政府采购法》）已于 2003 年 1 月 1 日起施行。为确保《政府采购法》顺利实施，促进各地区、各部门进一步深化政府采购制度改革，规范政府采购行为，现提出以下意见：

一、进一步提高认识，稳步推进政府采购制度改革

政府采购制度改革是财政支出管理改革的重要内容，对提高财政资金使用效益，支持国内企业发展，从源头上防止和治理腐败，具有十分重要的意义。近年来，政府采购制度改革工作取得了较大进展，但也存在一些问题，主要是一些地区和部门对政府采购制度改革还存在观望态度，干预具体采购活动的现象时有发生，采购行为不够规范透明，采购程序不够科学严密，管理体制尚不健全，采购管理人员和执行人员素质有待进一步提高等。

政府采购制度改革工作涉及面广，政策性强，各地区、各部门要高度重视，加强组织领导，切实负起责任，狠抓落实。要进一步统一思想，树立依法采购观念，发挥政府采购制度作用。政府采购制度改革是一项复杂的系统工程，涉及到制度创新和观念转变，与管理规范化紧密相关，必须结合实际，研究制订相关管理办法和工作程序，做到既规范采购，又体现效率，确保《政府采购法》的顺利实施。

二、积极采取措施，突出重点，逐步扩大政府采购规模

要结合本地区实际情况，科学合理地制订政府集中采购目录和政府采购限额标准，逐步扩大政府采购实施范围，保证政府采购规模逐年增长。要全面编制政府采购预算，通过细化财政资金采购项目和编制年度政府集中采购计划，加强政府采购的计划性。已经实行部门预算改革的，要将政府采购预算纳入部门预算统一编制；没有实行部门预算改革的，要单独编制政府采购预算。

要积极推行政府采购资金财政直接支付办法，扩大直接支付规模。对单位分散采购活动，也要加强管理和监督。当前，应当通过政府采购，重点支持我国办公软件、计算机和汽车行业的发展，增强国内企业竞争实力和发展后劲。

三、做好管理与执行机构分设工作，加快政府采购管理体制的建设

政府采购管理职能与执行职能分离，机构分别设置，是建立政府采购制度的客观要求。要科学界定监督管理职能和执行职能。政府采购监督管理部门要切实做好政府采购的政策制定、预算编制、资金支付、信息管理、聘用专家管理、供应商投诉处理、集中采购机构业绩考核和政府采购管理人员培训等监督管理工作。集中采购机构要接受委托，认真组织实施政府集中采购目录中的项目采购，制订集中采购操作规程，负责集中采购业务人员的培训。要建立管理机构与集中采购机构相互协调的工作机制。管理机构不得进入采购市场参与商业交易活动；集中采购机构作为执行机构，要严格执行有关政策，确保政府采购活动公开、公平、公正、高效。

要重点抓好集中采购机构的设置，充分发挥集中采购机构在全面推进政府采购制度改革中的重要作用。要按照法律规定和工作需要，独立设置与行政部门没有隶属关系和利益关系的集中采购机构。对已经设立的集中采购机构，要通过加强制度建设和完善监管机制，进一步规范管理。对不设置集中采购机构的，要因地制宜，积极探索提高政府采购资金效益的有效途径和办法。目前隶属于行政部门的集中采购机构，应于2003年年底以前与所属部门分离。

四、继续抓好制度建设，推进政府采购工作规范化管理

各地区、各部门要把加强制度建设摆在

更加突出的位置。在国务院公布政府采购法实施细则前，各地区、各部门可以在法律规定的权限内，根据工作需要，制订配套的规章制度或过渡性办法，以指导和规范政府采购活动。现行规章制度中与《政府采购法》原则不相符的，要予以废止或修订。财政部要会同有关部门，按照法律要求，组织力量尽快研究起草政府采购法实施条例报国务院，并相应制订政府采购合同规范文本及有关货物和服务招投标、政府采购信息管理、政府采购专家管理、供应商投诉和集中采购机构考核等方面的管理办法。

要加大政府采购规范化管理力度。政府采购要坚持公开透明、公平竞争和公正原则，将公开招标作为主要的采购方式；进一步改进和完善采购程序，做到规范采购与简便高效相结合；建立科学、规范的政府采购聘用专家管理办法，做到管理与使用适度分离；认真处理供应商投诉，促进供应商投诉处理工作制度化和规范化。要重视调查研究，解决政府采购改革中存在的突出问题。

五、开展监督检查，进一步完善政府采购监督体系

要建立以财政部门为主，监察、审计及其他有关部门共同配合的有效监督机制，充分发挥监察、审计等部门的监督职能，强化对政府采购行为的约束，确保各项政策的落实，防止和消除政府采购中的腐败现象及各种逃避政府集中采购的行为，坚决克服本位主义和地方保护主义。要重点抓好采购范围、采购方式、采购程序和集中采购目录执行情况的监督管理，切实做到严格执法。要协调好财政部门与其他政府部门之间的工作关系，形成综合管理与行业专业监督相结合的协作机制。要强化政府采购透明度建设，开辟社会监督渠道，发挥新闻媒介和社会公众的监督作用。

六、加强采购队伍建设，切实提高管理水平

政府采购是一项政策性和专业性较强的工作，建立一支高素质的专业化管理队伍是提高政府采购工作管理水平的重要保证。地方各级政府和财政部门要制订政府采购执行人员业务考核制度，提高政策水平、法律水平和专业水平，使政府采购管理人员和执行人员全面、准确掌握政府采购制度的各项规定，增强依法行政观念，从而建立一支德才兼备的政府采购管理队伍。

财政部关于进一步做好中央单位 2003 年政府采购工作有关问题的通知

（2003 年 4 月 28 日　财政部　财库［2003］19 号）

党中央有关部门，国务院各部委、各直属机构，全国人大常委会办公厅，全国政协办公厅，高法院，高检院，各人民团体，新疆生产建设兵团：

《政府采购法》从今年开始正式实施，为了贯彻落实法律的各项规定，实现 2003

年中央单位政府采购规模和规范管理都要有所突破的工作目标，开创中央单位政府采购工作的新局面，现就有关问题通知如下。

一、要切实加强对政府采购制度改革工作的领导

《政府采购法》颁布后，国务院相继印发了《在中央国家机关全面推行政府采购制度的改革方案》（国办发［2002］53号，以下简称《改革方案》）、《中央预算单位2003年政府集中采购目录及标准》（国办发［2003］14号，以下简称《集中采购目录及标准》），具体贯彻落实《政府采购法》。各中央单位要提高认识，加强领导，采取措施，认真实施。政府采购制度改革工作涉及面广，政策性强，任务艰巨，必须要有强有力的组织领导作保证。首先，要进一步统一思想。要树立依法行政、依法采购观念，充分认识实行政府采购制度的重要意义，自觉执行《政府采购法》及国务院有关文件的各项规定，广泛发挥政府采购的作用；二是单位领导要重视本部门政府采购制度改革工作，加强对本部门政府采购制度改革工作的领导；三是要狠抓落实。政府采购制度改革是一项复杂的系统工程，涉及到制度创新和观念转变，与内部规范化管理紧密相关。因此，要根据法律和有关规定研究制定本部门的具体实施办法和工作程序，以及执行《集中采购目录及标准》的实施步骤，统一协调本部门、本系统的政府采购工作，努力为这项改革创造良好环境。

二、要依法全面开展政府采购工作

《集中采购目录及标准》确定了2003年中央单位政府采购制度改革的实施范围，即所有中央预算单位都应当执行《集中采购目录及标准》。《集中采购目录及标准》由三部分构成，即政府集中采购目录、部门集中采购项目以及部门采购限额标准以上采购项目。政府集中采购目录主要是列明通用政府采购项目，这些项目必须依法委托政府集中采购机构代理采购。其中，注明“国务院系统”的采购项目，仅适用于国务院系统的中央单位。部门集中采购项目主要是部门或系统有特殊要求的采购项目，由部门依法实施集中采购。部门采购限额标准以上采购项目是指政府集中采购目录及部门集中采购项目范围之外、单项或者批量采购金额达到80万元以上的货物、服务和工程采购项目，由各中央单位依法实施分散采购。

中央单位用财政性资金（预算内和预算外资金）采购符合《集中采购目录及标准》的采购项目，必须按照《政府采购法》规定开展采购活动。

三、要建立和完善政府采购的组织实施形式

中央单位的政府采购实行集中采购和分散采购相结合的采购组织实施形式。

集中采购分为政府集中采购和部门集中采购。其中，政府集中采购，是指中央各单位将列入政府集中采购目录中的采购项目，委托政府集中采购机构代理采购的一种组织实施形式。部门集中采购，是指由各部门确定的内部政府采购牵头机构统一采购本系统纳入部门集中采购项目的一种组织实施形式。

政府集中采购按中央管理系统实施。国务院系统的集中采购事务由中央国家机关政府采购中心组织实施。中直管理局、全国人大、全国政协、最高检察院和最高法院等系统的集中采购事务，分别由本系统的政府集中采购机构负责组织实施。

2003年国务院系统所有在京单位纳入政府集中采购目录范围的采购项目，必须实行政府集中采购；京外单位纳入政府集中采购目录范围的采购项目，应当实行部门集中采购。

部门集中采购项目以及部门采购限额标准以上采购项目，由部门按规定分别实行部门集中采购和分散采购，也可以委托政府集中采购机构或经财政部登记备案的社会招标机构代理采购。经财政部登记备案的社会招标机构名单，由财政部另行公布。

四、要认真做好政府集中采购工作

中央各系统政府集中采购机构作为执行机构要认真履行代理采购职责，独立开展工作，并根据本通知精神，研究落实开展政府集中采购活动的操作程序、委托方式及有关事项，以便各中央单位执行。

政府集中采购机构原则上自行开展招标活动，因特殊情况需要委托社会招标机构代理招标的，必须在招标活动开始前报财政部备案。

五、要发挥政府采购的宏观调控作用

中央单位的政府采购工作，除法律另有规定外，必须采购本国货物，工程和服务采购合同必须授予本国供应商。同时，要有助于实现国家的经济和社会发展政策目标，包括环境保护、扶持不发达地区和少数民族地区、促进中小企业发展等。

六、要规范政府采购的运行机制

各中央单位必须严格按照《政府采购法》规定开展采购活动。在实践中要注意做好以下几个方面的工作：

（一）各中央单位要按照《集中采购目录及标准》的规定，确定各采购项目的具体执行机构。其中，属于政府集中采购目录范围但因特殊情况需要由部门自行采购的，必须在采购活动开始前，由中央单位和政府集中采购机构协商一致后报财政部批准。对于部门集中采购和分散采购中专项采购项目，涉及政府集中采购目录中项目的，是否实行政府集中采购，由中央单位与政府集中采购机构协商确定。政府采购涉及与地方资金配套的采购项目，中央单位必须与地方有关部门协商解决具体实施方式。

（二）中央单位依法将政府集中采购项目、部门集中采购项目和分散采购项目委托采购代理机构采购的，必须与采购代理机构签订委托协议，明确委托事项，约定双方的权利和义务。

（三）公开招标必须作为政府采购的主要方式。单项或者批量采购金额一次达到80万元以上的货物或者服务采购项目，以及达到国务院规定的招标数额的政府采购工程项目，应当采用公开招标采购方式；因特殊情况需要采用公开招标以外采购方式的，必须在政府采购活动开始前依法报财政部批准。不足公开招标数额标准的政府采购项目，原则上要按照邀请招标、竞争性谈判、询价的次序选择采购方式。

（四）政府采购方式确定后，要严格按照法律规定的程序及要求执行。其中，采用政府采购邀请招标采购方式的，必须通过公开招标方式确定相应资格条件的供应商名单。在执行招标采购方式期间，必须按照基本格式在财政部指定的媒体上发布公开招标公告（附件1）、公开招标中标公告（附件2）、成交结果公告（附件3）以及更正公告（附件4）。其中，公开招标公告在发布前要报财政部审核。政府采购合同签订后，中央单位必须按规定将政府采购集中采购项目和部门集中采购项目的采购合同副本报财政部备案。列入政府采购资金财政直接拨付的项目，由财政部将采购资金直接拨付给履行采购合同的供应商。

（五）在开展政府采购活动期间，中央单位或政府集中采购机构对于供应商提出的询问或者质疑，必须按照法律规定及时作出答复。在财政部和其他有关部门处理政府采购供应商投诉期间，如有必要，中央单位或者政府集中采购机构要积极配合，如实反映情况。

（六）在政府采购工作中，任何单位和个人不得采用任何方式，阻挠和限制供应商自由参加政府采购活动，不得指定品牌和供应商，不得为中央单位指定采购代理机构，不得干预正常的采购活动。

七、要提高政府采购工作的效率

为了简化政府采购工作环节，从 2003 年开始，财政部不再对招标文件实施备案管理。各中央单位要提前确定采购需求，增强政府采购的计划性，确保政府集中采购活动的顺利开展。在政府集中采购活动中，要广泛采用政府采购协议供货采购方法，同时，要积极探索其他规范简便的采购方法，缩短采购周期，及时满足最终用户的需求。中央单位或政府集中采购机构拟采用创新办法开展采购活动的，应当事先向财政部作有关说明。

八、要做好政府采购的基础性工作

应编报而未编报政府采购预算或者有漏报政府采购项目的中央单位，必须于 2003 年 6 月 31 日前向财政部国库司补报。

各中央单位的主管部门要加强本部门、本系统的政府采购制度建设，积极开展采购人员业务培训活动，及时做好政府采购统计工作，建立政府采购文件档案管理制度并实行集中管理。

政府集中采购机构要依法建立健全内部监督管理制度，按照相互制衡的原则设置内部机构，明确工作人员职责；要加强对内部工作人员的教育和培训；要建立考核制度，对采购人员的专业水平、工作实绩和职业道德情况定期进行考核，实行优胜劣汰。

九、要加强监督检查工作

财政部是中央单位政府采购的监督管理部门，依法履行对政府采购活动的监督管理。在政府采购工作中，财政部要对中央单位的政府采购活动及集中采购机构实施监督检查。监督检查的主要内容是：有关政府采购的法律、行政法规和规章的执行情况，采购范围、采购方式和采购程序的执行情况，采购人员的职业素质和专业技能。同时，财政部还要建立对集中采购机构的考核制度，对集中采购机构的采购价格、节约资金效果、服务质量、信誉状况、有无违法行为等事项进行考核，定期在财政部指定媒体上如实公布考核结果。

审计署对中央单位政府采购实行审计监督，包括采购行为审计和财务审计。2003 年的重点审计事项包括政府采购预算编制情况、政府采购资金财政直接拨付项目执行情况、政府集中采购目录项目委托情况、政府集中采购机构的工作情况、政府采购合同的备案情况以及采购文件的保存情况等。各中央单位开展的政府采购活动，要自觉接受审计署的审计监督。

监察部对参与政府采购活动的国家机关、国家公务员和国家行政机关任命的其他人员实施监察。

2003 年是《政府采购法》实施的第一年，也是中央单位政府采购工作全面开展的第一年，各中央单位要增强政府采购的法制观念和政策意识，开拓创新，共同做好 2003 年中央单位的政府采购工作。

附件：1. 公开招标公告基本格式　　3. 成交结果公告基本格式
2. 公开招标中标公告基本格式　　4. 更正公告基本格式

附件1：

公开招标公告基本格式

采购人或
政府集中采购机构名称：＿＿＿＿＿＿＿＿
委托招标单位：＿＿＿＿＿＿＿＿
采购项目名称：＿＿＿＿＿＿＿＿
开标日期：＿＿＿＿ 年 月 日 时 分
投标截止日期：＿＿＿＿ 年 月 日 时 分
发售招标文件地点：＿＿＿＿＿＿＿＿
本项目联系人：＿＿＿＿ 联系电话：＿＿＿＿
供应商资格：＿＿＿＿＿＿＿＿
其他内容：＿＿＿＿＿＿＿＿

填写说明：

1. 委托招标单位栏，有委托的填写；
2. 供应商资格栏，需对供应商规定特定条件的填写；
3. 其他内容栏，对采购项目的简要描述，如对招标文件收费标准、投标保证金等特殊事项的简要说明。

附件2：

公开招标中标公告基本格式

采购人或
政府集中采购机构名称：＿＿＿＿＿＿＿＿
采购项目名称：＿＿＿＿（注明招标文件编号）
定标日期：＿＿＿＿ 年 月 日
招标公告日期：＿＿＿＿ 年 月 日
中标金额：＿＿＿＿＿＿＿＿
中标供应商名称：＿＿＿＿＿＿＿＿
中标供应商地址：＿＿＿＿＿＿＿＿
本项目联系人：＿＿＿＿ 联系电话：＿＿＿＿

附件3：

成交结果公告基本格式

（招标数额以上、除公开招标之外的采购方式适用）

采购人或

政府集中采购机构名称：＿＿＿＿＿＿＿＿＿＿＿＿＿＿＿＿

采购项目名称：＿＿＿＿＿＿＿＿＿＿＿＿＿＿＿＿

采购方式：＿＿＿＿＿＿＿＿＿＿＿＿＿＿＿＿

确定成交日期：＿＿＿＿＿＿年　　月　　日　　时　　分＿＿＿＿＿＿

成交金额：＿＿＿＿＿＿年　　月　　日　　时　　分＿＿＿＿＿＿

成交供应商名称：＿＿＿＿＿＿＿＿＿＿＿＿＿＿＿＿

成交供应商地址：＿＿＿＿＿＿＿＿＿＿＿＿＿＿＿＿

本项目联系人：＿＿＿＿＿＿＿＿　　联系电话：＿＿＿＿＿＿＿＿

选择该采购方式的原因：＿＿＿＿＿＿＿＿＿＿＿＿＿＿＿＿

附件4：

更正公告基本格式

采购人或

政府集中采购机构名称：＿＿＿＿＿＿＿＿＿＿＿＿＿＿＿＿

采购项目名称：＿＿＿＿＿＿＿＿＿＿＿＿＿＿＿＿

更正事项（选其一）：　招标更正［　］　采购结果更正［　］　废标说明［　］

原公告日期：＿＿＿＿＿＿年　　月　　日＿＿＿＿＿＿

更正日期：＿＿＿＿＿＿年　　月　　日＿＿＿＿＿＿

更正内容：＿＿＿＿＿＿＿＿＿＿＿＿＿＿＿＿

本项目联系人：＿＿＿＿＿＿＿＿　　联系电话：＿＿＿＿＿＿＿＿

财政部　监察部关于印发《政府采购评审专家管理办法》的通知

（2003年11月17日　财政部　监察部　财库［2003］119号）

各省、自治区、直辖市、计划单列市财政厅（局）、监察厅（局），新疆生产建设兵团财务局、监察局，党中央有关部门，国务院各部委、各直属机构，各人民团体，全国人大常委会办公厅，全国政协办公厅，高法院，高检院：

为了加强对政府采购评审专家的管理，保证政府采购工作的公正、公平，根据《中华人民共和国政府采购法》和国务院办公厅转发《财政部关于全面推进政府采购制度改革意见》的通知精神（国办发［2003］74 号)，财政部和监察部制定了《政府采购评审专家管理办法》。现印发给你们，请遵照执行。

附件：政府采购评审专家管理办法

附件：

政府采购评审专家管理办法

第一章　总　　则

第一条　为加强对政府采购评审活动的管理，规范评审专家执业行为，提高政府采购工作质量，依据有关法律和国务院规定，制定本办法。

第二条　本办法所称政府采购评审专家(以下简称“评审专家”)，是指符合本办法规定条件和要求，以独立身份从事和参加政府采购有关评审工作的人员。

评审专家从事和参加政府采购招标、竞争性谈判、询价、单一来源等采购活动评审，以及相关咨询活动适用本办法。

第三条　评审专家实行“统一条件，分级管理，资源共享，随机选取、管用分离”的管理办法。

第四条　评审专家资格由财政部门管理，采取公开征集、推荐与自我推荐相结合的方式确定。集中采购机构和经财政部门登记备案的政府采购业务代理机构（以下统称“采购代理机构”）可以按照本办法规定对自身管理的专家进行初审，并作为评审专家候选人报财政部门审核登记。

第五条　评审专家应当通过政府采购专家库进行管理。各级财政部门可以根据本地区实际和资源整合要求，统一建立政府采购专家库，也可以借助采购人、采购代理机构已有的专家资源建库。

第六条　评审专家名单必须在财政部指定的政府采购信息发布媒体上公告，也可以同时在省级财政部门指定的政府采购信息发布媒体上公告。

第七条　财政部门应当加强对评审专家的监督管理，切实规范专家执业行为。

第二章　评审专家资格管理

第八条　评审专家应当具备以下条件：

（一）具有较高的业务素质和良好的职业道德，在政府采购的评审过程中能以客观公正、廉洁自律、遵纪守法为行为准则；

（二）从事相关领域工作满 8 年，具有本科（含本科）以上文化程度，高级专业技术职称或者具有同等专业水平，精通专业业务，熟悉产品情况，在其专业领域享有一定声誉；

（三）熟悉政府采购、招标投标的相关政策法规和业务理论知识，能胜任政府采购评审工作；

（四）本人愿意以独立身份参加政府采购评审工作，并接受财政部门的监督管理；

（五）没有违纪违法等不良记录；

（六）财政部门要求的其他条件。

第九条　对达不到第八条第二款所列条件和要求，但在相关工作领域有突出的专业特长并熟悉商品市场销售行情，且符合专家其他资格条件的，可以经财政部门审核后，认定为评审专家。

第十条　凡符合本办法第八条和第九条规定的在职和离退休人员，均可向财政部门、采购人、采购代理机构自我推荐，也可以由所在单位或本行业其他专家推荐。自我推荐或推荐时应提供以下材料：

（一）个人文化及专业简历；

（二）文化及专业资格证书（原件及复印件）；

（三）个人研究或工作成就简况（包括学术论文、科研成果、发明创造等）；

（四）证明本人身份的有效证件；

（五）本人所在单位或行业组织出具的评荐意见。

第十一条　凡符合本办法规定条件的专家，可以从事政府采购评审工作，财政部门可以根据管理需要，颁发《政府采购评审专家证书》。

第十二条　财政部门应当对评审专家的条件每两年检验复审一次，符合条件的可以从事政府采购评审工作。

第十三条　评审专家资格检验复审工作应当包括以下内容：

（一）本人专业水平和执业能力是否能够继续满足政府采购评审工作要求；

（二）本人是否熟悉和掌握政府采购法律、法规、规章制度和方针政策方面的新规定，并参加必要的政府采购培训；

（三）本人在参加政府采购活动中是否严格遵守客观公正等职业道德规范，认真履行自己的职责；

（四）本人有无违反本办法规定或其他违纪违法不良记录；

（五）财政部门认为应当考核的其他内容。

第十四条　对在政府采购评审工作中有违规行为、不再胜任评审工作、检验复审不合格的，或者本人提出不再担任评审专家申请的，财政部门可以随时办理停止从事政府采购评审工作有关事宜。

第三章　评审专家的权利义务

第十五条　评审专家在政府采购活动中享有以下权利：

（一）对政府采购制度及相关情况的知情权；

（二）对供应商所供货物、工程和服务质量的评审权；

（三）推荐中标候选供应商的表决权；

（四）按规定获得相应的评审劳务报酬；

（五）法律、法规和规章规定的其他权利。

第十六条　评审专家在政府采购活动中承担以下义务：

（一）为政府采购工作提供真实、可靠的评审意见；

（二）严格遵守政府采购评审工作纪律，不得向外界泄露评审情况（不包括本条第四款内容）；

（三）发现供应商在政府采购活动中有不正当竞争或恶意串通等违规行为，应及时向政府采购评审工作的组织者或财政部门报告并加以制止；

（四）解答有关方面对政府采购评审工作中有关问题的咨询或质疑；

（五）法律、法规和规章规定的其他义务。

第十七条　财政部门、采购人和采购代理机构的有关工作人员应对评审专家的私人情况予以保密。

第四章　评审专家的使用与管理

第十八条　评审专家的管理与使用要

相对分离。财政部门要建立专家库维护管理与抽取使用相互制约的管理制度，即政府采购专家库的维护管理与使用抽取工作分离。

第十九条　抽取使用专家时，原则上由采购人或采购代理机构的经办人在财政部门监督下随机抽取。特殊情况下，经采购人或采购代理机构同意，也可以由财政部门专家库维护管理人员从专家库中随机抽取后，推荐给采购人或采购代理机构。任何单位和个人都不得指定评审专家或干预评审专家的抽取工作。

第二十条　每次抽取所需评审专家时，应当根据情况多抽取两名以上候补评选专家，并按先后顺序排列递补。

评审专家抽取结果及通知情况应当场记录备案，以备后查。

第二十一条　遇有行业和产品特殊，政府采购专家库不能满足需求时，可以由采购人、采购代理机构按有关规定确定评审专家人选，但应当报财政部门备案。

第二十二条　评审专家的抽取时间原则上应当在开标前半天或前一天进行，特殊情况不得超过两天。

参加评审专家抽取的有关人员对被抽取专家的姓名、单位和联系方式等内容负有保密的义务。

第二十三条　财政部门统一建立的专家库必须公开向采购人、采购代理机构提供服务，不得有意隐瞒专家库资源。

第二十四条　评审专家原则上在一年之内不得连续三次参加政府采购评审工作。

第二十五条　评审专家应以科学、公正的态度参加政府采购的评审工作，在评审过程中不受任何干扰，独立、负责地提出评审意见，并对自己的评审意见承担责任。

第二十六条　评审专家不得参加与自己有利害关系的政府采购项目的评审活动。对与自己有利害关系的评审项目，如受到邀请，应主动提出回避。财政部门、采购人或采购代理机构也可要求该评审专家回避。

有利害关系主要是指三年内曾在参加该采购项目供应商中任职（包括一般工作）或担任顾问，配偶或直系亲属在参加该采购项目的供应商中任职或担任顾问，与参加该采购项目供应商发生过法律纠纷，以及其他可能影响公正评标的情况。

第二十七条　财政部门应建立政府采购评审专家信息反馈制度，听取有关各方对评审专家业务水平、工作能力、职业道德等方面的意见，核实并记录有关内容。定期组织专家进行政府采购法律法规和政策方面的学习。

第五章　违规处罚

第二十八条　评审专家有下列情况之一的，将作为不良行为予以通报批评或记录。

（一）被选定为某项目并且已接受邀请的评审项目专家，未按规定时间参与评审，影响政府采购工作的；

（二）在评标工作中，有明显倾向或歧视现象的；

（三）违反职业道德和国家有关廉洁自律规定，但对评审结果没有实质性影响的；

（四）违反政府采购规定，向外界透露有关评标情况及其他信息的；

（五）不能按规定回答或拒绝回答采购当事人询问的；

（六）在不知情情况下，评审意见违反政府采购政策规定的。

第二十九条　评审专家有下列情形之一的，将停止从事政府采购评审工作。

（一）故意并且严重损害采购人、供应商等正当权益的；

（二）违反国家有关廉洁自律规定，私下接触或收受参与政府采购活动的供应商及有关业务单位的财物或者好处的；

（三）违反政府采购规定向外界透露有关评审情况及其他信息，给招标结果带来实质影响的；

（四）评审专家之间私下达成一致意见，违背公正、公开原则，影响和干预评标结果的；

（五）以政府采购名义从事有损政府采购形象的其他活动的；

（六）弄虚作假获得从事政府采购评审工作条件的；

（七）评审意见严重违反政府采购有关政策规定的。

第三十条　评审专家在一年内发生两次通报批评或不良记录的，一到三年内不得从事政府采购评审工作，累计三次以上者将不得再从事评审工作。

第三十一条　各级监察机关要对属于行政监察对象的评审专家的个人行为加强监督检查，涉及有关违规违纪行为的，应当按照有关规定给予相关人员行政处分。

第三十二条　由于评审专家个人的违规行为给有关单位造成经济损失的，相关评审专家应当承担经济赔偿责任；构成犯罪的，将移送司法机关追究其刑事责任。

第三十三条　通报批评、不良记录和取消资格等对评审专家的处理结果，可以在财政部门指定的政府采购信息发布媒体上公告。

第三十四条　财政部门、采购人或采购代理机构在抽取评审专家工作中，违反操作要求予以指定或进行暗箱操作的，或故意对外泄露被抽取评审专家有关姓名、单位、联系方式等内容的，可根据具体情况，由其上级部门或监察机关给予相应的行政处分。

第三十五条　财政部门及其工作人员在对评审专家的管理工作中，有失职、渎职、徇私舞弊等行为，不正确履行职责，或借管理行为不正当干预政府采购工作的，要予以通报批评；情节严重的，由其上级部门或监察机关给予相应的行政处分。

第六章　附　　则

第三十六条　各省、自治区、直辖市、计划单列市财政厅（局），可以根据本办法规定，制定具体实施办法。

第三十七条　本办法自发布之日起执行。

财政部　监察部关于印发《集中采购机构监督考核管理办法》的通知

（2003年11月17日　财政部　监察部　财库［2003］120号）

各省、自治区、直辖市、计划单列市财政厅（局）、监察厅（局），新疆生产建设兵团财务局、监察局，党中央有关部门，国务院各部委、各直属机构，各人民团体，全国人大常委会办公厅，全国政协办公厅，高法院，高检院：

为正确开展对政府集中采购机构的监督考核工作，确保监督考核工作的规范性，促进集中采购机构工作质量的提高，根据《中华人民共和国政府采购法》有关规定，财政部和监察部制定了《集中采购机构监督考核管理办法》。现印发给你们，请遵照执行。

附件：集中采购机构监督考核管理办法

附件：

集中采购机构监督考核管理办法

第一章 总 则

第一条 为了进一步加强对政府集中采购机构的监督管理，提高集中采购活动的效率，保障集中采购机构的工作服务质量，根据《中华人民共和国政府采购法》，制定本办法。

第二条 本办法所称集中采购机构，是指设区的市、自治州以上人民政府根据本级政府采购项目组织集中采购的需要设立的承担集中采购任务的专门机构。

各级政府采购监督管理部门（以下简称“财政部门”）对各级集中采购机构的监督考核工作按照本办法规定执行。

对县级政府因工作需要设置的集中采购机构，其监督考核工作按照本办法规定执行。

第三条 财政部门负责对集中采购机构的监督考核工作，监督考核结果应当在财政部门指定的政府采购信息媒体上公布。

监察部门要加强对集中采购机构及其工作人员的监察，同时对财政部门的监督考核工作实施监察。

第四条 集中采购机构监督考核工作，应当坚持依法办事、客观公正、实事求是、廉洁奉公的原则。

对集中采购机构考核实行定期和定项考核。定期考核原则上每半年进行一次。定项考核根据工作需要随机进行。

第五条 财政部门在考核工作中要做到“要求明确，事先通知，程序规范，考核认真”。

在监督考核工作中，财政部门与集中采购机构是监督与被监督关系，财政部门不得借监督考核干预集中采购机构的正常工作。

第二章 考核内容

第六条 集中采购机构执行政府采购的法律、行政法规和规章情况，有无违纪违法行为。

第七条 采购范围、采购方式和采购程序的执行情况。包括集中采购目录或计划任务的完成情况，是否按规定的采购方式执行，采购程序是否合理合法，接受采购人委托完成其他采购情况等。

第八条 集中采购机构建立和健全内部管理监督制度情况。包括是否建立岗位工作纪律要求，工作岗位设置是否合理，管理操作环节是否权责明确，是否建立内部监督制约体系。

第九条 集中采购机构从业人员的职业素质和专业技能情况。包括是否遵守有关法律、规章制度，是否开展内部培训和参加财政部门组织的培训等。

第十条 基础工作情况。包括日常基础工作和业务基础工作。日常基础工作有，政府采购文件档案管理制度是否规范有序，归档资料是否齐全、及时。业务基础工作有，招标公告和中标公告发布率，招标文件、招标结果和合同备案率，擅自改变采购方式率和质疑答复满意率，有关收费和资金管理情况，有关报表数据是否及时等。

第十一条　采购价格、资金节约率情况。包括实际采购价格是否低于采购预算和市场同期平均价格等。

第十二条　集中采购机构的服务质量情况。包括是否及时向采购人提供服务，是否在规定的时间内及时组织采购人和中标（成交）供应商签订采购合同；是否及时会同采购人对采购项目进行验收，采购人对集中采购机构服务态度和质量的满意度，是否公平公正对待参加采购活动的供应商等。

第十三条　集中采购机构及其从业人员的廉洁自律情况。包括是否制定廉洁自律规定，是否有接受采购人或供应商宴请、旅游、娱乐的行为，是否有接受礼品、回扣、有价证券的，是否在采购人或供应商处报销应该由个人负担的费用以及其他不廉洁行为等。

第三章　考核要求

第十四条　财政部门应当组织考核小组对集中采购机构进行考核，考核小组可以邀请纪检监察、审计部门人员参加。必要时邀请采购人和供应商参加。

第十五条　财政部门应当制定考核计划和考核方案，能采取量化考核的，要制定考核标准和打分方法，并在考核工作开始前15天以文件形式通知集中采购机构。

第十六条　对集中采购机构考核时，财政部门可向采购人、供应商征求对集中采购机构的意见，并作为考核参考依据。

第十七条　集中采购机构接到财政部门考核通知后，在一周内按考核要求进行自我检查，并形成自查报告。同时做好有关考核所需文件、数据及资料的整理工作，以备向考核小组提供。

第十八条　在考核工作中，集中采购机构对考核小组的考核意见有分歧时，应当进行协商。协商有困难的，应以书面形式将意见报财政部门。财政部门应当按规定予以答复或处理。

第十九条　财政部门根据考核中发现的问题，向集中采购机构提出改进建议。集中采购机构应当按照财政部门的建议进行整改。

第四章　考核方法

第二十条　定性与定量相结合的考核方式。对集中采购机构采购次数、金额和信息发布等进行定量考核，对采购质量、采购效率和服务水平进行定性综合考评。

第二十一条　自我检查与财政检查相结合的考核方式。财政部门要结合集中采购机构上报的自我检查报告进行考核。

第二十二条　定期与随机检查相结合的考核方式。除正常考核外，财政部门还可以根据实际情况，采取随机方式进行考核。

第二十三条　专项检查与全面检查相结合的考核方式。可对一个采购项目或事务进行专项考核，也可对一段时期采购执行情况开展综合考核。

第五章　考核结果及责任

第二十四条　考核小组要在考核工作结束五个工作日内形成书面考核意见。

书面考核意见应当由考核小组集体研究决定，重大事项和情况，可向财政部门请示或报告。

第二十五条　财政部门要综合考核小组意见和采购人、供应商的意见后作出正式考核报告。考核报告要报送同级人民政府，同时抄送集中采购机构。

第二十六条　对经考核，工作业绩优良的集中采购机构要给予通报表彰。

第二十七条　集中采购机构在考核中，虚报业绩，隐瞒真实情况的，或者无正当理由拒绝按照财政部门考核意见及时改进工作的，由财政部门或者同级人民政府给予警告或通报批评，情节严重的，可责令停止一至三个月的代理采购业务（此期间业务由采购人委托其他采购代理机构办理），进行内部整顿。其中涉及集中采购机构领导或工作人员的，监察机关对直接责任人员可根据情节给予行政处分。

第二十八条　集中采购机构发生下列情形，应当责令其限期改正，给予警告，对直接负责的主管人员和其他直接责任人，由其行政主管部门或监察机关给予行政处分。

（一）应当采取规定方式而擅自采取其他方式采购的；

（二）擅自提高采购标准的；

（三）以不合理条件对供应商实行差别待遇或歧视待遇的；

（四）在招标过程中违规与投标人进行协商谈判的；

（五）拒绝有关部门依法实施监督检查的。

第二十九条　集中采购机构发生下列情形的，应当给予警告；情节严重的，可责令停止一至三个月的代理采购业务，进行内部整顿。

（一）未按规定在财政部门指定媒体上发布政府采购信息的；

（二）按规定应当在财政部门指定媒体发布招标公告和中标公告而发布率不足95%的；

（三）按规定应当在财政部门备案的招标文件、招标结果和合同其备案率不足90%的；

（四）未经财政部门批准擅自改变采购方式的；

（五）质疑答复满意率、服务态度和质量满意度较低的；

（六）违反本办法规定的其他考核内容的。

第三十条　集中采购机构工作人员有下列情形的，将追究有关直接责任人的责任，并且视情节给予短期离岗学习、调离（辞退）、处分等处罚。构成犯罪的，依法追究刑事责任。

（一）与政府采购供应商恶意串通的；

（二）在采购过程中，接受贿赂或获取其他不正当利益的；

（三）违反政府采购及招标投标法律、法规、规章制度有关规定的；

（四）在有关部门依法实施监督检查中提供虚假情况的；

（五）由于个人工作失误，给采购人、供应商造成重大经济损失或不良影响的。

第三十一条　财政部门或考核小组在考核工作中违反本办法规定，弄虚作假、徇私舞弊或滥用职权的，要给予通报批评；情节严重的，由其上级部门或监察机关依法给予行政处分。构成犯罪的，依法追究刑事责任。

第六章　附　　则

第三十二条　各省、自治区、直辖市、计划单列市财政部门可根据当地实际情况，制定具体实施办法并报财政部备案。

第三十三条　本办法自发布之日起实施。

关于开展2003年度政府采购招标业务代理机构登记备案工作的通知

（2003年2月18日　财政部　财办库［2003］22号）

各省、自治区、直辖市、计划单列市财政厅（局），各有关招标机构：

为了贯彻实施《中华人民共和国政府采购法》，推行和规范政府采购招标工作，加强对政府采购招标代理机构的管理，现决定开始进行2003年度政府采购招标业务代理机构登记备案工作，有关事项通知如下：

一、登记备案范围与条件

（一）依法成立的招标投标中介公司，并且与国家行政机关没有行政隶属或利益关系；

（二）直接获得国务院有关部门颁发的招标投标代理资格证书并通过年检；

（三）具有固定的工作场所、健全的组织机构和完善的内部管理和控制制度；

（四）熟悉并执行国家有关政府采购方面的法律、法规和政策；

（五）拥有足够数量的专业人员，其中具有技术、经济、法律专业中级和高级专业技术职称的人员分别占在职人员总数的60%和20%以上；

（六）具有从事政府采购业务代理活动所需要的专家库、招标业务资料库等专业技术信息系统，能采用现代科技手段完成政府采购代理工作；

（七）近三年内没有违反国家法律、法规的不良记录。

二、申报资料

申请政府采购业务代理资格登记备案，应提供以下资料：

（一）企业法人营业执照（复印件）；

（二）招标资格证书（复印件），最近一次年检证明；

（三）2002年招标采购业绩统计表；

（四）完整的专家库人员名单（请附报磁盘，以Excel电子文件格式提供，包括专业领域、姓名、性别、年龄、职务/职称、工作单位、联系电话）；

（五）接受处罚及投诉情况；

（六）招标代理机构基本情况表（详见附件）。

三、有以下情形之一的招标机构，暂不予登记备案

（一）具有招标资格，但未开展招标业务；

（二）未按本通知要求提供真实、完整的资料；

（三）招标机构在组织政府采购招标工作中，不以社会公共利益为目的，有违背“公开、公平、公正”原则的行为；

（四）受到投诉或举报，纪检部门或司法部门已经正式立案审查；

（五）经审计，存在严重违反财经纪律

现象。

四、获准登记备案的代理机构享有以下权利

（一）接受采购人委托，组织政府采购招标活动；

（二）依据国家有关法律、法规和规章以及财政部政府采购的具体要求，核实投标人的资质；自行组织开标、评标活动；

（三）按国家有关规定收取招标代理服务费；

（四）参与政府采购的验收工作；

（五）国家有关法律、法规和规章规定的其他权利。

五、获准登记备案的代理机构承担以下义务

（一）严格执行政府采购、招标投标有关制度规定，维护政府采购委托人、投标人和中标人的合法权益；

（二）自觉通过财政部指定媒体（《中国财经报》和中国政府采购网 www.ccgp.gov.cn）向社会发布招标、中标公告，编制、解释招标文件；

（三）承担有关保密责任；

（四）按财政部管理要求，向财政部门报送招标、评标文件；

（五）在政府采购活动中，接受政府和社会的监督；

（六）法律、法规和规章规定的其他义务。

六、登记备案程序

符合本通知要求，有意愿承担政府采购业务代理的招标机构，请于 2003 年 3 月 15 日前按本通知要求将申请材料上报财政部。中央企业的招标机构，直接报财政部国库司；其他招标机构，报当地省级财政部门政府采购管理机构审核。

各省级财政部门政府采购管理机构将本通知精神及时向本地区招标机构传达，组织做好审核把关工作，并签注意见后报财政部国库司。同时，对获得省级人民政府有关部门颁发的招投标代理机构证书的机构，要参照本通知精神，搞好本地区登记备案工作。

七、登记备案结果公布

财政部对审核合格的招标机构，统一印制政府采购业务代理机构资格登记备案表，作为代理 2003 年度政府采购业务资格的证明，并通过政府采购指定媒体公开发布；未进行登记备案的招标机构，不得接受委托代理政府采购业务。

联系地址：财政部国库司 政府采购处

北京市西城区三里河南三巷（100820）

联系电话：010 - 68552229 传真：68552266

附件：招标代理机构基本情况表

附件：

招标代理机构基本情况表

单位公章：

单位全称		注册时间	
单位性质	企业□　　事业□	E - mail	

续表

办公地址		邮政编码	
法人代表		联系电话	
业务联系人		联系电话	
		传真电话	
上级主管单位		联系电话	
资质证明		审批机关	
主营范围			
兼营范围			
2002年主要业绩 （可另附资料）	1. 接受委托项目个数　　　　　　个 2. 项目涉及的行业领域 3. 采购的主要内容（设备/材料/工程/服务） 4. 国内招标次数及金额　　　　　次　　　万元 5. 国际招标次数及金额　　　　　次　　　万元 6. 招标业务全年营业收入及利润　　万元　　　万元 7. 承揽政府采购业务招标次数及金额　　次　　　万元		
业务特长			
人员构成	专职招标人员：　人；中高级专业人员：　人，占　%；建立专家库：　人		
附件：1. 营业执照（复印件） 2. 资质证明（复印件） 3. 审计后的会计决算报表 4. 专家库人员名单			

法人代表签字：　　　　填表人及联系电话：　　　　报送日期：　　月　日

省级财政部门政府采购管理机构签注意见并盖章：

关于印发《2003年政府采购工作计划要点》的通知

（2003年3月3日　财政部　财办库［2003］27号）

各省、自治区、直辖市、计划单列市财政厅（局），新疆生产建设兵团财务局：

为了更好地贯彻落实全国政府采购工作会议精神，指导全国政府采购工作，现将财政部国库司制定的“2003年政府采购工作计划要点”，印发给你们，请结合本地区具体情况，积极开展政府采购工作。

附件：2003年政府采购工作计划要点

附件：

2003 年政府采购工作计划要点

2003 年是贯彻落实党的十六大精神和《政府采购法》，全面推进政府采购制度改革的重要一年。全年的政府采购工作要继续以江泽民同志“三个代表”重要思想为指针，认真贯彻《政府采购法》各项规定和全国政府采购工作会议精神，以扩大采购规模、抓规范化管理为重点，进一步完善政府采购制度体系，开拓创新，努力将我国政府采购工作推上一个新的台阶。

一、继续集中精力做好现行各项工作，确保政府采购改革工作顺利开展

（一）进一步完善规章制度。根据《政府采购法》要求，建立健全规章制度是 2003 年的核心工作内容。为此，要认真做好《政府采购法实施条例》的研究起草工作，力争在 9 月份前上报国务院；要制定《政府采购法》的相关配套办法，指导和规范政府采购工作。计划制定的制度办法涉及货物和服务招标、信息公告、供应商投诉、评审专家、集中采购机构考核、采购国货等方面。除此之外，对现行有关政府采购规章制度进行清理，废止或修改与《政府采购法》规定不一致或不衔接的现行制度规定。

（二）努力扩大政府采购范围和规模。全国政府采购工作会议确定 2003 年政府采购规模目标是 1500 亿元。要科学制定政府集中采购目录和政府采购限额标准，扩大集中采购规模；要改进工作方法，重点抓好政府采购预算编制和追加采购项目的工作，实现采购方法的创新；要加大工程实行政府采购管理的力度，充分与政府有关部门协作，创造性地开展工作；要加强对分散采购的管理与监督，促进规模目标的实现。

（三）切实做好集中采购机构分设工作。要全面落实全国政府采购工作会议精神，并根据《政府采购法》规定，认真做好集中采购机构设置与分离工作，明晰管理与操作职能。设立在财政部门的集中采购机构分离工作要在 2003 年一季度内完成。地县一级地区集中采购机构的设置，要在充分调研后尽快予以明确。

（四）完善指定媒体管理，加大宣传力度。要充分发挥报纸、杂志和网络三个指定媒体各自优势，促进各种采购信息的交流；要增加信息发布内容，尤其是动态新闻信息，包括国际动态、中央和地方工作动态、科研动态等；要做好媒体指定及管理工作，做到信息资源共享和互通，增强做好政府采购宣传服务工作的能力。

（五）加强政府采购信息统计管理与政府采购业务培训。要建立科学全面的政府采购信息统计管理体系，扩大和规范统计内容，增加中标供应商合同、采购本国货物、工程和服务的合同、投诉情况和培训等指标，进一步提高政府采购信息统计工作的电子化水平，建立考核奖惩制度；要加大培训力度，建立起对政府采购管理人员、执行人员、中介机构以及供应商经常性培训制度。

（六）进一步加强政府采购规范化管理。要严格执行各项规定，继续抓好政府采购预算编制、采购程序的规范和公开，加强对政府采购工作人员和所聘专家的监督管理。

二、根据改革发展需要，努力做好开创性工作

（一）认真研究并落实《政府采购法》

中有关政策性规定。要发挥政府采购政策功能，把实行政府采购制度的目标由重视经济效益延伸到兼顾社会效益；要重点落实社会和老百姓关心的采购项目和购买本国货物的规定，并着手从信息产品领域探索规范的实施模式。

（二）研究建立政府采购供应商投诉机制。供应商投诉是维护政府采购公正、保护供应商合法权益的有效措施。要依据《政府采购法》明确供应商投诉的条件、投诉供应商的权利和义务、投诉程序、受理投诉的条件以及处理要求，逐步实现政府采购供应商投诉的制度化、程序化。

（三）完善政府采购资金财政直接拨付办法。要进一步发挥财政支付手段的管理作用，政府采购资金实行财政直接拨付的规模，包括实行国库集中支付改革试点部门和非改革试点部门的政府采购资金直接拨付金额。政府采购管理机构要在配合做好国库集中改革试点部门改革的同时，采取有效措施，科学确定非试点部门的政府采购资金直接拨付项目，积极实行拼盘采购资金直接拨付和政府采购卡拨付办法。

（四）开展监督检查，逐步建立正常的监督机制。要针对《政府采购法》的贯彻实施以及政府采购工作等事项开展监督检查活动。财政部门可以单独开展检查，也可以与有关部门组织联合检查；要通过检查工作，探索建立正常监督检查的方式和方法，完善监督机制。

（五）加强县市工作的调查研究，尽快实现县市一级政府采购规范化管理。要继续开展调查研究，在此基础上，提出对县市贯彻落实《政府采购法》有关规定及管理模式的指导性意见。

（六）加大WTO研究力度，为加入《政府采购协议》做好准备。我国在入世时已经承诺要尽快启动加入《政府采购协议》的谈判，目前还面临签署WTO《政府采购透明度协议》问题。为了做好应对工作，要启动WTO研究工作，开展专题研究，完成阶段性研究报告，为确定下一步的研究重点、提出谈判时间表以及制定相关政策措施打好基础。

关于多家代理商代理一家制造商的产品参加投标如何计算供应商家数的复函

（2003年4月14日　财政部　财办库［2003］38号）

河北省财政厅：

《河北省财政厅关于多家代理商代理一家制造商的产品参加投标如何计算供应商家数的请示》（冀财采［2003］9号）已收悉，现答复如下：

根据国际惯例以及《政府采购法》的立法精神，公开竞争是政府采购的基石。政府采购的竞争是指符合采购人采购需求的不同品牌或者不同生产制造商之间的竞争，原则上同一品牌同一型号产品只能有一家投标人，但应当在招标文件中对此作出明确规定。如中央单位2002年实行的计算机、打印机和复印机协议供货制度，在招标文件中明确规定，只允许投标产品的生产制造商总部参加投标，或者由生产制造商总部全权委托一家代理商参加。否则，作无效标处理。

《政府采购法》实施后，为了避免同一品牌同一型号产品出现多个投标人的现象，应当在招标文件中明确规定，同一品牌同一型号产品只能由一家供应商参加。如果有多家代理商参加同一品牌同一型号产品投标的，应当作为一个供应商计算。公开招标以外采购方式以及政府采购服务和工程，也按此方法计算供应商家数。

关于投标商家数计算方法的复函

（2003 年 5 月 5 日　财政部　财办库［2003］41 号）

河北省财政厅：

你厅《河北省财政厅关于在招标文件中没有明确投标商家数计算方法应如何处理的请示》（冀财采［2003］12 号）收悉。经研究，现答复如下：

在政府采购活动中，因招标文件未作明确规定，对合格投标人缺乏准确界定，出现多家代理商参加同一品牌同一型号产品投标的，可采取修改招标文件，重新投标的方式予以补救。具体做法是，按照财办库［2003］38 号文件规定，修改招标文件，将合格投标人界定为“由投标产品的生产制造商或其授权的惟一代理商”；在财政部指定媒体或发布原招标公告的其他媒体上发布更正公告，明确更正事项，请符合条件的供应商参加投标；将更正公告及经修改的招标文件免费送原投标的所有供应商；确定投标截止期；接受新的投标，重新评标，最后定标。

关于公布已获准登记备案的 2003 年政府采购业务代理机构的通知

（2003 年 5 月 14 日　财政部　财办库［2003］47 号）

党中央有关部委财务部门，国务院各部委、各直属机构财务部门，全国人大常委会办公厅、全国政协办公厅、高法院、高检院、有关人民团体财务部门，新疆生产建设兵团财务局，各有关招标代理机构：

根据《中华人民共和国政府采购法》和《关于开展 2003 年度政府采购招标业务代理机构登记备案工作的通知》（财办

库［2003］22号）文件规定，财政部进行了2003年政府采购招标代理机构登记备案工作。现将符合登记备案条件的招标代理机构名单（第一批）予以公布，获准登记备案的各招标代理机构，在招标资质范围内具有相应代理政府采购业务的资质。中央单位必须在已获准登记备案的政府采购业务代理机构中选择承办机构来代理政府采购业务。

2003年是《中华人民共和国政府采购法》正式实施的第一年，获准登记备案的各政府采购业务代理机构应深刻领会政府采购法的精神和具体含义，认真按照政府采购法的各项要求，科学规范地做好中央单位的政府采购业务代理活动。

附件：已获准登记备案的2003年政府采购招标业务代理机构基本情况表（第一批）

附件：

已获准登记备案的2003年政府采购招标业务代理机构基本情况表（第一批）

序	机构名称	联系人	电话	传真	邮编	地址	招标资质
101	中招国际招标公司	胡杰 毛强	010－88128965 010－88118911	010－88127028	100036	北京市海淀区恩济庄46号F区	国际招标甲级 技改招标甲级 工程招标甲级
102	国信招标有限责任公司	陆明	010－88356030	010－88356050	100044	北京市海淀区首体南路22号国兴大厦10层	工程招标甲级 技改招标甲级 国际招标乙级
103	中机国际招标公司	白雪莹	010－68991156	010－68991399	100037	北京市西城区阜外大街1号四川大厦西塔楼	国际招标甲级 技改招标甲级 工程招标甲级
104	中化国际招标有限责任公司	谢石 邵炜	010－88079562 010－88078610	010－88079871	100045	北京市复兴门外大街A2号中化大厦	工程招标甲级 技改招标甲级 国际招标甲级
105	中源能源工程有限公司	刘治金	010－68595280	010－68595270	100823	北京市西城区三里河路46号	技改招标甲级
106	中国电工设备总公司	董会军	010－63363727	010－63363725	100055	北京市广外莲花河胡同1号	工程招标甲级
107	中国机械进出口（集团）有限公司	杨晓松 谢政	010－68991234 010－68991164	010－68991600 010－68991166	100037	北京市西城区阜外大街1号四川大厦西塔楼	工程招标甲级 国际招标甲级 技改招标甲级
108	中国国际信托投资公司	王艳蕊	010－64359768	010－64350327	100004	北京市朝阳区新源南路6号	国际招标甲级
109	中国教学仪器设备总公司	毛振刚	010－66097292	010－66097263	100816	北京市西单大木仓胡同35号	技改招标乙级（预备）

续表

序	机构名称	联系人	电话	传真	邮编	地址	招标资质
110	中国电子进出口总公司	穆睿	010-68296481 010-68296444	010-68223917 010-68223907	100036	北京复兴路甲23号电子大楼	技改招标甲级 国际招标甲级
111	中技国际招标公司	徐学良 牛燕钧 肖革	010-68404363 010-68404972	010-68404409 010-68427328	100089	北京西三环北路21号久凌大厦北楼	国际招标甲级 技改招标甲级 工程招标甲级
112	中国仪器进出口（集团）公司	耿宝库 靳力强	010-68330306 010-68330316	010-68330311	100044	北京市西直门外大街6号中仪大厦	技改招标甲级 国际招标乙级
113	中技贸易股份有限公司	宋熙本	010-68404577	010-68404439	100089	北京西三环北路21号久凌大厦北楼	技改招标甲级 国际招标甲级
114	三峡国际招标有限公司	李岩	010-65663389	010-67124392	100022	北京市朝阳区建国路118号航华科贸中心01楼	工程招标甲级
115	中国航空技术进出口总公司	郑启源	010-84970316	010-84970290	100101	北京市朝阳区北辰东路18号中航技大厦8层	技改招标甲级 国际招标甲级
116	中金招标有限责任公司	许高峰	010-66058277	010-66058390	100031	北京市西城区金融大街37号	技改招标甲级
117	中建精诚工程咨询有限公司	张弘	010-68340371 13701335187	010-68394784	100835	北京三里河路9号建设部附楼1层	工程招标甲级
118	中化建国际招标有限公司	廖仁兴 王宏智	010-64412163	010-64416484	100029	北京市朝阳区安贞西里三区15号凯康大厦	国际招标甲级 技改招标甲级 工程招标甲级
119	中国远东国际贸易总公司	任志刚 常路	010-64224344	010-64204400	100013	北京市朝阳区和平街东土城路甲9号	国际招标甲级 技改招标甲级 工程招标甲级
120	中国技术进出口总公司	荫迎	010-68404674	010-68404691	100089	北京西三环北路21号久凌大厦	国际招标甲级 技改招标甲级 工程招标甲级
121	中仪国际招标公司	程超	010-68330513	010-68330582	100044	北京市西外大街6号中仪大厦423室	国际招标甲级 技改招标甲级 工程招标甲级
122	五矿国际招标有限责任公司	王健	010-68494331	010-68494524	100044	北京市海淀区三里河路5号五矿大厦b座301室	国际招标甲级 技改招标甲级 工程招标甲级
123	中煤招标有限责任公司	张玉新	010-64287290	010-64287189	100011	北京市东城区安定门外大街乙88号	技改招标甲级
124	中通建设工程咨询有限责任公司	焦丽芳	010-88361398 010-88361399	010-88361638	100037	北京市西城区百万庄大街8号世通大厦A座103	工程招标甲级
125	东方国际招标有限责任公司	沈重重 王军	010-68729925	010-68458922	100036	北京市海淀区阜石路67号银都大厦15层	国际招标乙级

续表

序	机构名称	联系人	电话	传真	邮编	地址	招标资质
126	中天宏国际咨询有限责任公司	崔劲	010－68727348	010－68727478	100037	北京市海淀区西三环北路100号1103	技改招标乙级（预备）
127	联通进出口有限公司	王昆	010－66505344	010－66505274	100032	北京市西城区西单北大街甲133号	国际招标乙级
128	中国新时代控股（集团）公司	王瑞桐	010－82803277	010－82803285	100088	北京市海淀区花园路7号新时代大厦	技改招标甲级
201	北京国际招标有限公司	藏亚娟	010－84046630	010－84045700	100010	北京市东城区朝阳门北小街71号	技改招标甲级 工程招标甲级 国际招标甲级
202	北京科技园拍卖招标有限公司	李凤	010－82883018	010－82883015	100083	海淀区北四环中路229号海泰大厦	工程招标甲级
203	北京市京发招标有限公司	闫淼	010－67124750	010－67116647	100062	北京市崇文区崇文门外大街90号	工程招标甲级 技改招标乙级
204	北京国际贸易公司	尼英 田树来 孙东 李阳	010－65942830 010－65043145 010－65072273 010－65005503	010－65072849	100020	北京建国门外大街甲三号	国际招标乙级
205	北京首建招标有限公司	袁建军 刘学颖	13910853277	010－88067077	100045	北京市西城区西单民丰胡同31号中水大厦	工程招标甲级
206	北京希地环球建设工程顾问有限公司	李海英	010－68001929－703	010－68008678	100044	北京市西城区车公庄大街甲4号物华大厦	工程招标甲级
207	北京广联达工程造价咨询事务所有限公司	刘金玲	010－87659219	010－87659055	100075	北京市丰台区同仁园小区5号	工程招标甲级
208	北京中建源建筑工程技术咨询有限公司	路丽梅	010－88387057	010－68365163	100037	北京市西城区阜外大街37号国侨宾馆	工程招标甲级
209	北京恒乐工程咨询有限公司	凌雪峰	010－64392009	010－64392118	100102	北京市朝阳区望京北路9号叶青大厦A座	工程招标甲级
210	北京达华招投标代理有限公司	张斌 刘丽华	010－64801527－737	010－64801519	100012	北京市朝阳区慧忠北里天创世缘C座19层	工程招标甲级 技改招标乙级（预备）
211	天津普泽工程咨询有限责任公司	王小伟	022－23266688－8118	022－23258787	300204	天津市河西区广东路广顺园1号楼2层2号	工程招标甲级
212	山西省国际招标有限公司	卫建雄	0351－4936928	0351－4937252	030002	山西省太原市府西街268号力鸿大厦	技改招标甲级 国际招标乙级
213	内蒙机械设备成套有限责任公司	关宏 张征	0471－6920090 0471－6944481	0471－6920114	010010	呼和浩特市新华大街	技改招标乙级
214	内蒙古招标有限责任公司	黄赋	0471－6283515	0471－6202059	010010	呼和浩特西落凤街16号	技改招标甲级 国际招标乙级

续表

序	机构名称	联系人	电话	传真	邮编	地址	招标资质
215	辽宁省成套设备招标中心	黄旭	024－23389068	024－23388575	110005	沈阳市和平区南九马路 47 号	技改招标乙级 国际招标乙级
216	沈阳招标中心（辽宁省机电设备招标中心）	王延伟 江艳辉	024－22524667	024－22503601	110002	沈阳市和平区绥化东街 2 号	技改招标甲级 国际招标甲级
217	大连市机电设备招标中心	李晓宏	0411－3636045	0411－3701000	116011	大连市西岗区纪念街 16－6 号	技改招标乙级
218	大连市理工工程建设监理公司	李大臣	022－4708988 022－4708767	022－4708988 022－4708823	116025	大连市甘井子区凌工路 2 号	工程招标甲级
219	吉林松辽工程招标有限公司	张越鹏	0431－5607988	0431－5607988	130021	长春市工农大路 10－1 路	工程招标甲级
220	吉林省信维物资招标有限公司	李建新	0431－5794822	0431－5639592	130021	长春市白汇街 35 号	技改招标乙级（预备）
221	吉林省建设项目招标有限责任公司	王均安	0431－8567212 0431－8546234	0431－8521464	130061	吉林省长春市安达街 36 号	工程招标甲级
222	黑龙江天恒招标咨询有限责任公司	王成志 李伯良	0451－6218682	0451－6236409	150040	哈尔滨市南岗区文景街 85 号	技改招标乙级（预备）
223	黑龙江省招标公司	陈军军	0451－2364715	0451－2364715	150090	哈尔滨市经济技术开发区汉水路 180 号	国际招标甲级 技改招标甲级
224	上海华辰建设投资顾问有限公司	朱孝雄	021－63375218	021－63375217	200002	上海河南南路 33 号 15 楼	工程招标甲级
225	上海东方国际招标有限公司	丁瑞银	021－62090960	021－62786543	200336	上海仙霞路 322 号 22F	国际招标甲级
226	上海机电设备招标公司	崔志仁	021－62270300	021－62273738	200060	上海市长寿路 285 号恒达大厦 20 楼	技改招标甲级 国际招标甲级 工程招标甲级
227	上海国际招标有限公司	张志强 洪伟 朱挺	021－8621－62791919	021－8621－62791616	200040	上海静安区延安西路 358 号 14 楼	国际招标甲级 技改招标甲级 工程招标甲级
228	上海宝钢国际经济贸易有限公司	严冰	021－68403253	010－68404140	200122	上海市浦电路 370 号	技改招标甲级 国际招标乙级
229	江苏省设备采购国际招标中心	郭桦 李淑彦 李存华 朱宁	025－3713335－132 025－3705178	025－3397519	210013	江苏省南京市虎踞北路 12 号二楼	国际招标乙级（预备） 技改招标乙级
230	江苏省海外企业集团有限公司	李炎华 朱晴	025－3191961 025－3190747	025－3191960	210008	南京市中山路 348 号中信大厦	国际招标乙级 技改招标乙级
231	江苏省国际招标公司	杨森	025－3249903	025－3320400	210024	南京市西康路 7 号	国际招标甲级 工程招标甲级 技改招标甲级
232	江苏省舜天国际集团有限公司	陆明	025－2305103	025－2250489	210001	南京市建邺路 98 号	国际招标乙级

续表

序	机构名称	联系人	电话	传真	邮编	地址	招标资质
233	江苏省机电设备成套招标有限公司	陈海陆	025－3314589	025－3260221	210009	南京市山西路120号江苏国贸大厦	技改招标甲级 国际招标乙级
234	中设江苏机械设备进出口集团公司	苏显文	025－4529033	025－6640951	210018	南京市长江路198号11楼	技改招标乙级 国际招标乙级
235	浙江省国际技术设备招标有限公司	叶青	0571－85774154－30	0571－85774102	310003	杭州市中山北路308号土蓄大楼13楼	技改招标甲级 国际招标甲级
236	浙江省成套招标代理有限公司	钱培良 方萍	0571－87631297 13336010278	0571－87631113	310007	杭州市环城西路74号	工程招标甲级
237	浙江国际招（投）标公司	汪帆	0571－88473434	0571－88473430	310012	杭州市文三路90号东部软件园4号楼	技改招标甲级
238	宁波市国际招标有限公司	桑金山	0574－87321469	0574－87307670	315000	宁波市解放南路15号	技改招标甲级 国际招标乙级
239	安徽省机电设备招标中心	邵旭雯	0551－2616105	0551－2616130	230001	合肥市庐江路60号	工程招标甲级 技改招标甲级 国际招标甲级
240	安徽省技术进出口股份有限公司	庄斌兵	0551－5101318 0551－5101218	0551－5101197 0551－5101198 0551－5101199	230031	合肥市长江西路459号	国际招标乙级
241	安徽省江河水利水电工程建设监理咨询有限公司	宁春华	0551－3643117	0551－2128512	230022	合肥市曙光路1号	工程招标甲级
242	安徽省招标中心	田丰 佘卫华	0551－2675035	0551－2676461	230001	合肥市长江中路114号	工程招标甲级 技改招标甲级
243	厦门经发机电设备招标有限公司	叶中岳 吴秋兰 颜清风	0592－2218761	0592－2219825	361004	厦门市湖滨南路86号之一6、7楼	国际招标乙级
244	江西省机电设备招标公司	韩旭文	0791－6210194	0791－6227263	330046	南昌市省政府大院西二路	国际招标乙级 工程招标甲级 技改招标甲级
245	江西省电力设计院工程技术经济咨询部	王抚生	0791－6202196	0791－6202196	330006	南昌市南京西路369号	工程招标甲级
246	山东省设备成套招标中心	王仁义	0531－6021014	0531－6021014 0531－6915788	250011	济南市黑虎泉西路129号	工程招标甲级
247	山东省机电设备招标中心	王凌波	0531－6160026	0531－6105405	250011	济南市佛山苑小区1区9号楼	国际招标甲级 技改招标甲级 工程招标甲级
248	山东华标招标有限公司	曹仁裕	13335128186	0531－6121031	250012	济南市泺源大街229号金龙大厦主楼11层	工程招标甲级
249	青岛市招标中心	吴磊	0532－5016233	0532－5016114	266071	青岛市山东路29号银河大厦	国际招标甲级 技改招标甲级

续表

序	机构名称	联系人	电话	传真	邮编	地址	招标资质
250	青岛采购招标中心有限公司	王瑞 刘鹏	0532－2881133	0532－2966161	266001	青岛市广西路 59 号	技改招标甲级
251	河南豫信招标有限责任公司	白明会	0371－3911057	0371－3911063	450002	郑州市丰产路 22 号	工程招标甲级
252	河南招标采购服务有限公司	陈振力	0371－5900690	0371－5962573	450003	郑州市维四路 13 号	技改招标乙级（预备） 工程招标甲级
253	河南省机电设备招标公司	王洁 田峰	0371－3945114	0371－3939650	450053	郑州市南阳路 57 号附一号	技改招标甲级
254	河南省机电设备国际招标有限公司	程广霞	0371－5933591	0371－5944075	450008	郑州市东明路 187 号	技改招标甲级 国际招标乙级
255	湖北省设备成套招标有限公司	黄礼义	027－87825743	027－87838717	430071	武汉市武昌区中北路 28 号	技改招标甲级 工程招标甲级
256	湖北机电设备招标有限公司	嵇长新	027－83730956	027－83775810	430033	武汉市硚口区硚口路 135 号	国际招标甲级 技改招标甲级
257	湖南洞庭招标代理有限公司	赵敏	0731－5607777	0731－5607737	410007	长沙市劳动西路 26 号	工程招标甲级
258	湖南国信招标咨询有限责任公司	赵虹	0731－4450916	0731－4424541	410011	长沙市五一中路 90 号粮贸大厦 14 层	技改招标乙级（预备） 工程招标甲级
259	广东机械进出口国际招标有限公司	詹国伟 孙明理 徐丹丹	020－87768198 020－87673253	020－87768283 020－87673286	510080	广东市东风东路 726 号	国际招标甲级 技改招标甲级 工程招标甲级
260	广东省机电设备招标中心	郑少红	020－83378264	020－83338441	510030	广州市越华路 118 号之左	技改招标甲级 工程招标甲级
261	广东省机电设备招标公司	贺江峰	020－83567437	020－83567437	510060	广州市环市中路 316 号金鹰大厦 11 楼	技改招标甲级 国际招标甲级
262	广州市正阳招标采购服务中心	成冬非 黄志峰	020－83172137	020－83172139	510030	广州市广仁路 1 号广仁大厦	技改招标乙级（预备）
263	深圳市国际招标有限公司	刘永璞	0755－82943700－116	0755－82943592	518031	深圳市福田区振华路 8 号设计大厦 5 楼	国际招标甲级 技改招标甲级
264	深圳市国信信息工程招标咨询有限公司	宋亦斌	0755－83883369	0755－82904418	518026	深圳市福田中心区投资大厦 15 楼 B5 区	信息工程招标
265	广西城市建设工程咨询监理有限责任公司	代海艳	0771－2614474	0771－2840755	530012	南宁市朝阳路 49 号建工大厦 7 楼	工程招标甲级
266	广西壮族自治区机电设备招标中心	王晟 龙少飞	0771－2820308 0771－5339818 0771－2830365	0771－5339818 0771－2843545	530022	广西南宁市天桃路 24 号天桃大厦 6—7 楼	技改招标甲级 国际招标乙级

续表

序	机构名称	联系人	电话	传真	邮编	地址	招标资质
267	重庆市成套设备招标公司	石元军	023－62600088 023－62804073	023－62803082	400060	重庆市南坪正街54号	技改招标甲级 工程招标甲级
268	重庆机电设备招标公司	彭正己	023－63863894	023－63864136	400015	重庆市渝中区人民路248号	技改招标甲级 国际招标甲级
269	四川省建设工程设备招标中心	余信立	028－86946371	028－86946371	610031	成都市人民中路三段33号	技改招标甲级
270	甘肃省招标中心	李文萍	0931－8726510	0931－8726410	730030	甘肃省兰州市平凉路665号	技改招标甲级 工程招标甲级

关于中国科学院政府采购有关问题的复函

（2003年6月3日　财政部　财办库［2003］54号）

中国科学院综合计划局：

你院《关于政府采购有关问题的请示》（科发计函字［2003］31号）收悉。经研究，现函复如下：

一、关于政府集中采购目录

同意2003年内你院京外单位对政府集中采购目录中未纳入协议供货制度范围的采购项目，按《政府采购法》及现行有关规定实行分散采购。

二、关于部门集中采购项目

同意你院科研装备2003年集中采购目录所确定的项目，并由你院实施集中采购。工程类项目按照政府采购制度规定自行组织分散采购，也可以参加所在地政府进行的政府采购工程类项目招标。

三、关于政府采购的采购方式

1．同意有5家以上生产厂商提供设备的项目采用公开招标的方式实行政府采购。

2．只有3到5家生产厂商提供设备的项目，原则上都要采用公开招标方式。

3．对于生产厂商较少但在3家以上，且不能准确掌握家数的采购项目，可以事先以公开招标方式确定年度符合资格的供应商名单。在具体采购时，采用邀请招标方式，从符合资格供应商名单中邀请3家以上生产厂商参加投标。采用此种方式的采购项目，你院可按季度以清单方式报告采购结果。

4．确实不到3家生产厂商提供设备的采购项目，同意你院采用竞争性谈判方式进行采购。但要按季度以清单方式报告采购结果。

你院要严格按照《政府采购法》的有关

规定及《财政部关于进一步做好中央单位2003年政府采购工作有关问题的通知》（财库［2003］19号）的要求，加强对全系统分散采购的管理，2004年3月31日前将2003年本系统政府采购实施情况报送我部国库司政府采购处。

财政部关于中央单位政府采购工作中有关执行问题的通知

（2003年6月11日　财政部　财办库［2003］56号）

党中央有关部委办公厅（室），国务院各部委、各直属机构办公厅（室），全国人大常委会办公厅、全国政协办公厅、高法院、高检院、各人民团体办公厅（室），新疆生产建设兵团财务局：

为了促进《政府采购法》的贯彻实施和中央单位政府采购工作的顺利开展，我部印发了《财政部关于进一步做好中央单位2003年政府采购工作有关问题的通知》（财库［2003］19号），现就执行中有关具体问题通知如下。

一、关于政府集中采购实施计划问题

为认真贯彻落实国务院办公厅颁布的中央预算单位2003年政府集中采购目录，各中央单位要制定本部门的政府集中采购实施计划，确保集中采购活动的有效实施。因此，各中央预算单位要对纳入政府集中采购目录的项目，根据部门预算或政府采购预算编制2003年政府集中采购实施计划，按月报送本系统的政府集中采购机构。政府集中采购实施计划主要内容是政府集中采购项目的技术规格、数量、预算金额、采购时间要求等。具体实施办法由中央各系统的政府集中采购机构制定。

二、关于政府采购资金和单位范围问题

按照《政府采购法》和财政部财库［2003］19号文件规定，国家机关、事业单位和社会团体使用财政性资金购买货物、服务和工程的活动，都应实行政府采购制度。其中，财政性资金由财政预算资金和预算外资金组成，财政预算资金是指国家财政以各种形式划拨的资金；预算外资金是指单位通过各种行政事业性收费、政府采购性基金、政府间捐赠资金等获得的收入，不包括单位各种其他事业收入。但既有财政性资金又有部门其他资金的配套采购项目，或者有财政拨款或财政补助收入的事业单位和社会团体，也要实行政府采购制度。自收自支事业单位或者完全实行企业化管理的单位，可以不实行政府采购制度。

三、关于集中采购实施问题

按财政部财库［2003］19号文件规定，中央单位的集中采购活动原则上按系统实施归口管理。中央各单位应当按照政府集中采购管理机构制定的基本工作流程，政府集中采购委托协议内容及签订方式，政府集中采购实施计划编报方式及要求等具体操作办法执行。

政府集中采购机构代理的采购事项，其采购资金支付应当由财政部国库司或相关中央单位负责，凡因不执行采购合同规定或无故拖延付款给供应商造成经济损失的，要承担相应的责任。

四、关于部门政府采购工作管理问题

为有利于政府采购各项工作的协调与落实，各中央主管部门应当明确政府采购牵头单位或归口管理单位，负责政府采购预算编制、制定有关实施办法、资金财务管理、统一组织、协调、监督或者实施本部门、本系统的政府采购工作，逐步建立内部政府采购的管理执行机制。

中央各部门应当根据本部门的实际情况，制定本部门集中采购项目和范围，并加以实施。实行部门集中采购确实有困难或近期内难于实施的，可以暂下放到所属单位执行，但要做好采购项目文件备案和统计工作。

五、关于政府采购执行情况统计问题

政府采购信息统计工作是政府采购制度管理的组成部分，是我们制定政策规定的依据，也是考核和反映政府采购制度改革情况的需要，因此，各中央单位要注意日常采购文件的搜集、记录和管理工作，尤其是政府采购工程项目和分散采购情况，为年终编报政府采购信息报表打好基础。

六、关于政府采购报批和备案管理问题

需要报财政部批准或备案的工作主要有：

1. 按月或随时补报政府采购预算。

2. 政府集中采购机构和主管部门组织的招标采购项目，其公告应当在发布前报财政部国库司审核。

3. 因特殊情况，采用公开招标以外其他采购方式的，属于政府集中采购机构和主管部门组织的采购项目，应当在采购活动开始前，按照规定格式（附件一）报财政部国库司审批。其他采购项目应当报主管部门审批。主管部门审批确有困难的，可以采取由采购单位事后以采购清单的形式将采购结果报主管部门备案。

4. 凡政府采购货物、工程和服务采购金额分别达到150万元、300万元、100万元以上的，以及国库改革非试点部门政府采购直接拨付项目，其采购合同及相关采购文件应当在采购完毕后报财政部备案。其中，政府采购协议供货制度的采购合同，由政府集中采购机构报财政部备案。

七、关于部门自行组织招标问题

根据有关规定，中央单位公开招标采购活动原则上应当以委托执行为主，委托范围为已经财政部确认登记备案的政府采购业务代理机构（见财政部财办库［2003］47号）和政府集中采购机构。中央单位确实具备编制招标文件和组织评标等自行招标的能力和条件，其人员构成、工作业绩、评标专家组成符合政府采购法和招标投标法规定的，可以自行组织招标活动。自行组织招标的中央部门，其标书应当免费，或者按照弥补制作标书的成本确定标书价格。招标过程中所发生的有关费用支出，由招标单位在不违反现行财务制度前提下，自行解决。

八、关于政府采购资金财政直接支付问题

凡已经纳入财政国库支付改革试点范围的部门，其资金支付按照国库管理制度改革办法执行。非国库支付试点部门的政府采购资金直接支付范围，由财政部确定并通知有关部门。

九、关于政府采购信息披露媒体问题

在财政部指定政府采购信息披露媒体刊登

招标信息和招标结果，既是法律规定，也是落实公开、公正、公平原则的具体要求，各中央单位必须认真执行。为了做好这项工作，财政部各指定媒体免费刊登中央单位的所有招标信息和招标结果，具体联系方式见附件三。

十、其他有关问题

1. 凡是以政府采购协议供货制度形式进行的政府采购项目，其适用范围为所有中央单位。

2. 中央单位在编制政府集中采购实施计划或组织采购工作中，除有特殊要求采购外，原则上不得指定采购项目的品牌，更不得采购组装的机器设备。

3. 财政部财库［2003］19号文件附件中规定公告成交结果，主要是指达到公开招标数额，但未采用公开招标方式而采用其他方式采购的项目，其采购结果要公告。至于直接采用其他采购方式的，其采购结果是否公告可自定。

附件：1. 中央单位政府采购方式申报表

2. 财政部指定政府采购信息披露媒体联系方式

附件1：

中央单位政府采购方式申报表

编号：

单位名称（章）： 年 月 日

采购项目名称		项目概算	
拟采用采购方式	1. 邀请招标……………… 2. 竞争性谈判……………… 3. 询价采购……………… 4. 单一来源………………		
改变采购方式的特殊情形	1. 具有特殊性，只能从有限范围供应商处获得…………… 2. 采用公开招标方式费用与项目总价值比例过高…………… 3. 技术复杂或者性质特殊，难以确定详细规格或者具体要求…………… 4. 采用公开招标不能满足用户紧急需要…………… 5. 不能事先计算出价格总额…………… 6. 只能从惟一供应商处采购…………… 7. 发生不可预见紧急情况不能从其他供应商处采购…………… 8. 与原项目配套，需从原供应商处添购不足原合同的10%…………… 9. 货物规格、标准单一，现货充足，价格变化幅度小…………… 10. 废标后重新采购…………… 11. 重新采购未能成立…………… 12. 其他		
改变采购方式的简要理由			

经办人： 联系电话： 传真：

填报说明：1. 单项申报的，对拟用采购方式和改变采购方式理由加对号；按清单申报的，注明项目编号。

2. 单位章为部门或司（局）印章。

附件2：

财政部指定政府采购信息披露媒体联系方式

一、《中国财经报》政府采购招标、中标公告信息方式

咨询电话：83820983、83820232，颜晓岩（负责人）、曹宏

信息电话：63812806（24小时自动传真）

通讯地址：北京市丰台区广安路甲54号，邮编：100073

E－mail：zfcgzk@cfen.com.cn；ZFCGZK@sina.com

二、《中国政府采购网》政府采购招标、中标信息公告方式

咨询电话：63819309、63819320，刘晓东（负责人）、张艳娥

信息电话：63819308（传真）

通讯地址：北京市丰台区西四环南路27号，邮编：100071

E－mail：ZYE@ccgp.gov.cn

三、《中国政府采购》杂志政府采购中标信息公告方式

咨询电话：68580922、68580916，江湧、黄璟莉

信息电话：68577424（传真）

通讯地址：北京市西城区月坛南街26号院2号楼，邮编：100825

E－mail：cgpm@sina.com

关于公布第二批已获准登记备案的2003年政府采购业务代理机构的通知

（2003年8月13日　财政部　财办库［2003］68号）

党中央有关部委财务部门，国务院各部委、各直属机构财务部门，全国人大常委会办公厅、全国政协办公厅、高法院、高检院、有关人民团体财务部门，新疆生产建设兵团财务局，各有关招标代理机构：

为了方便中央单位开展政府采购招标业务，现将第二批获准登记备案的政府采购代理机构名单予以公布，获得登记备案的招标代理机构均具有国家有关部门直接颁发的招标资质证书，可以在招标资质范围内从事政府采购代理业务。各中央单位必须从获得登记备案的招标代理机构中选择承办机构代理政府采购业务。

另外，公布第一批获准登记备案的政府采购代理机构名单中，部分代理机构的招标资质发生了变更，分别是：中化国际招标有限责任公司除原有资质外获得国际招标甲级资质。三峡国际招标有限公司除原有资质外获得技改招标甲级资质，并恢复国际招标甲级资质；国信招标有限责任公司国际招标乙

级资质变更为国际招标甲级资质。

附件：已获准登记备案的 2003 年政府采购招标业务代理机构基本情况表（第二批）

附件：

已获准登记备案的 2003 年政府采购招标业务代理机构基本情况表（第二批）

序	机构名称	联系人	电话	传真	邮编	地址	招标资质
129	中国国际钢铁投资公司	刘广胜 宋蓓蓓	010－83681360 010－64441449	010－64441449	100029	北京市朝阳区胜古庄2号	国际招标甲级 技改招标甲级
130	中国机械设备进出口总公司	刘青	010－63396100	010－63268156	100055	北京市宣武区广安门外大街178号	国际招标甲级 技改招标甲级 工程招标甲级
131	中国建设银行北京市分行造价咨询中心	贺亚杰	010－63310019	010－63467549	100055	北京市宣武区广安门外南滨河路7号	工程招标甲级
132	中国水利电力物资有限公司	冷波 冯陆震	010－63416098	010－63548149	100053	北京市宣武区白广路北口综合楼	国际招标乙级 技改招标甲级
133	中国重型机械总公司	王娟 刘蕙	010－68217492 010－68296037	010－668217772	100036	北京市海滨区复兴路甲23号	技改招标甲级 国际招标乙级
134	中航材国际招标有限公司	姜波	010－84552393	010－84552393	100016	北京市朝阳区霄云里2号楼	国际招标甲级
272	北京市工程咨询公司	黄京生	010－66410223	010－66410223	100031	北京市西城区复兴门南大街丁2号C东	工程招标甲级
273	北京中交建设工程招标有限公司	杨明明	010－64967788－1011	010－64949443	100029	北京市朝阳区惠新南里六号天建大厦	工程招标甲级 技改招标乙级
274	北京建智达建筑咨询有限公司	李海鹏 崔学君	010－62583438	010－62583432	100080	北京市海滨区中关村北一条甲19号	工程招标甲级
275	天津国际招标有限公司	赵婕	022－27234308	022－27234298	300020	天津市和平区河北路50号信德大厦四层	国际招标甲级 工程招标甲级 技改招标甲级
276	河北省招标公司	王莉	0311－7907227	0311－7904728	050051	石家庄市维明南大街37号	技改招标甲级 国际招标甲级
277	河北省成套招标有限公司	张杰	0311－7024487	0311－7024487	050051	石家庄市维明南大街37号	工程招标甲级
278	河北华能招标有限责任公司	刘维娜	0311－7779344	0311－7779344	050071	石家庄市西三庄大街258号	工程招标甲级 技改招标甲级
279	河北省宏信招标公司	安全中	0311－7890429	0311－7870162	050051	石家庄市华西路19号	工程招标甲级

续表

序	机构名称	联系人	电话	传真	邮编	地址	招标资质
280	保定兴达建设工程招标有限责任公司	薛玉彪 孙越	0312－2024965	0312－2029004	071000	保定市琅瑚街41号	工程招标甲级
281	吉林省招标有限公司	李绍轶 徐苗	0431－8611683	0431－8652524	130041	长春市民康路54号	国际招标甲级 技改招标甲级 工程招标甲级
282	武汉市万里建设工程咨询有限公司	张怡	027－85875760	027－85876302	430023	武汉市江汉区汉口火车站广场东路东方商都	工程招标甲级
283	广西三公招标有限责任公司	邓烨	0771－2803650	0771－2806940	530022	广西南宁市维武路165号	技改招标乙级
284	海南省机电设备招标中心	毛晓霞 黄燕	0898－65330932	0898－65353338	570203	海口市蓝天路46号	国际招标乙级 技改招标乙级
285	云南招标股份有限公司	杨力 何伟	0871－5331803 0871－5322678	0871－5315835	650032	云南省昆明市大观路164号	工程招标甲级 技改招标甲级 国际招标乙级
286	云南国内招标有限公司	曾智华	0871－5349589	0871－5318469	650118	云南省昆明市丹霞路集成大厦11楼CD座	工程招标甲级

关于做好2003年地方政府采购信息统计工作的通知

（2003年10月29日　财政部　财办库［2003］82号）

各省、自治区、直辖市、计划单列市财政厅（局），新疆生产建设兵团财务局：

为了科学、规范地做好政府采购信息统计工作，全面、准确反映地方政府采购工作成果。根据2003年地方政府采购信息统计布置工作会议的有关精神，现将编报2003年地方政府采购信息统计报表的有关要求和事项通知如下：

一、认真做好政府采购信息统计的组织工作

建立统一、科学、规范的政府采购信息统计管理体系，是政府采购工作一项长期而重要的工作任务。为适应政府采购制度改革发展需要，2003年政府采购信息统计年报报表格式及内容方面都有新的调整。因此，各地区财政部门领导和从事这项工作的同志要高度重视2003年度政府采购信息统计汇总的组织落实工作，克服困难，统筹安排，明确职责分工，协调好各个方面的关系，努力做好组织落实工作，确保本地区政府采购信息统计工作的质量和水平。

二、认真做好政府采购信息统计软件的布置工作

要尽快组织安排政府采购信息统计报表及软件的布置和培训工作，将政府采购信息统计报表及软件布置给各单位，以免出现遗漏。要保证各单位工作人员都能够熟练掌握2003年政府采购信息统计软件，确保及时填报。要通过采购信息软件的布置与统计工作，加强与各单位和集中采购机构的联系，及时发现和解决统计工作中存在的问题，全面准确地反映2003年政府采购的规模及情况。

三、不断提高政府采购信息统计工作的质量和水平

各地区财政部门和有关单位要认真阅读《2003年全国政府采购信息统计编报说明》，准确理解和掌握各项统计指标的内涵、填报方法和口径，保证政府采购信息统计汇总做到不重不漏、内容完整、真实可靠。要重视和注意对政府采购中分散采购活动的统计工作，凡是按照《政府采购法》规定和本地区规定进行的政府采购活动，都应当统计汇总。

四、要继续提高政府采购信息统计报告的分析水平

政府采购信息统计报告是全面反映政府采购管理监督与执行情况的数据信息和文字分析资料的总称。做好这项工作，对于促进本地区政府采购工作有着积极意义。因此，各地区要充分认识政府采购信息统计资料分析工作的重要性，对统计数据进行加工整理和分析，准确揭示出政府采购活动的当前状况、存在的问题及未来发展趋势，为政府采购制度改革和制定宏观经济政策服务。

五、其他有关事项

1. 各地区2003年政府采购信息的统计必须使用财政部新近下发的《全国政府采购信息管理系统（2003版）》软件进行统计汇总，并于2004年2月29日前，将统计报表及软盘一式二份及分析报告，报送财政部国库司。报表应当加盖财政厅（局）公章。

2. 从2004年起严格季度报表制度。2004年季度报表只需报送2003年度报表格式01—06表，并于每季度终了20日内报财政部国库司。

3. 财政部国库司将根据各地区2003年度政府采购信息统计报表的编报情况进行评比考核，对统计工作做得较好的地区，将给予通报表扬。

在报表编报过程中，如遇编报口径、软件操作等问题，请及时与财政部国库司政府采购处或中财软件公司联系。

国库司政府采购处联系电话：010—68552229　68552266（传真）

中财软件公司联系电话：010—65183555　65179005（传真）

附件：1. 全国政府采购信息统计报表

2. 2003年地方政府采购信息统计报表编报说明

附件 1:

2003 年全国政府采购信息统计报表(汇总报表格式)

全国政府采购信息统计报表

(单位公章)

单 位 名 称:________________

单位统一代码:________________

单 位 地 址:________________ 邮政编码:________________

单 位 负 责 人:________________

联系电话(区号):________________ 传 真:________________

填 表 人:________________ 报送日期:________________

全国政府采购资金和采购规模统计表

采购统 01 表

金额单位:万元

项目	行	采购预算				采购金额				节约资金				节约率%	财政直接支付
		总计	预算内	预算外	自筹	总计	预算内	预算外	自筹	总计	预算内	预算外	自筹		
		1	2	3	4	5	6	7	8	9	10	11	12	13	14
合计	1														
货物	2														
工程	3														
服务	4														

政府采购组织形式统计表

采购统 02 表

金额单位:万元

项目	行	采购次数	采购组织形式										
			合计	集中采购							分散采购		
				小计	政府集中采购			部门集中采购			小计	自行采购	委托采购
					小计	自行组织	委托中介	小计	自行组织	委托中介			
		1	2	3	4	5	6	7	8	9	10	11	12
合计	1												
货物	2												
工程	3												
服务	4												

政府采购合同授予情况及采购方式统计表

采购统 03 表
金额单位：万元

项目	行	政府采购合同授予情况						采购方式						
		国内外			省内外			合计	公开招标	邀请招标	竞争性谈判	询价	单一来源	其他
		合计	国内	进口	合计	省内	省外							
		1	2	3	4	5	6	7	8	9	10	11	12	13
合计	1													
货物	2													
工程	3													
服务	4													

注：中央单位及其直属机构不填 4—6 栏

政府采购主体分类情况表

采购统 04 表
金额单位：万元

采购主体	行	采购方式						
		合计	公开招标	邀请招标	竞争性谈判	询价	单一来源	其他
		1	2	3	4	5	6	7
合计	1							
国家机关	2							
其中：货物	3							
工程	4							
服务	5							
事业单位	6							
其中：货物	7							
工程	8							
服务	9							
团体组织	10							
其中：货物	11							
工程	12							
服务	13							

政府采购行业部门分类统计表

采购统05表
金额单位：万元

行业部门	行	合计	货物	工程	服务
		1	2	3	4
合　计	1				
行政管理部门	2				
公检法司部门	3				
农林水气象部门	4				
工业交通等部门	5				
文体广播部门	6				
教育部门	7				
卫生部门	8				
科学部门	9				
抚恤社保部门	10				
其他	11				

政府采购重要品目统计表

采购统06表
金额单位：万元

采　购　项　目	行	计量单位	数　　量	采购金额	备　　注
		1	2	3	4
合　计	1				
一、货物类	2				
土地	3				
建筑物	4				
一般设备	5				
办公消耗用品	6				
建筑、装饰材料	7				
专用设备	8				
系统集成、网络设备	9				
交通工具	10				
其他货物	11				
二、工程类	12				

续表

采 购 项 目	行	计量单位	数 量	采购金额	备 注
		1	2	3	4
建筑物	13				
市政建设工程	14				
环保、绿化工程	15				
水利、防洪工程	16				
交通运输工程	17				
修缮、装饰工程	18				
其他各类工程	19				
三、服务类	20				
印刷、出版	21				
系统集成、网络工程	22				
信息技术、信息管理软件的开发	23				
维修	24				
租赁	25				
会议	26				
培训	27				
其他服务	28				

计算机、小汽车政府采购统计表

采购统07表

单位：万元、台、辆

采购项目	行	采购数量	采购金额	采购项目	采购数量	采购金额
		1	2		3	4
计算机总量	1			小汽车总量		
其中：联想	2			其中：桑塔纳		
方正	3			捷达		
IBM	4			奥迪		
TCL	5			别克		
长城	6			广州本田		
清华同方	7			帕萨特		
华硕	8			长安奥拓		
海信	9			宝来		

续表

采购项目	行	采购数量	采购金额	采购项目	采购数量	采购金额
		1	2		3	4
海尔	10			福特（长安）		
七喜	11			奇瑞		
恒生	12			丰田		
实达	13			神龙富康		
宏基	14			海南马自达		
神舟	15			红旗		
DELL	16			波罗		
新蓝	17			赛欧		
八亿时空	18			亚阁		
蓝星	19			夏利		
易纬	20			帕拉丁		
BenQ	21			中华		
惠普	22			其他国产品牌		
其他	23			进口品牌		

政府采购机构设置情况表

采购统08表

单位：个、万元

地区	行	政府采购管理机构设置情况		集中采购机构设置情况						中介机构数量	本地区本年GDP	本地区本年财政支出
				已设立数量					未设立数量			
		已设立数量	其中：独立设置	小计	独立设置	设在财政部门						
						小计	管采分设	管采一家				
		1	2	3	4	5	6	7	8	9	10	11
本地区合计	1											
省级	2											
地（市）	3											
县（区）	4											

注：中央单位不填报此表

附件 2：

2003 年地方政府采购信息统计报表编报说明

为便于填报政府采购信息统计报表，现将报表编报范围、方法、统计口径和指标关系简要说明如下：

一、报表编制范围

本报表统计范围为纳入地方财政预算管理的各级国家行政机关、事业单位和团体组织，使用财政性资金采购纳入集中采购目录以内或者采购限额标准以上的货物、工程、服务项目。具体范围如下：

1. 编报单位

编报单位包括国家机关、事业单位和团体组织，具体指国家权力机关、国家党政机关、人民政协机关、检察机关、审判机关及其直属机构，民主党派、社会团体等（以下统称“采购单位”）。

2. 编报对象

采购单位按照法律规定、国务院、财政部、本级人民政府及所属财政部门规定应当进行的政府采购活动都属于编报范围，包括集中采购活动和分散采购活动。

拼盘采购项目也属于编报范围。

二、编报方法

1. 以政府采购预算（或部门预算）、政府集中采购目录（或财政部规定的政府采购品目表）、政府采购合同和支付凭证为依据，计算、填报各项数据。

2. 政府集中采购机构和采购单位填报相结合。集中采购活动以政府集中采购机构为主统计，政府采购协议供货、定点等形式采购情况和分散采购的统计，以采购单位为主统计。

3. 按行政管理体制分别由本级财政部门汇总后逐级上报省（自治区、直辖市）级财政部门。

4. 编报方法分三种：一是按每份合同进行统计；二是通过基本数据录入表一次性统计；三是分别对每张统计表进行填报。为保证统计数据编报的一致性，原则上应使用一种方式统计。

三、编报口径

1. 对实际发生而又没有编报采购预算的，应当按该项目开展采购前计划金额填报采购预算。

2. 因执行进度等原因采购项目合同金额当年未完成的，按当年实际发生额调整采购预算。

3. 政府采购协议、定点采购实施形式填报按确定协议范围和定点时所采用的采购方式填报。

4. 对满足政府采购预算或部门预算编制要求，采购程序符合招标投标法和财政部门有关规定，财政部门参与有关采购过程、合同文件报财政部门备案、或者资金实行财政部门直接支付的工程采购项目，应当纳入编报范围。

5. 没有设立政府集中采购机构的地方，由财政部门或采购单位委托在财政部门备案的政府采购业务代理机构代理集中采购目录内的采购活动，视同政府集中采购，在 02 表 6 列的“委托中介”中统计。

6. 对于卫生、医药、教育等特殊部门

中国财经出版社财会年鉴出版中心

中国财政经济出版社成立于一九五六年八月，直属于中华人民共和国财政部，多次被国家新闻出版总署评定为良好出版社。财会年鉴出版中心是我社财政、经济类年鉴的专业编辑出版部门，以年鉴类图书编辑为主，同时兼顾其他图书的出版。

《中国政府采购年鉴2003》 ISBN 7-5005-6602-6/F·5761
《中国政府采购年鉴2002》 ISBN 7-5005-6394-9/F·5584
作者：《中国政府采购年鉴》编委会
定价： 160元 每年5月出版

中国财政经济出版社 财会年鉴出版中心
编　辑：010-88190908（传真）
010-88191045
010-88190975
广　告：010-88190906
发　行：010-88190945
E-mail：nj908@sina.com

《中国彩票年鉴2004》
ISBN 7-5005-8020-7/F·7022
《中国彩票年鉴2003》
ISBN 7-5005-6603-4/F·5762
作者：《中国彩票年鉴》编委会
定价： 180元 每年5月出版

《财务造假监控与检测》
ISBN7-5005-7197-6/F·6294
作者：尹平
定价：28.00元
2004年5月出版

《现代领导测评》
ISBN7-5005-5709-4/F·5023
作者：邱霈恩
定价：35.00元
2002年7月出版

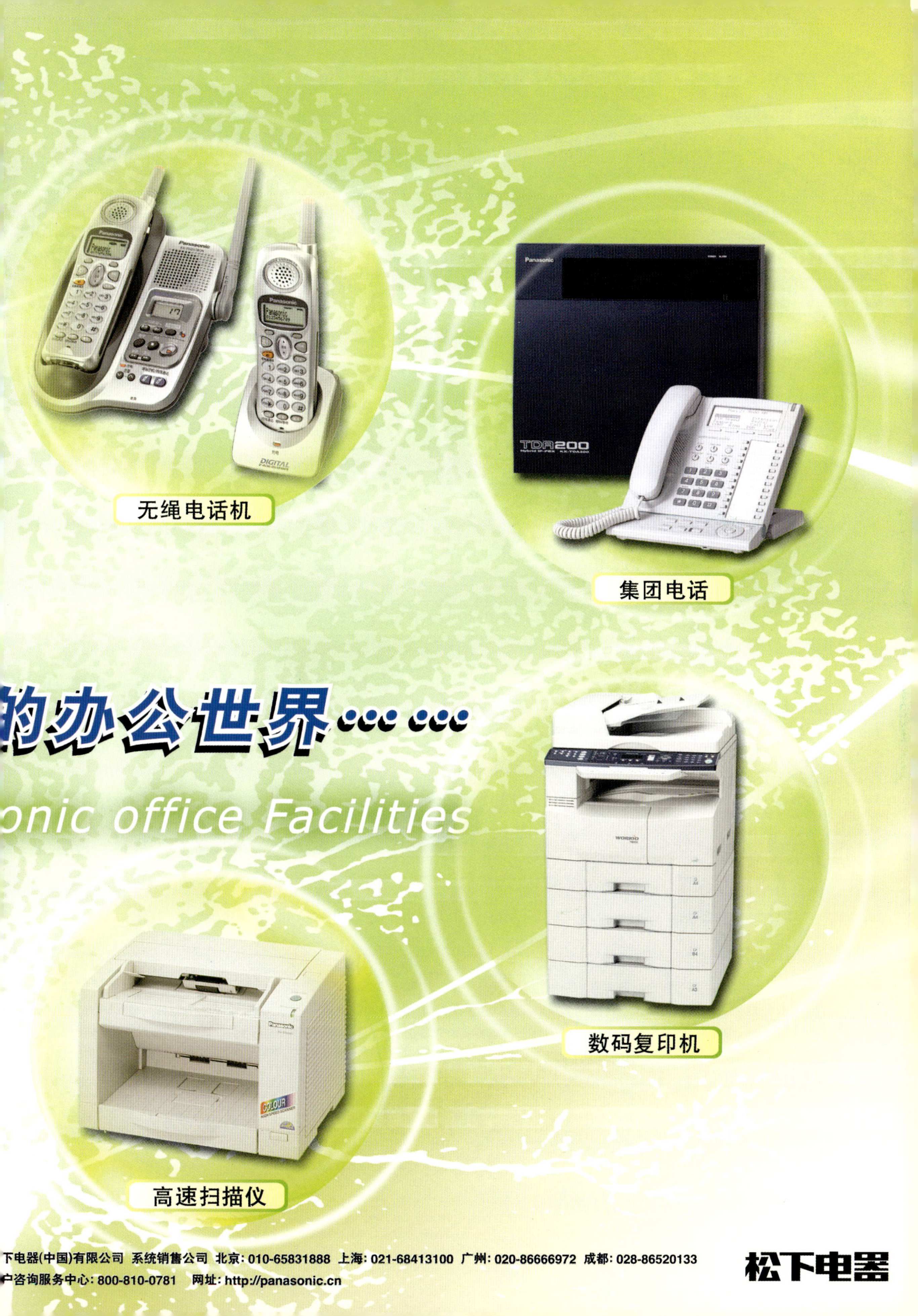
无绳电话机
集团电话
的办公世界…… ……
onic office Facilities
数码复印机
高速扫描仪
下电器(中国)有限公司 系统销售公司 北京: 010-65831888 上海: 021-68413100 广州: 020-86666972 成都: 028-86520133
户咨询服务中心: 800-810-0781 网址: http://panasonic.cn
松下电器

联想启天IV代 —— 易用、易管理的商用电脑

启天是专为政府和企业用户设计的一款高性价比的商用电脑，适用于公共网络环境的流动用户和普通办公环境的固定用户。通过提供整体网络环境搭建方案、远程网络化管理、个人数据专家、智能维护等方式，启天能够帮助用户轻松使用和管理局域网内的PC，降低总体拥有成本！

联想电脑推荐使用正版Microsoft® Windows® XP。

lenovo联想

国际奥委会全球合作伙伴

联想启天M6200商用电脑

- 含超线程(HT)技术的英特尔®奔腾®4处理器2.8GHz
- 256M DDR内存
- 80G 7200转 硬盘
- 16速DVD-ROM
- 集成10/100M网卡
- MX400 64M DDR显卡
- 防水抗菌键盘/防盗抗菌鼠标
- 头戴式耳麦

联想启天M6200采用含超线程(HT)技术的英特尔®奔腾®4处理器

启天商用电脑
平均无故障运行时间(MTBF)
达到45,000小时

联想启天M4600商用电脑

- 英特尔®奔腾®4处理器2.8 GHz
- 256M DDR内存
- 80G 硬盘
- 48速CD-ROM
- 集成10/100M网卡
- 主板集成显卡
- 防水抗菌键盘/防盗抗菌鼠标
- 头戴式耳麦

联想启天M2200商用电脑

- 英特尔®赛扬®处理器1.8 GHz
- 128M DDR内存
- 40G 硬盘
- 集成10/100M网卡
- 主板集成显卡
- 防水抗菌键盘/防盗抗菌鼠标
- 头戴式耳麦

联想启天S2000商用电脑

- 英特尔®赛扬®处理器1.8 GHz
- 128M DDR内存
- 40G 硬盘
- 集成10/100M网卡
- 主板集成显卡
- 防水抗菌键盘/防盗抗菌鼠标
- 头戴式耳麦

联想启天M2400商用电脑

- 英特尔®赛扬®处理器2.53 GHz
- 128M DDR内存
- 80G 硬盘
- 48速CD-ROM
- 集成10/100M网卡
- 主板集成显卡
- 防水抗菌键盘/防盗抗菌鼠标
- 头戴式耳麦

- 以上五款机器均可选配15英寸54K、15英寸69K、17英寸纯平高亮、15英寸液晶及17英寸液晶显示器。

* 本广告图片及文字仅供参考，详细产品规格及价格随时变化，请拨打联想商用产品订购热线。

—— 产品订购热线 ——

800-810-1567

(仅在北京、上海、广东、江苏、浙江提供)

—— 阳光服务热线 ——

800-810-8888

联想商用电脑

联想(北京)有限公司 北京8688信箱

联想阳光服务网站：http://www.lenovo.com

手机及未开通800业务地区的用户请拨打电话：010-82879425(需缴纳电话费)

Intel英特尔，Intel Inside，Intel Inside标志，Pentium奔腾，Celeron赛扬，Intel Xeon英特尔至强和Itanium安腾是英特尔公司或其美国和其它国家分支机构的商标或注册商标

intel inside pentium 4

lenovo联想

国际奥委会全球合作伙伴

急定可靠的商用电脑
—— 联想开天，长久运行无故障

想开天系列通过中国国家电子计算机质量监督检测中心检测，平均无故障运行时间先突破5万小时。稳定可靠的品质及卓越的安全保障，确保了企业的有序发展，是新一代业网电脑的领跑者。其专注的稳定性适合诸多复杂环境和系统，持久的可靠性能够足大型运算和操作，强大的兼容性可以配合市场主流扩展及外接设备，满足了大中型域网计算机应用方面日益提高的品质需求，帮助用户从容应对网络应用带来的各种题，实现商用电脑应用的增值。

想开天M4600是新一代企业网电脑的卓越代表

- 专注的稳定性适合诸多复杂环境和系统
- 持久的可靠性能够满足大型运算和操作
- 强大的兼容性可以配合市场主流扩展及外接设备，
- 满足了大中型局域网计算机应用方面日益提高的品质需求

想电脑推荐使用正版Microsoft® Windows® XP。

想开天M4600采用含超线程(HT)技术的英特尔® 奔腾® 4处理器

联想开天M4600商用电脑

- 含超线程(HT)技术的英特尔® 奔腾® 4处理器530 3.0GHz
- 256M DDR内存
- 40G 5400转 硬盘
- MX4000 64MB DDR显卡
- 16X DVD
- 集成声卡
- 集成10/100M网卡
- 开天防水键盘/光电鼠标
- DOS操作系统

想开天A4600商用电脑

- 含超线程(HT)技术的英特尔® 奔腾® 4处理器3.0GHz
- 256M DDR内存
- 80G 7200转 硬盘
- 集成显卡
- 48X CD
- 集成声卡
- 集成10/100M网卡
- 开天防水键盘/光电鼠标
- DOS操作系统

联想开天S4600商用电脑

- 采用英特尔® 奔腾® 4处理器515 2.93GHz
- 256M DDR内存
- 120G 7200转 硬盘
- FX5200 128MB DDR显卡
- COMBO
- 集成声卡
- 集成100M网卡
- 开天防水键盘/光电鼠标
- Windows® XP Home操作系统

联想开天M4000商用电脑

- 采用英特尔® 奔腾® 4处理器515 2.93GHz
- 256M DDR内存
- 80G SATA硬盘
- 集成高性能显卡
- 16X DVD
- 集成声卡
- 集成10/100M网卡
- 开天防水键盘/光电鼠标
- DOS操作系统

联想开天M2000商用电脑

- 采用英特尔® 赛扬® 处理器335 2.8GHz
- 128M DDR内存
- 40G 硬盘
- 集成高性能显卡
- 16X DVD
- 集成声卡/集成100M网卡
- 开天防水键盘/光电鼠标
- DOS操作系统

本广告所有机型显示器均可选配15英寸显示器、17英寸纯平高亮显示器及15英寸/17英寸可旋转液晶显示器

本广告图片及文字仅供参考，产品以实物为准。

想大客户业务咨询电话：010-5886 7924/7839/7199

想大客户技术咨询电话：010-5886 7857 010-5886 7554

想大客户服务咨询电话：010-5886 7865

联想(北京)有限公司 北京8688信箱

阳光网站：http://www.lenovo.com

Intel英特尔，Intel Inside，Intel Inside标志，Pentium奔腾，Celeron赛扬，Intel Xeon英特尔至强和Itanium安腾是英特尔公司或其美国和其它国家分支机构的商标或注册商标

intel inside pentium® 4 HT

子产品专家
引领科技潮流
术企业认定证书
技术企业证书
CERTIFICATE
ISO9001国际质量体系认证
中国国家强制性产品认证证书
国家强制性安全3C认证
国际6C认证
深圳清华同方股份有限公司
复读机行业名牌产品认证
深圳清华同方股份有限公司
家庭影院行业名牌产品认证
MP3 Player "星海"系列
T&F-12
"星云"系列便携式VCD
CDV11
"星翰"系列电子辞典
DPA-ED105
立体声复读机
DPA-988
T&F-12 超强功能
● 128MB闪存
● MP3、WMA音乐格式全兼容播放
● 全铝合金外壳，时尚外型设计
● 活动U盘，无需驱动（Windows98以上）
● FM调频收音，可同步内录
● 五种音效均衡模式选择（标准、流行、古典、摇滚、爵士）
● A-B复读，学习外语更自如
● 采用ADPCM专业数码录音格式，10小时高品质录音
● 支持软件升级
● 七彩背光显示
● 点阵LCD屏，中英文菜单、歌名动态显示
● 10小时超长连续播放（一节AAA电池）
CDV11功能特点
● 表面采用亚光处理的铝合金双镜面超薄机身设计
● 采用性能优异的SONY原装机芯，确保机器稳定高速运行
● 全面兼容CD/MP3/VCD/DVCD/CD-R/CD-RW
● 120秒MP3 40秒CD 5秒VCD电子防震
● 单曲/全碟重复/选时等多种播放功能和键锁定功能
● 液晶带背光线控操作
● 九画面曲目浏览，随机播放，PBC转换模式
● P/N制式转换
● 全功能红外线控制，全功能线控操作
● 内置充电功能和外接3V电池盒
DPA-ED105功能特点
● 海量词汇任我查
汉英辞典、英汉辞典、汉语字典、英英辞典、雅思词汇、动词变化、分类词库、同反义词
● 学习好帮手
背单词、语法精要、英语会话、英语构词、汉语知识
● 超强记事本
名片夹、行程约会、课程表、备忘记事、每日日记、个人档案、小帐本
● 时间功能
时钟、日历、每日闹钟、倒计时、秒表、 世界时间。
● 多功能计算器
简单计算器、科学计算器、单位换算
● 海量资料库
唐诗精选、宋词精选、邮编区号、旅游指南、 电脑知识、健康指南、月光宝盒、体育大观、国家首都、省市简称、下载资料
● 娱乐
11种益智游戏及谜语天地、幽默笑话等
● 系统提供多种开机画面的设定，资料加密保护
● PC下载功能，可随时从网站更新资料
本机设有和PC机共享资源与相互备份功能，可将电脑中的纯文本文件下载到本机中
DPA-988功能说明
A、立体声放音，超清晰音质复读
B、放音复读、跟读对比、选段提取、导读功能、支持声控功能
C、自动复读、子音更新、导读对比功能
D、电脑逻辑机芯，使用全轻触电子开关操作
E、智能灵巧的数码线控器
F、LCD液晶显示时钟及操作内容
G、原音129级变速复读
H、放音最后10秒129级变速复读
I、智能节奏评分
J、变速模式680秒，立体声240秒
K、具有电源极性保护电路，智能充电，电池弱电提示
深圳清华同方股份有限公司
SHENZHEN TSINGHUA TONGFANG CO., LTD.
中国·深圳·高新技术产业园南区深圳清华大学研究院C区2楼 传真：(0755)26719538 邮编：518057
销售热线：(0755)26719538 服务热线：(0755)26712589 网址：www.szthtf.com
A034901
ISO9001国际质量体系认证

Canon

彩色数码复合机系列

全彩输出，7页、32页、51页/分钟
彩色复印、彩色打印、
彩色扫描、传真、存储、e发送
彩色办公、数码打样
节能、环保设计

数码复合机系列

15~105页/分钟, A6~A3 复印尺寸
复印、打印、扫描、传真、
存储、e发送，功能完善
清晰画质，无与伦比
节能、环保设计

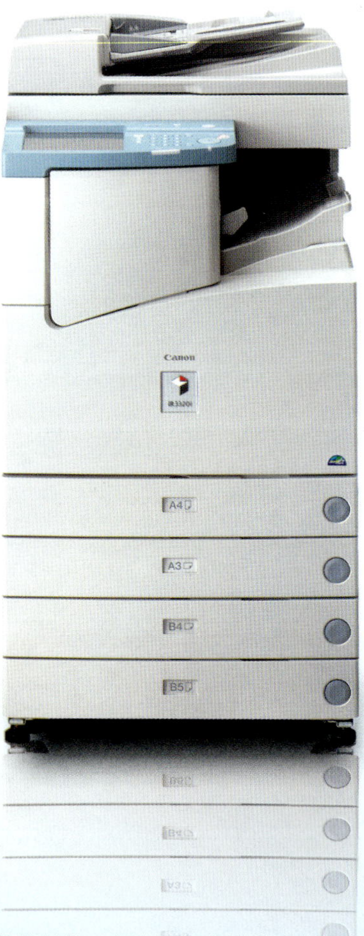

佳能(中国)有限公司大客户市场开发部简介

佳能(中国)有限公司大客户市场开发部，负责向全国范围内的大客户直接提供销售，以及为客户统筹安排全国范围内的售后维修服务。这种新的商业模式可以给客户带来以下利益:

■**便于管理**：大客户市场开发部可以提供全方位的服务，从设备售前咨询、销售、运输安装到维修服务，便于客户轻松实现集中采购、分地区供货、售后维修。

■**获取专业咨询建议**：为您提供更具针对性的服务，从设备选型、设备组合设计，到办公系统解决方案。

■**降低成本**：直销渠道让大客户获得价格优惠。

■**全保服务方式**：降低管理成本，提前排除故障隐患，保证设备长期高效运作。

■**公开、公平、公正的交易**：基于用户与生产厂家最直接的交流与合作。

■**产品与服务质量的绝对保证**：基于厂家直接供货与完善的服务体系(北京、上海、广州、天津、大连五地可以获得佳能工程师的直修服务)。

柯尼卡美能达商用科技株式会社

柯尼卡美能达商用科技株式会社是集研发、生产、销售为一体的打印系统供应商，目前总部设在日本东京。基于柯尼卡美能达集团世界第二大激光打印机芯生产商的背景和集团强大的资金支持，柯尼卡美能达一直不遗余力研发和推出具有高性能和价格实惠的激光打印机产品及相关耗材。

作为激光打印机技术的世界级领袖，柯尼卡美能达创造了多项行业记录：世界上第一台POSTCRIPT黑白和彩色打印机、第一台经济型彩色激光打印机、第一台桌面彩色激光打印机、第一台KANJI彩色激光打印机、第一台多任务网络打印机均由柯尼卡美能达研发推出。作为杰出的网络打印解决方案的供应商，柯尼卡美能达还是全世界第一个提供同机多种打印语言，同机多界面，同界面同时支持多个协议，多文件自动打印电子校勘等技术的先驱，尤其是柯尼卡美能达研发成功并独家拥有的世界顶级Crown技术，除使打印机具有高兼容性，还因无需打印服务器而最有限度地减少网络负荷，从而大大提高整个网络的效率。

目前柯尼卡美能达的产品包括彩色和黑白激光打印机及相关的耗材和附件，其产品广泛应用于常用办公、家庭办公、电子出版、图像设计、高级成像等领域；其产品在亚太地区的销售主要通过电子商务，零售，经销和分销体系来实现。由于柯尼卡美能达拥有世界领先的激打核心技术和综合实力，一贯致力于为用户降低整体拥有成本，因此其产品具有理想的市场性价比，受到全球用户和权威评测机构的欢迎。

PagePro™ 1300W
A4 专业办公的打印全能健将

magicolor® 2300W
A4 最佳桌上型彩色打印利器

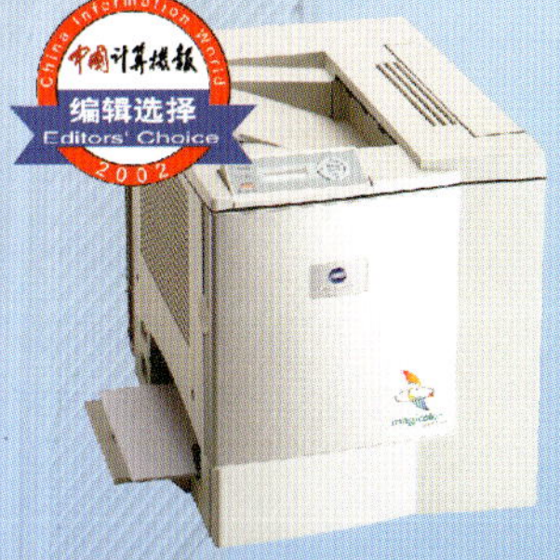

magicolor® 2300DL
A4 彩色网络打印机

magicolor® 2350
A4 色彩绚丽的完美输出方案

magicolor® 7300
A3 高速彩色激光打印机

PagePro™ 9100
A3 高速黑白激光打印机

magicolor 2350

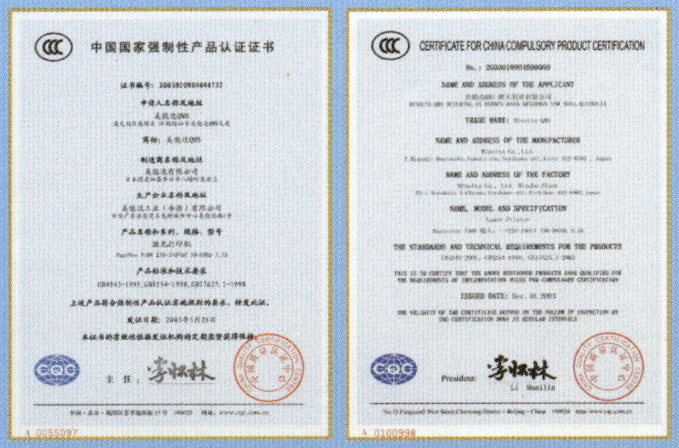

KONICA MINOLTA

公司名称：柯尼卡美能达商用科技株式会社 深圳代表处
地　　址：深圳市福田区福华一路国际商会大厦B座610-612室
产品咨询热线：800 830 4242
技术支持热线：800 830 3434
电　　邮：sales@bpa.konicaminolta.cn
网　　址：www.konicaminolta.com/printer

TOSHIBA

東芝 数码复合机

东芝复印机（深圳）有限公司成立于1993年，是东芝在全球主要的复印机生产基地之一。公司位于深圳市福永镇大洋开发区16区，占地面积5万多平方米，主要从事复印机及相关零部件的生产制造。公司设有技术部、品质管理部、制造一部、制造二部等七个部门，并分别在北京、上海、广州、成都、武汉、沈阳设有分支机构，共有员工940余名，其中技术人员占25%以上。

东芝复印机（深圳）有限公司目前设有1568、2040等九个型号的模拟复印机和e-STUDIO168s、208s等六个型号的数码复印机生产线，产品均已通过ISO9000或ISO9002系列国际质量认证、ISO14001国际环境管理体系认证、中国电工产品安全认证和中国环境标志产品认证，产品销往世界各地。

1996年东芝取得中国政府颁发的内销许可证，产量的20%可以直接内销，使国内的用户与世界同步享受东芝复印机的最新产品与服务，同时也进一步保证了产品供应的稳定快捷与价格的合理性。

经营理念： 发挥丰富的才智和充沛的活力，创造新的价值。以顾客的满意度为出发点，致力于提高产品和业务的品质。快速迅捷地对变化作出反应，营造一家充满活力、士气高涨的企业。努力成为优秀的企业公司，为促进中国的发展和创造美好的环境作出贡献。

东芝复印机（深圳）有限公司

电话： 86-755-27311901

传真： 86-755-27311902

地址： 深圳市宝安区福永镇大洋开发区16区

邮编： 518103

分支机构：

东芝复印机（深圳）有限公司北京分公司

电话： 010-64689581

东芝复印机（深圳）有限公司上海分公司

电话： 021-62472888

东芝复印机（深圳）有限公司广州分公司

电话： 020-87322601

东芝复印机（深圳）有限公司成都分公司

电话： 028-86520921

东芝复印机（深圳）有限公司武汉办事处

电话： 027-85448167

东芝复印机（深圳）有限公司沈阳办事处

电话： 024-23286226

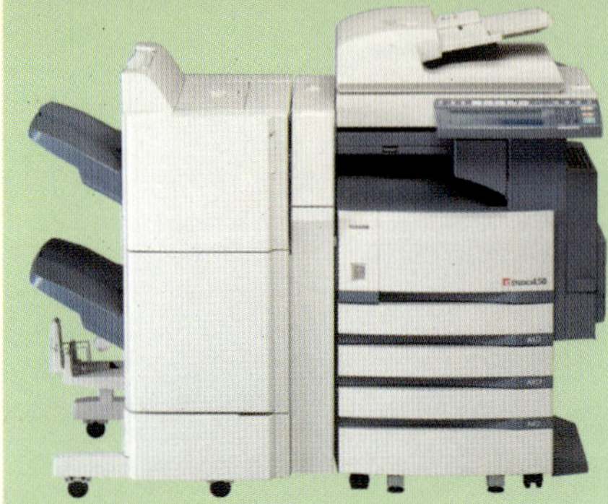

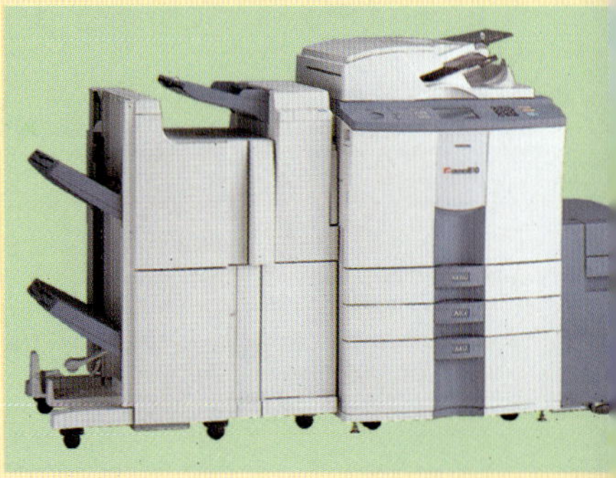

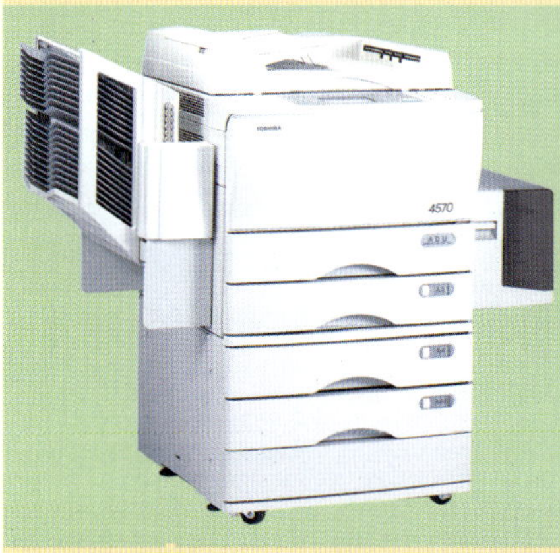

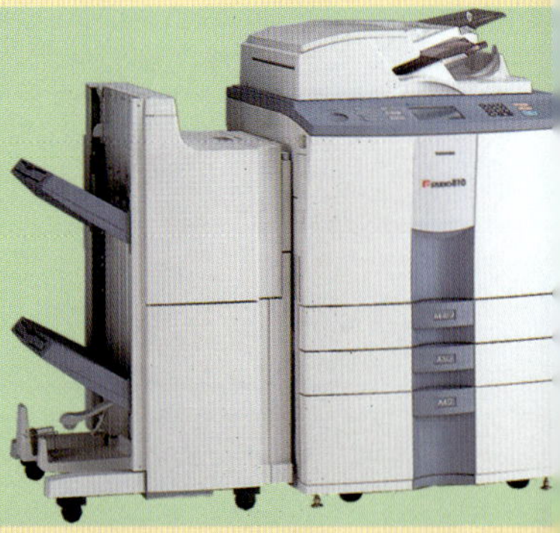

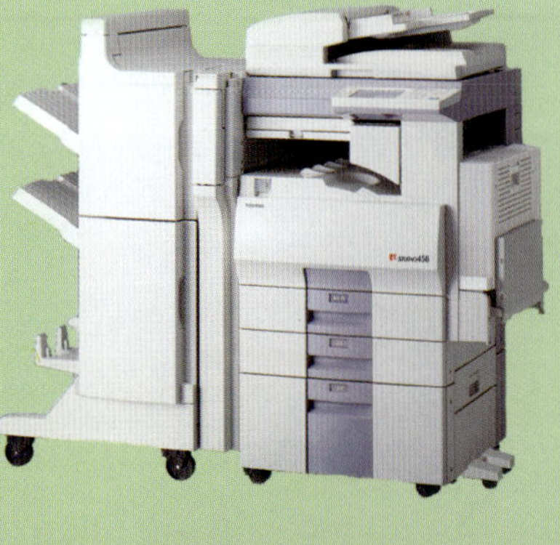

SHARP
秘不透风，稳如泰山
安全、可靠，用密码锁住文件的复合机，就是秘不透风！
高 度 安 全 的 夏 普 复 合 机
办公信息交流中心 AR—M620N数码复合机
夏普数据保密组件*是您商业机密的坚实防火墙
平日工作中，在对文件进行打印、复印和扫描等处理时，您可能已泄漏了至关重要的商业情报，其后果不堪设想。夏普AR—M620N，愿替您解决如此种种的问题。在提高办公效率的同时，AR—M620N所具有的网络和数据保密功能可及时清除或加密遗留在复合机内存中的资料，并阻止未经授权的用户访问您的电子文档，更确保了商业资料的机密性。
*需装配选购件AR—FR11保密组件
AR—M620N
NEW AR—M620N的主要功能
◎高性能复印和网络打印◎强大的网络扫描
◎电子文档管理 ◎多级别网络和数据保密*
夏普解决方案
SHARP SOLUTION
夏普办公设备(常熟)有限公司
网址：http://www.sharp-socc.com
上海经营部：上海市浦东新区新金桥路28号 新金桥大厦1601室 电话：021-5834-5070 传真：021-5834-5270
上海解决方案体验中心： 上海市西藏南路218号永银大厦3楼 电话：021-6334-3355 传真：021-6334-3809
北京营业所（解决方案体验中心）： 北京市东城区东长▮步?号 东方广场东方经贸城W1座1101室 电话：010-8515-0500 传真：010-8515-0510

移动商务 完美"视"界
PICTURE BY
DLP™
A TEXAS INSTRUMENTS TECHNOLOGY
intel inside
centrino™
MOBILE TECHNOLOGY
英特尔®迅驰™
移动计算技术
享受简报的从容自信，享受会议的酣畅快意，享受无论何时何地，成功都操之在己。
BenQ Joybook 6000 12寸宽屏高亮笔记本＋BenQ PB2225高亮数字便携投影机，
移动商务的最佳拍档，驰骋商场的完美组合。
你的装备，和你一样专业。
BenQ Joybook 6000
· 专家级屏幕显示：200流明，12寸宽屏
· 加第二块电池8小时超长电力
· 外接投影机和显示器，自动切换为双屏幕模式
· 铝镁合金外壳，彰显专业品味
· 仅重1.4公斤
BenQ PB2225/PB2125
· 超高亮度1800流明/1300流明
· 超高对比度2000:1
· DLP数字技术令画面层次更鲜明
· 铝镁合金外壳，彰显专业品味
· 仅重1.7公斤
明基电通中国营销总部 苏州新区狮山路268号 BenQ.com
售前 0512-68251233-2369/2256 售后 0512-68092520
北京 010-88516888 上海 021-64477799 广 州 020-38900009 武汉 027-87713610 沈阳 024-23842828 西安 029-85537343
成都 028-86724899 济南 0531-8564007 哈尔滨 0451-82562402 福州 0591-87112650 长沙 0731-4128477 郑州 0371-3660011
南京 025-83228216 深圳 0755-83683386 重 庆 023-89086461 杭州 0571-88862925
BenQ
享受快乐科技
Ad各商标所有权归各公司所有。产品规格如有变动恕不另行通知

ASUS®
华硕品质·坚若磐石
以色列
雅典
亚马逊
南极
太空站
华硕笔记本轻薄之旅
来自世界各地和外太空的事实证明：极限条件下，华硕笔记本经受寒冷、湿热、失重、震动等多种考验，运行始终出色！诠释轻薄哲学，延伸巅峰品质。
华硕 S5N
○ 高强度碳纤维合金材质，轻薄机身设计，薄至1.7cm，轻仅1.35kg
○ 华硕Power 4 Gear省电技术，搭载9芯长效电池(选购)时，可高达7.6小时
○ 一机双色自由选择
华硕 S200N
○ "A5"尺寸，体积仅为普通笔记本电脑的1/2
○ 轻仅920克，重量仅为普通笔本电脑的1/3
○ 8.9寸低温多晶硅显示屏
○ 提供齐全周边设备连接端口，提供超强使用弹性
○ 内建型加外接大容量型电池模组时间可长达5.3小时
华硕 S300N
○ 全球至轻至薄光驱内置型笔记本电脑
○ 8.9"镜面低温多晶硅宽屏幕，鲜亮画质，真实体验
○ 内置高品质音响，单键切换杜比环绕音效
○ 内建超薄COMBO/DVD Multi,精彩内容，一键刻录
华硕 M5N
○ 内建超薄高效能复合式光驱(DVD+CD-RW)COMBO
○ 新一代高强度碳纤合金机身设计，提供更高强度，轻仅1.55kg，薄仅2.4cm
○ 华硕Power 4 Gear省电技术，搭载9芯长效电池(选购)时，可高达7.9小时
○ 一机双色自由选择
特尔®迅驰™移动计算技术
特尔®奔腾®M处理器 英特尔®855GME芯片组 英特尔®PRO/无线2200网络连接
华硕 A730
● 内建130万像素摄像头，并配置USB HOST端口
● CF/SD双卡槽，蓝牙/WLAN双无线（WLAN仅限豪华版）
● 超时空资料回溯器，您的资料保卫专家
● 全面提升华硕笔记本产品性能
intel inside
centrino™
MOBILE TECHNOLOGY
迎访问华硕中文网址：www.asus.com.cn Email：tsd@asus.com.cn 神州数码笔记本网址：www.nbclub.com.cn
华捷 010-82667575 上海华捷 021-54421616 广州华捷 020-85572366 成都华捷 028-82916655 沈阳华捷 024-23988728 武汉华捷 027-59718655 西安华捷029-87677331
硕笔记本S300N、S200N、S5N、Z91000系列中国总代理－神州数码(中国)有限公司 笔记本销售热线：800-810-5556
京 010-62693333-3950 南京 025-83351122-1148 济南 0531-6065273 福州 0591-7819224 上海 021-22019999-9264 杭州 0571-88215923
又 027-87312266-2881 西安 029-82211177-2384 广州 020-87582246-3872 成都 028-85459888-2511 沈阳 024-23969788-2535
英特尔®迅驰™
移动计算技术
连接性和其他一些功能可能会要求您购买一些额外的软件、服务或外部硬件。对公共无线LAN接入点的获得度是有限的。系统的性能由MobileMark® 2002来衡量。系统的性能、电池寿命、无线性能和功能将根据您具体硬件和软件配置不同而有所不同。 Intel 英特尔、Intel Inside、Intel Inside 标志、Pentium 奔腾、Celeron 赛扬、Intel Centrino 英特尔迅驰、Intel Centrino
英特尔迅驰标志是英特尔公司或其美国和其他国家分支机构的商标或注册商标。电池使用时间会因所搭配电池组不同而有所不同。
电池使用时间及充电时间会随着所搭配电池组及电脑测试规格不同而有所不同，所公布之电池使用时间依据Mobile2002程式测试结果，并搭配选够之长效或第二颗电池组（视机种而定）及华硕独家Power4 Gear省电技术设定在最省电模式（Max Power Sawing）下测得。
印刷品提供的所有信息，经过小心核对，以求准确 ■ 如有任何印刷或翻译错误，本公司不承担因此产生的后果 ■ 本公司保留更改产品设计和规格的权力，届时恕不另行通知 ■ 本文所列商标均为相应公司的注册商标 ■ 华硕保留对此资料内容的最终解释权

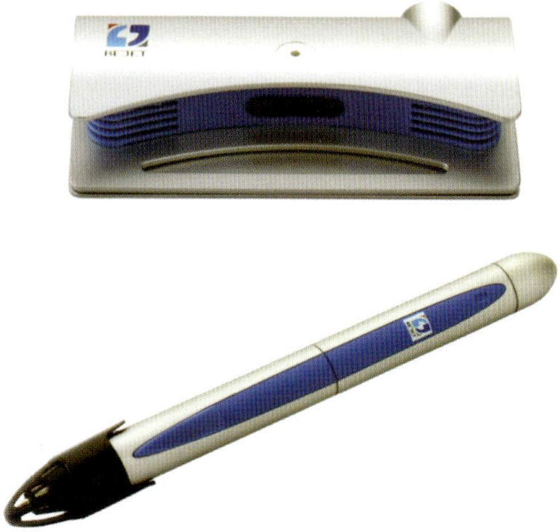

西班牙社会保障部
埃森哲为政府部门实现高绩效
作为社保福利的管理机构，西班牙财政和社会保障部曾积极寻找一种更为有效的方式来追踪全国1600多万名员工的税费缴纳和就业状况。埃森哲受聘负责开发并实施一个无纸化的电子通道，用于雇主与财政部之间的交流。这个系统被称为远程电子数据交换系统，即RED(Remote Electronic Data interchange)，每周七天，每天24小时全年不间断运营。这个系统迅即为西班牙几乎所有的企业采纳，从而替代了每年2600万份的书面文件呈送，并大大节约了数据整合的时间，从原来所需的两年锐减到现在的仅仅两个小时。这个系统每年可以为政府机构节约高达2200万欧元的数据库维护成本、200万欧元纸张成本，并且提高员工生产力约2700万欧元。如今，这一系统已成为实现政府部门高绩效的全球典范。
惠氏（Wyeth）药品集团
埃森哲帮助企业实现高绩效研发
为了加快新药品研发到批量生产的速度，惠氏药品集团的研发部门与埃森哲合作，实现了药品分子式的发现以及在实验室试验及临床试验的流程再造。惠氏与埃森哲合作，开发实施广泛的系统改进，从而实现了操作流程的精简化，并显著提高了研发部门的效率。三年来，惠氏药品研发部门药品开发的能力提高了400%，药品早期临床试验周期缩短了60%，进而，采用全新的高绩效临床数据管理外包模式，显著地节约了50%的成本。
©2005 Accenture. All rights reserved.
试探风向？
还是巧借东风？
锐意进取，如虎添翼。
高绩效企业或政府部门不仅能洞察变化，更能有效地驾驭它。
欲知我们如何帮助您的企业或政府部门将分析付诸行动，实现高绩效，敬请访问埃森哲网址：accenture.com
•管理咨询 •信息技术 •经营外包
accenture
埃森哲
实 现 卓 越

垃圾邮件、网络病毒、不良内容，一网打尽
趋势科技—值得信赖的全球著名网络安全专家
全国免费咨询电话：800-820-8876
或访问趋势科技中文网站：www.trendmicro.com.cn
TREND MICRO™
趋势科技

About TRENDMICRO
关于趋势科技

趋势科技-网络安全软件及服务领域的全球领导者，几年前就以卓越的前瞻和技术革新能力引领了从桌面防毒到网络服务器和网关防毒的潮流，现在又以独特的服务理念再次向业界证明了趋势科技的前瞻性和领导地位。趋势科技于1988年成立于美国加州，目前总部位于日本东京和美国硅谷，目前在30个国家和地区设有分公司，员工总数超过2000人。趋势科技分别在日本东京证券交易所和美国NASDAQ上市，并分别在2002年10月和2004年9月入选日经指数成分股和道琼斯可持续性指数。趋势科技2004年的收入将突破 6亿美元，是一家高成长性的跨国信息安全软件公司。

趋势科技在把创新思想成功转化为尖端科技方面享有盛誉，Gartner Group连续四年把趋势科技评定为最具创新能力的防毒管理供应商。IDC数据表明，趋势科技在全球服务器架构防毒解决方案居领导地位，在整体服务器防毒软件市场、群组防毒软件市场、网关防毒软件市场的占有率均高居全球第一位。而Business Week则赏识趋势科技灵活高效的跨国管理模式，将其列入"勇于挑战传统智慧的新一代高科技公司"之一。

TRENDMICRO In China
趋势科技在中国

2001年7月趋势科技正式进军中国市场，在上海、北京、广州、成都等地设立分支机构，以"用创新服务用户的需要"为宗旨，为中国各行业的用户提供高品质的产品与服务。迄今为止，趋势科技在中国大陆有近300名员工，其中在南京建立的研发中心有100多人，这个数字还在迅速增加。

趋势科技目前已在中国部署了1000多家经销商，一个架构全国、覆盖30个省市的渠道体系已经建立，为今后更高标准的销售计划打下了良好的基础。以优质服务为最大追求的趋势科技，在全国50个城市成立了趋势科技授权服务商网络(Trend Micro Service Network)，将为广大的中国用户提供最强大的技术支持和售后服务保障。

现在，趋势科技在中国的各行业如电信、政府、金融、电力、教育、能源等领域都取得了骄人的战绩，营业额一直保持快速增长。值得一提的是，趋势科技在中国已经有了收取服务费的PSP（企业专属咨询服务）客户。这表明了付费服务已经逐渐被市场接受，毫无疑问，这个市场潜力将是十分巨大的。

目前，趋势科技网络（中国）公司已成为在中国投资的跨国信息安全软件公司，并衷心希望长期服务于中国的信息安全基础设施建设。

TREND MICRO™
趋势科技

公司概况

EDS 提供全方位的业务和技术解决方案，以帮助全球客户改善他们的业绩。EDS 的核心业务包括信息技术、应用产品和业务流程服务以及信息技术转型服务。EDS的子公司 A.T. Kearney是世界一流的高价值管理咨询公司之一。

我们向全世界 60 多个国家和地区的一流公司和政府提供支持服务。
- 员工：超过 12 万名
- 2003 年营业额：超过 200 亿美元
- 财富 500 强排名：第 87 名

EDS中国
EDS 于 1992 年开始在中国运作，并于 1994 年开始对通用汽车中国公司提供全面的服务支持。今天，EDS (中国)有限公司在北京和上海设有办公室，同时还在香港与 EDS 香港公司共同运作。EDS 中国有限公司的主要目标之一就是提供战略规划服务，帮助中国的客户提高竞争优势。

EDS 中国主要客户有：通用汽车、上海通用汽车、中国银行、中国工商银行、SKF。

业务范围
EDS 的核心业务是外包服务，我们创新的业务类型主要包括独具特色的主机、数据中心、服务台和最终用户支持服务、应用产品维护和开发、业务流程外包以及转型服务。

业务实施
作为 CIO 们信赖的顾问，EDS 向企业管理人员提供最佳的解决方案，使他们获得最佳的 IT 投资回报率。EDS 丰富的专业知识可以帮助客户解决与他们的业务有关的问题，与此同时，我们强大的全球性架构也使我们有能力持续为客户提供卓越的服务。

与最好的公司联盟
EDS 创立了行业最佳联盟，建立了下一代 IT 服务交付平台。EDS 的灵活联盟综合了智能、研发及市场影响力，以开发公司的灵活型企业平台。

该平台是 EDS 下一代全球交付系统的基础。它提供灵活的技术基础，帮助客户快速回应不断变化的动态市场，并提高他们的竞争力。

思科、戴尔、EMC、微软、Sun Microsystems 和施乐 (Xerox) 是联盟的初始会员。联盟集团成员的年营业收入加起来超过1500亿美元，研发投入加起来超过136亿美元。

您知道吗？EDS...
- 在全世界管理50,000多台服务器，支持300多万个最终用户。
- 明年使用41种语言管理约3.5亿客户关系及20多亿次客户交易。
- 服务台每年需处理2,700万个电话，使用24种语言为客户服务。
- 每年处理超过10亿单的健康索赔。
- 是美国医疗补助和医疗保险系统最大的流程管理服务提供商，每年管理高达1,000亿美元的医疗补助福利的发放。
- 在2003年自愿投入累计6.5万小时支持世界各地的社区活动。
- 是世界顶尖的远程教学课程之一——JASON 项目的创始赞助人，JASON 项目自1989年以来已经拥有近1,300万名学生和老师。
- 是EDS拜伦尼尔森 (Byron Nelson) 精英赛的冠名赞助商，每年都会吸引高尔夫赛场上最闪亮的明星参加这一赛事，而且提供的慈善捐赠也远远高于任何其它PGA赛事。
- 发起了“灵活型工作环境解决方案”，一种虚拟的桌上系统管理方法，使实施绩效增长了5倍，成本降低了近30%。
- 发起实施数据中心标识语言 (DCML)，一个新的标准，允许不同的电脑组件透过全球的数据中心互相沟通。
- 提供myCOE解决方案，这是唯一的电脑化解决方案，允许我们客户的员工以较低成本遥控选择适合他们所需要的电脑软件。

EDS 领导层

Michael H. Jordan
董事会主席兼首席执行官

Jeffrey M. Heller
总裁兼首席营运官

David M Clementz
行政副总裁
资讯服务

Charlie Feld
行政副总裁
组合管理

Steve Schuckenbrock
行政副总裁
全球销售与客户解决方案

EDS 中国领导层

约翰 · 宜根
EDS 业务开发资深副总裁
A.T. Kearney
大中华区董事总经理

柳尽染
EDS 公司及市场开发副总裁

伍戴维
EDS 销售副总裁

黄薇
EDS 中国副总经理

联系方式

EDS 中国
上海浦东新区银城东路101号
汇丰大厦42楼
邮编：200120
tel：86 21 6100 6288
fax：86 21 6841 1164

北京市朝阳区建国门外大街1号
中国国际贸易中心西办公楼510室
邮编：100004
tel：86 10 8529 6446
fax：86 10 8529 6430
website：www.eds.com.cn

EDS 的股票在纽约证券交易所(交易代码：EDS) 和伦敦证券交易所上市交易。

开普互联

开普互联信息有限公司（WWW.UCAP.COM.CN）是一家电子政务软件产品及相关解决方案的专业提供商，致力于为政府机构提供基于互联网的中间件、解决方案和咨询服务。依托公司的创新性平台产品和技术，公司承担了一系列示范性政府信息化工程：澳门特区行政暨公职局信息资源整合平台，澳门特区民政总署一站式综合服务系统，广东一站式电子政务试点，国家信息化试点城镇等。

开普互联提供以下电子政务软件产品和解决方案：

电子政务基础平台产品

- 电子政务柔性应用基础平台 UCAP SOFPro：国内领先的电子政务柔性应用基础平台，具有快速部署、协同应用、可重用、安全、可扩展、跨平台等特点。
- 柔性工作流管理系统UCAP FlowPro：基于 J2EE 开发设计的柔性工作流管理系统，满足政府对工作流程管理和资讯管理的需求。
- 柔性电子表单UCAP FormPro：国内最早开发的、成熟的电子表单产品，包括设计工具、表单服务器、在线和离线填写工具。

电子政务应用产品

- 开普易报柔性申报系统：基于互联网的外部数据采集、审批、发布，内部数据的统计、整理、分析的软件产品。
- 开普捷报柔性科技项目管理系统：针对科技项目生命周期管理的政务软件产品，包括申报、审批、监管、验收、成果鉴定、推广等环节。
- 开普政通一站式柔性行政许可系统：国内第一款基于互联网的、完全支持《行政许可法》要求的软件产品。
- 开普人和柔性行政监管系统：国内第一款专注于行政监管领域的软件产品，可以满足政府监管业务需求，可与其他系统实现无缝集成。
- 开普柔性办公自动化系统：满足政府办公需求，使政府办公更便捷、高效、智能。
- 柔性电子表单UCAP FormPro：国内最早开发的、成熟的电子表单产品，包括设计工具、表单服务器、在线和离线填写工具。

电子政务相关解决方案

- 开普一站式柔性行政服务中心管理系统
- 柔性网上申报审批系统
- 柔性政府信息及服务门户系统
- 柔性电子表单UCAP FormPro：国内最早开发的、成熟的电子表单产品，包括设计工具、表单服务器、在线和离线填写工具。

公司地址：

- 东莞：东莞市石龙镇新城区正龙科技园A座；电话：86-0769-6115656
- 北京：北京市海淀区知春路23号量子银座8层；电话：86-010-82350961
- 广州：广州市黄浦大道163号富星大厦东塔16楼G；电话：86-020-87582903
- 珠海：珠海吉大光大国际商贸大厦22楼2208；电话：0756-3323108

北京万里红科技有限公司

Beijing SuperRed Technology Co., Ltd.

北京万里红科技有限公司成立于2001年，是一家从事新技术开发、科技成果转化以及高科技项目投资的高新技术企业。公司专注于电子政务、信息安全与网络保密领域，为客户提供可靠的信息安全产品以及全面的电子政务解决方案。

公司拥有“计算机信息系统集成二级资质”证书和“涉及国家机密的计算机信息系统集成资质”证书，公司还通过了ISO9001质量管理体系认证。

公司领导团队拥有院士等国家级专家和工程控制经验丰富的清华大学博士；技术团队拥有信息安全方面的博士后、博士、硕士；通讯方面的博士、硕士。营销团队则集合了信息安全领域资深的高级营销人才。

公司依托国家863立项、中国科学院、清华大学、国家保密技术研究所，在网络保密技术、信息安全技术、电子政务相关技术方面积累了大量研究成果，成功开发了多项具有自主知识产权的产品。公司先后成功实施了全国组织系统信息化建设项目、山东滕州市内网改造项目、浙江宁波市鄞州区电子政务工程项目、青海农经网安全保密建设项目、中国延安干部学院校园网建设项目以及地震现场救援虚拟仿真系统设计项目等。

公司主要信息安全产品包括：涉密计算机信息系统保密检查工具、WLH-1微机视频信息保护系统、涉密计算机监控与审计系统、Internet信息保密检查搜索器、涉密场所智能保密机、万里红SPF-01型消磁器、五防多媒体保险箱、万里红安全隔离与信息交换系统、万里红密码柜管理系统、电话线路测试仪等。其中涉密计算机信息系统保密检查工具是涉密系统审批的必备工具之一，WLH-1微机视频信息保护系统达到了国家保密标准BMB4-2000《电磁干扰器技术要求和测试方法》一级要求的产品，可用于保护处理机密级（含）以下信息的计算机：

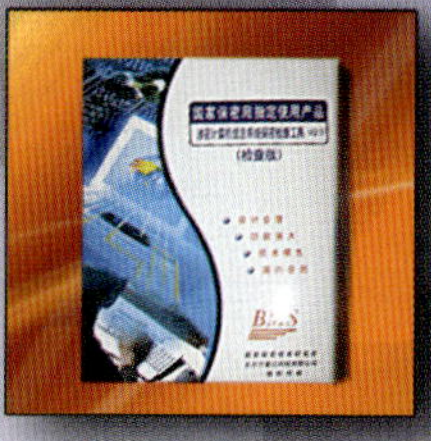

涉密计算机信息系统保密检查工具

保密检查必备产品，为保密部门对涉密系统进行审批和保密检查提供了有效的技术手段。

WLH-主机监控与审计系统 V1.0

对涉密网中计算机外设、文件输入输出以及文件操作行为等进行监控和审计的系统软件。

WLH-1微机视频信息保护系统

采用视频相关技术，实现对计算机视频信息的有效保护。是唯一的国家一级视频干扰器。

涉密场所智能保密机

主要用于涉密会议室及禁止使用移动电话的场所，防止利用移动电话进行恶意窃听和无意开机造成的失泄密。

SPF-01型消磁器

该消磁器产生的磁场均匀，消磁效率高，可以快速、彻底消除软盘、录像带、录音带、磁卡和容量不大于120G的硬盘等磁介质载体所存储的磁记录信息。

Internet信息保密检查搜索器

锁定涉密网站进行实时监控，快速高效地检查Internet上的信息，可针对Web服务器、Web论坛、FTP服务器、新闻组等进行快速、高效搜索检查。

五防多媒体保险箱

防火、防潮、防磁、防静电、防盗，适用于政府、金融、财税、科研机构等单位存放光盘、磁带、电子软件、优盘、重要文件资料及贵重物品。

万里红密码柜管理系统

采用电脑密码锁控制，智能芯片记录，软件硬件结合的方法来达到有效的防范目的。

北京万里红科技有限公司
地址：北京市海淀区中关村东路95号中国科学院自动化大厦二层（100080）
总机：010-82871116/17/18　　传真：010-82871104
网址：http://www.superred.com.cn

COL COL 卡欧乐

彩喷打印色彩专家

NEXCELL JAPAN

概况：CMYK

西安三豪科技有限公司是集研发、生产、经营为一体的高新技术企业。位于国家级西安高新技术产业开发区，属国家级西安留学生创业园企业，是留学人员创办的高新技术企业公司，自创建以来，坚持研发为主，科技创新和创自主品牌相结合的兴业之路，以“优质的品质、合理的价格、完善的服务”为经营策略，“创造一流的产品、提供一流服务、塑造一流品牌、后来者居上”为公司的目标，与天下朋友携手共创美好未来！

公司主要生产、经营有完全自主知识产权的喷墨墨水、喷头清洗液、墨盒。墨水可分为三类：高精度喷墨压电式墨水，适用于爱普生微压电式喷墨打印机；高精度喷墨热动力墨水，适用于惠普、利盟类热动力打印机、传真机；高精度喷墨热气泡墨水，适用于佳能等热气泡类打印机、传真机。三类墨水覆盖了所有打印机，供用户选择。

公司生产的卡欧乐牌绿色环保墨水，由中国计算机用户协会打印显像中心应用分会现场取样，分别经国家印刷装潢制品监督检验中心、北京理化分析测试中心和中国科学院理化技术研究所等国家权威机构做了理化指标、有害物质含量和图像质量测试（详见各报告）。通过上述国家专业测试机构和专家的测试结果，行业协会认为：西安三豪科技有限公司研制的“卡欧乐”牌兼容墨水产品测试结果良好、质量接近同类原装墨水、技术处于国内领先水平，主要性能达到甚至超过国际先进水平；打印效果、色彩还原度、稳定性、耐水性、耐光色牢固度良好。

公司结合中国的国情，根据我国政府以人为本的政策，从保障用户的身体健康、降低客户的打印成本、保证客户的打印质量出发，通过对打印机电化学喷头、热气泡喷头、热动力喷头的电子结构、高频特性、性能、工作原理、墨水特性、性能的变化规律、稳定性，色彩的同步精度、同步还原性等的分析和研究发现了电化学、热气泡、热动力喷头的动力原理和规律，成功地开发出了不亚于原装的墨水，最终制造出稳定性好、分辨率、同步精度高、色彩还原逼真、耐光耐晒牢固度强、待机时间长、使用温度范围宽、保存温度范围宽、时间长、无毒无害、不堵喷头还可维护喷头、延长喷头使用寿命等特点的高精度化学反应型电子墨水、热气泡、热动力墨水。公司坚决反对粗制滥造、以假乱真、损坏耗材制造业名誉的行为。

地址：西安高新技术产业开发区 **电话：029/88888888**

E-mail:123456789@163.com **HTTP://www.pchome.net**

广东省佛山市澜石宇航不锈钢制管有限公司
广东省佛山市澜石宇航星不锈钢有限公司

佛山市澜石宇航星不锈钢有限公司（佛山市澜石宇航不锈钢制管有限公司）位于佛山市澜石镇，总占地面积约8万平方米，是国内专业生产不锈钢配管和装饰管的最大厂家之一。下设分厂有：澜石不锈钢型材厂、澜石南方不锈钢管厂、澜石膨胀节厂、澜石不锈钢软管厂。

九运会体育场馆工程指定产品

1996年起从美国、意大利等国家和台湾地区引进具有先进水平的焊管成套设备，包括纵剪分条、氩弧焊和等离子焊、高频焊、热处理炉，酸洗生产线以及水压试验，无损伤、抛光机组等设备，形成年产4万吨的生产能力。公司采用美国ASTM、日本JIS和GB12771国际国内标准组织生产。外径从6～1800mm，壁厚从0.3～12 mm。产品广泛应用于石油化工、印染、造纸、制糖、饮料、食品、热交换器、建筑装饰、医疗健身器械、家具、厨具、汽车、供水等行业。公司通过ISO9002质量体系认证并获国内首批颁发生产许可证，素以规格齐全、品种多、质量好著称。产品遍布全国各地并销往国外市场。

上海东方明珠电视塔不锈钢工程

本公司同时生产冷轧不锈钢带钢，拥有专门工程技术人员按客户要求开发各种异形管、波纹管、膨胀节等产品。

地址：广东省佛山市澜石澜普路16号
电话：0757-83315842 83311488 83311819
传真：0757-83313541 83311635
质量投诉电话：83310260 邮政编码：528041
http://www.yuhang-stainlesssteel.com
Http://www.fslsss.com
E-mail:fsyhc@pub.foshan.gd.cn

上海世纪大道东方之光大型不锈钢雕塑

HUAYA 华雅家具

华雅 创立于1986年深圳经济特区，目前已发展成为集团化经济实体，注册资金3280万元，是中国办公家具行业的A级知名企业、中国家具协会、深圳市家具协会、深圳标准化协会、深圳质量协会会员单位及中国中小企业500强、中国家具行业50强。

近二十年来公司一直秉承传统与现代相结合的理念，致力于现代化办公家具的专业开发、生产与销售。“华雅”牌家具主要有大班台系列、职员台系列、文件储存系列、沙发系列、座椅系列、公共座椅系列、屏风系列及酒店家具系列等八大类上百个品种，近千个款式，以及年产量50万～100万件，满足党政机关及各大中小企事业单位的不同需求。

公司拥有全套进口家具专业机械生产线和一支优良的工程设计与生产队伍。产品已被中央机关及各级政府部门、企事业单位和国外大型跨国公司选用，并且产品五年保用、终身维修，销售网点更遍布国内、国外各大城市。

为确保公司产品质量达到高水准以及与国际市场接轨，公司通过了ISO9000和ISO14001国际标准认证，同时还投资扩建了六万平方米的“华雅现代科技工业园”，以进一步扩展“华雅”在办公家具领域的发展强势。

“华雅”将以更大的信心，朴实的劳动和真诚的服务，满足国内外用户更完美的需求。

深圳市东方华雅实业有限公司

SHENZHEN DONGFANG HUAYA INDUSTRIAL CO., LTD

地址：中国·深圳宝安区龙华工业东路华雅工业园

ADD: HuaYa Industry Park. Industry East Road LongHua. Baoan Area Shenzhen China

电话 (TEL)：+86 (0755) 28135638

传真 (FAX)：+86 (0755) 28135618

E-mail：huaya8@sina.com

邮编 (P.C)：518109

www.chinahuaya.com

天津市津南建达电子器材厂

TIANJIN JINNAN JIANDA ELECTRONIC EQUIPMENT FACTORY

天津建达电子器材厂成立于1992年，主要从事警用械具、防暴产品的生产，是警用产品优秀企业之一。产品远销罗马尼亚、俄罗斯、非洲等国家。

天津建达电子器材厂为中国安全防范产品行业协会会员单位，警用械具、警服标准化技术委员会通讯委员单位。富有生机的企业活力和人性化的管理体制使天津建达电子器材厂于1996年荣获中国安全防范产品行业协会和96国际社会公共安全产品博览会联合颁发的荣誉证书。2000年中国商品学会，中国质量学会组织调查统计(共五项指标：品牌知名度、服务满意度、市场占有率、质量美誉度、2000年市场首选)我厂电警棍系列产品获全国同行业第一名。2001年通过ISO9001：2000国际质量管理体系认证。同时，在迅速发展的过程中，天津建达始终保持踏实、稳重的一贯风格，以求实、创新的作风带动企业整体风貌的建设，并体现在开发、宣传、销售、服务当中，从而在用户与销售商心中建立了良好的企业形象。

天津建达不断完善自我，不断创新，永远使顾客满意。在以电警棍系列产品为主导产品的基础上，研制出3DI(已通过公安部安全与警用电子产品质量检测中心检测合格，检验报告号：公京检第020028号)、3DII(产品已获国家实用新型ZL 01 2 79178. 4和外观设计ZL 01 3 60527. 5两项专利)、3D-Ⅲ型防暴射网器系列，橡胶弹发射器，钢制伸缩警棍系列产品。

脉冲电警棍系列

飞网发射器系列

钢制伸缩棍系列

防盗防劫箱系列

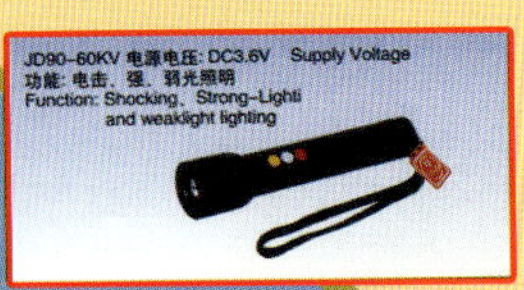

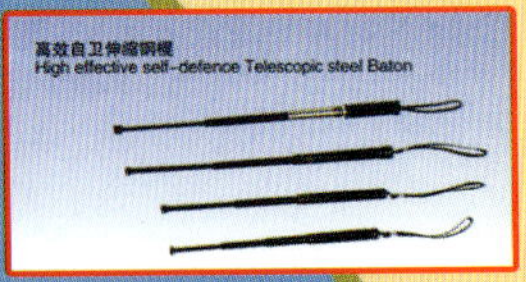

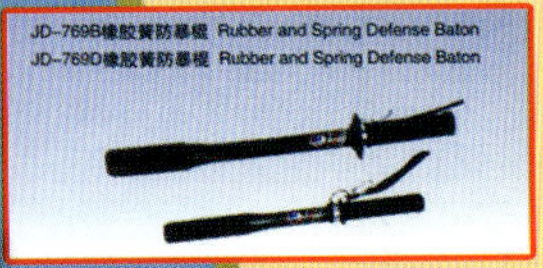

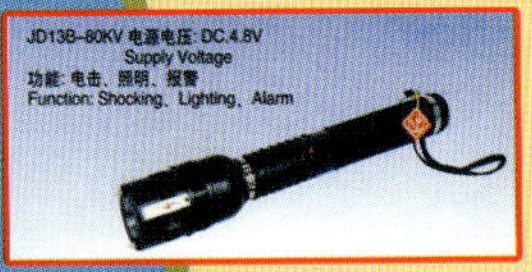

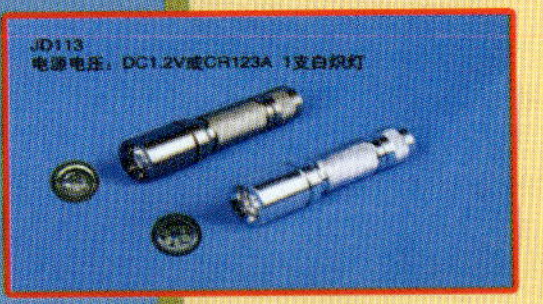

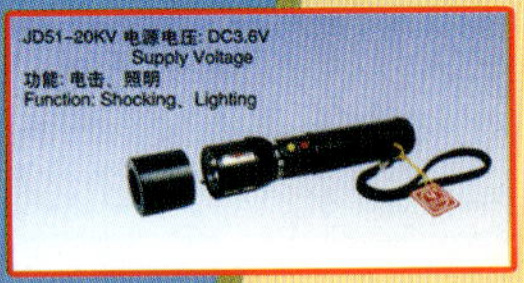

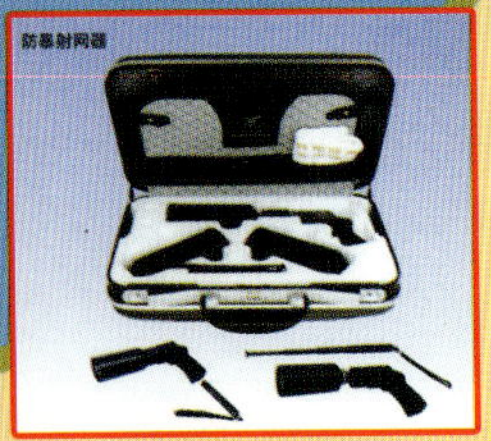

地　址：天津市津南区小站镇南付营
电　话：(022)88816325
传　真：(022)88816913
网　址：http://www.tjjianda.com

浙江求是科教设备有限公司

浙江求是科教设备有限公司是一家专业从事大中专院校电气类、自动化类教学仪器开发、生产、销售的高科技企业。目前公司产品涵盖物理、电工、电子、电机拖动、电力电子、自动控制理论、过程控制、电力自动化及继电保护、电磁场、实验、楼宇自动化等诸多学科，具有上百余种产品。我们坚持以市场为导向，以技术求发展，以质量求生存的经营理念，并建立健全营销网络，完善售后服务体系，为高校提供性能先进、质量可靠的教仪精品。求是公司愿和全国教育事业一道走向辉煌的明天！

主要产品：

EEL系列电工电子教学仪器
QSPLC系列可编程控制器教学仪器
MCL系列电力电子及电气传动教学仪器
Qs系列电磁场教学仪器
PCT系列过程控制教学仪器
Mc系列实训装置系列教学仪器
ETL系列电子技术教学仪器
MEL系列电机系统教学仪器
ACT系列自动控制理论教学仪器
EPL系列电力系统及继电保护教学仪器
Ba系列楼宇自动控制系统教学仪器
Qs系列物理实验教学仪器

山西长城监控防盗技术开发有限公司

总经理：武晓东

山西长城监控防盗技术开发有限公司是专门从事安全技术防范的专业化公司，业务涉及闭路监控、防盗报警、出入口控制、停车场管理、周界防范、巡更系统等。

我公司成立于1996年，几年来公司汇集了一大批来自高等院校、研究所及大型军工企业的专家和高级工程技术人员，公司凭借雄厚的军工技术和人才优势、科学的组织结构和管理机制、完善的工程施工质保体系以及真诚友好的合作精神，在用户中建立了良好的声誉。

公司为适应市场和社会的需要，不断调整产业结构，拓展经营范围，在大楼综合布线、楼宇自动化、计算机网络、光纤通信、系统集成等领域也取得了令人瞩目的业绩。

公司具备政府部门颁发的《设计施工资格证书》，是中国安防协会的理事单位。

公司已通过了IS09001：2000认证，是山西省名优企业之一。

敬业、诚信是长城公司的立足之根本　开拓、创新是长城公司的发展之法宝

HONDA
The Power of Dreams
Get a New View!
略高一筹　全新境界
中国2005 CAR SUV of the Year 年度车型
中国2005年度车型
Honda中国石化F 1™ 中国大奖赛2004官方指定工作用车
i-VTEC DOHC
满足自由驰骋的渴望
"东风本田CR-V"采用新型高效i-VTEC发动机，让您感受到强劲有力的起步，平稳舒适的行驶，顺畅自如的加速。油耗更低、更经济。
享受多样的精彩生活
灵活多样的座椅布局设计，时尚且实用，让您感受到前所未有的伸展自如的乘坐空间，形式多样的储物空间。
●排量：1.998L ●额定功率：110/6,500(kW/rpm) ●最大扭距：190/4,000(N.m/rpm)
●驱动系统：双联泵适时四轮驱动 ●安全系统：双SRS安全气囊和防抱死制动系统(ABS)
CR-V 张弛自有道
东风本田汽车(武汉)有限公司 地址:湖北省武汉市经济技术开发区车城东道283号 电话:027-84286018 84286028 http://www.wdhac.com.cn 邮编:430056
东风 HONDA

公司

Y LIMITED

东风汽车公司以对等股比组建的国内首
层次最深、合作领域最广的合资企业之

的企业文化，把东风的研发、制造、
下拥有商用车公司、乘用车公司、股

计划，简称"23计划"。计划的主要目
亿元人民币；营业利润率达到两位数；

第一、世界前三"的目标，乘用车成
造厂商。

东风汽车有限公司

地址：湖北省十堰市车城西中9号
电话：+86-719-8224181
传真：+86-719-8223887
邮编：442001
网址：www.dfl.com.cn

东风汽车有限公司商用车公司
营销服务热线：+86-719-8885555

东风汽车有限公司乘用车公司
营销服务热线：8008308899

东风汽车股份有限公司
营销服务热线：+86-27-84210315

东风 HONDA

我们放眼全球，

以建立国际优秀企业为目标，通过提供令顾客满意的产品和服务，贡献社会。

总经理：尾崎满

执行副总经理：刘裕和

领导致辞

2003年7月16日，东风汽车工业投资有限公司与日本本田技研工业株式会社正式携手合作，成功地组建了东风本田汽车（武汉）有限公司。东风公司是中国汽车产业三大支柱之一，而本田技研株式会社是日本三大汽车制造商之一，两大具有重要国际地位的汽车企业联手进行首次整车项目的合作，势必有着良好的市场前景。东风与本田的再次合作也同样促进了中日两国的友好关系，推动着双方汽车产业技术的共同进步。

东风本田汽车（武汉）有限公司的宗旨是放眼全球，以建立国际优秀企业为目标，通过提供令顾客满意的产品和服务，贡献社会。我们将按照东风本田严格的质量管理体系，进行规范的管理，不断增强自身的发展能力，迅速扩大生产经营规模，以东风本田CR-V这款新车型作为市场竞争的切入点，争取在最短的时间里打造出东风本田的强势品牌和规模效应。

在未来的日子里，我们坚信东风本田会更加团结合作，朝着我们的目标不断前进，争取成为国际一流的汽车企业！

东风本田汽车(武汉)有限公司
http://www.wdhac.com.cn
地址:湖北省武汉市经济技术开发区车城东道283号
电话:027-84286018 84286028
邮编:430056

KIA 东风悦达·起亚
起亚嘉华 尊行天下
KIA
起亚嘉华
国NCAP五星安全认证
血统纯正的起亚嘉华MPV，自诞生日起便风靡全球，举世瞩目。作为一部保持全球每年25万部销量的MPV，豪华雄姿处处映现。今天，起亚嘉华MPV针对中国消费者的需求，融入当代科技度身定造，200多项创新与改进，周全便利的配置，3.5升V6发动机的强劲动力，倍受推崇的尊贵气质……真正全面奠定了MPV的新基准。
起亚嘉华，一部献给真正了解和热爱豪华MPV驾乘者的至尊御驾！
诚信服务，满意用户
3年/5万公里质量保修承诺
KIA
CARNIVAL
起亚嘉华 我的专机
悦达起亚汽车有限公司销售总部 中国上海市长宁区仙霞路319号远东国际广场A幢13层 (200051) 全国呼叫中心: 800-828-5985 0515-888-2000 网址: www.dyk.com.cn 传真: 021-6440-0877

KIA 东风悦达·起亚
起亚远舰 领航上市
新势力 心驱动
起亚远舰
电子动力转向(EPS)
四方位安全气囊
主/副驾驶席可加热电动座椅
DVD AUTO CHANGER(10碟) +VCD+CD+MP3
手机免提装置
自动灯光控制系统
新时代领航者，以远见和内在的超越动力，不断挑战现在，成就更高境界。
起亚远舰2.0L，与新时代领航者携手启航。
荟萃国际汽车前沿科技，铸就全新时代经典；人性化、多功能豪华配置，行止间，
得心应手，享受超然。大气，成就大器；远舰，远见未来。
新一代超越势力，起亚远舰。
2.0L强劲动力系统・四挡手自排一体化配备・冲撞力感应型自动车门开启系统・速度感应型自动车门锁止系统・独特的有害气体隔离装置・自动恒温空调・雨量感知型雨刷・倒车雷达
KIA 起亚远舰
新势力 心驱动

东方之子
两会荣耀行
两会指定座驾
APEC METC
指定座驾
首届中国威海国际人居节
惟一指定用车
第13届中国金鸡百花电影节
惟一指定用车
四十岁的目标
三十岁达成
东方之子
豪华车身外观加之强劲动力，实力为证，把握成功先机，提前实现人生每一个壮阔的成就愿景，成为众人钦慕的目光焦点！
东方之子
■三菱直立四缸16气门顶置凸轮轴多点电喷发动机
■三菱INVECS-Ⅱ智能型四档手动自动一体化变速器
■双层双开启防夹式电动天窗
■智慧自动恒温空调
■驾驶座八向电动调节真皮座椅
■SRS双安全气囊/ABS四轮防抱死制动系统
瑞汽车有限公司
客户服务热线：800-8681668 0553-5951286
网址：www.chery-dfzz.com www.chery.cn
奇瑞汽车
CHERY AUTOMOBILE

江铃·陆风
荣誉出品
28
江铃陆风
MAXXIS
04年越野赛事再称雄
陆风汽车
2003
全国越野锦标赛冠军
限量"纪念版"—9.98万
四门豪华版:14.8-15.9万; 精英版:12.6-13.8万 双门豪华版:13.4-15.9万; 精英版:10.8-13.8万
2.0L 2.4L 2.8L 2.8T
三菱4G63/4G64发动机
符合EUROII排放标准
2.0L/2.4L排量 16气阀 多点电子喷射
陆风汽车
LANDWIND
江铃集团旗下之专业越野车品牌
江铃陆风汽车有限公司 电话:8008691688 0791-5219999 网址:www.landwind.com

郑州日产汽车有限公司

http://www.zhengzhounissan.com.cn

行业皮卡系列：

行业帕拉丁系列：

公司名称：郑州日产汽车有限公司

地址：中国 郑州陇海东路 62 号　邮编：450004

销售咨询热线：（0371）2169777

24 小时售后服务热线：（0371）2169555

免费投诉：800-883-7000

作为河南省市政公用业协会环卫分会理事单位，我公司在环卫车辆、环卫设备方面有着更深的研究。多年来，我公司在引进国外先进技术的同时，依靠自身强大的技术力量，先后开发生产出了0.5吨、2吨、3吨、3.5吨、5吨、8吨等“东方红”系列压缩式垃圾车，以及洒水车、吸粪车、扫地车等系列自卸车环卫产品，制作精良，工艺考究，价格适中，在同类产品中有独到的优势。

本公司承担着一拖集团公司专用车发展重任，我们将以市场为导向，以用户满意为宗旨，积极开拓，努力进取，树立“致力人文科技”的企业理念和“起步就与世界同步”的经营思想，将一拖专用车塑造成为国内同行业中设计新、科技含量高、性价比好、实用高效的产品，引领国内环卫设备发展方向。

地址：河南省洛阳市建设路154号　邮编：471004

电话：0379-4337809

传真：0379-4337282

网址：http://www.zhgythw.com

E-mail:yt511@sohu.com

装压缩式垃圾车

东方红 LT5110GPSE 绿化喷洒车

自卸式垃圾车

LT5261GJB 混凝土搅拌运输车

一汽丰田汽车销售有限公司

一汽丰田汽车销售有限公司（英文名称：FAW Toyota Motor Sales Co.,Ltd.）是为满足迅速发展的中国汽车市场及日益多样化的消费者需求，由一汽集团、丰田汽车公司共同出资，于2003年9月25日正式成立的合资经营企业。

公司注册资金为2500万美元，经营范围主要包括国产丰田车、大发车辆及其零部件、用品的销售及售后服务；市场营销策划、咨询；对相关经销商及汽车修理厂提供咨询及培训服务。

公司总部设立在北京，同时分别在成都、天津、长春、广州、上海开设分支机构。

公司目前主要销售COROLLA花冠、VIOS威驰、LAND CRUISER陆地巡洋舰、PRADO普拉多、COASTER柯斯达、以及DARIO·TERIOS达路·特锐六款车型，另外CROWN皇冠也将在2005年春季投入中国市场。

截止到2004年12月，公司在全国认定并开业的经销店预计达到150家。我们要通过魅力无穷的丰田品牌国产车和世界水准的销售和售后服务体制，实现客户满意度第一，为中国汽车工业的发展做出贡献。

VIOS 威驰

TERIOS 特锐

PRADO 普拉多

LAND CRUISER 陆地巡洋舰

COASTER 柯斯达

通信地址：北京市朝阳区光华路一号嘉里中心南楼三层
邮政编码：100020
电话：010-85296688
传真：010-85296660
http://www.toyota.com.cn
免费热线电话：8008101210（免费）或010-64629300

经财政部门同意实行归口统一采购的情况，在“部门集中采购”项目中统计。

7. 填报省内省外栏目时，货物要以产品的生产地或制造地为标准，不能以产品代理商为标准。

8. 采购方式中“其他”是指经财政部认定的采购方式。鉴于目前财政部还没有认定其他采购方式的情况，填报时不填此项。

9. 涉及系统集成和网络工程中货物、服务项目填报时，如果此项工程中硬件采购超过采购金额 50% 的项目，应当填报在货物类中的“系统集成、网络设备”栏；如果此项工程中服务采购超过采购金额 50% 的项目，应当填报在服务类中“系统集成、网络服务”栏。

10. 关于政府采购合同授予情况，由于是第一次统计此项指标，统计工作布置晚，今年可以不填报此项，各预算单位可根据指标解释做好明年填报的准备工作。

四、指标解释

1. 单位统一代码，是指各级技术监督局核发给各单位的标识代码，由 9 位数字组成。单位填报时应当填报本单位代码。该代码与财政决算报表所要求填列的单位统一代码应相一致，请务必填写准确。

2. 采购预算，是指财政部门批准采购单位用于采购的预算金额或采购单位在采购活动开始前计划用于采购的金额。（01 表 1—4 列）

3. 预算内资金，是指财政在年初预算中安排的政府采购资金和年度执行中通过预算追加安排给采购单位的用于政府采购的资金，包括国债安排的项目资金。（01 表 2 列）

4. 预算外资金，是指用于政府采购的未纳入财政预算管理的行政事业性收费、政府基金、捐赠资金、上级部门下拨的专项资金等。（01 表 3 列）

5. 自筹资金，是指采购单位安排预算内和预算外资金以外的收入进行采购的资金。（01 表 4 列）

6. 采购金额，是指采购单位根据合同支付的成交金额，或者按照政府采购有关规定开展采购时所发生的金额。采购金额按资金来源分别填报。（01 表 5—8 列）

7. 财政直接支付，是指财政部门按照政府采购合同确定的采购金额，将采购资金由国库直接拨付给中标供应商的资金数额，按合同数填列。（01 表 14 列）

8. 节约资金，是指采购预算资金与采购金额之间的差额。包括预算内资金节支额、预算外资金节支额和自筹资金节支额。填报节约资金时，按预算资金、预算外资金和自筹资金口径分别计算。（01 表 9—12 列）

9. 资金节约率，是指政府采购活动的节支效果，以百分率表示。（01 表 13 列）

10. 集中采购，分为政府集中采购和部门集中采购。（02 表 3—9 列）

政府集中采购，是指各采购单位将列入政府集中采购目录中的通用采购项目委托政府集中采购机构实施的情况。（02 表 4—6 列）

部门集中采购，是指地方各厅局经政府或财政部门批准采购本地集中采购目录中有特殊要求采购项目的情况。（02 表 7—9 列）

11. 分散采购，是指政府集中采购目录及部门集中采购项目范围之外，由各采购单位组织采购的有关情况。（02 表 10—12 列）

12. 自行采购，是指各采购单位按照政府采购制度规定自己组织开展集中采购目录以外项目的采购活动。（02 表 5 列、8 列、11 列）

13. 委托采购，是指政府集中采购机构、各采购单位将应当由本单位独立开展的采购项目通过委托方式由政府采购业务代理机构代理采购的情况。（02 表 6 列、9 列、

12 列）

14. 政府采购合同授予情况，主要指获得政府采购合同的供应商或制造商在地区上的分布情况。(03 表 1—6 列）

国内，是指履行工程和服务合同的供应商是国内企业（在中华人民共和国境内注册的法人)，或者所采购的货物为非进口产品。(03 表 2 列）

进口，是指履行工程和服务合同的供应商是国外企业，或者所采购的货物为进口产品。(03 表 3 列）

省内，是指供应商履约时提供的货物在省内生产，或者工程和服务合同由省内注册的供应商履行。(03 表 5 列）

省外，是指供应商履约时提供的货物在省外生产，或者工程和服务合同由外省注册的供应商履行。(03 表 6 列）

15. 采购方式，是指政府集中采购机构、各采购单位或其委托的政府采购业务代理机构在具体采购项目进行时采用的方式。法定的采购方式有公开招标、邀请招标、竞争性谈判、询价、单一来源采购五种。

公开招标，是指政府集中采购机构、采购单位或其委托政府采购业务代理机构，以招标公告邀请不特定供应商投标的一种采购方式。(03 表 8 列）

邀请招标，是指政府集中采购机构、采购单位或其委托政府采购业务代理机构，以投标邀请书的方式随机邀请三个以上特定的供应商投标的采购方式。(03 表 9 列）

竞争性谈判采购，是指政府集中采购机构、采购单位或其委托政府采购业务代理机构，直接邀请三家以上的供应商就采购事宜进行谈判的采购方式。(03 表 10 列）

询价采购，是指政府集中采购机构、采购单位或其委托政府采购业务代理机构，对三家以上的供应商提供的一次不可更改的报价进行比较，以确保价格具有竞争性的采购方式。(03 表 11 列）

单一来源采购，是指政府集中采购机构、采购单位或其委托政府采购业务代理机构，向一个惟一的或者特定的供应商直接购买的采购方式。(03 表 12 列）

16. 05 表 2—11 行按照财政决算报表的分类标准填列。

17. 货物，是指各种形态和各种类型的物品，包括有形或无形物品（如专利），固体、液体或气体物体，动产和不动产。其中：

（1）土地，是指因公共设施建设而购置的土地使用权。(06 表 3 行）

（2）建筑物，是指购买在建或已建成的作为商品出售的房屋（包括办公用房和宿舍用房等)。(06 表 4 行）

（3）一般设备，是指普遍使用的电器、办公自动化设备（包括计算机、复印机等)、家俱、空调等类设备。(06 表 5 行）

（4）办公消耗用品，是指办公耗用的纸张、信封、笔类、软盘、硒鼓等。（06 表 6 行）

（5）专用设备，是指除通用设备外的其他设备，如医疗设备、通信设备、发电设备、农用机械等。(06 表 8 行）

（6）系统集成、网络设备，指系统集成和网络工程采购中硬件采购超过采购金额 50%的项目。(06 表 9 行）

18. 工程，是指建设工程，包括建筑物和构筑物的新建、改建、扩建、装修、拆除、修缮等，不包括网络工程、信息工程等与土建无关的工程项目。其中，建筑物是指适合人类居住的工程项目，如公用房建设、住房建设、其他用房建设等。构筑物指非人类居住需要而建造的公共工程项目。

19. 服务，是指除货物和工程以外的采购项目。包括专业服务、技术服务、信息服务、系统集成、网络服务、课题研究、运输、维修、会议、培训等。

其中：系统集成、网络服务指此项工程中服务采购超过采购金额50%的项目。（06表22行）

五、指标关系

01表：

1列=2列+3列+4列；

5列=6列+7列+8列；

9列=10列+11列+12列；

13列=9列/1列*100%；

1行=2行+3行+4行；

02表：

2列=3列+10列；

3列=4列+7列；

4列=5列+6列；

7列=8列+9列；

10列=11列+12列；

1行=2行+3行+4行；

03表：

1列=2列+3列；

2列=4列=5列+6列；

7列=8列+9列+……+13列；

1行=2行+3行+4行；

04表：

1列=2列+3列+4列+5列+6列+7列

1行=2行+6行+10行；

2行=3行+4行+5行；

6行=7行+8行+9行；

10行=11行+12行+13行；

05表：

1列=2列+3列+4列；

1行=2行+3行+4行+……+11行；

06表：

1行=2行+12行+20行；

2行=3行+4行+……11行；

12行=13行+14行+……19行；

20行=21行+22行+……28行；

表间关系：

01表5列=02表2列=03表1列=03表7列；

01表1行5列=02表1行2列=03表1行1列=03表1行7列=04表1行1列=05表1行1列=06表1行3列；

01表1列>=01表5列；

01表5列>=01表14列；

03表1行7列=04表1行1列；

03表1行8列=04表1行2列；

03表1行9列=04表1行3列；

03表1行10列=04表1行4列；

03表1行11列=04表1行5列；

03表1行12列=04表1行6列；

03表1行13列=04表1行7列。

关于做好2003年中央单位政府采购信息统计工作的通知

（2003年11月14日　财政部　财办库［2003］83号）

党中央有关部门办公厅（室），国务院各部委、各直属机构办公厅（室），全国人大常委会办公厅、全国政协办公厅、高法院、高检院、各人民团体办公厅（室）：

2003 年是全面贯彻实施《政府采购法》的第一年，为了全面、准确反映中央单位政府采购的工作成果，财政部研究制定了中央单位 2003 年政府采购信息统计报表。现将编报 2003 年中央单位政府采购信息统计报表的有关要求和事项通知如下：

一、认真做好政府采购信息统计工作

建立统一、科学、规范的政府采购信息统计管理体系，是政府采购工作一项长期而重要的工作。为适应政府采购制度改革发展需要，2003 年中央单位政府采购信息统计年报报表格式作了较大变动。各中央单位财务部门的领导和从事这项工作的同志要重视 2003 年度政府采购信息统计汇总工作，要克服人手少、年终事情多的困难，认真、准确地做好本单位 2003 年度政府采购的信息统计汇总工作，确保按时报送统计报表和有关材料。

二、不断提高中央单位政府采购信息统计工作的质量

各中央单位负责政府采购信息统计汇总工作的同志应熟练掌握和使用《全国政府采购信息管理系统（2003 版）》统计软件。要认真阅读《2003 年中央单位政府采购信息统计编报说明》，准确理解各项统计指标的内涵、填报方法和口径，要保证政府采购信息统计汇总做到不重不漏、内容完整。要重视和注意对分散政府采购活动的统计工作，凡按照《政府采购法》和财政部有关规定进行的政府采购活动，都应当统计汇总到 2003 年中央单位政府采购信息统计报表中，为提供分散采购情况，加强和深化政府采购制度创造条件。

三、加强政府采购信息统计报告分析

政府采购信息统计报告是全面反映政府采购管理监督与执行情况的数据信息和文字分析资料的总称。做好这项工作，对于促进各中央单位的政府采购工作有着积极意义，各中央单位要充分认识政府采购信息统计资料分析工作的重要性，力争通过认真严谨的文字分析，完整反映出 2003 年中央单位政府采购工作的总体状况，以促进中央单位政府采购工作的进一步深入开展。

四、其他有关事项

各中央单位 2003 年政府采购信息的统计请务必使用财政部新近下发的《全国政府采购信息管理系统（2003 版）》软件进行统计汇总，并请于 2004 年 2 月 29 日前，将统计报表及软盘一式二份及分析报告，报送财政部国库司。报表应当加盖各中央单位财务部门的公章。

在报表编报过程中，如遇编报口径、软件操作等问题，请及时与财政部国库司政府采购处与中财软件公司联系。

国库司政府采购处联系电话：010—68552229　68552266（传真）

中财软件公司联系电话：010—65183555　65179005（传真）

附件：1. 政府采购信息统计报表

2. 2003 年中央单位政府采购信息统计报表编报说明

附件 1：

2003 年政府采购信息统计报表（汇总报表格式）

政府采购信息统计报表

（单位公章）

单位名称：____

单位统一代码：____

单位地址：____________________ 邮政编码：____________________

单位负责人：____

联系电话（区号）：____________________ 传　　真：____________________

填　表　人：____________________ 报送日期：____________________

政府采购资金和采购规模统计表

采购统 01 表

金额单位：万元

项目	行	采购预算				采购金额				节约资金				节约率%	财政直接支付
		总计	预算内	预算外	自筹	总计	预算内	预算外	自筹	总计	预算内	预算外	自筹		
		1	2	3	4	5	6	7	8	9	10	11	12	13	14
合计	1														
货物	2														
工程	3														
服务	4														

政府采购组织形式统计表

采购统 02 表

金额单位：万元

项目	行	采购次数	采购组织形式										
			合计	集中采购							分散采购		
				小计	政府集中采购			部门集中采购			小计	自行采购	委托采购
					小计	自行组织	委托中介	小计	自行组织	委托中介			
		1	2	3	4	5	6	7	8	9	10	11	12
合计	1												
货物	2												
工程	3												
服务	4												

政府采购合同授予情况及采购方式统计表

采购统03表

金额单位：万元

项目	行	政府采购合同授予情况						采购方式						
		国内外			省内外			合计	公开招标	邀请招标	竞争性谈判	询价	单一来源	其他
		合计	国内	进口	合计	省内	省外							
		1	2	3	4	5	6	7	8	9	10	11	12	13
合计	1													
货物	2													
工程	3													
服务	4													

注：中央单位及其直属机构不填4—6栏。

政府采购主体分类情况表

采购统04表

金额单位：万元

采购主体	行	采 购 方 式						
		合 计	公开招标	邀请招标	竞争性谈判	询价	单一来源	其他
		1	2	3	4	5	6	7
合计	1							
国家机关	2							
其中：货物	3							
工程	4							
服务	5							
事业单位	6							
其中：货物	7							
工程	8							
服务	9							
团体组织	10							
其中：货物	11							
工程	12							
服务	13							

政府采购行业部门分类统计表

采购统05表
金额单位：万元

行业部门	行	合计	货物	工程	服务
		1	2	3	4
合　　计	1				
行政管理部门	2				
公检法司部门	3				
农林水气象部门	4				
工业交通等部门	5				
文体广播部门	6				
教育部门	7				
卫生部门	8				
科学部门	9				
抚恤社保部门	10				
其他	11				

政府采购重要品目统计表

采购统06表
金额单位：万元

采购项目	行	计量单位	数量	采购金额	备注
		1	2	3	4
合　　计	1				
一、货物类	2				
土地	3				
建筑物	4				
一般设备	5				
办公消耗用品	6				
建筑、装饰材料	7				
专用设备	8				
系统集成、网络设备	9				
交通工具	10				
其他货物	11				

续表

采购项目	行	计量单位	数量	采购金额	备注
		1	2	3	4
二、工程类	12				
建筑物	13				
市政建设工程	14				
环保、绿化工程	15				
水利、防洪工程	16				
交通运输工程	17				
修缮、装饰工程	18				
其他各类工程	19				
三、服务类	20				
印刷、出版	21				
系统集成、网络工程	22				
信息技术、信息管理软件的开发	23				
维修	24				
租赁	25				
会议	26				
培训	27				
其他服务	28				

计算机、小汽车政府采购统计表

采购统 07 表

单位：万元、台、辆

采购项目	行	采购数量	采购金额	采购项目	采购数量	采购金额
		1	2		3	4
计算机总量	1			小汽车总量		
其中：联想	2			其中：桑塔纳		
方正	3			捷达		
IBM	4			奥迪		
TCL	5			别克		
长城	6			广州本田		
清华同方	7			帕萨特		
华硕	8			长安奥托		
海信	9			宝来		

续表

采购项目	行	采购数量	采购金额	采购项目	采购数量	采购金额
		1	2		3	4
海尔	10			福特（长安）		
七喜	11			奇瑞		
恒生	12			丰田		
实达	13			神龙富康		
宏基	14			海南马自达		
神舟	15			红旗		
DELL	16			波罗		
新蓝	17			赛欧		
八亿时空	18			雅阁		
蓝星	19			夏利		
易纬	20			帕拉丁		
BenQ	21			中华		
惠普	22			其他国产品牌		
其他	23			进口品牌		

附件2：

2003年中央单位政府采购信息统计报表编报说明

为便于填报政府采购信息统计报表，现将报表编报范围、方法、统计口径和指标关系简要说明如下：

一、报表编制范围

本报表统计范围为纳入中央财政预算管理的各国家行政机关、事业单位和团体组织，使用财政性资金采购纳入集中采购目录以内或者采购限额标准以上的货物、工程、服务项目。具体范围如下：

1. 编报单位

编报单位包括国家机关、事业单位和团体组织，具体指国家权力机关、国家党政机关、人民政协机关、检察机关、审判机关及其直属机构，民主党派、社会团体等（以下统称“采购单位”）。

2. 编报对象

采购单位按照法律规定、国务院、财政部的有关规定应当进行的政府采购活动都属于编报范围，包括集中采购活动和分散采购活动。

拼盘采购项目也属于编报范围。

二、编报方法

1. 以政府采购预算（或部门预算）、政府集中采购目录（或财政部规定的政府采购品目表）、政府采购合同和支付凭证为依据计算，以截止到 2003 年 12 月 31 日实际发生额填报各项数据。

2. 政府集中采购机构和采购单位填报相结合。集中采购活动以政府集中采购机构为主统计，政府采购协议供货、定点等形式采购情况和分散采购的统计，以采购单位为主统计。

3. 由各中央单位逐级汇总本系统各项政府采购活动后上报财政部国库司。

4. 编报方法分为三种：一是按每份合同进行统计；二是通过基本数据录入表一次性统计；三是分别对每张统计表进行填报。为保证统计数据编报的一致性，原则上应使用一种方式统计。

三、编报口径

1. 对实际发生而又没有编报采购预算的，应当按该项目开展采购前计划金额填报采购预算。

2. 因执行进度等原因采购项目合同金额当年未完成的，按当年实际发生额调整采购预算。

3. 政府采购协议、定点采购实施形式填报采购方式时按确定协议范围和定点时所采用的采购方式填报。

4. 对满足政府采购预算或部门预算编制要求，采购程序符合招标投标法和财政部门有关规定的工程采购项目，应当纳入编报范围。

5. 中央单位委托在财政部登记备案的政府采购业务代理机构代理政府集中采购目录内的采购活动，视同政府集中采购，在 02 表 6 列的“委托中介”中统计。

6. 涉及系统集成和网络工程中货物、服务项目填报时，如果此项工程中硬件采购超过采购金额 50% 的项目，应当填报在货物类中的“系统集成、网络设备”栏；如果此项工程中服务采购超过采购金额 50% 的项目，应当填报在服务类中“系统集成、网络服务”栏。

四、指标解释

1. 单位统一代码，是指国家技术监督局核发给各中央单位的标识代码，由 9 位数字组成。单位填报时应当填报本单位代码。该代码与财政决算报表所要求填列的单位统一代码应相一致，请务必填写准确。

2. 采购预算，是指财政部批准中央单位用于采购的预算金额或中央单位在采购活动开始前计划用于采购的金额。（01 表 1—4 列）

3. 预算内资金，是指财政部在年初预算中安排的政府采购资金和年度执行中通过预算追加安排给采购单位的用于政府采购的资金，包括国债安排的项目资金。（01 表 2 列）

4. 预算外资金，是指用于政府采购的未纳入财政预算管理的行政事业性收费、政府基金、捐赠资金等。（01 表 3 列）

5. 自筹资金，是指中央单位安排预算内和预算外资金以外的收入进行采购的资金。（01 表 4 列）

6. 采购金额，是指中央单位根据合同支付的成交金额，或者按照政府采购有关规定开展采购时所发生的金额。采购金额按资金来源分别填报。（01 表 5—8 列）

7. 财政直接支付，是指财政部按照政府采购合同确定的采购金额，将采购资金由国库直接拨付给中标供应商的资金数额，按合同数填列。（01 表 14 列）

8. 节约资金，是指采购预算资金与采

购金额之间的差额。包括预算内资金节支额、预算外资金节支额和自筹资金节支额。填报节约资金时，按预算资金、预算外资金和自筹资金口径分别计算。（01 表 9—12 列）

9. 资金节约率，是指政府采购活动的节支效果，以百分率表示（01 表 13 列）

10. 集中采购，分为政府集中采购和部门集中采购。（02 表 3—9 列）

政府集中采购，是指各中央单位将列入政府集中采购目录中的通用采购项目委托政府集中采购机构实施的情况。（02 表 4—6 列）

部门集中采购，是指中央单位负责组织中央单位 2003 年政府采购集中采购目录中有特殊要求采购项目的情况。（02 表 7—9 列）

11. 分散采购，是指政府集中采购目录及部门集中采购项目范围之外，由各中央单位组织采购的有关情况。（02 表 10—12 列）

12. 政府采购合同授予情况，主要指获得政府采购合同的供应商或制造商在地区上的分布情况。（03 表 1—6 列）

国内，是指履行工程和服务合同的供应商是国内企业（在中华人民共和国境内注册的法人），或者所采购的货物为非进口产品。（03 表 2 列）

进口，是指履行工程和服务合同的供应商是国外企业，或者所采购的货物为进口产品。（03 表 3 列）

13. 采购方式，是指政府集中采购机构、各中央单位或其委托的政府采购业务代理机构在具体采购项目进行时采用的方式。法定的采购方式有公开招标、邀请招标、竞争性谈判、询价、单一来源采购五种。

公开招标，是指政府集中采购机构、中央单位或其委托的政府采购业务代理机构，以招标公告邀请不特定供应商投标的一种采购方式。（03 表 8 列）

邀请招标，是指政府集中采购机构、中央单位或其委托的政府采购业务代理机构，以投标邀请书的方式随机邀请三个以上特定的供应商投标的采购方式。（03 表 9 列）

竞争性谈判采购，是指政府集中采购机构、中央单位或其委托的政府采购业务代理机构，直接邀请三家以上的供应商就采购事宜进行谈判的采购方式。（03 表 10 列）

询价采购，是指政府集中采购机构、中央单位或其委托的政府采购业务代理机构，对三家以上的供应商提供的一次不可更改的报价进行比较，以确保价格具有竞争性的采购方式。（03 表 11 列）

单一来源采购，是指政府集中采购机构、中央单位或其委托的政府采购业务代理机构，向一个惟一的或者特定的供应商直接购买的采购方式。（03 表 12 列）

14. 05 表 2—11 行按照财政决算报表的分类标准填列。

15. 货物，是指各种形态和各种类型的物品，包括有形或无形物品（如专利），固体、液体或气体物体，动产和不动产。其中：

（1）土地，是指因公共设施建设而购置的土地使用权。（06 表 3 行）

（2）建筑物，是指购买在建或已建成的作为商品出售的房屋（包括办公用房和宿舍用房等）。（06 表 4 行）

（3）一般设备，是指普遍使用的电器、办公自动化设备（包括计算机、复印机等）、家俱、空调等类设备。（06 表 5 行）

（4）办公消耗用品，是指办公耗用的纸张、信封、笔类、软盘、硒鼓等。（06 表 6 行）

（5）专用设备，是指除通用设备外的其他设备，如医疗设备、通信设备、发电设备、农用机械等。（06 表 8 行）

(6) 系统集成、网络设备，指系统集成和网络工程采购中硬件采购超过采购金额50%的项目。(06表9行)

16. 工程，是指建设工程，包括建筑物和构筑物的新建、改建、扩建、装修、拆除、修缮等，不包括网络工程、信息工程等与土建无关的工程项目。其中，建筑物是指适合人类居住的工程项目，如公用房建设、住房建设、其他用房建设等。构筑物指非人类居住需要而建造的公共工程项目。

17. 服务，是指除货物和工程以外的采购项目。包括专业服务、技术服务、信息服务、系统集成、网络服务、课题研究、运输、维修、会议、培训等。

其中：系统集成、网络服务指此项工程中服务采购超过采购金额50%的项目。(06表22行)

五、指标关系

01表：

1列=2列+3列+4列；

5列=6列+7列+8列；

9列=10列+11列+12列；

13列=9列/1列*100%；

1行=2行+3行+4行；

02表：

2列=3列+10列；

3列=4列+7列；

4列=5列+6列；

7列=8列+9列；

10列=11列+12列；

1行=2行+3行+4行；

03表：

1列=2列+3列；

2列=4列=5列+6列；

7列=8列+9列+……+13列；

1行=2行+3行+4行；

04表：

1列=2列+3列+4列+5列+6列+7列

1行=2行+6行+10行；

2行=3行+4行+5行；

6行=7行+8行+9行；

10行=11行+12行+13行；

05表：

1列=2列+3列+4列；

1行=2行+3行+4行+……+11行；

06表：

1行=2行+12行+20行；

2行=3行+4行+……11行；

12行=13行+14行+……19行；

20行=21行+22行+……28行；

表间关系：

01表5列=02表2列=03表1列=03表7列；

01表1行5列=02表1行2列=03表1行1列=03表1行7列=04表1行1列=05表1行1列=06表1行3列；

01表1列>=01表5列；

01表5列>=01表14列；

03表1行7列=04表1行1列；

03表1行8列=04表1行2列；

03表1行9列=04表1行3列；

03表1行10列=04表1行4列；

03表1行11列=04表1行5列；

03表1行12列=04表1行6列；

03表1行13列=04表1行7列。

中华人民共和国行政许可法

（2003 年 8 月 27 日第十届全国人民代表大会常务委员会第四次会议通过　2003 年 8 月 27 日中华人民共和国主席令第七号公布）

目　　录

第一章　总　　则

第一条　为了规范行政许可的设定和实施，保护公民、法人和其他组织的合法权益，维护公共利益和社会秩序，保障和监督行政机关有效实施行政管理，根据宪法，制定本法。

第二条　本法所称行政许可，是指行政机关根据公民、法人或者其他组织的申请，经依法审查，准予其从事特定活动的行为。

第三条　行政许可的设定和实施，适用本法。

有关行政机关对其他机关或者对其直接管理的事业单位的人事、财务、外事等事项的审批，不适用本法。

第四条　设定和实施行政许可，应当依照法定的权限、范围、条件和程序。

第五条　设定和实施行政许可，应当遵循公开、公平、公正的原则。

有关行政许可的规定应当公布；未经公布的，不得作为实施行政许可的依据。行政许可的实施和结果，除涉及国家秘密、商业秘密或者个人隐私的外，应当公开。

符合法定条件、标准的，申请人有依法取得行政许可的平等权利，行政机关不得歧视。

第六条　实施行政许可，应当遵循便民的原则，提高办事效率，提供优质服务。

第七条　公民、法人或者其他组织对行政机关实施行政许可，享有陈述权、申辩权；有权依法申请行政复议或者提起行政诉讼；其合法权益因行政机关违法实施行政许可受到损害的，有权依法要求赔偿。

第八条　公民、法人或者其他组织依法取得的行政许可受法律保护，行政机关不得擅自改变已经生效的行政许可。

行政许可所依据的法律、法规、规章修改或者废止，或者准予行政许可所依据的客观情况发生重大变化的，为了公共利益的需要，行政机关可以依法变更或者撤回已经生效的行政许可。由此给公民、法人或者其他组织造成财产损失的，行政机关应当依法给予补偿。

第九条　依法取得的行政许可，除法律、法规规定依照法定条件和程序可以转让的外，不得转让。

第十条　县级以上人民政府应当建立健全对行政机关实施行政许可的监督制度，加强对行政机关实施行政许可的监督检查。

行政机关应当对公民、法人或者其他组织从事行政许可事项的活动实施有效监督。

第二章　行政许可的设定

第十一条　设定行政许可，应当遵循经济和社会发展规律，有利于发挥公民、法人或者其他组织的积极性、主动性，维护公共利益和社会秩序，促进经济、社会和生态环境协调发展。

第十二条　下列事项可以设定行政许可：

（一）直接涉及国家安全、公共安全、经济宏观调控、生态环境保护以及直接关系人身健康、生命财产安全等特定活动，需要按照法定条件予以批准的事项；

（二）有限自然资源开发利用、公共资源配置以及直接关系公共利益的特定行业的市场准入等，需要赋予特定权利的事项；

（三）提供公众服务并且直接关系公共利益的职业、行业，需要确定具备特殊信誉、特殊条件或者特殊技能等资格、资质的事项；

（四）直接关系公共安全、人身健康、生命财产安全的重要设备、设施、产品、物品，需要按照技术标准、技术规范，通过检验、检测、检疫等方式进行审定的事项；

（五）企业或者其他组织的设立等，需要确定主体资格的事项；

（六）法律、行政法规规定可以设定行政许可的其他事项。

第十三条　本法第十二条所列事项，通过下列方式能够予以规范的，可以不设行政许可：

（一）公民、法人或者其他组织能够自主决定的；

（二）市场竞争机制能够有效调节的；

（三）行业组织或者中介机构能够自律管理的；

（四）行政机关采用事后监督等其他行政管理方式能够解决的。

第十四条　本法第十二条所列事项，法律可以设定行政许可。尚未制定法律的，行政法规可以设定行政许可。

必要时，国务院可以采用发布决定的方式设定行政许可。实施后，除临时性行政许可事项外，国务院应当及时提请全国人民代表大会及其常务委员会制定法律，或者自行制定行政法规。

第十五条　本法第十二条所列事项，尚未制定法律、行政法规的，地方性法规可以设定行政许可；尚未制定法律、行政法规和地方性法规的，因行政管理的需要，确需立即实施行政许可的，省、自治区、直辖市人民政府规章可以设定临时性的行政许可。临时性的行政许可实施满一年需要继续实施的，应当提请本级人民代表大会及其常务委员会制定地方性法规。

地方性法规和省、自治区、直辖市人民政府规章，不得设定应当由国家统一确定的公民、法人或者其他组织的资格、资质的行政许可；不得设定企业或者其他组织的设立登记及其前置性行政许可。其设定的行政许可，不得限制其他地区的个人或者企业到本地区从事生产经营和提供服务，不得限制其他地区的商品进入本地区市场。

第十六条　行政法规可以在法律设定的行政许可事项范围内，对实施该行政许可作出具体规定。

地方性法规可以在法律、行政法规设定

的行政许可事项范围内，对实施该行政许可作出具体规定。

规章可以在上位法设定的行政许可事项范围内，对实施该行政许可作出具体规定。

法规、规章对实施上位法设定的行政许可作出的具体规定，不得增设行政许可；对行政许可条件作出的具体规定，不得增设违反上位法的其他条件。

第十七条　除本法第十四条、第十五条规定的外，其他规范性文件一律不得设定行政许可。

第十八条　设定行政许可，应当规定行政许可的实施机关、条件、程序、期限。

第十九条　起草法律草案、法规草案和省、自治区、直辖市人民政府规章草案，拟设定行政许可的，起草单位应当采取听证会、论证会等形式听取意见，并向制定机关说明设定该行政许可的必要性、对经济和社会可能产生的影响以及听取和采纳意见的情况。

第二十条　行政许可的设定机关应当定期对其设定的行政许可进行评价；对已设定的行政许可，认为通过本法第十三条所列方式能够解决的，应当对设定该行政许可的规定及时予以修改或者废止。

行政许可的实施机关可以对已设定的行政许可的实施情况及存在的必要性适时进行评价，并将意见报告该行政许可的设定机关。

公民、法人或者其他组织可以向行政许可的设定机关和实施机关就行政许可的设定和实施提出意见和建议。

第二十一条　省、自治区、直辖市人民政府对行政法规设定的有关经济事务的行政许可，根据本行政区域经济和社会发展情况，认为通过本法第十三条所列方式能够解决的，报国务院批准后，可以在本行政区域内停止实施该行政许可。

第三章　行政许可的实施机关

第二十二条　行政许可由具有行政许可权的行政机关在其法定职权范围内实施。

第二十三条　法律、法规授权的具有管理公共事务职能的组织，在法定授权范围内，以自己的名义实施行政许可。被授权的组织适用本法有关行政机关的规定。

第二十四条　行政机关在其法定职权范围内，依照法律、法规、规章的规定，可以委托其他行政机关实施行政许可。委托机关应当将受委托行政机关和受委托实施行政许可的内容予以公告。

委托行政机关对受委托行政机关实施行政许可的行为应当负责监督，并对该行为的后果承担法律责任。

受委托行政机关在委托范围内，以委托行政机关名义实施行政许可；不得再委托其他组织或者个人实施行政许可。

第二十五条　经国务院批准，省、自治区、直辖市人民政府根据精简、统一、效能的原则，可以决定一个行政机关行使有关行政机关的行政许可权。

第二十六条　行政许可需要行政机关内设的多个机构办理的，该行政机关应当确定一个机构统一受理行政许可申请，统一送达行政许可决定。

行政许可依法由地方人民政府两个以上部门分别实施的，本级人民政府可以确定一个部门受理行政许可申请并转告有关部门分别提出意见后统一办理，或者组织有关部门联合办理、集中办理。

第二十七条　行政机关实施行政许可，不得向申请人提出购买指定商品、接受有偿服务等不正当要求。

行政机关工作人员办理行政许可，不得索取或者收受申请人的财物，不得谋取其他利益。

第二十八条　对直接关系公共安全、人身健康、生命财产安全的设备、设施、产品、物品的检验、检测、检疫，除法律、行政法规规定由行政机关实施的外，应当逐步由符合法定条件的专业技术组织实施。专业技术组织及其有关人员对所实施的检验、检测、检疫结论承担法律责任。

第四章　行政许可的实施程序

第一节　申请与受理

第二十九条　公民、法人或者其他组织从事特定活动，依法需要取得行政许可的，应当向行政机关提出申请。申请书需要采用格式文本的，行政机关应当向申请人提供行政许可申请书格式文本。申请书格式文本中不得包含与申请行政许可事项没有直接关系的内容。

申请人可以委托代理人提出行政许可申请。但是，依法应当由申请人到行政机关办公场所提出行政许可申请的除外。

行政许可申请可以通过信函、电报、电传、传真、电子数据交换和电子邮件等方式提出。

第三十条　行政机关应当将法律、法规、规章规定的有关行政许可的事项、依据、条件、数量、程序、期限以及需要提交的全部材料的目录和申请书示范文本等在办公场所公示。

申请人要求行政机关对公示内容予以说明、解释的，行政机关应当说明、解释，提供准确、可靠的信息。

第三十一条　申请人申请行政许可，应当如实向行政机关提交有关材料和反映真实情况，并对其申请材料实质内容的真实性负责。行政机关不得要求申请人提交与其申请的行政许可事项无关的技术资料和其他材料。

第三十二条　行政机关对申请人提出的行政许可申请，应当根据下列情况分别作出处理：

（一）申请事项依法不需要取得行政许可的，应当即时告知申请人不受理；

（二）申请事项依法不属于本行政机关职权范围的，应当即时作出不予受理的决定，并告知申请人向有关行政机关申请；

（三）申请材料存在可以当场更正的错误的，应当允许申请人当场更正；

（四）申请材料不齐全或者不符合法定形式的，应当当场或者在五日内一次告知申请人需要补正的全部内容，逾期不告知的，自收到申请材料之日起即为受理；

（五）申请事项属于本行政机关职权范围，申请材料齐全、符合法定形式，或者申请人按照本行政机关的要求提交全部补正申请材料的，应当受理行政许可申请。

行政机关受理或者不予受理行政许可申请，应当出具加盖本行政机关专用印章和注明日期的书面凭证。

第三十三条　行政机关应当建立和完善有关制度，推行电子政务，在行政机关的网站上公布行政许可事项，方便申请人采取数据电文等方式提出行政许可申请；应当与其他行政机关共享有关行政许可信息，提高办事效率。

第二节　审查与决定

第三十四条　行政机关应当对申请人提交的申请材料进行审查。

申请人提交的申请材料齐全、符合法定形式，行政机关能够当场作出决定的，应当当场作出书面的行政许可决定。

根据法定条件和程序，需要对申请材料的实质内容进行核实的，行政机关应当指派两名以上工作人员进行核查。

第三十五条　依法应当先经下级行政机

关审查后报上级行政机关决定的行政许可，下级行政机关应当在法定期限内将初步审查意见和全部申请材料直接报送上级行政机关。上级行政机关不得要求申请人重复提供申请材料。

第三十六条　行政机关对行政许可申请进行审查时，发现行政许可事项直接关系他人重大利益的，应当告知该利害关系人。申请人、利害关系人有权进行陈述和申辩。行政机关应当听取申请人、利害关系人的意见。

第三十七条　行政机关对行政许可申请进行审查后，除当场作出行政许可决定的外，应当在法定期限内按照规定程序作出行政许可决定。

第三十八条　申请人的申请符合法定条件、标准的，行政机关应当依法作出准予行政许可的书面决定。

行政机关依法作出不予行政许可的书面决定的，应当说明理由，并告知申请人享有依法申请行政复议或者提起行政诉讼的权利。

第三十九条　行政机关作出准予行政许可的决定，需要颁发行政许可证件的，应当向申请人颁发加盖本行政机关印章的下列行政许可证件：

（一）许可证、执照或者其他许可证书；

（二）资格证、资质证或者其他合格证书；

（三）行政机关的批准文件或者证明文件；

（四）法律、法规规定的其他行政许可证件。

行政机关实施检验、检测、检疫的，可以在检验、检测、检疫合格的设备、设施、产品、物品上加贴标签或者加盖检验、检测、检疫印章。

第四十条　行政机关作出的准予行政许可决定，应当予以公开，公众有权查阅。

第四十一条　法律、行政法规设定的行政许可，其适用范围没有地域限制的，申请人取得的行政许可在全国范围内有效。

第三节　期　　限

第四十二条　除可以当场作出行政许可决定的外，行政机关应当自受理行政许可申请之日起二十日内作出行政许可决定。二十日内不能作出决定的，经本行政机关负责人批准，可以延长十日，并应当将延长期限的理由告知申请人。但是，法律、法规另有规定的，依照其规定。

依照本法第二十六条的规定，行政许可采取统一办理或者联合办理、集中办理的，办理的时间不得超过四十五日；四十五日内不能办结的，经本级人民政府负责人批准，可以延长十五日，并应当将延长期限的理由告知申请人。

第四十三条　依法应当先经下级行政机关审查后报上级行政机关决定的行政许可，下级行政机关应当自其受理行政许可申请之日起二十日内审查完毕。但是，法律、法规另有规定的，依照其规定。

第四十四条　行政机关作出准予行政许可的决定，应当自作出决定之日起十日内向申请人颁发、送达行政许可证件，或者加贴标签、加盖检验、检测、检疫印章。

第四十五条　行政机关作出行政许可决定，依法需要听证、招标、拍卖、检验、检测、检疫、鉴定和专家评审的，所需时间不计算在本节规定的期限内。行政机关应当将所需时间书面告知申请人。

第四节　听　　证

第四十六条　法律、法规、规章规定实施行政许可应当听证的事项，或者行政机关认为需要听证的其他涉及公共利益的重大行政许可事项，行政机关应当向社会公告，并举行听证。

第四十七条 行政许可直接涉及申请人与他人之间重大利益关系的，行政机关在作出行政许可决定前，应当告知申请人、利害关系人享有要求听证的权利；申请人、利害关系人在被告知听证权利之日起五日内提出听证申请的，行政机关应当在二十日内组织听证。

申请人、利害关系人不承担行政机关组织听证的费用。

第四十八条 听证按照下列程序进行：

（一）行政机关应当于举行听证的七日前将举行听证的时间、地点通知申请人、利害关系人，必要时予以公告；

（二）听证应当公开举行；

（三）行政机关应当指定审查该行政许可申请的工作人员以外的人员为听证主持人，申请人、利害关系人认为主持人与该行政许可事项有直接利害关系的，有权申请回避；

（四）举行听证时，审查该行政许可申请的工作人员应当提供审查意见的证据、理由，申请人、利害关系人可以提出证据，并进行申辩和质证；

（五）听证应当制作笔录，听证笔录应当交听证参加人确认无误后签字或者盖章。

行政机关应当根据听证笔录，作出行政许可决定。

第五节 变更与延续

第四十九条 被许可人要求变更行政许可事项的，应当向作出行政许可决定的行政机关提出申请；符合法定条件、标准的，行政机关应当依法办理变更手续。

第五十条 被许可人需要延续依法取得的行政许可的有效期的，应当在该行政许可有效期届满三十日前向作出行政许可决定的行政机关提出申请。但是，法律、法规、规章另有规定的，依照其规定。

行政机关应当根据被许可人的申请，在该行政许可有效期届满前作出是否准予延续的决定；逾期未作决定的，视为准予延续。

第六节 特别规定

第五十一条 实施行政许可的程序，本节有规定的，适用本节规定；本节没有规定的，适用本章其他有关规定。

第五十二条 国务院实施行政许可的程序，适用有关法律、行政法规的规定。

第五十三条 实施本法第十二条第二项所列事项的行政许可的，行政机关应当通过招标、拍卖等公平竞争的方式作出决定。但是，法律、行政法规另有规定的，依照其规定。

行政机关通过招标、拍卖等方式作出行政许可决定的具体程序，依照有关法律、行政法规的规定。

行政机关按照招标、拍卖程序确定中标人、买受人后，应当作出准予行政许可的决定，并依法向中标人、买受人颁发行政许可证件。

行政机关违反本条规定，不采用招标、拍卖方式，或者违反招标、拍卖程序，损害申请人合法权益的，申请人可以依法申请行政复议或者提起行政诉讼。

第五十四条 实施本法第十二条第三项所列事项的行政许可，赋予公民特定资格，依法应当举行国家考试的，行政机关根据考试成绩和其他法定条件作出行政许可决定；赋予法人或者其他组织特定的资格、资质的，行政机关根据申请人的专业人员构成、技术条件、经营业绩和管理水平等的考核结果作出行政许可决定。但是，法律、行政法规另有规定的，依照其规定。

公民特定资格的考试依法由行政机关或者行业组织实施，公开举行。行政机关或者行业组织应当事先公布资格考试的报名条件、报考办法、考试科目以及考试大纲。但是，不得组织强制性的资格考试的考前培训，不得指定教材或者其他助考材料。

第五十五条　实施本法第十二条第四项所列事项的行政许可的，应当按照技术标准、技术规范依法进行检验、检测、检疫，行政机关根据检验、检测、检疫的结果作出行政许可决定。

行政机关实施检验、检测、检疫，应当自受理申请之日起五日内指派两名以上工作人员按照技术标准、技术规范进行检验、检测、检疫。不需要对检验、检测、检疫结果作进一步技术分析即可认定设备、设施、产品、物品是否符合技术标准、技术规范的，行政机关应当当场作出行政许可决定。

行政机关根据检验、检测、检疫结果，作出不予行政许可决定的，应当书面说明不予行政许可所依据的技术标准、技术规范。

第五十六条　实施本法第十二条第五项所列事项的行政许可，申请人提交的申请材料齐全、符合法定形式的，行政机关应当当场予以登记。需要对申请材料的实质内容进行核实的，行政机关依照本法第三十四条第三款的规定办理。

第五十七条　有数量限制的行政许可，两个或者两个以上申请人的申请均符合法定条件、标准的，行政机关应当根据受理行政许可申请的先后顺序作出准予行政许可的决定。但是，法律、行政法规另有规定的，依照其规定。

第五章　行政许可的费用

第五十八条　行政机关实施行政许可和对行政许可事项进行监督检查，不得收取任何费用。但是，法律、行政法规另有规定的，依照其规定。

行政机关提供行政许可申请书格式文本，不得收费。

行政机关实施行政许可所需经费应当列入本行政机关的预算，由本级财政予以保障，按照批准的预算予以核拨。

第五十九条　行政机关实施行政许可，依照法律、行政法规收取费用的，应当按照公布的法定项目和标准收费；所收取的费用必须全部上缴国库，任何机关或者个人不得以任何形式截留、挪用、私分或者变相私分。财政部门不得以任何形式向行政机关返还或者变相返还实施行政许可所收取的费用。

第六章　监督检查

第六十条　上级行政机关应当加强对下级行政机关实施行政许可的监督检查，及时纠正行政许可实施中的违法行为。

第六十一条　行政机关应当建立健全监督制度，通过核查反映被许可人从事行政许可事项活动情况的有关材料，履行监督责任。

行政机关依法对被许可人从事行政许可事项的活动进行监督检查时，应当将监督检查的情况和处理结果予以记录，由监督检查人员签字后归档。公众有权查阅行政机关监督检查记录。

行政机关应当创造条件，实现与被许可人、其他有关行政机关的计算机档案系统互联，核查被许可人从事行政许可事项活动情况。

第六十二条　行政机关可以对被许可人生产经营的产品依法进行抽样检查、检验、检测，对其生产经营场所依法进行实地检查。检查时，行政机关可以依法查阅或者要求被许可人报送有关材料；被许可人应当如实提供有关情况和材料。

行政机关根据法律、行政法规的规定，对直接关系公共安全、人身健康、生命财产安全的重要设备、设施进行定期检验。对检验合格的，行政机关应当发给相应的证明文件。

第六十三条　行政机关实施监督检查，不得妨碍被许可人正常的生产经营活动，不得索取或者收受被许可人的财物，不得谋取其他利益。

第六十四条　被许可人在作出行政许可决定的行政机关管辖区域外违法从事行政许可事项活动的，违法行为发生地的行政机关应当依法将被许可人的违法事实、处理结果抄告作出行政许可决定的行政机关。

第六十五条　个人和组织发现违法从事行政许可事项的活动，有权向行政机关举报，行政机关应当及时核实、处理。

第六十六条　被许可人未依法履行开发利用自然资源义务或者未依法履行利用公共资源义务的，行政机关应当责令限期改正；被许可人在规定期限内不改正的，行政机关应当依照有关法律、行政法规的规定予以处理。

第六十七条　取得直接关系公共利益的特定行业的市场准入行政许可的被许可人，应当按照国家规定的服务标准、资费标准和行政机关依法规定的条件，向用户提供安全、方便、稳定和价格合理的服务，并履行普遍服务的义务；未经作出行政许可决定的行政机关批准，不得擅自停业、歇业。

被许可人不履行前款规定的义务的，行政机关应当责令限期改正，或者依法采取有效措施督促其履行义务。

第六十八条　对直接关系公共安全、人身健康、生命财产安全的重要设备、设施，行政机关应当督促设计、建造、安装和使用单位建立相应的自检制度。

行政机关在监督检查时，发现直接关系公共安全、人身健康、生命财产安全的重要设备、设施存在安全隐患的，应当责令停止建造、安装和使用，并责令设计、建造、安装和使用单位立即改正。

第六十九条　有下列情形之一的，作出行政许可决定的行政机关或者其上级行政机关，根据利害关系人的请求或者依据职权，可以撤销行政许可：

（一）行政机关工作人员滥用职权、玩忽职守作出准予行政许可决定的；

（二）超越法定职权作出准予行政许可决定的；

（三）违反法定程序作出准予行政许可决定的；

（四）对不具备申请资格或者不符合法定条件的申请人准予行政许可的；

（五）依法可以撤销行政许可的其他情形。

被许可人以欺骗、贿赂等不正当手段取得行政许可的，应当予以撤销。

依照前两款的规定撤销行政许可，可能对公共利益造成重大损害的，不予撤销。

依照本条第一款的规定撤销行政许可，被许可人的合法权益受到损害的，行政机关应当依法给予赔偿。依照本条第二款的规定撤销行政许可的，被许可人基于行政许可取得的利益不受保护。

第七十条　有下列情形之一的，行政机关应当依法办理有关行政许可的注销手续：

（一）行政许可有效期届满未延续的；

（二）赋予公民特定资格的行政许可，该公民死亡或者丧失行为能力的；

（三）法人或者其他组织依法终止的；

（四）行政许可依法被撤销、撤回，或者行政许可证件依法被吊销的；

（五）因不可抗力导致行政许可事项无法实施的；

（六）法律、法规规定的应当注销行政许可的其他情形。

第七章　法律责任

第七十一条　违反本法第十七条规定设定的行政许可，有关机关应当责令设定该行政许可的机关改正，或者依法予以撤销。

第七十二条　行政机关及其工作人员违反本法的规定，有下列情形之一的，由其上级行政机关或者监察机关责令改正；情节严重的，对直接负责的主管人员和其他直接责任人员依法给予行政处分：

（一）对符合法定条件的行政许可申请不予受理的；

（二）不在办公场所公示依法应当公示的材料的；

（三）在受理、审查、决定行政许可过程中，未向申请人、利害关系人履行法定告知义务的；

（四）申请人提交的申请材料不齐全、不符合法定形式，不一次告知申请人必须补正的全部内容的；

（五）未依法说明不受理行政许可申请或者不予行政许可的理由的；

（六）依法应当举行听证而不举行听证的。

第七十三条　行政机关工作人员办理行政许可、实施监督检查，索取或者收受他人财物或者谋取其他利益，构成犯罪的，依法追究刑事责任；尚不构成犯罪的，依法给予行政处分。

第七十四条　行政机关实施行政许可，有下列情形之一的，由其上级行政机关或者监察机关责令改正，对直接负责的主管人员和其他直接责任人员依法给予行政处分；构成犯罪的，依法追究刑事责任：

（一）对不符合法定条件的申请人准予行政许可或者超越法定职权作出准予行政许可决定的；

（二）对符合法定条件的申请人不予行政许可或者不在法定期限内作出准予行政许可决定的；

（三）依法应当根据招标、拍卖结果或者考试成绩择优作出准予行政许可决定，未经招标、拍卖或者考试，或者不根据招标、拍卖结果或者考试成绩择优作出准予行政许可决定的。

第七十五条　行政机关实施行政许可，擅自收费或者不按照法定项目和标准收费的，由其上级行政机关或者监察机关责令退还非法收取的费用；对直接负责的主管人员和其他直接责任人员依法给予行政处分。

截留、挪用、私分或者变相私分实施行政许可依法收取的费用的，予以追缴；对直接负责的主管人员和其他直接责任人员依法给予行政处分；构成犯罪的，依法追究刑事责任。

第七十六条　行政机关违法实施行政许可，给当事人的合法权益造成损害的，应当依照国家赔偿法的规定给予赔偿。

第七十七条　行政机关不依法履行监督职责或者监督不力，造成严重后果的，由其上级行政机关或者监察机关责令改正，对直接负责的主管人员和其他直接责任人员依法给予行政处分；构成犯罪的，依法追究刑事责任。

第七十八条　行政许可申请人隐瞒有关情况或者提供虚假材料申请行政许可的，行政机关不予受理或者不予行政许可，并给予警告；行政许可申请属于直接关系公共安全、人身健康、生命财产安全事项的，申请人在一年内不得再次申请该行政许可。

第七十九条　被许可人以欺骗、贿赂等不正当手段取得行政许可的，行政机关应当依法给予行政处罚；取得的行政许可属于直接关系公共安全、人身健康、生命财产安全事项的，申请人在三年内不得再次申请该行政许可；构成犯罪的，依法追究刑事责任。

第八十条　被许可人有下列行为之一的，行政机关应当依法给予行政处罚；构成犯罪的，依法追究刑事责任：

（一）涂改、倒卖、出租、出借行政许可

证件，或者以其他形式非法转让行政许可的；

（二）超越行政许可范围进行活动的；

（三）向负责监督检查的行政机关隐瞒有关情况、提供虚假材料或者拒绝提供反映其活动情况的真实材料的；

（四）法律、法规、规章规定的其他违法行为。

第八十一条　公民、法人或者其他组织未经行政许可，擅自从事依法应当取得行政许可的活动的，行政机关应当依法采取措施予以制止，并依法给予行政处罚；构成犯罪的，依法追究刑事责任。

第八章　附　　则

第八十二条　本法规定的行政机关实施行政许可的期限以工作日计算，不含法定节假日。

第八十三条　本法自 2004 年 7 月 1 日起施行。

本法施行前有关行政许可的规定，制定机关应当依照本法规定予以清理；不符合本法规定的，自本法施行之日起停止执行。

中华人民共和国国务院令

第 321 号

现公布《行政法规制定程序条例》，自 2002 年 1 月 1 日起施行。

总理　朱镕基

二〇〇一年十一月十六日

行政法规制定程序条例

第一章　总　　则

第一条　为了规范行政法规制定程序，保证行政法规质量，根据宪法、立法法和国务院组织法的有关规定，制定本条例。

第二条　行政法规的立项、起草、审查、决定、公布、解释，适用本条例。

第三条　制定行政法规，应当遵循立法法确定的立法原则，符合宪法和法律的规定。

第四条　行政法规的名称一般称“条例”，也可以称“规定”、“办法”等。国务院根据全国人民代表大会及其常务委员会的授权决定制定的行政法规，称“暂行条例”或者“暂行规定”。

国务院各部门和地方人民政府制定的规章不得称“条例”。

第五条　行政法规应当备而不繁，逻辑严密，条文明确、具体，用语准确、简洁，具有可操作性。

行政法规根据内容需要，可以分章、节、条、款、项、目。章、节、条的序号用中文数字依次表述，款不编序号，项的序号用中文数字加括号依次表述，目的序号用阿拉伯数字依次表述。

第二章　立　　项

第六条　国务院于每年年初编制本年度的立法工作计划。

第七条　国务院有关部门认为需要制定行政法规的，应当于每年年初编制国务院年度立法工作计划前，向国务院报请立项。

国务院有关部门报送的行政法规立项申请，应当说明立法项目所要解决的主要问题、依据的方针政策和拟确立的主要制度。

第八条　国务院法制机构应当根据国家总体工作部署对部门报送的行政法规立项申请汇总研究，突出重点，统筹兼顾，拟订国务院年度立法工作计划，报国务院审批。

列入国务院年度立法工作计划的行政法规项目应当符合下列要求：

（一）适应改革、发展、稳定的需要；

（二）有关的改革实践经验基本成熟；

（三）所要解决的问题属于国务院职权范围并需要国务院制定行政法规的事项。

第九条　对列入国务院年度立法工作计划的行政法规项目，承担起草任务的部门应当抓紧工作，按照要求上报国务院。

国务院年度立法工作计划在执行中可以根据实际情况予以调整。

第三章　起　　草

第十条　行政法规由国务院组织起草。国务院年度立法工作计划确定行政法规由国务院的一个部门或者几个部门具体负责起草工作，也可以确定由国务院法制机构起草或者组织起草。

第十一条　起草行政法规，除应当遵循立法法确定的立法原则，并符合宪法和法律的规定外，还应当符合下列要求：

（一）体现改革精神，科学规范行政行为，促进政府职能向经济调节、社会管理、公共服务转变；

（二）符合精简、统一、效能的原则，相同或者相近的职能规定由一个行政机关承担，简化行政管理手续；

（三）切实保障公民、法人和其他组织的合法权益，在规定其应当履行的义务的同时，应当规定其相应的权利和保障权利实现的途径；

（四）体现行政机关的职权与责任相统一的原则，在赋予有关行政机关必要的职权的同时，应当规定其行使职权的条件、程序和应承担的责任。

第十二条　起草行政法规，应当深入调查研究，总结实践经验，广泛听取有关机关、组织和公民的意见。听取意见可以采取召开座谈会、论证会、听证会等多种形式。

第十三条　起草行政法规，起草部门应当就涉及其他部门的职责或者与其他部门关系紧密的规定，与有关部门协商一致；经过充分协商不能取得一致意见的，应当在上报行政法规草案送审稿（以下简称行政法规送审稿）时说明情况和理由。

第十四条　起草行政法规，起草部门应当对涉及有关管理体制、方针政策等需要国务院决策的重大问题提出解决方案，报国务院决定。

第十五条　起草部门向国务院报送的行政法规送审稿，应当由起草部门主要负责人签署。几个部门共同起草的行政法规送审稿，应当由该几个部门主要负责人共同签署。

第十六条　起草部门将行政法规送审稿报送国务院审查时，应当一并报送行政法规送审稿的说明和有关材料。

行政法规送审稿的说明应当对立法的必要性，确立的主要制度，各方面对送审稿主要问题的不同意见，征求有关机关、组织和公民意见的情况等作出说明。有关材料主要包括国内外的有关立法资料、调研报告、考察报告等。

第四章　审　　查

第十七条　报送国务院的行政法规送审稿，由国务院法制机构负责审查。

国务院法制机构主要从以下方面对行政法规送审稿进行审查：

（一）是否符合宪法、法律的规定和国家的方针政策；

（二）是否符合本条例第十一条的规定；

（三）是否与有关行政法规协调、衔接；

（四）是否正确处理有关机关、组织和公民对送审稿主要问题的意见；

（五）其他需要审查的内容。

第十八条　行政法规送审稿有下列情形之一的，国务院法制机构可以缓办或者退回起草部门：

（一）制定行政法规的基本条件尚不成熟的；

（二）有关部门对送审稿规定的主要制度存在较大争议，起草部门未与有关部门协商的；

（三）上报送审稿不符合本条例第十五条、第十六条规定的。

第十九条　国务院法制机构应当将行政法规送审稿或者行政法规送审稿涉及的主要问题发送国务院有关部门、地方人民政府、有关组织和专家征求意见。国务院有关部门、地方人民政府反馈的书面意见，应当加盖本单位或者本单位办公厅（室）印章。

重要的行政法规送审稿，经报国务院同意，向社会公布，征求意见。

第二十条　国务院法制机构应当就行政法规送审稿涉及的主要问题，深入基层进行实地调查研究，听取基层有关机关、组织和公民的意见。

第二十一条　行政法规送审稿涉及重大、疑难问题的，国务院法制机构应当召开由有关单位、专家参加的座谈会、论证会，听取意见，研究论证。

第二十二条　行政法规送审稿直接涉及公民、法人或者其他组织的切身利益的，国务院法制机构可以举行听证会，听取有关机关、组织和公民的意见。

第二十三条　国务院有关部门对行政法规送审稿涉及的主要制度、方针政策、管理体制、权限分工等有不同意见的，国务院法制机构应当进行协调，力求达成一致意见；不能达成一致意见的，应当将争议的主要问题、有关部门的意见以及国务院法制机构的意见报国务院决定。

第二十四条　国务院法制机构应当认真研究各方面的意见，与起草部门协商后，对行政法规送审稿进行修改，形成行政法规草案和对草案的说明。

第二十五条　行政法规草案由国务院法制机构主要负责人提出提请国务院常务会议审议的建议；对调整范围单一、各方面意见一致或者依据法律制定的配套行政法规草案，可以采取传批方式，由国务院法制机构直接提请国务院审批。

第五章　决定与公布

第二十六条　行政法规草案由国务院常务会议审议，或者由国务院审批。

国务院常务会议审议行政法规草案时，由国务院法制机构或者起草部门作说明。

第二十七条　国务院法制机构应当根据国务院对行政法规草案的审议意见，对行政法规草案进行修改，形成草案修改稿，报请总理签署国务院令公布施行。

签署公布行政法规的国务院令载明该行政法规的施行日期。

第二十八条　行政法规签署公布后，及时在国务院公报和在全国范围内发行的报纸上刊登。国务院法制机构应当及时汇编出版行政法规的国家正式版本。

在国务院公报上刊登的行政法规文本为标准文本。

第二十九条　行政法规应当自公布之日起30日后施行；但是，涉及国家安全、外汇汇率、货币政策的确定以及公布后不立即施行将有碍行政法规施行的，可以自公布之日起施行。

第三十条　行政法规在公布后的30日内由国务院办公厅报全国人民代表大会常务委员会备案。

第六章　行政法规解释

第三十一条　行政法规条文本身需要进一步明确界限或者作出补充规定的，由国务院解释。

国务院法制机构研究拟订行政法规解释草案，报国务院同意后，由国务院公布或者由国务院授权国务院有关部门公布。

行政法规的解释与行政法规具有同等效力。

第三十二条　国务院各部门和省、自治区、直辖市人民政府可以向国务院提出行政法规解释要求。

第三十三条　对属于行政工作中具体应用行政法规的问题，省、自治区、直辖市人民政府法制机构以及国务院有关部门法制机构请求国务院法制机构解释的，国务院法制机构可以研究答复；其中涉及重大问题的，由国务院法制机构提出意见，报国务院同意后答复。

第七章　附　　则

第三十四条　拟订国务院提请全国人民代表大会或者全国人民代表大会常务委员会审议的法律草案，参照本条例的有关规定办理。

第三十五条　修改行政法规的程序，适用本条例的有关规定。

行政法规修改后，应当及时公布新的行政法规文本。

第三十六条　行政法规的外文正式译本和民族语言文本，由国务院法制机构审定。

第三十七条　本条例自2002年1月1日起施行。1987年4月21日国务院批准、国务院办公厅发布的《行政法规制定程序暂行条例》同时废止。

中华人民共和国国务院令

第322号

现公布《规章制定程序条例》，自2002年1月1日起施行。

总理　朱镕基

二〇〇一年十一月十六日

规章制定程序条例

第一章 总 则

第一条 为了规范规章制定程序，保证规章质量，根据立法法的有关规定，制定本条例。

第二条 规章的立项、起草、审查、决定、公布、解释，适用本条例。

违反本条例规定制定的规章无效。

第三条 制定规章，应当遵循立法法确定的立法原则，符合宪法、法律、行政法规和其他上位法的规定。

第四条 制定规章，应当切实保障公民、法人和其他组织的合法权益，在规定其应当履行的义务的同时，应当规定其相应的权利和保障权利实现的途径。

制定规章，应当体现行政机关的职权与责任相统一的原则，在赋予有关行政机关必要的职权的同时，应当规定其行使职权的条件、程序和应承担的责任。

第五条 制定规章，应当体现改革精神，科学规范行政行为，促进政府职能向经济调节、社会管理和公共服务转变。

制定规章，应当符合精简、统一、效能的原则，相同或者相近的职能应当规定由一个行政机关承担，简化行政管理手续。

第六条 规章的名称一般称“规定”、“办法”，但不得称“条例”。

第七条 规章用语应当准确、简洁，条文内容应当明确、具体，具有可操作性。

法律、法规已经明确规定的内容，规章原则上不作重复规定。

除内容复杂的外，规章一般不分章、节。

第八条 涉及国务院两个以上部门职权范围的事项，制定行政法规条件尚不成熟，需要制定规章的，国务院有关部门应当联合制定规章。

有前款规定情形的，国务院有关部门单独制定的规章无效。

第二章 立 项

第九条 国务院部门内设机构或者其他机构认为需要制定部门规章的，应当向该部门报请立项。

省、自治区、直辖市和较大的市的人民政府所属工作部门或者下级人民政府认为需要制定地方政府规章的，应当向该省、自治区、直辖市或者较大的市的人民政府报请立项。

第十条 报送制定规章的立项申请，应当对制定规章的必要性、所要解决的主要问题、拟确立的主要制度等作出说明。

第十一条 国务院部门法制机构，省、自治区、直辖市和较大的市的人民政府法制机构（以下简称法制机构），应当对制定规章的立项申请进行汇总研究，拟订本部门、本级人民政府年度规章制定工作计划，报本部门、本级人民政府批准后执行。

年度规章制定工作计划应当明确规章的名称、起草单位、完成时间等。

第十二条 国务院部门，省、自治区、直辖市和较大的市的人民政府，应当加强对执行年度规章制定工作计划的领导。对列入年度规章制定工作计划的项目，承担起草工作的单位应当抓紧工作，按照要求上报本部门或者本级人民政府决定。

年度规章制定工作计划在执行中，可以根据实际情况予以调整，对拟增加的规章项目应当进行补充论证。

第三章 起　　草

第十三条　部门规章由国务院部门组织起草，地方政府规章由省、自治区、直辖市和较大的市的人民政府组织起草。

国务院部门可以确定规章由其一个或者几个内设机构或者其他机构具体负责起草工作，也可以确定由其法制机构起草或者组织起草。

省、自治区、直辖市和较大的市的人民政府可以确定规章由其一个部门或者几个部门具体负责起草工作，也可以确定由其法制机构起草或者组织起草。

起草规章可以邀请有关专家、组织参加，也可以委托有关专家、组织起草。

第十四条　起草规章，应当深入调查研究，总结实践经验，广泛听取有关机关、组织和公民的意见。听取意见可以采取书面征求意见、座谈会、论证会、听证会等多种形式。

第十五条　起草的规章直接涉及公民、法人或者其他组织切身利益，有关机关、组织或者公民对其有重大意见分歧的，应当向社会公布，征求社会各界的意见；起草单位也可以举行听证会。听证会依照下列程序组织：

（一）听证会公开举行，起草单位应当在举行听证会的30日前公布听证会的时间、地点和内容；

（二）参加听证会的有关机关、组织和公民对起草的规章，有权提问和发表意见；

（三）听证会应当制作笔录，如实记录发言人的主要观点和理由；

（四）起草单位应当认真研究听证会反映的各种意见，起草的规章在报送审查时，应当说明对听证会意见的处理情况及其理由。

第十六条　起草部门规章，涉及国务院其他部门的职责或者与国务院其他部门关系紧密的，起草单位应当充分征求国务院其他部门的意见。

起草地方政府规章，涉及本级人民政府其他部门的职责或者与其他部门关系紧密的，起草单位应当充分征求其他部门的意见。起草单位与其他部门有不同意见的，应当充分协商；经过充分协商不能取得一致意见的，起草单位应当在上报规章草案送审稿（以下简称规章送审稿）时说明情况和理由。

第十七条　起草单位应当将规章送审稿及其说明、对规章送审稿主要问题的不同意见和其他有关材料按规定报送审查。

报送审查的规章送审稿，应当由起草单位主要负责人签署；几个起草单位共同起草的规章送审稿，应当由该几个起草单位主要负责人共同签署。

规章送审稿的说明应当对制定规章的必要性、规定的主要措施、有关方面的意见等情况作出说明。

有关材料主要包括汇总的意见、听证会笔录、调研报告、国内外有关立法资料等。

第四章 审　　查

第十八条　规章送审稿由法制机构负责统一审查。

法制机构主要从以下方面对送审稿进行审查：

（一）是否符合本条例第三条、第四条、第五条的规定；

（二）是否与有关规章协调、衔接；

（三）是否正确处理有关机关、组织和公民对规章送审稿主要问题的意见；

（四）是否符合立法技术要求；

（五）需要审查的其他内容。

第十九条　规章送审稿有下列情形之一的，法制机构可以缓办或者退回起草单位：

（一）制定规章的基本条件尚不成熟的；

（二）有关机构或者部门对规章送审稿规定的主要制度存在较大争议，起草单位未与有关机构或者部门协商的；

（三）上报送审稿不符合本条例第十七条规定的。

第二十条　法制机构应当将规章送审稿或者规章送审稿涉及的主要问题发送有关机关、组织和专家征求意见。

第二十一条　法制机构应当就规章送审稿涉及的主要问题，深入基层进行实地调查研究，听取基层有关机关、组织和公民的意见。

第二十二条　规章送审稿涉及重大问题的，法制机构应当召开由有关单位、专家参加的座谈会、论证会，听取意见，研究论证。

第二十三条　规章送审稿直接涉及公民、法人或者其他组织切身利益，有关机关、组织或者公民对其有重大意见分歧，起草单位在起草过程中未向社会公布，也未举行听证会的，法制机构经本部门或者本级人民政府批准，可以向社会公布，也可以举行听证会。

举行听证会的，应当依照本条例第十五条规定的程序组织。

第二十四条　有关机构或者部门对规章送审稿涉及的主要措施、管理体制、权限分工等问题有不同意见的，法制机构应当进行协调，达成一致意见；不能达成一致意见的，应当将主要问题、有关机构或者部门的意见和法制机构的意见上报本部门或者本级人民政府决定。

第二十五条　法制机构应当认真研究各方面的意见，与起草单位协商后，对规章送审稿进行修改，形成规章草案和对草案的说明。说明应当包括制定规章拟解决的主要问题、确立的主要措施以及与有关部门的协调情况等。

规章草案和说明由法制机构主要负责人签署，提出提请本部门或者本级人民政府有关会议审议的建议。

第二十六条　法制机构起草或者组织起草的规章草案，由法制机构主要负责人签署，提出提请本部门或者本级人民政府有关会议审议的建议。

第五章　决定和公布

第二十七条　部门规章应当经部务会议或者委员会会议决定。

地方政府规章应当经政府常务会议或者全体会议决定。

第二十八条　审议规章草案时，由法制机构作说明，也可以由起草单位作说明。

第二十九条　法制机构应当根据有关会议审议意见对规章草案进行修改，形成草案修改稿，报请本部门首长或者省长、自治区主席、市长签署命令予以公布。

第三十条　公布规章的命令应当载明该规章的制定机关、序号、规章名称、通过日期、施行日期、部门首长或者省长、自治区主席、市长署名以及公布日期。

部门联合规章由联合制定的部门首长共同署名公布，使用主办机关的命令序号。

第三十一条　部门规章签署公布后，部门公报或者国务院公报和全国范围内发行的有关报纸应当及时予以刊登。

地方政府规章签署公布后，本级人民政府公报和本行政区域范围内发行的报纸应当及时刊登。

在部门公报或者国务院公报和地方人民政府公报上刊登的规章文本为标准文本。

第三十二条　规章应当自公布之日起30日后施行；但是，涉及国家安全、外汇汇率、货币政策的确定以及公布后不立即施行将有碍规章施行的，可以自公布之日起施行。

第六章　解释与备案

第三十三条　规章解释权属于规章制定机关。

规章有下列情况之一的，由制定机关解释：

（一）规章的规定需要进一步明确具体含义的；

（二）规章制定后出现新的情况，需要明确适用规章依据的。

规章解释由规章制定机关的法制机构参照规章送审稿审查程序提出意见，报请制定机关批准后公布。

规章的解释同规章具有同等效力。

第三十四条　规章应当自公布之日起30日内，由法制机构依照立法法和《法规规章备案条例》的规定向有关机关备案。

第三十五条　国家机关、社会团体、企业事业组织、公民认为规章同法律、行政法规相抵触的，可以向国务院书面提出审查的建议，由国务院法制机构研究处理。

国家机关、社会团体、企业事业组织、公民认为较大的市的人民政府规章同法律、行政法规相抵触或者违反其他上位法的规定的，也可以向本省、自治区人民政府书面提出审查的建议，由省、自治区人民政府法制机构研究处理。

第七章　附　　则

第三十六条　依法不具有规章制定权的县级以上地方人民政府制定、发布具有普遍约束力的决定、命令，参照本条例规定的程序执行。

第三十七条　国务院部门，省、自治区、直辖市和较大的市的人民政府，应当经常对规章进行清理，发现与新公布的法律、行政法规或者其他上位法的规定不一致的，或者与法律、行政法规或者其他上位法相抵触的，应当及时修改或者废止。

修改、废止规章的程序，参照本条例的有关规定执行。

第三十八条　编辑出版正式版本、民族文版、外文版本的规章汇编，由法制机构依照《法规汇编编辑出版管理规定》的有关规定执行。

第三十九条　本条例自2002年1月1日起施行。

中华人民共和国司法部令

第72号

《公证程序规则》已经2002年6月11日部长办公会议审议通过，现予发布，自2002年8月1日起施行。

部长　张福森

二〇〇二年六月十八日

公证程序规则

第一章　总　　则

第一条　为了规范办证程序，保证公证质量，根据《中华人民共和国公证暂行条例》，制定本规则。

第二条　公证处依据事实和法律、法规、规章，独立办理公证事务，不受其他单位、个人的非法干涉。

第三条　法律、法规、规章规定应当采用公证形式的法律行为以及其他属于公证业务范围的事项，公证处应当给予公证，但不真实、不合法或违背社会公共利益的除外。

第四条　公证员应当亲自办理公证事务，公证处的其他人员协助公证员办理公证事务。

第五条　公证人员办理公证事务，应当保守国家秘密和当事人的秘密。

前款规定，适用于接触公证事务的鉴定人、翻译、见证人和其他公职人员。

第二章　当　事　人

第六条　公证当事人是指与公证事项有法律上的利害关系并以自己的名义向公证处提出公证申请，在公证活动中享有权利和承担义务的公民或法人。

第七条　限制民事行为能力人申办公证，应当征得其法定代理人的同意或由其法定代理人代理；无民事行为能力人申办公证，应当由其法定代理人代理。

法人申办公证，应当由其法定代表人代表。

第八条　当事人、当事人的法定代理人或法定代表人，可以委托代理人申办公证事项，但申办遗嘱、遗赠扶养协议、赠与、认领亲子、收养、解除收养、委托、声明、生存及其他与当事人人身有密切关系的公证事项除外。

公证人员不得代理当事人在本公证处申办公证。

第九条　居住在国外或香港、澳门、台湾地区的当事人，委托代理人申办公证事项，其委托书应经当地公证人、我驻外使领馆公证，或经司法部指定的机构、人员证明。但司法部另有规定的除外。

第三章　回　　避

第十条　公证人员有下列情形之一的，应当自行回避；当事人也有权申请他们回避。

（一）是本公证事项的当事人或者当事人的近亲属；

（二）与本公证事项有利害关系；

（三）与本公证事项的当事人有其他关系，可能影响正确办证的。

前款规定，适用于接触该公证事项的翻译、鉴定人等有关人员。

当事人提出回避申请，应当在公证书作成前提出。

第十一条　公证处主任或副主任的回避，由本级司法局局长或副局长决定；其他人员的回避，由公证处主任或副主任决定。回避决定作出后，公证处应当通知当事人。

第四章　管　　辖

第十二条　公证事项由当事人住所地、法律行为或者事实发生地的公证处管辖。

涉及不动产转让的公证事项，由不动产所在地的公证处管辖，但遗嘱、委托、声明中涉及不动产转让的除外。

收养公证由收养人或被收养人住所地的公证处管辖；涉外及涉港、澳、台地区的收养公证的管辖，依照司法部有关规定确定。

第十三条　住所地不同的若干个当事人共同申办同一公证事项的，必须共同到其中一名当事人住所地的公证处办理，除不得委托的公证事项外，可以委托一名当事人代为办理。

第十四条　直辖市、省（自治区）辖市公证处与该市所辖区、县（市）公证处之间的管辖，由省、自治区、直辖市司法厅（局）确定。

第五章　申请与受理

第十五条　公民、法人申请公证，应当向公证处提出，并填写公证申请表。公证申请表应记明下列内容：

（一）申请人及代理人的姓名、性别、出生日期、身份证号码、工作单位、住址等；申请人为法人的，应记明法人的名称、地址、法定代表人的姓名、职务等；

（二）请求公证的事项及公证书的用途；

（三）提交材料的名称、份数及有关证人的姓名、住址；

（四）申请的时间及其他需说明的问题。

申请人应在申请表上签名或盖章。申请人填写申请表确有困难的，可由公证人员代为填写。

第十六条　公民、法人申请公证应当提交下列材料：

（一）身份证明，法人资格证明及其法定代表人的身份证明；

（二）代理人代为申请的，委托代理人须提交授权委托书，其他代理人须提交有代理权资格的证明；

（三）需公证的文书；

（四）与公证事项有关的财产所有权证明；

（五）与公证事项有关的其他材料。

第十七条　符合下列条件的申请，公证处应予受理：

（一）申请人与申请公证的事项有利害关系；

（二）申请人之间对申请公证的事项无争议；

（三）申请公证的事项属于公证处的业务范围；

（四）申请公证的事项属于本公证处管辖。

对不符合条件的申请，公证处应作出不予受理决定，并通知申请人。

第十八条　公证处应当建立分类登记制度，登记事项包括：公证类别、当事人姓名（名称）、代理人（代表人）姓名、受理日期、承办人、审批人、办结日期、结案方式、公证书编号等。

第十九条　公证处受理公证申请后，应将受理通知单发给当事人，并开始建立公证卷宗。

受理通知单应记明：申请人的姓名（名称）、申请公证的事项、申请人提供的主要材料、受理日期及承办人。申请人或其他代理人（代表人）应在受理通知单回执上签名。

第二十条　公证处受理公证申请后，应按规定标准由专人收取公证费。公证办结后，经核定的公证费与预收数额不一致的，应当办理退还或补收手续。当事人交纳公证费有困难的，应提出书面申请，由公证处主任或副主任决定是否减、免。

第二十一条　公证处可以设立公证事项承办单，各环节的经办人应在承办单上签名并注明日期。承办单应附卷。

第六章　审　查

第二十二条　公证人员应当通过询问证

人、调取书证、物证、视听资料、现场勘验、进行鉴定等方式，认真收集证据。

当事人应当如实陈述与公证事项有关的事实，并提供相应的材料。

第二十三条　公证处应重点审查：

(一) 当事人的人数、身份、资格和民事行为能力；

(二) 当事人的意思表示和相应的权利；

(三) 需公证的行为、事实或文书的内容是否真实、合法；

(四) 需公证的文书内容是否完善，文字是否准确，签名、印鉴是否齐全；

(五) 当事人提供的证明材料是否真实、充分。

第二十四条　公证人员询问当事人和有关证人时，应告知其权利、义务、法律责任和注意事项，并制作谈话笔录。

笔录应记明：谈话日期、地点、询问人、记录人、被询问人的姓名、性别、出生日期、住址、单位、证件名称及编号、联系电话及邮政编码、谈话内容等。

笔录应交被询问人核对并签名；确实不能签名者，可由本人盖章或按手印。笔录中修改处须由被询问人盖章或按手印。

第二十五条　公证处认为当事人提供的证据材料不完备或有疑义的，应通知当事人作必要的补充或向有关单位、个人调查索取有关证明材料，并有权到现场作实地调查。

第二十六条　公证人员外出调查，除调取书证外，应由两名公证人员共同进行。特殊情况只能由一名公证人员进行调查的，应有一名见证人在场，见证人应在笔录上签名。

第二十七条　公证人员从有关单位摘抄的档案或其他书面证据材料，应交提供材料的单位核对并盖章。有关单位应积极予以协助。

第二十八条　公证处可以委托外地公证处调查。委托调查，必须提出明确的要求。受委托的公证处根据办证需要，可以主动补充调查内容。

受委托的公证处收到委托调查函后，应在一个月内完成调查。因故不能完成的，应在上述期限内函告委托调查的公证处。

第二十九条　遇到专门性问题，公证处可聘请或委托专业部门、有专业知识的人员进行鉴定、翻译。鉴定结论或翻译材料应有鉴定人、翻译人签名。

第三十条　对原件或其他无法入卷的证据材料，公证人员应作成复制件或复印件入卷，复制人应注明复制件或复印件与原件相符和复制日期并签名。

第三十一条　公证处可以应当事人的请求，帮助当事人起草、修改法律文书。

当事人申请公证的文书内容不完善、用词不当的，公证人员应指导当事人予以改正；当事人拒绝修改的，应在笔录中注明。

第七章　出　　证

第三十二条　法律行为公证应符合下列条件：

(一) 行为人具有相应的民事行为能力；

(二) 意思表示真实；

(三) 行为的内容和形式不违反法律、法规、规章或者社会公共利益。

第三十三条　有法律意义的事实或文书公证应符合下列条件：

(一) 该事实或文书对公证当事人具有法律上的利害关系；

(二) 事实或文书真实无误；

(三) 事实或文书的内容不违反法律、法规、规章。

第三十四条　文书上的签名、印鉴公证，签名、印鉴应当准确属实；文书的文本公证，文本内容应与原本完全一致。

第三十五条　赋予强制执行效力的债权

文书应当具备下列条件：

（一）债权文书以给付一定货币、物品或有价证券为内容；

（二）债权债务关系明确，债权人和债务人对债权文书有关给付内容无疑义；

（三）债权文书中载明债务人不履行义务或不完全履行义务时，债务人愿意接受强制执行的承诺。

债务人不履行或不完全履行公证机关赋予强制执行效力的债权文书的，公证机关可以根据债权人的申请签发执行证书。

第三十六条　符合本规则规定条件的公证事项，承办公证员应及时草拟公证书，连同卷宗报公证处主任、副主任或其指定的公证员审批。但主办公证员承办的不需要审批的公证事项除外。

任何人不得审批自己承办的公证事项。

第三十七条　审批人应重点审核以下内容：

（一）事实是否清楚，证据是否充分；

（二）证明对象是否真实、合法并符合社会公共利益；

（三）是否符合公证程序，文书上签字、印鉴是否齐全。

审批人对于重大复杂的公证事项，应提交公证处处务会讨论。处务会讨论意见应记录附卷。

第三十八条　公证书按司法部规定或批准的格式制作。公证书中应包括以下内容：

（一）公证书编号；

（二）当事人的基本情况；

（三）公证证词；

（四）承办公证员的签名（签名章）、公证处印章和钢印；

（五）出证日期。

公证机关签发执行证书应当注明被执行人、执行标的和申请执行的期限。债务人已经履行的部分，应在执行证书中予以扣除。因债务人不履行或不完全履行而发生的违约金、利息、滞纳金等，可以列入执行标的。

公证证词中注明的文件是公证书的组成部分。

公证书不得涂改、挖补，必须修改的应加盖公证处校对章。

第三十九条　制作公证书应使用中文。在少数民族聚居或者多民族共同居住的地区，除涉外公证事项外，可使用当地民族通用文字。

根据需要或当事人的要求，公证书可附外文译文。

第四十条　除法律另有规定外，公证书从审批人批准之日起生效。审批人批准日期即为出证日期。

第四十一条　公证处应制作公证书正本和若干份副本发给当事人。公证处留存公证书原本（签发稿）和一份正本附卷。

第四十二条　公证书需要办理领事认证的，应由承办公证处送有关部门认证，并代收认证费。

第四十三条　公证书由当事人或其代理人到公证处领取。必要时，也可由公证处发送。

当事人或其代理人应在公证书送达回执上签名或盖章，并注明收到的日期、份数和公证书的编号。

代理人代领时，送达人应核对代理人的身份和委托书。

第八章　期限、终止与拒绝公证

第四十四条　公证处应及时办理各类公证事务。公证事项应从受理之日起一个月内办结。重大复杂的、当事人举证不足的、或者需委托调查的公证事项，经公证处主任或副主任批准，可适当延长，但最长不得超过六个月。延期的原因应告知当事人。

因不可抗力事件致使公证处无法工作的

期间，不计入上述期限。

第四十五条　有下列情况之一的，公证处应当终止公证：

（一）因当事人原因致使在六个月内不能办结的；

（二）公证书生效前当事人撤回申请的；

（三）因当事人死亡（法人终止）不能继续办理或继续办理已无意义的。

第四十六条　终止公证的，承办公证员应写出书面报告，报公证处主任或副主任批准。终止公证的决定应通知当事人。

第四十七条　对不真实、不合法的行为、事实和文书，公证处应拒绝公证。拒绝公证的，承办公证员应写出书面报告，报公证处主任或副主任批准。拒绝公证的决定应当书面通知当事人，并告知对拒绝公证不服的申诉程序。

第四十八条　公证处对审查中发现的违法行为，应责令当事人或有关人员予以改正，并有权向有关主管部门发出司法建议书。

当事人弄虚作假、提供伪证或阻挠、妨害公证处查证工作正常进行的，公证处除可拒绝公证外，所收的公证费不予退还。

第九章　卷宗的归档

第四十九条　公证事项办结、终止或拒绝后，承办人应按照《公证文书立卷归档办法》和《公证档案管理办法》，在三个月内，将全部卷宗整理归档。

第五十条　对公证事项的讨论意见和有关请示批复等不宜对外公开的材料，应装订成副卷，与正卷一起保存。对涉及国家秘密和个人隐私的公证事项，应列为密卷保存。

遗嘱公证卷应列为密卷单独保存。立遗嘱人死亡后，转为普通卷保存。

第十章　特别程序

第五十一条　公证处办理招标投标、开奖、拍卖等公证事项，承办公证员应亲临现场，对其真实性、合法性予以审查核实。对真实、合法的，当场宣读公证词，并在七日内作成公证书发给当事人。该公证证明从宣读之日起生效。

在上述活动中，如发现当事人有弄虚作假、违反活动规则或违法行为，应当场责令当事人予以改正；拒不改正的，公证员应当拒绝宣读公证词。

第五十二条　遗嘱公证应由两名公证人员共同办理，由其中一名公证员在公证书上署名。特殊情况由一名公证员办理时，应有一名见证人在场，见证人应在遗嘱和笔录上签名。

第五十三条　公证处办理提存公证，应以通知书或公告方式通知债权人在确定的期限内领取提存标的物。债权人领取提存标的物时，应提供身份证明和有关债权的证明，并承担因提存所支出的费用。

不易保存的或债权人到期不领取的提存物品，公证处可以拍卖，保存其价款。

提存人可以凭人民法院的裁决书或提存之债已清偿的其他证明领回提存物。

从提存之日起，超过五年无人领取的提存标的物，视为无主财产，上交国库。

第五十四条　经过公证的事项在履行过程中发生纠纷的，原公证处可应当事人的请求进行调解。经调解后当事人达成新协议的，公证处应给予公证；新达成的协议符合本规则第三十五条规定条件的，公证处应依法赋予强制执行效力。

调解不成的，公证处应告知当事人向人民法院起诉或申请仲裁。

第十一章　申诉与复议

第五十五条　当事人对公证处出具的公证书或者作出的不予受理、拒绝公证、撤销公证书、不予撤销公证书的决定有异议的，可以在接到公证书或者决定之日起六十日内，向该公证处的本级司法行政机关提出申诉。

与公证事项有利害关系人对公证处出具的公证书或者作出的撤销、不予撤销公证书的决定有异议的，可以自知道之日起六十日内向公证处的本级司法行政机关提出申诉；但提出申诉的期间最长不得超过《民法通则》规定的诉讼时效期间。

第五十六条　公证处的本级或者上级司法行政机关发现已经发出的公证书有不当或者错误的，可以作出撤销或者责令变更公证书的决定。

第五十七条　司法行政机关办理第五十五条、五十六条规定的案件，对公证书应当按以下原则处理：

（一）公证书正确的，维持原公证书。

（二）公证书内容正确，仅表述不当的，应当责成原公证处收回公证书更正后重新发给当事人，不能收回的，由公证处另行制发补充性的公证书。

（三）公证书内容不真实或违反法律、社会公共利益的，撤销公证书；公证书内容部分不真实或违反法律的，可以责令原公证处撤销对不真实或违法部分的证明。

（四）违反公证程序的，责成公证处补充必要的手续；无法补充或严重违反公证程序的，撤销公证书。

被撤销的公证书应当收回，不能收回的，应公告撤销。

对已经发往域外使用的公证书的撤销或更正，按司法部的有关规定备案。

第五十八条　司法行政机关作出的处理公证申诉的决定应当送达申诉人和原公证处。

申诉人、公证处或者其他当事人对前款决定不服的，可以在规定期限内向有管辖权的司法行政机关申请行政复议。

第五十九条　司法行政机关对公证申诉、复议的决定，应当存入原公证卷内一份。

第六十条　公证处发现本处出具的公证书存在第五十七条第二项至第四项规定情形的，应当参照第五十七条的规定处理。

第六十一条　因公证处的过错撤销公证书的，所收的公证费应全部退还当事人；因当事人的过错而撤销公证书的，所收的公证费不予退还；因公证处和当事人双方过错而撤销公证书的，所收的公证费酌情退还。

第十二章　附　　则

第六十二条　外国人、无国籍人和外国组织向我国公证机关申办公证的，适用本规则。但法律或司法部另有规定的除外。

第六十三条　本规则由司法部负责解释。

第六十四条　本规则自二〇〇二年八月一日起施行。一九九〇年十二月十二日颁布的司法部令第13号《公证程序规则（试行）》同时废止。

（二）地方、部门性法规、文件目录

河 北 省

1. 河北省财政厅转发财政部办公厅《关于做好 2002 年地方政府采购信息统计工作通知》的通知（冀财采［2003］1 号）

2. 河北省财政厅关于印发《河北省聘请评审专家论证政府采购招标文件管理办法（试行）》的通知（冀财采［2003］2 号）

3. 河北省财政厅关于对 2003 年度省级政府采购业务代理机构资格进行认定的通知（冀财采［2003］3 号）

4. 河北省财政厅关于报送 2002 年政府采购信息统计报表的报告（冀财采［2003］4 号）

5. 河北省财政厅关于印发《河北省省级行政事业单位购置交通工具、办公自动化设备政府采购协议供货管理暂行办法》的通知（冀财采［2003］5 号）

6. 河北省财政厅转发《财政部办公厅关于开展 2003 年度政府采购招标业务代理机构登记备案工作通知》的通知（冀财采［2003］6 号）

7. 河北省财政厅关于省直行政事业单位自筹政府采购资金暂不划转政府采购资金专户的通知（冀财采［2003］11 号）

8. 河北省财政厅关于省级 2003 年政府采购业务代理机构认定结果的通知（冀财采［2003］14 号）

9. 河北省财政厅关于表彰 2002 年度政府采购工作先进单位的通报（冀财采［2003］15 号）

10. 河北省财政厅关于印发《河北省论证政府采购招标文件所需评审专家抽取办法（试行）》的通知（冀财采［2003］18 号）

11. 河北省财政厅关于印发《河北省政府采购评审专家抽取办法（试行）》的通知（冀财采［2003］19 号）

12. 河北省财政厅转发财政部办公厅关于计算投标供应商家数两个复函的通知（冀财采［2003］21 号）

13. 河北省财政厅、河北省人事厅、河北省监察厅关于公开聘请政府采购评审专家、统一筹建各级政府采购评审专家库的通知（冀财采［2003］22 号）

14. 河北省财政厅关于省直行政事业单位 2003 年第四季度政府采购办公设备协议供货工作有关事宜的通知（冀财采［2003］24 号）

15. 河北省财政厅关于印发《河北省省级行政事业单位购置交通工具办公自动化设

备政府采购协议供货管理暂行办法（修订稿）》的通知（冀财采［2003］25号）

16. 河北省财政厅关于对2004年度省级政府采购业务代理机构资格进行认定的通知（冀财采［2003］29号）

17. 河北省财政厅关于印发《河北省2003—2004年政府采购集中采购目录及采购限额标准》的通知（冀财［2003］42号）

18. 河北省财政厅关于进一步加强厅内大宗采购管理的通知（冀财办［2003］47号）

19. 河北省财政厅关于印发《2004年政府采购工作要点》的通知（冀财采［2003］31号）

20. 河北省财政厅关于省直行政事业单位2004年第1季度政府采购办公自动化设备协议供货有关事宜的通知（冀财采［2003］32号）

内蒙古自治区

1. 内蒙古自治区人民政府关于全面推行政府采购制度的意见（内政字［2003］139号）

2. 内蒙古自治区人民政府办公厅关于印发《2004年自治区本级政府集中采购目录、限额标准和公开招标数额标准》的通知（内政办字［2003］414号）

3. 内蒙古自治区财政厅关于印发《2003年自治区本级政府集中采购目录、限额标准和公开招标数额标准》的通知（内财购［2003］104号）

4. 内蒙古自治区财政厅关于印发《2003年自治区本级政府集中采购目录、限额标准和公开招标数额标准》的请示（内财购［2003］7号）

5. 内蒙古自治区财政厅关于迅速编报2003年政府采购预算的紧急通知（内财购［2003］61号）

6. 内蒙古自治区财政厅关于编制2003年度自治区本级政府采购计划的通知（内财购［2003］175号）

7. 内蒙古自治区财政厅关于印发《内蒙古自治区本级政府采购工作程序》的通知（内财购［2003］183号）

8. 内蒙古自治区财政厅关于开展服务类政府采购有关情况调查的通知（内财购［2003］286号）

9. 内蒙古自治区财政厅关于开展工程采购有关问题的请示（内财购［2003］307号）

10. 内蒙古自治区财政厅关于征集自治区政府采购评审专家信息的通知（内财购［2003］321号）

11. 内蒙古自治区财政厅关于公布已获准登记备案的2003年政府采购业务代理机构的通知（内财购［2003］486号）

12. 内蒙古自治区财政厅监察厅关于开展政府采购专项检查的通知（内财购［2003］509号）

13. 内蒙古自治区财政厅关于印发《内蒙古自治区本级行政事业单位团体组织购置交通工具、办公自动化设备政府采购协议供货管理暂行办法》的通知（内财购［2003］576号）

14. 内蒙古自治区财政厅关于印发《2004 年自治区本级政府集中采购目录、限额标准和公开招标数额标准》的请示（内财购［2003］620 号）

15. 内蒙古自治区财政厅关于开展政府采购调研活动的通知（内财购［2003］657 号）

16. 内蒙古自治区财政厅关于公布第二批已获准登记备案的 2003 年政府采购业务代理机构的通知（内财购［2003］854 号）

17. 内蒙古自治区财政厅关于召开 2004 年政府采购预算编制布置会的通知（内财购［2003］1046 号）

18. 内蒙古自治区财政厅关于编制 2004 年政府采购计划的通知（内财购［2003］1047 号）

19. 内蒙古自治区财政厅关于自治区本级政府采购项目评审专家管理有关问题的通知（内财购［2003］1048 号）

20. 内蒙古自治区财政厅关于上报《2002 年内蒙古自治区政府采购工作总结》的函（内财办购［2003］14 号）

21. 内蒙古自治区财政厅关于印发《2003 年内蒙古自治区政府采购工作计划要点》的通知（内财办购［2003］15 号）

黑龙江省

1. 黑龙江省人民政府办公厅转发国务院办公厅转发财政部关于全面推进政府采购制度改革意见通知的通知（黑政办发［2003］50 号）

2. 省财政厅关于认真贯彻落实《实施政府采购招投标制工作方案》的通知（黑财采［2003］1 号）

3. 省财政厅转发财政部《关于做好 2002 年地方政府采购信息统计工作的通知》的通知（黑财采［2003］2 号）

4. 省财政厅关于印发《2003 年政府采购工作要点的通知》（黑财采［2003］3 号）

5. 关于实施《政府采购法》若干问题规定的通知（黑财采［2003］4 号）

6. 省财政厅转发财政部《关于印发〈2003 年政府采购工作计划要点〉的通知》的通知（黑财采［2003］5 号）

7. 省财政厅、省药品监督管理局关于全省药品监督管理系统实施政府采购制度的通知（黑财采［2003］6 号）

8. 省财政厅转发黑龙江省机构编制委员会《关于黑龙江省政府采购中心变更隶属关系并升格为副厅级的通知》的通知（黑财采［2003］7 号）

9. 省财政厅关于印发《黑龙江省 2004 年省级政府采购目录和限额标准》的通知（黑财采［2003］8 号）

10. 省财政厅转发省纪委《关于黑龙江省肇源县党政机关超标准更换小汽车案件的通报》的通知（黑财采［2003］9 号）

11. 关于授权各级财政部门确定并公布集中采购目录和限额标准的请示（黑财采［2003］10 号）

12. 省财政厅、省监察厅、省审计厅关于开展《政府采购法》贯彻实施情况专项检查的通知（黑财采［2003］11 号）

13. 省财政厅转发财政部《关于做好2003年地方政府采购信息统计工作的通知》的通知（黑财采［2003］12号）

14. 省财政厅关于废止《黑龙江省政府采购省直单位分散采购管理办法（暂行）的通知》（黑财采［2003］13号）

15. 省财政厅关于政府采购省直单位公务车辆保险有关问题的通知（黑财采［2003］14号）

16. 省财政厅、省监察厅转发《财政部、监察部关于印发〈集中采购机构监督考核管理办法〉的通知》的通知（黑财采［2003］15号）

17. 省财政厅、省监察厅转发《财政部、监察部关于印发〈政府采购评审专家管理办法〉的通知》的通知（黑财采［2003］16号）

18. 省财政厅、省编委办关于印发《黑龙江省政府采购监督管理机构和集中采购机构工作职责暂行规定》的通知（黑财人［2003］31号）

19. 省财政厅关于认真做好2003年省直行政事业单位煤炭集中采购工作的通知（黑财函［2003］23号）

20. 省财政厅关于省直行政事业单位煤炭集中采购选择供应商签订合同的通知（黑财函［2003］34号）

21. 省财政厅关于认真做好市（地）政府采购工作座谈会各项准备工作的通知（黑财函［2003］53号）

22. 省财政厅关于取消“黑龙江省政府采购定点商店”的通知（黑财函［2003］92号）

23. 关于我省政府采购信息管理系统开发建设进展情况的报告（黑财函［2003］96号）

浙 江 省

1. 浙江省政府采购管理办公室关于开展2002年度政府采购工作先进集体和先进个人评比活动的通知（浙政采办［2003］1号）

2. 浙江省政府采购管理办公室关于表彰2002年度政府采购先进单位和个人的通报（浙政采办［2003］4号）

3. 浙江省政府采购管理办公室关于表彰2002年度省级政府采购信息统计工作先进单位的通报（浙政采办［2003］5号）

4. 浙江省政府采购管理办公室关于印发《浙江省省级行政事业单位办公用纸定点采购管理暂行办法》的通知（浙政采办［2003］7号）

5. 浙江省政府采购管理办公室关于公布浙江省2004年政府采购目录及标准的通知（浙政采办［2003］10号）

6. 浙江省政府采购管理办公室关于做好我省2003年政府采购信息统计工作的通知（浙政采办［2003］12号）

7. 浙江省政府采购管理办公室关于公布浙江省政府采购代理机构（第一批）名单的通知（浙政采办［2003］13号）

8. 浙江省财政厅关于印发《浙江省政府采购协议供货制实施办法（试行）》的通知（浙财办字［2003］32号）

安 徽 省

1. 关于印发《安徽省省直行政事业单位复印纸定点采购管理暂行办法》的通知(财购［2003］5号)

2.《关于印发2003年全省政府采购工作要点的通知》(财购函［2003］108号)

3.《关于实施安徽省部分通用货物政府采购大市场工作的通知》(财购［2003］89号)

4.《关于省直行政事业单位复印纸定点采购的通知》(财购［2003］94号)

5.《转发财政部办公厅关于开展2003年度政府采购招标业务代理机构登记备案工作的通知》(财购［2003］121号)

6.《关于举办安徽省政府采购产品展示交易会的通知》(财购函［2003］386号)

7.《关于安徽报业大厦等工程项目实行政府采购的通知》(财购［2003］548号)

8. 关于印发《安徽省工程项目试行政府采购制度暂行规定》的通知(财购［2003］475号)

9. 安徽省司法厅、安徽省财政厅《关于政府采购招投标办理公证的通知》(皖司通［2003］110号)

10.《安徽省人民政府印发关于政府采购中违法行为的行政处分规定的通知》(皖政［2003］91号)

厦 门 市

1. 关于进一步明确政府采购资金集中支付申请程序的通知(厦财库［2003］1号)

2. 关于印发《2003年厦门市政府采购计划表填报要求及说明》的通知(厦财购［2003］2号)

3. 关于2003年计算机、部分计算机外部设备及办公辅助设备第一期协议供货有关事项的通知(厦财购［2003］3号)

4. 关于转发财政部办公厅《关于开展2003年度政府采购招标业务代理机构登记备案工作的通知》的通知(厦财购［2003］5号)

5. 关于转发财政部《关于报送有关政府集中采购机构设置及分离情况的通知》的通知(厦财购［2003］6号)

6. 关于印发《厦门市政府采购评审专家抽选暂行办法》的通知(厦财购［2003］7号)

7. 关于报送2003年厦门市政府采购信息统计报表及分析报告的通知(厦财购［2003］8号)

8. 关于贯彻财政部《2003年政府采购工作计划要点》的意见（厦财购［2003］9号）

9. 关于调整2003年厦门市集中采购目录及政府采购限额标准的通知（厦财购［2003］10号）

10. 关于2003年空调协议供货有关事项的通知（厦财购［2003］11号）

11. 关于政府采购建设工程统一进入市建设工程交易中心进行招标的通知（厦财［2003］5号）

12. 关于厦门市公务人员因公出国机票定点采购有关事项的通知（厦财购［2003］12号）

13. 关于2003年第一批城市维护建设项目有关政府采购事项的通知（厦财购［2003］13号）

14. 关于印发《关于进一步完善政府采购工作的若干意见》的通知（厦财购［2003］14号）

15. 关于开展2003年度政府采购代理机构登记备案工作的通知（厦财购［2003］15号）

16. 关于制定我市政府采购管理工作人员勤政行为"十不准"规定的通知（厦财购［2003］16号）

17. 关于转发财政部《关于多家代理商代理一家制造商的产品参加投标如何计算供应商家数的复函》的通知（厦财购［2003］17号）

18. 关于公布已获准登记备案的2003年政府采购代理机构的通知（厦财购［2003］18号）

19. 关于进一步加强政府采购代理机构监督管理的通知（厦财购［2003］19号）

20. 关于《厦门市园林植物园关于城维项目自主采购的请示》的批复（厦财购［2003］20号）

21. 关于转发国务院办公厅《国务院办公厅转发财政部关于全面推进政府采购制度改革意见的通知》的通知（厦财购［2003］21号）

22. 关于厦门市2003年计算机、部分计算机外部设备及办公辅助设备第二期协议供货有关事项的通知（厦财购［2003］22号）

23. 关于开展政府采购制度执行情况专项检查的通知（厦财购［2003］23号）

24. 关于转发省财政厅、监察厅《关于认真贯彻政府采购法加快推进政府采购工作的通知》的通知（厦财购［2003］24号）

25. 关于2004年度厦门市集中采购目录及政府采购限额标准的通知（厦财购［2003］25号）

26. 关于做好2003年度政府采购信息统计报表的通知（厦财购［2003］26号）

青岛市

1. 关于转发财政部《关于开展2003年度政府采购招标业务代理的机构登记备案工作的通知》的通知（青财采［2003］0002号）

2. 关于印发《青岛市政府采购当事人投诉处理暂行办法》的通知（青财采

［2003］0003 号）

3. 关于印发《青岛市市直行政事业单位计算机、复印机等定点采购管理暂行办法》的通知（青财采［2003］0004 号）

4. 关于公布政府采购招标代理机构名单的通知（青财采［2003］0006 号）

5. 关于印发《2004 年政府集中采购目录》的通知（青财采［2003］0009 号）

6. 关于印发《青岛市政府采购特邀监察员工作暂行办法》的通知（青财采［2003］00012 号）

7. 关于开展创建“阳光采购”服务品牌活动的实施意见（青财采［2003］0008 号）

8. 关于市直行政事业单位办公设备、办公耗材定点采购有关事项的通知（青财采［2003］00010 号）

河南省

1. 关于汇总编报 2003 年度政府采购预算的通知（豫财购［2003］1 号）

2. 关于编制 2003 年度省级政府采购计划的通知（豫财购［2003］2 号）

3. 关于省直单位 2003 年度空调政府采购协议供货有关事宜的通知（豫财购［2003］9 号）

4. 关于河南省中小学危房改造工程实行政府采购有关问题的通知（豫财购［2003］12 号）

5. 关于印发《河南省中小学危房改造工程项目政府采购实施办法》的通知（豫财购［2003］13 号）

6. 关于印发《河南省省级 2004 年政府采购目录及限额标准》的通知（豫财购［2003］18 号）

7. 关于在全省政府采购监督管理系统开展“文明办公 优质服务 转变作风 廉洁自律”活动的意见（豫财购［2003］20 号）

8. 关于印发《河南省政府采购行为规范》的通知（豫财购［2003］21 号）

9. 关于印发《河南省省级政府采购预算管理暂行办法》的通知（豫财购［2003］25 号）

10. 关于河南省省级财政国库管理制度改革后政府采购有关事宜的通知（豫财购［2003］26 号）

湖北省

1. 湖北省人民政府《关于组建省政府采购中心、省综合招投标中心的通知》（鄂

政发［2003］39号）

2. 中共湖北省纪律检查委员会《关于印发〈关于违反政府采购法律法规行为的党纪政纪处分暂行规定〉的通知》（鄂纪发［2003］13号）

3. 省财政厅《关于政府采购机构设置的通知》（鄂财采发［2003］1号）

4. 省财政厅、省审计厅、省监察厅《关于全省开展政府采购行为检查工作的通知》（鄂财采发［2003］3号）

5. 省财政厅《关于印发〈湖北省2004年政府集中采购目录及标准〉的通知》（鄂财采发［2003］4号）

6. 省财政厅《关于印发〈加强省级政府采购管理工作的规定〉的函》（鄂财采发［2003］5号）

7. 省财政厅《关于印发〈2003年全省政府采购工作计划要点〉的通知》（鄂财函［2003］85号）

8. 省财政厅《关于开展政府采购预算编制、执行检查工作的通知》（鄂财函［2003］267号）

9. 省财政厅《关于开展政府采购法执行情况检查工作的通知》（鄂财函［2003］277号）

10. 省财政厅《关于2003年度湖北省区域政府采购市场协议供应商有关事项的通知》（鄂财函［2003］91号）

11. 省财政厅《关于在省级开展服务类政府采购工作试点的函》（鄂财函［2003］97号）

12. 省财政厅《关于省级公务车辆实行政府采购（保险）试点的函》（鄂财函［2003］184号）

13. 省财政厅《关于增加省级公务车辆（保险）实行政府采购试点单位的函》（鄂财函［2003］548号）

14. 省财政厅《关于湖北省2004年上半年区域政府采购市场协议供应商有关事项的通知》（鄂财函［2003］624号）

湖南省

1. 湖南省人民政府办公厅关于进一步规范管理政府采购工作的通知（湘政办发［2003］12号）

2. 湖南省财政厅关于印发《湖南省2003年集中采购目录及政府采购限额标准和公开招标数额标准》的通知（湘财库［2003］2号）

3. 湖南省财政厅关于印发《湖南省本级政府采购资金财政直接支付管理办法》的通知（湘财库［2003］3号）

4. 湖南省财政厅关于报送2002年政府采购信息统计报表的报告（湘财库［2003］9号）

5. 湖南省财政厅关于印发《湖南省政府采购评标委员会工作细则》的通知（湘财库［2003］19号）

6. 湖南省财政厅关于印发《湖南省省本级政府采购工作程序》的通知（湘财库［2003］20号）

7. 湖南省财政厅关于省直单位2003年度实行计算机协议供货制度有关事宜的通知（湘财库［2003］23号）

8. 湖南省财政厅关于印发《湖南省2004年集中采购目录及政府采购限额标准和公开招标数额标准》的通知（湘财库［2003］26号）

9. 湖南省财政厅关于认真落实省人民政府办公厅关于进一步规范管理政府采购工作的通知（湘财购［2003］1号）

10. 湖南省财政厅转发财政部关于做好2003年地方政府采购信息统计工作的通知（湘财购［2003］2号）

11. 湖南省财政厅关于南华大学政府采购项目投诉处理决定（湘财库函［2003］20号）

12. 湖南省财政厅关于开展政府采购业务代理资格检查的函（湘财购函［2003］1号）

13. 湖南省财政厅关于取消长沙博进招标代理有限公司政府采购代理资格的决定（湘财购函［2003］2号）

14. 湖南省财政厅关于明确株洲市政府采购管理有关职能问题的函（湘财购函［2003］3号）

15. 湖南省财政厅关于表彰2003年度全省政府采购工作先进单位的通报（湘财购函［2003］4号）

深圳市

1. 深圳市财政局关于印发《深圳市政府采购投诉管理暂行办法》的通知（深财购［2003］2号）

2. 关于进一步规范采购单位自行组织分散采购工作的通知（深财购［2003］16号）

3. 关于政府采购计划管理等有关事项的通知（深财购［2003］21号）

海南省

1. 关于报送2003年政府集中采购项目委托表的通知（琼财采［2003］178号）

2. 关于加强政府采购验收工作的通知（琼财采［2003］1084号）

3. 转发关于全面推进政府采购制度改革意见的通知（琼财采［2003］975号）

4. 关于印发《海南省2004年政府集中采购目录》的通知（琼财采［2003］1199号）

四 川 省

1. 四川省人民政府关于全面贯彻《政府采购法》的实施意见（川府函［2003］140号）

2. 四川省省级政府采购试行规程（川财库［2003］18号）

3. 四川省省级定点采购管理办法（试行）（川财库［2003］19号）

4. 转发财政部《关于做好2003年地方政府采购信息统计工作的通知》的通知（川财库［2003］34号）

云 南 省

1. 转发财政部《关于印发〈2003年政府采购工作计划要点〉的通知》的通知（云财采［2003］1号）

2. 关于请省政府下发《云南省2003年度政府集中采购目录及采购限额标准》的请示（云财采［2003］2号）

3. 关于政府采购机构分设的指导意见（云财采［2003］3号）

4. 关于印发《云南省2003年政府采购工作计划要点》的通知（云财采［2003］4号）

5. 关于使用“政府采购信息管理软件”报送政府采购统计报表的通知（云财采［2003］5号）

6. 关于报送政府采购计划的通知（云财采［2003］6号）

7. 关于政府采购招投标进行公证有关问题的通知（云财采［2003］7号）

8. 关于省级部分单位2001年以前采购专项资金有关问题的通知（云财采［2003］8号）

9. 关于对省地税局直属征收分局和地税系统信息数据处理业务用房进行政府采购的批复（云财采［2003］9号）

10. 关于召开全省政府采购信息统计布置工作会议的通知（云财采［2003］10号）

11. 关于报送省级单位公务用车统一定点保险情况的通知（云财采［2003］11号）

12. 关于报送省级单位公务用车统一定点维修情况的通知（云财采［2003］12号）

13. 转发财政部办公厅《关于做好2003年地方政府采购信息统计工作的通知》的通知（云财采［2003］13号）

陕西省

关于加强驻西安以外省属单位、省级垂直管理系统市县级单位政府采购管理工作的通知（陕财办采管［2003］7号）

甘肃省

1. 关于做好2002年全省政府采购信息统计工作的通知（甘政采［2003］1号）

2. 关于印发《甘肃省政府采购2003年工作计划要点》的通知（甘政采［2003］2号）

3. 关于对部分货物政府采购实行协议供货制度的通知（甘政采［2003］3号）

4. 关于申请对甘肃省招标中心进行登记备案的报告（甘政采［2003］4号）

5. 关于召开政府采购法实施条例立法建议座谈会的通知（甘政采［2003］5号）

6. 关于印发《甘肃省防治非典型肺炎项目政府采购管理暂行办法》的通知（甘政采［2003］6号）

7. 关于贯彻2003年政府集中采购目录限额标准和货物服务项目公开招标数额标准等有关问题的批复（甘政采［2003］7号）

8. 关于做好2003年全省政府采购信息统计工作的通知（甘政采［2003］8号）

9. 关于对地区政府采购信息统计工作进行表彰的通知（甘政采［2003］9号）

10. 关于尽快公布甘肃省2004年政府集中采购目录限额标准和货物服务项目公开招标数额标准的请示（甘政采［2003］10号）

11. 甘肃省人民政府办公厅关于印发甘肃省2003年政府集中采购目录限额标准和货物服务项目公开招标数额标准的通知（甘政办［2003］67号）

国家税务总局

1. 国家税务总局关于总局机关政府采购有关问题的通知（国税办发［2003］37

号）

2. 国家税务总局政府采购各部门职责和工作规程（试行）（国税办发［2003］40号）

国家体育总局

关于进一步做好政府采购工作的通知（体经济字［2003］232号）

中央国家机关政府采购中心

1. 关于2003年中央国家机关政府集中采购工作有关问题的通知（国机采字［2003］3号）

2. 关于对中央国家机关有关印刷项目实行定点管理的通知（国机采字［2003］7号）

3. 关于对中央国家机关公务车辆维修实行定点管理的通知（国机采字［2003］8号）

4. 关于印发《中央国家机关政府采购中心供应商询问、质疑处理暂行办法》的通知（国机采字［2003］12号）

（三）地方 2003 年政府集中采购目录

北京市 2003 年政府采购目录

（北京市财政局 2002 年 7 月 2 日公布。文件号：京财采购［2002］1279 号）

备注中“*”为集中采购目录，在编报预算时必须填列。

序号	品目名称	备注
A	货物类	
A11	交通工具	
A1101	汽车	
A110101	轿车	*
A11010101	普通轿车	*
A11010102	高级轿车	*
A110102	越野汽车（吉普车）	*
A110103	卡车	*
A110104	载客汽车	*
A11010402	旅行面包车	*
A11010403	公共汽车	*
A11010404	微型客车	*
A11010499	其他载客汽车	*
A110105	专用汽车	*
A11010501	工程汽车	*
A11010502	工具汽车	*
A11010503	消防车	*

续表

序　　号	品 目 名 称	备　　注
A11010504	警车	*
A11010505	救护车	*
A11010506	通讯和广播用车	*
A11010507	皮卡	*
A11010508	洒水车	*
A11010509	道路清扫车	*
A11010510	垃圾车	*
A11010599	其他专用汽车	*
A110106	摩托车	*
A0302	办公自动化设备	
A030201	计算机	*
A030202	打印机	*
A030203	电话机	
A030204	传真机	*
A030205	复印机	*
A030206	速印机	*
A030207	碎纸机	*
A030208	投影仪	*
A030209	扫描仪	*
A030299	其他办公自动化设备	
A03	一般设备	
A0301	电器设备	
A030101	电视机	
A030102	电冰箱	
A030103	洗衣机	
A030104	吸尘器	
A030105	摄影、摄像器材	*
A030106	空气调节器	*
A030199	其他电器设备	
A0303	家具	
A030301	办公家具	*

续表

序　号	品 目 名 称	备　注
A030302	宿舍家具	
A030399	其他家具	
A04	办公消耗用品	
A0401	纸张	
A0402	信封	
A0403	档案夹	
A0404	软盘	
A0405	可写光盘	
A0406	硒鼓	
A0407	墨盒、墨粉	
A0408	色带	
A0499	其他消耗用品	
A06	物资	
A0601	救灾物资	
A0602	防汛物资	
A0603	抗旱物资	
A0604	农用物资	
A0605	储备物资	
A0606	燃料	
A0699	其他物资	
A07	专用材料	
A0701	医疗耗材	
A0702	兽医用品	
A0703	图书资料	
A0704	实验室用品及小型设备	
A0705	胶片胶卷、录音录像带	
A0706	工具和仪器	
A0707	艺术部门用材料和用品	
A0799	公检法司及其他行政执法部门制服及劳保用品	
A10	专用设备	
A1001	通信设备	

续表

序　　号	品 目 名 称	备　　注
A100101	移动通信设备	
A100102	电话通信设备	
A100199	其他通信设备	
A1002	印刷设备	
A1003	照排设备	
A1004	网络设备	
A100401	服务器	*
A100402	路由器	*
A100403	交换机	
A100404	调制解调器	
A100499	其他网络设备	
A1005	发电设备	
A1006	医疗设备、器械	*
A1007	计划生育设备	*
A1008	交通管理监控设备	*
A1013	消防设备	
A1014	道路清扫设备	
A1015	警用设备和用品	
A1016	保安设备	
A1018	档案、保密设备	
A1019	教学设备	*
A1020	实验室设备	
A1021	广播电视、影像设备	
A1022	灯光、音响设备	
A1023	文艺设备	
A1024	体育设备	
A1026	殡仪火化设备	
A1027	电梯	*
A1028	炊事设备	
A1029	锅炉	
A1099	其他专用设备	

续表

序　　号	品 目 名 称	备　　注
A9099	批量总价在 30 万元以上的大宗、大型购置	
B	工　程　类	
B0304	荒山绿化	
B09	修缮、装饰工程	
B10	系统集成、网络工程	
B98	单价 10 万元以上的其他各类工程	
C	服　务　类	
C04	维修	
C0401	一般设备	
C0402	专用设备	
C0403	建筑物	
C0499	其他修缮	
C0703	交通工具的维护保障	
C070301	车辆保险	
C070302	车辆加油	
C070303	车辆维修	
C08	会议	
C0801	大型会议	
C0802	一般会议	
C10	物业管理	
C98	单价 10 万元以上的其他劳务及服务	

天津市 2003 年市级政府采购目录

（天津市财政局 2002 年 11 月 18 日公布。文件号：津财库［2002］31 号）

序号	品目名称	单项或批量采购限额（门槛价）	备注
A	货　物　类		
A03	一般设备		

续表

序号	品目名称	单项或批量采购限额（门槛价）	备注
A0301	电器设备		
A030105	摄影、摄像器材	批量采购金额在5万元以上（含5万元）	*
A030106	空气调节设备	同上	*
A030199	其他电器设备	一级预算单位汇总统计年批量采购金额在10万元以上（含10万元）的电视机、电冰箱	*
A0302	办公自动化设备		
A030201	计算机		*
A030202	打印机		*
A030204	传真机		*
A030205	复印机		*
A030206	速印机		*
A030208	投影仪		*
A030209	扫描仪		*
A030210	一体机		*
A030299	其他办公自动化设备	批量采购金额在10万元以上（含10万元）	*
A0303	各类家具	批量采购金额在10万元以上（含10万元）	*
A04	办公消耗用品	批量采购金额在10万元以上（含10万元）	
A06	物资	批量采购金额在20万元以上（含20万元）	
A0601	救灾储备物资	同上	*
A0602	防汛储备物资	同上	
A0603	抗旱储备物资	同上	
A0604	农用物资	同上	
A07	专用材料		
A0701	药品		*
A0799	行政执法部门制服		*
A10	专用设备	单项在5万元以上（含5万元），或批量采购金额在50万元以上（含50万元）	
A1001	通信设备	同上	
A1002	印刷设备	同上	
A1003	照排设备	同上	
A1004	网络设备	同上	*

续表

序号	品目名称	单项或批量采购限额（门槛价）	备注
A100401	服务器		*
A100402	路由器		*
A100403	交换机		*
A100404	调制解调器		*
A100499	其他网络设备		*
A1006	医疗设备、器械	同上	*
A1007	计划生育设备	同上	*
A1008	交通管理监控设备	同上	*
A1010	农用机械设备	同上	*
A1013	消防设备	同上	*
A1014	道路清扫设备	同上	
A1015	警用设备和用品	同上	*
A1016	保安设备	同上	
A1018	图书及档案管理设备	同上	*
A1019	教学设备	同上	*
A1020	实验室设备	同上	*
A1021	广播电视、影像设备	同上	*
A1022	灯光、音响设备	同上	*
A1023	文艺设备	同上	*
A1024	体育设备	同上	*
A1027	电梯	同上	*
A1029	锅炉	同上	*
A1030	环保监测设备	同上	
A1099	其他专用设备	同上	
A11	交通工具		
A1101	汽车		
A110101	小轿车		*
A110102	越野汽车（吉普车）		*
A110104	载客汽车		*
A110105	专用汽车		*
A11010501	工程汽车		*

续表

序号	品目名称	单项或批量采购限额（门槛价）	备注
A11010502	工具汽车		*
A11010503	消防车		*
A11010504	警车		*
A11010505	救护车		*
A11010506	通讯和广播用车		*
A11010508	洒水车		*
A11010509	道路清扫车		*
A11010510	垃圾车		*
A11010599	其他专用汽车		*
A110106	摩托车		*
A99	其他货物	批量采购金额在50万元以上（含50万元）	
B	工　程　类	财政预算资金在50万元以上（含50万元），或财政预算资金占工程总预算的2/3的工程	
B02	市政建设工程		
B03	环保、绿化工程		
B04	水利、防洪工程		
B09	修缮、装饰工程		*
B10	系统集成、网络工程		*
B99	其他各类工程		
C	服　务　类		
C03	信息技术、信息管理软件的开发设计	预算金额在10万元以上（含10万元）	*
C07	车辆保险、加油、维修		*
C08	会议	单项预算金额在10万元以上（含10万元）的大型会议	
C99	其他服务	单项预算金额在10万元以上（含10万元）	

备注中“*”为集中采购目录，未标注“*”为分散采购目录。

河北省 2003—2004 年政府集中

（河北省财政厅 2003 年 3 月 7 日公布。

序号	目录名称	省级	市级
A	货物类		
A03	一般设备		
A0301	电器设备		
A030101	电视机	单价在 0.5 万元以上（含 0.5 万元），或批量采购金额在 2 万元以上（含 2 万元）	单价在 0.5 万元以上（含 0.5 万元），或批量采购金额在 1 万元以上（含 1 万元）
A030102	电冰箱	同上	同上
A030103	洗衣机	同上	同上
A030104	吸尘器	同上	同上
A030105	摄影、摄像器材	同上	同上
A030106	空气调节设备	同上	同上
A030199	其他电器设备	同上	同上
A0302	办公自动化设备		
A030201	计算机		
A030202	打印机		
A030203	电话机	批量采购金额在 2 万元以上（含 2 万元）	批量采购金额在 0.5 万元以上（含 0.5 万元）
A030204	传真机	批量采购金额在 2 万元以上（含 2 万元）	批量采购金额在 0.5 万元以上（含 0.5 万元）
A030205	复印机		
A030206	速印机		
A030207	碎纸机	批量采购金额在 2 万元以上（含 2 万元）	批量采购金额在 0.5 万元以上（含 0.5 万元）
A030208	投影仪		
A030209	扫描仪		
A030210	视频展示台		
A030299	其他办公自动化设备	单价在 0.5 万元以上（含 0.5 万元），或批量采购金额在 2 万元以上（含 2 万元）	单价在 0.5 万元以上（含 0.5 万元），或批量采购金额在 1 万元以上（含 1 万元）
A0303	家具		
A030301	办公家具	批量采购金额在 5 万元以上（含 5 万元）	批量采购金额在 2 万元以上（含 2 万元）

采购目录及政府采购限额标准

文件号：冀财［2003］42号）

县、区级		备　注
一般县、区级	其中：困难县、区	
单价在0.3万元以上（含0.3万元），或批量采购金额在0.5万元以上（含0.5万元）	单价在0.2万元以上（含0.2万元），或批量采购金额在0.5万元以上（含0.5万元）	
同上	同上	包括冰柜。
同上	同上	
同上	同上	
同上	同上	包括照相机、摄像机、摄录一体机、数码一体机。
同上	同上	
同上	同上	包括VCD、DVD、音像。
		包括小型机、微机、数据工作站、显示终端设备、刻录机。
批量采购金额在0.3万元以上（含0.3万元）	批量采购金额在0.2万元以上（含0.2万元）	
批量采购金额在0.3万元以上（含0.3万元）	批量采购金额在0.1万元以上（含0.1万元）	
批量采购金额在0.3万元以上（含0.3万元）	批量采购金额在0.3万元以上（含0.3万元）	
单价在0.3万元以上（含0.3万元），或批量采购金额在0.5万元以上（含0.5万元）	单价在0.2万元以上（含0.2万元），或批量采购金额在0.5万元以上（含0.5万元）	
批量采购金额在1万元以上（含1万元）	张家口市县级批量在0.2万元以上（含）	

续表

序号	目录名称	省级	市级
A04	办公消耗用品		
A0401	纸张	定点采购	定点采购
A0402	信封	定点采购	定点采购
A0410	笔墨	定点采购	定点采购
A0411	资料夹	定点采购	定点采购
A0412	计算器	定点采购	定点采购
A0413	电脑打印耗材	定点采购	定点采购
A0499	其他消耗用品	定点采购	定点采购
A05	建筑、装饰材料	批量采购金额在10万元以上（含10万元）	批量采购金额在7万元以上（含7万元）
A06	物资	批量采购金额在20万元以上（含20万元）	批量采购金额在5万元以上（含5万元）
A0601	救灾物资		
A0603	抗旱物资		
A0606	燃料		
A07	专用材料		
A0704	实验室用品及小型设备	单价5万元以上（含）或批量采购10万元以上（含）	单价3万元以上（含）或批量采购7万元以上（含）
A0706	工具和仪器（指仪表、乐器等）	单价5万元以上（含）或批量采购10万元以上（含）	单价2万元以上（含）或批量采购5万元以上（含）
A0708	制服及劳保用品	批量采购金额在10万元以上（含）	批量采购5万元以上（含）
A08	粮食		
A10	专用设备		
A1001	通信设备		
A100102	电话通信设备		
A1004	网络设备		
A100401	服务器		
A100402	路由器		
A100403	交换机		
A100404	调制解调器		
A100499	其他网络设备		
A1006	医疗设备、器械	单价5万元以上（含）或批量采购10万元以上（含）	单价3万元以上（含）或批量采购5万元以上（含）
A1007	计划生育设备	单价5万元以上（含）或批量采购10万元以上（含）	单价3万元以上（含）或批量采购5万元以上（含）

县、区级		备 注
一般县、区级	其中：困难县、区	
定点采购	定点采购	
定点采购	定点采购	
定点采购	定点采购	
定点采购	定点采购	
定点采购	定点采购	
定点采购	定点采购	包括 UPS、硒鼓、墨粉。
定点采购	定点采购	
批量采购金额在 4 万元以上（含 4 万元）		不包括木板、木线。
批量采购金额在 2 万元以上（含 2 万元）	批量采购金额在 2 万元以上（含 2 万元）	
批量采购金额在 2 万元以上（含 2 万元）	批量采购金额在 2 万元以上（含 2 万元）	
批量采购金额在 2 万元以上（含 2 万元）	批量采购金额在 2 万元以上（含 2 万元）	冬季取暖用煤。
单价 2 万元以上（含）或批量采购 5 万元以上（含）	单价 2 万元以上（含）或批量采购 5 万元以上（含）	
单价 1 万元以上（含）或批量采购 3 万元以上（含）	单价 1 万元以上（含）或批量采购 2 万元以上（含）	
批量采购 3 万元以上（含）	批量采购 2 万元以上（含）	包括执法部门统一制装；中、小学代学生统一制作校服；大中专院校统一为学生代购床上、生活用品。
		财政拨款购买的粮食。
		包括不间断电源。
单价 2 万元以上（含）或批量采购 3 万元以上（含）	单价 1 万元以上（含）或批量采购 3 万元以上（含）	
单价 2 万元以上（含）或批量采购 3 万元以上（含）	单价 1 万元以上（含）或批量采购 3 万元以上（含）	

续表

序号	目录名称	省级	市级
A1008	交通管理监控设备		
A1010	农用机械设备		
A1011	工程机械		
A1012	园艺机械		
A1013	消防设备		
A1014	道路清扫设备		
A1015	警用设备和用品	单价在0.5万元以上（含），或批量采购金额在2万元以上（含）	单价在0.5万元以上（含0.5万元），或批量采购金额在1万元以上（含1万元）
A1018	档案、保密设备	同上	同上
A1019	教学设备	单价5万元以上（含）或批量采购10万元以上（含）	单价2万元以上（含）或批量采购5万元以上（含）
A1020	实验室设备	同上	同上
A1021	广播电视、影像设备	同上	同上
A1022	灯光、音响设备	同上	同上
A1027	电梯和起重机		
A1028	炊事设备	单价5万元以上（含）或批量采购金额10万元以上（含）	单价2万元以上（含）或批量采购5万元以上（含）
A1029	锅炉及除尘设备		
A1030	殡仪火化设备		
A11	交通工具		
A1101	汽车		
A110101	轿车		
A11010101	普通轿车		
A11010102	高级轿车		
A110102	越野汽车（吉普车）		
A110103	卡车		
A110104	载客汽车		
A11010402	旅行面包车		
A11010403	公共汽车		
A11010404	微型客车		
A11010499	其他载客汽车		
A110105	专用汽车		
A11010501	工程汽车		
A11010502	工具汽车		

县、区级		备　　注
一般县、区级	其中：困难县、区	
单价在0.5万元以上（含0.5万元），或批量采购金额在1万元以上（含1万元）	单价在0.3万元以上（含0.3万元），或批量采购金额在1万元以上（含1万元）	
同上	同上	
单价1万元以上（含）或批量采购3万元以上（含）	单价0.5万元以上（含）或批量采购3万元以上（含）	不包括办公设备。
同上	同上	
同上	同上	
同上	同上	
单价1万元以上（含）或批量采购3万元以上（含）	单价0.5万元以上（含）或批量采购3万元以上（含）	

续表

序号	目录名称	省级	市级
A11010503	消防车		
A11010504	警车		
A11010505	救护车		
A11010506	通讯和广播用车		
A11010507	皮卡		
A11010508	洒水车		
A11010509	道路清扫车		
A11010510	垃圾车		
A11010511	殡仪车		
A11010599	其他专用汽车		
A110106	摩托车		
A110107	电车		
A1199	其他交通工具		
B	工程类	总投资在 20 万元以上（含）的项目、单项金额达到 10 万元以上（含）的货物、批量采购达到 10 万元以上（含）的建筑材料	总投资在 5 万元以上（含）的项目、单项金额达到 3 万元以上（含）的货物、批量采购达到 3 万元以上（含）的建筑材料
B01	建筑物		
B0101	公用房建设		
B0102	住宅建设		
B0103	其他用房建设		
B0104	文教、卫生、音乐、体育等公益设施建设		
B0105	纪念性建筑设施建设		
B0199	其他建筑设施建设		
B02	市政建设工程		
B0201	市政道路建设		
B0202	市政公用设施建设		
B0203	自来水输水工程		
B0204	集中供暖、供热供气工程		
B0205	城市道路隔离带		
B03	环保、绿化工程		
B0301	污水处理		
B0302	市政垃圾处理		
B0303	园林绿化工程		

县、区级		备　注
一般县、区级	其中：困难县、区	
总投资在3万元以上（含）的项目、单项金额达到2万元以上（含）的货物、批量采购达到2万元以上（含）的建筑材料	总投资在2万元以上（含）的项目、单项金额达到1万元以上（含）的货物、批量采购达到1万元以上（含）的建筑材料	使用财政性资金以及与财政性资金配套的各类建筑物和构筑物的新建、改建、扩建、装修、拆除、修缮等工程。上述工程的货物、主要建筑材料。

续表

序号	目 录 名 称	省 级	市 级
B0304	荒山绿化		
B0305	天然林保护		
B0306	防沙工程		
B04	水利、防洪工程		
B0401	河道疏浚工程		
B0402	大坝、水库、闸门、泻洪工程		
B0403	农田水利工程		
B0404	江河、湖泊治理工程		
B05	交通运输工程		
B0501	机场、航空工程		
B0502	港口工程		
B0503	铁路工程		
B0504	公路、桥梁、涵洞		
B0505	各种公路标志、标杆、标线		
B09	修缮、装饰工程		
B10	系统集成、网络工程	单项金额达到10万元以上（含）	单项金额达到5万元以上（含）
B99	其他各类工程		
C	服 务 类		
C01	印刷、出版	定点采购	定点采购
C02	专业咨询、工程监理、工程设计	单项金额达到10万元以上（含）	单项金额达到5万元以上（含）
C03	信息技术、信息管理软件开发设计	单项金额达到10万元以上（含）	单项金额达到5万元以上（含）
C04	维修		
C0401	一般设备		
C0402	专用设备		
C0403	建筑物		
C0499	其他维修		
C0703	交通工具的维护保障		
C070301	车辆保险	定点采购	定点采购
C070302	车辆加油	定点采购	定点采购
C070303	车辆维修	定点采购	定点采购
C08	会议	定点采购	定点采购
C0801	大型会议	定点采购	定点采购
C0802	一般会议	定点采购	定点采购

县、区级		备　注
一般县、区级	其中：困难县、区	
单项金额达到3万元以上（含）	单项金额达到2万元以上（含）	
定点采购	定点采购	省级30万元以上（含）公开招投标，市级以下标准由同级财政部门制定。
单项金额达到3万元以上（含）	单项金额达到2万元以上（含）	
单项金额达到3万元以上（含）	单项金额达到2万元以上（含）	包括办公、教学、科研、医疗等系统软件的开发、设计、安装。
定点采购	定点采购	
定点采购	定点采购	
定点采购	定点采购	
定点采购	定点采购	
定点采购	定点采购	包括党代会、人代会、政协会等大型会议。
定点采购	定点采购	包括各种研讨会、表彰会及专业会议等。

说明：

（一）根据《中华人民共和国政府采购法》以及《河北省政府采购管理暂行办法》的规定，各级国家机关、事业单位和团体组织（以下统称采购人员）使用财政性资金采购依法制定的集中采购目录以内的或者采购限额标准以上的货物、工程和服务的，均属于政府采购的范畴。

（二）对纳入集中采购目录以内的或者采购限额标准以上的货物、工程和服务项目，采购人均应按规定编制部门政府采购预算，各级部门政府采购预算应与部门预算统一布置、统一编制、统一审核、统一汇总、统一批复。

采购人实施集中采购前，应编报分月政府采购项目明细表，在资金落实的情况下，经同级政府采购办公室审核后，由政府采购办公室向集中采购机构或政府采购业务代理机构下达政府采购计划，然后实行集中采购。

（三）政府采购分为集中采购和分散采购。

凡纳入集中采购目录以内的或者采购限额标准以上的项目，除国家规定应由获得国家、省、市级有关部门颁发招投标资质证书的政府采购业务代理机构进行代理招投标外（采购人的委托），采购人必须委托集中采购机构集中采购。

凡未纳入集中采购目录以内的或者采购限额标准以下的项目由采购人实施分散采购。

（四）纳入集中采购目录的通用项目（设备）、特殊项目（设备），在国家未制定出具体划分标准之前，仍实行集中采购。

（五）本目录发布后，因特殊情况需要修改、补充的，由河北省政府采购办公室另行公布。市、县（市、区）人民政府可根据本地区实际情况，在本目录的基础上作适当补充。

（六）对纳入集中采购目录以内的或者采购限额标准以上的服务和工程项目全部实行公开招标，货物类项目采购以公开招标方式为主，因特殊情况需要采用公开招标以外的采购方式的，应当在采购活动开始前获得市以上政府采购办公室的批准。

（七）各级、各部门、各单位要把执行政府采购制度作为加强党风廉政建设的一项具体内容，纳入本部门、本单位党风廉政建设责任制，领导班子正职要负总责，分管班子成员要负直接领导责任，具体承办人员要负直接责任。各部门、单位监察专员办公室、监察室要对本部门、本单位执行政府采购制度情况实施监督检查。

（八）各级监察、审计部门结合各自工作实际，要对全省政府采购实施情况进行检查、监督，推动全省政府采购工作的更快发展。

（九）《中国财经报》、《中国政府采购》、《公共支出与采购》、河北省政府采购网（www.ccgp-hebei.gov.cn）为本省指定的政府采购信息的公布媒体。本省使用财政性进行的基本建设工程项目公开招标的信息同时在河北省政府采购网（www.ccgp-hebei.gov.cn）上发布。

内蒙古自治区 2003 年自治区本级政府集中采购目录、限额标准和公开招标数额标准

（内蒙古自治区财政厅 2003 年 2 月 19 日分布。
文件号：内财购［2003］104 号）

一、政府集中采购目录

采购类别	通用采购项目	有特殊要求的专用采购项目
货物类	1. 电器设备： 电视机	1. 物资： 救灾物资

续表

采购类别	通用采购项目	有特殊要求的专用采购项目
货物类	电冰箱 空调机 摄影摄像器材 2. 办公自动化设备： 计算机及外部设备 打印机 传真机 复印机 速印机 碎纸机 投影仪 扫描仪 3. 批量办公家具 4. 批量办公用纸 5. 电梯 6. 锅炉 7. 交通工具： 公务用机动车辆 8. 专用设备： 印刷设备 照排设备 网络设备 9. 物资： 燃料（取暖用煤）	防汛物资 抗旱物资 农用物资 储备物资 2. 专用材料： 制服（执法统一制装） 3. 专用设备： 医疗设备、器械 计划生育设备 交通管理监控设备 地震设备 消防设备 警务专用设备和用品 教学、科研设备 广播电视、影像设备 文艺设备 农牧业机械设备 体育设备 气象专用仪器设备 工程机械设备 实验室设备 灯光、音响设备
工程类（计委已经批准立项项目）	1. 财政预算内安排的基本建设工程资金在50万元以上（含50万元）的新开工的公共工程或公用房建设；续建项目中相对独立、便于实施政府集中采购的公共工程项目。 2. 财政预算内资金安排的市政建设工程、公共设施公益事业工程。	1. 财政预算内资金在20万元以上的环保绿化工程、房屋建筑物的维修、改造、装饰工程。 2. 专业性强、国家或上级部门系统内有特殊要求的专用工程采购项目。
服务类	1. 印刷（机关办公大宗印刷） 2. 车辆保险 3. 车辆加油 4. 车辆维修 5. 会议 6. 标准应用操作软件的开发设计和维护	1. 部门、系统内专业信息系统管理软件的开发设计和维护 2. 专用设备的维修服务 3. 部门、系统内确定的有特殊要求的其他专用服务项目

二、政府采购限额标准

按照《政府采购法》规定，结合近年来自治区本级推行政府采购制度的实际情况，参照中央单位和有关省区的采购限额标准，制定了自治区本级2003年政府采购限额标准。具体标准是：（1）单项（个、件、套）采购金额超过5万元或批量采购金额超过

20万元以上（含20万元）的货物和服务类采购项目；（2）使用财政性资金在30万元以上（含30万元）的工程类采购项目。

限额标准的计算按以下方法掌握：(1) 全部由财政预算内安排的采购项目，以预算资金为标准；(2) 配套资金采购项目和多渠道筹资采购项目（其中有部分财政性资金），以采购项目总投资为标准；(3) 重复采购项目以年度内本部门、本系统的采购总量为标准；(4) 复合采购项目，即一个采购项目含货物、工程或服务两个以上的采购项目，应按照采购资金比重最大的项目确定其属性。

三、政府采购公开招标数额标准

根据《政府采购法》要求，结合近年来自治区本级政府采购公开招标实施情况，参照中央单位和有关省区政府采购公开招标数额标准，自治区本级2003年货物和服务类政府采购公开招标数额标准为50万元，即货物和服务类采购项目，采购金额达到公开招标数额标准的，原则上应采取公开招标方式进行采购。工程类采购项目公开招标数额标准，按照《内蒙古自治区实施〈中华人民共和国招标投标法〉办法》（内蒙古自治区人民代表大会常务委员会公告57号）确定的有关公开招标数额标准执行。

辽宁省2003年政府采购集中采购目录及采购限额标准

（辽宁省人民政府办公厅2003年1月15日公布。
文件号：辽政办发［2003］3号）

序　号	品目名称	单项或批量采购限额
A	货　物　类	单价在1万元（含1万元）以上或批量采购年累计达5万元（含5万元）以上。
A03	一般设备	
A0301	电器设备	
A030101	电视机	
A030105	摄影、摄像器材	
A030106	空气调节器	
A0302	办公自动化设备	
A030201	计算机	
A030202	打印机	

续表

序　　号	品目名称	单项或批量采购限额
A030204	传真机	
A030205	复印机	
A030206	速印机	
A030207	碎纸机	
A030208	投影仪	
A030209	扫描仪	
A0303	家具	
A06	物资	
A0601	救灾储备物资	
A0602	防汛储备物资	
A0603	抗旱储备物资	
A0606	燃料（取暖用煤、用油）	
A07	专用材料	
A0701	药品	
A10	专用设备	
A1001	通信设备	
A1002	印刷设备	
A1004	网络设备	
A1006	医疗设备、器械	
A1007	计划生育设备	
A1008	交通管理监控设备	
A1009	农用机械设备	
A1013	消防设备	
A1014	道路清扫设备	
A1015	警用设备和用品	
A1018	档案、保密设备	
A1019	教学设备	
A1020	实验室设备	
A1021	广播电视、影像设备	
A1022	灯光、音响设备	
A1023	文艺设备	
A1024	体育设备	
A1027	电梯	
A1028	炊事设备	
A1029	锅炉	

续表

序 号	品目名称	单项或批量采购限额
A11	交通工具	
A1101	汽车	
A110101	轿车	
A110102	越野汽车	
A110104	载客汽车	
A110105	专用汽车	
A1102	船只	
B	工 程 类	工程总投资额 10 万元（含 10 万元）以上或工程建筑面积在 100 平方米以上。
B01	建筑物	
B0101	公用房建设	
B0102	住房建设	
B0103	文教、卫生、音乐、体育等公益设施建设	
B0105	纪念性建筑设施建设	
B02	市政建设工程	
B0201	市政道路建设	
B0202	市政公用设施建设	
B03	环保、园林绿化	
B0301	污水处理	
B0303	园林绿化工程	
B09	修缮、装饰工程	
B10	系统集成、网络工程	
C	服 务 类	经费预算在 5 万元（含 5 万元）以上。
C01	印刷	
C02	专业咨询、工程设计	
C03	信息技术、信息管理软件的开发设计	
C04	维修	
C0402	专用设备	
C0403	建筑物	
C0703	交通工具的维护保障	
C070301	车辆保险	市县两级全面实施。
C070302	车辆加油	市县两级全面实施。
C070303	车辆维修	市县两级全面实施。
C08	会议	
C09	培训	

吉林省2003年政府集中采购目录（第一批）

（吉林省人民政府办公厅2002年12月31日公布。

文件号：吉政办函［2002］172号）

单位：万元

序号	项目名称	一次性采购额度（门槛价）	序号	项目名称	一次性采购额度（门槛价）	序号	项目名称	一次性采购额度（门槛价）	序号	项目名称	一次性采购额度（门槛价）
A	货物类		A030205	复印机		A0510	门窗	5	A1004	* 网络设备	
A02	* 建筑物		A030206	速印机		A06	物资		A100401	* 服务器	2
A0201	* 办公用房	30	A030207	碎纸机		A0601	救灾物资	10	A100402	* 路由器	2
A0202	* 宿舍用房	30	A030208	投影仪		A0602	防汛物资	10	A100403	* 交换机	2
A03	一般设备		A030209	扫描仪		A0603	抗旱物资	10	A100404	* 调制解调器	2
A0301	电器设备		A0303	家具		A0604	农用物资	10	A1006	* 医疗设备、器械	10
A030101	电视机	1	A030301	办公家具	2	A0605	储备物资	10	A1007	* 计划生育设备	
A030102	电冰箱	1	A030302	宿舍家具	2	A0606	燃料（取暖用煤、用油）		A1008	* 交通管理监控设备	3
A030103	洗衣机	1	A030399	其他家具	2	A07	* 专用材料		A1009	* 其他监控设备	3
A030104	吸尘器	1	A05	建筑、装饰材料		A0708	* 服装	5	A1010	* 农用机械设备	5
A030105	摄影、摄像器材	1	A0501	水泥	5	A10	* 专用设备		A1011	* 工程机械	3
A030106	空气调节设备（包括除湿设备）	1	A0502	木材	5	A1001	* 通信设备		A1015	* 警用设备和用品	5
A0302	办公自动化设备		A0504	金属材料	10	A100101	* 移动通信设备	1	A1016	* 保安设备	3
A030201	计算机		A0505	瓷砖	5	A100102	* 电话通讯设备	2	A1019	* 教学设备	3
A030202	打印机		A0506	清洁用具	5	A1002	* 印刷设备	2	A1021	* 广播电视、影像设备	3
A030204	传真机		A0509	石材	5	A1003	* 照排设备	2	A1022	* 灯光、音响设备	5

续表

序号	项目名称	一次性采购额度（门槛价）	序号	项目名称	一次性采购额度（门槛价）	序号	项目名称	一次性采购额度（门槛价）	序号	项目名称	一次性采购额度（门槛价）
A1023	*文艺设备	5	A11010102	高级轿车		A11010504	警车		B09	*修缮、装饰工程	10
A1024	*体育设备	3	A110102	越野汽车（吉普车）		A11010505	救护车		B10	*系统集成、网络工程	5
A1027	电梯和起重机	3	A110103	卡车		A11010506	通讯和广播用车		B11	*消防工程	10
A1028	炊事设备		A110104	载客汽车		A11010507	皮卡		C	服务类	
A1029	锅炉	5	A11010402	旅行面包车		A110106	摩托车		C01	印刷	2
A1030	*科研仪器及设备	5	A11010403	公共汽车		A1102	船只		C03	*信息技术、信息管理软件的开发设计	
A1031	*消防器材	3	A11010404	微型客车		B	工程类		C0703	交通工具的维护保障	
A11	交通工具		A110105	专用汽车		B01	*建筑物		C070301	车辆保险	
A1101	汽车		A11010501	工程汽车		B0101	*公用房建设	30	C070302	车辆加油	
A110101	轿车		A11010502	工具汽车		B0102	*住房建设	30	C070303	车辆维修	
A11010101	普通轿车		A11010503	消防车		B0104	*文教、卫生、音乐、体育、水利、交通等公益设施建设	30	C1101	公务出国国际机票	

说明：1. 省本级车辆加油、维修、书刊资料印刷等项目的集中采购实施办法另行发布，并从发布之日起实施。

2. 表中凡没有设定一次性采购额度（门槛价）的采购项目无论金额多少，都必须参加政府集中采购。

3. 门槛价是指同一种货物、工程或服务单项一次性采购额度。

4. 目录内的同一种商品，不能化整为零采购，原则上一年内不能采购两次。

5. 表中采购项目前带 * 号的属于有特殊要求的采购项目；不带 * 号的属于通用的采购项目。

黑龙江省2003年省级政府采购目录

（黑龙江省财政厅2002年8月28日公布。
文件号：黑财采［2002］5号）

编　　码	品 目 名 称	集中采购资金限额标准
A	货　物　类	
A03	一般设备	
A0301	电器设备	
A030101	电视机	5000元以上
A030105	摄影、摄像器材	5000元以上
A030106	空气调节设备	
A0302	办公自动化设备	
A030201	计算机	
A030202	打印机	
A030204	传真机	
A030205	复印机	
A030206	速印机	
A030208	投影仪	
A030209	扫描仪	
A0303	家具	5000元以上
A06	物资	
A0601	救灾物资	20万元以上
A0602	防汛物资	20万元以上
A0603	抗旱物资	10万元以上
A0606	燃料（煤炭）	执行黑财采［2001］4号文件
A07	专用材料	
A0706	工具和仪器	单台（件）1万元以上
A0708	服装及劳保用品	1万元以上
A10	专用设备	
A1001	通信设备	1万元以上
A1002	印刷设备	1万元以上
A1003	照排设备	1万元以上
A1004	网络设备	1万元以上
A100401	服务器	
A100402	路由器	
A100403	交换机	5000元以上
A100404	调制解调器	5000元以上

续表

编　　码	品 目 名 称	集中采购资金限额标准
A100499	其他网络设备	1 万元以上
A1006	医疗设备	执行黑财采［2002］2 号文件
A1008	交通管理监控设备	
A1010	农用机械设备	
A1011	工程机械	1 万元以上
A1013	消防设备	1 万元以上
A1015	警用设备和用品	1 万元以上
A1016	保安设备	1 万元以上
A1018	档案设备	5000 元以上
A1019	教学设备	执行黑财采［2002］2 号文件
A1020	实验室设备	执行黑财采［2002］2 号文件
A1021	广播电视、影像设备	1 万元以上
A1022	灯光、音响设备	1 万元以上
A1024	体育设备	1 万元以上
A1029	锅炉	
A1030	电梯设备	
A1099	其他专用设备	1 万元以上
A11	交通工具	
A1101	汽车	
A110101	轿车	
A110102	越野汽车	
A110104	载客汽车	
A110105	专用汽车	
A99	其他货物	批量 2 万元以上
B	工　程　类	
B01	建筑物	
B0101	公用房建设	
B0103	其他用房建设	
B0104	文教、卫生、音乐、体育等公益设施建设	
B0105	纪念性建筑设施建设	
B0199	其他建筑设施建设	
B09	修缮、装饰工程	20 万元以上
B10	系统集成、网络工程	
B99	其他各类工程	10 万元以上
C	服　务　类	
C01	印刷	
C02	工程监理、工程设计	
C03	信息技术、信息管理软件的开发设计	
C070301	车辆保险	执行黑财采［2001］5 号文件
C08	会议	执行黑财行［2001］47 号文件
C99	其他服务	

上海市2003年政府采购集中采购目录

(上海市政府采购管理办公室2002年7月30日公布。
文件号：沪采管办[2002]21号)

一、采购目录

(一)货物

1. 公务用机动车辆。

2. 通用设备：

(1)计算机及附件；

(2)办公自动化设备：打印机、传真机、复印机、一体化速印机、碎纸机、投影机、视频展示台、扫描仪；

(3)摄影、摄像器材：单价超过5000元的高档相机及附件、摄像机及附件、编辑设备；

(4)空气调节设备：空调器、中央空调设备；

(5)家具：批量采购金额超过50万元的办公、宿舍和其他家具。

3. 专用设备：

(1)网络设备：服务器、工作站、磁盘阵列、不间断电源(UPS)、路由器、交换机、集线器、网卡、调制解调器、光盘刻录机、打印服务器、活动存储器、硬件防火墙等；

(2)电梯；

(3)锅炉；

(4)其他专用设备：单价超过5万元或批量采购金额超过50万元的通信设备、印刷设备、医疗器械设备、监控和监测设备、农用机械设备、消防设备、档案和保密设备、教学设备、实验室设备、灯光和音响设备、体育设备、炊事设备。

4. 司法及行政执法部门制装。

5. 复印纸(定点自行采购)。

6. 其他：

(1)药品；

(2)软件：单价超过10万元的各类系统、应用软件；

(3)其他单项(个、件、套)采购金额超过5万元或以一级预算单位汇总统计年批量采购金额超过100万元的货物。

(二)工程

1. 预算金额超过50万元的各类建筑物、构筑物及其附属设施的新建、改建、扩建、装修、拆除、修缮等。

2. 预算金额超过100万元的市政道路建设。

3. 预算金额超过100万元的环保、园林绿化工程。

4. 预算金额超过100万元的河道整治疏浚、农田水利工程。

5. 预算金额超过100万元的其他各类工程。

(三)服务

1. 部分行政事业单位的票据、证照、报表的定点印刷。

2. 预算金额超过50万元的信息技术、信息管理软件的开发设计。

3. 行政事业单位公务车辆的定点维修、加油、保险。

4. 部分单次预算金额超过 50 万元的大型会议、会展。

5. 其他：

(1) 部分预算金额超过 50 万元的物业管理；

(2) 其他单项金额超过 50 万元的服务。

二、说明

(一) 根据《中华人民共和国政府采购法》以及《上海市政府采购管理办法》的规定，各级国家机关、事业单位和团体组织（以下统称采购人）使用财政性资金（包括预算内资金和预算外资金）采购依法制定的集中采购目录以内的或者采购限额标准以上的货物、工程和服务，均应纳入政府采购范围。

集中采购目录是政府采购中需要重点管理的货物、工程和服务项目的归集，是采购人编制年度政府采购预算的依据，也是政府采购监督管理部门进行监督和检查的内容。

(二) 政府采购分为集中采购和分散采购。凡纳入集中采购目录范围的项目，采购人应当委托集中采购机构通过集中采购的方式组织实施，或经批准由采购人自行采购；凡未纳入集中采购目录范围的项目由采购人实施分散采购。

(三) 为了充分运用信息技术提高政府采购工作效率，降低政府采购成本，对部分通用的设备以及服务项目采用网上竞价的方式进行采购。对有意参与网上竞价的供应商将实行免费登记制，具体办法详见《上海市政府采购网上竞价采购暂行办法》。上海政府采购网站将及时提供有关政府采购需求信息。

(四) 本目录发布后，因特殊情况需要修改、补充的，由上海市政府采购管理办公室另行公布。区、县人民政府可根据本地区实际情况，在本目录的基础上作适当补充。

(五) 《解放日报》、上海政府采购网（www.sh - procurement.gov.cn）为本市指定的政府采购信息的公布媒体。市级工程项目公开招标的信息同时在上海“建设工程信息热线”（www.construction.online.sh.cn）上发布。

三、2001 年度政府采购情况

2001 年度本市各级政府采购机构采用各种采购方式组织实施政府采购项目 9852 批次，采购金额 45.84 亿元，与预算安排资金相比，节约资金 3.53 亿元，平均资金节约率为 7.16%。与 2000 年相比，全市政府采购金额增加了 18.75 亿元，增幅为 69.21%，节约资金增加 1.33 亿元，增幅为 60.45%。

2001 年度本市组织实施的政府采购项目中，货物类采购金额为 24.03 亿元，占采购总额 52.42%，节约资金 1.64 亿元，资金节约率为 6.39%；工程类采购金额为 19.30 亿元，占采购总额 42.10%，节约资金 1.61 亿元，资金节约率为 7.70%；服务类采购金额为 2.51 亿元，占采购总额 5.48%，节约资金 0.28 亿元，资金节约率为 10.04%。

江苏省2003年省级政府集中采购目录

（江苏省财政厅、江苏省监察厅2002年7月17日公布。
文件号：苏财购［2002］7号）

序号	目　录	备　注
A	货　物　类	
A03	一般设备	
A0301	电器设备	
A030101	电视机	
A030102	电冰箱	包括冰柜
A030105	摄影、摄像器材	包括照相机、摄像机、摄录一体机、数码一体机
A030106	空调	包括中央空调、除湿设备
A0302	办公自动化设备	
A030201	计算机及外部设备	包括小型机、微机、服务器、数据工作站、显示终端设备、刻录机、UPS、硒鼓
A030202	打印机	
A030204	传真机	
A030205	复印机	
A030206	速印机	
A030208	投影仪	
A030209	扫描仪	
A0303	家具	批量采购10万元以上
A030301	办公家具	
A030302	宿舍家具	
A04	办公消耗用品	
A0401	办公用纸	包括复印纸、打印纸、速印纸、传真纸
A07	专用材料	
A0708	制装	
A10	专用设备	
A1002	印刷设备	包括一体机、分页机、装订机、切纸机
A1004	网络设备	
A100401	服务器	
A100402	路由器	
A100403	交换机	
A1006	医疗设备	包括B超、彩色多普勒、其他单价10万元以上或批量采购20万元以上的医疗设备
A1007	计划生育设备	
A1019	教学、科研仪器	单价10万元以上或批量采购20万元以上

续表

序号	目　录	备　注
A1021	广播电视、影像设备	单价10万元以上或批量采购20万元以上
A1022	灯光、音响设备	单价10万元以上或批量采购20万元以上
A1024	体育设备	单价10万元以上或批量采购20万元以上
A1027	电梯	
A1029	锅炉	
A11	交通工具	
A1101	汽车	包括小汽车、大客车、工程车
A12	软件	
B	工　程　类	使用财政性资金新建、扩建、改建、装修、修缮的各类房屋建筑物
C	服　务　类	
C01	大宗印刷	包括文件资料、内部书刊、信封等印刷
C07	交通工具的维护保障	
C0701	汽车保险	
C0702	汽车加油	
C0703	汽车维修	
C11	国际机票	

安徽省2003年省级政府采购集中采购目录

（安徽省财政厅2002年6月27日公布。
文件号：财购［2002］496号）

一、采购目录

（一）货物类

1. 建筑物。包括：办公用房、宿舍用房和其他建筑。

2. 一般设备

（1）电器设备。包括：摄影、摄像器材、空气调节设备；

（2）办公自动化设备。包括：计算机、复印机、速印机、传真机、打印机、扫描仪、投影仪；

（3）家具。包括：办公家具、宿舍家具。

3. 办公消耗用品。复印纸。

4. 物资。包括：救灾物资、储备物资、燃料。

5. 专用材料。包括：药品及医疗耗材、图书资料、实验室用品及小型设备、工具和仪器、胶片胶卷、录音录像带、公检法司及其他执法部门制装及劳保用品。

6. 专用设备。包括：通讯设备、网络设备、发电设备、医疗设备、器械、计划生育设备、交通管理设备、消防设备、保安设备、教学设备、实验室设备、广播电视、影像设备、灯光、音响设备、文艺设备、体育设备、电梯设备、锅炉。

7. 交通工具。包括：轿车、吉普车（含越野车），卡车、载客汽车、专用汽车（含工程、工具、消防、警车、救护、通讯和广播及其他专用车）。

8. 其他单项（个、件、套）采购金额在5万元（含5万元）以上的货物。

（二）工程类

1. 各类建设工程。包括：建筑物和构筑物的新建、扩建、改建、装修、拆除、修缮等。

2. 修缮、装饰工程。

3. 系统集成、网络工程。

4. 单项合同金额超过50万元（含50万元）以上的其他各类工程。

（三）服务类

1. 专业咨询、工程监理、工程设计。

2. 信息技术、信息管理软件的开发设计。

3. 公务用车辆的保险。

4. 大型会议（含大型展览）。

5. 其他单项金额超过10万元（含10万元）的服务。

二、说明

（一）根据《安徽省政府采购管理暂行办法》（皖政［1998］25号）规定，省级所属国家机关、实行预算管理的事业单位、社会团体，使用财政性资金（包括预算内、预算外资金）以购买、租赁、雇用等行为进行货物、工程、服务及其相关活动的采购，均属于政府采购范围，应按照政府采购制度规定的程序进行政府采购。

（二）政府采购分为集中采购和分散采购。集中采购是指纳入集中采购目录的或批量采购达到集中采购目录规定的门槛价以上的项目；分散采购是指没有纳入集中采购目录的或低于集中采购目录门槛价的项目。凡列入安徽省省级集中采购目录的所属货物、工程、服务类项目，均应按规定编制政府采购预算，编报分月政府采购清单（具体按我厅财购［2002］190号文执行），经政府采购主管部门审核后，由集中采购机构实行集中采购。分散采购由采购单位按规定的程序自行组织采购。

（三）政府采购活动接受财政、监察、审计等部门和社会各界的监督。省级政府采购管理部门受理有关政府采购的举报和投诉，举报和投诉电话为0551－5100260。

（四）本目录公布后，因特殊情况需要修改、补充的，由省财政厅另行公布。各市、县（市、区）人民政府可根据本地区实际情况，在本目录的基础上作适当修改。

厦门市2003年集中采购目录及政府采购限额标准（调整后）

（厦门市财政局2003年5月22日公布。
文件号：厦财购［2003］10号）

（一）集中采购目录：须采用集中采购形式

A：货 物 类					
项目编码			品目名称	限 额	备注
一级	二级	三级			
A03			一般设备		
	A0301		电器设备		
		A030101	电视机	单价或批量5万元以上	
		A030102	电冰箱	单价或批量5万元以上	
		A030103	洗衣机	单价或批量5万元以上	
		A030105	摄影、摄像器材	非协议供货范围的，按单价或批量5000元以上	
		A030106	空调		
		A030107	影碟机（指 VCD、DVD、超级 VCD 等）	单价或批量5万元以上	
	A0302		办公自动化设备		
		A030201	计算机		
		A030202	打印机		
		A030204	传真机		
		A030205	复印机（含数码印刷一体机、速印机）		
		A030207	碎纸机		
		A030208	投影机		
		A030209	扫描仪		
		A030210	不间断电源（UPS）		
		A030211	刻录机（含硬盘录像机）	单价或批量5万元以上	
	A0303		家具	单价或批量10万元以上	
A06			物资	批量20万元以上	
	A0601		救灾物资		
	A0602		防汛物资		
	A0605		储备物资（包括粮食、棉花、糖等）		
A07			专用材料	批量20万元以上	
	A0704		实验室用品及小型设备		
	A0706		工具和仪器		
A10			专用设备		
	A1001		通讯设备	单价或批量10万元以上	
	A1002		印刷、照排设备	单价或批量10万元以上	
	A1004		网络设备	单价或批量3万元以上	

续表

项目编码			品目名称	限　额	备注
一级	二级	三级			
		A100401	服务器		
		A100402	路由器		
		A100403	交换机		
		A100404	调制解调器 MODEM		
		A100405	防火墙		
		A100406	软件		
		A100499	其他网络设备		
	A1006		医疗设备	单价或批量 10 万元以上	
	A1007		计划生育设备	单价或批量 10 万元以上	
	A1008		监控报警设备	单价或批量 10 万元以上	
	A1010		农用机械设备	单价或批量 10 万元以上	
	A1011		工程机械	单价或批量 10 万元以上	
	A1012		园艺设备	单价或批量 10 万元以上	
	A1013		消防设备	单价或批量 10 万元以上	
	A1014		道路清扫设备	单价或批量 10 万元以上	
	A1015		警用设备	单价或批量 10 万元以上	
	A1018		档案、保密设备	单价或批量 10 万元以上	
	A1019		教学设备（含设施）	单价或批量 10 万元以上	
	A1020		实验室设备	单价或批量 10 万元以上	
	A1021		广播电视、影像设备	单价或批量 10 万元以上	
	A1022		灯光、音响设备	单价或批量 10 万元以上	
	A1023		文艺设备	单价或批量 10 万元以上	
	A1024		体育设备	单价或批量 10 万元以上	
	A1025		地震设备	单价或批量 10 万元以上	
	A1026		殡仪火化设备	单价或批量 10 万元以上	
	A1027		电梯和起重机	单价或批量 10 万元以上	
A11			交通工具		
	A1101		汽车		
		A110101	轿车		
		A110104	载客汽车（旅行面包车、公共汽车、微型客车、越野汽车、吉普车、其他载客汽车）		

续表

项目编码			品目名称	限　　额	备注
一级	二级	三级			
		A110105	专用汽车（工程车、工具车、卡车、消防车、警车、救护车、通讯和广播用车、皮卡、洒水车、道路清扫车、垃圾车、其他专用汽车）		
		A110106	摩托车		
	A1102		船只		
B：工　程　类					
B03			环保、绿化工程		
	B0301		污水处理工程（含设备）	20 万元以上	
B07			电力工程、电网改造（含电力设备、器材）	20 万元以上	
B10			系统集成、网络工程	20 万元以上	
B11			弱电工程	20 万元以上	
C：服　务　类					
C01			印刷、出版	20 万元以上	
C03			信息技术、信息管理软件的开发设计	20 万元以上	
C07			维护保障		
	C0703		交通工具的维护保障		
		C070303	车辆维修		
C11			布展（含气氛布置、节日摆花）	20 万元以上	

（二）政府采购限额标准

未列入以上集中采购目录的项目，单项或批量采购预算金额达到 120 万元以上（含 20 万元）的应实行政府采购，采购组织形式为分散采购，采购人可自行委托具备资质的政府采购代理机构代理招标采购。

江西省省本级 2003 年政府采购目录

（江西省财政厅 2002 年 8 月 23 日公布。
文件号：赣财库［2002］20 号）

序号品目名称单项或批量采购限额备注　　　（门槛价）

A 货物类

A03 一般设备

A0301 电器设备单价在 0.5 万元以上（含 0.5 万元），或批量采购金额在 2 万元以上（含 2 万元）

A030101 电视机同上　限国产

A030105 摄影、摄像器材同上*

A030106 空气调节器同上*　限国产

A030199 其他电器设备同上

A0302 办公自动化设备

A030201 计算机*　限国产

A030202 打印机*　限国产

A030204 传真机*　限国产

A030205 复印机*　限国产

A030206 速印机*　限国产

A030207 碎纸机*　限国产

A030208 投影仪*

A030209 扫描仪*　限国产

A030299 其他办公自动化设备单价在 0.5 万元以上（含 0.5 万元），或批量采购金额在 2 万元以上（含 2 万元）

A0303 各类家具批量采购金额在 5 万元以上（含 5 万元）

A04 办公消耗用品批量采购金额在 5 万元以上（含 5 万元）

A06 物资批量采购金额在 20 万元以上（含 20 万元）

A0601 救灾储备物资同上

A0602 防汛储备物资同上

A0603 抗旱储备物资同上

A07 专用材料

A0701 药品*

A0799 行政执法部门制服批量采购金额在 10 万元以上（含 10 万元）*

A10 专用设备单价在 0.5 万元以上（含 0.5 万元），或批量采购金额在 5 万元以上（含 5 万元）

A1001 通信设备同上

A1002 印刷设备同上

A1003 照排设备同上

A1004 网络设备*

A100401 服务器*

A100402 路由器*

A100403 交换机*

A100404 调制解调器*

A100499 其他网络设备*

A1006 医疗设备、器械单价在 0.5 万元以上（含 0.5 万元），或批量采购金额在 5 万元以上（含 5 万元）*

A1007 计划生育设备同上*

A1008 交通管理监控设备同上*

A1009 农用机械设备同上*

A1013 消防设备同上*

A1014 道路清扫设备同上

A1015 警用设备和用品同上*

A1016 保安设备同上

A1018 图书及档案管理同上*

A1019 教学设备同上*

A1020 实验室设备同上*

A1021 广播电视、影像设备同上

A1022 灯光、音响设备同上

A1023 文艺设备同上

A1024 体育设备同上

A1027 电梯同上*

A1029 锅炉同上*

A1031 环保监测设备同上

A1032 渔政船舶及设备同上

A1099 其他专用设备同上

A11 交通工具

A1101 汽车　限国产

A110101 轿车*

A11010101 普通轿车*

A11010102 高级轿车*

A110102 越野汽车（吉普车）*

A110103 卡车*

A110104 载客汽车*

A11010402 旅行面包车*

A11010403 公共汽车*

A11010404 微型客车*

A11010499 其他载客汽车*

A110105 专用汽车*

A11010501 工程汽车*

A11010502 工具汽车*

A11010503 消防车*

A11010504 警车*

A11010505 救护车*

A11010506 通讯和广播用车*

A11010507 皮卡*

A11010508 洒水车*

A11010509 道路清扫车*

A11010510 垃圾车*

A11010599 其他专用汽车*

A110106 摩托车*

A99 其他物质批量采购金额在 50 万元以上（含 50 万元）

B 工程类

B03 园林绿化工程预算在 20 万元以上（含 20 万元）

B09 修缮、装饰工程同上

B10 系统集成、网络工程同上*

B99 其他各类工程工程预算在 50 万元以上（含 50 万元）

C 服务类

C03 信息技术、信息管理软件的开发设计*

备注中*为集中采购目录，未标注*为分散采购目录

说明：

1.《政府采购法》自 2003 年 1 月 1 日起实施。《政府采购法》规定，各级国家机关、事业单位和团体组织（以下统称采购人），使用财政性资金采购依法制定的集中采购目录以内的或者采购限额标准以上的货物、工程和服务的行为，均属于政府采购范畴，必须按照《政府采购法》规定的采购方式和采购程序进行。

2. 此目录的编制是根据财政部《政府采购品目分类表》（财库［2000］10 号）和实际工作情况，在上年采购目录的基础上，增加了电器设备、各类家具、办公消耗用品等采购项目，并对采购项目作了进一步细化和金额限定。

3. 政府采购分为集中采购和分散采购。对列入江西省省本级政府采购目录的所属货物、工程和服务项目，采购人均应按规定编制政府采购预算，并对属集中采购目录的采购项目按需求时间编报政府采购计划。纳入集中采购目录的政府采购项目实行集中采购，集中采购目录之外的政府采购项目实行分散采购，由采购人自行组织实施，或委托具备政府采购业务代理资格的采购代理机构办理采购事宜。

4. 采购人（采购代理机构）采购货物或服务，批量采购金额达到 30 万元以上（含 30 万元）规模的，必须采用公开招标方式，因特殊情况需要采用公开招标以外的采购方式，应在政府采购活动开始前按规定获得省财政厅政府采购管理机构的批准。

5. “门槛价”是指同一种采购项目单项一次性采购额度。同一采购项目不能化整为零采购，原则上一年内不能采购两次以上。“国产”是指在中华人民共和国境内注册的制造商，其在大陆区域生产的产品。

青岛市2002年政府采购目录

（青岛市财政局2001年10月17日公布。
文件号：青财采［2001］7号）

品目编码	品 目 名 称
A	货物类
A03	一般设备
A0301	电器设备
A030101	电视机
A030102	电冰箱
A030103	洗衣机
A030104	吸尘器
A030105	摄影、摄像器材
A03010501	照相机及配套器材
A03010502	数码相机
A03010503	数码摄像机
A03010504	摄像机及附属设备
A03010599	其他（价值5000元以上）
A030106	空气调节设备
A03010601	中央空调设备
A03010602	中央空调主机
A03010603	热交换器
A03010604	末端设备
A03010605	冷却塔
A03010606	水处理设备
A03010607	自控元件
A03010608	多联空调机
A03010609	分体式空调机
A03010610	窗式空调机
A03010611	恒温恒湿机
A03010699	其他空气调节设备（价值5000元以上）
A030199	其他电器设备（价值5000元以上）
A0302	办公自动化设备
A030201	计算机
A03020101	大、中型计算机
A03020102	台式微型计算机
A03020103	便携式计算机
A03020104	工作站

续表

品目编码	品 目 名 称
A030202	打印机
A03020201	激光打印机
A03020202	喷墨打印机
A03020203	针式打印机
A030203	电话机
A030204	传真机
A030205	复印机
A030206	速印机
A030207	碎纸机
A030208	投影仪
A030209	扫描仪
A030210	光盘刻录机
A030211	视频展示台
A030212	磁盘阵列
A030213	磁带机
A030214	中控设备
A030215	不间断电源
A030216	硬件防火墙
A030217	计算机软件
A030220	系统软件
A030221	工具软件
A030223	应用软件（用于财务、管理、教学等）
A030224	一体机
A030299	其他办公自动化设备（价值 5000 元以上）
A0303	家具
A030301	办公家具
A03030101	写字台
A030302	宿舍家具
A04	办公消耗用品
A05	建筑、装饰材料
A06	物资（批量价值超过 10 万元）
A07	专用材料（批量价值超过 10 万元）
A0701	药品及医疗耗材
A0702	兽医用品
A0703	图书资料
A0704	实验室用品及小型设备
A0705	胶片胶卷、录音录像带
A0706	工具和仪器
A0707	艺术部门用材料和用品
A0708	制服及劳保用品
A10	专用设备（单价超过 5000 元）
A1001	通信设备

续表

品目编码	品 目 名 称
A100101	移动通信设备
A100102	电话通信设备
A100199	其他通信设备
A1002	印刷设备
A1003	照排设备
A1004	网络设备
A100401	服务器
A100402	路由器
A100403	交换机
A100404	调制解调器
A100405	集线器
A100406	网卡
A1005	发电设备
A1006	医疗设备、器械
A100601	诊断设备
A10060101	核磁共振诊断仪
A10060102	CT 诊断仪
A10060103	ECT 诊断仪
A10060104	X 光机
A10060105	数字影仪（DSR）
A10060107	黑白超声诊断仪
A10060108	彩色超声诊断仪
A10060109	动态心电图机
A10060110	颅脑多普勒诊断仪
A10060111	电子动态喉镜
A10060112	电子胃镜
A10060113	支气管镜
A10060114	电脑验光仪
A10060115	胎心监护仪
A10060116	中央多参数监护仪
A10060117	C 型臂 X 光治疗系统
A10060118	脑电图机
A10060119	肺功能诊断仪
A10060120	心电图分析系统
A100602	治疗设备
A10060201	放疗设备
A10060202	机器人导航手术系统
A10060203	眼科准分子激光仪
A10060204	美容激光仪
A10060205	二氧化碳激光仪
A10060206	超声碎石机
A10060207	前列腺治疗机

续表

品目编码	品 目 名 称
A10060208	牙科综合治疗机
A10060209	耳鼻喉治疗台
A10060210	呼吸机
A10060211	除颤器
A10060212	关节镜
A10060213	理疗设备
A10060214	麻醉机
A10060215	腹腔镜
A10060216	高频电刀
A10060217	氩气刀
A100603	检验及实验室设备
A10060301	大型生化分析仪
A10060302	流支细胞仪
A10060303	血流变检测仪
A10060304	电子显微镜
A10060305	尿液分析仪
A10060306	电泳仪
A10060307	台式显微镜
A10060308	r 记数器
A10060309	放射免疫诊断仪
A10060310	病理切片机
A10060311	脱水机
A10060312	包理机
A1008	交通管理监控设备
A1009	港口设备
A1010	农用机械设备
A101001	动力机械
A10100101	拖拉机
A10100102	柴油机
A10100103	汽油机
A10100104	电动机
A101002	田间作业机械
A10100201	收获机械
A10100202	耕整机械
A10100203	播种机械
A10100204	施肥机械
A10100205	植保机械
A10100206	秸杆还田机械
A10100207	排灌机械
A101003	场上作业机械
A10100301	脱粒机
A10100302	清选机

续表

品目编码	品 目 名 称
A10100303	烘干机
A10100304	脱壳机
A10100305	摘果机
A101004	农产品加工机械
A10100401	粮食加工机械
A10100402	油料加工机械
A10100403	棉花加工机械
A10100404	果蔬加工机械
A101005	农田基本建设机械
A10100501	推土机械
A10100502	挖掘机械
A10100503	装载机械
A10100504	铲运机械
A10100505	平地机械
A101006	农用运输机械
A10100601	三轮农用车
A10100602	四轮农用车
A101007	林牧渔机械
A10100701	林业机械
A10100702	牧业机械
A10100703	渔业机械
A1011	工程机械
A1012	园艺机械
A1013	消防设备
A1014	道路清扫设备
A1016	保安设备
A1018	档案、保密设备
A1019	教学设备
A1020	实验室设备
A102001	波谱分析仪
A102002	核磁共振波谱分析仪
A102003	电泳仪
A102004	质谱仪
A102005	液相色谱仪
A102006	衍射仪
A102007	原子吸收光度计
A102008	示波器
A102009	红波分光光度计
A102010	紫外分光光度计
A102011	酸度计
A102012	偏振仪
A102013	折光仪

续表

品目编码	品 目 名 称
A102014	激光器
A102015	电子显微镜
A102016	偏光显微镜
A102017	立体显微镜
A1021	广播电视、影像设备
A102101	录（放）像机
A102102	录音机
A102103	功放机
A102104	激光视盘机
A102105	线性编辑机
A102106	非线性编辑机
A102107	采访机
A1022	灯光、音响设备
A102201	组合音响
A102202	音箱
A102299	其他灯光音响设备
A1023	文艺设备
A1024	体育设备
A1025	地震设备
A1026	殡仪火化设备
A1028	炊事设备
A1029	锅炉
A102901	锅炉本体
A10290101	燃煤锅炉
A10290102	燃气锅炉
A10290103	燃油锅炉
A10290104	电热锅炉
A102902	锅炉辅助设备
A10290201	燃煤锅炉炉排调速器
A10290202	送风机，引风机及其控制设备
A10290203	锅炉上煤设备
A10290204	除尘脱硫设备
A10290205	烟囱（钢制、砖砌等）
A10290206	水泵（包括给、放、凝、循环）
A10290207	水处理设备
A10290208	锅炉给水除氧设备
A10290209	锅炉仪表阀门
A10290210	锅炉控制柜及其自控装置
A10290211	换热器（汽—水，水—水）
A10290212	省煤器、空气预热器
A10290213	燃油锅炉用油系统及其设备
A10290214	锅炉房内分汽包，分水包及管道

续表

品目编码	品目名称
A10290215	锅炉备品、备件及工具
A10290216	燃油（气）锅炉燃烧器
A1099	其他专用设备（单价超过5000元）
A109901	无线电监测设备
A109902	机动车辆检测设备
A109903	机动车辆检测线
A109904	机动车辆检测车
A109905	车辆检测诊断设备
A109906	车辆维修设备
A11	交通工具
A1101	汽车
A110101	轿车
A110102	越野汽车（吉普车）
A110103	卡车
A110104	载客汽车
A11010401	旅行面包车
A11010402	大客车
A11010403	微型客车
A11010404	客货两用车
A110105	专用汽车
A11010501	工程汽车
A11010503	消防车
A11010504	警车
A11010505	囚车
A11010506	洒水车
A11010507	道路清扫车
A11010508	垃圾车
A11010509	救护车
A11010510	道路清障车
A11010511	道路设施维修车
A11010512	通讯广播车
A11010513	勘察勘探车
A11010514	叉车
A110106	摩托车
A1102	船只
B	工程类
B01	建筑物
B0101	公用房建设
B0102	住房建设
B0104	文教、卫生、音乐、体育等公益设施建设
B0105	纪念性建筑设施建设
B02	市政建设工程

续表

品目编码	品 目 名 称
B03	绿化工程
B04	水利、防洪工程
B05	交通运输工程
B06	油气工程
B07	电力工程
B08	电信工程
B09	修缮、装饰工程
B10	系统集成、网络工程
B11	安装工程
B12	空调工程
B13	强电工程
B14	弱电工程
B15	电梯工程
B16	智能大厦弱电系统集成
B17	消防工程
B18	火灾自动报警设备及安装
B19	水系统消防设备及安装
B20	气体灭火系统设备及安装
C	服 务 类
C01	印刷、出版
C07	交通工具的维护保障
C070301	车辆加油
C070302	车辆维修
C11	国际机票

注：青岛市 2003 年未制定新的市级政府采购目录，仍执行此目录。

河南省 2003 年省级政府采购目录

（河南省财政厅 2002 年 11 月 11 日公布。
文件号：豫财购［2002］31 号）

一、货物类

1. 公务用机动车辆

2. 办公自动化设备：计算机、打印机、复印机、传真机、扫描仪、投影设备、速印机、碎纸机；

3. 电器设备：电视机、空调机、摄影摄像器材；

4. 一次性批量在 10 万元以上的办公家具；

5. 物资：抗旱物资、防汛物资、救灾

物资、农用物资、储备物资（包括粮食、糖、棉花等）、燃料（包括汽车燃油、冬季取暖用煤）；

6. 专用设备：医疗、计划生育、教学、实验室、印刷、照排、网络、广播电视影像、文艺、体育、档案、发电、警用、消防、地震、港口、农用、炊事设备，工程机械、电梯、锅炉；

7. 司法、执法监督部门配置的统一制装；

8. 合同价值在 100 万元以上政府投资的公共工程所需的水泥、木材、金属材料、玻璃及其他建筑、装饰材料；

9. 其他单项（个、件、套）采购金额超过 5 万元或一级预算单位汇总统计年批量采购金额超过 100 万元的货物。

二、服务类

1. 预算金额超过 50 万元的办公管理、教学、医疗等信息系统的开发、设计、安装；

2. 行政事业单位公务车辆的定点维修；

3. 行政事业单位定点会议和公务接待；

4. 行政事业单位定点公务印刷；

5. 行政事业单位办公用纸定点采购；

6. 公务用机动车辆保险；

7. 其他单项金额超过 50 万元的服务。

三、工程类

1. 系统集成、网络工程；

2. 投资额在 30 万元以上的非生产性修缮工程；

3. 建筑物：公用房屋建设、住房建设和其他用房建设。

湖北省 2003 年政府集中采购目录及标准

（湖北省人民政府办公厅 2002 年 9 月 16 日公布。
文件号：鄂政办函［2002］121 号）

一、政府集中采购目录或限额标准

（一）货物类

1. 设备

（1）电器设备

摄影、摄像器材、空气调节设备；

省级一级预算单位汇总单个品种年采购量 10 万元以上的电视机、电冰箱、洗衣机、吸尘器。

（2）办公自动化设备

计算机、打印机、传真机、复印机、速印机、投影仪、扫描仪；

省级一级预算单位汇总单个品种年采购量 10 万元以上的电话机、碎纸机。

（3）家具

省级一级预算单位汇总年批量采购量 5 万元以上的办公家具。

2. 办公消耗用品

省级一级预算单位汇总年批量采购量 50 万元以上的办公消耗用品。

3. 物资

省级一级预算单位汇总单个项目或年批

量采购量200万元以上的救灾、防汛、抗旱、农用和储备物资、燃料。

4. 专用材料

省级一级预算单位汇总年批量采购量10万元以上的药品及医疗耗材、实验室用品及小型设备、工具和仪器、制服及劳保用品、图书资料、艺术部门用材料和用品、兽医用品、胶片胶卷、录音录像带、应用软件。

5. 专用设备

通讯设备、印刷设备、照排设备、网络设备（服务器、路由器、交换机、调制解调器、其他网络设备）、发电设备、医疗设备器械、计划生育设备、交通管理监控设备、农用机械设备、工程机械、园艺机械、消防设备、道路清扫设备、警用设备和用品、保安设备、档案保密设备、教学设备、实验室设备、广播电视影像设备、灯光音响设备、文艺设备、体育设备、地震设备、电梯和起重机、炊事设备、锅炉。

6. 交通工具

(1) 汽车：包括轿车、越野汽车、卡车、载客汽车、专用汽车（工程汽车、工具汽车、消防车、警车、救护车、通讯和广播用车、洒水车、道路清扫车、垃圾车、其他专用汽车）、摩托车。

(2) 船只。

（二）工程类

省级一级预算单位汇总单个项目50万元以上、使用财政性资金以及与财政性资金配套的各类建筑物和构筑物的新建、改建、扩建、装修、拆除、修缮等工程。

省级一级预算单位汇总单个项目年采购量10万元以上的系统集成、网络工程。

（三）服务类

1. 市、县一级车辆加油、维修、保险及会议。

2. 市、县一级印刷、专业咨询、工程监理、工程设计、信息技术、信息管理软件开发、租赁、培训、物业管理等，按限额标准执行。

3. 省级服务类进行政府采购试点。

二、公开招标的数额标准

（一）货物类

省级一级预算单位单项批量采购量30万元以上（汽车采购根据实际情况确定）。

（二）工程类

省级列入政府集中采购目录及限额标准的全部实行公开招标。

（三）服务类

所有服务类项目都通过公开招标方式确定一定期限内的供应商。

三、要求

（一）根据《政府采购法》的规定，凡使用财政性资金、列入上述政府集中采购目录和达到政府采购限额标准的项目（没有设定限额标准的按品目全部列入，设定限额标准的则为限额标准以上的品目），各级国家机关、事业单位和社会团体在申报2003年年度部门预算时，单独编制政府采购预算，并按照批复的政府采购预算按季（或按月）报送政府采购计划；各级财政部门根据部门预算，建立编制、批复政府采购预算的制度；政府采购预算、计划由各级财政部门组织实施。有关监督管理的规定由省财政厅明确。

（二）各级人民政府可根据以上政府集中采购目录或政府采购限额标准以及公开招标数额标准，在与本通知要求一致的情况下，制定本级政府集中采购目录、标准的具体实施方案（政府集中采购限额标准、公开招标的数额标准只规定省级的，各地对应的标准以及服务类限额标准由各市、州、县（市）人民政府根据本地情况确定），并将实施方案送省财政厅审查。各级监察、审计部门结合各自工作实际，要对全省政府采购实施情况进行检查监督，推动我省政府采购工作的更快发展。

湖南省2003年集中采购目录及政府采购限额标准和招标数额标准

（湖南省财政厅2003年1月8日公布。
文件号：湘财库［2003］2号）

一、集中采购目录

纳入集中采购目录的项目必须实行集中采购，其中，通用采购项目委托集中采购代理机构采购，有特殊要求的专用采购项目由采购人委托经省级以上政府采购监督管理部门认定资格的政府采购业务代理机构或者集中采购机构实施采购。

（一）通用采购项目

1. 货物类

（1）交通工具：公务用车、面包车。

（2）电器设备：电视机，电冰箱，空调，吸尘器，摄影、摄像器材。

（3）办公自动化设备：计算机、复印机、打印机、速印机、投影仪、扫描仪、碎纸机、传真机。

2. 工程类

（1）统一建设的公用房和住房。

（2）统一组织的房屋修缮、装修。

3. 服务类

（1）车辆维修。

（2）车辆加油。

（3）车辆保险。

（4）会议定点。

（二）有特殊要求的专用采购项目

1. 货物类

（1）物资：救灾物资、防汛物资、抗旱物资、农用物资、储备物资、燃料。

（2）中央空调机组。

（3）医疗设备及器械、器材。

（4）消防设备。

（5）警用设备和用品。

（6）体育设备及器材。

（7）交通管理设备。

（8）专用教学设备及器械。

（9）广播电视、影像专用设备及器材。

（10）文艺设备及器械。

（11）专用科研设备及器械。

（12）农用设备。

（13）计划生育设备及器械。

（14）网络设备。

（15）环保设备及器械。

（16）公务服装。

（17）专用汽车：工程汽车、消防车、警车、救护车、通讯和广播用车、道路清扫车、其他专用汽车。

（18）部门确定的其他有特殊要求的专用采购项目。

2. 工程类（计划部门已经批准立项的项目）

（1）公用房建设和宿舍建设。

（2）机关单位公用房建设和宿舍修缮、

装饰工程。

（3）部门确定的其他有特殊要求的专用采购项目。

3. 服务类

（1）本部门或本系统信息管理系统开发及维护。

（2）新建工程项目的设计、监理等项服务。

（3）部门确定的其他有特殊要求的专用采购项目。

二、政府采购限额标准

预算管理单位采购集中采购目录以外限额标准以上的项目，应当委托经省级以上政府采购监督管理部门认定资格的政府采购业务代理机构或者集中采购机构实施采购。具体限额标准为：

（一）货物类

省级：单项金额在 5 万元以上或者单项金额低于 5 万元但批量金额在 10 万元以上的货物。

市州级：单项金额在 3 万元以上或者单项金额低于 3 万元但批量金额在 7 万元以上的货物。

县级：单项金额在 1 万元以上或者单项金额低于 1 万元但批量金额在 3 万元以上的货物。

（二）工程类

省级：20 万元以上的工程项目

市州级：10 万元以上的工程项目

县级：5 万元以上的工程项目

（三）服务类

省级：单项金额在 1 万元以上或者单项金额在 1 万元以下但批量金额在 5 万元以上的服务。

市州级：单项金额在 1 万元以上或者单项金额在 1 万元以下但批量金额在 3 万元以上的服务。

县级：单项金额在 1 万元以上或者单项金额在 1 万元以下但批量金额在 2 万元以上的服务。

以上单项采购项目是指单个采购品目或预算专项，由财政安排的专项采购，以预算资金为准；配套资金项目以项目总投资为准。批量采购项目按本年度本部门、本系统的采购总量为准。

复合采购项目，即一个采购项目中含货物、工程、服务两个以上采购项目，按照采购资金比重最大的项目确定其属性。

三、招标数额标准

各级预算管理单位采购集中采购目录以内或者限额标准以上的项目，凡达到公开招标数额标准的，应当采用公开招标方式（法律规定的特殊情形除外），委托经省级以上政府采购监督管理部门资格认定的政府采购业务代理机构或集中采购机构实施采购。具体数额标准为：50 万元以上的单项或者批量货物；30 万元以上的单项或者批量服务；100 万元以上的工程项目。

四、相关说明

（一）集中采购目录以内的品目不受金额限制，必须按规定实行政府采购。

（二）招标数额标准以下的政府采购项目，可选择公开招标以外的其他方式采购，但事前应获市州以上政府采购监督管理部门批准。

（三）采购限额标准以下的项目，可实行定点采购或协议采购，但定点供应商或协议采购供应商必须通过公开招标方式确定。

（四）本目录及限额、数额标准发布后，因特殊情况需要调整的，由省财政厅另行公布。

（五）本目录及有关标准由省财政厅负责解释。各地可根据当地实际对集中采购目录和限额标准作适当调整。

广东省 2003 年省级政府集中采购目录

（广东省财政厅 2003 年 1 月 10 日公布。
文件号：粤财采购［2003］1 号）

编号	品目名称	单项或批量采购限额标准	备注
A	货　物　类		
A02	建筑物		
A0201	办公用房	50 万元以上	
A0202	宿舍用房	50 万元以上	
A0299	其他建筑物	50 万元以上	
A03	一般设备		
A0301	电器设备	5 万元以上	
A030101	电视机	5 万元以上	
A030102	电冰箱	5 万元以上	
A030103	洗衣机	5 万元以上	
A030104	吸尘器	5 万元以上	
A030105	摄影摄像器材	5 万元以上	
A030106	空气调节设备		（包括除湿设备）
A030199	其他电器设备	10 万元以上	
A0302	办公自动化设备		
A030201	计算机		
A030202	打印机		
A030204	传真机		
A030205	复印机		
A030206	速印机		
A030207	碎纸机		
A030208	投影仪		
A030209	扫描仪		
A030299	其他办公自动化设备	10 万元以上	
A0303	家具		
A030301	办公家具	10 万元以上	
A030302	宿舍家具	10 万元以上	
A030399	其他家具	10 万元以上	
A04	办公消耗用品		
A0401	纸张		复印纸
A06	物资		
A0601	救灾物资	50 万元以上	

续表

编号	品目名称	单项或批量采购限额标准	备注
A0602	防汛物资	50万元以上	
A0603	抗旱物资	50万元以上	
A0606	其他物资	50万元以上	
A07	专用材料		
A0701	药品及医疗耗材		
A0706	工具和仪器	10万元以上	
A0707	艺术部门用材料和用品	10万元以上	
A0708	制服及劳动用品	10万元以上	
A10	专用设备		
A1001	通信设备	10万元以上	
A100101	移动通信设备	10万元以上	
A100102	电话通信设备	10万元以上	
A100199	其他通讯设备	10万元以上	
A1002	印刷设备	10万元以上	
A1003	照排设备	10万元以上	
A1004	网络设备	10万元以上	
A100401	服务器	10万元以上	
A100403	交换机	10万元以上	
A100404	调制解调器	10万元以上	
A100499	其他网络设备	10万元以上	
A1005	发电设备	10万元以上	
A1006	医疗设备、器械	10万元以上	
A1007	计划生育设备	10万元以上	
A1008	交通管理监控设备	10万元以上	
A1009	港口设备	10万元以上	
A1010	农用机械设备	10万元以上	
A1011	工程机械	10万元以上	
A1012	园艺机械	10万元以上	
A1013	消防设备	10万元以上	
A1014	道路清扫设备	10万元以上	
A1015	警用设备和用品	10万元以上	
A1016	保安设备	10万元以上	
A1018	档案、保密设备	10万元以上	
A1019	教学设备	10万元以上	
A1020	实验室设备	10万元以上	
A1021	广播电视、影像设备	10万元以上	
A1022	灯光、音响设备	10万元以上	
A1023	文艺设备	10万元以上	
A1024	体育设备	10万元以上	
A1025	地震设备	10万元以上	
A1027	电梯和起重设备	10万元以上	
A1028	炊事设备	10万元以上	

续表

编号	品目名称	单项或批量采购限额标准	备注
A1029	锅炉	10 万元以上	
A1099	其他专用设备	10 万元以上	包括环保设备
A11	交通工具		
A1101	汽车		
A110101	轿车		
A11010101	普通轿车		
A11010102	高级轿车		
A110102	越野汽车（吉普车）		
A110103	卡车		
A110104	载客汽车		
A11010402	旅行面包车		
A11010403	公共汽车		
A11010404	微型客车		
A11010499	其他载客汽车		
A110105	专用汽车		
A11010501	工程汽车		
A11010502	工具汽车		
A11010503	消防汽车		
A11010504	警车		
A11010505	救护车		
A11010506	通讯和广播用车		
A11010507	皮卡		
A11010508	洒水车		
A11010509	道路清扫车		
A11010510	垃圾车		
A11010599	其他专用汽车		
A110106	摩托车	10 万元以上	
A110107	电车		
A1102	船只	50 万元以上	
A1103	飞机		
A1199	其他交通工具	10 万元以上	
A99	其他货物	10 万元以上	
B	工　程　类		
B01	建筑物		
B0101	公用房建设	50 万元以上	
B0102	住房建设	50 万元以上	
B0103	其他用房建设	50 万元以上	
B0104	文教、卫生、音乐、体育等公益设施建设	50 万元以上	
B0105	纪念性建筑设施建设	50 万元以上	
B0199	其他建筑设施建设	50 万元以上	
B03	环保、绿化工程	50 万元以上	
B0301	污水处理	50 万元以上	

续表

编号	品目名称	单项或批量采购限额标准	备注
B0303	园林绿化工程	50万元以上	
B0304	荒山绿化工程	50万元以上	
B0305	天然林保护	50万元以上	
B04	水利防洪工程		
B0401	河道疏浚工程	50万元以上	
B0404	江河、湖泊治理工程	50万元以上	
B05	交通运输工程		
B0502	港口工程	50万元以上	
B08	电信工程	30万元以上	
B09	修缮、装饰工程	30万元以上	
B10	系统集成、网络工程	30万元以上	
B99	其他各类工程	30万元以上	
C	服务类		
C01	印刷、出版	10万元以上	
C02	专业咨询、工程监理、工程设计	50万元以上	
C03	信息技术、信息管理软件的开发设计	10万元以上	
C05	保险		
C0703	交通工具的维护保障		
C070301	车辆保险		
C070302	车辆加油		
C070303	车辆维修		
C10	物业管理	30万元以上	

深圳市2003年市级政府集中采购目录及集中采购限额标准

（深圳市财政局2002年12月24日公布。
文件号：深财购［2002］8号）

一、集中采购目录

1.交通运输设备：公务机动车辆、专用机动车辆；

2.办公通用设备：计算机及外设设备（打印机、服务器、交换机、不间断电源）、复印机、速印机、扫描仪、投影仪、摄录设备、空气调节器、音响设备、照相器材、放大机、办公及其他家具；

3.机电设备：中央空调、电梯；

4.专用设备：医疗设备、防疫及计生设备、教学科研设备、公共安全设备、质量检测设备、环保设备、广播电视设备、文化体育设备、图书及档案管理设备等；

5. 公务用车辆加油、维修、保险；

6. 软件、软件设计开发。

二、集中采购限额标准

1. 单项合同金额在10万元以上的货物或服务；

2. 单项合同金额在20万元以上的工程。

三、说明

集中采购是指由政府集中采购机构组织实现的采购，集中采购范围由集中采购目录和集中采购限额标准界定。凡列入集中采购目录或采购金额在集中采购限额标准以上的采购项目，均应列入政府采购计划的集中采购部分。

广西壮族自治区2003年政府采购集中采购目录

（广西壮族自治区人民政府2002年12月23日公布。
文件号：桂政发［2002］66号）

一、货物类

（一）一般设备

1. 电器设备：①空调器、中央空调设备；②单价达2 000元或单价低于2 000元，但批量或当年累计采购金额达1万元以上的电视机、电冰箱、洗衣机、吸尘器；

2. 办公自动化设备：①计算机、打印机、传真机、复印机、速印机、投影仪、扫描仪、碎纸机、视频展示台；②单价达1 000元或单价低于1 000元，但批量或当年累计采购金额达1万元以上的电话机、摄影、摄像器材；

3. 家具：单价达2 000元或单价低于2 000元，但批量或当年累计采购金额达1万元以上的办公和其他家具。

（二）办公消耗用品

批量或当年累计采购金额达5万元以上的办公消耗用品

（三）物资

单项达10万元或单项低于10万元，但当年累计采购金额达20万元以上的救灾、防汛、抗旱、农用和储备物资、燃料

（四）专用材料

单项（批量）或当年累计采购金额达5万元以上的药品及医疗耗材、实验室用品及小型设备、工具和仪器、制服及劳保用品、图书资料、艺术部门用材料和用品、兽医用品、胶片胶卷、录音录像带、应用软件

（五）专用设备

通信设备、印刷设备、照排设备、网络设备（服务器、工作站、磁盘阵列、路由器、交换机、集线器、调制解调器、不间断电源（UPS）、光盘刻录机、活动存储器、其他网络设备）、发电设备、医疗设备器械、计划生育设备、监控和监测设备、农用机械设备、工程机械、园艺机械、消防设备、道路清扫设备、警用设备和用品、教学设备、实验室设备、广播电视影像设备、灯光音响设备、文艺设备、体育设备、地震设备、科研仪器仪表设备、质量检测设备、电梯和起重机、炊事设备、锅炉、其他专用设备

（六）交通工具

各种公务用机动车辆、船只

二、工程类

（一）各类建筑物和构筑物及其附属设施的新建、改建、扩建；5万元以上的装修、拆除、修缮等工程

（二）市政道路建设、市政公共设施建设

（三）环保、园林绿化工程

（四）预算金额达30万元以上的水利、防洪工程

（五）预算金额达10万元以上的系统集成、网络工程

（六）预算金额达10万元以上的其他各类工程

三、服务类

（一）车辆加油、维修、保险

（二）印刷

（三）工程勘察、工程设计、工程监理

（四）预算金额达5万元的信息技术、软件开发设计、安装及后续服务

（五）单项预算金额达20万元的会议、会展

（六）其他单项预算金额达20万元的服务

海南省 2003 年政府集中采购目录

（海南省财政厅 2002 年 11 月 26 日公布。
文件号：琼财采［2002］1406 号）

一、政府集中采购目录

（一）货物类

1. 一般设备

（1）电器设备

摄影、摄像器材、空气调节设备，其他批量采购金额1万元（含1万元，下同）以上的电器设备。

（2）办公自动化设备

计算机、打印机、传真机、复印机、速印机、投影仪、扫描仪，其他批量采购金额1万元以上的办公自动化设备。

（3）办公家具

批量采购金额1万元以上的办公家具。

2. 办公消耗用品

批量采购金额1万元以上的办公消耗用品。

3. 物资

批量采购金额10万元以上的救灾物资、防汛物资、抗旱物资、农用物资、储备物资、农药。

4. 专用材料

批量采购金额5万元以上的药品、制服、标志及劳保用品。

5. 专用设备

通讯设备、印刷设备、照排设备、网络设备（服务器、路由器、交换机、调制解调器、其他网络设备）、发电设备、电力设备、医疗设备、计划生育设备、交通管理监控设备、农用机械设备、工程机械、园艺机械、消防设备、道路清扫设备、警用设备和用品、保安设备、档案保密设备、教学设备、实验室设备、广播电视影像设备、灯光音响

设备、文艺设备、体育设备、地震设备、电梯和起重机、炊事设备、锅炉。

6. 交通工具

(1) 汽车：包括轿车、越野汽车、卡车、载客汽车、专用汽车（工程汽车、工具汽车、消防车、警车、救护车、通讯和广播用车、道路清扫车、垃圾车、其他专用汽车)、摩托车。

(2) 船只。

(3) 其他交通工具。

(二) 工程类

1. 单个项目 10 万元以上的建筑物和构筑物的新建、改建、扩建、装修、拆除、修缮等工程。

2. 单个项目 10 万元以上的市政建设工程、园林绿化工程、水利防洪工程。

3. 系统集成、网络工程。

(三) 服务类

1. 批量采购金额 5 万元以上的印刷。

2. 信息技术、信息管理软件开发。

3. 车辆加油、维修、保险政府采购试点。

二、公开招标的数额标准

(一) 货物和服务类

批量采购金额达到 30 万元以上。

(二) 工程类

单项工程采购金额达到 50 万元以上。

三、说明

(一)《政府采购法》自 2003 年 1 月 1 日起实施。《政府采购法》规定，各级国家机关、事业单位和团体组织（以下统称采购人)，使用财政性资金采购依法制定的集中采购目录以内的或者采购限额标准以上的货物、工程和服务的行为，均属于政府采购范畴，必须按照《政府采购法》规定的采购方式和采购程序进行。

(二) 对列入海南省政府集中采购目录的货物、工程和服务项目，采购人均应按规定编制政府采购预算，并按照批复的政府采购预算及时编报政府采购计划。政府采购预算、计划由各级财政部门组织实施。有关监督管理的规定由省财政厅明确。

(三) 凡纳入政府采购预算的项目和预算执行中追加属于政府集中采购目录的支出，必须全部实行政府集中采购。

(四) 采购规模达到公开招标数额标准的，必须采用公开招标方式，因特殊情况需要采用公开招标以外采购方式的，应在政府采购活动开始前按规定获得财政部门的批准。

重庆市 2003 年市级政府采购集中采购目录

(重庆市财政局 2002 年 8 月 23 日公布。
文件号：渝财库［2002］96 号)

货　物　类

一、交通工具

1. 各类机动车辆

2. 船只

二、办公设备

1. 计算机及其附属设备

2. 打印机

3. 复印机

4. 速印机

5. 传真机

6. 扫描仪

7. 空气调节器

8. 电视、冰箱等电器设备

9. 通讯设备

10. 网络设备

11. 其他办公设备

三、专用设备、器材

1. 投影设备

2. 摄影、摄像设备、器材

3. 灯光、音响设备

4. 教学设备

5. 试验室设备

6. 电梯

7. 锅炉

8. 图书、档案存储设备

9. 消防设备、器材

10. 医疗、医药设备、器械

11. 其他专用设备

四、家具

1. 办公家具

2. 招待所（宾馆）家具、卧具

五、办公消耗用品

六、其他物资、器材

1. 司法、执法部门服装的制作

2. 救灾物资、器材

3. 其他单项（个、件、套）采购金额超过 3 万元或以一级预算单位汇总统计年批量采购金额超过 50 万元的货物。

工 程 类

一、通讯及计算机网络工程

二、办公用房装饰、维修工程金额在 5 万元以上的

三、生态环境建设项目中退耕还林工程的树苗采购

四、公益性基本建设项目

五、防洪防汛及其他灾害防治工程

六、机关、事业单位组织的展览会、博览会布展工程

七、其他

服 务 类

一、行政事业单位公务用车的定点维修

二、行政事业单位公务用车的定点加油

三、行政事业单位公务用车的统一定点保险

四、5 万元以上的政务会议

五、办公等用房的租赁

六、3 万元以上的批量印刷业务

七、金融服务

八、办公、业务软件的开发

九、因公出差航空机票的定点和统一乘机保险

十、因特网接入租赁服务

十一、其他

四川省2003年政府集中采购目录及采购限额标准

（四川省人民政府办公厅2002年11月22日公布。
文件号：川办发［2002］39号）

序　号	品 目 名 称	备　　注
货物类集中采购目录		
A030105	摄影、摄像器材	包括照相机、摄像机、摄录一体机、数码一体机。
A030106	空调	包括中央空调、除湿设备。
A030201	计算机	包括台式电脑（限国产品）、笔记本电脑、显示屏。
A030202	打印机	
A030204	传真机	
A030205	复印机	
A030206	速印机	
A030208	投影仪	
A030209	扫描仪	
A0401	纸张	包括复印纸、打印纸、速印纸、传真纸。
A100401	服务器	
A100402	路由器	
A100403	交换机	
A1029	锅炉	
A1101	汽车	包括各类轿车、越野车、卡车、载客汽车、专用汽车、摩托车、工程车。
服务类集中采购目录		
C070301	车辆保险	
C070302	车辆加油	
C070303	车辆维修	
C0801	会议	包括党代会、人代会、政协会等大型会议。
货物类采购限额标准		省级单价5万元或批量10万元（含10万元）以上。
A030101	电视机	
A030301	办公家具	
A0704	实验室用品及小型设备	
A0706	工具和仪器（仪表、乐器等）	

续表

序 号	品 目 名 称	备 注
A0708	制服	
A1001	通信设备（电话通信设备、其他通信设备）	
A1002	印刷设备	
A1003	照排设备	
A1006	医疗设备、器械	
A1007	计划生育设备	
A1013	消防设备	
A1018	档案、保密设备	
A1019	教学设备	
A1020	实验室设备	
A1021	广播电视、影像设备	
A1022	灯光、音响设备	
A1027	电梯和起重机	
A99	其他货物	
工程类采购限额标准		
B01	建筑物（新建、扩建、改建）	省级20万元（含20万元）以上。
服务类采购限额标准		
C03	信息技术、信息管理软件的开发设计	省级10万元（含10万元）以上。
C0601	办公用房装修、修缮	省级20万元（含20万元）以上。

云南省2003年度政府集中采购目录及采购限额标准

（云南省人民政府办公厅2003年5月20日公布。
文件号：云政办发［2003］94号）

为了规范政府采购行为，提高政府采购资金的使用效益，促进我省经济和社会各项事业的发展，根据《中华人民共和国政府采购法》和《云南省政府采购条例》的规定，结合我省实际，特制定本目录。

一、采购目录的编制依据

本目录是依据财政部《政府采购品目分类表》（财库［2000］10号）和我省政府采购工作的实际情况，在2002年度采购目录的基础上，对采购项目进行了细化和金额限定。

二、采购目录适用范围

根据《中华人民共和国政府采购法》和《云南省政府采购条例》的规定，本省行政区域内纳入预算管理的国家机关、事业单位和社会团体，使用财政性资金进行的政府采购活动，均应纳入政府采购范围，实行政府集中采购。

三、政府采购采取集中采购和分散采购两种形式

政府集中采购目录以内的品目不受金额限制，一律实行政府集中采购；政府集中采购目录以外的品目，符合下列条件之一的，由政府集中采购机构或政府采购监督管理部门认定资格的政府采购招标代理机构实行集中采购。

（一）单项采购项目金额在5万元以上的项目；

（二）单项采购项目金额虽然不足5万元，但批量金额在5万元以上的项目；

（三）单项采购项目金额虽然不足5万元，但属于需要纳入固定资产管理的项目，经政府采购监督管理部门审定后由各预算单位实行分散统一采购。

单项采购项目金额指单个采购品目或预算专项，由预算资金安排的专项采购，以预算资金为准；配套资金项目以项目总投资为准；批量以本年度本部门、本系统的采购总量为准。一个采购项目中包含货物、工程、服务两个以上采购项目的，按照采购资金比重最大的项目确定其属性。

四、属突发事件急需的或特殊的专用设备、物资，经政府采购监督管理部门审批后，可实行部门政府采购

五、本目录的修订

本目录在执行过程中，因特殊情况需要调整、修订的，由云南省财政厅另行公布。各地州市县可根据本地区的实际情况，对本目录作适当调整。

六、本目录及相关标准由云南省财政厅负责解释

七、集中采购目录：纳入目录的项目必须实行集中采购

（一）货物类

11 交通运输设备：

1101 公务用机动车辆。

1102 专用机动车辆。

12 办公自动化设备：

1201 计算机。

1202 打印机。

1203 复印机。

1204 速印机。

1205 投影仪。

1206 传真机。

1207 扫描仪。

1208 碎纸机。

1209 计算机通用软件。

13 电器设备：

1301 电视机。

1302 电冰箱。

1303 吸尘器。

1304 空气调节设备。

14 摄影、摄像设备：

1401 照相机。

1402 摄像机。

1403 摄录一体机。

15 办公家具：包括学生课桌椅及金属、木料、塑料制品。

16 专用设备：

1601 计算机网络设备。

1602 通讯及监测设备。

1603 医疗设备。

1604 计划生育设备。

1605 消防设备。

1606 道路交通管理监控设备。

1607 警用设备（国家另有规定的除外）。

1608 道路清扫及环卫设备。

1609 环保设备。

1610 教学及科研设备。

1611 实验室用品及设备。

1612 体育器材及设备。

1613 地震监测设备。

1614 水利勘察及监测设备。

1615 农用设备。

1616 文艺设备。

1617 广播电视设备。

1618 印刷及照排设备。

1619 灯光及音响设备。

1620 锅炉设备。

1621 电梯及起重设备。

1622 中央空调机组及除湿设备。

1623 档案及保密设备。

1624 抗旱防汛救灾物资设备。

1625 图书资料。

17 服装和用品

1701 公务制服及相关用品。

1702 专用服装及劳保用品。

18 其他有要求的采购项目。

（二）工程类

21 建筑物的新建、扩建、改建、修缮、安装和装饰项目：省级50万元及以上。

22 非生产经营性的绿化项目：省级50万元及以上。

23 社会公益性的建设项目：省级50万元及以上。

（三）服务类

31 机动车辆的维修。

32 机动车辆的保险。

33 国库集中支付代理。

34 办公管理软件或网络集成开发项目：省级50万元及以上。

35 会议。

36 其他有要求的采购项目。

陕西省省级单位2003年政府集中采购目录及采购限额

（陕西省财政厅2002年12月17日发布。文件号：陕财办采管［2002］10号）

品目名称	集中采购限额标准	分散采购限额标准
货物类		
电器设备（包括工业洗衣机、吸尘器、摄影、摄像器材、其他电器设备等）	单项或批量采购金额在3万元以上（含3万元）	单项采购或批量采购金额在0.5万元以上（含0.5万元）、3万元以下
电视机	同上	同上
电冰箱	同上	同上

续表

品目名称	集中采购限额标准	分散采购限额标准
空气调节器	*	
办公自动化设备（包括传真机、速印机、碎纸机、投影仪、扫描仪、其他办公自动化设备）	单项或批量采购金额在3万元以上（含3万元）	单项采购或批量采购金额在0.5万元以上（含0.5万元）、3万元以下
计算机	*	
打印机	*	
复印机	*	
各类家具（包括办公家具、宿舍家具、床上用品等）	单项或批量采购金额在3万元以上（含3万元）	单项采购或批量采购金额在0.5万元以上（含0.5万元）、3万元以下
专用设备	同上	同上
通信设备（总机、集团电话、网络电话）	同上	同上
印刷设备	同上	同上
照排设备	同上	同上
网络设备（服务器、路由器、交换机、调制解调器、其他网络设备）及系统集成	同上	同上
医疗器械	单价或批量采购金额在3万元以上（含3万元）	单价或批量采购金额在0.5万元以上（含0.5万元）、3万元以下
计划生育设备	同上	同上
交通管理监控设备	同上	同上
农用机械设备	同上	同上
消防设备	同上	同上
道路清扫设备	同上	同上
警用设备和用品	同上	同上
保安设备	同上	同上
图书及档案管理	同上	同上
教学设备	同上	同上
实验室设备	同上	同上
广播电视、影像设备	同上	同上
灯光、音响设备	同上	同上
文艺设备	同上	同上
体育设备	同上	同上
电梯	*	
锅炉	*	

续表

品目名称	集中采购限额标准	分散采购限额标准
环保监测设备	单价或批量采购金额在3万元以上（含3万元）	单价或批量采购金额在0.5万元以上（含0.5万元）、3万元以下
其他专用设备	同上	同上
救灾物资、防汛物资、农用物资	同上	同上
交通工具		
轿车	*	
越野汽车（吉普车）	*	
卡车	*	
载客汽车	*	
旅行面包车	*	
微型客车	*	
其他载客汽车	*	
专用汽车（工程汽车、工具汽车、消防车、警车、救护车、通讯和广播用车、皮卡、洒水车、道路清扫车、垃圾车、其他专用汽车）	*	
摩托车	*	
其他		
工　程　类		
新建工程、基本建设工程	各市人民政府根据情况自行确定	
房屋及建筑物维修、改造工程	单项或累计维修金额20万元以上（含20万元）	单项或累计维修金额在5万元以上（含5万元）、20万元以下
房屋装饰、装潢工程	同上	同上
水暖管网维修更新	同上	同上
绿化、美化工程	工程预算在10万元以上（含10万元）	工程预算在5万元以上（含5万元）、10万元以下
系统集成、网络工程	*	
其他工程	工程预算在20万元以上（含20万元）	工程预算在5万元以上（含5万元）、20万元以下
服　务　类		
机动车辆统一保险	*	
大型会议统一结算	*	
印刷	年印刷量3万元以上	
其他		

注：带*为集中采购品目

甘肃省2003年政府集中采购目录政府采购限额标准和政府采购货物服务项目公开招标数额标准

（甘肃省人民政府办公厅2003年6月20日公布。
文件号：甘政办发［2003］67号）

一、政府集中采购目录

A. 通用采购项目

（一）货物类。

1. 电器设备。单项或批量采购金额在2万元以上（含2万元）的电视机、电冰箱、摄影摄像器材、空气调节设备。

2. 办公自动化设备。包括计算机、打印机、传真机、复印机、速印机、投影仪、扫描仪。

3. 家具。单项或批量采购金额在3万元以上（含3万元）的办公家具和宿舍家具。

4. 专用设备。单项或批量采购金额在5万元以上（含5万元）的网络设备（服务器、路由器、交换机、调制解调器、其他网络设备）、医疗设备和器械、教学设备、广播电视设备、电梯、锅炉。

5. 制装。

6. 交通工具。轿车、卡车、越野车、载客汽车、专用汽车（工程汽车、工具汽车、警车、消防车、救护车、通讯和广播用车、皮卡洒水车、道路清扫车、垃圾车、其他专用汽车）、摩托车。

（二）服务类。车辆维修、加油、保险，会议定点服务、银行代理服务、标准应用操作软件。

B. 有特殊要求的专用采购项目

对本部门单位有特殊要求且具有批量的采购项目，原则上实行部门集中采购。

（一）货物类。5万元以上（含5万元）的办公用房和宿舍用房、救灾物资、防汛物资、抗旱物资、农用物资、储备物资、燃料、药品、计划生育设备、消防设备、警察设备和用品、文艺设备、体育设备。部门拟定由政府采购监管部门认定的其他有特殊要求的专用采购项目。

（二）工程类。10万元以上（含10万元）的公用房建设和宿舍建设、装饰、维修工程。部门拟定由政府采购监管部门认定的其他有特殊要求的工程项目。

（三）服务类。3万元以上（含3万元）的本部门单位信息管理系统开发及维护、印刷、出版。部门拟定由政府采购监管部门认定的其他有特殊要求的专用服务项目。

二、政府采购限额标准

各部门单位自行采购集中采购目录以外的但达到限额标准以上的项目，应当按照政府采购法有关规定执行。具体限额标准为：20万元以上单项或批量采购货物和服务的项目，30万元以上的工程项目。

限额标准的计算方式，由财政预算安排

的专项采购，以财政预算资金为准；配套资金项目以项目总金额为标准；多次采购项目按照本年度本部门单位的采购总量为准。

复合采购项目，即一个采购项目含货物、工程或服务两个以上的采购项目，按照占采购资金比重最大的项目确定其属性。

三、政府采购货物服务公开招标数额标准

政府采购货物或者服务项目，单项或批量采购金额一次性达到 20 万元以上的，必须采用公开招标采购方式。政府采购工程公开招标数额标准按照国家有关规定执行。

注：政府集中采购目录中规定的限额标准称为门槛价

宁夏回族自治区 2003 年政府集中采购目录

（宁夏回族自治区人民政府办公厅 2003 年 2 月 17 日公布。
文件号：宁政办发［2003］22 号）

一、政府集中采购目录及限额标准

（一）货物类

采购预算金额单价在 5 000 元以上，批量采购在 10 000 元以上的货物。

1. 设备

（1）电器设备：电视机、电冰箱、洗衣机、吸尘器、空气调节器、其他电器设备。

（2）办公自动化设备：计算机及外部设备、打印机、不间断电源、电话机、复印机、速印机、一体机、碎纸机、传真机、投影仪、扫描仪、办公家具、其他办公自动化设备。

2. 专用物资

救灾、防汛、抗旱、农用和储备物资、燃料。

3. 专用材料

医疗、计算机耗材、实验室用品、工具和仪器、制服及劳保用品、图书资料、体育、艺术用品及材料、兽医药品、胶片胶卷、录音录像带、应用软件。

4. 专用设备

通讯设备、印刷设备、照排设备、网络设备（服务器、交换机、路由器、调制解调器、其他网络设备）、发电设备、医疗设备器械、计划生育设备、交通管理监控设备、农用机械设备、工程机械、园艺机械、消防设备、道路清扫设备、警用设备和用品、保安设备、档案保密设备、教学设备、摄影摄像设备、实验室设备、广播电视影像设备、灯光、音响设备、文艺、体育设备、地震设备、电梯、起重机、炊事设备、锅炉。

5. 交通工具

（1）汽车：轿车、越野汽车、卡车、载客汽车、专用汽车（工程汽车、工具汽车、消防汽车、警车、救护车、通讯和广播用车、洒水车、道路清扫车、垃圾车、其他专用汽车）、摩托车。

（2）船只。

（3）航空设备。

（二）工程类

预算金额10万元以上的各类建筑物和构筑物的新建、改建、扩建、装修、拆除、修缮等工程。

（三）定点服务类

1. 车辆的加油、保险。

2. 印刷、会议、接待、医疗保健服务。

3. 办公用品的采购。

二、其他要求

以上目录及限额标准凡使用财政性配套资金的，无论比例大小，一律实行政府集中采购。

新疆维吾尔自治区2003年区级政府集中采购目录

（新疆维吾尔自治区财政厅2002年10月15日公布。
文件号：新财购［2002］18号）

序号	品目名称	备注
A	货物	
A03	一般设备	
A0301	电器设备	
A030101	电视机	
A030105	摄影、摄像器材	
A030106	空气调节设备	包括除湿设备
A0302	办公自动化设备	
A030201	计算机	
A030202	打印机	
A030204	传真机	
A030205	复印机	
A030206	速印机	
A030208	投影仪	
A0303	家具	
A030301	办公家具	年度内累计5万元以上
A030302	宿舍家具	年度累计5万元以上
A06	物资	
A0601	救灾物资	
A0604	农用物资	
A0605	储备物资	
A0606	燃料（锅炉用煤）	
A07	专用材料	
A0708	制服及中小学校服	
	劳保用品	年度累计5万元以上
A10	专用设备	
A1001	通信设备	

续表

序号	品目名称	备注
A100102	电话通信设备	
A100103	其他通信设备	
A1004	网络设备	
A100401	服务器	
A100402	路由器	
A100403	交换机	
A100404	调制解调器	
A1005	发电设备	
A1006	医疗设备、器械	
A1007	计划生育设备	单价 1 万元以上
A1008	交通管理监控设备	
A1010	农用机械设备	
A1011	工程机械	
A1012	园艺机械	
A1013	消防设备	
A1014	道路清扫设备	
A1019	教学设备	单价 1 万元以上
A1020	实验室设备	单价 1 万元以上
A1021	广播电视、摄影设备	
A1022	灯光、音响设备	单价 1 万元以上
A1024	体育设备	单价 1 万元以上
A1027	电梯	
A1029	锅炉	
A11	交通工具	
A11010101	普通轿车	
A11010102	高级轿车	
A110102	越野车	
A11010402	旅行面包车	
A110105	专用汽车	
A11010501	工程汽车	
A11010502	工具汽车	
A11010503	消防车	
A11010504	警车	
A11010505	救护车	
A11010506	摩托车	
A11010508	洒水车	
A11010509	道路清扫车	
A11010510	垃圾车	
A11010599	其他专用汽车	
A99	其他货物	
B	工程类	
B01	建筑物类	
B0101	公用房建筑	
B0102	住房建设	
B0104	公益设备建设	
B0105	纪念性建筑设施建设	
B02	市政建设工程	

续表

序　号	品 目 名 称	备　注
B0202	市政公用设施建设	
B0203	自来水输水工程	
B0204	集中供暖、供热、供气工程	
B03	环保、绿化工程	
B0301	污水处理	
B0302	市政垃圾处理	
B0303	园林绿化工程	
B09	修缮、装饰工程	
B10	系统集成、网络工程	
B99	其他工程	

采购上述工程类项目，单项造价总额达到20万元以上的项目纳入政府集中采购。

序　号	品 目 名 称	备　注
C	服务类	
C01	印刷、出版	
C02	工程监理、工程设计	
C05	保险	
C0703	交通工具的维护保障	
C070301	车辆保险	
C070302	车辆加油	
C070303	车辆维修	
C08	会议	
C0801	大型会议	
C0802	一般会议	
C09	培训	
C0901	国内培训	
C99	其他服务	

九、政府采购统计资料

2003 年全国政府采购信息分析表

金额单位：万元

项目	行	采购预算		采购金额		节约资金		节约率%	财政直接支付	货物类比重%	工程类比重%	服务类比重%	集中采购比重%	公开招标比重%
		总计	预算内	总计	预算内	总计	预算内							
		1	2	3	4	5	6	7	8	9	10	11	12	13
总计	1	18 559 566.33	10 554 993.77	16 594 274.67	9 504 986.31	1 965 291.66	1 050 007.46	10.67	6 338 418.8	54.4	39.34	6.26	78.8	57.2
中央合计	2	2 822 764.84	1 953 342.52	2 628 433.9	1 850 962.82	194 330.94	102 379.7	6.88	282 416.83	39.24	57.01	3.75	49.58	65.73
北京	3	694 369.15	589 210.97	657 736.75	561 387.23	36 632.41	27 823.74	5.28	188 705.71	54.74	40.78	4.49	49.67	66.6
天津	4	258 123.86	134 066.08	220 652.1	116 477.91	37 471.76	17 588.17	14.52	40 895.23	56.13	32.85	11.02	76.54	50.89
河北	5	430 017.03	293 224.8	382 057.58	261 230.89	47 959.45	31 993.91	11.15	295 830.64	57.63	30.42	11.95	95.86	64.75
山西	6	202 849.68	119 818.91	185 570.41	109 562.45	17 279.27	10 256.46	8.52	92 724.76	70.81	22.55	6.64	73.44	51.08
内蒙古	7	246 436.61	203 681.44	221 792.21	181 643.85	24 644.4	22 037.59	10	134 957.03	52.19	39.93	7.88	89.57	53.59
辽宁	8	697 514.51	465 322.07	620 576.28	408 989.48	76 938.23	56 332.59	11.03	391 010.19	46.43	47.69	5.89	93.68	47.78
大连	9	247 177.95	220 560.26	208 582.22	186 298.33	38 595.73	34 261.93	15.61	105 447.35	39.21	56.62	4.16	84.96	58.92
吉林	10	247 114.45	107 890.1	221 891.24	96 247.21	25 223.21	11 642.89	10.21	158 338.54	69.74	24.79	5.47	83.44	37.7
黑龙江	11	328 721.49	189 492.41	288 200.95	167 050.3	40 520.53	22 442.11	12.33	270 028.51	69.11	26.91	3.98	93.65	39.52
上海	12	988 861.03	687 791.56	905 575.66	629 925.35	83 285.37	57 866.21	8.42	335 738.1	38.25	57.64	4.11	69.41	45.86
江苏	13	1 371 255.18	442 683.03	1 216 894.52	395 731.84	154 360.66	46 951.19	11.26	561 424.76	52.08	41.48	6.44	95.76	60.97
浙江	14	925 559.6	464 146.89	802 131.92	396 997.1	123 427.69	67 149.79	13.34	273 280.62	74.86	21.69	3.45	87.27	59.85
宁波	15	160 314.44	77 495.78	141 309.8	68 261.6	19 004.64	9 234.18	11.85	19 933.31	67.1	29.7	3.2	92.66	61.07
安徽	16	329 802.14	198 491.76	283 221.4	168 422.26	46 580.73	30 069.5	14.12	135 762.59	49.2	45.38	5.41	93.48	62.77
福建	17	1 059 551.28	312 023.64	912 731.98	265 312.13	146 819.3	46 711.51	13.86	251 588.9	40.85	57.59	1.56	91.81	74.49
厦门	18	86 410.94	61 638.85	72 014.63	50 924.36	14 396.31	10 714.49	16.66	38 250.75	85.8	9.36	4.84	100	72.78
江西	19	278 712.44	92 744.91	252 739.61	82 576.49	25 972.84	10 168.42	9.32	48 031.82	77.52	15.93	6.56	77.7	45.56

续表

项目	行	采购预算		采购金额		节约资金		节约率%	财政直接支付	货物类比重%	工程类比重%	服务类比重%	集中采购比重%	公开招标比重%
		总计	预算内	总计	预算内	总计	预算内							
		1	2	3	4	5	6	7	8	9	10	11	12	13
山东	20	976 392.83	465 938.3	827 699.51	395 233.32	148 693.32	70 704.98	15.23	454 390.25	42.49	51.31	6.2	95.92	50.41
青岛	21	84 840.5	56 490.23	72 194.82	46 964.24	12 645.68	9 525.99	14.91	20 850.33	80.77	15.67	3.56	90.58	30.29
河南	22	593 851.81	388 427.52	522 617.6	341 721.67	71 234.21	46 705.85	12	325 918.28	58.57	32.15	9.28	78.85	60
湖北	23	405 662.12	208 048.68	360 617.98	185 903.09	45 044.14	22 145.59	11.1	199 713.06	48.26	41.34	10.41	85.33	63.39
湖南	24	481 267.25	201 888.47	417 815.69	175 624.32	63 451.57	26 264.15	13.18	218 824.12	57.8	32.87	9.34	77.16	44.46
广东	25	1 446 551.85	965 560.98	1 275 304.51	853 185.96	171 247.36	112 375.02	11.84	407 823.92	68.47	21.01	10.52	94.62	56.56
深圳	26	283 767.13	218 196.07	247 657.14	190 890.58	36 109.99	27 305.49	12.73	159 032.37	68.74	16.63	14.63	97.03	55.49
广西	27	336 158.74	161 686.42	288 562.85	143 396.77	47 595.89	18 289.65	14.16	142 200.17	64.19	29.93	5.88	94.75	48.1
海南	28	39 599.46	31 857.83	37 528.3	29 960.56	2 071.16	1 897.27	5.23	24 896.34	82.61	9.45	7.94	94.27	60.59
重庆	29	246 964.21	160 170.45	229 901.84	151 565.97	17 062.36	8 604.48	6.91	91 894.38	53.11	41.44	5.45	95.34	50.67
四川	30	999 249.13	521 782.26	910 618.67	479 987.55	88 630.45	41 794.71	8.87	415 387.63	61	32.35	6.65	55.47	49.92
贵州	31	149 619.19	114 369.03	131 067.03	100 253.07	18 552.16	14 115.96	12.4	22 840.81	86	12.78	1.22	88.27	47.79
云南	32	283 016.43	161 519.86	261 752.09	150 475.01	21 264.34	11 044.85	7.51	94 066.33	71.99	12.89	15.12	89.22	52.43
西藏	33	51 756.49	51 756.49	49 469.39	49 469.39	2 287.1	2 287.1	4.42	0	42.36	57.49	0.15	100	0
陕西	34	144 764.87	91 419.08	131 353.92	83 356.92	13 410.93	8 062.16	9.26	86 391.33	73.36	11.15	15.5	88.62	24.58
甘肃	35	198 500	125 000	179 100	112 800	19 400	12 200	9.77	35 800	85.99	7.98	6.03	78	50.02
青海	36	20 575.98	17 256.12	19 284.23	16 196.29	1 291.75	1 059.83	6.28	14 023.84	79.75	13.02	7.22	74.44	32.7
宁夏	38	200 571.33	61 978.63	189 060.73	52 054.49	11 510.6	9 924.14	5.74	44 110.5	28.57	70.63	0.8	99.5	84.4
新疆	37	241 820.52	133 201.17	220 555.21	121 843.27	21 265.31	11 357.9	8.79	82 573.18	50.28	38.07	11.65	60.41	59.87

2003 年全国政府采购资金和采购规模统计表

金额单位：万元

项目	行	采购预算				采购金额				节约资金				节约率%	财政直接支付
		总计	预算内	预算外	自筹	总计	预算内	预算外	自筹	总计	预算内	预算外	自筹		
		1	2	3	4	5	6	7	8	9	10	11	12	13	14
合计	1	18 560 486.48	10 750 173.57	2 943 231.47	4 867 081.44	16 594 274.7	9 678 884.07	2 578 046.45	4 337 344.18	1 966 211.79	1 071 289.5	365 185.02	529 737.27	10.6	6 465 102.48
货物	2	9 967 150.82	5 578 500.88	1 678 039.39	2 710 610.55	8 973 432.35	5 040 333.96	1 493 769.76	2 439 328.63	993 718.48	538 166.92	184 269.63	271 281.93	10.0	3 775 643.96
工程	3	7 386 885.56	4 318 133.17	1 105 362.82	1 963 389.57	6 583 329.96	3 900 601.34	948 572.9	1 734 155.72	803 555.6	417 531.83	156 789.92	229 233.85	10.9	2 244 426.69
服务	4	1 206 450.1	853 539.52	159 829.26	193 081.32	1 037 512.39	737 948.77	135 703.79	163 859.83	168 937.71	115 590.75	24 125.47	29 221.49	14.0	445 031.83

2003 年全国政府采购组织形式统计表

金额单位：万元

项目	行	采购次数	采购组织形式									
			合计	集中采购						分散采购		
				小计	政府集中采购			部门集中采购				
					小计	自行组织	委托中介	小计	自行组织	委托中介	小计	自动采购	委托采购
		1	2	3	4	5	6	7	8	9	10	11	12
合计	1	707 726	16 594 274.7	13 081 807.55	10 249 458.18	6 568 675.31	3 680 782.87	2 832 349.37	1 726 662.28	1 105 687.09	3 512 467.15	2 652 487.03	859 980.12
货物	2	511 796	8 973 432.75	7 483 010.85	6 337 049.33	4 409 758.55	1 927 290.78	1 145 961.52	804 492.67	341 468.85	1 490 421.9	1 268 005.76	222 416.14
工程	3	45 886	6 583 329.55	4 716 153.34	3 118 523.2	1 530 802.18	1 587 721.02	1 597 630.14	860 068.64	737 561.5	1 867 176.21	1 243 300.18	623 876.03
服务	4	150 044	1 037 512.4	882 643.36	793 885.65	628 114.58	165 771.07	88 757.71	62 100.97	26 656.74	154 869.04	141 181.09	13 687.95

2003 年全国政府采购合同授予情况及采购方式统计表

金额单位：万元

项目	行	政府采购合同授予情况						采购方式						
		国内外			省内外			合计	公开招标	邀请招标	竞争性谈判	询价	单一来源	其他
		合计	国内	进口	合计	省内	省外							
		1	2	3	4	5	6	7	8	9	10	11	12	13
合计	1	16 594 274.7	15 617 035.55	977 039.15	13 965 840.77	10 797 415.62	3 168 425.15	16 594 274.7	9 497 021.85	2 230 117	1 540 071.16	2 389 282.87	937 781.82	
货物	2	8 973 429.88	8 281 457.52	691 772.36	7 840 713.69	5 179 798.28	2 660 915.41	8 973 429.84	3 852 861.28	1 247 216.54	1 116 419.69	2 063 160.7	693 771.63	
工程	3	6 583 329.67	6 315 714.86	267 614.81	5 278 421.87	4 818 730.27	459 691.6	6 583 329.66	5 125 942.68	855 156.16	270 337.91	191 510.2	140 382.71	
服务	4	1 037 515.15	1 019 863.17	17 651.98	846 705.21	798 887.07	47 818.14	1 037 515.2	518 217.89	127 744.3	153 313.56	134 611.97	103 627.48	

注：中央单位及其直属机构不填 4—6 栏。

2003 年全国政府采购计算机、小汽车情况表

单位：万元、台、辆

项目	行	采购数量	采购金额	项目	行	采购数量	采购金额
		1	2			3	4
计算机总量	1	1 289 242	4 186 384.14	小汽车总量	1	87 876.9	2 069 472.28
其中：联想	2	503 520	2 230 106.85	其中：桑塔纳	2	16 641	236 113.27
方正	3	187 037	197 683.7	捷达	3	3 233	42 000.73
IBM	4	58 686	291 387.36	奥迪	4	1 038	40 333.07
TCL	5	22 321	10 492.37	别克	5	5 781	151 562.45
长城	6	38 934	18 463.94	广州本田	6	5 642	143 344.09
清华同方	7	126 700	88 584.58	帕萨特	7	7 843	180 070.1
华硕	8	2 482	2 343.64	长安奥拓	8	706	4 063.33
海信	9	7 886	4 466.03	宝来	9	526	9 581.25
海尔	10	4 095	1 924.55	福特（长安）	10	502	4 888.57
七喜	11	8 077	3 736.83	奇瑞	11	822	10 128.83
恒生	12	202	114.89	丰田	12	779	35 571.35
实达	13	15 239	7 282.15	神龙富康	13	891	11 109.24
宏基	14	11 759	8 810.09	海南马自达	14	359	6 331.97
神舟	15	8 287	4 006.06	红旗	15	1 560.9	564 487.51
DELL	16	99 880	99 829.24	波罗	16	93	1 194.5
新蓝	17	1 471	706.44	赛欧	17	43	458.4
八亿时空	18	776	396.23	亚阁	18	259	6 078.17
蓝星	19	5 514	2 927.03	夏利	19	134	727.76
易纬	20	853	1 113.07	帕拉丁	20	855	20 514.44
BenQ	21	895	435.25	中华	21	1 075	20 921.76
惠普	22	18 603	24 526.5	其他国产品牌	22	36 580	505 907.65
其他	23	166 025	1 187 047.34	进口品牌	23	2 514	74 083.84

2003 年全国政府采购资金节约情况

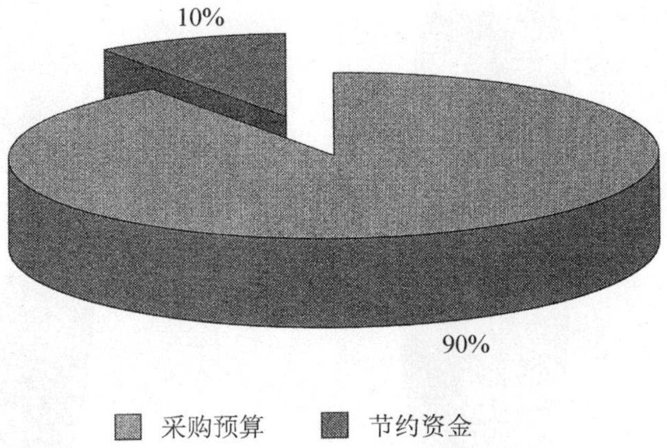

2003 年全国政府采购集中采购比重

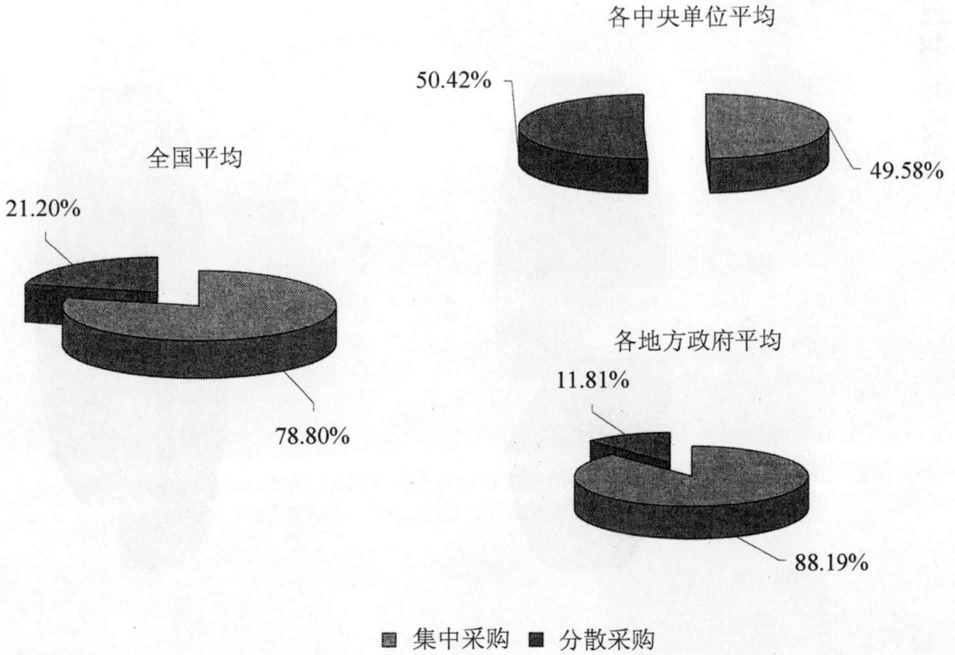

2003 年全国政府采购公开招标比重

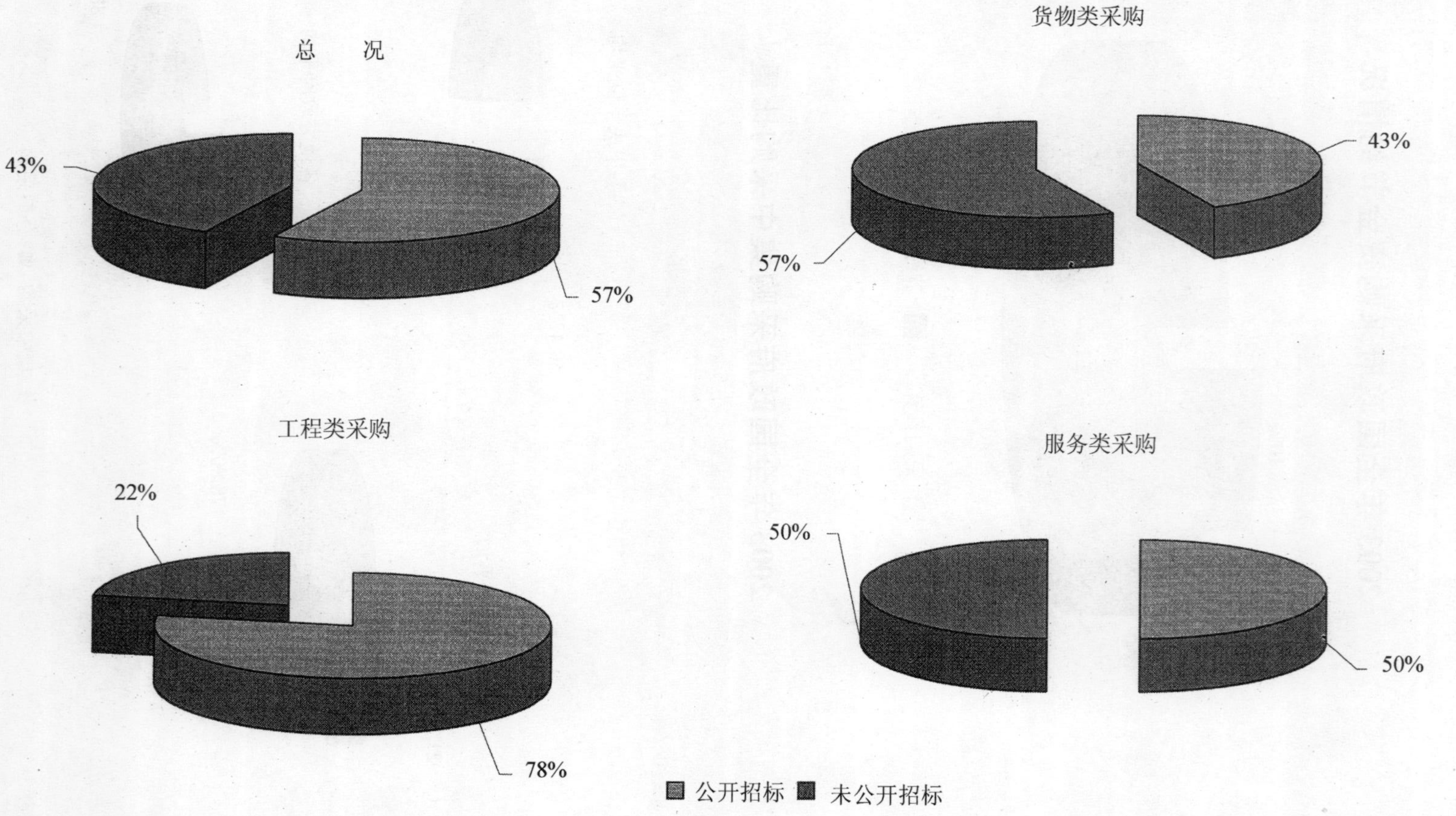

2003年全国政府采购品目类别所占比重

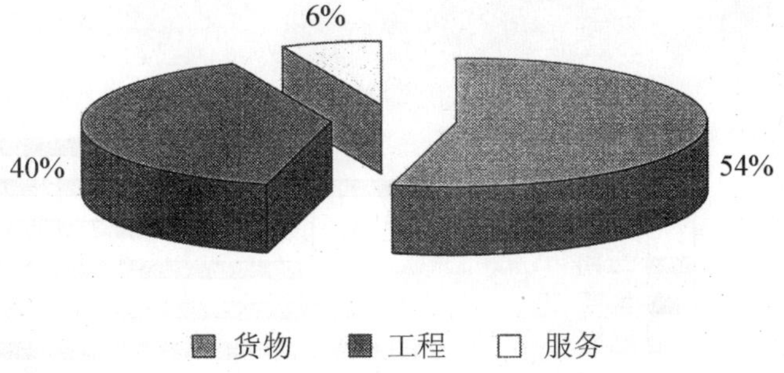

2003年全国政府采购计算机、小汽车主要品牌所占比重

计算机采购情况

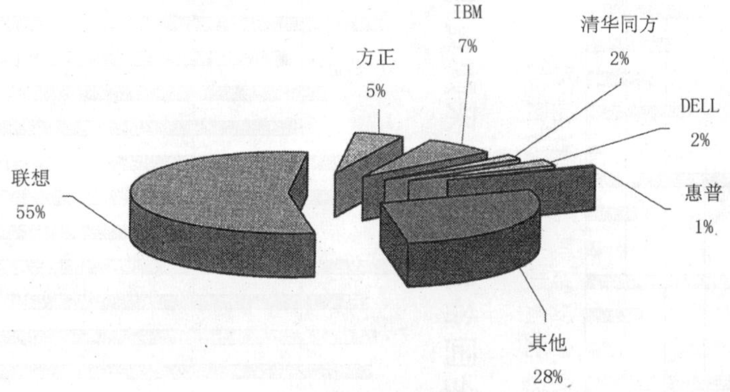

小汽车采购情况

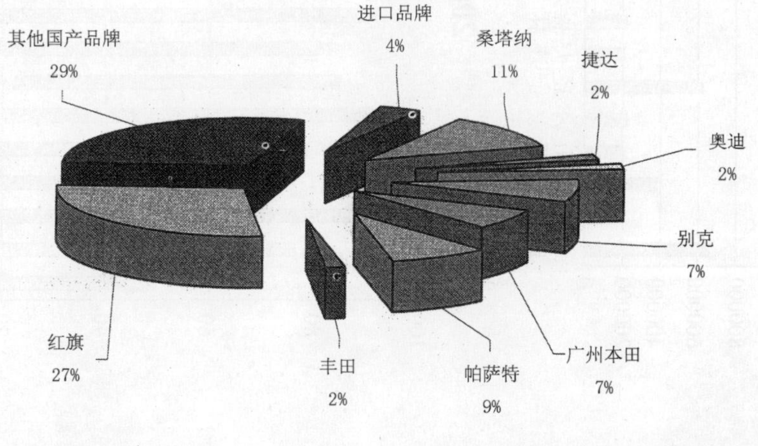

2003 年全国各地区政府采购规模

单位：万元

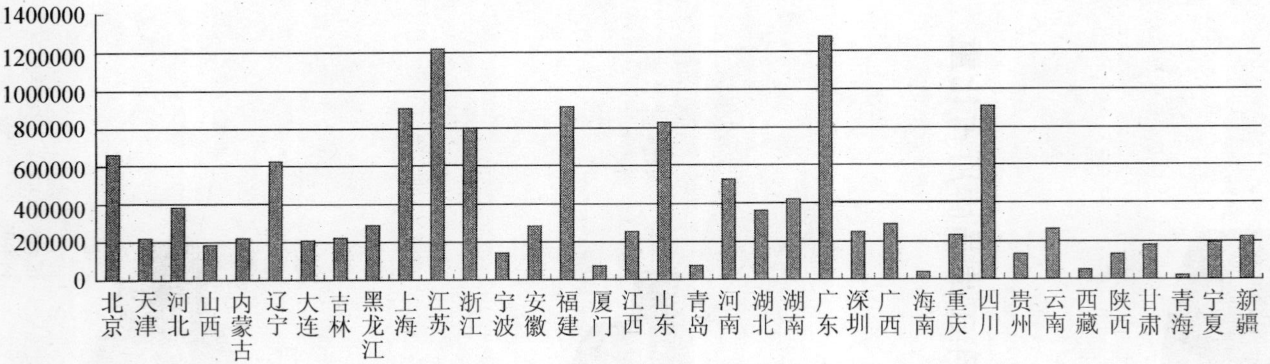

2003 年全国各地区政府采购集中采购比重

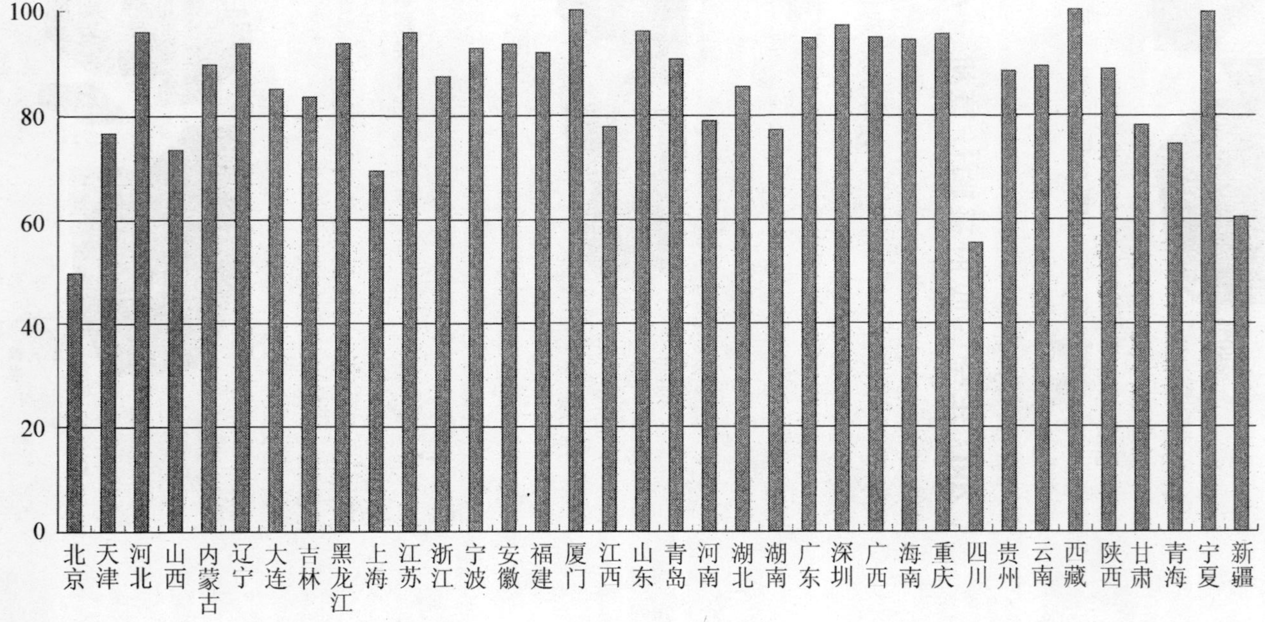

2003年全国各地区政府采购财政直接支付占采购金额的比重

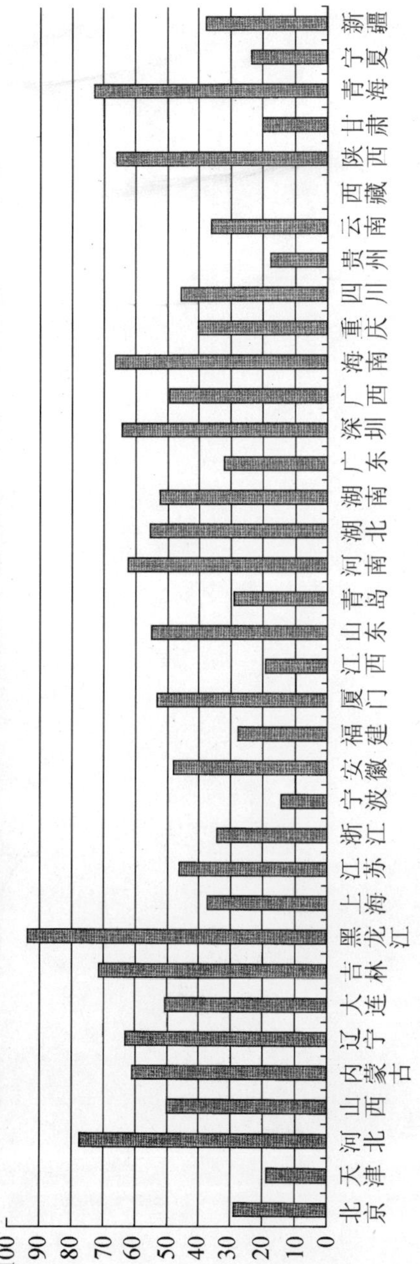

2003年全国各地区政府采购公开招标比重

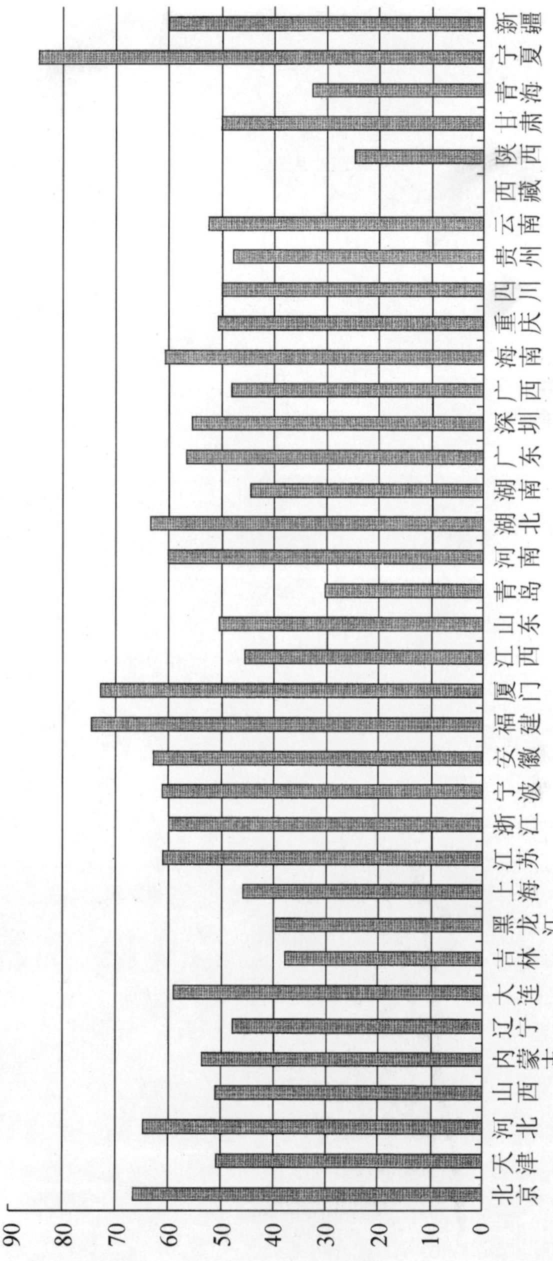

十、政府采购相关机构

北 京 市

政府采购管理机构

序号	机 构 全 称	负责人	办 公 地 址	邮政编码	电 话	传 真
1	**北京市财政局**	**吴路岩**	**北京市海淀区阜成路15号**	**100037**	**68430032**	**68430035**
2	东城区财政局	翟 勤	北京市东城区东直门外新中街2号	100027	64164817	64164817
3	西城区财政局	郭玉凤	北京市西城区西四北大街237号	100034	66218013	66218014
4	崇文区财政局	樊 英	北京市崇文区长青园1号楼	100061	67123440	67123440
5	宣武区财政局	李洪志	北京市宣武区长椿街甲24号	100053	83154195	63011078
6	朝阳区财政局	张福祥	北京市朝阳区日坛北路3号	100020	65090201	85630767
7	海淀区财政局	杨建华	北京市海淀区西四环北路9号鑫泰大厦	100091	88488213	88488214
8	丰台区财政局	张永金	北京市丰台区西四环南路58号	100073	83820412	63812921
9	石景山区财政局	李榜心	北京市石景山区古城北路	100043	68876148	68876148
10	门头沟区财政局	陈广明	北京市门头沟区滨河路56号	102300	69844196	69843242
11	房山区财政局	杨翠霞	北京市房山区良乡西门外南路	102488	69377959	69377957
12	大兴区财政局	石雪洁	北京市大兴区黄村东大街35号	102600	69266059	69243237
13	通州区财政局	李 军	北京市通州区梨园北街15号	101101	81531305	81531312
14	顺义区财政局	张成金	北京市顺义区新顺南大街	101300	69468480	69468480
15	昌平区财政局	张进山	北京市昌平区东环路	102200	69704946	69704946
16	怀柔区财政局	邢天宽	北京市怀柔区南华大街17号	101400	69648705	69647078
17	平谷区财政局	白学东	北京市平谷区府前西街18号	101200	69962702	69961626
18	密云县财政局	周宗利	北京市密云县	101500	69045558	69042269
19	延庆县财政局	席维国	北京市延庆县新城街8号	102100	69144483	69188493
20	燕山财政分局	赵锦华	北京市房山区燕房路50号	102500	69346173	69346173
21	经济开发区财政局	李晓红	北京市亦庄开发区		67880041	67880043

政府采购执行机构

序号	机 构 全 称	负责人	办 公 地 址	邮政编码	电 话	传 真
1	**北京市政府采购中心**	**许大卫**	**北京市海淀区西四环北路9号鑫泰大厦**	**100091**	**88488617**	
2	东城区财政局	翟 勤	北京市东城区东直门外新中街2号	100027	64164817	64164817
3	西城区财政局	杜秀生	北京市西城区西四北大街237号	100034		66218014
4	崇文区财政局	马庆良	北京市崇文区长青园1号楼	100061		67123440

续表

序号	机构全称	负责人	办公地址	邮政编码	电话	传真
5	宣武区财政局	孙振海	北京市宣武区长椿街甲24号	100053		63011078
6	朝阳区财政局	刘　卉	北京市朝阳区日坛北路3号	100020		85630767
7	海淀区财政局	常立凯	北京市海淀区西四环北路9号鑫泰大厦	100091		88488214
8	丰台区财政局	曹继凤	北京市丰台区西四环南路58号	100073		63812921
9	石景山区财政局	王　惠	北京市石景山区古城北路	100043	68878644	68876148
10	门头沟区财政局	陈永	北京市门头沟区滨河路56号	102300		69843242
11	房山区财政局	杨翠霞	北京市房山区良乡西门外南路	102488	69377959	69377957
12	大兴区财政局	刘爱玉	北京市大兴区黄村东大街35号	102600		69243237
13	通州区财政局	沙海波	北京市通州区梨园北街15号	101101		81531312
14	顺义区财政局	杜云亮	北京市顺义区新顺南大街	101300		69468480
15	昌平区财政局	张艳红	北京市昌平区东环路	102200		69704946
16	怀柔区财政局	郭云洲	北京市怀柔区南华大街17号	101400	69631015	69647078
17	平谷区财政局	吴亚东	北京市平谷区府前西街18号	101200		69961626
18	密云县财政局	张义增	北京市密云县	101500		69042269
19	延庆县财政局	贺石锁	北京市延庆县新城街8号	102100		69188493
20	燕山财政分局	李　丁	北京市房山区燕房路50号	102500		69346173
21	经济开发区财政局	田枫	北京市亦庄开发区			67880043

天　津　市

政府采购管理机构

序号	机构全称	负责人	办公地址	邮政编码	电话	传真	电子信箱
1	天津市政府采购办公室	邢立华	天津市和平区曲阜道4号	300042	022－23303767	022－23311740	togp@sina.com

政府采购执行机构

序号	机构全称	负责人	办公地址	邮政编码	电话	传真	电子信箱
1	天津市政府采购中心	张季良	天津市河东区红星路和卫国道交口，天津市行政许可服务中心二楼	300161	022－24538177	022－24538174	pc@tjgp.gov.cn

河 北 省

政府采购管理机构

序号	机构全称	负责人	办公地址	邮政编码	电话	传真	电子信箱
1	**河北省政府采购办公室**	**赵宝贵**	**石家庄市华安街14号**	**050051**	**0311－7018938**	**0311－7028290**	
2	**石家庄市政府采购办公室**	**李龙跃**	**中山东路216号**	**050011**	**0311－6688536**	**0311－6687719**	
3	长安区政府采购办公室	李记斌	谈中街1号	050011	0311－6044923	0311－9044923	
4	桥东区政府采购办公室	熊纪清	长征街48号	050011	0311－5996811	0311－5996811	
5	桥西区政府采购办公室	胡津华	维明南大街120号	050051	0311－3035346	0311－3995194	
6	裕华区政府采购办公室	刘秀景	体育南大街178号	050021	0311－5898191	0311－5890794	
7	高新区政府采购办公室	张坤柱	黄河大道151号	050035	0311－5960684	0311－5960684	
8	辛集市政府集中采购管理办公室	石　磊	西华路41号	052360	0311－3222850	0311－3222850	
9	晋州市政府采购办公室	张立雪	向阳路53号	052260	0311－4337506	0311－4337506	
10	新乐市政府采购办公室	王力民	新兴路37号	050700	0311－8581601		
11	鹿泉市政府采购办公室	崔云福	向阳大街北头	050200	0311－2102882	0311－2102882	
12	深泽县政府采购办公室	杜彦珍	西苑街136号	052560	0311－3523114	0311－3523114	
13	栾城县政府采购办公室	孙树峰	新源路	051430	0311－8031386	0311－8031386	
14	赵县政府采购办公室	张丽红	柏林街财政局	051530	0311－4946246	0311－4946246	
15	高邑县政府采购办公室	王现瑞	南星路125号	051330	13513312353	0311－4037671	
16	元氏县政府采购办公室	胡振方	文化路	051130	0311－6530177		
17	**承德市政府采购办公室**	**薄国爱**	**承德市武烈路政府综合楼**	**067000**	**0314－2255610**		
18	兴隆县政府采购办公室	刘占林	兴隆县财政局	067300	0314－5059837	0314－5056624	
19	宽城县政府采购办公室	杨　杰	宽城县财政局	067600	0314－6634740	0314－6634740	
20	承德县政府采购办公室	黄建敏	承德县财政局	067400	0314－3019133	0314－3011917	czjzfc@sina100.com
21	平泉县政府采购办公室	闫锡杰	平泉县财政局	067500	0314－6082587	0314－6082592	
22	丰宁县政府采购办公室	马玉民	丰宁县财政局	068350	0314－8012708	0314－8012708	
23	滦平县政府采购办公室	王　锐	滦平县财政局	068250	0314－8587102	0314－8587102	
24	隆化县政府采购办公室	崔广军	隆化县财政局	068150	0314－7062994	0314－7062994	
25	围场县政府采购办公室	何宗海	围场县财政局	068450	0314－7512868	0314－7512868	
26	营子区政府采购办公室	李富生	营子区财政局	067200	0314－5013881	0314－5018561	
27	双滦区政府采购办公室	张旭东	双滦区财政局	067001	0314－4301091		
28	双桥区政府采购办公室	李文敏	双桥区财政局	067000	0314－2028139	0314－2028139	
29	开发区政府采购办公室	王文义	开发区财政局	067000	0314－2121035		
30	**张家口市政府采购办公室**	**李建生**	**张家口市桥东区东河沿49号**	**075000**	**0313－2026122**		
31	**秦皇岛市政府采购办公室**	**于治州**	**秦皇岛市海港区和平大街21号**	**066000**	**0335－3035555**	**0335－3035555**	
32	秦皇岛市海港区政府采购办公室	郭红媛	秦皇岛市海港区迎宾路68号	066000	0335－3650626	0335－3650626	
33	山海关区政府采购办公室	郜振龙	关城南路52号	066200	0335－5052674	0335－5052372	
34	北戴河区政府采购办公室	周永勃	北戴河联峰北路	066100	0335－4186103	0335－4186103	bdhzfcg@126.com
35	秦皇岛经济技术开发区政府采购管理办公室	龙艳春	开发区黄河中道69号	066004	0335－8019210	0335－8019210	czj@QETDZ.com
36	山海关开发区政府采购办公室	王怀强	山海关开发区财政局	066206	0335－5086717	0335－5084214	qhdzyl@163.com

续表

序号	机构全称	负责人	办公地址	邮政编码	电话	传真	电子信箱
37	抚宁县政府采购办公室	樊玉田	抚宁县抚宁镇东大街	066300	0335-6011645	0335-6011645	
38	卢龙县政府采购办公室	冯　光	卢龙城内	066400	0335-7017975	0335-7012245	
39	青龙县政府采购办公室	李风友	青龙县财政局	066500	0335-7862246	0335-7862246	QLLFY@0335.net
40	**唐山市政府采购办公室**	**肖和谦**	**唐山市路北区西山道7号**	**063000**	**0315-2801159**		
41	**廊坊市财政局政府采购办公室**	**庞彦民**	**廊坊市新华路209号**	**065000**	**0316-2180430**	**0316-2180430**	
42	永清县政府采购办公室	邢宪婷	会昌大街97号	065600	0316-6625889	0316-6623292	wchenggang@sina.com
43	大城政府采购办公室	贾文祥	新华东街17号	065900	0316-5523962	0316-5523962	
44	安次区政府采购办公室	张英辉	银河大街40号	065000	0316-2152094	0316-2152094	
45	固安县政府采购办公室	王树鹏	新源街59号	065500	0316-6162193	0316-6162764	
46	三河市政府采购办公室	陈金河	建设路9号	065200	0316-3219851	0316-3213219	
47	霸州市政府采购办公室	胡树航	市行政中心	065700	0316-7227538	0316-7227538	
48	香河县政府采购办公室	孙立良	府前街	065400	0316-8312622	0316-8312622	
49	**保定市政府采购办公室**	**马　强**	**保定市合作路118号**	**071000**	**0312-5056987**		
50	**沧州市政府采购办公室**	**王炳华**	**沧州市解放西路3号**	**061001**	**0317-2022310**		
51	任丘市政府采购办公室	王中华	财政局	062550	0317-2222376	0317-2222376	
52	盐山县政府采购管理办公室	郭红霞	财政局	061300	0317-6261010 转8013	0317-6262513	
53	黄骅市政府采购办公室	王玉坤	财政局	061100	0317-5220197	0317-5220455	
54	泊头市政府采购办公室		泊头市财政局	062150	0317-8195299		
55	南皮县政府采购办公室	王金涛	财政局	061500	0317-8856971		
56	黄骅港开发区政府采购办公室	刘洪涛	黄骅港开发区	061110	0317-5768019	0317-5768019	
57	河间市政府采购办公室	张凤涛	财政局	062450	0317-3279809	0317-3279809	
58	青县政府采购办公室	马庆奎	财政局	062650	0317-4029739	0317-4029739	
59	运河区政府采购办公室	董文胜	水月寺大街225号	061000	0317-3053582	0317-3053590	
60	东光县政府采购工作领导小组办公室	朱健鸥	府前街151号	061600	0317-7721762	0317-7725228	
61	海兴县政府采购办公室	武金山	县财政局	061200	0317-6628341	0317-6621975	
62	**衡水市政府采购办公室**	**王连波**	**衡水市财政局一楼**	**053000**	**0318-2162950**	**0318-2162950**	wanglb@chinaecai.com
63	高新技术开发区政府采购办公室	田树俭	开发区胜利西路1818号	053000	0318-2103435	0318-2103435	
64	冀州市政府采购办公室	李运江	冀州市冀新路52号	053200	0318-8622813	0318-8622813	
65	深州市政府采购办公室	葛建勇	深州市财政局二楼	053800	0318-3313963-8031	0318-3321020	
66	景县政府采购办公室	周会忠	城关镇商业街22号	053500	0318-4222349	0318-4222349	
67	武邑县政府采购办公室	杜福长	建设西路财政楼内	053400	0318-5712252-8167	0318-5712252	
68	故城县政府采购办公室	薛洪良	故城县财政局楼内	253800	0318-5323290		
69	武强县政府采购办公室	刘勇豹	武强县财政局	053300	0318-3823382		
70	枣强县政府采购办公室	张秀锋	枣强县财政局	053100	0318-8226209		
71	阜城县政府采购办公室	罗桂一	阜城县财政局楼内	053700	0318-4629023	0318-4622469	
72	衡水市桃城区政府采购办公室	郑振山	衡水市新华中路桃城区财政局	053000	0318-2023926	0318-2022042	
73	安平县政府采购办公室	宋进同	安平县财政局	053600	0318-7522246	0318-7524726	
74	饶阳县政府采购办公室	黄宏长	饶阳县财政局	053900	0318-7221531		
75	**邢台市政府采购办公室**	**李凤明**	**邢台市郭守敬北路281号**	**054000**	**0319-2222075**	**0319-2222075**	
76	**邯郸市政府采购办公室**	**白凤丽**	**邯郸市人民路88号**	**056002**	**0310-3055765**	**0310-3055765**	

政府采购执行机构

序号	机构全称	负责人	办公地址	邮政编码	电话	传真	电子信箱
1	**河北省省直政府采购服务中心**	**侯俊山**	**石家庄市师范街98号**	**050051**	**0311-7908676**	**0311-7908679**	
2	**石家庄市政府采购中心**	**赵建国**	**石家庄市中山东路216号**		**0311-6688585**		
3	新华区政府采购中心	刘瑞敏	水源街58号	050011	0311-7041299	7041299	
4	行唐县政府采购中心	苗玉会	玉城大街83号	050600	0311-2997172	2989747	
5	藁城市政府采购中心	李建青	四名街98号	052160	0311-8126705	8126705	
6	井陉县政府采购中心	张国平	幸福路	050300	0311-2022931	2022243	
7	正定县政府采购中心	刘荣常	常山东路12号	050800	0311-8022065		
8	平山县政府采购中心	张丽萍	平安东路	050400	0311-2931010	2931010	
9	无极县政府采购中心	李英民	中长路3号	052460	0311-5571210	5571210-8042	
10	赞皇县政府采购中心	李占延	槐泉东路188号	052130			
11	灵寿县政府采购中心	李振学	人民路19号	2961525	0311-2524742		
12	**承德市采购中心**	**李　立**	**承德市武烈路政府综合楼**	**067000**	**0314-2033891**	**0314-2033895**	
13	兴隆县政府采购中心	刘占林	兴隆县财政局	067300	0314-5059837	0314-5056624	
14	宽城县政府采购中心	叶志武	宽城县财政局	067600	0314-6636550	0314-6634740	
15	承德县政府采购中心	冯广春	承德县财政局	067400	0314-3019133	0314-3011917	
16	平泉县政府采购中心	刘秀良	平泉县财政局	067500	0314-6022692	0314-6082592	
17	丰宁县政府采购中心	马玉民	丰宁县财政局	068350	0314-8012708	0314-8012708	
18	滦平县政府采购中心	王　锐	滦平县财政局	068250	0314-8587102	0314-8587102	
19	隆化县政府采购中心	徐国臣	隆化财政局	068150			
20	围场县政府采购中心	何宗海	围场县财政局	068450	0314-7512868	0314-7512868	
21	营子区政府采购中心	董喜军	营子区财政局	067200	0314-5017006	0314-5018561	
22	双滦区政府采购中心	张旭东	双滦区财政局	067001	0314-4301091		
23	双桥区政府采购中心	韩志军	双桥区财政局	067000	0314-2028967	0314-2028967	
24	开发区政府采购中心	王文义	开发区财政局	067000	0314-2121035		
25	**张家口市政府采购中心**	**陈晓明**	**张家口市桥东区东河沿49号**	**075000**	**0313-2082165**		
26	**秦皇岛市政府采购中心**	**李大志**	**秦皇岛市海港区人民路55号**	**066000**	**0335-3028264**	**0335-3028264**	
27	秦皇岛市海港区财政局采购管理中心	石雪莹	秦皇岛海港区迎宾路68号	066000	0335-3650627	0335-3650627	
28	山海关区政府采购中心	刘　建	关城南路52号	066200	0335-5052372	0335-5052372	
29	北戴河区政府采购中心	周永勃	北戴河联峰北路	066100	0335-4186103	0335-4186103	
30	秦皇岛经济技术开发区政府采购中心	霍聚财	开发区黄河中道69号	066004	0335-8019192	0335-8019192	CGZX@QET-DZ.com
31	秦皇岛开发区（东区）政府采购中心	杨居前	山海关开发区财政局	066206	0335-5086717	0335-5084214	YJQ@126.com
32	昌黎政府采购中心	刘志仁	昌黎县财政局	066600	0335-2029387	0335-2022242	
33	卢龙县政府采购中心	徐忠明	卢龙城内	066400	0335-7012434	0335-7012245	
34	**唐山市政府采购中心**	**路宝忠**	**唐山市西山道7号**	**63000**	**0315-2826204**	**0315-2826204**	
35	滦县政府采购中心	李长军	滦县新城	36700	0315-7168355	0315-7168355	
36	滦南县政府采购中心	李来儒	滦南县城南大街	63500	0315-4111206	0315-4111206	
37	乐亭县政府采购中心	张媛媛	乐亭城关南大街	63600	0315-4610004	0315-4610004	
38	迁安市政府采购中心	杨再田	兴安大街696号	64400	0315-7637224	0315-7637224	

续表

序号	机构全称	负责人	办公地址	邮政编码	电话	传真	电子信箱
39	迁西县政府采购中心	董　扬	迁西县政府楼一层	64300	0315－5623371	0315－5623371	
40	遵化市政府采购中心	陈小明	遵化市北二环路	64200	0315－6681133	0315－6681133	
41	玉田县政府采购中心	杨兆房	玉田县原政府招待所	64100	0315－6151403	0315－6151403	
42	唐海县政府采购中心	刘成宜	唐海县财政局	63200	0315－8989565	0315－8989565	
43	路南区政府采购中心	刘久霞	路南区政府楼	63000	0315－3728216	0315－3728216	
44	路北区政府采购中心	贾雨亭	唐山市路北区新华东道55号	063000	0315－3724073	0315－3724073	
45	古冶区政府采购中心	董慧娟	古冶区林西	63100	0315－3561076	0315－3561076	
46	开平区政府采购中心	钱春之	开平区新苑路2号	63021	0315－3360665	0315－3360665	
47	丰润区政府采购中心	孙建民	丰润区幸福道26号	63030	0315－3128372	0315－3128372	
48	丰南区政府采购中心	魏玉清	丰南区财政局	63300	0315－8189703	0315－8189703	
49	**廊坊市政府采购服务中心**	**张殿峰**	**廊坊市新华路52号**	**65000**	**0316－2022819**	**0316－2024105**	
50	永清县政府采购服务中心	冯　利	县会计培训楼	65600	0316－6687323	0316－6687323	
51	文安县政府采购中心	张素娥	西环路	65800	0316－5231648	0316－5231648	
52	广阳区政府采购中心	冯子彬	银河大街40号	65000	0316－2111844	0316－2111844	
53	三河市政府采购中心	王文新	建设路9号	65200	0316－3219001	0316－3219001	
54	**保定市采购中心**	**宋景良**	**保定市合作路118号**	**071000**	**0312－3088579**		
55	**沧州市人民政府采购中心**	**孙金才**	**市政府二楼**	**061001**	**0317－2060816**		
56	吴桥县政府采购中心	张晓红	财政局	061800	0317－7364085	0317－7341321	
57	肃宁县政府采购中心	吕广杰	财政局	062350	0317－5029207	0317－5012022	
58	盐山县政府采购中心	郭红霞	财政局	061300	0317－6261010 转8013	0317－6262513	
59	泊头市政府采购中心	王庆强	泊头市财政局	062150	0317－8195299		
60	南皮县政府采购中心	张献臣	政府机关事务局		13831753588		
61	沧县政府采购中心	黄振清	沧县财政局一楼	061000	0317－3051012	0317－3051021	
62	河间市政府采购中心	宋玉峰	财政局	062450	0317－3279809	0317－3279809	
63	青县政府采购服务中心	马庆奎	财政局	062650	0317－4029739	0317－4029739	
64	运河区政府采购中心	张志宏	水月寺大街225号	061000	0317－3053585		
65	东光县政府采购中心	单海华	府前街151号	061600	0317－7721744	0317－7725228	
66	孟村县财政局政府采购中心	刘立明	孟村县财政局一楼采购中心	061400	0317－6720371		
67	海兴县政府采购中心	武金山	县财政局	061200	0317－6628341		
68	沧州市新华区政府采购中心	窦学慧	沧州市北大街新华区委办公楼3楼	061000	0317－3585862	0317－3012640	
69	**衡水市政府采购中心**	**庞玉珂**	**衡水市育才南大街**	**053000**	**0318－2121013**	**0318－2122345**	**pangyk@chinaecai.com**
70	衡水市桃城区政府采购中心	郑　军	衡水市新华中路25号	053000	0318－2023926	0318－2022042	
71	衡水市高新技术开发区政府采购中心	韩建岭	胜利西路1818号	053000	0318－2101385	0318－2111347	
72	冀州市政府采购中心	李金栋	冀州市迎宾大街	053200	0318－8621388		
73	**邢台市政府采购中心**	**畅兴国**	**邢台市郭守敬北路281号**	**054000**	**0319－2210175**		
74	**邯郸市政府采购中心**	**武志国**	**邯郸市人民路88号**	**056002**	**0310－3211500**		

山 西 省

政府采购管理机构

序号	机构全称	负责人	办公地址	邮政编码	电话	传真
1	**太原市财政局国库处**	**郭庆红**	**太原市新建路38号**	**030002**	**0351－4032972**	**0351－4032041**
2	太原市小店区财政局	温喜昌	太原市小店区昌盛西街	030032	0351－7093087	
3	清徐县财政局	张舒毅	清徐县城湖东大街39号	030400	0351－5723470	
4	太原市尖草坪区财政局行财科	秦秀萍	太原市尖草坪区柴村	030023	0351－6030142	
5	**大同市财政局国库科**	**李　萍**	**市南关下关2号**	**037008**	**0352－5028281**	
6	广灵县政府采购领导组办公室	陈治贤（兼）	城西大街90号	037500	0352－8822041	
7	矿区财政局国库科	李翠花（兼）	矿区政府大院	037003	0352－7013631	
8	左云县政府采购领导组办公室	王森（兼）	县云新东大街	037100	0352－3829388	
9	开发区政府采购领导组办公室	祁建国（兼）	开发区财政局	037300	0352－6108983	
10	阳高县政府采购领导组办公室	李跃华（兼）	县龙泉镇大南街42号	038100	0352－6623357	
11	新荣区政府采购领导组办公室	苏文（兼）	区府东街2号	037002	0352－3072818	
12	天镇县政府采购领导组办公室	范　河	天镇县财政局	038200	0352－6825149	
13	城区政府采购领导组办公室	王吉（兼）	迎宾西路30号	037008	0352－5029724	
14	灵丘县政府采购领导组办公室	董保林（兼）	县新华街	034400	0352－8522874	
15	浑源县政府采购领导组办公室	孙振华（兼）	县新建路7号	037400	052－8323335	
16	**阳泉市财政局国库科**	**叶文鑫**	**阳泉市桃南中路**	**045000**	**0353－2034409**	
17	阳泉市开发区政府采购管理办公室	贾秉强	开发区财政局	045000	0353－2130369	
18	**朔州市财政局**	**高世宝**	**民福东街2号**	**036000**		
19	朔城区财政局	殷培续	朔城区财政局	036002	0349－2022318	0349－2022594
20	平鲁区财政局	罗　瑞	平鲁区财政局	036800	0349－6061627	0349－6062649
21	山阴县财政局	冯守忠	山阴县财政局	036900	0349－7076969	0349－7071885
22	怀仁县财政局	张争鸣	怀仁县财政局	038300	0349－3051783	0349－3052715
23	应县财政局	唐　奎	应县财政局	037600	0349－5022337	0349－5022335
24	右玉县财政局	李　峰	右玉县财政局	037200	0349－8022373	0349－8022403
25	**晋中市政府采购办公室**	**甄建平**	**山西省榆次锦纶东街10号**	**030600**	**（0354）3022055**	
26	榆次区政府采购办公室	张二保	山西省榆次迎宾西路区委大楼	030600	（0354）3368126	
27	榆次经济技术开发区政府采购办公室	王慧明	山西省榆次安宁大街南都小区	030600	（0354）3064134	
28	和顺县政府采购办公室	张贤恩	山西省和顺县东大街76号	032700	（0354）8130917	
29	介休市财政局文教股	张维杰	山西省介休市裕华路55号	032000	（0354）7224360	

续表

序号	机构全称	负责人	办公地址	邮政编码	电话	传真
30	太谷县财政局国库股	王海林	山西省太谷县南寺街1号	030800	(0354) 6229819	
31	山西省昔阳县财政局行财股	翟书堂	山西省昔阳县新建南路	045300	(0354) 4122813	
32	**长治市财政局国库科**	**武素娥**	**市英雄中路149号**	**046000**	**0355-2044713**	**0355-2044713**
33	长治市城区财政局	王卫星	市延安中路78号	046000	0355-2025572	
34	长治市郊区财政局	程正印	长治市城北街2号	046011	0355-2024835	
35	长子县财政局	陈有书	县中楼街3号	046600	0355-8322364	
36	潞城市财政局	曹志旺	市中华大街148号	047500	0355-6769691	
37	长治县财政局	宋田平	县财政局	047100	0355-8089417	
38	襄垣县财政局	韩国新	县迎宾街45号	046200	0355-7222670	
39	壶关县财政局	郑平则	县信用联社楼下	047300	0355-8778367	
40	平顺县财政局	王资红	县新华街65号	047400	0355-8922451	
41	黎城县财政局	卢建忠	县河下东街28号	047600	0355-6563532	
42	沁源县财政局	王　耀	县财政局	046500	0355-7839103	
43	沁县财政局	张晓伟	县育才街2号	046400	0355-7022754	
44	武乡县财政局	张爱国	县财政局	046300	0355-6382677	
45	**晋城市政府采购管理办公室**	**李英杰**	**晋城市财政局2楼**	**048000**	**0356-2065596**	**0356-2065596**
46	城区政府采购管理办公室	武安顺	城区财政局1楼	048000	0356-3032733	0356-3036449
47	泽州县政府采购管理办公室	吴玉兰	泽州县财政局3楼	048000	0356-2056830	0356-2124818
48	高平市政府采购管理办公室	赵保顺	高平市财政局1楼	048400	0356-5220516	0356-5222586
49	阳城县政府采购管理办公室	栗浮亮	阳城县财政局1楼	048100	0356-4223444	0356-4222727
50	沁水县政府采购管理办公室	王秋香	沁水县财政局3楼	048200	0356-7025862	0356-7022783
51	**忻州市政府采购管理办公室**	**赵学敏**	**忻州市财政局**	**034000**	**0350-3031554**	**0350-3031554**
52	**临汾市财政局国库科**	**苏志宏**	**行署巷11号**	**041000**	**0357-2091457**	**0357-2091459**
53	临汾市尧都区财政局国库股	许海俊	尧都区平阳南街43号	041000	0357-2014189	0357-2012296
54	侯马市财政局预算股	范洁萍	侯马市府路38号	043000	0357-4223301	0357-4223301
55	霍州市财政局国库股	荀丽燕	霍州市东大街136号	031400	0357-5621414	0357-5621414
56	曲沃县财政局预算股	申明祥	曲沃县北大街建行办公大楼	043400	0357-5511882	0357-5511882
57	翼城县财政局预算股	王　琴	翼城县财政局	043500	0357-4925789	0357-4925789
58	襄汾县财政局预算股	解怀安	襄汾县新开路20号	041500	0357-3625912	0357-3625912
59	洪洞县财政局会计股	李小将	洪洞县财政局办公大楼	041600	0357-6222180-8502	0357-6224250

续表

序号	机构全称	负责人	办公地址	邮政编码	电话	传真
60	古县财政局预算股	崔水亮	古县岳阳街32号	042400	0357－8321311－8019	0357－8321311－8019
61	安泽县财政局国库股	李　丰	安泽县府后街29号	042500	0357－8522025	0357－8522025
62	浮山县财政局预算股	王作仁	浮山县财政局办公大楼	042600	0357－8120794	0357－8122787
63	吉县财政局国库股	贺　庚	吉县锦屏街	042200	0357－7922011	0357－7922011
64	乡宁县财政局预算股	卢耀平	乡宁县迎旭大街198号	042100	0357－6821470	0357－6821470
65	蒲县财政局预算股	张金龙	蒲县财政局办公大楼	041200	0357－5323488	0357－5323488
66	大宁县财政局预算股	杨云清	大宁县中街32号	042300	0357－7723711	0357－7723711
67	永和县财政局预算股	靳晓平	永和县正大街	041400	0357－7524925	0357－7522590
68	隰县财政局预算股	员大勇	隰县南大街龙泉市场	041300	0357－7321077	0357－7321079
69	汾西县财政局预算股	侯会青	汾西县财政局办公大楼	031500	0357－5126343	0357－5126343
70	临汾市经济技术开发区财政局	张伯泉	临汾市经济技术开发区	041000	0357－2882008	0357－2882008
71	侯马市经济技术开发区财政局预算股	王小燕	侯马市中心大街1号	043000	0357－4184916	0357－4184933
72	**运城市政府采购管理办公室**	**王建运**	**红旗东街351号**	**44000**	**0359－2665819**	**0359－2665859**
73	盐湖区政府采购管理办公室	仝继红	凤凰南路173号	44000	0359－3596508	
74	永济市政府采购管理办公室	李十庆	永济市财政局	44500	0359－8020072	
75	芮城县政府采购管理办公室	董冰山	芮城县财政局	44600	0359－3030813	
76	万荣县政府采购管理办公室	史会学	万荣县财政局	44200	0359－4524291	
77	新绛县政府采购管理办公室	陈徐安	新绛县财政局	43100	0359－7532353	
78	绛县政府采购管理办公室	韩云霞	绛县财政局	43600	0359－6522147	
79	平陆县政府采购管理办公室	陈少平	平陆县财政局	44300	0359－3522128	0359－3530950
80	垣曲县政府采购管理办公室	毛小明	垣曲县财政局	43700	0359－6023796	
81	**吕梁市财政局国库科**	**刘晋宇**	**吕梁行署财政局**	**033000**	**0358－8223184**	
82	汾阳市政府采购管理办公室	王瑞生	汾阳市财政局	032200	0358－7332274	
83	孝义市政府采购管理办公室	陈孝丹	孝义市财政局	032300	0358－7636378	
84	交口县政府采购管理办公室	高如星	交口县财政局	032400	0358－5425669	
85	临县政府采购管理办公室	王润奎	临县财政局	033200	0358－4423510	
86	文水县政府采购管理办公室	李广明	文水县财政局	033100	0358－3022835	
87	兴县政府采购管理办公室	吴晓东（兼）	兴县财政局	033600	0358－6326638	
88	岚县政府采购管理办公室	刘新民	岚县财政局	033500	0358－6722526	

政府采购执行机构

序号	机构全称	负责人	办公地址	邮政编码	电话	传真
1	**太原市政府采购中心**	**黄金海**	**太原市府西街 195 号**	**030001**	**0351－3099088**	**0351－3035366**
2	太原市小店区政府采购中心	高丽丽	太原市小店区昌盛西街	030032	0351－7098949	
3	清徐县政府采购中心	冯小刚	清徐县城湖东大街 39 号	030400	0351－5736949	
4	太原市尖草坪区政府采购中心	秦秀萍	太原市尖草坪区柴村	030023	0351－6030142	
5	**大同市政府采购中心**	**纪　友**	**大同市财政局**	**037008**	**0352－5021485**	
6	广灵县政府采购中心	安寺彬	县西大街 90 号	037500	0352－8822041	
7	矿区政府采购中心	王向东	商行和平支行	037003	0352－7022464	
8	左云县政府采购中心	潘登峰	县工行院内	037100	0352－3829388	
9	大同县政府采购中心	张白银	西坪西街 43 号	037300	0352－8012703	
10	开发区政府采购中心	祁建国	开发区财政局	037300	0352－6108983	
11	阳高县政府采购中心	王建华	县龙泉镇大南街 42 号	038100	0352－6627059	
12	南郊区政府采购中心	赵润斌	五一街	037001	0352－4051349	
13	新荣区政府采购中心	冯耀章	区府东街 2 号	037002	0352－3072765	
14	天镇县政府采购中心	范　河	天镇县财政局	038200	0352－6825149	
15	城区政府采购中心	田连成	市帅府街 19 号	037004	0352－5035024	
16	灵丘县政府采购中心		县新华街	034400	0352－8522874	
17	浑源县政府采购中心	张　君	县新建路 7 号	037400	0352－8320604	
18	**阳泉市财政局政府采购中心**	**李瑞兴**	**阳泉市桃南中路**	**045000**	**0353－2024129**	
19	盂县政府采购中心	孙海明	盂县财政局		0353－8060554	
20	阳泉市郊区政府采购中心	贾成义	郊区财政局		0353－5052006	
21	阳泉市城区政府采购中心	毕映富	城区南庄路口		0353－4258823	
22	**朔州市政府采购中心**	**李　佐**	**民福东街 2 号**	**036000**	**0349－2161325**	**0349－2161325**
23	朔城区政府采购中心	张晓宏	朔城区财政局	036002	0349－2022594	0349－2022594
24	平鲁区政府采购中心	马金贵	平鲁区财政局	036800	0349－6062484	0349－6062484
25	山阴县政府采购中心	周　源	山阴县财政局	036900	0349－7071885	0349－7071885
26	怀仁县政府采购中心	袁世俊	怀仁县财政局	038300	0349－3052715	0349－3052715
27	应县政府采购中心	刘　福	应县财政局	037600	0349－5022335	0349－5022336
28	右玉县政府采购中心	靳生月	右玉县财政局	037200	0349－8022403	0349－8022404
29	**晋中市政府采购中心**	**王继堂**	**榆次建通街 1 号**	**030600**	**（0354）3028903**	
30	灵石县政府采购中心	张百雄	灵石县天石大厦	031300	（0354）7618888	
31	榆社县政府采购中心	冯利生	榆社县迎春南路 46 号	031800	（0354）6623384	
32	太谷县政府采购中心	王海林	太谷县南寺街 1 号	030800	（0354）6229819	

续表

序号	机构全称	负责人	办公地址	邮政编码	电话	传真
33	介休市政府采购中心	王卫东	介休市裕华路55号	032000	(0354) 7217565	
34	寿阳县政府采购中心	李秀文	寿阳县朝阳街106号	045400	(0354) 4622483 -8066	
35	平遥县政府采购中心	霍天华	平遥县顺城路197号	031100	(0354) 5632160	
36	祁县政府采购中心	罗志刚	祁县新建北路90号	030900	(0354) 5240607	
37	和顺县政府采购中心	张贤恩	和顺县东大街76号	032700	(0354) 8130907	
38	榆次区政府采购中心	张二保	榆次迎宾西路区委大楼	030600	(0354) 3368126	
39	左权县政府采购中心	李彦忠	左权县北大街22号	032600	(0354) 8621640	
40	昔阳县政府采购中心	卜元庆	昔阳县新建南路	045300	(0354) 4122815	
41	榆次经济技术开发区政府采购中心	杨成祥	榆次安宁大街南都小区	030600	(0354) 3069400	
42	**长治市政府采购中心**	**蒋高生**	**长治市财政局**	**046000**	**0355-2119015**	
43	长治市城区政府采购中心	陈素清	长治市延安中路	046000	0355-2022208	
44	长治市郊区政府采购中心	张大伟	郊区财政局	046011	0355-2031469	
45	长子县政府采购中心	韩晓东	县财政局	046600	0355-8322364	
46	长治县政府采购中心	琚学平	长治县中行分理处	047100	0355-8085224	
47	潞城市政府采购中心	吴峰岗	潞城市中华大街	047500	0355-6769671	
48	襄垣县政府采购中心	王振东	县政务大厅	046200	0355-7225866	
49	壶关县政府采购中心	关建考	壶关县信用联社	047300	0355-8778366	
50	平顺县政府采购中心	王爱军	平顺县新华街	047400	0355-8922451	
51	黎城县政府采购中心	王联旗	黎城县河下东街	047600	0355-6560226	
52	沁源县政府采购中心	王建华	沁源县财政局	046500	0355-7839092	
53	沁县政府采购中心	曹建红	沁县财政局	046400	0355-7022754	
54	武乡县政府采购中心	王战胜	武乡县红旗路	046300	0355-6387561	
55	**晋城市政府采购中心**	**崔新宏**	**晋城市财政局新2楼**	**048000**	**0356-2065633**	**0356-2065612**
56	城区政府采购中心	李新政	凤台西街	048000	0356-2038763	0356-2038763
57	泽州县政府采购中心	樊　玲	泽州县政府后院1楼	048000	0356-3033078	0356-3033078
58	高平市政府采购中心	郭树林	高平市财政局1楼	048400	0356-5241316	0356-5222586
59	阳城县政府采购中心	车　军	阳城县计委1楼	048100	0356-4239156	0356-4239156
60	沁水县政府采购中心	张志亮	沁水县财政局后2楼	048200	0356-7022073	0356-7022073
61	陵川县政府采购中心	赵　飞	陵川县财政局1楼	048300	0356-6207056	0356-6207057
62	**忻州市市级政府采购中心**	**郭通亮**	**忻州市财政局**	**034000**	**0350-3046311**	
63	忻府区政府采购中心	刘进来		034000	0350-2021536	
64	定襄县政府采购中心	张俊如		035400	0350-6024865	

续表

序号	机构全称	负责人	办公地址	邮政编码	电话	传真
65	五台县政府采购中心	张慈善		035500	0350－6520279	
66	原平市政府采购中心	张福瑞		034100	0350－3310664	
67	繁峙县政府采购中心	高贵安		034300	0350－5527452	
68	静乐县政府采购中心	刘双龙		035100	0350－7827716	
69	宁武县政府采购中心	仝锦		036000	0350－4725179	
70	神池县政府采购中心	张文奇		036100	0350－4243597	
71	五寨县政府采购中心	吕晓文		036200		
72	岢岚县政府采购中心	高东来		036300	0350－4537005	
73	河曲县政府采购中心	王管全		036500	0350－7222043	
74	保德县政府采购中心			036600	0350－7322269	
75	偏关县政府采购中心	康海军		036400	0350－7622167	
76	**临汾市政府采购中心**	**丁满升**	**鼓楼东大街 88 号**	**041000**	**0357－2027551**	**0357－2011623**
77	临汾市尧都区政府采购中心	陈秀莲	尧都区平阳南街 43 号	041000	0357－2026970	0357－2026970
78	侯马市政府采购中心	成新旺	侯马市工行 2 楼（新田路）	043000	0357－4221725	0357－4221725
79	霍州市政府采购中心	孙建斌	霍州市东大街 136 号	031400	0357－5628547	
80	曲沃县政府采购中心	张文智	曲沃县北大街建行办公大楼	043400	0357－5511887	0357－5511887
81	翼城县政府采购中心	贾永录	翼城县政府采购中心	043500	0357－4923361	0357－4923361
82	襄汾县政府采购中心	张顺才	襄汾县新建路工行办公大楼	041500	0357－3629984	0357－3629984
83	洪洞县政府采购中心	张元龙	洪洞县财政局办公大楼	041600	0357－6221872	
84	古县政府采购中心	张东亮	古县岳阳街 32 号	042400	0357－8325380	
85	安泽县政府采购中心	崔金保	安泽县府北东街 28 号	042500	0357－8522829	0357－8522829
86	浮山县政府采购中心	张秀丽	浮山县财政局办公大楼	042600	0357－8123620	0357－8122787
87	吉县政府采购中心	张许栋	吉县农行办公大楼	042200	0357－7926835	0357－7926835
88	乡宁县政府采购中心	王国庆	乡宁县工行院	042100	0357－6825773	0357－6825773
89	蒲县政府采购中心	牛云生	蒲县交电公司 2 楼	041200	0357－5325396	0357－5325396
90	大宁县政府采购中心	贾梁森	大宁县中街 32 号	042300	0357－7722185 －8311	
91	永和县政府采购中心	冯书闻	永和县河西坡	041400	0357－7525099	
92	隰县政府采购中心	马　力	隰县南大街	041300	13903477200	
93	汾西县政府采购中心	林玉祥	汾西县城内中街	031500	0357－5125585、 5122489	0357－5122489

续表

序号	机构全称	负责人	办公地址	邮政编码	电话	传真
94	临汾市经济技术开发区政府采购中心	梁希民	临汾市经济技术开发区	041000	0357－2881152	0357－2881152
95	侯马市经济技术开发区政府采购中心	王小燕	侯马市中心大街1号	043000	0357－4184916	0357－4184933
96	**运城市政府采购中心**	**李安选**	**红旗东街351号**	**44000**	**0359－2665892**	**0359－2665892**
97	盐湖区政府采购中心	仝继红	凤凰南路173号	44000	0359－3596508	
98	芮城县政府采购中心	梁向辉	芮城县财政局	44600	0359－3030826	
99	临猗县政府采购中心	卫星	临猗县政府	44100	0359－4032962	0359－4032962
100	万荣县政府采购中心	柴宏亮	万荣县财政局	44200	0359－4521264	
101	新绛县政府采购中心	牛俊明	新绛县财政局	43100	0359－7532373	0359－7532373
102	稷山县政府采购中心	吴德鸿	稷山县财政局	43200	0359－5532557	
103	河津市政府采购中心	师敬室	河津市财政局	43300	0359－5022113	
104	闻喜县政府采购中心	杜中秀	闻喜县财政局	43800	0359－7030401	
105	夏县政府采购中心	车言驹	夏县财政局	44400	0359－8537138	
106	绛县政府采购中心	朱卫东	绛县财政局	43600	0359－6522147	
107	**吕梁地区地级政府采购中心**	**高其飞**	**离石市新华街18号**	**033000**	**0358－8287447**	
108	离石市政府采购中心	柳杰英	离石市财政局	033000	0358－8224610	
109	柳林县政府采购中心	贾飞平	柳林县财政局	033300	0358－4084995	
110	中阳县政府采购中心	刘振兴	中阳县财政局	033400	0358－5022888	
111	石楼县政府采购中心	白　斌	石楼县财政局	032500	0358－5724995	
112	汾阳市政府采购中心	李海舟	汾阳市财政局	032200	0358－7333808	
113	孝义市政府采购中心	黄殿生	孝义市财政局	032300	0358－7632468	
114	交口县政府采购中心	解一农	交口县财政局	032400	0358－5425453	
115	临县政府采购中心	李向强	临县财政局	033200	0358－4423249	
116	文水县政府采购中心		文水县财政局	033100	0358－3022675	
117	兴县政府采购中心	李　刚	兴县财政局	033600	0358－6322367	
118	交城县政府采购中心	周前敏	交城县财政局	030500	0358－3523074	
119	岚县政府采购中心	李四玉	岚县财政局	033500	0358－6722542	
120	方山县政府采购中心	薛九元	方山县财政局	033100	0358－6022457	

内蒙古自治区

政府采购管理机构

序号	机构全称	负责人	办公地址	邮政编码	电话	传真
1	**内蒙古自治区财政厅政府采购管理处**	**王扎拉**	**呼和浩特新华大街1号7号楼**	**010055**	**0471-6945261**	**0471-6945026**
2	**呼和浩特市政府采购办公室**	**杨伟莲**	**呼和浩特公园东路209号**	**010020**	**0471-6959184**	**0471-6959184**
3	土默特左旗政府采购办公室	曹　红	土默特左旗全胜路	010010	0471-8112289	0471-8112496
4	托克托县政府采购办公室	高兆光	托克托县双河镇新建中路	010020	0471-8521366	0471-8512618
5	赛罕区政府采购办公室	常　红	赛罕区政府大楼	010020	0471-4211911	0471-4211954
6	新城区政府采购办公室	郭桂祥	新城区政府大楼	010051	0471-2268282	0471-2269691
7	回民区政府采购办公室	马少辉	回民区政府大楼	010030	0471-3821091	0471-3821078
8	玉泉区政府采购办公室	曹建林	呼和浩特吕祖庙街62号	010030	0471-6267792	0471-6928784
9	和林格尔县政府采购办公室	沈瑞军	和林格尔县城关镇新华街70号	011500	0471-7199580	0471-7192661
10	清水河县政府采购办公室	孙永斌	清水河县城关镇永安街	011600	0471-7912176	0471-7912176
11	武川县政府采购办公室	柴　盛	可可以力更镇南大街16号	011700	0471-8814080	0471-8812913
12	**包头市财政局政府采购管理办公室**	**文　利**	**包头市财政局楼内**	**014030**	**0471-5136963**	
13	白云区政府采购管理办公室	于　江	白云区财政局楼内	014080	0471-8515180	0472-8515180
14	达茂旗政府采购挂历办公室	额尔德木图	达茂旗财政大楼	014500	0472-8422279	0472-8422279
15	东河区财政局政府采购管理办公室	牛景兰	东河区财政局楼内	014040	0472-5866286	
16	青山区财政局政府采购管理办公室	乔如龙	青山区政府楼内	014030	0472-3128770	0472-3144757
17	昆区财政局政府采购管理办公室	常　青	昆区政府楼内	014020	0472-5305337	
18	九原区财政局政府采购管理办公室	谢　芳	九原区财税大楼内	014060	0472-7148962	
19	土右旗财政局政府采购管理办公室	张恒贵	土右旗萨镇科技楼内	014100	0472-8916720	0472-8916720
20	固阳县创造局政府采购管理办公室	陈丽君	固阳县政府楼内	014050	0472-8112462	
21	**呼伦贝尔市国库科**	**姜学海**	**呼伦贝尔市海拉尔区胜利大街4号**	**021008**	**0470-8252741**	**0470-8252319**
22	海拉尔区国库科	张　戈	海拉尔区礼拜寺街	021000	0470-8325608	0470-8325620
23	扎兰屯市国库科	陈　辉	扎兰屯市明月街10号	162650	0470-3260806	0470-3260802
24	牙克石市国库科	韩风山	牙克石市胜利东街30号	022150	0470-7366400	0470-7366206
25	阿荣旗预算科	于天成	阿荣旗那吉镇中央街110号	162750	0470-4213500	0470-4213500
26	根河市国库科	彭殿明	根河市中央街	022350	0470-5222343	0470-5233430
27	额尔古纳市国库科	丁秀玲	额尔古纳市新城办	022250	0470-6823893	0470-6822212
28	鄂伦春自治旗国库科	曲邵武	鄂伦春自治旗阿里河镇中央大街	022450	0470-5626375	0470-5622704
29	陈巴尔虎旗国库科	陈立文	陈巴尔虎旗巴彦库仁镇	021500	0470-6712502	0470-6712906

续表

序号	机构全称	负责人	办公地址	邮政编码	电话	传真
30	鄂温克旗国库科	立　红	鄂温克旗巴彦托海镇中央大街	021100	0470－8812805	0470－8814960
31	莫力达瓦旗财政局	阎　波	莫力达瓦旗纳文东大街	162850	0470－4612800	0470－4618501
32	新巴尔虎左旗财政局	宝　祥	新巴尔虎左旗阿木古朗镇	021200	0470－6602263	0470－6602510
33	新巴尔虎右旗财政局	特木其勒	新巴尔虎右旗阿拉坦额莫勒镇	021300	0470－6401975	0470－6401574
34	**兴安盟财政局采购办**	**谷晓峰**	**盟财政局**	**137400**	**0482－8234508**	**0482－8234508**
35	科右中旗财政局采购办	白文廉	旗财政局	029400	0482－4126521	0482－4121597
36	扎赉特旗财政局采购办	海　龙	旗财政局	137600	0482－6131617	0482－6131617
37	科右前旗财政局采购办	刘泉生	旗财政局	137400	0482－8249946	0482－8249937
38	乌兰浩特市财政局采购办	武庆志	市财政局	137400	0482－8299171	0482－8299171
39	**通辽市政府采购办公室**	**贺希格**	**科区永清大街62号**	**028000**	**0475－8234256**	**0475－8250224**
40	开鲁县政府采购办公室	周艳军	开鲁镇	028400	0475－6242403	0475－6242403
41	科左中旗政府采购办公室	包金财	保康镇	029300	0475－3212482	0475－3212482
42	科左后旗政府采购办公室	吴力军	甘旗卡镇	028100	0475－5217704	0475－5217704
43	奈曼旗政府采购办公室	杨志明	大沁他拉镇	028300	0475－4219212	0475－4219212
44	库伦旗政府采购办公室	郭　俊	库伦镇	028200	0475－4914901	0475－4914901
45	科尔沁区政府采购办公室	唐成繁	科区政府大楼	028000	0475－8319147	0475－8319147
46	扎鲁特旗政府采购办公室	张万成	鲁北镇	029100	0475－7228046	0475－7228046
47	霍林郭勒市政府采购办公室	李素华	霍林郭勒市新开大街	029200	0475－7923815	0475－7923815
48	**赤峰市财政局政府采购管理科**	**李玉莲**	**赤峰市财政局**	**024000**	**0476－8366132**	**0476－8366132**
49	赤峰市红山区财政局政府采购管理股	杨志平	红山区长青街东段财政局楼	024000	0476－8248722	0476－8248731
50	赤峰市松山区政府采购办公室	王化民	松山区财政局	024005	0476－8440098	0476－8440098
51	赤峰市元宝山区政府采购管理办公室	杨春辉	元宝山区平庄镇	024076	0476－3522496	0476－3522496
52	阿鲁科尔沁旗政府采购委员会办公室	黄彦峰	阿旗财政局	025550	0476－7224045	0476－7224045
53	巴林左旗政府采购办公室	王丽军	左旗财政局	025050	0476－7891622	0476－7891622
54	巴林右旗政府采购办公室	魏晓莉	右旗财政局	025150	0476－6224742	0476－6224742
55	林西县财政局政府采购管理股	赵晓东	林西县林西镇	025250	0476－5322621	0476－5323163
56	克什克腾旗财政局政府采购管理办公室	李树军	克什克腾旗财政局	025350	0476－5229179	0476－5229179
57	翁牛特旗财政局政府采购管理办公室	朱跃刚	翁牛特旗财政局	024500	0476－6324513	0476－6324513
58	喀喇沁旗财政局政府采购管理股	韩小平	喀喇沁旗财政局	024400	0476－3773742	0476－3773742
59	宁城县政府采购办公室	赵忠海	宁城县县政府办公楼407室	024200	0476－4223840	0476－4223840
60	敖汉旗政府采购办公室	赵连山	敖汉旗新中街中段	024300	0476－4330326	0476－4332494
61	**乌兰察布市政府采购管理办公室**	**周　虎**	**乌兰察布市新区乌兰察布大街**	**012000**	**0474－8326258**	**0474－8326258**

续表

序号	机构全称	负责人	办公地址	邮政编码	电话	传真
62	集宁区财政局政府采购股	吕　红	集宁区民建路 26 号	012000	0474－8223434	0474－8223824
63	化德县政府采购管理办公室	徐佃明	化德县长顺镇	013350	0474－7904877	0474－7904001
64	察右后旗财政局政府采购管理办公室	王　宏	察右后旗财政局	012400	0474－6201165	0474－6202356
65	卓资县政府采购管理办公室	霍吉忠	卓资县财政局	012300	0474－4702554	0474－4702554
66	察右中旗政府采购管理办公室	任　英	察右中旗财政局	013500	0474－5908506	
67	丰镇市政府采购管理办公室	胡文峰	丰镇市财政局	012100	0474－3204680	0474－3207735
68	四子王旗政府采购管理办公室	贾俊峰	四子王旗	011800	0474－5206689	0474－5211687
69	察右前旗政府采购管理办公室	辛文斌	前旗土贵镇	012200	0474－3902563	
70	商都县政府采购管理办公室	赵淑清	商都县财政局	013450	0474－6917319	
71	兴和县政府采购管理办公室	景　春	兴和县新城财政局	013650	0474－7212502	0474－7212995
72	凉城县政府采购管理办公室	赵　军	凉城县财政局	013750	0474－4202021	0474－4201346
73	**鄂尔多斯市政府采购管理办公室**	**韩建强**	**东胜区准格尔南路 2 号**	**017000**	**0477－8326422**	**0477－8332342**
74	达啦特旗政府采购办公室	赵海利	达拉特旗树林召镇锡尼路	014300	0477－5212166	0477－5212166
75	鄂托克旗政府采购办公室	王文胜	鄂托克旗财政局	016100	0477－6218210	0477－6218210
76	**巴彦淖尔市政府采购办**	**靳　承**	**市财政局新楼五楼**	**015000**	**0478－8234794**	**0478－8230094**
77	临河区政府采购办	沼连惠	临河区财政局一楼	015000	0478－8319740	0478－8319739
78	五原县政府采购办	张　云	五原县财政局	015100	0478－5212156	0478－5228816
79	磴口县政府采购办	艾志贵	磴口县财政局	015200	0478－4232316	0478－4232316
80	乌拉特中旗政府采购办	郝侯润	乌中旗财政局二楼	015300	0478－5912428	0147－5912439
81	杭锦后旗政府采购办	任介民	杭后旗财政局	015400	0478－6629204	0478－6629204
82	乌拉特后旗政府采购办	胡树平	乌后旗财政局	015500	0478－4913004	
83	乌拉特前旗政府采购办	段雄伟	乌前旗财政局	014400	0478－3269935	
84	**乌海市财政局政府采购科**	**籍　建**	**海勃湾区**	**16000**	**0473－2888872**	**0473－2888872**
85	海勃湾区财政局政府采购办	闫继芬	海勃湾区	16000	0473－2036022	0473－2036022
86	海南区财政局采购办	芦志林	海南区	16030	0473－4021534	0473－4025690
87	乌达区财政局政府采购办	周兆顺	乌达区	16040	0473－3015360	0473－3024151
88	**阿拉善盟政府采购办**	**任广新**	**阿拉善盟财政局**	**750306**	**0483－8342824**	**0483－8342824**
89	阿拉善左旗政府采购办	侯开兴	阿拉善左旗财政局	750300	0483－8222384	0483－8222384
90	额济纳旗政府采购办	吴英凯	额济纳旗财政局	735400	0483－6521970	0483－6521970
91	阿拉善右旗政府采购办	李雅琴	阿拉善右旗财政局	737300	0483－6025473	0483－6025473
92	**满洲里市政府采购办公室**	**于春媛**	**满洲里市财政局**	**021400**	**0470－6235455**	**0470－6235455**
93	**二连浩特市财政局政府采购管理科**	**李树明**	**市财政局楼内**	**011100**	**0479－7533297**	**0479－7533552**

政府采购执行机构

序号	机构全称	负责人	办公地址	邮政编码	电话	传真
1	**内蒙古自治区政府采购中心**	**刘恒斌**	**呼和浩特市新华大街1号院8号楼**	**010055**	**0471－6946550**	**0471－6946563**
2	**呼和浩特市政府采购中心**	**李福金**	**呼和浩特回民区文化宫街12号**	**010020**	**0471－6297390**	**0471－6297390**
3	**包头市政府采购中心**	**张德明**	**市卫生局楼内**	**014020**	**0472－2165890**	**0472－2165890**
4	东河区政府采购中心	白　蓉	东河区财政局楼内	014040	0472－5866309	0472－4161133
5	昆区政府采购中心	付文和	昆区政府楼内	014020	0472－5305252	0472－5305252
6	九原区政府采购中心	周　军	九原区财税大楼内	014060	0472－7157512	
7	石拐区政府采购中心	吕　帝	石拐区财政局楼	014070	0472－8712542	0472－8712076
8	达茂旗政府采购中心	额尔德木图	达茂旗财政大楼	014500	0472－8422279	0472－8422279
9	**呼伦贝尔市政府采购中心**	**陈学平**	**呼伦贝尔市海拉尔区胜利大街4号**	**021008**	**0470－8252657**	**0470－8252103**
10	海拉尔区政府采购中心	付玉胜	呼伦贝尔市海拉尔区礼拜寺	021000	0470－8325620	0470－8325620
11	扎兰屯市政府采购中心	孟宪倆	扎兰屯市明月街10号	162650	0470－3260802	0470－3260802
12	牙克石市政府采购中心	刘书猛	牙克石市胜利东街30号	022150	0470－7366206	0470－7366206
13	阿荣旗政府采购中心	金国占	阿荣旗那吉镇中央街110号	162750	0470－4217353	0470－4217353
14	莫力达瓦旗政府采购中心	王延卿	莫力达瓦旗尼尔基镇纳文东大街	162850	0470－4692805	0470－4620311
15	根河市政府采购中心	钟建国	根河市中央大街	022350	0470－5225443	0470－5233430
16	额尔古纳市政府采购中心	王建国	额尔古纳市新城办	022250	0470－6823893	0470－6822212
17	鄂伦春旗政府采购中心	涂玉洁	鄂伦春旗阿里河镇中央大街	022450	0470－5621233	0470－5622704
18	陈巴尔虎旗政府采购中心	郝宝坤	陈巴尔虎旗巴彦库仁镇	021500	0470－6712906	0470－6712906
19	新巴尔虎左旗政府采购中心	哈斯图雅	新巴尔虎左旗阿木古朗镇	021200	0470－6606798	0470－6602510
20	新巴尔虎右旗政府采购中心	边义忠	新巴尔虎右旗阿拉坦额莫勒镇	021300	0470－6401855	0470－6401574
21	鄂温克旗政府采购中心	玛秋拉	鄂温克旗巴彦托海镇中央大街	021100	0470－8814968	0470－8814968
22	**兴安盟政府采购中心**	**张云峰**	**盟财政局**	**137400**	**0482－8234533**	**0482－8234533**
23	科右中旗政府采购中心	孙建辉	旗财政局	029400	0482－4123445	0482－4121597
24	科右前旗政府采购中心	魏　丽	旗财政局	137600	0482－8419368	0482－8419368
25	阿尔山市政府采购中心	史英平	市财政局	137800	0482－7125503	0482－7125503
26	突泉县政府采购中心	武学君	县财政局	137500	0482－5124727	0482－5124727
27	**通辽市政府采购中心**	**包朝克图**	**科区永清大街62号**	**028000**	**0475－8234256**	**0475－8250224**
28	开鲁县政府采购中心	刘凤义	开鲁镇	028400	0475－6242403	0475－6242403
29	科左后旗政府采购中心	段喜山	甘旗卡镇	028100	0475－5217704	0475－5217704
30	奈曼旗政府采购中心	尹建华	大沁他拉镇	028300	0475－4219212	0475－4219212

续表

序号	机构全称	负责人	办公地址	邮政编码	电话	传真
31	库伦旗政府采购中心	郭 俊	库伦镇	028200	0475-4914901	0475-4914901
32	科尔沁区政府采购中心	杜杰利	科区政府	028000	0475-8319146	0475-8319146
33	扎鲁特旗政府采购中心	戴宏飞	鲁北镇	029100	0475-7228046	0475-7228046
34	霍林郭勒市政府采购中心	吕春民	霍林郭勒市新开大街	029200	0475-7921202	0475-7921202
35	**赤峰市政府采购中心**	**马风清**	**赤峰市财政局**	**024000**	**0476-8369763**	**0476-8369763**
36	赤峰市红山区政府采购中心	朱洪国	红山区长青街东段财政局楼	024000	0476-8248722	0476-8248731
37	赤峰市松山区政府采购中心	于振臣	松山区财政局	024005	0476-8451088	0476-8451088
38	赤峰市元宝山区政府采购中心	孟凡贵	元宝山区平庄镇	024076	0476-2236579	0476-2236577
39	阿鲁科尔沁旗政府采购中心	刘文宝	阿旗财政局	025550	0476-7224046	0476-7224046
40	巴林左旗政府采购中心	于守忠	左旗林东镇	025450	0476-7862001	0476-7862001
41	林西县政府采购中心	律松坡	林西县林西镇	025250	0476-5322786	0476-5322786
42	宁城县政府采购中心	陈 力	宁城县县政府办公楼408室	024200	0476-4223840	0476-4223840
43	敖汉旗政府采购中心	魏云凌	新惠镇	024300	0476-4341877	0476-4332392
44	**锡林郭勒盟财政局政府采购中心**	**郭志强**	**锡市那达慕大街11号**	**026000**	**0479-8231723**	**0479-8231721**
45	锡林浩特市财政局政府采购中心	张国喜	锡市那达慕大街22号	026000	0479-8222631	0479-8224458
46	东乌旗财政局政府采购中心	刘立新	东乌乌拉盖西路	026300	0479-3228101	0479-3227179
47	阿旗财政局政府采购中心	韩 佐	阿旗白音查干镇	011400	0479-2022847	0479-2022763
48	西苏旗财政局政府采购中心	鲍向东	西苏财政局内	011200	0479-7213372	0479-7222728
49	白旗财政局政府采购中心	额尔登巴特	白旗财政局内	013800	0479-6521058	0479-6521058
50	兰旗财政局政府采购中心	都 希	兰旗上都镇	027200	0479-4224772	0479-4222752
51	镶黄旗财政局政府采购中心	格日勒图	镶黄旗财政局内	013250	0479-6224361	0479-6222678
52	多伦县财政局政府采购中心	冯绵起	多伦县财政局内	027300	0479-4524074	0479-4524787
53	西乌旗财政举重法采购中心	额尔敦	西乌旗巴彦乌拉镇	026200	0479-3529677	0479-3529677
54	乌拉盖开发区财政局政府采购中心	徐 勇	乌拉盖巴彦胡硕镇	026321	0479-3351594	0479-3352230
55	太旗财政局政府采购中心	袁顺泉	宝昌解放大街98号	027000	0479-5222792	0479-5222256
56	东苏旗财政局政府采购中心	刘鸿雁	东苏满都拉图镇巴彦干塔拉街	011300	0479-2522566	0479-2522566
57	**乌兰察布市政府采购中心**	**张国平**	**乌兰察布市新区乌兰察布大街**	**012000**	**0474-8326242**	**0474-8326242**
58	集宁区财政局政府采购股	吕 红	集宁区民建路26号	012000	0474-8223434	0474-8223824
59	化德县政府采购管理办公室	徐佃明	化德县长顺镇	013350	0474-7904877	0474-7904001
60	察右后旗政府采购中心	王 纪	察右后旗财政局	012400	0474-6201165	0474-6209567

续表

序号	机构全称	负责人	办公地址	邮政编码	电话	传真
61	卓资县政府采购中心	霍吉忠	卓资县财政局	012300	0474－4702554	0474－4702554
62	察右中旗政府采购中心	马俊英	察右中旗财政局	013500	0474－5908510	
63	丰镇市政府采购中心	范剑平	丰镇市财政局	012100	0474－3207643	0474－3207735
64	四子王旗政府采购办公室	贾俊峰	四子王旗	011800	0474－5206689	0474－5211687
65	察右前旗政府采购管理办公室	辛文斌	前旗土贵镇	012200	0474－3902563	
66	商都县政府采购中心	赵淑清	商都县财政局	013450	0474－6917319	
67	兴和县政府采购中心	韩　亮	兴和县新城财政局	013650	0474－7212324	0474－7212995
68	凉城县财政局政府采购办公室	赵玉虎	凉城县财政局	013750	0474－4202021	0474－4201346
69	**鄂尔多斯市政府采购中心**	**陈　保**	**东胜区达拉特南路26号**	**017000**	**0477－8337215**	**0477－8337215**
70	准格尔旗政府采购中心	赵培仁	准格尔旗薛家湾镇	010300	0477－4215063	0477－4215063
71	东胜区政府采购中心	赵永宽	东胜区财政局	017000	0477－8566020	0477－8566020
72	杭锦旗政府采购中心	王学峰	杭锦旗锡尼镇	017400	0477－6623993	0477－6623993
73	乌审旗政府采购中心	周子杰	乌审旗达镇	017300	0477－7211949	0477－7211949
74	达拉特旗政府采购中心	任意志	达拉特旗树林召镇	014300	0477－5213118	0477－5213118
75	鄂托克前旗财政会计核算中心	赵巴音	敖镇	016200	0477－7629826	0477－7629826
76	**巴彦淖尔市政府采购中心**	**靳　承**	**市财政局新楼五楼**	**015000**	**0478－8234794**	**0478－8230094**
77	临河区政府采购中心	沼连惠	临河区财政局一楼	015000	0478－8319740	0478－8319739
78	五原县政府采购中心	樊培青	五原县财政局	015100	0478－5210029	0478－5235030
79	磴口县政府采购中心	艾志贵	磴口县财政局	015200	0478－4232316	0478－4232316
80	乌拉特中旗政府采购中心	张和平	乌中旗财政局二楼	015300	0478－5910206	0147－5910206
81	杭锦后旗政府采购中心	任介民	杭后旗财政局	015400	0478－6629204	0478－6629204
82	乌拉特后旗政府采购中心	胡树平	乌后旗财政局	015500	0478－4913004	
83	乌拉特前旗政府采购中心	段雄伟	乌前旗财政局	014400	0478－3269935	
84	**乌海市政府采购中心**	**赵　根**	**海勃湾区**	**16000**	**0473－2022503**	**0473－2022503**
85	**阿拉善盟政府采购中心**	**段建忠**	**阿拉善盟行政公署政府采购中心**	**750306**	**0483－8340774**	**0483－8340774**
86	阿拉善左旗政府采购中心	姚平蜂	阿拉善左旗政府采购中心	750300	0483－8229551	0483－8229551
87	额济纳旗政府采购中心	侍明福	额济纳旗财政局	735400	0483－6521975	0483－6521975
88	阿拉善右旗政府采购中心	张国强	阿拉善右旗财政局	737300	0483－6021747	0483－6021747
89	**满洲里市政府采购中心**	**杨仁战**	**满洲里市合作公司六楼**	**021400**	**0470－6221137**	**0470－6228313**
90	**二连浩特市财政局政府采购管理科**	**李树明**	**市财政局楼内**	**011100**	**0479－7533297**	**0479－7533552**

辽 宁 省

政府采购管理机构

序号	机构全称	负责人	办公地址	邮政编码	电话	传真
1	**辽宁省政府采购管理办公室**	**辛力平**	**沈阳市和平区南京北街103号**	**110002**	**024-22821981**	**024-22823174**
2	沈阳市政府采购管理办公室	钱力军	沈阳市沈河区北一经街78号	110014	024-22873958	024-22873958
3	鞍山市政府采购管理办公室	高　锐	鞍山市铁东区南胜利路8号	114001	0412-2230462	0412-2201233
4	抚顺市政府采购管理办公室	赵立娟	抚顺市顺城区新华大街17号	113006	0413-7579004	0413-7572000
5	本溪市政府采购管理办公室	袁明忠	本溪市平山区平山路3号	117000	0414-2836669	0414-2844892
6	丹东市政府采购管理办公室	李成珍	丹东市元宝区金汤街9号	118000	0415-2815105	0415-2815105
7	锦州市政府采购管理办公室	王　斌	锦州市解放路三段25号	121000	0416-2331830	0416-2343532
8	营口市政府采购管理办公室	刘惠萍	营口市站前区渤海大街西6号	115000	0417-2838518	0417-2838518
9	阜新市政府采购管理办公室	崔　涛	阜新市中华路51-2号	123000	0418-2823638	0418-2823638
10	辽阳市政府采购管理办公室	刘　枢	辽阳市解放路38号	111000	0419-2121244	0419-2127941
11	盘锦市政府采购管理办公室	魏晓娟	盘锦市兴隆台区58号	124010	0427-2839399	0427-2839399
12	铁岭市政府采购管理办公室	韩　盛	铁岭市银州区市府路26号	112000	0410-2812416	0410-2812416
13	朝阳市政府采购管理办公室	刘全军	朝阳市朝阳大街三段7号	122000	0421-2622038	0421-2622038
14	葫芦岛市政府采购管理办公室	邢兆歧	葫芦岛市龙湾区龙程路36号	125000	0429-3119511	0429-3119511

政府采购执行机构

序号	机构全称	负责人	办公地址	邮政编码	电话	传真
1	**辽宁省省直政府采购中心**	**许　敏**	**沈阳市和平区南京北街103号**	**110002**	**024-22705730**	**024-22708487**
2	沈阳市政府采购中心	董植葵	沈阳市沈河区北一经街78号	110014	024-22874696	024-22874696
3	鞍山市政府采购中心	汪　良	鞍山市铁东区南胜利路8号	114001	0412-2252008	0412-2252008
4	抚顺市政府采购中心	赵　光	抚顺市顺城区新华大街17号	113006	0413-7686136	0413-7572000
5	本溪市政府采购中心	汤　苏	本溪市平山区平山路3号	117000	0414-2836631	0414-2844892
6	丹东市政府采购中心	张庆吉	丹东市元宝区金汤街9号	118000	0415-281077	0415-2815835
7	锦州市政府采购中心	王　斌	锦州市解放路三段25号	121000	0416-2331830	0416-2343532
8	营口市政府采购中心	张崇波	营口市站前区渤海大街西6号	115000	0417-2838818	0417-2838818
9	阜新市政府采购中心	郭庆兴	阜新市中华路51-2号	123000	0418-3335433	0418-2822444
10	辽阳市政府采购中心	赵　同	辽阳市解放路38号	111000	0419-2252069	0419-2252059
11	盘锦市政府采购中心	齐　风	盘锦市兴隆台区58号	124010	0427-2839145	0427-2839145
12	铁岭市政府采购中心	邹福荣	铁岭市银州区市府路26号	112000	0410-4890024	0410-4890025
13	朝阳市政府采购中心	李秀彦	朝阳市朝阳大街三段7号	122000	0421-2836539	0421-2836539
14	葫芦岛市政府采购中心	郭宝贵	葫芦岛市龙湾区龙程路36号	125000	0429-82320935	0429-8230935

大 连 市

政府采购管理机构

序号	机构全称	负责人	办公地址	邮政编码	电话	传真
	大连市财政局政府采购管理办公室	王 琳	大连市长江路138号	116001	0411－82817474	0411－82816655转8090

吉 林 省

政府采购管理机构

序号	机构全称	负责人	办公地址	邮政编码	电话	传真
1	**吉林省财政厅政府采购办公室**	**李 铮**	**省财政厅**	**130051**	**0431－2790555**	**0431－8904753**
2	**长春市财政局政府采购办公室**	**丁文涛**	**市财政局**	**130061**	**0431－8546319**	**0431－8562878**
3	九台市财政局政府采购办公室	王庆山	市财政局	130500	0431－2325300	0431－2325300
4	德惠市财政局政府采购办公室	张忠慧	德慧路64号	130300	0431－7223759	0431－7223759
5	农安县财政局政府采购办公室	曲永会	文化街45号	130200	0431－3220543	0431－3239171
6	榆树市财政局政府采购办公室	孙德风	市财政局	130400	0431－3624859	0431－3624859
7	**吉林市财政局政府采购办公室**	**贾珍玲**	**松江中路83号**	**132011**	**0432－2049065**	**0432－2049064**
8	桦甸市财政局政府采购办公室	李宏霞	桦甸大街251号	132400	0432－6223103	0432－6222405
9	永吉县财政局政府采购办公室	方玉明	滨北路28号	132200	0432－4239336	0432－4239332
10	蛟河市财政局政府采购办公室	李万勇	民主路19号	132500	0432－7250822	0432－7250822
11	磐石市财政局政府采购办公室	李成新	市财政局	132300	0432－5224337	0432－5224337
12	舒兰市财政局政府采购办公室	陈永彬	舒兰大街101号	132600	0432－8258218	0432－8258218
13	**四平市财政局政府采购办公室**	**陶化成**	**市财政局**	**136000**	**0434－3266337**	**0434－3267091**
14	双辽市财政局政府采购办公室	刘瑞民	市财政局	136400	0434－7223551	0434－7223551
15	梨树县财政局政府采购办公室	张立征	市财政局	136500	0434－5227529	0434－5223120
16	公主岭市财政局政府采购办公室	王顺杰	市财政局	136100	0434－6213708	0434－6213708
17	伊通县财政局政府采购办公室	齐 峰	市财政局	130700	0434－4223147	0434－4223147
18	**辽源市财政局政府采购办公室**	**侯荣芳**	**财政局**	**136200**	**0437－3252584**	**0437－3252584**
19	东丰县财政局政府采购办公室	刘 萍	财政局	136300	0437－6224946	0437－6224946
20	东辽县财政局政府采购办公室	倪世友	财政局	136200	0437－5108280	0437－5108255
21	**通化市财政局政府采购办公室**	**杨 莉**	**财政局**	**134000**	**0435－3652562**	**0435－3652562**
22	梅河口市财政局政府采购办公室	刘俊生	财政局	135000	0448－4225047	0448－4245611

续表

序号	机构全称	负责人	办公地址	邮政编码	电话	传真
23	通化县财政局政府采购办公室	徐山奇	财政局	134100	0435－5231467	0435－5231467
24	柳河县财政局政府采购办公室	金艳霞	财政局	135300	0448－7252540	0448－7252540
25	辉南县财政局政府采购办公室	杨 明	财政局	135100	0448－8242231	0448－8242231
26	集安市财政局政府采购办公室	金 鑫	财政局	134200	0435－6222893	0435－6222893
27	**白山市财政局政府采购办公室**	**孙之腾**	**财政局**	**134300**	**0439－3222167**	**0439－3222167**
28	临江市财政局政府采购办公室	史兰玉	财政局	134600	0439－5222568	0439－5232327
29	靖宇县财政局政府采购办公室	翟恒忠	财政局	135200	0439－7233489	0439－7234199
30	抚松县财政局政府采购办公室	徐敏华	财政局	134500	0439－6211905	0439－6211905
31	江源县财政局政府采购办公室	李孟玉	财政局	134700	0439－3728720	0439－3728720
32	长白县财政局政府采购办公室	张崇军	财政局	134400	0439－8223873	0439－8223873
33	**白城市财政局政府采购办公室**	**贾孝民**	**财政局**	**137000**	**0436－3325548**	**0436－3325548**
34	**延边州财政局政府采购办公室**	**张 琨**	**延龙路**	**133001**	**0433－2876060**	**0433－2876061**
35	敦化市财政局政府采购办公室	王 彪	丹江街	133700	0433－6223850	0433－6223850
36	安图县财政局政府采购办公室	郝方施	河西路	133600	0433－5839066	0433－5839066
37	汪清县财政局政府采购办公室	庄步华	汪清街	133200	0433－8813575	0433－8812025
38	图们市财政局政府采购办公室	崔贞姬	明星路	133100	0433－3665013	0433－3665013
39	和龙市财政局	金红玉	人民大街	133500	0433－4223808	0433－4223808
40	延吉市财政局政府采购办公室	陈克亚	河南街	133001	0433－2266021	0433－2266021
41	珲春市财政局政府采购办公室	宫玉华	新安街	133000	0440－7512205	0440－7512205
42	龙井市财政局政府采购办公室	全成洪	安民街	133400	0433－3223379	0433－3223379
43	**松原市财政局政府采购办公室**	**吴桂荣**	**财政局**	**138001**	**0438－3128614**	**0438－3126839**
44	前郭县财政局政府采购办公室	王化凌	财政局	138001	0438－2123308	0438－2123308
45	扶余县财政局政府采购办公室	张俊伟	财政局	131200	0438－5870173	0438－5870173
46	乾安县财政局政府采购办公室	张立新	财政局	131400	0438－8232242	0438－8231699
47	长岭县财政局政府采购办公室	尚广会	财政局	131500	0438－7225006	0438－7225006

政府采购执行机构

序号	机构全称	负责人	办公地址	邮政编码	电话	传真
1	**吉林省政府采购中心**	**王 琦**	**文化街**	**130061**	**0431－8905168**	**0431－8904812**
2	**长春市政府采购中心**	**孙晓梅**	**普阳街**	**130011**	**0431－7658833**	**0431－7631515**
3	九台市政府采购中心	才巨江	九台大街 120 号	130500	0431－2322369	0431－2322369
4	德惠市政府采购中心	贾秀荣	德惠路 46 号	130300	0431－7224087	0434－7224087
5	农安县政府采购中心	孟宪有	文化街 45 号	130200	0431－3228103	0431－3228103

续表

序号	机构全称	负责人	办公地址	邮政编码	电话	传真
6	榆树市政府采购中心	宋祥瑞	向阳路130号	130400	0431－3623055	0431－3623055
7	**吉林市政府采购中心**	**唐维国**	**松江中路15号**	**132011**	**0432－2048508**	**0432－2048508**
8	**四平市政府采购中心**	**康　岩**	**地直街42号**	**136000**		
9	双辽市政府采购中心	袁亚东	财政局	136400	0434－7223525	0434－7223525
10	梨树县政府采购中心	张景春	财政局	136500	0434－5227543	0434－5223120
11	公主岭市政府采购中心	苏运杰	财政局	136100	0434－6150116	0434－6150116
12	伊通县政府采购中心	齐　明	财政局	130700	0434－4240280	0434－4240280
13	**辽源市政府采购中心**	**刘　涛**	**财政局**	**136200**	**0437－3510578**	**0437－3510578**
14	东丰县政府采购中心	于渊洲	财政局	136300	0437－6223705	0437－6223705
15	东辽县政府采购中心	张艳辉	财政局	136200		
16	**通化市政府采购中心**	**武为权**	**财政局**	**134000**	**0435－3652550**	**0435－3652550**
17	梅河口市政府采购中心	刘世国	财政局	135000	0448－4220158	0448－4245611
18	柳河县政府采购中心	张清民	财政局	135300	0448－7252540	0448－7252540
19	辉南县政府采购中心	高辉军	财政局	135100	0448－8222901	0448－8222901
20	**白山市政府采购中心**	**曾庆宝**	**财政局**	**134400**	**0439－3222167**	**0439－3222167**
21	临江市政府采购中心		财政局	134600	0439－5239969	0439－5239969
22	靖宇县政府采购中心	翟恒忠	财政局	135200	0439－7233489	0439－7234199
23	抚松县政府采购中心	李丙锁	财政局	134500	0439－8968756	0439－8968756
24	江源县政府采购中心	齐宏志	财政局	134700	0439－3728723	0439－3728723
25	长白县政府采购中心	张崇军	财政局	134400	0439－8223873	0439－8223873
26	**白城市政府采购中心**	**侯焕军**	**财政局**	**137000**	**0436－3679998**	**0436－3679998**
27	镇赉县政府采购中心	杨森庭	财政局	137300	0436－7222997	0436－7227554
28	大安市政府采购中心	高树立	财政局	131300	0436－5231903	0436－5223582
29	通榆县政府采购中心	柳成林	政协办公楼	137200	0436－4225995	0436－4225995
30	洮南市政府采购中心	徐艳辉	财政局	137100	0436－6222524	0436－6222524
31	**延边州政府采购中心**	**朴　哲**	**延吉市河南街**	**133001**		
32	延吉市政府采购中心	金龙男	河南街	133001	0433－2266039	0433－2266039
33	敦化市政府采购中心	伊秀娟	丹江街	133700	0433－6240844	0433－6240844
34	安图县政府采购中心	李光世	河西路	133600	0433－5839066	0433－5839066
35	汪清县政府采购中心	庄步华	汪清街	133200	0433－8813575	0433－8813575
36	图们市政府采购中心	刘希光	明星路	133100	0433－3665013	0433－3665013
37	珲春市政府采购中心	王　兵	靖新安街	133000	0433－7512408	0433－7512408
38	龙井市政府采购中心	金　日	安民街	133400	0433－3228115	0433－3223379

黑 龙 江 省

政府采购管理机构

序号	机构全称	负责人	办公地址	邮政编码	电话	传真
1	**黑龙江省政府采购管理办公室**	**王凯峰**	**黑龙江省哈尔滨市**	**150001**	**0451-53609617**	**0451-53650829**
2	**黑龙江省哈尔滨市政府采购办公室**	**杨荣华**	**黑龙江省哈尔滨市**	**150001**	**0451-84853364**	**0451-84853364**
3	黑龙江省阿城市政府采购办公室	短忠民	黑龙江省阿城市	150300	0451-3724226	
4	黑龙江省尚志市政府采购办公室	江岸峰	黑龙江省尚志市	150600	0451-3348420	
5	黑龙江省巴彦县政府采购办公室	李风杰	黑龙江省巴彦县	151800	0451-7521289	
6	黑龙江省呼兰县政府采购办公室	江英剑	黑龙江省呼兰县	150500	13654614338	
7	黑龙江省宾县政府采购办公室	丛仁忠	黑龙江省宾县	150400	13704885768	
8	黑龙江省依兰县政府采购办公室	曹培森	黑龙江省依兰县	154800	0451-7223014	
9	黑龙江省延寿县政府采购办公室	赵　杰	黑龙江省延寿县	150701	1380462966	
10	黑龙江省木兰县政府采购办公室	兰　忱	黑龙江省木兰县	151901	0451-7082182	
11	黑龙江省通河县政府采购办公室	邵国玉	黑龙江省通河县	150900	0451-7421668	
12	黑龙江省五常市政府采购办公室	修本玉	黑龙江省五常市	150200	0451-3522646	
13	黑龙江省双城市政府采购办公室	李　增	黑龙江省双城市	150109	0451-3138073	
14	黑龙江省方正县政府采购办公室	吴金财	黑龙江省方正县	150800	0451-7127119	
15	**黑龙江省齐齐哈尔市政府采购办公室**	**赵安仁**	**黑龙江省齐齐哈尔市**	**161005**	**0452-2400500**	**0452-2400500**
16	黑龙江省富裕县政府采购办公室	隋同平	黑龙江省富裕县	161200	0452-3122900	
17	黑龙江省拜泉县政府采购办公室	鞠保全	黑龙江省拜泉县	164700	0452-7322922	
18	黑龙江省甘南县政府采购办公室	刘耀辉	黑龙江省甘南县	162100	13904629592	
19	黑龙江省讷河县政府采购办公室	张宝丰	黑龙江省讷河县	161300	0452-3322080	
20	黑龙江省依安县政府采购办公室	吴秉义	黑龙江省依安县	161500	0452-7029519	
21	黑龙江省克山县政府采购办公室	张朝影	黑龙江省克山县	161600	0452-4534954	
22	黑龙江省泰来县政府采购办公室	王伟斌	黑龙江省泰来县	162100	0452-162100	
23	黑龙江省龙江县政府采购办公室	路毅臣	黑龙江省龙江县	161100	0452-5842077	
24	黑龙江省克东县政府采购办公室	邓　勇	黑龙江省克东县	164800	0452-4326616	
25	**黑龙江省牡丹江市政府采购办公室**	**张丁洲**	**黑龙江省牡丹江市**	**157000**	**0453-6957366**	**0453-6957366**
26	黑龙江省绥芬河市政府采购办公室	胡金平	黑龙江省绥芬河市	157300	0453-3924542	
27	黑龙江省海林市政府采购办公室	计秀岩	黑龙江省海林市	157100	0453-7235824	
28	黑龙江省林口县政府采购办公室	谢玉田	黑龙江省林口县	157600	0453-3532454	
29	黑龙江省东宁县政府采购办公室	刘秀芬	黑龙江省东宁县	157200	0453-3622126	
30	黑龙江省穆棱市政府采购办公室	秦惠林	黑龙江省穆棱市	157500	0453-3128802	
31	黑龙江省宁安市政府采购办公室	陈戈杰	黑龙江省宁安市	157400	0453-7622487	
32	**黑龙江省佳木斯市政府采购办公室**	**董　爽**	**黑龙江省佳木斯市**	**154002**	**0454-8225064**	**0454-8225064**

续表

序号	机构全称	负责人	办公地址	邮政编码	电话	传真
33	黑龙江省同江市政府采购办公室	吕力华	黑龙江省同江市	156400	0454-2927538	
34	黑龙江省富锦市政府采购办公室	王宏宇	黑龙江省富锦市	156100	13904540416	
35	黑龙江省桦川县政府采购办公室	张力军	黑龙江省桦川县	154300	0454-3822779	
36	黑龙江省抚远县政府采购办公室	佟永存	黑龙江省抚远县	156500	0454-2136278	
37	黑龙江省桦南县政府采购办公室	于德海	黑龙江省桦南县	154400	0454-6223676	
38	黑龙江省汤原县政府采购办公室	赵国凡	黑龙江省汤原县	154700	0454-7622056	
39	**黑龙江省大庆市政府采购办公室**	**庄永久**	**黑龙江省大庆市**	**163311**	**0459-6621199**	**0459-6621199**
40	黑龙江省肇源县政府采购办公室	李雪冰	黑龙江省肇源县	166500	13945985636	
41	黑龙江省肇州县政府采购办公室	李世华	黑龙江省肇州县	166400	13804641323	
42	黑龙江省杜蒙自治县政府采购办公室	王　立	黑龙江省杜蒙自治县	166200	13009833041	
43	黑龙江省林甸县政府采购办公室	丁文谦	黑龙江省林甸县	166300	0459-3320185	
44	**黑龙江省鸡西市政府采购办公室**	**李　才**	**黑龙江省鸡西市**	**158100**	**0467-2353655**	**0467-2353655**
45	黑龙江省密山市政府采购办公室	张成礼	黑龙江省密山市	158300	0467-5283181	
46	黑龙江省鸡东县政府采购办公室	张德有	黑龙江省鸡东县	158200	0467-5583223	
47	黑龙江省虎林市政府采购办公室	李学海	黑龙江省虎林市	158400	0467-5823185	
48	**黑龙江省双鸭山市政府采购办公室**	**王光炎**	**黑龙江省双鸭山市**	**155101**	**0469-4282792**	**0469-4282792**
49	黑龙江省集贤县政府采购办公室	刘宝臣	黑龙江省集贤县	155900	0469-4662297	
50	黑龙江省友谊县政府采购办公室	潘　东	黑龙江省友谊县	155800	0469-5813050	
51	黑龙江省宝清县政府采购办公室	边宝贵	黑龙江省宝清县	155600	0469-5422905	
52	黑龙江省饶河县政府采购办公室	朱泽肖	黑龙江省饶河县	156700	0469-5622748	
53	**黑龙江省伊春市政府采购办公室**	**乔金龙**	**黑龙江省伊春市**	**153000**	**0458-3605365**	**0458-3605365**
54	黑龙江省铁力市政府采购办公室	崔翔玉	黑龙江省铁力市	152500	0458-2282116	
55	黑龙江省嘉荫县政府采购办公室	赵代军	黑龙江省嘉荫县	153200	0458-2623460	
56	**黑龙江省七台河市政府采购办公室**	**唐佳阅**	**黑龙江省七台河市**	**154600**	**0464-8262665**	**0464-8262665**
57	黑龙江省勃利县政府采购办公室	石如才	黑龙江省勃利县	154500	0464-8521944	
58	**黑龙江省鹤岗市政府采购办公室**	**刘建华**	**黑龙江省鹤岗市**	**154101**	**0468-3427041**	**0468-3427041**
59	黑龙江省萝北县政府采购办公室	任宝玉	黑龙江省萝北县	154200	13904884022	
60	黑龙江省绥滨县政府采购办公室	于胜秋	黑龙江省绥滨县	156200	0468-7863672	
61	**黑龙江省黑河市政府采购办公室**	**陈丽萍**	**黑龙江省黑河市**	**164300**	**0456-8228580**	**0456-8228580**
62	黑龙江省北安市政府采购办公室	朱清惠	黑龙江省北安市	164000	0456-6665437	
63	黑龙江省五大连池市政府采购办公室	王渺浩	黑龙江省五大连池市	164100	0456-6322566	
64	黑龙江省逊克县政府采购办公室	张云斌	黑龙江省逊克县	164400	0456-4453786	
65	黑龙江省嫩江县政府采购办公室	王　军	黑龙江省嫩江县	161400	0456-7524371	
66	黑龙江省孙吴县政府采购办公室	商力军	黑龙江省孙吴县	164200	0456-8428602	

续表

序号	机构全称	负责人	办公地址	邮政编码	电话	传真
67	**黑龙江省绥化市政府采购办公室**	**李荣喜**	**黑龙江省绥化市**	**152054**	**0455-8253820**	**0455-8253820**
68	黑龙江省肇东市政府采购办公室	宋相权	黑龙江省肇东市	151100	0455-7797909	
69	黑龙江省安达市政府采购办公室	史学风	黑龙江省安达市	151400	0455-7223460	
70	黑龙江省海伦市政府采购办公室	焦文举	黑龙江省海伦市	152300	0455-5723058	
71	黑龙江省绥棱县政府采购办公室	高桂芝	黑龙江省绥棱县	152201	0455-4632953	
72	黑龙江省兰西县政府采购办公室	吕志文	黑龙江省兰西县	151500	0455-5622573	
73	黑龙江省明水县政府采购办公室	孟庆鞠	黑龙江省明水县	151700	0455-6222190	
74	黑龙江省青冈县政府采购办公室	邹宏军	黑龙江省青冈县	151600	0455-3225214	
75	黑龙江省庆安县政府采购办公室	于海城	黑龙江省庆安县	152400	13009921881	
76	黑龙江省望奎县政府采购办公室	孙志敏	黑龙江省望奎县	152100	0455-6462761	
77	**黑龙江省大兴安岭地区政府采购办公室**	**赵志刚**	**黑龙江省大兴安岭地区**	**165000**	**0457-2123272**	**0457-2123272**
78	黑龙江省加格达奇区政府采购办公室	刘亚利	黑龙江省加格达奇区	165000	0457-2123540	
79	黑龙江省呼玛县政府采购办公室	徐晶莹	黑龙江省呼玛县	165100	0457-3513258	
80	黑龙江省漠河县政府采购办公室	崔满仓	黑龙江省漠河县	165300	0457-2883430	
81	黑龙江省塔河县政府采购办公室	梁淑娟	黑龙江省塔河县	165200	0457-2729680	

政府采购执行机构

序号	机构全称	负责人	办公地址	邮政编码	电话	传真
1	**黑龙江省政府采购中心**	**陈佩钢**	**黑龙江省哈尔滨市**	**150001**	**0451-53673926**	**0451-53664417**
2	**黑龙江省哈尔滨市政府采购中心**	**邹　禹**	**黑龙江省哈尔滨市**	**150001**	**0451-84676296**	**0451-84676296**
3	黑龙江省阿城市政府采购中心	短忠民	黑龙江省阿城市	150300	0451-3724226	
4	黑龙江省尚志市政府采购中心	江岸峰	黑龙江省尚志市	150600	0451-3348420	
5	黑龙江省巴彦县政府采购中心	李风杰	黑龙江省巴彦县	151800	0451-7521289	
6	黑龙江省呼兰县政府采购中心	江英剑	黑龙江省呼兰县	150500	13654614338	
7	黑龙江省宾县政府采购中心	丛仁忠	黑龙江省宾县	150400	13704885768	
8	黑龙江省依兰县政府采购中心	曹培森	黑龙江省依兰县	154800	0451-7223014	
9	黑龙江省延寿县政府采购中心	赵　杰	黑龙江省延寿县	150701	1380462966	
10	黑龙江省木兰县政府采购中心	兰　忱	黑龙江省木兰县	151901	0451-7082182	
11	黑龙江省通河县政府采购中心	邵国玉	黑龙江省通河县	150900	0451-7421668	
12	黑龙江省五常市政府采购中心	修本玉	黑龙江省五常市	150200	0451-3522646	
13	黑龙江省双城市政府采购中心	李　增	黑龙江省双城市	150109	0451-3138073	
14	黑龙江省方正县政府采购中心	吴金财	黑龙江省方正县	150800	0451-7127119	
15	**黑龙江省齐齐哈尔市政府采购中心**	**邓玉才**	**黑龙江省齐齐哈尔市**	**161005**	**0452-2400500**	**0452-2400500**
16	黑龙江省富裕县政府采购中心	隋同平	黑龙江省富裕县	161200	0452-3122900	

续表

序号	机构全称	负责人	办公地址	邮政编码	电话	传真
17	黑龙江省拜泉县政府采购中心	鞠保全	黑龙江省拜泉县	164700	0452－7322922	
18	黑龙江省甘南县政府采购中心	刘耀辉	黑龙江省甘南县	162100	13904629592	
19	黑龙江省讷河县政府采购中心	张宝丰	黑龙江省讷河县	161300	0452－3322080	
20	黑龙江省依安县政府采购中心	吴秉义	黑龙江省依安县	161500	0452－7029519	
21	黑龙江省克山县政府采购中心	张朝影	黑龙江省克山县	161600	0452－4534954	
22	黑龙江省泰来县政府采购中心	王伟斌	黑龙江省泰来县	162100	0452－162100	
23	黑龙江省龙江县政府采购中心	路毅臣	黑龙江省龙江县	161100	0452－5842077	
24	黑龙江省克东县政府采购中心	邓　勇	黑龙江省克东县	164800	0452－4326616	
25	**黑龙江省牡丹江市政府采购中心**	**陈清奎**	**黑龙江省牡丹江市**	**157000**	**0453－6957366**	**0453－6957366**
26	黑龙江省绥芬河市政府采购中心	胡金平	黑龙江省绥芬河市	157300	0453－3924542	
27	黑龙江省海林市政府采购中心	计秀岩	黑龙江省海林市	157100	0453－7235824	
28	黑龙江省林口县政府采购中心	谢玉田	黑龙江省林口县	157600	0453－3532454	
29	黑龙江省东宁县政府采购中心	刘秀芬	黑龙江省东宁县	157200	0453－3622126	
30	黑龙江省穆棱市政府采购中心	秦惠林	黑龙江省穆棱市	157500	0453－3128802	
31	黑龙江省宁安市政府采购中心	陈戈杰	黑龙江省宁安市	157400	0453－7622487	
32	**黑龙江省佳木斯市政府采购中心**	**解国本**	**黑龙江省佳木斯市**	**154002**	**0454－8225064**	**0454－8225064**
33	黑龙江省同江市政府采购中心	吕力华	黑龙江省同江市	156400	0454－2927538	
34	黑龙江省富锦市政府采购中心	王宏宇	黑龙江省富锦市	156100	13904540416	
35	黑龙江省桦川县政府采购中心	张力军	黑龙江省桦川县	154300	0454－3822779	
36	黑龙江省抚远县政府采购中心	佟永存	黑龙江省抚远县	156500	0454－2136278	
37	黑龙江省桦南县政府采购中心	于德海	黑龙江省桦南县	154400	0454－6223676	
38	黑龙江省汤原县政府采购中心	赵国凡	黑龙江省汤原县	154700	0454－7622056	
39	**黑龙江省大庆市政府采购中心**	**梁家祥**	**黑龙江省大庆市**	**163311**	**0459－6621199**	**0459－6621199**
40	黑龙江省肇源县政府采购中心	李雪冰	黑龙江省肇源县	166500	13945985636	
41	黑龙江省肇州县政府采购中心	李世华	黑龙江省肇州县	166400	13804641323	
42	黑龙江省杜蒙自治县政府采购中心	王　立	黑龙江省杜蒙自治县	166200	13009833041	
43	黑龙江省林甸县政府采购中心	丁文谦	黑龙江省林甸县	166300	0459－3320185	
44	**黑龙江省鸡西市政府采购中心**	**王玉棠**	**黑龙江省鸡西市**	**158100**	**0467－2353655**	**0467－2353655**
45	黑龙江省密山市政府采购中心	张成礼	黑龙江省密山市	158300	0467－5283181	
46	黑龙江省鸡东县政府采购中心	张德有	黑龙江省鸡东县	158200	0467－5583223	
47	黑龙江省虎林市政府采购中心	李学海	黑龙江省虎林市	158400	0467－5823185	
48	**黑龙江省双鸭山市政府采购中心**	**田新毅**	**黑龙江省双鸭山市**	**155101**	**0469－4282792**	**0469－4282792**
49	黑龙江省集贤县政府采购中心	刘宝臣	黑龙江省集贤县	155900	0469－4662297	
50	黑龙江省友谊县政府采购中心	潘　东	黑龙江省友谊县	155800	0469－5813050	

续表

序号	机构全称	负责人	办公地址	邮政编码	电话	传真
51	黑龙江省宝清县政府采购中心	边宝贵	黑龙江省宝清县	155600	0469－5422905	
52	黑龙江省饶河县政府采购中心	朱泽肖	黑龙江省饶河县	156700	0469－5622748	
53	**黑龙江省伊春市政府采购中心**	**胡向东**	**黑龙江省伊春市**	**153000**	**0458－3605365**	**0458－3605365**
54	黑龙江省铁力市政府采购中心	崔翔玉	黑龙江省铁力市	152500	0458－2282116	
55	黑龙江省嘉荫县政府采购中心	赵代军	黑龙江省嘉荫县	153200	0458－2623460	
56	**黑龙江省七台河市政府采购中心**	**唐佳阅**	**黑龙江省七台河市**	**154600**	**0464－8262665**	**0464－8262665**
57	黑龙江省勃利县政府采购中心	石如才	黑龙江省勃利县	154500	0464－8521944	
58	**黑龙江省鹤岗市政府采购中心**	**闫晓春**	**黑龙江省鹤岗市**	**154101**	**0468－3427041**	
59	黑龙江省萝北县政府采购中心	任宝玉	黑龙江省萝北县	154200	13904884022	
60	黑龙江省绥滨县政府采购中心	于胜秋	黑龙江省绥滨县	156200	0468－7863672	
61	**黑龙江省黑河市政府采购中心**	**桂红梅**	**黑龙江省黑河市**	**164300**	**0456－8228580**	**0456－8228580**
62	黑龙江省北安市政府采购中心	朱清惠	黑龙江省北安市	164000	0456－6665437	
63	黑龙江省五大连池市政府采购中心	王渺浩	黑龙江省五大连池市	164100	0456－6322566	
64	黑龙江省逊克县政府采购中心	张云斌	黑龙江省逊克县	164400	0456－4453786	
65	黑龙江省嫩江县政府采购中心	王　军	黑龙江省嫩江县	161400	0456－7524371	
66	黑龙江省孙吴县政府采购中心	商力军	黑龙江省孙吴县	164200	0456－8428602	
67	**黑龙江省绥化市政府采购中心**	**张广新**	**黑龙江省绥化市**	**152054**	**0455－8253820**	**0455－8253820**
68	黑龙江省肇东市政府采购中心	宋相权	黑龙江省肇东市	151100	0455－7797909	
69	黑龙江省安达市政府采购中心	史学风	黑龙江省安达市	151400	0455－7223460	
70	黑龙江省海伦市政府采购中心	焦文举	黑龙江省海伦市	152300	0455－5723058	
71	黑龙江省绥棱县政府采购中心	高桂芝	黑龙江省绥棱县	152201	0455－4632953	
72	黑龙江省兰西县政府采购中心	吕志文	黑龙江省兰西县	151500	0455－5622573	
73	黑龙江省明水县政府采购中心	孟庆鞠	黑龙江省明水县	151700	0455－6222190	
74	黑龙江省青冈县政府采购中心	邹宏军	黑龙江省青冈县	151600	0455－3225214	
75	黑龙江省庆安县政府采购中心	于海城	黑龙江省庆安县	152400	13009921881	
76	黑龙江省望奎县政府采购中心	孙志敏	黑龙江省望奎县	152100	0455－6462761	
77	**黑龙江省大兴安岭地区政府采购中心**	**刘洪文**	**黑龙江省大兴安岭地区**	**165000**	**0457－2123272**	**0457－2123272**
78	黑龙江省加格达奇区政府采购中心	刘亚利	黑龙江省加格达奇区	165000	0457－2123540	
79	黑龙江省呼玛县政府采购中心	徐晶莹	黑龙江省呼玛县	165100	0457－3513258	
80	黑龙江省漠河县政府采购中心	崔满仓	黑龙江省漠河县	165300	0457－2883430	
81	黑龙江省塔河县政府采购中心	梁淑娟	黑龙江省塔河县	165200	0457－2729680	

上　海　市

政府采购管理机构

序号	机 构 全 称	负责人	办 公 地 址	邮政编码	电　话	传　真
1	上海市政府采购管理办公室	刘红薇	上海市肇嘉浜路 800 号 7 楼	200030	021 – 54679568 转	021 – 54906051

政府采购执行机构

序号	机 构 全 称	负责人	办 公 地 址	邮政编码	电　话	传　真
1	上海市政府采购中心	邹华新	上海市陆家浜路 1060 号 1 号楼 4 楼	200011	021 – 63185500 转	021 – 63186287

江　苏　省

政府采购管理机构

序号	机 构 全 称	负责人	办 公 地 址	邮政编码	电　话	传　真	电子信箱
1	**江苏省财政厅政府采购管理处**	**王卫星**	**南京市北京西路 63 号**	**210024**	**025 – 83633052**	**025 – 83633344**	**zfcg@china.com**
2	**南京市财政局政府采购管理处**	**范丽芳**	**南京市北京东路 10 号**	**210008**	**025 – 83796340**	**025 – 83796340**	**zfcgnj@china.com**
3	南京六合区政府采购办公室	刘长英	南京市六合区长江路 66 号	211500	025 – 57753774	025 – 57753774	
4	南京浦口区政府采购办公室	胡升萍	南京市浦口区珠江镇文德路 30 号	211800	025 – 58112533	025 – 58886094	
5	南京江宁区政府采购办公室	张春柳	南京市江宁区东山镇上元大街 166 号	211100	025 – 52281635	025 – 52286149	
6	**无锡市财政局政府采购管理处**	**李小平**	**无锡市石皮路 8 号**	**214001**	**0510 – 2793160**	**0510 – 2793156**	**zfcgwx@china.com**
7	无锡锡山区政府采购管理办公室	王瑞洁	无锡锡山区东亭镇锡州中路 1 号 1705	214101	0510 – 8708520	0510 – 8708392	leepingzhang@163.com
8	无锡宜兴市政府采购管理办公室	范积平	无锡宜兴市宜城镇荆溪中桥南堍	214206	0510 – 7976374	0510 – 7981645	yxcgzx@sina.com
9	无锡惠山区政府采购办公室	李　强	无锡惠山区堰桥镇文惠路 1 号	214174	0510 – 3598733	0510 – 3598730	adg – 0123321@163.com
10	无锡江阴市财政局政府采购科	许明煜	无锡江阴市暨阳路 10 号	214431	0510 – 6835833	0510 – 6805265	govpur@pub.wx.jsinfo.net
11	**泰州市财政局政府采购管理处**	**陈锦林**	**泰州市海陵南路 302 号**	**225300**	**0523 – 6888091**	**0523 – 6888091**	**tzzcb@sohu.com**

续表

序号	机构全称	负责人	办公地址	邮政编码	电话	传真	电子信箱
12	泰州海陵区政府采购管理办公室	葛鹏	泰州市人民东路2号楼	225300	0523-6210498	0523-6222451	
13	泰州高港区政府采购管理办公室	包继春	泰州市高港区港城路6号	225321	0523-6966030	0523-6966030	
14	泰州开发区政府采购管理办公室	周云	泰州市青年南路29号开发区管委会	225300	0523-6881010	0523-6881656	tzzy6610@163.com
15	泰州靖江市政府采购管理委员会办公室	秦满芳	泰州靖江市骥江路180号	214500	0523-4811567	0523-4811567	jjszcb@hotmail.com
16	泰州泰兴市政府采购管理办公室	李智琴	泰州泰兴市国庆东路12号	225400	0523-7633069	0523-7633069	txzc2008@sina.com
17	泰州姜堰市政府采购管理办公室	杨希	泰州姜堰市通扬西路89号	225500	0523-8817878	0523-8817878	jyscgzx@eyou.com
18	泰州兴化市财政局采购科	薛宏金	泰州兴化市马桥路19号	225700	0523-3242188 0523-5286828	0523-3242188	
19	**盐城市财政局采购处**	**陈羲**	**盐城市文峰路41号**	**224000**	**0515-8365441**	**0515-8365440**	**zfcgyc@china.com**
20	盐城东台市财政局采购科	刘益	盐城东台市新东东路29号	224200	0515-5213992		
21	盐城大丰市财政局采购科	江辉	盐城大丰市健康东路48号	224100	0515-3522133		
22	盐城射阳县财政局采购科	施爱国	盐城射阳县城沿河路89号	224300	0515-2323851		
23	盐城建湖县财政局采购科	赵雪峰	盐城建湖县人民南路189号	224700	0515-6212393	0515-6212393	
24	盐城阜宁县财政局采购科	夏斯勇	盐城阜宁县县城	224400	0515-7213694	0515-7213667	
25	盐城滨海县财政局采购科	蒋耀武	盐城滨海县行政办公大楼	224500	0515-4108530	0515-4108548	
26	盐城响水县财政局采购科	黄兆林	盐城响水县县城双园路244号	224600	0515-6883398	0515-6883763	
27	盐城城区财政局采购科	周晓明	盐城市迎宾北路60号	224000	0515-8399086	0515-8399086	mskbbas@hotmail.com
28	盐城盐都区财政局采购科	王树林	盐城盐都区财政局	224000	0515-8429022		ydczys01@pub.yc.jsinfo.net
29	盐城开发区财政局采购科	周姝姝	盐城市开发区	224000	0515-8185605		
30	**徐州市财政局政府采购管理处**	**沙菊霞**	**徐州市彭城路1号**	**221005**	**0516-3737647**	**0516-3737647**	**hansong@ccgp-xuzhou.gov.cn**
31	徐州铜山县财政局政府采购管理办公室	许言丽	徐州铜山县新区财政局	221116	0516-3405264	0516-3405264	zbhappy@pub.xz.jsinfo.net
32	徐州丰县财政局政府采购管理办公室	常新亮	徐州丰县人民中路8号	221700	0516-4238308	0516-4211690	zfcgwj@163.com

续表

序号	机构全称	负责人	办公地址	邮政编码	电话	传真	电子信箱
33	徐州新沂市财政局政府采购管理办公室	李振强	徐州新沂市市府路40号	221400	0516－8927864	0516－8991057	xuejianjsxy@sina.com
34	徐州沛县财政局政府采购管理办公室	董良颖	徐州沛县正阳路21号	221600	0516－4656623	0516－4356626	xiaocao7875@sina.com
35	**淮安市财政局政府采购处**	**张　标**	**淮安市健康东路65号**	**223001**	**0517－3934957**	**0517－3759397**	**zfcgha@china.com**
36	淮安涟水县招标投标管理办公室	颜朝猛、李中月	淮安涟水县今世缘大道170号	223700	0517－2317846	0517－2318839	haa2319559@pub.hy.jsinfo.net
37	淮安洪泽县财政局	韩树明	淮安洪泽县人民路12号	223100	0517－7267812	0517－7223751	52364183@163.com
38	淮安金湖县政府采购管理科	林正荣	淮安金湖县建设路19号	211600	0517－6992322	0517－6888775	jsjhlzr@163.com
39	淮安楚州区财政局	袁　芳	淮安楚州区友谊路5号	223200	0517－5939085	0517－5939097	huaianchuzhou@hotmail.com
40	淮安开发区财政局	朱翔林	淮安市厦门西路6号	223005	0517－3716113	0517－3716113	shijiemeijing@hotmail.com
41	常熟市财政局政府采购管理科	吴敏德	常熟市金沙江路8号	215500	0512－52893533	0512－52898541	zfcgcs@china.com
42	**宿迁市财政局政府采购管理处**	**程思亮**	**宿迁市人民大道2号**	**223800**	**0527－4363063**	**0527－4363081**	**zfcgsq@china.com**
43	宿迁宿豫区财政局政府采购管理办公室	杨　宁	宿迁市珠江路财政局院内	223800	0527－4465538	0527－4465538	
44	宿迁沭阳县财政局采购中心	陈永光	宿迁沭阳县北京南路财政局院内	223600	0527－3570145	0527－3553373	
45	宿迁泗阳县财政局政府采购管理股	陆新启	宿迁泗阳县振兴路16号	223700	0527－5211771	0527－5211771	syzfcg@tom.com
46	**常州市财政局政府采购处**	**丁焕利**	**常州市局前街176号**	**213003**	**0519－6607693**	**0519－6607693**	
47	常州市武进区财政局政府采购管理办公室	朱志大	常州市武进行政中心	213100	0519－6310520	0519－6310780	
48	常州市天宁区财政局政府采购管理办公室	薛定良	常州市常锡路116号	213001	0519－6644679	0519－6662919	
49	常州金坛市政府采购管理科	叶志强	常州金坛市华城中路11号	213200	0519－2328709	0519－2330578	
50	常州溧阳市财政局预算科	陈旭强	常州溧阳市溧城镇燕园路18号	213300	0519－7223745、7201206	0519－7223745	
51	**连云港市政府采购管理处**	**董淑录**	**连云港市新浦海昌南路21号**	**222004**	**0518－5521498**	**0518－5015036**	**zfcglyg@china.com**
52	连云港赣榆县政府采购管理科	韦开方	连云港赣榆县财政局	222100	0518－6231905	0518－6212632	lygcg2929@sina.com

续表

序号	机构全称	负责人	办公地址	邮政编码	电话	传真	电子信箱
53	**南通市财政局政府采购处**	**施建中**	**南通市跃龙路38号国际大厦**	**226001**	**0513－5594193**	**0513－5594170**	**zfcgnt@china.com**
54	南通海安县财政局政府采购管理科	丁茂顺	南通海安县同建路2号	226600	0513－8859823	0513－8897064	
55	南通如皋市财政局政府采购管理科	陈万圣	南通如皋市益寿路	226571	0513－7623860	0513－7623880	
56	南通如东县财政局政府采购管理科	余　科	南通如东县掘港镇人民北路	226400	0513－4517777	0513－4512102	
57	南通通州市财政局政府采购管理科	陈伟平	南通通州市金沙镇建设路66号	226300	0513－6512610	0513－6512610	
58	南通海门市财政局政府采购管理科	季祥康	南通海门市解放中路文化宫路9号	226100	0513－2100344		
59	南通启东市财政局政府采购管理科	高永华	南通启东市汇龙镇建新路24号	226200	0513－3340291	0513－3349129	
60	南通崇川区财政局政府采购管理科	茅志斌	南通市跃龙南路36号	226001	0513－5128813	0513－5529650	
61	南通港闸区财政局政府采购管理科	顾国华	南通市城港路58号	226005	0513－5609722	0513－3596593	
62	南通开发区财政局政府采购管理科	严伍玖	南通市开发区星湖大厦5F	226009	0513－5925932	0513－3596539	
63	**扬州市财政局政府采购管理处**	**黄晓燕**	**扬州市淮海路108号**	**225002**	**0514－7343585**	**0514－7346729**	**zfcgyz@china.com**
64	扬州市广陵区政府采购办公室	樊继健	扬州市四望亭路40号	225002	0514－7347163	0514－7347163	
65	扬州经济开发区政府采购办公室	诸　芳	扬州维扬路88号908室	225009	0514－7862137	0514－7862936	
66	扬州市邗江区政府采购管理办公室	陆云峰	扬州市邗江区中兴路2号	225009	0514－7896947	0514－7896947	
67	扬州市维扬区政府采购办公室	李　玮	扬州市平山堂路1号	225008	0514－7636328		
68	扬州江都市政府采购办公室	高　俊	扬州江都市大会堂路10号	225200	0514－6533464	0514－6055048	
69	扬州高邮市政府采购办公室	耿其山	扬州高邮市海潮路49号	225600	0514－4617939	0514－4616755	
70	扬州宝应县政府采购管理办公室	郭锡山	扬州宝应县叶挺东路2号	225800	0514－8227757	0514－8203792	
71	扬州仪征市财政局政府采购管理科	戴长龙	扬州仪征市真州西路64号	211400	0514－3442526		
72	**苏州市财政局政府采购管理处**	**马佳乐**	**苏州市三香路180号**	**215004**	**0512－68615805**	**0512－68615855**	**zfcgsz@china.com**

续表

序号	机构全称	负责人	办公地址	邮政编码	电话	传真	电子信箱
73	苏州吴江市财政局政府采购管理科	庄建荣	苏州吴江市世纪大厦（主楼）二楼	215200	0512－63493688	0512－63493690	wjcgzx@sina.com.cn
74	苏州昆山市政府采购工作管理委员会办公室	李建英	苏州昆山市前进中路368号	215300	0512－57314710	0512－57310802	kszfcgbl@sina.com
75	苏州张家港市政府采购管理办公室	瞿永昌	苏州张家港市人民路财税大厦	215600	0512－58189928		
76	苏州太仓市政府采购管理办公室	金惠林	苏州太仓市上海路4号	215400	0512－53523506	0512－53523506	jhldaye@163.com
77	苏州工业园区政府采购办公室	李洪秋	苏州工业园区苏华路2号	215021	0512－62881656	0512－62881698	lhq@sipac.gov.cn
78	苏州市高新区政府采购办公室	袁志琴	苏州高新区管委会大楼运河路8号14f	215011	0512－68251888－1482	0512－68411920	huang.hai@snd.gov.cn
79	苏州市吴中区政府采购办公室	许晓华	苏州吴中区迎春路171号	215128	0512－65283947	0512－65283947	zfcgwz@sina.com
80	苏州市相城区财政局	王美蓉	苏州市相城区阳澄湖东路行政中心9号	215131	0512－85182239	0512－85182227	foxwu@126.com
81	苏州市沧浪区财政局	徐天图	苏州市十街388号	215006	0512－65210439	0512－65214701	czj@szcl.gov.cn
82	苏州市平江区政府采购管理办公室	胡　洁	苏州市旧学前81号	215005	0512－67771573	0512－67771573	pjkjhs@126.com
83	苏州市金阊区财政局	张华健	苏州市金门路100号	215008	0512－65335012	0512－65341490	uuzhjzhjzhj@vip.sina.com
84	**镇江市政府采购管理处**	**王跃群**	**镇江市正东路141号**	**212001**	**0511－4424763**	**0511－4403270**	**zfcgzj@china.com**
85	镇江京口区政府采购管理科	戴晓梅	镇江市学府路31号	212003	0511－5388687	0511－5388687	
86	镇江润州区政府采购管理科	桂成涛	镇江市朱方路212号	212005	0511－5626653	0511－5626653	
87	镇江新区政府采购管理科	石凤静	镇江市大港港口路8号	212132	0511－3372637	0511－3372637	
88	镇江丹徒区政府采购管理科	梅云香	镇江市丹徒新区爱民路28号	212001	0511－8992001	0511－8992026	
89	镇江句容市政府采购管理科	郭道军	镇江句容市华阳东路16号	212400	0511－7264823	0511－7264828	
90	镇江丹阳市政府采购管理科	王春宝	镇江丹阳市新民东路47号	212300	0511－6519245	0511－6569119	dcc@dycg.gov.cn
91	镇江扬中市政府采购管理科	曹宏进	镇江扬中市港东南路20号	212200	0511－8328205	0511－8361205	zfcg@yz.gov.cn

政府采购执行机构

序号	机构全称	负责人	办公地址	邮政编码	电话	传真	电子信箱
1	**江苏省政府采购中心**	**顾岳良**	**南京市北京西路63号**	**210024**	**025－83633053**	**025－83633063**	**myf 0016@hotmail.com**
2	**江苏省省级行政机关政府采购中心**	**顾永恒**	**南京市西康路47号**	**210024**	**025－83398501**	**025－83398504**	**xuyan@infobidding.com**
3	**南京市政府采购中心**	**姚玉兰**	**北京西路2－1号**	**210008**	**025－83326529**	**025－83326529**	**njzc@njzc.gov.cn**
4	南京溧水县政府采购中心	陈召根	溧水县永阳镇大东门街2号	211200	025－57207208	025－57207208	
5	南京高淳县政府采购中心	孙广霖	高淳县淳溪镇固城湖南路12号	211300	025－57311629	025－57330705	
6	南京浦口区政府采购中心	胡升萍	浦口区珠江镇文德路30号	211800	025－58112533	025－58886094	
7	南京江宁区政府采购中心	顾新友	江宁区东山镇上元大街166号	211100	025－52288417	025－52288417	
8	**无锡市政府采购中心**	**周祖毓**	**无锡市西门坝桥沿河43号**	**214001**	**0510－2705068**	**0510－2722317**	**xzg 888@pub.wx.jsinfo.net**
9	无锡锡山区政府采购中心	王瑞洁	无锡锡山区东亭镇锡州中路1号1705	214101	0510－8708520	0510－8708392	leepingzhang@163.com
10	无锡惠山区机关事务管理局采购中心	朱伟光	无锡惠山区堰桥镇文惠路1号	214174	0510－3597000－4208		raychu88@163.com
11	无锡江阴市政府采购中心	杨泉兴	无锡江阴市暨阳路10号	214431	0510－6800480	0510－6805265	govpur@pub.wx.jsinfo.net
12	**泰州市政府采购中心**	**陈锦林**	**泰州市海陵南路302号**	**225300**	**0523－6888091**	**0523－6888091**	**tzzcb@sohu.com**
13	泰州海陵区政府采购中心	许　政	泰州市人民东路2号楼	225300	0523－6211113	0523－6211113	
14	泰州高港区政府采购中心	丁卫国	泰州市高港区港城路6号	225321	0523－6966191	0523－6966191	
15	泰州开发区政府采购中心	周　云	江苏省泰州市青年南路29号开发区管委会	225300	0523－6881010		tzzy6610@163.com
16	泰州靖江市政府采购中心	范钦满	泰州靖江市骥江路180号	214500	0523－4811674	0523－4811674	jjszcb@hotmail.com
17	泰州泰兴市政府采购中心	沐兴俊	泰州泰兴市国庆东路12号	225400	0523－7654122	0523－7618595	txzc2008@sina.com
18	泰州姜堰市政府采购中心	蒋溢明	泰州姜堰市通扬西路89号	225500	0523－8817878	0523－8817878	jyscgzx@eyou.com
19	**盐城市政府采购中心**	**季　涛**	**盐城市文峰路41号**	**224000**	**0515－8380112**	**0515－8380112**	
20	盐城东台市招标投标中心	常　青	盐城东台市金海路15号	224200	0515－5275063		dtzbtb@163.com
21	盐城大丰市政府采购中心	江　辉	盐城大丰市健康东路48号	224100	0515－3522133		
22	盐城射阳县政府采购中心	施爱国	盐城射阳县城沿河路89号	224300	0515－2323851		
23	盐城建湖县政府采购中心	顾成杰	盐城建湖县人民南路189号	224700	0515－6230511	0515－6230511	

续表

序号	机构全称	负责人	办公地址	邮政编码	电话	传真	电子信箱
24	盐城阜宁县政府采购中心	许爱琴	盐城阜宁县县城	224400	0515－7263900	0515－7263900	
25	盐城滨海县政府采购中心	蒋耀武	盐城滨海县行政办公大楼	224500	0515－4108530	0515－4108548	
26	盐城响水县政府采购中心	孙志海	盐城响水县县城双园路244号	224600	0515－6882356	0515－6883763	
27	盐城城区政府采购中心	周晓明	盐城市迎宾北路60号	224000	0515－8399086	0515－8399086	mskbbas@hotmail.com
28	盐城盐都区政府采购中心	朱步荣	盐城盐都区政府行政中心343办公室	224000	0515－8426032		nccncc500458@sina.com
29	**徐州市政府采购中心**	**姚宾礼**	**徐州市中山北路1号**	**221000**	**0516－5747257**	**0516－5830927**	**yaobl@ccgp－xuzhou.gov.cn**
30	徐州铜山县政府采购中心	许言丽	徐州铜山县新区财政局	221116	0516－3405264	0516－3405264	zbhappy@pub.xz.jsinfo.net
31	徐州睢宁县政府采购中心	张　勇	徐州睢宁县环河北路12号	221200	0516－8332491	0516－8331115	snzfcg@sohu.com
32	徐州邳州市政府采购中心	孔岳杰	徐州邳州市运河镇民主路79号	221300	0516－6244372	0516－6228947	lilid7963@sina.com
33	徐州新沂市政府采购中心	文德水	徐州新沂市政府院内	221400	0516－8955008		
34	徐州沛县政府采购中心	吴　峰	徐州沛县正阳路21号	221600	0516－4656623	0516－4356626	xiaocao7875@sina.com
35	徐州市贾汪区政府采购中心	秦善文	徐州市贾汪区前委路18号	221011	0516－7612262	0516－7612262	jsczd@pub.xz.jsinfo.net
36	**淮安市政府采购中心**	**顾卫群**	**淮安市健康西路142号**	**223001**	**0517－3662912**	**0517－3592736**	**czj－1997@163.com**
37	淮安涟水县招标投标服务中心	陈永康	淮安涟水县今世缘大道170号	223700	0517－2317846	0517－2318839	chenyk21@126.com
38	淮安洪泽县财政局采购中心	韩树明	淮安洪泽县人民路12号	223100	0517－7267812	0517－7223751	52364183@163.com
39	淮安盱眙县政府采购中心	杨文贤	淮安盱眙县五墩东路	211700	0517－8263752	0517－8263752	xyczzfcg@163.com
40	淮安楚州区政府采购中心	谷海波	淮安楚州区友谊路5号	223200	0517－5968658	0517－5968658	huaianchuzhou@hotmail.com
41	淮安淮阴区政府采购中心	孙成林	淮安淮阴区北京北路	223300	0517－4934307	0517－4934307	
42	淮安清浦区政府采购中心	胡小红	淮安市承德南路66号	223002	0517－3902003	0517－3515063	
43	淮安清河区政府采购中心	唐善进	淮安市北京北路103号	223001	0517－3643892	0517－3643892	qinghecaizhengju@sina.com
44	淮安开发区政府采购中心	许天翔	淮安市厦门西路6号	223005	0517－3716113	0517－3716113	shijiemeijing@hotmail.com
45	常熟市政府采购中心	陈晓亮	常熟市海虞北路48号市行政审批中心三楼	215500	0512－52826899	0512－52827899	zfcg@mail.changshu.gov.cn
46	**宿迁市政府采购中心**	**赵昌文**	**宿迁市南湖路16号**	**223800**	**0527－4388331**	**0527－4388331**	**zcwnj@yahoo.com.cn**
47	宿迁宿城区政府采购中心	张惠兰	宿迁市黄河南路85号	223800	0527－4239209	0527－4239209	

续表

序号	机构全称	负责人	办公地址	邮政编码	电话	传真	电子信箱
48	宿迁沭阳县招标投标管理中心	胡方林	宿迁沭阳县北京北路银河宾馆院内	223600	0527－3552346	0527－3552346	
49	宿迁泗洪县政府采购中心	赵再明	宿迁泗洪县财政局院内	223900	0527－6231043	0527－6223637	
50	**常州市政府采购中心**	**窦玉明**	**常州市晋陵中路593号**	**213003**	**0519－6683218**	**0519－6800286**	
51	常州市武进区政府采购中心	刘祝全	常州市武进行政中心	213100	0519－6310520	0519－6310780	
52	常州市天宁区政府采购中心	薛文新	常州市常锡路116号	213001	0519－6662919	0519－6662919	
53	常州金坛市政府采购中心	王新辉(兼)	常州金坛市华城中路11号	213200	0519－2330578	0519－2330578	
54	常州溧阳市政府采购中心	杨庆明	常州溧阳市溧城镇燕园路18号	213300	0519－7220692	0519－7220692	
55	**连云港市政府采购中心**	**韩　旭**	**连云港市新浦通灌北路103＃**	**222000**	**0518－5015078**	**0518－5015036**	zfcglyg@china.com
56	连云港赣榆县政府采购中心	于维涛	连云港市赣榆县政府采购中心	222100	0518－6287355	0518－6282525	lygcg 2929@sina.com
57	连云港东海县政府采购中心	李　明	连云港市东海县牛山镇和平东路118＃	222300	0518－7228861	0518－7228861	
58	连云港灌南县政府采购中心	王东平	连云港市灌南县新安镇人民路12＃	222500	0518－3289019	0518－3289009	
59	连云港灌云县政府采购中心	陈　辉	连云港市灌云县财政局	222200	0518－8812386	0518－8812386	cjine1825@126.com
60	**南通市政府采购中心**	**余桂成**	**南通市跃龙路38号国际大厦**	**226001**	**0513－5594193**	**0513－5594171**	
61	南通海安县政府采购中心	陈忠益	南通海安县人民中路8号	226600	0513－8897062	0513－8897064	
62	南通如皋市招投标中心	田　华	南通如皋市海洋路	226500	0513－7524790	0513－7610607	
63	南通如东县政府采购中心	俞雪峰	南通如东县人民政府大院内	226400	0513－4133558	0513－4133853	
64	南通通州市招投标管理中心	刘学军	南通通州市开发区金谷大厦4楼	226300	0513－6547768		
65	南通海门市政府采购中心	陆黎华	南通海门市行政审批中心3楼	226100	0513－2100351	0513－2100351	
66	南通启东市政府采购与招投标中心	薛仲平	南通启东市汇龙镇花园中路843号	226201	0513－3349129	0513－3350333	
67	中国远东国际贸易公司驻南通办事处	顾　健	南通市鸿运城市花苑1幢104室	226000	0513－3517360、13912260966		dongzi 03@vip.163.com
68	上海国际招标有限公司江苏分公司	季　军	南通市跃龙路38号国际大厦12楼	226001	0513－5518108转8003或800		sitc.js@vip.163.com
69	南通市产权交易所有限公司	严长山	南通市工农路附87号百昌大厦3楼	226008	0513－5010755、5010753		
70	**扬州市政府采购中心**	**黄晓燕**	**扬州市淮海路108号**	**225002**	**0514－7343585**	**0514－7346729**	**zfcgyz@china.com**
71	扬州市广陵区政府采购服务中心	樊继健	扬州市四望亭路40号	225002	0514－7347163	0514－7347163	
72	扬州经济开发区政府采购中心	王留芳	扬州市维扬路88号	225009	0514－7862905	0514－7862873	

续表

序号	机构全称	负责人	办公地址	邮政编码	电话	传真	电子信箱
73	扬州市邗江区政府采购服务中心	陆云峰	扬州市邗江区中兴路2号	225009	0514－7896947	0514－7862089	
74	扬州市维扬区政府采购中心	庄和顺	扬州市平山堂路1号	225008	0514－7636323	0514－7636323	
75	扬州江都市政府采购中心	詹吉华	扬州江都市人民路19号	225200	0514－6554011	0514－6055048	
76	扬州宝应县政府采购中心	沈　群	扬州宝应县叶挺东路2号	225800	0514－8227757	0514－8203792	
77	扬州仪征市政府采购中心	戴长龙	扬州仪征市真州西路64号	211400	0514－3431085	0514－3431085	
78	**苏州吴江市财政局政府采购中心**	**庄建荣**	**苏州吴江市世纪大厦行政审批中心3楼**	**215200**	**0512－63493712**	**0512－63493690**	**shen@zgwj.gov.cn**
79	苏州张家港市政府采购中心	李　刚	苏州张家港市人民中路33号	215600	0512－58699061		
80	苏州太仓市政府采购中心	蔡凤珠	苏州太仓市上海路4号	215400	0512－53529857	0512－53517828	aitianxiang@yeah.net
81	苏州昆山市政府采购中心	金　慧	昆山市同丰西路482号	215300	0512－57318738	0512－57318738	kszfcg@163.com
82	苏州市营财招投标咨询服务有限公司	张尧荣	苏州市人民路905号	215002	0512－65158110	0512－65158669	
83	苏州华夏招投标代理有限公司	叶筱凤	苏州市阊胥路88号华孚写字楼407室	215000	0512－66337732	0512－67523016	hx@hx－zhaobiao.cn
84	苏州诚和招投标咨询有限公司	刘瑞英	苏州市竹辉路477号6楼	215007	0512－65194850－6012	0512－65262733	szchzb@163.com
85	苏州市卫康招投标咨询服务有限公司	顾俊萍	苏州市锦帆路17－2号	215006	0512－65154821	0512－65154823	sz－weikang@sina.com
86	苏州创业教育招投标咨询服务有限公司	赵是华	苏州新区滨河路729号	215011	0512－68080677	0512－68080677	chuangyezhao@126.com
87	苏州时代招投标有限公司	幸　勇	苏州市竹辉路358号	215007	0512－65208591	0512－65208591	shidai 1@pub.sz.jsinfo.net
88	苏州市进元招投标咨询服务有限公司	冯　涛	苏州市干将路888号调丰巷45号201室	215005	0512－65222575	0512－65222515	fengtao7779@sohu.com
89	**镇江市政府采购管理中心**	**王跃群**	**镇江市正东路141号**	**212001**	**0511－4424815**	**0511－4424815**	**zfcgzj@china.com**
90	镇江京口区政府采购管理中心	戴晓梅	镇江市学府路31号	212003	0511－5388687	0511－5388687	
91	镇江润州区政府采购管理中心	桂成涛	镇江市朱方路212号	212005	0511－5626653	0511－5626653	
92	镇江新区政府采购管理中心	石凤静	镇江市大港港口路8号	212132	0511－3372637	0511－3372637	
93	镇江丹徒区政府采购管理中心	贾小平	镇江市丹徒新区爱民路28号	212001	0511－8992050	0511－8992050	
94	镇江句容市政府采购管理中心	郭道军	镇江句容市华阳东路16号	212400	0511－7264823	0511－7264828	
95	镇江丹阳市政府采购管理中心	王春宝	镇江丹阳市新民东路47号	212300	0511－6519245	0511－6569119	dcc@dycg.gov.cn
96	镇江扬中市政府采购管理中心	曹宏进	镇江扬中市港东南路20号	212200	0511－8328205	0511－8361205	zfcg@yz.gov.cn

浙 江 省

政府采购管理机构

序号	机构全称	负责人	办公地址	邮政编码	电话
1	浙江省财政厅	沈继宁	杭州市环城西路 37 号	310007	0571－87056547
2	浙江省财政厅政府采购管理办公室	俞建玉	杭州市环城西路 37 号	310007	0571－87055739
3	杭州市财政局政府采购办公室	卓安军	杭州市庆春路	310009	0571－87217885
4	杭州市西湖区政府采购办公室	孔　杰	杭州市文三路 539 号	310013	0571－85129123
5	杭州市上城区政府采购办公室	曹　雷	杭州市惠民路 26 号	310002	0571－87819215
6	杭州市下城区政府采购办公室	孙　健	杭州市朝晖路联锦大厦 A 座	310014	0571－85066579
7	杭州市拱墅区政府采购办公室	陈　刚	杭州市霞湾巷杭办大厦 2 号楼	310014	0571－88355305
8	杭州市江干区政府采购办公室	陈　颖	杭州市太平门直街 269 号	310020	0571－86438095
9	杭州市滨江区政府采购办公室	郑柏先	杭州市滨江区江南大道财政大楼	310052	0571－87760023
10	萧山区财政局政府采购办公室	蔡晓燕	萧山城厢镇人民路 318 号	311201	0571－82752603
11	余杭区财政局政府采购办公室	王　英	东湖路 26 号	311000	0571－86244810
12	富阳市财政局政府采购办公室	俞哲南	富春路 11 号	311400	0571－63343260
13	建德市财政局政府采购办公室	鲁　红	新安路 103 号	311600	0571－64718168
14	桐庐县财政局政府采购办公室	俞　斌	江南财税大楼	311500	0571－64220676
15	临安市财政局政府采购办公室	周金花	临安市临天路 150 号	311300	0571－63728425
16	淳安县财政局政府采购办公室	童建平	千岛湖镇新安大街 39 号	311700	0571－64824018
17	温州市财政局政府采购办公室	丁向东	温州市勤奋路 15 号	325000	0577－88183268
18	瓯海区财政局政府采购办公室	王忠敏	瓯海区将军中央花苑瓯海大厦	325005	0577－88634471
19	鹿城区财政局政府采购办公室	徐健男	温州市车站大道康宏大厦	325000	0577－88359173
20	龙湾区财政局政府采购办公室	陈光伟	龙湾区状元新街乐清路 4 号	325011	
21	温州市开发区政府采购办公室	曾成进	温州市汤家桥路 100 号	325011	0577－88922826
22	瑞安市财政局政府采购办公室	张建国	安阳镇万松东路财税大楼	325200	0577－65827567
23	永嘉县财政局政府采购办公室	陈志平	永嘉县上塘镇环城北路财税大楼	325100	0577－67223134
24	苍南县财政局政府采购办公室	陈维凤	灵溪镇江滨路财税办公大楼	325800	0577－64703619
25	平阳县财政局政府采购办公室	曾国金	平阳县昆阳镇车站南路	325400	0577－63715562
26	洞头县财政局政府采购办公室	郑晓华	洞头县北岙镇县前路 3 号	325700	
27	文成县财政局政府采购办公室	周孔友	文成县伯温路财税大楼	325300	0577－6780159
28	乐清市财政局政府采购办公室	李　静	乐清市建设东路科技巷 2 号	325600	
29	泰顺县财政局政府采购办公室	刘凤云	泰顺县公园路 48 号	325500	0577－67593312
30	嘉兴市财政局政府采购办公室	钮利根	嘉兴市环城西路 2588 号	314001	0573－2031217
31	秀城区财政局政府采购办公室	张　磊	嘉兴市禾兴路 479 号	314000	0573－2838406
32	秀洲区财政局政府采购办公室	朱　飞	嘉兴市洪兴西路秀洲区行政中心	314001	0573－2715776
33	桐乡市财政局政府采购办公室	吴锡良	桐乡市凤鸣路 2 号	314500	0573－8022840
34	平湖市财政局政府采购办公室	全　俊	平湖市当湖镇人民西路 83 号	314200	0573－5024141
35	嘉善县财政局政府采购办公室	章力耘	嘉善魏塘镇解放东路 318 号	314101	0573－4128077
36	海宁市财政局政府采购办公室	李富祥	海宁市长埭路 242 号	314400	0573－7292016

续表

序号	机构全称	负责人	办公地址	邮政编码	电话
37	海盐县财政局政府采购办公室	徐志良	海盐县新桥南路69号	314300	0573－6122132
38	**湖州市财政局政府采购办公室**	**顾建维**	**湖州市红旗路258号**	**313000**	**0572－2150081**
39	吴兴区财政局政府采购办公室	章正军	湖州市东湖路87号	313000	0572－2092392
40	南浔区财政局政府采购办公室	韩素英	南浔区泰安西路16号	313009	0572－3014608
41	德清县财政局政府采购办公室	戴晓萍	德清县武康镇	313202	0572－8280316
42	长兴县财政局政府采购办公室	何卫平	长兴县雉城镇县前街	313100	0572－6036050
43	安吉县财政局政府采购办公室	束国顺	安吉县递铺镇胜利路15号	313300	0572－5021485
44	**绍兴市财政局政府采购办公室**	**俞乃锋**	**绍兴市人民西路333号**	**312000**	**0575－5135954**
45	越城区财政局政府采购办公室	沈志光	绍兴市越城区静宁巷58号	312000	0575－5128143
46	绍兴县财政局政府采购办公室	毛国森	绍兴县柯桥建湖路29号	312030	0575－4125912
47	诸暨市财政局政府采购办公室	赵伯良	诸暨市人民中路356号	311800	0575－7013076
48	上虞市财政局政府采购办公室	李　军	上虞市百官街道体育场路4号	312300	0575－2130253
49	嵊州市财政局政府采购办公室	王正浩	嵊州市龙会一路1号	312400	
50	新昌县财政局政府采购办公室	安樟祥	新昌县鼓山中路118号	312500	0575－6041653
51	**金华市财政局政府采购办公室**	**沈伟国**	**金华市双龙南街801号**	**321017**	**0579－2468736**
52	婺城区财政局政府采购办公室	王双林	金华市人民西路501号	312000	0579－2358036
53	金东区财政局政府采购办公室	谢国强	金东区行政中心光南路836号	321015	0579－2176671
54	兰溪市财政局政府采购办公室	张海湘	兰溪市丹溪大道28号	321100	0579－8903729
55	义乌市财政局政府采购办公室	朱琴芳	义乌市南门街213号	322000	0579－5314711
56	东阳市财政局政府采购办公室	卢天军	东阳市吴宁东路38号	322100	0579－6626922
57	永康市财政局政府采购办公室	胡建伟	永康市永富南路15号	321300	0579－7178719
58	武义县财政局政府采购办公室	胡　建	武义县环城南路60号	321200	0579－7646372
59	浦江县财政局政府采购办公室	黄英俊	浦江县东山路76号	322200	0579－4107223
60	磐安县财政局政府采购办公室	施国萍	磐安县安文镇中街2号	322300	0579－4883813
61	**衢州市财政局政府采购办公室**	**徐深义**	**衢州市区水亭街38号**	**324000**	**0570－3055203**
62	柯城区财政局政府采购办公室	徐良书	衢州市上街62号	324000	0570－3021601
63	衢江区财政局政府采购办公室	章志强	衢江区沈家经济开发区东迹大道68号	324022	0570－2831771
64	江山市财政局政府采购办公室	周成才	江山市鹿溪中路240号	324100	0570－4033113
65	龙游县财政局政府采购办公室	金志鸿	龙游县文化西8－1号	324400	0570－7026412
66	常山县财政局政府采购办公室	张剑明	常山县天马镇大街18号	324200	0570－5015373
67	开化县财政局政府采购办公室	周建云	开化县城关镇江滨中路6号	324300	
68	**舟山市财政局政府采购办公室**	**邵苏红**	**舟山市人民南路65号**	**316000**	**0580－2600213**
69	定海区财政局政府采购办公室	李阿国	舟山市解放路89号	316000	0580－2027798
70	普陀区财政局政府采购办公室	吴壮青	普陀区沈家门北安路财税大楼	316100	0580－3062871

续表

序号	机构全称	负责人	办公地址	邮政编码	电话
71	岱山县财政局政府采购办公室	孙　燕	岱山县高亭镇人民路50号	316200	0580－4473345
72	嵊泗县财政局政府采购办公室	叶宏伟	嵊泗县菜园镇海滨路362号	202450	0580－5082745
73	**台州市财政局政府采购办公室**	**王　蓓**	**台州经济开发区纬一路66号天元大厦**	**318000**	**0576－8209936**
74	椒江区财政局政府采购办公室	张光辉	椒江区建设路6号	318000	
75	黄岩区财政局政府采购办公室	郑　峰	黄央直下街69号	318020	0576－4113509
76	路桥区财政局政府采购办公室	余彩瑾	路桥区西路大道58号	318050	0576－2516506
77	临海市财政局政府采购办公室	刘文伟	临海市中山东路112号	317000	0576－5188047
78	三门县财政局政府采购办公室	陈小撑	三门县海游镇上洋路68号	317100	0576－3376520
79	仙居县财政局政府采购办公室	王珍建	仙居县城关工业路2号	317300	0576－7781943
80	温岭市财政局政府采购办公室	陈清安	温岭市太平街道万寿路175号	317500	0576－6221448
81	天台县财政局政府采购办公室	朱增敏	天台县金亭路1号	317200	0576－3882491
82	玉环县财政局政府采购办公室	管斌奋	玉环县珠港镇城关长治财税大楼	317600	0576－7250105
83	**丽水市财政局政府采购办公室**	**李菊凤**	**丽阳街568号**	**323000**	**0578－2291155**
84	莲都区财政局政府采购办公室	吴飞兰	丽水市解放街71号	323000	0578－2131552
85	龙泉市财政局政府采购办公室	金东红	龙泉市剑池西路92号	323700	0578－7214906
86	青田县财政局政府采购办公室	徐忆兵	青田县鹤城镇鹤城中路39号	323900	0578－6826642
87	庆元县财政局政府采购办公室	李思连	庆元县石龙街7号	323800	0578－6221551
88	遂昌县财政局政府采购办公室	江虹映	遂昌县妙高镇东街101号	323300	0578－8123578
89	云和县财政局政府采购办公室	黄金娟	云和县中山街3号	323600	0578－5122418
90	松阳县财政局政府采购办公室	高跃明	松阳县西屏镇紫荆街西端	323400	0578－8071860
91	景宁县财政局政府采购办公室	吴凌芬	景宁县鹤溪人民中路59号	323500	0578－5082046
92	缙云县财政局政府采购办公室	钭丽芬	缙云县槐花街34号	321400	0578－3131385

政府采购执行机构

序号	机构全称	负责人	办公地址	邮政编码	电话
1	浙江省政府采购中心	毛激翔	杭州市环城西路37号	310007	0571－87058491
2	杭州市政府采购中心	孙建忠	杭州市庆春路155号	310003	0571－87241923
3	温州市招标投标中心	郑　滨	温州市民航路128号	325000	0577－88152800
4	嘉兴市政府采购中心	赵仁荣	嘉兴市财政局	314001	0573－2031245
5	湖州市招投标中心政府采购分中心	戴勇伟	湖州市凤凰开发区	313000	0572－2220018
6	绍兴市招投标中心	周宝林	绍兴市火车站	312000	0575－8015522
7	衢州市政府采购中心	潘建娟	衢州市荷花西路107号	324002	0570－3899133
8	丽水市政府采购中心	孙翔刚	丽水市解放街373号	323000	0578－2350233
9	舟山市政府采购中心	任文祥	舟山市定海区人民路47号	316000	0580－2047378
10	台州市政府采购中心	陈建忠	台州经济开发区纬一路66号天元大厦	318000	0576－8207360

宁　波　市

政府采购管理机构

序号	机构全称	负责人	办公地址	邮政编码	电话	
1	**宁波市政府采购管理办公室**	**包建华**	**中山西路19号**	**315010**	**0574－87188307**	**0574－87188043**
2	海曙区财政局预算执行科	张越男	大梁街48号	315000	0574－87194515	0574－87328833
3	江东区财政局预算执行科	童　霞	宁穿路贤良巷26号	315040	0574－87702850	0574－87702850
4	江北区财政局预算二科	李　斌	大庆南路181号	315020	0574－87354512	0574－87354512
5	保税区财政局预算科	王玉建	保税区大厦16楼	315800	0574－86888707	0574－86888690
6	北仑区财政局政府采购办	杨耀云	新矸松花江路178号	315800	0574－86826260	0574－86882530
7	镇海区政府采购办	余天平	城河西路75号	315200	0574－86270595	0574－86250138
8	鄞州区财政局预算科	史召其	甬江北路49弄18号	315040	0574－87755888	0574－87713082
9	东钱湖旅游渡假区财政局预算科	施晓君	东钱湖镇茗湖山庄	315040	0574－88366202	0574－88366229
10	科技园区财政局预算科	陈俊良	江南路683号	315040	0574－87901609	0574－87901620
11	慈溪市财政局综合行财科	陈国民	浒山街道南二环东路1158号	315300	0574－63837265	0574－63837265
12	余姚市政府采购办	施建姚	巍星路2号	315400	0574－62727445	0574－62712653
13	奉化市政府采购办	付勤艰	茗山路15号	315500	0574－88524084	0574－88524084
14	宁海县政府采购办	林　敏	城关桃源南路288号	315600	0574－65265620	0574－65265612
15	象山县政府采购办	章剑威	丹峰西路163号	315700	0574－65753503	0574－65753679

政府采购执行机构

序号	机构全称	负责人	办公地址	邮政编码	电话	
1	**宁波市政府采购中心**	**盛友铭**	**苍水街79号9楼**	**315000**	**0574－87288402**	**0574－87282586**
2	海曙区政府采购中心	陈　辉	海光大厦5楼	315000	0574－87255160	0574－87254325
3	江东区政府采购和建设工程项目招投标中心	谢潜业	桑田路935号	305040	0574－87848752	0574－87848752
4	江北区政府采购中心	罗国芳	西草马路24－2号	315020	0574－87355398	0574－87672025
5	保税区政府采购中心	黄建来	保税区大厦11楼	315800	0574－86821106	0574－86821106
6	北仑区招投标中心	邬文明	新碶松花江路178号4楼	315800	0574－86861478	0574－86861478
7	镇海区政府采购中心	叶海章	招宝山街道沿江西路200号	315200	0574－86293870	0574－86294104
8	鄞州区政府采购中心	潘红阳	甬江北路49弄18号	315040	0574－88225173	0574－87335677
9	东钱湖旅游渡假区政府采购中心	张　旦	东钱湖镇茗湖山庄	315121	0574－88366296	0574－88373012
10	科技园区财政局预算科	陈俊良	江南路683号	315040	0574－87901609	0574－87901620
11	慈溪市政府采购中心	范建明	浒山街道三北大街655号	315300	0574－63980334	0574－63980331
12	余姚市政府采购中心	施建姚	巍星路2号	315400	0574－62727445	0574－62712653
13	奉化市招投标中心	王荣定	南山路151号	315500	0574－88589815	0574－88589815
14	宁海县政府采购中心	林　敏	城关桃源南路288号	315600	0574－65265620	0574－65266512
15	象山县政府采购中心	章剑威	丹峰西路163号	315700	0574－65753503	0574－65753679

安 徽 省

政府采购管理机构

序号	机构全称	负责人	办公地址	邮政编码	电话	传真
1	安徽省财政厅政府采购处	孙学鹏	合肥市阜南西路 238 号	230061	0551－5100290	0551－5100141
2	合肥市财政局政府采购处	李 斌	合肥市财政局	230001	0551－2616951	
3	芜湖市财政局政府采购科	刘表腾	芜湖市北京东路 257 号	241000	0553－3122151	0553－3122803
4	蚌埠市财政局政府采购科	刘景森	蚌埠市体育路 58 号财税大楼	233000	0552－2067193	0552－2067193
5	巢湖市财政局政府采购科	朱四海	巢湖市人了路 135 号	238000	0565－2391491	0565－2612279
6	六安市政府采购办公室	朱南芳	六安市民惠西路财政局	237005	0564－3311593	0564－3311710
7	滁州市财政局政府采购科	黄宁辉	滁州市开发区会峰大厦 6 楼	239000	0550－3216532	
8	马鞍山市财政局政府采购科	董清华	马鞍山市花雨路 3 号财政局	243000	0555－2364142	0555－2364143
9	淮南市财政局政府采购科	吴 倩	淮南市金海大厦财政局	232001	0554－6667820	
10	亳州市财政局政府采购科	丁 君	亳州市光明路财政局	236800	0558－5119502	0558－5119502
11	淮北市财政局政府采购科	王 茵	淮北市淮海中路 61 号财政局	235000	0561－3053882	
12	宿州市财政局政府采购科	金共银	宿州市淮河路 167 号	234000	0557－3905932	
13	铜陵市财政局政府采购科	范美霞	铜陵市义安北路 65 号	244000	0562－2816364	0562－2830310
14	池州市财政局政府采购科	何世桂	池州市九华路 60 财政局	247000	0566－2035631	0556－2035201
15	东至县财政局政府采购科	洪良生	东至县财政局大楼	247200	0566－7011972	0566－7011972
16	石台县政府采购办公室	汪庆伍	石台县财政局办公楼	245100	0566－6022334	0566－6022334
17	贵池区政府采购管理办公室	庄放生	贵池区财政局办公楼	247000	0566－2023268	0566－2023055
18	安庆市财政局政府采购科	刘敦本	安庆市纺织南路 48 号财政局	246003	0556－5575482	0556－5575483
19	黄山市财政局政府采购科	姜来久	黄山市财政局大楼	245000	0559－2355179	
20	黟县政府采购管理办公室	卢元辉	黟县财政大楼二楼	245500	0559－5522429	0559－5522429
21	休宁县政府采购管理办公室	余 平	休宁县财政局	245400	0559－7517967	0559－7517967
22	黄山区政府采购管理办公室	姚顺利	徽州区财政局	245061	0559－3514652	0559－3514652
23	徽州区政府采购管理办公室	彭文萍	徽州区财政局	245061	0559－3513984	0559－3514652
24	宣城市政府采购办公室	戴修生	宣城市财政局办公楼	242000	0563－3012871	0563－3023813
25	宣州区财政局采购股	袁 琳	宣州区财政局	242000	0563－5033306	

政府采购执行机构

序号	机构全称	负责人	办公地址	邮政编码	电话	传真
1	**安徽省政府采购中心**	**姜　毅**	**合肥市阜南西路238号**	**230061**	**0551－5100289**	**0551－5100296**
2	**合肥市政府采购中心**	**陈卫东**	**合肥市荣事达大道100号振信大厦**	**230001**	**0551－2612655**	**0551－2612676**
3	庐阳区政府采购中心	武　宁	合肥市宿州路133号	230001	0551－2647784	
4	瑶海区政府采购中心	沈训平	合肥市瑶海区财政局	230011	0551－4695939	0551－4695939
5	包河区政府采购中心	彭永峰	合肥市濉溪路118号	230041	0551－5521801	0551－5611206
6	新站政府采购中心	董万炳	合肥市新站财政局	230011	0551－4238547	0551－4231882
7	长丰县政府采购中心	林永强	长丰县财政局	231100	0551－6676240	0551－6676240
8	肥东县政府采购中心	姚大平	肥东县人民路15号	231600	0551－7746232	
9	肥西县政府采购中心	刘　庚	肥西县行政服务中心2楼	231200	0551－8855110	0551－8855110
10	芜湖市招标办采购部	夏良晨	芜湖市北京东路257号财政大厦	241000	0553－3122151	0553－3122120
11	繁昌县政府采购中心	雷　军	繁昌县财政局	241200	0553－7971056	0553－7873124
12	芜湖县政府采购中心	胡培均	芜湖县财政局	241100	0553－8911275	0553－8911275
13	南陵县政府采购中心	王卫东	南陵县籍山路财政大楼	242400	0553－6829203	0553－6829253
14	**蚌埠市政府采购中心**	**刘景森**	**蚌埠市体育路58号**	**233000**	**0552－2067193**	**0552－2067193**
15	怀远县政府采购中心	杜玉岩	怀远县城关镇淮海路财政局	233400	0552－8051790	0552－8053601
16	五河县政府采购中心	张耀武	五河县城关镇淮河路10号	233300	0552－5022668	0552－5022668
17	固镇县政府采购中心	李玉春	固镇县城关镇谷阳路157号	233700	0552－6012872	
18	**巢湖市政府采购中心**	**及兴无**	**巢湖市东风路303号**	**238000**	**0565－2611305**	**0565－2612279**
19	庐江县政府采购中心	徐开华	庐江县县政府大院	231500	0565－7316548	0565－7316548
20	无为县政府采购中心	李连锁	无为县财政局大楼	238300	0565－6328247	0565－6322866
21	含山县政府采购中心	金全发	含山县环峰中路26号	238100	0565－4311942	0565－4312003
22	和县政府采购中心	鲍　岚	和县财政局大楼	238200	0565－5313013	0565－5313013
23	居巢区政府采购中心	叶　波	居巢区财政局大楼	238000	0565－2324473	0565－6322866
24	**六安市政府采购中心**	**汪英来**	**六安市民惠西路财政局**	**237005**	**0564－3313110**	
25	寿县政府采购中心	裴九成	寿县南大街	232200	0564－4024501	0564－4036056
26	霍邱县政府采购中心	许道连	霍邱县城关蓼城路6号	237431	0564－6080751	0564－6080752
27	舒城县政府采购中心	韦征	舒城县桃溪路财政局	231300	0564－8660245－8208	
28	金寨县政府采购中心	傅泽民	金寨县梅山镇流波路	237300	0564－7069520	0564－7069520
29	霍山县政府采购中心	方庆林	霍山县南岳西路财政局	237200	0564－5031218	0564－5031116
30	金安区政府采购中心	蔡　放	六安市新河巷	237006	0564－3321705	0564－3321705
31	裕安区政府采购中心	王利超	六安市云路街光明大厦四楼	237000	0564－3282221	0546－3221501
32	叶集区政府采购中心	杨华胜	叶集民强中路财政局	237431	0564－6499411	0564－6499411
33	**滁州市政府采购中心**	**黄宁辉**	**滁州市开发区会峰大厦6楼**	**239000**	**0550－3215632**	
34	天长市政府采购中心	王晓红	天长市工行三圣分理处	239300	0550－7030777	

续表

序号	机构全称	负责人	办公地址	邮政编码	电话	传真
35	来安市政府采购中心	彭保泰	来安县财政局办公楼	239200	0550－5613657	
36	全椒县政府采购中心	朱图福	全椒县新华南路财政办公楼	239500	0550－5034288	
37	定远县政府采购中心	赵毅明	定远县财政局	233200	0550－4025140	
38	凤阳县政府采购中心	陈　智	凤阳县财政局	233100	0550－6738010	0550－6727432
39	明光市政府采购中心	周利修	龙山路口综合楼	239400	0550－8153759	
40	南谯区政府采购中心	唐玉才	滁州市建行老城办三楼	239000	0550－3025726	
41	琅琊区政府采购中心	肖　炎	区财政局办公楼	239000	0550－3023351	
42	**马鞍山市政府采购中心**	**章家菊**	**马鞍山市花雨路4号财政局**	**243000**	**0555－2364116**	**0555－2364113**
43	当涂县政府采购中心	杨品荣	城关镇振兴路财政大楼四楼	243100	0555－6716905	0555－6716905
44	**淮南市政府采购中心**	**吴　鹰**	**淮南市陈洞路金海大厦**	**232001**	**0554－6667387**	**0554－6667382**
45	田家庵区政府采购中心	倪龙玉	田家庵区财政局			
46	大通区政府采购中心	孙家德	大通区财政局	232033	0554－2513145	
47	谢家区政府采购中心	余良贞	谢家集区财政局	232052	0554－5677185	
48	八公山区政府采购中心	桑瑞怀	八公山区财政局	233072	0554－5617740	
49	潘集区政府采购中心	赵建福	潘集区财政局	232082	0554－4982469	
50	凤台县政府采购中心	李振祥	凤阳县财政局	232100	0554－8625290	
51	毛集区政府采购中心	朱克云	毛集区财政局	232100	0554－8272571	
52	**亳州市政府采购中心**	**周金钟**	**亳州市光明路财政局**	**236800**	**0558－5119502**	**0558－5119536**
53	涡阳县政府采购中心	徐孟庭	涡阳县团结路2号	233600	0558－7214126	0558－7211445
54	蒙城县政府采购中心	刘学峰	蒙城县财政局	233500	0558－7623081	0558－7631894
55	利辛县政府采购中心	李文锐	利辛县财政厅局	236700	0558－8812204	0558－8817428
56	谯城区政府采购中心	周金钟	亳州市药材街财政局办公楼	236800	0558－5537604	0558－5514144
57	淮北市政府采购管理中心	张　力	淮北市淮海中路62号财政局	235000	0561－3053858	
58	濉溪县政府采购中心					
59	**宿州政府采购中心**	**张　民**	**宿州市淮河路167号702室**	**234000**	**0557－3905772**	**0557－3905703**
60	砀山县政府采购中心	阎书光	砀山县城关镇生产街7号	235300	0557－8022122	0557－8022229
61	萧县政府采购中心	陈文慧	萧县外贸大楼三楼	235200	0557－5036890	0557－5024337
62	灵璧县政府采购中心	张努力	灵璧县财政局	234200	0557－6024143	
63	泗县政府采购中心	刘　奎	泗县汴河路15号	234300	0557－7023376	0557－7023318
64	埇桥区政府采购中心	王　军	宿州市淮河中路67号	234000	0557－3023209	0557－3023209
65	**阜阳市政府采购中心**	**夏　河**	**阜阳市颍州中路109号**	**236000**	**0558－2230805**	**0558－2230805**
66	界首市政府采购中心	顾和平	界首市文昌路	236500	0558－4883136	0558－4883136
67	临泉县政府采购中心	王汝成	临泉县建行二楼	236400	0558－6523306	0558－6523306
68	太和县政府采购中心	牛　娟	太和县中行四楼	236600	0558－8619910	0558－8619910

续表

序号	机构全称	负责人	办公地址	邮政编码	电话	传真
69	阜南县政府采购中心	冷大海	阜南县地城北路	236300	0558－6727333	0558－6727333
70	颍上县政府采购中心	唐瑞坤	颍上县人民东路4号	236200	0558－4420575	0558－4420575
71	颍东区政府采购中心	任俊喜	阜阳市颍河东路	236000	0558－2321180	0558－2321180
72	颍泉区政府采购中心	张少洪	阜阳市北京西路	236000	0558－2621500	0558－2621500
73	颍州区政府采购中心	张金军	阜阳市颍州南路	236000	0558－2260232	0558－2260232
74	**铜陵市政府采购中心**	**刘　宏**	**铜陵市义安北路66号**	**244000**	**0562－2834959**	**0562－2830311**
75	铜陵县政府采购中心	叶少东	铜陵县城关	244100	0562－8814890	0562－8818248
76	**池州市政府采购中心**	**江守国**	**池州市九华路60财政局大楼**	**247000**	**0566－2023355**	**0566－2035201**
77	东至县政府采购中心	张　辉	东至县财政局大楼	247200	0566－7011902	
78	石台县政府采购中心	王诗祥	石台县财政局办公楼	245100	0566－6022121	0566－6022204
79	青阳县政府采购中心	陈昌年	青阳县财政局办公楼	242800	0566－5022103	0566－5022103
80	贵池区政府采购中心	方昌平	池州市长江路53号	247000	0566－2043617	0566－2043617
81	**安庆市政府采购中心**	**包先兆**	**安庆市财政局大楼**	**246001**	**0556－5582589**	
82	桐城市政府采购中心	都宜建	桐城市财政局	231402	0556－6124800	
83	怀宁县政府采购中心	陈　兵	怀宁县财政局	246100	0556－4821716	
84	枞阳县政府采购中心	田国义	枞阳县财政局	246700	0556－2817542	
85	潜山县政府采购中心	程银杏	潜山县财政局	246300	0556－8921155	
86	太湖县政府采购中心	朱和平	太湖县财政局	246400	0556－4181973	
87	宿松县政府采购中心	杨学文	宿松县财政局	246500	0556－7814097	
88	望江县政府采购中心	余宏明	望江县财政局	246203	0556－7185177	
89	岳西县政府采购中心	朱读文	岳西县财政局	246600	0556－2183661	
90	**黄山市政府采购管理办公室**	**姜来久**	**黄山市财政局办公楼**	**245000**	**0559－2355306**	**0559－2355306**
91	歙县政府采购中心	韩勇刚	歙县徽城镇紫霞路	245200	0559－6513724	0559－6513724
92	祁门县政府采购中心	郑　忠	祁门县财政大楼	245600	0559－4516138	0559－4516138
93	屯溪区政府采购中心	应振鸿	屯溪县财政局	245000	0559－2319248	0559－2319248
94	徽州区政府采购中心	姚顺利	徽州区财政局	245061	0559－3514652	0559－3514652
95	黄山区政府采购中心	何贻生	黄山区财政局	242700	0559－8538470	0559－8536865
	宣城市					
96	郎溪县政府采购中心	庞建华	郎溪县财政局	242100	0563－7021619	0563－7021619
97	广德县政府采购中心	任　平	广德县财政局	242200	0563－6042869	0563－6042869
98	宁国市政府采购中心	杨宁生	宁国县财政局	242300	0563－4012606	0563－4012606
99	旌德县政府采购中心	项耀华	旌德县财政局	242600	0563－8022209	0563－8022230
100	绩溪县政府采购中心	周振翼	绩溪县财政局	245300	0563－8162324	0563－8162536
101	泾县政府采购中心	翟光宏	泾县财政局	242500	0563－5025213	0563－5025213
102	宣州区政府采购中心	翟德平	宣州区财政局	242000	0563－2710705	

厦　门　市

政府采购管理机构

序号	机构全称	负责人	办公地址	邮政编码	电话	传真	电子信箱
1	**厦门市政府采购管理办公室**	**黄金炳**	**厦门市湖滨北路61号**	**361012**	**0592-5398218**	**0592-5398247**	**huangjb@xm.gov.cn**
2	厦门市思明区政府采购管理办公室	曾胜军	思明区禾祥东路168号6楼604室	361012	0592-5818293	0592-5818138	xmsmlms@sina.com.cn
3	厦门市湖里区政府采购管理办公室	陈海松	湖里区竹坑路财税大楼5楼	361006	0592-5656722	0592-5656722	luolinsh@163.com
4	厦门市集美区政府采购管理办公室	林素厅	集美区岑东路168号3楼	361021	0592-6688525	0592-6688535	huangyumei-941@hotmail.com
5	厦门市海沧区政府采购管理办公室	陈　明	海沧区政府大院	361026	0592-6055862	0592-6056705	
6	厦门市同安区政府采购管理办公室	颜志良	同安区新安路财政大楼	361100	0592-7020230	0592-7020231	rong808@tom.com　rong808@126.com
7	厦门市翔安区政府采购管理办公室	李木林	翔安区新店镇新兴街建行大厦二楼	361100	0592-7889590	0592-7889587	xaczj@tom.com

政府采购执行机构

序号	机构全称	负责人	办公地址	邮政编码	电话	传真	电子信箱
1	厦门经发机电设备招标有限公司	陈招才	厦门市湖滨南路86号之一六、七楼	361004	0592-2218761 2218266	0592-2219825	xmtender@public.xm.fj.cn
2	厦门市公物采购招投标有限公司	谢亚翻	厦门市美湖路43号惠豪中心三楼	361004	0592-2230888	0592-2225703	gw@g-b.com.cn
3	厦门市诚实建设工程咨询公司	吴洪平	厦门市长春路1-3号通宝大厦七楼	361012	0592-5050578	0592-5050592	jbb@xmchengshi.com
4	厦门市中实采购招标有限公司	陈厦生	厦门市湖滨南路57号金源大厦11楼	361004	0592-2207755	0592-2212277	xm2202255@tom.com
5	厦门市务实采购有限公司	刘志英	厦门市思明区禾祥东路20号之五201室	361004	0592-2275789	0592-2290022	lijunhua2030055@sohu.com
6	厦门市丰信采购招标有限公司	刘玉川	湖里区禾山路266号联谊大厦六楼	361009	0592-5528541	0592-5527341	xmfxzb@yahoo.com.cn
7	福建省同安联通对台贸易公司采购招标中心	陈建生	同安区祥平街道阳宅海关监管区	361100	0592-7123320	0592-7123690	hoojen@hoojen.com
8	厦门市集美区方信采购招标站	黄添道	杏林杏东路27号5楼	361022	0592-6253258	0592-3162067	xmfxcg@163.com

江 西 省

政府采购管理机构

序号	机构全称	负责人	办公地址	邮政编码	电话	传真	电子信箱
1	**江西省政府采购管理办公室**	**曹银发**	**南昌市孺子路47号**	**330046**	**0791－7287861**	**0791－7287865**	
2	**萍乡市政府采购管理办公室**	**林　鹰**	**市财政局**	**337055**	**0799－6793622**	**0799－6793622**	**cgb_xho@pingxiang.gov.cn**
3	萍乡市上栗县政府采购办公室	文正国	县财政局	337009	0799－3862647	0799－3661321	
4	萍乡市安源区政府采购管理办公室	彭维纯	区财政局	337055	0799－6332670	0799－6332671	
5	萍乡市湘东区政府采购管理办公室	彭庆波	区财政局	337016	0799－3434939	0799－3441216	
6	江西省萍乡市安源经济开发区政府采购管理办公室	肖建元	区财政局	337055	0799－6785017	0799－6783872	
7	萍乡市芦溪县政府采购管理办公室	甘红卫	县财政局	337200	0799－7556369	0799－7553077	
8	萍乡市莲花县政府采购管理办公室	郭元昔	县财政局	337100	0799－7228943	0799－7221500	
9	**新余市政府采购管理办公室**	**廖怒平**	**新余市北湖西路9号**	**338031**	**0790－6443067**	**0790－6441185**	
10	新余市分宜县政府采购管理办公室	张志文	分宜县城府前路63号	336633	0790－5883288	0790－5881828	
11	新余市渝水区政府采购管理办公室	易小健	新余市解放东路区财政局	338025	0790－6230066	0790－6222691	
12	**宜春市财政局国库科**	**张长根**	**宜春市财政局**	**336000**	**0795－3565016**	**13970563076**	
13	袁州区财政局国库科	彭成平	财政局	336000	0795－3588266	13970578588	
14	丰城市政府采购办公室	丁建新	市财政局	331100	0795－6609027	13907951690	
15	樟树市政府采购办公室	陈文平	财政局	331200	0795－7362911	13707056981	
16	高安市政府采购办公室	刘书好	财政局	330800	0795－5223595	13879531284	
17	上高县政府采购办公室	肖梅生	财政局	336400	0795－2519331	13979568769	
18	宜丰县政府采购办公室	张乐芳	财政局	336300	0795－2765850	13970562586	
19	万载县财政局国库股	陈　红	县财政局	336100	0795－8826648	13979578611	
20	奉新县财政局国库股	赖学梅	财政局	330700	0795－4622237	13970546828	
21	靖安县政府采购办公室	舒惠洪	财政局	330600	0795－4652607	13879598066	
22	铜鼓县财政局预算股	陈叶根	财政局	336200	0795－8722665	13707008306	
23	**九江市政府采购办公室**	**胡太云**	**市区原军分区院内**	**332000**	**0792－8589064**	**0792－8568765**	
24	修水县政府采购办公室	徐盛农	修水县城	332400	0792－7228854	0792－7228854	
25	武宁县政府采购办公室	谈品业	武宁县城	332300	0792－2781465	0792－2781465	

续表

序号	机构全称	负责人	办公地址	邮政编码	电话	传真	电子信箱
26	都昌县政府采购办公室	江新民	都昌县城万里大道	332600	0792－5212112	0792－5212112	
27	瑞昌市政府采购办公室	张　华	瑞昌市区	332200	0792－4229933	0792－4229933	
28	湖口县政府采购办公室	颜　鑫	湖口县城	332500	0792－6321526	0792－6321526	
29	星子县政府采购办公室	崔　军	星子县城	332800	0792－2667730	0792－2667730	
30	彭泽县政府采购办公室	吴全盛	彭泽县城龙泉路	332700	0792－5670920	0792－5670920	
31	浔阳区政府采购办公室	陈健斌	九江市学洲湖1#	332000	0792－8121153	0792－8121153	
32	九江开发区政府采购办公室	鲁显煌	九江开发区	332000	0792－8369475	0792－8369475	
33	**景德镇市政府采购管理处**	**张　纯**	**景德镇市广场北路商住2号楼**	**333000**	**0798－8203788**	**0798－8203706**	
34	景德镇市浮梁县政府采购办公室	江洪波	景德镇市浮梁县财政局	333400	0798－2627038	0798－2627038	
35	景德镇市昌江区政府采购管理处	王家升	景德镇市昌江区政府院内	333000	0798－8338552		
36	乐平市政府采购管理办公室	刘　勇	乐平市泊阳中路394号	333300	0798－6219608	0798－6219608	lpzcly@yahoo.com.cn
37	景德镇市珠山区政府采购管理办公室	张跃军	景德镇市中山北路277号	333000	0798－8523409	0798－8523409	
38	**南昌市政府采购管理办公室**	**张治国、胡亦勇**	**中山路470号**	**330009**	**0791－6692186**	**0791－6692130**	
39	南昌县政府采购中心	周胜华	南昌县莲塘镇	330200	0791－5715995	0791－5715995	
40	新建县政府采购管理办公室	张建军	新建县财政局	330100	0791－3706263	0791－3706263	
41	安义县财政局	沈冬英	县财政局	330500	0791－3414988	0791－3410290	
42	进贤县政府采购办公室	吴主利	县财政局	331700	0791－5658127	0791－5664712	
43	东湖区政府采购管理办公室	唐　静	建德观25号	330008	0791－6798806	0791－6788826	
44	西湖区政府采购管理办公室	赵伟明	市带子街2号	330009	0791－6638957	0791－6638693	
45	湾里区政府采购管理办公室	李重苏	湾里区财政局	330004	0791－3760066	0791－3760393	
46	南昌经济技术开发区政府采购办公室	欧阳品正	开发区枫林大街	330013	0791－7039802	0791－7039848	OYPZ302@163.com
47	南昌高新区政府采购领导小组	宋双鹏	南昌火炬大街998号	330029	0791－8161068		
48	南昌市青山湖区政府采购办公室	余天平	南京东路699号	330029	0791－8100186	0791－8100132	
49	青云谱区政府采购办公室	陈溪光	井岗山大道272号	330001	0791－5212026	0791－5216393	
50	南昌市红谷滩新区财政局	邓　斌	市委北楼	330008	0791－3886021	0791－3886032	
51	**抚州市政府采购中心**	**张朝阳**	**若士路107号**	**344000**	**0794－8282960**	**0794－8278085**	
52	临川区政府采购中心	黄　键	龙津南路34号	344100	3794－8431006	0794－8431006	

续表

序号	机构全称	负责人	办公地址	邮政编码	电话	传真	电子信箱
53	南城县政府采购中心	管华军	盱江大道459号	344700	0794-7252654	0794-7252654	
54	南丰县政府采购中心	唐建国	交通路80号	344500	0794-3211715	0794-3211715	
55	黎川县政府采购中心	黄　键	东方红大道7号	344600	0794-7502599	0794-7502599	
56	崇仁县政府采购中心	饶小慧	街口里1号	344200	0794-6331152	0794-6332070	
57	宜黄县政府采购中心	胥小平	河东开发区	344400	0794-7612480	0794-7612480	
58	乐安县政府采购中心	董小明	乐安大道	344300	0794-6592490	0794-6592490	
59	金溪县政府采购中心	黄　峰	绣谷西大道780号	344800	0794-5293727	0794-5293727	
60	资溪县政府采购中心	陈义金	建设路45号	335300	0794-5793941	0794-5793941	
61	广昌县政府采购中心	陈　明	解放路20号	344900	0794-3629976	0794-3629976	
62	东乡县政府采购中心	陈建林	恒安西路347号	331800	0794-4232332	0794-4232332	
63	**吉安市政府采购办公室**	**徐建国**	**吉安市财政局**	**343000**	**0796-8219991**	**0796-8215305**	**Jacz-cgzx@jian.gov.cn**
64	吉州区政府采购办公室	周旦华	吉州区财政局	343000	0796-8238645	0796-8238694	
65	青原区政府采购办公室	刘银兰	青原区财政局	343009	0796-8101779	0796-8100117	
66	吉安县政府采购办公室	彭学光	吉安县财政局	343100	0796-8445050	0796-8431360	
67	吉水县政府采购办公室	胡凌高	吉水县财政局	331600	0796-3537142	0796-3526456	
68	新干县政府采购中心	谭洪浩	新干县财政局	331300	0796-2602285	0796-2608951	
69	峡江县政府采购中心	邓喜生	峡江县财政局	331400	0796-3690628	0796-3690200	
70	永丰县政府采购办公室	宋小平	永丰县财政局	331500	0796-2511671	0796-2519598	
71	泰和县政府采购办公室	钟敬忠	泰和县财政局	343700	0796-5331493	0796-5336375	
72	遂川县政府采购办公室	康春根	遂川县财政局	343900	0796-6325089	0796-6322479	
73	万安县政府采购办公室	吴雪莲	万安县财政局	343800	0796-5708471	0796-5706935	
74	安福县政府采购办公室	张建国	安福县财政局	343200	0796-7622657	0796-7632264	
75	永新县政府采购办公室	汤卫平	永新县财政局	343400	0796-7717013	0796-7724119	
76	井冈山市政府采购办公室	赖曙光	井冈山市财政局	343600	0796-6556098	0796-6556526	
77	**上饶市政府采购办公室**	**王　群**	**上饶市财政局**	**334000**	**0793-8296711**	**0793-8237654**	
78	信州区政府采购办公室	李上勇	信州区财政局	334000	0793-8268014	0793-8268014	
79	上饶县政府采购办公室	魏建明	上饶县财政局	334100	0793-8446846	0793-8446846	
80	广丰县政府采购办公室	韩晓松	广丰县财政局	334600	0793-2630365	0793-2630365	
81	玉山县政府采购办公室	董显正	玉山县财政局	334700	0793-2569718	0793-2569718	

续表

序号	机构全称	负责人	办公地址	邮政编码	电话	传真	电子信箱
82	铅山县政府采购办公室	宁 静	铅山县财政局	334500	0793-5332202	0793-5332202	
83	横峰县政府采购办公室	李 峰	横峰县财政局	334300	0793-5791566	0793-5791566	
84	弋阳县政府采购办公室	江弋平	弋阳县财政局	334400	0793-5881575	0793-5881575	
85	余干县政府采购办公室	许丽华	余干县财政局	335100	0793-3210445	0793-3210445	
86	万年县政府采购中心	杨美娟	万年县财政局	335500	0793-3830554	0793-3830554	
87	鄱阳县政府采购中心	段维阳	波阳县财政局	333100	0793-6208451	0793-6208451	
88	德兴市政府采购中心	夏冬梅	德兴市财政局	334200	0793-7507965	0793-7507965	
89	婺源县政府采购中心	吴俊杰	婺源县财政局	333200	0793-7350530	0793-7350530	
90	**赣州市政府采购办公室**	**刘 斌**	**赣州市文明大道32号**	**341000**	**0797-8133969**	**0797-8123863**	
91	章贡区政府采购办公室	雷 震	章贡区财政局	341000	0797-8296492	0797-8292810	
92	黄金区政府采购办公室	邹瑞华	黄金区财政局	341000	0797-8376007	0797-8370022	
93	赣县政府采购办公室	杨爱勤	赣县财政局	341100	0797-4441560	0797-4441430	
94	南康市政府采购办公室	赵小林	南康市财政局	341400	0797-6616210	0797-6612936	
95	信丰县政府采购办公室	曾英英	信丰县财政局	341600	0797-3328893	0797-3328921	
96	大余县政府采购办公室	王会平	大余县财政局	341500	0797-8716109	0797-8718534	
97	上犹县政府采购办公室	方名优	上犹县财政局	341200	0797-8548887	0797-8522160	
98	崇义县政府采购办公室	刘继棕	崇义县财政局	341300	0797-7616568	0797-7611541	
99	安远县政府采购办公室	黄祖华	安远县财政局	342100	0797-3720810	0797-3732770	
100	龙南县政府采购办公室	赖阳生	龙南县财政局	341700	0797-3521988	0797-3527971	
101	定南县政府采购办公室	祝江丽	定南县财政局	341900	0797-4295086	0797-4291455	
102	全南县政府采购办公室	邱志斌	全南县财政局	341800	0797-2607925	0797-2631922	
103	宁都县政府采购办公室	谢颜春	宁都县财政局	342800	0797-6833325-6512	0797-6825212	
104	于都县政府采购办公室	邹志文	于都县财政局	342300	0797-6339915	0797-6439934	
105	兴国县政府采购办公室	王文骥	兴国县财政局	342400	0797-5325267	0797-5322340	
106	瑞金市政府采购办公室	杨人豪	瑞金市财政局	342500	0797-2515812	0797-2522210	
107	会昌县政府采购办公室	彭放明	会昌县财政局	342600	0797-5635406	0797-5622831	
108	寻乌县政府采购办公室	曾文浩	寻乌县财政局	342200	0797-2831092	0797-2848076	
109	石城县政府采购办公室	白世隆	石城县财政局	342700	0797-5714579	0797-5712125	

政府采购执行机构

序号	机构全称	负责人	办公地址	邮政编码	电话	传真	电子信箱
1	**江西省政府采购管理办公室**	**曹银发**	**南昌市孺子路47号**	**330046**	**0791－7287861**	**0791－7287865**	
2	**萍乡市市政府采购中心**	**朱建军**	**市办证中心**	**337055**	**0799－6882187**	**0799－6882187**	**liga1979@tom.com**
3	萍乡市莲花县政府采购中心	周小军	县机关事务局	337100	13030561070		
4	**新余市政府采购中心**	**罗宜勇**	**新余市仙来东大道**	**338000**	**0790－6416766**	**0790－6416796**	
5	新余市分宜县政府采购中心	刘智文	分宜县府前北路63号	336600	0790－5881205		
6	新余市渝水区政府采购中心	陈腾雾	新余市抱石东大道	338025	0790－6222020		
7	新余市高新开发区党政办	胡林敏	新余市高新开发区	338004	0790－6461659	0790－6461837	
8	**宜春市政府采购中心**	**敖凤桃**	**财政局内**	**336000**	**0795－3569184**	**13970556465**	
9	袁州区政府采购中心	陈　燕	财政局内	336000	0795－3587943	0795－8919327	
10	丰城市政府采购中心	徐自华	机关事务管理局	331100	0795－6608286	13320056557	
11	奉新县政府采购中心	郑坚东	财政局内	330700	0795－4615288	13807955661	
12	铜鼓县政府采购中心	杜文喜	财政局内	336200	0795－8724604	13979545912	
13	**景德镇市政府采购管理处**	**张　纯**	**景德镇市广场北路商住2号楼**	**333000**	**0798－8203788**	**0798－8203706**	
14	景德镇市浮梁县政府采购办公室	江洪波	景德镇市浮梁县财政局	333400	0798－2627038	0798－2627038	
15	景德镇市昌江区政府采购管理处	王家升	景德镇市昌江区政府院内	333000	0798－8338552		
16	乐平市政府采购管理办公室	刘　勇	乐平市洎阳中路394号	333300	0798－6219608	07986－219608	lpzcly@yahoo.com.cn
17	景德镇市珠山区政府采购管理办公室	张跃军	景德镇市中山北路277号	333000	0798－8523409	0798－8523409	
18	**九江市政府采购中心**	**程振卿**	**市环城路29#**	**332000**	**0792－8139158**	**0792－8137103**	
19	修水县政府采购中心	徐小华	修水县城	332400	0792－7228854	0792－7228854	
20	浔阳区政府采购中心	陈健斌	九江市学洲湖1#	332000	0792－8121153	0792－8121153	
21	星子县政府采购中心	崔　军	星子县城白露大道	332800	0792－2667730	0792－2667730	
22	庐山风景名胜管理局政府采购中心	张国忠	庐山牯岭街	332900	0792－8296569	0792－8296569	
23	九江县政府采购中心	李亚民	九江县城	332100	0792－6812146	0792－6812146	
24	湖口县政府采购中心	颜　鑫	湖口县城	332500	0792－6321526	0792－6321526	
25	彭泽县政府采购中心	吴全盛	彭泽县龙泉路	332700	0792－5670920	0792－5670920	
26	都昌县政府采购中心	江新民	都昌县城万里大道	332600	0792－5212112	0792－5212112	
27	永修县政府采购中心	马祖皎	永修县城	330304	0792－3234550	0792－3232550	
28	九江开发区政府采购中心	鲁显煌	九江开发区	332000	0792－8369475	0792－8369475	

续表

序号	机构全称	负责人	办公地址	邮政编码	电话	传真	电子信箱
29	**鹰潭市政府采购中心**	**杨明华**	**市财政局大楼内**	**335001**	**0701-6446239**	**0701-6446239**	
30	贵溪市政府采购中心	熊智平	市财政局大楼内	335400	0701-3316805	0701-3311358	
31	余江县政府采购中心	齐　权	县财政局大楼内	335200	0701-5887538	0701-5881215	
32	月湖区政府采购中心	曾纪强	区财政局大楼内	335000	0701-6226189	0701-6600112	
33	**南昌市政府采购中心**	**朱文如**	**红谷滩市政府大楼北二楼**	**330008**	**0791-3883998**	**0791-3883799**	
34	南昌县政府采购中心	周胜华	南昌县莲塘镇	330200	0791-5715995	0791-5715995	
35	新建县政府采购中心	唐任生	县政府	330100	0791-3706787	0791-3706787	
36	安义县政府采购办	余　民	县财政局	330500	0791-3422732	0791-3410290	
37	进贤县政府采购中心	高　华	县财政局	331700	0791-5651036	0791-5664712	
38	东湖区政府采购中心	黄　华	建德观25号	330008	0791-6787839	0791-6787839	
39	西湖区政府采购中心	吴俊平	市孺子路266号	330009	0791-6638813	0791-6638813	
40	湾里区政府采购办公室	李家湖	湾里区财政局	330004	0791-3760393	0791-3760393	
41	南昌经济技术开发区政府采购中心	王　志	开发区枫林大街	330013	0791-7039996	0791-3805611	wangzhi990@yahoo.com.cn
42	南昌高新区政府采购办公室	熊　建	南昌火炬大街998号	330029	0791-8161054	0791-8161052	
43	南昌市青山湖区政府采购中心	徐升凤	南京东路699号	330029	0791-8106880	0791-8112521	
44	青云谱区政府采购中心	王勇波	井岗山大道338号	330001	0791-5212516	0791-5212216	
45	南昌市红谷滩新区财政局	邓　斌	市委北楼	330008	0791-3886021	0791-3886032	
46	**抚州市政府采购中心**	**张朝阳**	**若士路107号**	**344000**	**0794-8282960**	**0794-8278085**	
47	临川区政府采购中心	黄　键	龙津南路34号	344100	3794-8431006	0794-8431006	
48	南城县政府采购中心	管华军	盱江大道459号	344700	0794-7252654	0794-7252654	
49	南丰县政府采购中心	唐建国	交通路80号	344500	0794-3211715	0794-3211715	
50	黎川县政府采购中心	黄　键	东方红大道7号	344600	0794-7502599	0794-7502599	
51	崇仁县政府采购中心	饶小慧	街口里1号	344200	0794-6331152	0794-6332070	
52	宜黄县政府采购中心	胥小平	河东开发区	344400	0794-7612480	0794-7612480	
53	乐安县政府采购中心	董小明	乐安大道	344300	0794-6592490	0794-6592490	
54	金溪县政府采购中心	黄　峰	绣谷西大道780号	344800	0794-5293727	0794-5293727	
55	资溪县政府采购中心	陈义金	建设路45号	335300	0794-5793941	0794-5793941	

续表

序号	机构全称	负责人	办公地址	邮政编码	电话	传真	电子信箱
56	广昌县政府采购中心	陈　明	解放路20号	344900	0794－3629976	0794－3629976	
57	东乡县政府采购中心	陈建林	恒安西路347号	331800	0794－4232332	0794－4232332	
58	**吉安市政府采购中心**	**龚澄宇**	**井冈山大道172号**	**343000**	**0796－8210231**	**0796－8210231**	Jacz－cgzx@jian.gov.cn
59	青原区机关事务管理局	尹德剑	青原区政府	343009	0796－8106263	0796－8106263	
60	峡江县经济发展服务中心	周遇运	峡江县新县城	336409	0796－3675109		
61	永丰县政府采购中心	方樟猛	永丰县财政局	331500	0796－2519598	0796－2519598	
62	**上饶市政府采购中心**	**张进良**	**上饶市财政局**	**334000**	**0793－8237654**	**0793－8237654**	srzfcg@163.com
63	信州区政府采购办公室	李上勇	信州区财政局	334000	0793－8268014	0793－8268014	
64	上饶县政府采购中心	张春兴	上饶县财政局	334100	0793－8446846	0793－8446846	
65	广丰县政府采购中心	韩晓松	广丰县财政局	334600	0793－2630365	0793－2630365	
66	玉山县政府采购中心	程旭强	玉山县财政局	334700	0793－2569718	0793－2569718	
67	铅山县政府采购中心	丁广庆	铅山县财政局	334500	0793－5332205	0793－5332205	
68	横峰县政府采购中心	李清明	横峰县财政局	334300	0793－5789279	0793－5789279	
69	弋阳县政府采购中心	任国强	弋阳县财政局	334400	0793－5881575	0793－5881575	
70	余干县政府采购中心	许丽华	余干县财政局	335100	0793－3210445	0793－3210445	
71	万年县政府采购中心	杨美娟	万年县财政局	335500	0793－3830554	0793－3830554	
72	鄱阳县政府采购中心	段维阳	波阳县财政局	333100	0793－6208451	0793－6208451	
73	德兴市政府采购中心	夏冬梅	德兴市财政局	334200	0793－7505299	0793－7505299	
74	婺源县政府采购中心	吴俊杰	婺源县财政局	333200	0793－7350530	0793－7350530	
75	赣州市政府采购中心	谢庐华	赣州市文明大道32号	341000	0797－8135311	0797－8135311	Zfcg@ganzhou.gov.cn
76	章贡区政府采购中心	雷　震	章贡区财政局	341000	0797－8296492	0797－8292810	
77	黄金区政府采购中心	邹瑞华	黄金区财政局	341000	0797－8376007	0797－8370022	
78	赣县政府采购中心	刘荣辉	赣县财政局	341100	0797－4441560	0797－4441430	
79	龙南县政府采购中心	廖国奖	龙南县财政局	341700	0797－3527967	0797－3527971	
80	宁都县政府采购中心	何赣州	宁都县财政局	342800	0797－6833325－6510	0797－6825212	
81	于都县政府采购中心	黄　建	于都县财政局	342300	0797－6339916	0797－6439934	
82	寻乌县政府采购中心	周惠来	寻乌县财政局	342200	0797－2831226	0797－2848076	

青 岛 市

政府采购管理机构

机构全称	负责人	办公地址	邮政编码	电话	传真
青岛市财政局政府采购办公室	**孙爱群**	**青岛市宁夏路 208 号**	**266071**	**0532－5855850**	**0532－5855850**
青岛市市南区政府采购办公室	马丕显	青岛市香港中路 19 号	266071	0532－5838850	0532－5838820
青岛市市北区招标采购管理中心	刘素华	青岛市延吉路 80 号 813 房间	266023	0532－5801227	0532－5801227
青岛市四方区政府采购办公室	郭　鹏	青岛市鞍山二路 48 号	266033	0532－3757271	0532－3757253
青岛市四方区政府采购中心	蓝　青	青岛市鞍山二路 48 号	266033	0532－3771921	0532－3757253
青岛市李沧区政府采购办公室	许保正	青岛市 308 国道 615 号 3 号楼 206 房间	266100	0532－7632477	0532－7612645
崂山区政府采购管理办公室	王海琪	青岛市崂山凯旋商务楼	266101	0532－8891222	0532－8897187
青岛市城阳区政府采购中心	于　涓	青岛市成杨区山城路 198 号	266109	0532－7868840	0532－7868640
青岛市保税区财政局结算中心	陈丽君	青岛市保税区太行山路 338 号	266555	0532－6766633	0532－6766671
青岛市开发区政府采购中心	沙中耀	青岛市开发区武夷山路 302 号	266555	0532－6881610	0532－6888309
胶南市政府采购管理办公室	王晓峰	珠海路胶南机关办公中心 425 号	266400	0532－5161021	0532－5161722
胶州市政府采购办公室	魏升山	胶州市兰州东路 28 号	266300	0532－2288259	0532－2288253
即墨市政府采购办公室	陆钧林	即墨市振华街 136 号	266200	0532－8555029	
平度市政府采购办公室	刘旭光	平度市福州路 27 号	266800	0532－7362254	0532－8312652
平度市政府采购中心	孙　刚	福州路 27 号	266800	0532－7369571	0532－7369572
莱西市政府采购中心	张言哲	烟台路 98 号	266600	0532－8483928	0532－8464511

政府采购执行机构

机构全称	负责人	办公地址	邮政编码	电话	传真
青岛市市北区招标采购管理中心	刘素华	青岛市延吉路 80 号 813 房间	266023	0532－5801227	0532－5801227
青岛市四方区政府采购中心	蓝　青	青岛市鞍山二路 48 号	266033	0532－3771921	0532－3757253
青岛市城阳区政府采购中心	于　涓	青岛市成杨区山城路 198 号	266109	0532－7868840	0532－7868640
青岛市保税区财政局结算中心	陈丽君	青岛市保税区太行山路 338 号	266555	0532－6766633	0532－6766671
青岛市开发区政府采购中心	沙中耀	青岛市开发区武夷山路 302 号	266555	0532－6881610	0532－6888309
胶州市政府采购办公室	魏升山	胶州市兰州东路 28 号	266300	0532－2288259	0532－2288253
即墨市政府采购办公室	陆钧林	即墨市振华街 136 号	266200	0532－8555029	
平度市政府采购中心	孙　刚	福州路 27 号	266800	0532－7369571	0532－7369572
莱西市政府采购中心	张言哲	烟台路 98 号	266600	0532－8483928	0532－8464511

河 南 省

政府采购管理机构

序号	机构全称	负责人	办公地址	邮政编码	电话	传真	电子信箱
1	**河南省财政厅政府采购处**	**汤保全**	**郑州市经三路27号**	**450008**	**0371-5808514**	**0371-5808514**	**henan@ccgp.gov.cn**
2	**郑州市人民政府采购控制办公室**	**马改声**	**郑州市兴华南街39号**	**450052**	**0371-8828821**	**0371-8828821**	
3	郑州市上街区人民政府采购控制办公室	雷运生	郑州市上街区登封路6号	450041	0371-8937437	0371-8937437	sjzfcg@126.com
4	郑州市金水区政府采购中心	刘银龙	郑州市东风路16号	450003	0371-3526163	0371-3526163	yanglw-2004@163.com
5	郑州市管城回族区人民政府采购办公室	孔艳玲	郑州市商城路217号	450000	0371-6216579	0371-6216579	
6	郑州市中原区政府采购中心	尚淑霞	郑州市桐柏路239号	450007	0371-8626564	0371-8626564	
7	郑州市惠济区人民政府采购控制办公室	李新玉	郑州市开元路8号	450044	0371-3639236	0371-3639236	
8	郑州市二七区人民政府采购控制办公室	景文乾	郑州市政通路6号	450052	0371-8186202	0371-8186202	
9	中牟县人民政府采购办公室	胡卫军	中牟县新城区	451450	0371-2160538	0371-2160538	
10	巩义市政府采购控制办公室	王建锋	巩义市新华路85号	451200	0371-4389803	0371-4389803	
11	新密市政府采购中心	李文学	新密市东大街7号	452370	0371-9836651	0371-9836651	
12	登封市政府采购办公室	李伟标	登封市望箕路6号	452470	0371-2873479	0371-2873479	
13	新郑市人民政府采购控制办公室	杨俊峰	新郑市中华路13号	451100	0371-2684176	0371-2684176	
14	荥阳市人民政府采购办公室	季让花	荥阳市索河路中段	450100	0371-4667103	0371-4667103	
15	郑州高新技术产业开发区采购办公室	胡道生	郑州市国槐街6号	450001	0371-7983671	0371-7983671	zedra13@yeah.net
16	郑州经济技术开发区政府采购中心	郭红梅	郑州市航海东路	450047	0371-6781272	0371-6781272	
17	**开封市财政局政府采购办公室**	**朱凤林**	**开封市大梁路西段**	**475004**	**0378-3876034**	**0378-3876034**	
18	杞县财政局政府采购办公室	袁现泉	杞县财政局院内	475200	0378-8973489	0378-8973489	
19	尉氏县财政局政府采购办公室	陈伟嘉	尉氏县财政局院内	475500	0378-7997349	0378-7997349	
20	开封县财政局政府采购办公室	李海黎	开封县财政局院内	475100	0378-6662021	0378-6662021	
21	河南省开封市顺河回族区财政局	闻秋梅	河南省开封市南土街28号	475002	0378-5995042	0378-5995042	
22	开封市鼓楼区财政局采购办	冯 桦	河南省开封市书店街18号	475000	0378-5995802	0378-5995802	
23	开封市南关区财政局采购办	陈少华	河南省开封市三里堡街65号	475004	0378-3912823	0378-3912823	
24	开封市郊区财政局采购办	刘绍强	河南省开封市曹门外	475002	0378-2943171	0378-2943171	
25	兰考县财政局采购办	王 健	河南省通许县财政局	475400	0378-4969292	0378-4969292	

续表

序号	机构全称	负责人	办公地址	邮政编码	电话	传真	电子信箱
26	通许县财政局采购办	陈东健	河南省尉氏县财政局	452170	0378-7992655	0378-7992655	
27	**洛阳市政府采购管理办公室**	**华建西**	**洛阳市九都路39号**	**471009**	**0379-3259707**	**0379-3259707**	**hnlyhxl@sina.com**
28	伊川县政府采购管理办公室	姚延彬	伊川县财政局	471300	0379-8330674	0379-8330674	yao8356526213@sina.com
29	新安县人民政府采购管理办公室	王素敏	新安县财政局	471800	0379-7283936	0379-7283936	xaxdsh@126.com
30	洛宁县财政采购管理办公室	井柏民	洛宁县财政局	471700	0379-6265510	0379-6265510	
31	偃师市人民政府采购办公室	邓超群	偃师市财政局	471900	0379-7716599	0379-7716599	dcqun@371.net
32	汝阳县政府采购管理中心	杜江波	汝阳县财政局	471200	0379-8210917	0379-8210917	ruyangzhengfu@sina.com
33	孟津县政府采购中心	雷　锋	孟津县财政局	471100	0379-7912845	0379-7912241	mjxgzl@sohu.com
34	宜阳县财政局政府采购管理办公室	买长水	宜阳县机关事务管理局	471600	0379-8872172	0379-8872172	
35	栾川县政府采购管理办公室	王永正	栾川县财政局	471500	0379-6813117	0379-6813117	
36	嵩县政府采购管理办公室	张兰香	嵩县财政局	471400	0379-6319512	0379-6319512	
37	洛阳市西工区政府采购管理办公室	孙　伟	洛阳市西工区财政局	471000	0379-3892503	0379-3892503	
38	洛阳市高新区政府采购管理办公室	张大勇	洛阳牡丹城十楼	471003	0379-4902424	0379-4902424	huanglj@rhdz.gov.cn
39	洛阳市吉利区政府采购中心	梁银海	洛阳市吉利区财政局	471012	0379-6912537	0379-6912537	
40	洛阳市涧西区政府采购管理中心	贺留臣	洛阳市涧西区财政局	471003	0379-4823202	0379-4823202	8863888638@163.com
41	洛阳市廛河区政府采购中心	乔志杰	洛阳市廛河区财政局	471002	0379-3994887	0379-3994887	
42	洛阳市洛龙区政府采购管理办公室	郭进慧	洛阳市洛龙区财政局	471009	0379-3256414	0379-3256414	
43	洛阳市老城区政府采购管理办公室	金卫国	洛阳市老城区财政局	471009	0379-3976653	0379-3976653	zhangyan6@163.com
44	洛阳经济技术开发区政府采购管理办公室	陈雅美	洛阳经济技术开发区财政局	471023	0379-5959101	0379-5959101	sunhongfei-1981@163.com
45	**平顶山市政府采购办公室**	**邓治平**	**光明路东方宾馆二楼**	**467000**	**0375-4981026**	**0375-4981026**	
46	平顶山市新华区人民政府采购办公室	祁书欣	市建设路西段	467000	0375-4930138	0375-4930138	
47	平顶山市石龙区政府采购管理办公室	王富修	石龙区人民路南12号院	467000	0375-2527269	0375-2527269	
48	湛河区政府采购管理办公室	李玉莲	湛南路东段	467000	0375-3998131	0375-3998131	
49	卫东区政府采购管理办公室	高明玉	卫东区财政局三楼	467021	0375-3992737	0375-3992737	
50	鲁山县政府采购管理办公室	张玉峰	顺城路东段	467300	0375-5057526	0375-5057526	
51	舞钢市政府采购管理办公室	李红涛	温州路中段	462500	0375-8160463	0375-8160463	

续表

序号	机构全称	负责人	办公地址	邮政编码	电话	传真	电子信箱
52	宝丰县人民政府采购服务中心	文晓真	宝丰县财政局三楼	467400	0375-6515620	0375-6515620	
53	郏县人民政府采购管理办公室	张百兴	郏县行政路东段	467100	0375-5152805	0375-5152805	
54	汝州政府采购管理办公室	田奇峰	汝州市望嵩南路24号院	467500	0375-3321707	0375-3321707	
55	叶县人民政府采购管理办公室	李国广	叶县昆阳镇新建路86号	467200	0375-8052088	0375-8052088	
56	**安阳市人民政府采购管理办公室**	**杨小平**	**安阳市永明路**	**455000**	**0372-5109022**	**0372-5109062**	**aywjh1015@263.sina.com**
57	安阳县人民政府采购管理办公室	杨树森	安阳市解放路5号	455000	0372-3690829	0372-3690829	ayxcgb@126.com
58	林州市政府采购管理办公室	李爱军	林州市振林街道7号	456500	0372-6808856	0372-6808856	
59	滑县政府采购管理办公室	李俊怀	滑县道城路45号	456400	0372-8127088	0372-8127088	ljh@hxcc.com
60	内黄县人民政府采购管理办公室	王艳峰	内黄县硝西三街	456300	0372-7711916	0372-7711916	
61	汤阴县人民政府采购管理办公室	郝启亮	汤阴县人民路44号	456150	0372-6213971	0372-6213971	tyczghql@371.net
62	安阳市北关区人民政府采购管理办公室	刘江涛	安阳市安彰路54号	455000	0372-2263859	0372-2263859	
63	安阳市文峰区人民政府采购管理办公室	苗素英	安阳市大胡同口	455000	0372-3681081	0372-3681081	qqking@peoplemail.com.cn
64	安阳市龙安区人民政府采购管理办公室	董　剑	安阳市民航路一巷三号	455000	0372-2913652	0372-2913652	
65	安阳市殷都区政府采购管理办公室	张玉峰	安阳市铁西区老安林路	455000	0372-3996151	0372-3996151	
66	安阳市开发区政府采购管理办公室	王正海	安阳市开发区银杏大街1号	455000	0372-2997535	0372-2997535	Kwzhh@371.net
67	**濮阳市财政局政府采购科**	**伍永昶**	**濮阳市古城路**	**457000**	**0393-4424207**	**0393-4415547**	**pycwu@126.com**
68	濮阳市市区人民政府采购控制办公室	李曙光	濮阳市市区大庆路中段	457001	0393-4491102	0393-4491102	
69	南乐县政府采购控制办公室	陈素华	南乐县昌州路10号	457400	0393-6224087		
70	范县人民政府采购控制办公室	阎相坤	范县财政局	457500	0393-5260811		
71	台前县政府采购管理控制办公室	梁吉东	台前县财政局	457600	0393-2219838		
72	濮阳县政府采购管理办公室	任敬义	濮阳县红旗路中段	457002	0393-7996139		
73	清丰县人民政府采购控制办公室	王明义	清丰县财政局	457300	0393-7228504		
74	**新乡市财政局政府采购科**	**窦全亮**	**新乡市人民路293号**	**453000**	**0373-2818634**	**0373-2021849**	

续表

序号	机构全称	负责人	办公地址	邮政编码	电话	传真	电子信箱
75	延津县人民政府采购管理办公室	裴聚龙	延津县北环路	453200	0373－7627806	0373－7627819	
76	新乡县政府采购管理办公室	赵祖林	新乡市健康路66号	453000	0373－2033674	0373－2052104	
77	原阳县政府采购管理办公室	蔺瑞玲	原阳县财政局	453500	0373－7588070	0373－7588802	
78	封丘县政府采购管理办公室	柴祖庆	封丘县财政局院内	453300	0373－8297305	0373－8297307	
79	长垣县政府采购管理办公室	宋宗娣	长垣县财政局	453400	0373－8895113	0373－8893609	
80	获嘉县政府采购管理办公室	李　莉	获嘉县红旗路中段	453800	0373－4587125	0373－4587145	
81	辉县市政府采购管理办公室	郭永强	辉县市韭山路中段	453600	0373－6256268	0373－6256268	
82	卫辉市政府采购管理办公室	张振江	卫辉市财政局	453100	0373－4470061	0373－4470061	
83	新乡市红旗区政府采购管理办公室	杨　洁	新乡市人民路建行六楼	453000	0373－2048707	0373－2048757	
84	新乡市卫滨区政府采购管理办公室	王双庆	新乡市人民路359号	453000	0373－2819185	0373－2048281	xhczwsq@163.com
85	新乡市牧野区政府采购管理办公室	吕明兴	新乡市学院路3号楼1楼	453000	0373－3069571	0373－3069571	
86	新乡市开发区政府采购管理办公室	郑晓红	新乡市开发区财政局	453000	0373－5049923	0373－5012614	
87	新乡市凤泉区政府采购办公室	党新荣	新乡市凤泉区财政局	453011	0373－3096441	0373－3096441	
88	**焦作市政府采购管理办公室**	**刘新全**	**焦作市建设东路88号**	**454000**	**0391－3933853**	**0391－3933853**	
89	孟州市政府采购管理办公室	张　健	孟州市财政局	454750	0391－8198706	0391－8192817	hnmzcgb@sina.com
90	沁阳市政府采购管理办公室	杨连武	沁阳市财政局院内	454550	0391－5614066	0391－5613072	
91	武陟县政府采购管理办公室	周小明	武陟县和平路45号	454950	0391－7290461	0391－7290461	
92	温县政府采购管理办公室	张怀本	温县财政局	454850	0391－6197758	0391－6197778	
93	修武县政府采购管理办公室	张国华	修武县财政局三楼	454950	0391－7987928	0391－7187911	
94	博爱县政府采购管理办公室	田国义	博爱县财政局	454450	0391－8683273	0391－8682186	zfcg000@sina.com
95	焦作市山阳区政府采购管理办公室	张玉保	焦作市建设路1号	454001	0391－3917118	0391－3932908	zaoticg68@163.com
96	焦作市马村区政府采购管理办公室	付玉改	焦作市马村文昌大道南路	454171	0391－3948192	0391－3947008	
97	焦作市高新区政府采购工作领导小组办公室	杨清波	焦作市高新区管委会	454392	0391－3563655	0391－3586618	
98	焦作市中站区政府采购管理办公室	王爱敏	解放西路中站段44号	454191	0391－2941311	0391－2941311	
99	焦作市解放区政府采购管理办公室	郭彩琴	焦作市民主中路49号	454150	0391－2902878	0391－2917517	
100	**鹤壁市人民政府公共采购办公室**	**李华群**	**鹤壁市淇滨区九州路中段**	**458030**	**0392－3314106**	**0392－3314106**	**hbhuaqun@sohu.com**
101	浚县政府采购委员会办公室	沈再丽	浚县黎阳镇黎阳路中段	456250	0392－5521307	0392－5521307	

续表

序号	机 构 全 称	负责人	办 公 地 址	邮政编码	电 话	传 真	电 子 信 箱
102	淇县人民政府公共采购办公室	粟玉祥	淇县城关镇坛海路1号	456750	0392－7222873	0392－7222873	qxcgb@tom.com
103	淇滨区政府公共采购办公室	杨万洪	鹤壁市淇滨区华夏南路	458030	0392－3356987	0392－3356987	
104	鹤壁市山城区政府公共采购办公室	李明文	鹤壁市山城区长风路中段	458000	0392－2627308	0392－2627308	
105	鹤壁经济技术开发区政府公共采购办公室	张宪增	鹤壁市淇滨区淇滨大道中段	458303	0392－3311010	0392－3321753	xianzeng02@163.com
106	鹤壁市鹤山区人民政府公共采购办公室	牛国存	鹤壁市鹤山区鹤山路4号	458020	0392－2317060	0392－2317060	
107	**许昌市政府采购管理办公室**	**王新许**	**许昌市毓秀路13号**	**461000**	**0374－2334050**	**0374－2334050**	
108	鄢陵县政府采购管理办公室	梁爱仙	鄢陵县朝阳街东段	461200	0374－7164960	0374－7164960	
109	长葛市政府采购管理办公室	张来民	长葛市建设路310号	461500	0374－6189720	0374－6189717	
110	禹州市政府公共采购办公室	宁艳春	禹州市建设路	461670	0374－8117158	0374－8112523	yzcg8112523@163.com
111	许昌县政府采购管理办公室	田茂春	许昌县育新路3号	461100	0374－5133936	0374－5133936	
112	许昌市魏都区人民政府采购管理办公室	刘 朴	许昌市许继大道东段	461000	0374－3322111		
113	襄城县人民政府采购管理办公室	韩 凯	襄城县首山大道42号	461700	0374－3582955－35752	0374－3582955－35752	
114	**漯河市政府采购科**	**王冬平**	**漯河市财政局**	**462000**	**0395－3150223**	**0395－3132155**	
115	源汇区政府采购中心	马玉林	源汇区财政局	462000	0395－2178163	0395－2125772	
116	郾城县政府采购股	刘少华	郾城县财政局	462000	0395－6176968	0395－6161438	
117	舞阳县政府采购中心	张耀军	舞阳县财政局	462000	0395－7122601	0395－7229000	
118	临颍县政府采购股	宋国领	临颍县财政局	462000	0395－8866207	0395－8862932	
119	**三门峡市财政局政府采购办**	**史秋香**	**河南省三门峡市**	**472000**	**0398－2608905**	**0398－2608905**	
120	三门峡市湖滨区财政局政府采购办	张月霞	河南省三门峡市湖滨区	472000	0398－2820914	0398－2820914	
121	三门峡市开发区财政局政府采购办	张秀梅	河南省三门峡市开发区	472000	0398－2898956	0398－2898956	
122	义马市财政局政府采购办	侯群朋	河南省三门峡市义马市	472300	0398－5832143	0398－5832143	
123	渑池县财政局政府采购办	王明霞	河南省三门峡市渑池县	472400	0398－4813175	0398－4813175	
124	陕县财政局政府采购办	王 林	河南省三门峡市陕县	472100	0398－3834371	0398－3834371	
125	灵宝市财政局政府采购办	孟金慈	河南省三门峡市灵宝市	472500	0398－8852610	0398－8852610	
126	卢氏县财政局政府采购办	胡西斌	河南省三门峡市卢氏县	472200	0398－7872823	0398－7872823	
127	**商丘市财政局政府采购管理办公室**	**周彩英**	**商丘市归德南路21号**	**476000**	**0370－2697916**	**0370－2697916**	**zhoucaiying@371.net**
128	商丘经济技术开发区政府采购办公室	张传磊	开发区财政局	476000	0370－3168912	0370－3168913	

续表

序号	机构全称	负责人	办公地址	邮政编码	电话	传真	电子信箱
129	虞城县财政局政府采购办公室	范兴建	虞城县财政局	476300	0370－4129136	0370－4129137	
130	商丘市梁园区政府采购办公室	宋江红	商丘市梁园区财政局	476000	0370－2525838	0370－2536785	slzc0370@sina.com
131	民权县政府采购办公室	朱香婷	民权绿洲路南段	476800	0370－8556036	0370－8556036	mqczj@mail.china.com
132	宁陵县政府采购办公室	张　林	宁陵县信陵东路97号	476700	0370－7819130	0370－7819130	lzhsina@vip.sina.com
133	夏邑县政府采购管理办公室	耿国伟	夏邑县财政局	476400	0370－6212452	0370－6212452	qsh821016@163.com
134	永城市政府采购管理办公室	蒋海军	永城市东方大道33号	476600	0370－5110937	0370－5110938	ycszfcg@sohu.com
135	柘城县政府采购办公室	朱锡峻	柘城县中原大街11号	476200	0370－7215501	0370－7215502	
136	睢县财政局政府采购办	王洪涛	河南省商丘市睢县	476009	0370－8118279	0370－8118280	
137	商丘市睢阳区财政局政府采购办	任多多	河南省商丘市睢阳区	476000	0370－3225580	0370－3225581	
138	**周口市财政局政府采购办**	**郭　健**	**河南省周口市**	**466000**	**0394－8235745**	**0394－8235745**	
139	周口市川汇区财政局政府采购办	聂高歌	周口市川汇区	466000			
140	项城市财政局政府采购办	崔兴宇	周口市项城市	466200	0394－4301356	0394－4301356	
141	淮阳县财政局政府采购办		周口市淮阳县	466700	0394－2664619	0394－2664619	
142	郸城县财政局政府采购办	张玉敏	周口市郸城县	477100	0394－3229238	0394－3229238	
143	商水县财政局政府采购办	侯桂梅	周口市商水县	466100	0394－5441537	0394－5441537	
144	西华县财政局政府采购办	王正安	周口市西华县	466600	0394－2543831	0394－2543831	
145	鹿邑县财政局政府采购办	吴　刚	周口市鹿邑县	477200	0394－7223020	0394－7223020	
146	扶沟县财政局政府采购办	王洪杰	周口市扶沟县	466000			
147	沈丘县财政局政府采购办		周口市沈丘县	466000			
148	太康县财政局政府采购办		太康县财政局	466000			
149	**驻马店市人民政府政府采购管理办公室**	**王　嘉**	**驻马店市文明路北段市财政局**	**463000**	**0396－2610823**	**0396－2610823**	
150	确山县财政局政府采购股	彭小字	确山县解放路县财政局	463200	0396－7021001	0396－7021002	
151	遂平县人民政府采购管理办公室	张　勇	遂平县泰安路财政局	463100	0396－4902756	0396－4902756	
152	西平县政府采购管理办公室	刘轶杰	西平县南大街16号财政局三楼	462100	0396－6255197	0396－6255297	xpzf@163.net
153	上蔡县政府采购管理办公室	李俊锋	上蔡县龙潭路财政局	463800	0396－6924429	0396－6924429	
154	汝南县政府采购管理办公室	孙育红	汝南县中心大街财政局	463300	0396－8035439	0396－8035439	
155	平舆县政府采购管理办公室	关长印	平舆县永乐大道财政局	463400	0396－5027396	0396－5027396	
156	新蔡县政府采购管理办公室	陈安国	新蔡县老城西街	463500	0396－5924637	0396－5924637	
157	正阳县人民政府采购管理办公室	崔凤奎	正阳县中心街财政局	463600	0396－8939318	0396－8939318	

续表

序号	机构全称	负责人	办公地址	邮政编码	电话	传真	电子信箱
158	驻马店市驿城区政府采购管理办公室	董淑芳	驻马店市文明路南段区财政局	463000	0396－2830470	0396－2830470	
159	**南阳市政府采购监督管理办公室**	**陈德胜**	**南阳市工业路66号**	**473003**	**0377－3165296**	**0377－3165296**	**nanyangZFCG@tom.com**
160	唐河县政府采购管理办公室	李玉森	唐河县建设东路财政局	473400	0377－8922306	0377－8922306	
161	社旗县人民政府采购办公室	张德群	社旗县城红旗路财政局	473300	0377－7930307	0377－7930307	
162	方城县政府采购管理办公室	宗　军	方城县育才路91号	473200	0377－7263219	0377－7263219	
163	新野县财政局政府采购管理办公室	王绍钦	新野县解放路9号	473500	0377－6267823	0377－6267823	
164	邓州市政府采购办公室	汤清扬	邓州市新华中路105号	474150	0377－2119132	0377－2119132	DZ666@163.com
165	淅川县政府采购管理办公室	黄跃生	淅川县金河桥西	474450	0377－4299123	0377－4299123	
166	西峡县政府采购办公室	李孟侠	西峡县城关镇白羽路中段	474500	0377－4673767	0377－4673767	xjm976@163.com
167	南阳高新技术产业开发区政府采购办公室	刘　潇	南阳市人民北路78号	473000	0377－3592386	0377－3592386	
168	南阳市卧龙区政府采购管理办公室	马学顺	南阳市文化路148号	473000	0377－3136873	0377－3136873	
169	南阳市宛城区政府采购办公室	刘　谦	南阳市工农北路64号	473009	0377－3226249	0377－3226249	
170	镇平县政府采购管理办公室	姜　燕	镇平县中山街137号	474250	0377－5920023	0377－5920023	
171	桐柏县政府采购监督管理办公室	王光武	桐柏县城关镇新华街36号	474750	0377－8238598	0377－8238598	
172	南召县政府采购办公室	马明协	南召县城关镇黄洋路	474650	0377－6913566	0377－6913566	
173	**信阳市财政局政府采购科**	**夏永芝**	**河南省信阳市人防胡同10号**	**464000**	**0376－6699783**	**0376－6699786**	**XinYangcaigou@163.com**
174	信阳市浉河区财政局政府采购科	崔　立	河南省信阳市人防胡同	464000	0376－6699885	0376－6699886	XYSSHQCZJ－0078@sina.com
175	信阳市平桥区财政局政府采购科	余德伍	河南省信阳市平桥区	464100	0376－3771013	0376－3771013	
176	信阳市罗山县财政局政府采购科	张　翼	河南省罗山县城关	464200	0376－2127501	0376－2123569	
177	信阳市光山县财政局政府采购科	聂建明	河南省光山县城关	465450	0397－8880709	0397－8880709	
178	信阳市潢川县财政局政府采购科	李桂兰	河南省潢川县城关	465150	0397－3929997	0397－3929997	
179	信阳市固始县财政局政府采购科	刘志华	河南省固始县城关	465200	0397－4955266	0397－4955266	
180	信阳市息县财政局政府采购科	郑　鑫	河南省息县城关	464300	0397－5951517	0376－5951517	
181	信阳市淮滨县财政局政府采购科	陈学英	河南省淮滨山县城关	464400	0397－7768907	0397－7768907	
182	信阳市商城县财政局政府采购科	陈　鹏	河南省商城县城关	465350	0397－7929516	0397－7925446	
183	信阳市新县财政局政府采购科	熊本生	河南省新县城关	465500	0397－2980510	0397－2980510	
184	**济源市政府采购办公室**	**郑国强**	**河南省济源市文昌中路148号**	**454650**	**0391－6639236**	**0391－6639237**	

政府采购执行机构

序号	机构全称	负责人	办公地址	邮政编码	电话	传真	电子信箱
1	**郑州市政府采购中心**	**贠素华**	**郑州市兴华南街39号**	**450052**	**0371-7180103**	**0371-7180103**	
2	开封市杞县政府采购中心	汤远立	杞县金城大道西段	475200	0378-8999108	0378-8999109	
3	**洛阳市政府采购中心**	**李静**	**洛阳市九都路39号**	**471009**	**0379-3205572**	**0379-3205572**	**qiqiaijia@163.com**
4	**濮阳市政府采购中心**	**杜明星**	**濮阳市政府院内市委办公楼西侧南北楼二楼**	**457000**	**0393-6661009**	**0393-4434522**	**pyzycgzx888@163.com**
5	**新乡市政府采购服务中心**	**何公意**	**新乡市人民路293号**	**453000**	**0373-2022856**	**0373-2021849**	
6	原阳县政府采购中心	班培广	原阳县财政局	453500	0373-7588070	0373-7588802	
7	获嘉县政府采购中心	彭长民	获嘉县红旗路中段	453800	0373-4587145	0373-4587145	
8	新乡市红旗区政府采购中心	钱伟	新乡市公园北街20号	453000	0373-3079452	0373-3079452	
9	新乡县政府采购中心	吕印广	新乡市健康路66号	453000	0373-2033674	0373-2052104	
10	封丘县政府采购中心	柴祖庆	封丘县财政局院内	453300	0373-8297305	0373-8297307	
11	长垣县政府采购中心	宋宗娣	长垣县财政局	453400	0373-8895113	0373-8893609	
12	辉县市政府采购中心	艾磊	辉县市韭山路中段	453600	0373-6256285	0373-6256268	
13	卫辉市政府采购中心	张振江	卫辉市财政局	453100	0373-4470061	0373-4470061	
14	新乡市牧野区政府采购中心	吕明兴	新乡市学院路18号	453000	0373-3069575	0373-3069576	
15	**许昌市政府采购中心**	**李吉甫**	**许昌市毓秀路13号**	**461000**	**0374-2661056**	**0374-2661056**	**xczfcg666@163.com**
16	鄢陵县政府采购中心	梁爱仙	鄢陵县朝阳街东段	461200	0374-7164960	0374-7164960	
17	长葛市政府采购中心	张来民	长葛市建设路310号	461500	0374-6189720	0374-6189717	
18	禹州市政府采购中心	艾清魁	禹州市迎宾路西段	461670	0374-8172600	0374-8172601	
19	许昌县政府采购中心	田茂春	许昌县育新路3号	461100	0374-5133936	0374-5133936	
20	许昌市魏都区政府采购服务中心	沈红燕	许昌市人民路	461000	0374-2336633	0374-2336634	
21	光山县政府采购中心	陈功贵	信阳市光山县财政局内	465450	0397-8881839	0397-8881839	
22	淮滨县政府采购中心	王显高	信阳市淮滨县政府内	464400	13782918628	0397-1091776	
23	潢川县政府采购中心	肖守洪	信阳市潢川县财政局内	465150	0397-3932168	0397-3932168	
24	**焦作市政府采购中心**	**田鹏玺**	**市人民路会务中心3楼331室**	**454000**	**0391-3569379**	**0391-3569379**	**Jzzfcg1@sohu.com**
25	武陟县政府采购中心	张海龙	武陟县和平路45号	454950	0391-7290461	0391-7290461	

续表

序号	机构全称	负责人	办公地址	邮政编码	电话	传真	电子信箱
26	温县政府采购中心	郑爱云	温县财政局	454850	0391－6197778	0391－6197778	
27	修武县政府采购中心	秦嘉明	修武县财政局三楼	454950	0391－7987928	0391－7987929	
28	**鹤壁市招标采购中心**	**谷　峰**	**鹤壁市淇滨区九州路中段**	**458030**	**0392－3326871**	**0392－3326871**	**YL681828@vip.sina.com**
29	淇县招标采购中心	葛纪然	淇县红旗路西段	456750	0392－7232128	0392－7232128	
30	淇滨区政府采购中心	程庄廷	鹤壁市淇滨区华夏南路	458030	0392－3356987	0392－3365698	
31	**南阳市政府采购中心**	**王　琦**	**南阳市车站南路市财政局二号楼**	**473000**	**0377－3158338**	**0377－3158338**	**nyzfcgzx@126.com**
32	社旗县政府采购中心	张德群	社旗县城红旗路财政局	473300	0377－7930307	0377－7930307	
33	邓州市政府采购中心	郝明银	邓州市新华中路105号	474150	0377－2119132	0377－2119132	
34	西峡县政府采购中心	赵士俊	西峡县城关镇白羽路中段	474500	0377－4673767	0377－4673767	xjm976@163.com
35	内乡县人民政府采购中心	易富生	内乡县县衙西路	474350	0377－5321498	0377－5321498	nxzfcg@sina.com
36	镇平县政府采购中心	李　超	镇平县中山街137号	474250	0377－5938619	0377－5938619	zowind@sohu.com
37	遂平县政府采购中心	闫爱国	遂平县泰安路财政局	463100	0396－4902756	0396－4902756	
38	西平县政府采购中心	冯成群	西平县老十字街南路西30米	462100	0396－6255197	0396－6255297	
39	平舆县政府采购中心	韩　华	平舆县永乐大道财政局	463400	0396－5020138	0396－5020138	
40	**商丘市政府采购中心**	**杨身宇**	**商丘市归德南路21号**	**476000**	**0370－2697935**	**0370－2697936**	
41	夏邑县政府采购中心	耿国伟		476400	0370－6212111	0370－6212111	qsh821016@163.com
42	**三门峡市政府采购中心**	**杨更生**	**三门峡市永兴街**	**472000**	**0398－2808514**	**0398－2808514**	
43	义马市政府采购中心	侯群朋	三门峡市义马市	472300	0398－5832143	0398－5832143	
44	陕县政府采购中心	王　林	三门峡市陕县	472100	0398－3834371	0398－3834371	
45	卢氏县政府采购中心	张　峰	三门峡市卢氏县	472200	0398－7872823	0398－7872823	
46	**漯河市政府采购中心**	**赵怀军**	**漯河市财政局**	**462000**	**0395－3162516**	**0395－3162516**	
47	郾城县政府采购中心	孟世强	郾城县机关事务管理局	462000	0395－6161441	0395－6161442	

湖 北 省

政府采购管理机构

序号	机构全称	负责人	办公地址	邮政编码	电话	传真	电子信箱
1	**湖北省财政厅政府采购管理处（湖北省政府采购办公室）**	**黄　明**	**武汉市武昌区中北路 8 号**	**430071**	**027－67818723**	**027－87890028**	
2	**武汉市财政局政府采购办公室**	**朱超安**	**武汉市解放大道 1499 号**	**430016**	**027－85792219**	**027－85730581**	
3	**黄石市政府采购办公室**	**方明新**	**黄石市湖滨路亚光新村**	**435000**	**0714－6208323**	**0714－6208355**	**hszfcg2004@163.com**
4	大冶市政府采购办公室	黄水明	大冶市新冶大道 8 号	435100	0714－8765306		
5	阳新县政府采购办公室	张从友	阳新县财政局	435200	0714－7322696		
6	**十堰市政府采购管理办公室**	**何世东**	**十堰市朝阳北路**	**442000**	**0719－8670490**	**0719－8674340**	
7	丹江口市政府采购办公室	徐　健	丹江口市丹二巷	442700	0719－5235628	0719－5235628	
8	郧县政府采购管理办公室	李　军	郧县城关镇兴郧路东 8 号	442500	0719－7224439		
9	郧西县政府采购办公室	王明生	郧西县城关镇城隍街 57 号	442600	0719－6222629		
10	竹山县政府采购管理办公室	刘兴柱	竹山县城关镇人民路 90 号	442200	0719－4228332		
11	竹溪县政府采购办公室	黄　巍	竹溪县城关镇步行街	442300	0719－2723958		
12	房县政府采购管理办公室	姜喜成	房县城关镇东城门路 154 号	442100	0719－3222737		
13	**荆州市政府采购管理办公室**	**陈秀池**	**荆州市沙市区塔桥路 35 号**	**434000**	**0716－8253268**	**0716－8261806**	
14	江陵县			434100	0716－4732311		
15	松滋市政府采购管理办公室	曾凡芬	松滋市新堤路地税一楼	434200	0716－6241331	0716－6241331	
16	公安县政府采购管理办公室	柴金远	公安县城关五九路 9 号	434300	0716－5244246	0716－5230700	Chmsh0376@sina.com.cn
17	石首市	魏天秀	石首市文峰路	434400	0716－7274065		
18	监利县政府采购管理办公室	焦祖秀	监利县财政局	433300	0716－3284173	0716－3284173	eemm168@163.com
19	洪湖市政府采购管理办公室	张克华	洪湖市财政局	433200	0716－2430322	0716－2430322	
20	**襄樊市政府采购办公室**	**梅亚芳**	**襄樊市襄城区檀溪路 93 号**	**441021**	**0710－3511725**	**0710－3518707**	
21	**襄樊市襄阳区政府采购办公室**	**王　勇**	**襄阳区财苑路 1 号**	**441104**	**0710－2837889**	**0710－2833323**	
22	枣阳市政府采购办公室	杨志萍	枣阳市人民东路 102 号	441200	0710－6325619	0710－6325619	
23	宜城市政府采购办公室	王会书	宜城市自忠路 161 号	441400	0710－4581867	0710－4581867	
24	南漳县政府采购办公室	杜有荣	南漳县财政局	441500	0710－5235684	0710－5232084	
25	谷城县政府采购办公室	韩国民	谷城县财政局	441700	0710－7335062	0710－7233026	
26	保康县政府采购办公室	杨宜山	保康县财政局	441600	0710－5814612	0710－5814612	
27	老河口市政府采购办公室	尚　斌	老河口市学府路 2 号	441800	0710－8234818	0710－8234818	

续表

序号	机构全称	负责人	办公地址	邮政编码	电话	传真	电子信箱
28	**宜昌市政府采购管理办公室**	**鲁作全**	**宜昌市西陵一路75号**	**443000**	**0717-6332462**	**0717-6332462**	**yclili-0932@163.com**
29	宜昌市夷陵区财政局政府采购股	林文军	宜昌市平湖大道130号	443100	0717-7830827	0717-7822320	tanyi9909@yahoo.com.cn
30	枝江市财政局政府采购管理股	赵爱华	枝江市胜利街27号	443200	0717-4501593	0717-4501592	
31	宜都市政府采购办公室	谭家海	宜都市陆城城河大道47号	443300	0717-4823141	0717-4900387	ydcgb-f@163.com
32	当阳市政府采购管理办公室	周家勤	当阳市坝陵开发区	444100	0717-3285344	0717-3285346	li_wei3@hotmail.com
33	远安县政府采购管理办公室	许学选	远安县鸣凤大道	444200	0717-3821921	0717-3821921	schy12342002@yahoo.com.cn
34	兴山县政府采购管理办公室	许兴虎	兴山县古夫镇	443711	0717-2583200		
35	秭归县政府采购监管办公室	屈　鹏	秭归县平湖大道96号	443600	0717-2888050	0717-2888050	
36	长阳县政府采购管理办公室	张达志	长阳县四冲街68号	443500	0717-5333440	0717-5333440	xuxu5588@yahoo.com.cn
37	五峰县政府采购管理办公室	简群芳	五峰县五峰镇正街2号	443400	0717-5826241	0717-5826241	
38	**黄冈市财政局政府采购管理科**	**朱华刚**	**黄冈市七一路3号**	**438000**	**0713-8616543**	**0713-8616543**	**hgczccb@163.com**
39	团风县政府采购办公室	熊自厚	团风县广场路2号	436800	0713-6158776	0713-6158776	
40	红安县政府采购办公室	汪潮潮	红安县财政局	438400	0713-5285600	0713-5285600	
41	麻城市政府采购办公室	卫亚华	麻城市陵园路70号	438300	0713-2933992	0713-2933992	
42	罗田县政府采购办公室	王世武	罗田县凤山镇	438600	0713-5065328	0713-5065328	
43	英山县政府采购办公室	徐训民	英山县温泉镇	438700	0713-7063135	0713-7063135	
44	浠水县政府采购办公室	朱启平	浠水县清泉镇建设大道	438200	0713-4267615	0713-4267615	
45	蕲春县政府采购办公室	郝晓明	蕲春县财政局三楼	435300	0713-7225111	0713-7225111	
46	武穴市政府采购办公室	吴建军	武穴市北川路	435400	0713-6223307	0713-6223307	
47	黄梅县政府采购办公室	项雪元	黄梅县财政局	435500	0713-3325505	0713-3325505	
48	**孝感市政府采购办公室**	**唐诗增**	**孝感市槐荫大道168-1号**	**432100**	**0712-2836013**	**0712-2836003**	**xgcgb@sina.com**
49	孝昌县财政局政府采购管理股	宁泽新	孝昌县长安路	432900	0712-4771296	0712-4761922	xccgbzdc@sina.com
50	大悟县政府采购管理股	乐建军	大悟县泉水路56号	432800	0712-7225890	0712-7235398	
51	安陆市政府采购办公室	吴亚明	安陆市德安中路	432600	0712-5230090		
52	云梦县政府采购办公室	魏　春	云梦县建设东路	432500	0712-4330947	0712-4330934	ymzfcgb@163.com
53	应城市政府采购办公室	程和平	应城市东大道16号	432400	0712-3245473	0712-3224473	yczjj@tom.com
54	汉川市政府采购办公室	刘方君	汉川市人民大道	432300	0712-8394968	0712-8384256	hczcjg@sina.com

续表

序号	机构全称	负责人	办公地址	邮政编码	电话	传真	电子信箱
55	**咸宁市财政局政府采购管理科**	**童　勤**	**咸宁市咸宁大道45号**		**0715－8273640**		
56	咸宁市咸安区政府采购办公室	李宗框	咸安区财政局	437000	0715－8332312	0715－8331094	
57	嘉鱼县政府采购办公室	俞智勇	嘉鱼县财政局	437200	0715－6354360	0715－6354321	
58	赤壁市政府采购办公室	童旭林	赤壁市财政局	437300	0715－5223127	0715－5221634	
59	崇阳县政府采购办公室	高　明	崇阳县财政局	437500	0715－3380185	0715－3380185	
60	**恩施州政府采购办公室**	**伍学荣**	**恩施市舞阳大道一苍14号**	**445000**	**0718－8221964**	**0718－8221964**	**rongwx8745@sina.com**
61	恩施市政府采购办公室	杨富如	恩施市大桥路90号	445000	0718－8248815	0718－8248815	888888888aaaa@163.com
62	利川市政府采购管理科	蒋达全	利川市清江大道255号	445400	0718－7282240	0718－7264782	
63	建始县政府采购办公室	黄再谆	建始县业州镇人民大道31号	445300	0718－3234458	0718－3234458	
64	巴东县政府采购办公室	税正刚	巴东县信陵镇楚天路	443400	0718－4334650	0718－4334650	
65	宣恩县政府采购办公室	肖儒全	宣恩县珠山镇贡水路8号	445500	0718－5823298	0718－5823298	
66	咸丰县政府采购办公室	舒建华	咸丰县楚蜀大道	445600	0718－6891075	0718－6891075	
67	来凤县政府采购办公室	白选志	来凤县豫鄂路24号	445700	0718－6288694	0718－6288694	
68	鹤峰县政府采购办公室	张柏平	鹤峰县容美镇胜利路1号	445800	0718－5294019	0718－5294019	
69	**荆门市财政局政府采购管理科**	**胡端雄**	**荆门市金虾路125号**	**448000**	**0724－2306062**	**0724－2306262**	**jmcg@cyou.com**
70	钟祥市财政局政府采购管理科	孔　勇	钟祥市长寿路7号	431900	0724－4260044	0724－4260044	
71	京山县财政局政府采购管理股	王红军	京山县财政局	431800	0724－7239998	0724－7221422	
72	沙阳县财政局政府采购管理股	詹正权	沙洋县荆河路3号	448200	0724－8563325	0724－8563325	
73	**随州市财政局政府采购管理科**	**彭建国**	**随州市沿河大道208号**	**441300**	**0722－3315912**	**0722－3315912**	**pjg@sz.e21.edu.cn**
74	曾都区财政局政府采购管理科	王赤军	随州市沿河大道208号	441300	0722－3325863	0722－3315912	szzdkgb@sz.hb.cninfo.net
75	广水市财政局政府采购管理科	李前华	广水市广安路70号	432700	0722－6239000	0722－6239000	
76	**鄂州市财政局政府采购管理科**	**桂新元**	**鄂州市滨湖北路131号**	**436000**	**0711－3388609**	**0711－3388609**	
77	仙桃市政府采购监督管理办公室	刘德学	仙桃市仙桃大道29号	433000	0728－3232666		
78	潜江市政府采购管理办公室	向世洲	潜江市章华南路34号	433100	0728－6245047	0728－6245047	
79	天门市政府采购办公室	余贤斌	天门市陆羽大道30号	431700	0728－5222448	0728－5239357	
80	神农架林区政府采购办公室	孙　慧	神农架林区财政局	442400	0719－3332384	0719－3332384	
81							
82							
83							

政府采购执行机构

序号	机构全称	负责人	办公地址	邮政编码	电话	传真	电子信箱
1	**湖北省政府采购中心**	**饶建国**	**武汉市武昌区中北路28号**	**430071**	**027－87235784**		
2	湖北省成套设备招标有限公司		武汉市武昌区中北路28号	430071	027－87127059		
3	湖北省机电设备招标有限公司	饶祖根	武汉市桥口区仁寿路361号	430000	027－83730956		
4	武汉市桥口区政府采购中心	罗自力	武汉市中山大道51号	430000	027－83757328		
5	中国远东国际贸易总公司	王艳艳	武昌区洪山路81号	430071	027－87128483		
6	武汉市万里建设工程咨询有限公司	邹志刚	汉口火车站广场东路东方商都	430016	027－85625491		
7	湖北奥博招标代理有限公司	王豆豆	武昌区梅苑小区二期1号楼A座	430071	027－87250536		
8	湖北省鄂卫医药设备招标公司	宋志成	武昌区东湖路76号	430071	027－87831042		
9	湖北大华建设项目管理有限公司	崔兴学	江岸区黄孝河路康乐大厦16楼	430000	027－82613009		
10	武汉吉通工程招标代理有限公司	王成林	汉口兰陵路1号	430000	027－82776817		
11	武汉思宇建设工程招标有限公司	柯敬东	武汉市汉阳区朗星恭118号	430000	027－84888867		
12	湖北安永信工程造价咨询有限公司	董红兵	武昌区茶巷办公住宅区培训楼	430071	027－87325360		
13	武汉信达建设项目有限公司	王翠兰	汉口台北一路17—19号环亚大厦	430000	027－65657995		
14	黄石市兴发建设工程代理有限公司	陈远国	黄石市湖滨路亚光新村	435000	0714－6209387		
15	黄石市阳光招标投标代理有限公司	常　升	黄石市湖滨路亚光新村	435000	0714－6208616		
16	黄石市明天健康咨询有限公司	杨　彬	黄石市湖滨路亚光新村	435000	0714－6570755		
17	**十堰市政府采购中心**	**张　志**	**十堰市朝阳北路**	**442000**	**0719－8118700**	**0719－8118701**	
18	郧县政府采购业务代理处	王顺明	郧县城关镇郧阳路25－4	442500	0719－7232922	0719－7232922	
19	竹溪县招投标中心	杨红军	竹溪县城关镇步行街	442300	0719－2730318	0719－2730318	
20	荆州市金德采购招标中心有限公司	吴江平	荆州市江津路288号	434000	0716－8269899	0716－8268988	Jindeauction@vip.163.com
21	江陵县政府采购中心	孔繁森	江陵县江陵大道131号	434040	0716－4732311	0716－4732311	
22	松滋市政府采购中心	郑以发	松滋市新堤公路地税一楼	434200	0716－6241330	0716－6241331	
23	石首市政府采购中心	魏天秀	石首市文峰路76号	434400	0716－7298169	0716－7274065	
24	监利县政府采购中心	焦祖秀	监利县财政局	433300	0716－3284713	0716－3284713	
25	洪湖市政府采购中心	赵　琼	洪湖市赤卫路特1号	433200	0716－2438448	0716－2438448	
26	**襄樊市政府采购中心**	**邓广彦**	**襄樊市襄城区南街186号**	**441021**	**0710－3528438**	**0710－3528438**	
27	襄樊市襄阳区政府采购中心	王　勇	襄阳区财苑路1号	441104	0710－2837889	0710－2833323	

续表

序号	机构全称	负责人	办公地址	邮政编码	电话	传真	电子信箱
28	枣阳市政府采购中心	陈元斌	枣阳市人民东路 102 号	441200	0710－6313525	0710－6313525	
29	宜城市政府采购中心	邵　勇	宜城市自忠路 161 号	441400	0710－4212980	0710－4212980	
30	南漳县政府采购中心	冯举鄂	南漳县城关镇	441500	0710－5232084	0710－5232084	
31	谷城县政府采购中心	彭启波	谷城县财政局	441700	0710－7335062	0710－7233026	
32	**宜昌市政府采购中心**	**尚　杰**	**宜昌市夷陵路 22 号**	**443000**	**0717－6851055**	**0717－6851058**	
33	枝江市招投标中心	余　红	枝江市迎宾大道 118 号	443200	0717－4224896	0717－4224896	
34	宜都市政府采购中心	覃远银	宜都市政务公开中心	443300	0717－4831722	0717－4900387	
35	当阳市招投标中心	刘远伟	当阳市农行营业部三楼	444100	0717－3254938	0717－3254938	
36	远安县招投标中心	付祖刚	远安县鸣凤镇解放路 10 号	444200	0717－3815020	0717－3815020	
37	兴山县综合招标投标办公室	龚开涛	兴山县古夫镇沿河大道	443711	0717－2587111	0717－3587123	
38	秭归县政府采购中心	王大斌	秭归县政府大楼	443600	0717－2887945	0717－2887945	
39	长阳县招投标中心	严亚军	行政服务中心大楼	443500	0717－5322400		
40	**黄冈市宝都招标代理有限责任公司**	**涂小忠**	**黄冈市黄州大道 29 号**	**438000**	**0713－8382306**	**0713－8359127**	
41	团风县政府采购中心	邵金波	团风县广场路 3 号	438000	0713－6158776	0713－6158776	
42	罗田县政府采购中心	邱泛泉	罗田县凤山镇	438600	0713－5065328	0713－5065328	
43	浠水县政府采购中心	张瑞慈	浠水县财政局	438200	0713－4267615	0713－4267615	
44	孝感市综合招投标交易中心	邹红卫	孝感市交通西路城建委内	432100	0712－2319683		
45	孝昌县招投标中心	钱　涛	孝昌县计委院内	432900	0712－4773950		
46	安陆市投资评审中心	张　华	安陆市德安中路财政局内	432600	0712－5230090		
47	云梦县招投标采购中心	汪望清	云梦县城关孟泽大道 64 号	432500	0712－4336536	0712－4330934	
48	汉川市政府采购中心	胡木成	汉川市人民大道财政局内	432300	0712－8386934	0712－8384256	
49	**咸宁市政府采购中心**	**陈正均**	**咸宁市咸宁大道 45 号**	**437100**	**0715－8273648**	**0715－8273640**	**xnyru988@yahoo.com**
50	通城县政府采购中心	李　亮	通城县财政局	437400	0715－4322923		
51	通山县政府采购中心	程　光	通山县财政局	437600	0715－2394428	0715－2395168	
52	**恩施州政府采购中心**	**吴绍明**	**恩施市施州大道 54 号**	**445000**	**0718－8243716**	**0718－8243806**	**eszbcg@esz.com**
53	利川市政府采购中心	徐　斌	利川市清江大道 255 号	445400	0718－7264782	0718－7264782	
54	建始县政府采购中心	王　峰	建始县人民大道 51 号	445300	0718－3234441	0718－3234441	wangfeng1964@msn.com
55	**荆门市政府采购中心**	**邵传游**	**荆门市象山二路 16 号**	**448000**	**0724－2370980**	**0724－2370980**	**wujing－666@163.com**
56	钟祥市政府采购中心	贺明河	钟祥市郢中镇长寿路 7 号	431900	0724－4260044	0724－4260044	zxcgb4260044@163.com

续表

序号	机构全称	负责人	办公地址	邮政编码	电话	传真	电子信箱
57	京山县政府采购中心	潘友旭	京山县农贸大厦	431800	0724－7228848	0724－7228848	
58	**鄂州市政府采购中心**	**吕佑生**	**鄂州市滨湖路 131 号**	**436000**	**0711－3388603**	**0711－3388603**	
59	**随州市政府采购中心**	**孙耀斌**	**随州市沿河大道 115 号**	**441300**	**0722－3316951**	**0722－3316951**	
60	随州市招标投标管理委员会办公室	储玉忠	随州市沿河大道 17 号	441300	0722－3261248	0722－3261248	
61	曾都区建设工程招投标交易管理中心	易中华	随州市沿河大道 115 号	441300	0722－3326093	0722－3326093	zdjyzx@126.com
62	随州市曾都区政府采购中心	华建军	随州市沿河大道 208 号	441300	0722－3319216	0722－7077998	szzdzfcgzx@szmail.net
63	仙桃市政府采购中心	刘德学	仙桃市仙桃大道 29 号	433000	0728－3232666		
64	潜江市政府采购中心	刘升平	潜江市章华南路 34 号	433100	0728－6297047	0728－6297047	
65	神农架林区政府采购中心	饶公言	神农架林区财政局	442400	0719－3337101	0719－3337101	

湖　南　省

政府采购管理机构

序号	机构全称	负责人	办公地址	邮政编码	电话	传真	电子信箱
1	**湖南省政府采购管理办公室**	**张如田**	**长沙市城南西路 1 号**	**410015**	**0731－5165245**	**0731－5165200**	**hnszfcgb@vip.sina.com**
2	**长沙市政府采购中心**	**李文达**	**长沙市解放西路 35 号长房大厦 12 楼**	**410005**	**0731－4433111**	**0731－4433111**	
3	长沙县政府采购管理办公室	袁交成	长沙县星沙镇天华白路 8 号	410100	0731－4012844	0731－4011949	
4	望城县政府采购管理中心	熊建新	望城县高塘岭镇劳动东路 28 号	410200	0731－8061061	0731－8067878	
5	浏阳市政府采购管理中心	黄比刚	浏阳市人民东路 26 号	410300	0731－3632875	0731－3638511	
6	宁乡县政府采购管理办公室	刘义明	宁乡县玉潭镇玉潭路财政局院内	410600	0731－7883169	0731－7883169	
7	芙蓉区政府采购中心	黄湘娟	长沙市人民东路 189 号政府大院内	410011	0731－4683221	0731－4683221	
8	天心区政府采购中心	袁　琼	长沙市劳动西路 291 号财政局院内	410007	0731－5812005	0731－5812005	
9	岳麓区政府采购管理办公室	雷素平	长沙市河西银盆南路 249 号政府大院内	410006	0731－8858930	0731－8858930	
10	开福区政府采购中心	胡晓玲	长沙市金霞路开福区政府大院内	410008	0731－4377678	0731－4558133	

续表

序号	机构全称	负责人	办公地址	邮政编码	电话	传真	电子信箱
11	雨花区政府采购管理办公室	郭　勇	长沙市雨花区政府大院内圭塘附近	410014	0731－5880151	0731－5880150	
12	**株洲市政府采购管理办公室**	**丁　勇**	**株洲市建设南路 38 号**	**412000**	**0733－8228402**	**0733－8238902**	**zzzfcg@163.com**
13	株洲县政府采购管理办公室	陈　新	株洲县财政局	412100	0733－7618338	0733－7617398	13974128026@hnmcc.com
14	醴陵市政府采购管理办公室	邹金光	株洲醴陵市财政局	412200	0733－3281233	0733－3281233	
15	攸县政府采购管理办公室	段斌	株洲攸县财政局	412300	0733－4256860	0733－4256880	cowherdsonger@yahoo.com.cn
16	茶陵县政府采购管理办公室	胡章良	株洲茶陵县财政局	412400	0733－5237780	0733－5227714	
17	炎陵县政府采购管理办公室	唐小华	株洲炎陵县财政局	412500	0733－6222604	0733－6222774	
18	荷塘区政府采购管理办公室	张苏龙	株洲荷塘区财政局	412000	0733－8428509	0733－8428408	
19	芦淞区政府采购管理办公室	黄建辉	株洲芦淞区财政局	412000	0733－2283403	0733－2281502	wudanwu@mail.china.com
20	天元区政府采购管理办公室	谭育喜	株洲天元区财政局	412000	0733－8837700		tyqzfcg@163.com
21	石峰区政府采购管理办公室	郭　岚	株洲石峰区财政局	412000	0733－8346846	0733－8332797	
22	**郴州市政府采购管理办公室**	**郭远宏**	**郴州市南街 81 号**	**423000**	**0735－2239772**	**0735－2239707**	**Zfcg2239707@163.com**
23	北湖区政府采购办	周文洪	郴州市三里田蒋家坳	423000	0735－2226763	0735－2226763	
24	苏仙区政府采购办	彭辨非	郴州市苏园路	423000	0735－2880260	0735－2880260	
25	资兴市政府采购办	黄勇智	资兴市唐洞新区阳安路	423400	0735－3329268	0735－3329268	
26	宜章县政府采购办	周兴凯	宜章县财政局	424200	0735－3766605	0735－3766605	
27	桂阳县政府采购办	呼延忠军	桂阳县财政局	424400	0735－4428464	0735－4428464	oyning@sina.com
28	临武县政府采购办	黄跃国	临武县东云路	424300	0735－6331714	0735－6331714	
29	汝城县政府采购办	郭建跃	汝城县城关镇文化路 76 号	424100	0735－8227966	0735－8227966	Mc77@sohu.com
30	桂东县政府采购办	杨品辉	桂东县城关镇湘赣路 21 号	423500	0735－8623006	0735－8623006	denghaioing@eyou.com
31	安仁县政府采购办	唐文胜	安仁县财政局	423600	0735－5201121	0735－5201121	Arzfcg5201121@163.com
32	嘉禾县政府采购办	罗水姣	嘉禾县财政局	424500	0735－6622804	0735－6622804	ihcgzx@163.com
33	永兴县政府采购办	康国和	永兴县财政局	423300	0735－5527513	0735－5527513	Xiaoyan 922@sina.com
34	**岳阳市财政局政府采购管理办**	**彭宏书**	**岳阳市南湖广场东侧**	**414000**	**0730－8850249**	**0730－8850249**	
35	华容县财政局政府采购管理办	皮文斌	华容县财政局	414200	0730－4218309	0730－4230413	
36	湘阴县财政局政府采购中心	李建军	湘阴县财政局	414600	0730－2263062	0730－2263588	

续表

序号	机构全称	负责人	办公地址	邮政编码	电话	传真	电子信箱
37	汨罗市财政局政府采购管理办	宋明星	汨罗市迎宾路5号	414400	0730－5222235	0730－5222235	
38	平江县财政局政府采购管理办	李继生	平江县财政局	414500	0730－6283042	0730－6283042	
39	岳阳县财政局政府采购管理办	许学平	岳阳县财政局	414100	0730－7648051	0730－7648044	
40	临湘市财政局政府采购管理办	李明义	临湘市城中北路2号	414300	0730－8215078	0730－8211797	
41	岳阳楼区财政局政府采购中心	高清源	岳阳市土桥	414000	0730－8236205	0730－8236200	
42	云溪区财政局政府采购管理办	张建军	云溪滇云中路	414000	0730－8415114	0730－8415114	
43	岳阳经济技术开发区政府采购中心	涂志军	岳阳市巴陵中路银丰大厦	414000	0730－8217279	0730－8217141	
44	君山区财政局政府采购管理办	万鸿彬	君山区挂口	414005	0730－8170238	0730－8171016	
45	南湖度假区政府采购管理办	姜　华	岳阳市南湖度假区财政局	414000	0730－8845815	0730－8842274	
46	**张家界市政府采购管理办公室**	**聂仁红**	**张家界市南庄坪政府办公楼内**	**427000**	**0744－8389051**	**0744－8389031**	**zjjnrh@163.com**
47	张家界市永定区政府采购办	侯　进	张家界市南正街财政局大楼	427000	0744－8261890	0744－8261890	
48	慈利县政府采购管理办公室	朱少平	零阳中路财政局大楼	427000	0744－3227558	0744－3227558	songyii@163.com
49	张家界市武陵源政府采购办	陶新文	武陵源军地坪财政大楼	427000	0744－5629602	0744－5618212	
50	桑植县政府采购管理办公室	刘　辉	桑植县财政局办公楼内	427000	0744－6222541	0744－6222541	
51	**邵阳市政府采购管理办公室**	**傅华亮**	**邵阳市大安街20号**	**422000**	**0739－5354107**	**0739－5354107**	**syszfcgb@163.com**
52	大祥区政府采购中心	李瑟琴	邵阳市大祥区政府	422000	0739－2391086	0739－5324804	
53	双清区政府采购中心	夏伟中	双清区政府	422001	0739－5260050	0739－5262441	
54	北塔区政府采购管理办公室	张三红	北塔区财政局	422001	0739－5323873	0739－5323873	
55	邵阳县政府采购中心	刘爱明	邵阳县政府	422100	0739－6834956	0739－6834956	Huzh2@tom.com
56	隆回县政府采购管理办公室	张朝阳	隆回县委	422200	0739－8247697	0739－8247697	ihxzfcgb@163.com
57	洞口县政府采购管理办公室	向　永	洞口县财政局	422300	0739－7234536	0739－7234536	Zjycd－41600@163.com
58	武冈市政府采购管理办公室	王瑞光	武冈市财政局	422400	0739－4241657	0739－4241657	
59	城步县政府采购中心	肖剑文	城步县财政局	422500	0739－7382369	0739－7382369	
60	绥宁县政府采购管理办公室	伍　平	绥宁县财政局	422600	0739－7611085	0739－7611085	sncgb@163.com
61	新宁县政府采购管理办公室	尹大缓	新宁县会计核算中心	422700	0739－4836136	0739－4836136	
62	邵东县政府采购管理办公室	李光辉	邵东县财政局	422800	0739－2712916	0739－2712916	
63	新邵县政府采购管理办公室	罗柏长	新邵县会计核算中心	422900	0739－3608898	0739－3608898	Zly751015@163.com
64	**衡阳市政府采购办**	**钟　声**	**衡阳市华新开发区解放大道30号**	**421001**	**0734－8867618**	**0734－8867617**	**hyszfcgb@vip.sina.com**
65	衡阳县政府采购办	王成梁	衡阳县财政局政府采购办	421200	0734－6825537	0734－6824969	

续表

序号	机构全称	负责人	办公地址	邮政编码	电话	传真	电子信箱
66	衡山县政府采购办	陈　赛	衡山县财政局政府采购办	421000	0734－5825527	0734－5812089	
67	衡南县政府采购办	谢彦军	衡阳市蒸阳北路附111号	421001	0734－8195725	0734－8195725	
68	衡东县政府采购办	陈智坤	衡东县财政局政府采购办	421400	0734－5228853	0734－5228853	
69	常宁县政府采购办	黄平秀	常宁市财政局政府采购办	421500	0734－7234884	0734－7234884	
70	祁东县政府采购办	李柏康	祁东县财政局政府采购办	421600	0734－6284619	0734－6284619	
71	耒阳市政府采购办	展先华	耒阳市蔡子池巷39号	421800	0734－4335793	0734－4335793	
72	南岳区政府采购办	李娇娥	南岳区政府采购办	421900	0734－5668771	0734－5666294	
73	雁峰区政府采购办	龙春玲	衡阳市雁城路打线坪2号	421004	0734－8150355	0734－8150355	
74	石鼓区政府采购办	仇树芳	衡阳市司前街52号	421001	0734－8231506	0734－8225575	
75	珠晖区政府采购办	彭文革	珠晖区财政局政府采购办	421002	0734－8331093	0734－8339880	
76	蒸湘区政府采购办	李先宏	衡阳市解放西路66号	421001	0734－8165861	0734－8167905	
77	开发区政府采购办	邹彩凤	华新区财政局政府采购办	421001	0734－8859552	0734－8852325	
78	**怀化市政府采购监督管理办公室**	**吴治平**	**怀化市迎丰中路376号**	**418000**	**0745－2722076 0745－2732618**	**0745－2732618**	
79	沅陵县政府采购监督管理办公室	熊　伟	沅陵县财政局	419600	0745－4232066		
80	辰溪县政府采购监督管理办公室	米林菊	辰溪县财政局	419500	0745－5222353		
81	溆浦县政府采购监督管理办公室	向长达	溆浦县财政局	419300	0745－3329012		
82	麻阳县政府采购监督管理办公室	宋一斌	麻阳县财政局	419400	0745－5822539		
83	新晃县政府采购监督管理办公室	蒲祖钊	新晃县财政局	419200	0745－6267018		
84	芷江县政府采购监督管理办公室	丁　燕	芷江县财政局	419100	0745－6822642		
85	中方县政府采购监督管理办公室	赵爱玉	中方县财政局	418000	0745－2243400		
86	鹤城区政府采购监督管理办公室	胡希洪	鹤城区财政局	418000	0745－2272454		
87	洪江市政府采购监督管理办公室	李建中	洪江市县财政局	418100	0745－7214470		
88	洪江区政府采购监督管理办公室	高丽敏	洪江区财政局	418200	0745－7626105		
89	会同县政府采购监督管理办公室	刘　平	会同县财政局	418300	0745－8830101		
90	靖州县政府采购监督管理办公室	吴冬玲	靖洲县财政局	418400	0745－8821014		
91	通道县政府采购监督管理办公室	杨兴治	通道县财政局	418500	0745－8621942		
92	**湘西自治州政府采购办**	**向华堂**	**湘西自治州财政局院内**	**416000**	**0743－8223219**	**0743－8711033**	**xxzfcgb@vip.sina.com**
93	吉首市政府采购办	石灯亮	吉首市财政局院内	416000	0743－8225146	0743－8225146	
94	泸溪县政府采购办	张玉英	泸溪县财政局院内	416100	0743－4260468	0743－4260468	
95	凤凰县政府采购办	向志刚	凤凰县财政局院内	416200	0743－3500882	0743－3500882	
96	古丈县政府采购办	张　华	古丈县财政局院内	416300	0743－4724747	0743－4727727	
97	花垣县政府采购办	周渤海	花垣县财政局院内	416400	0743－7212787	0743－7222496	

续表

序号	机构全称	负责人	办公地址	邮政编码	电话	传真	电子信箱
98	保靖县政府采购办	蒋泽生	保靖县财政局院内	416500	0743－7722356	0743－7723632	
99	永顺县政府采购办	向大全	永顺县财政局院内	416700	0743－5222470	0743－5222470	
100	龙山县政府采购办	田必武	龙山县财政局院内	416800	0743－6222965	0743－6228140	
101	益阳市政府采购管理办公室	姜小欧	益阳市政府办公大楼6楼	413000	0737－4202057	0737－4229397	
102	南县政府采购管理办公室	温国红	南县财政局办公大楼5楼	413200	0737－5248822	0737－5248866	
103	沅江市政府采购管理办公室	郑春武	沅江市治大院财政局	413100	0737－2812833	0737－2812833	
104	赫山区政府采购管理办公室	朱跃辉	赫山区财政局	413002	0737－4402080	0737－4400137	
105	资阳区政府采购管理办公室	田胜田	资阳区财政局	413001	0737－4323633	0737－4323633	
106	桃江县政府采购管理办公室	汪建良	桃江县财政局办公大楼	413400	0737－8887777	0737－8887777	
107	安化县政府采购管理办公室	彭　飞	安化县财政局	413500	0737－7865029	0737－7865029	
108	大通湖区政府采购管理办公室	袁伏良	大通湖区计划财政局院内	413207	0737－6953119	0737－5661595	
109	**娄底市政府采购管理办**	**戴振谦**	**娄底市石马路1号**	**417000**	**0738－8282034**	**0738－8282475**	**Ldcg－od16@163.com**
110	娄星区政府采购管理办	朱均成	娄星区财政局	417000	0738－8311778	0738－8311778	Wangyi1025.163－net
111	双峰县政府采购管理办	刘香成	双峰县财政局	417700	0738－6836890	0738－6836890	
112	冷水江政府采购管理办	田开安	冷水江财政局	417500	0738－5215489	0738－5215489	
113	新化县政府采购管理办	罗利国	新化县财政局	417600	0738－3533157	0738－3533157	
114	涟源市政府采购管理办	易少文	涟源市财政局	417100	0738－4428364	0738－4428364	Cy34569.@sina.com
115	**常德市政府采购管理办公室**	**胡　锐**	**常德市财政局院内**	**415000**	**0736－7231158**	**0736－7231158**	
116	安乡县政府采购管理办公室	薛　峰	安乡县财政局院内	415600	0736－4322789	0736－4312630	
117	武陵区政府采购管理办公室	樊建国	武陵区财政局院内	415000	0736－7220631	0736－7220631	
118	津市市政府采购管理办公室	凌卫兵	津市市财政局院内	415400	0736－4230438	0736－4230438	
119	鼎城区政府采购管理办公室	熊　英	鼎城区财政局院内	415101	0736－7375777	0736－7375777	
120	临澧县政府采购管理办公室	罗世祥	临澧县财政局院内	415200	0736－5805812	0736－5805812	
121	澧县政府采购管理办公室	孙　军	澧县财政局院内	415500	0736－3237370	0736－3236455	
122	石门县政府采购管理办公室	刘湘平	石门县财政局院内	415300	0736－5150147	0736－5150147	
123	汉寿县政府采购管理办公室	鲁观保	汉寿县财政局院内	415900	0736－2862591	0736－2862591	
124	桃源县政府采购管理办公室	胡桃初	桃源县财政局院内	415700	0736－6619793	0736－6619793	
125	西湖政府采购管理办公室	童中兰	西湖财政局院内	415900	0736－2822296	0736－2822296	
126	德山政府采购管理办公室	李建民	德山财政局院内	415000	0736－7312821	0736－7312821	
127	西洞庭政府采购管理办公室	姚丽娜	西洞庭财政局院内	415600	0736－7509603	0736－7509603	
128	柳叶湖政府采购管理办公室	彭继文	柳叶湖财政局院内	415000	0736－7898918	0736－7898918	
129	**永州市政府采购办**	**李冬祥**	**永州市财政局**	**425000**	**0746－8369636**	**0746－8369636**	**Jzj728@sohu.com**

续表

序号	机构全称	负责人	办公地址	邮政编码	电话	传真	电子信箱
130	道县政府采购办	陈君珲	道县财政局	425300	0746－5228962	0746－5228962	
131	祁阳县政府采购中心	陈琼利	祁阳县财政局	426100	0746－3223330	0746－3223330	
132	芝山区政府采购中心	熊丽华	芝山区财政局	425100	0746－6243062	0746－6243062	
133	冷水滩区政府采购中心	曾东风	冷水滩区财政局	425000	0746－8323496	0746－8323905	
134	东安县政府采购中心	程家华	东安县财政局	425900	0746－4221108		
135	新田县政府采购中心	陈利民	新田县财政局	425700	0746－4751988	0746－4751988	
136	蓝山县政府采购中心	蒋仁河	蓝山县财政局	425600	0746－7225128	0746－7225128	
137	宁远县政府采购中心	唐　波	宁远县财政局	425800	0746－2217474	0746－2217474	TanhonFon@163.com
138	江华县政府采购中心	蒋志诚	江华县财政局	425500	0746－2326686	0746－2326686	
139	江永政府采购中心	唐磊庆	江永财政局	425400	0746－5727027		
140	双牌县政府采购中心	蒋顺国	双牌县财政局	425200	0746－7729233	0746－7729233	
141	**湘潭市政府采购办**	**谭好逑**	**湘潭市大湖路69号**	**411100**	**0732－8276064**	**0732－8276064**	**Feng juna@xtcinet**
142	雨湖区政府采购办	鲁国华	湘潭市建设北路228号	411100	0732－8265718	0732－8201245	
143	岳塘区政府采购办	文太清	湘潭市岳塘区政府院内	411102	0732－5544540	0732－5544540	
144	湘乡市政府采购办	张耀启	湘乡市财政局内	411400	0732－6785178	0732－6770566	
145	湘潭县政府采购办	王跃伟	湘潭县凤凰路财政局内	411228	0732－7882786	0732－7882786	
146	韶山市政府采购办	王建兵	韶山市财政局内	411300	0732－5682037	0732－5682037	

政府采购执行机构

序号	机构全称	负责人	办公地址	邮政编码	电话	传真	电子信箱
1	湖南省省直机关政府采购中心	曹令昌	长沙市人民中路66号	410011	0731－5166562	0731－5166560	hnszcyzx@163.com
2	湖南洞庭招标代理有限公司	周文杰	长沙市劳动西路26号	410007	0731－5607737	0731－5607737	hndt@hndtc.com
3	湖南国联采购咨询有限公司	曹石林	长沙市蔡锷南路505号天辰·腾达商务大厦6楼	410005	0731－5177561 0731－5177562	0731－5177567	Zcb7503@126.com
4	湖南省招标有限责任公司	罗　年	长沙市东风路123号	410003	0731－4510896	0731－4552571	Bxding108@126.com
5	长沙湘资招标代理有限公司	聂　鑫	长沙市天心区义茶亭1号	410015	0731－5139711	0731－5810436	bidding@hnxz.net
6	湖南天平招标代理有限公司	卓和平	长沙市芙蓉中路二段80号顺天国际财富中心807室	410005	0731－4894807 0731－2258508	0731－2258148	www.hntpcpa.com.cn
7	湖南利安达招标咨询有限公司	喻美莲	长沙市韶山北路109号君临天厦5楼	410011	0731－4129648	0731－4129658－8001	Hunanlad@vip.sina.com
8	湖南天兴招标代理有限公司	江水波	长沙市芙蓉中路三段420号华升大厦3楼	410015	0731－5210278	0731－5210288	hntx@hnicpa.org
9	湖南天舟招标代理有限公司	游　义	长沙市芙蓉区一环路荷花园铭威大厦北栋6楼	410001	0731－4728867	0731－4719208	tzzbdlgs@163.com
10	湖南大唐招标代理咨询有限公司	周建安	长沙五一大道59号长沙大厦商务楼1508房	410001	0731－4159725	0731－4159727	hntw@hntwcpas.com

续表

序号	机构全称	负责人	办公地址	邮政编码	电话	传真	电子信箱
11	湖南能达招标代理咨询有限公司	李舜平	长沙市韶山北路478号	410007	0731－5515168	0731－5503925	ndcpa@public.cs.hn.cn
12	湖南省安森招标咨询有限公司	李　军	长沙市黄兴中路88号平和堂写字楼1606号	410005	0731－2249630	0731－2249626	Mp_htr@public.cs.hn.cn
13	湖南明信招标代理有限公司	蔡建成	长沙市解放中路18号华侨大厦19楼	410001	0731－4439090	0731－4448819	hnboom@163.net
14	长沙众益招标咨询有限公司	唐国辉	长沙市芙蓉中路东成大厦3005号	410011	0731－4885357	0731－4885356	
15	长沙市招标代理有限公司	华　虹	长沙市解放西路41号太平洋保险大厦13楼	410005	0731－2566011 0731－2224041	0731－2566010	Webmaster@csztb.comliu929@tom.com
16	株洲公信招标代理有限责任公司	周季平	株洲市建设南路38号	412000	0733－2214769	0733－2214930	YXW0733@163.com
17	郴州材信招标代理有限公司	姚健勇	郴州市中山北街95号	423000	0735－2349208	0735－2348228	Leiwenfeng123@163.Com Zhpjun780914@fc18.com
18	岳阳市国鼎招标服务有限公司	柳雁北	岳阳市科技馆4楼	414000	0730－8620576	0730－8620576	
19	岳阳中智诚采购咨询有限公司	刘　彪	岳阳市三辉大厦	414000	0730－8210605		
20	岳阳恒信招标代理有限公司	彭岳斌	岳阳市创业中心3楼	414000	13908409550		
21	张家界市誉丰招标代理有限公司	吴忠泉	张家界南庄坪路桥大厦3楼	427000	0744－8380328	0744－8380338	zjjyfol@163.com
22	湖南天平招标代理有限公司张家界分公司	卓和平	张家界永定区南庄坪市审计局地税局大院内	427000	0744－8386150	0744－8386198	Gongyin1215@vip.sina.com
23	邵阳市宏远招标代理有限责任公司	周精华	邵阳市红旗路303号4楼	422000	0739－5315511	0739－5315511	Zpy960802@21cn.com
24	邵阳西南拍卖有限责任公司	张治保	武冈市乐洋路91号	422400	0739－4233998	0739－4233998	
25	湖南省招标有限责任公司衡阳办事处	周立新	长沙市东风路123号	410003	0731－4512760	0731－4513894	
26	怀化广信招标咨询有限公司	邹芝腾	怀化市鹤城区迎丰中路408号	418000	0745－2712626		
27	湘西自治州正平招标代理有限公司	张小锐	吉首市文艺路3号	416000	0743－8735588	0743－8735488	
28	益阳银城招标代理有限公司	谢俊雄	益阳市秀峰路71号	413000	0737－4243296	0737－4243296	
29	娄底隆兴招标代理咨询有限公司	李谷民	娄底市春园路125号	417000	0738－8314285	0738－8213850	
30	湖南省招标有限责任公司常德办事处	杨乐生	常德市洞庭大道西段56号	415000	0736－7715230	0736－7719070	
31	湖南大唐招标代理咨询有限公司常德办事处	谢宇勋	常德市武陵中路20号	415000	0736－7708592	0736－7708552	tanvong@cddtgs.com
32	永州市政府采购中心	蒋少华	永州市政务服务中心2楼	425000	0746－8329385	0746－8329385	
33	湘潭市政府采购中心	汤　焰	湘潭市大湖路69号	411100	0732－8276018 0732－8276019	0732－8276018 0732－8276019	zfcgzx@xtcz.net

广 东 省

政府采购管理机构

序号	机构全称	负责人	办公地址	邮政编码	电话	传真	电子信箱
1	**广东省政府采购管理办公室**	**张穗汉**	**广州市仓边路26号**	**510030**	**020－83341709**	**020－83357559**	
2	**广州财政局政府采购处**	**王　质**	**广州市六榕路20号**	**510180**	**020－83353528**	**020－93332721**	
3	**珠海市财政局政府采购管理办公室**	**卢仲强**	**市财政局三楼**	**519002**	**0756－2510787**	**0756－2510617**	**lg001@sohu.com**
4	**汕头市财政局**	**郑志平**	**汕头长平路11街**	**515044**	**0754－8179796**	**0754－8179796**	
5	**韶关市财政局政府采购管理办公室**	**林　嘉**	**惠民北路51号**	**512026**	**0751－8177118**	**0751－8177227**	**sgzfcgb@shaoguan.gov.cn**
6	曲江区政府采购管理办公室	曹向明	马坝镇府前南路5号	512100	0751－6683999	0751－6683999	
7	始兴县政府采购管理办公室	赖福昌	太平镇永安大道	512500	0751－333430	0751－3325313	
8	乐昌市政府采购管理办公室	张　平	昌山中路168号	512200	0751－6166338	0751－6166338	
9	仁化县政府采购管理办公室	赵丹宁	仁桥北路1号	512300	0751－6359190	0751－6359190	
10	南雄市政府采购管理办公室	丘隆全	雄州镇光明东路182号	512400	0751－3862501	0751－3862501	
11	翁源县政府采购管理办公室	冯艳芳	翁源县财政局	512600	0751－2822038	0751－2822038	
12	乳源县政府采购管理办公室	李智军	乳源县财政局	512700	0751－5363319	0751－5363662	
13	**河源市财政局政府采购科**	**具发增**	**新市区益民街9号**	**517000**	**0762－3388372**	**0762－3388338**	
14	东源县政府采购管理办公室	王志辉	财政局大楼	517000	0762－3633612	0762－8831031	
15	龙川县政府采购管理办公室	邬志强	财政局大楼	517300	0762－3880082	0762－6765146	
16	紫金县政府采购管理办公室	邓友庆	财政局大楼	517400	0762－3818393	0762－7818393	
17	和平县政府采购管理办公室	徐敏强	东堤路49号	517200	0762－3587856	0762－5633369	
18	连平县政府采购管理办公室	杨顺章	财政局大楼	517100	0762－3322035	0762－4332245	
19	河源市政府采购管理办公室	吴少珍	宝源路12号	517000	0762－3341881	0762－331263	
20	**梅州市财政局政府采购管理办公室**	**蓝好云**	**梅州市江南嘉应中路69号**	**514021**	**0753－2244081**	**0753－2260893**	
21	梅县政府采购管理办公室	房晓平	梅县新城财政局	514700	0753－2562891	0753－2598879	
22	梅江区政府采购管理办公室	张绍定	梅州市仲元东路51号	514000	0753－2196662	0753－4431894	
23	五华县财政局	卓明星	五华县财政大楼	514400	0753－4431894	0753－4431894	
24	平远财政局	张伟兴	平远县平城中路6号	514600	0753－8823746	0753－8823746	
25	兴宁市财政局	罗汉中	兴宁市兴城镇财政大楼	514500	0753－3262699	0753－3262699	
26	丰顺县财政局	林桂庵	丰顺县财政局大楼	514300	0753－6688816	0753－6688883	
27	**茂名市财政局（尚在报批中）**						
28	**肇庆市财政局政府采购管理办公室**	**朱景亮**	**肇庆市天宁北路75号发展广场5楼**	**526040**	**0758－2313152**	**0758－2313152**	**zqscg@163.com**

续表

序号	机构全称	负责人	办公地址	邮政编码	电话	传真	电子信箱
29	高要市政府采购管理办公室	莫锦雄	高要市城区水固路83号	526200	0758－3315416	0758－3315416	
30	广宁县政府采购管理办公室	祝海芳	肇庆南街镇新宁北路39号	526300	0758－8633767	0758－8631010	
31	怀集县政府采购管理办公室	梁柏耀	怀集县怀城镇	526400	0758－5599283	0758－5599283	
32	**清远市财政局政府采购管理办公室**	**邓景东**	**清远市新城北江二路财政局大楼**	**511518**	**0763－3877329**	**0763－3877328**	**qydjd329@163.com**
33	清城区政府采购管理办公室	欧柏权	清城先锋西路七座	511500	0763－3346517	0763－3346517	
34	清新县政府采购办公室	黄卫国	清新县太和镇明霞大道1号	513000	0763－2225400	0763－2225066	
35	佛冈县政府采购管理办公室	朱明到	佛冈县城振兴中路289号	511600	0763－4294022	0763－4294022	
36	连山县政府采购管理办公室	王冠华	连山县青田镇沿江路6号	513200	0763－8734740	0763－8734740	
37	连南县政府采购管理办公室	邱金水	连南县三江镇沿江东路27号	513300	0763－8678993	0763－8678896	
38	连州市政府采购管理办公室	袁智勇	连州市良光路3号	513100	0763－7803700	0763－7804320	
39	阳山县政府采购管理办公室	阳光县	阳山县连江大道39号	513100	0763－7803700	0763－7804320	
40	**潮州市财政局政府采购科**	**龙映忠**	**潮州大道南段财政大楼**	**521000**	**0768－2396330**	**0768－2396303**	
41	**揭阳市财政局政府采购科**	**倪志伟**	**揭阳市东山区晓晓翠路东侧**	**522031**	**0663－8236642**	**0663－G258236642**	
42	普宁市政府采购管理办公室	方卓彬	市财政局三楼	515300	0663－2222177	0663－2222177	
43	揭西县政府采购管理办公室	小　林	财政局大楼	515400	0663－5583288	0663－5583288	
44	惠来县政府采购管理办公室	翁松林	财政局大楼	515200	0663－6682672	0663－6697156	
45	揭东县政府采购管理办公室	林凯斌	揭东县财政局大楼	515500	0663－3237009	0663－3237009	
46	榕城区政府采购管理办公室	林盼生	财政局大楼	522000	0663－867565	0663－867565	
47	**云浮市财政局政府采购科**	**黄　柱**	**市区兴支西路金山小区**	**527300**	**0766－8825834**	**0766－8825834**	
48	云城区财政局政府采购管理股	陈小红	市区解放中路111号	527300	0766－8825834	0766－8825834	
49	新兴县财政局政府采购管理股	李日炎	新城镇较场路33号	527400	0766－288607	0766－2882607	
50	**惠州市财政局政府采购科**	**黄映美**	**下埔大道24号**	**516001**	**0752－2105190**	**0752－210490**	
51	惠城区政府采购管理办公室	林伟群	惠州市环城西路29号	516006	0752－2234949	0752－2234949	
52	惠阳区政府采购管理办公室	叶石灵	惠阳区金惠大道财政大楼	516211	0752－3371989	0752－3371989	
53	博罗县财政采购管理办公室	龚炜全	罗阳镇北门路86号	516100	0752－6732473	0752－6732437	
54	惠东县政府采购管理办公室	李勇诚	惠东县平山镇建设路	516081	0752－8829063	0752－8826973	
55	大亚湾政府采购管理办公室	谢裕坚	澳头镇进港西路	516081	0752－5579890	0752－5579890	
56	龙门县政府采购管理办公室	董灼辉	县城文化路15号	511200	0752－7798415	0752－7789421	
57	**汕尾市政府采购管理办公室**	**叶其灯**	**汕尾市财政局办公大楼**	**516600**	**0660－3310721**	**0660－3310721**	
58	**东莞市财政局政府采购管理办公室**	**方志强**	**东莞市鸿福路99号行政办事中心11楼**	**523888**	**0769－2831133**	**0769－2831178**	**czjcgb@dg.gov.cn**
59	**中山市财政局政府采购科**	**石金堂**	**中山市财政大楼**	**518400**	**0760－8876138**	**0760－8876168**	

续表

序号	机构全称	负责人	办公地址	邮政编码	电话	传真	电子信箱
60	**江门市财政局政府采购管理办公室**	**李达成**	**江门市华园中路 21 – 23 号**	**529100**	**0750 – 3501798**	**0750 – 3501608**	
61	新会市政府采购管理办公室	阮丽娟	江门市新会区会城镇尚志街 4 号	529100	0750 – 6626138	0750 – 6660844	
62	蓬江区财政局行政股	区靛华	江门市北郊新城天河东路 18 号	529000	0750 – 3221530	0750 – 3221527	
63	江海区财政局监督办	姚雪莹	江门市河南新路 32 – 38 号	529040	0750 – 3891966	0750 – 3827832	
64	开平市财政局教科文股	张新森	开平市长沙东兴大道人民东路 5 号	529300	0750 – 2277281	0750 – 2277281	
65	台山市财政局教科文股	刘伟任	台山市台城镇南门路 153 号	529200	0750 – 5527400	0750 – 5521880	
66	鹤山市财政局行政政法股	金　田	鹤山市沙坪镇东升路 68 号	529700	0750 – 8994074	0750 – 8988496	
67	恩平市财政局	缵　灵	恩平市南堤中路 70 号	529400	0750 – 7811482	0750 – 7813055	
68	**佛山市财政局政府采购管理科**	**梁长胜**	**佛山市季华五路财政大厦**	**528000**	**0757 – 83282860**	**0757 – 83282860**	
69	禅城区政府采购管理办公室	李健生	佛山市大福南路 6 号	528000	0757 – 83202442	0757 – 83202442	
70	南海市政府采购管理办公室	吴钟慧	南海桂城南新三路 20 号	528200	0757 – 86282777	0757 – 86297830	
71	顺德市财政局基建科	何永健	顺德大良德文路市府三楼	528333	0757 – 22831863	0757 – 22831814	
72	三水区政府采购管理办公室	任　卫	三水西康乐路 2 号	528100	0757 – 87707741	0757 – 87707741	
73	高明区政府采购管理办公室	练明娇	高明荷城沧江路 3 号	528500	0757 – 88636868	0757 – 88822441	
74	**阳江市政府采购管理办公室**	**李明光**	**阳江市石湾路财政大楼**	**529500**	**0662 – 3418693**	**0662 – 3410877**	**lhm – yib @21cn.net**
75	阳春市政府采购管理办公室	黄寅寇	阳春市财政局	529600	0662 – 7745980	0662 – 7745980	stock@yangchun.gov.cn
76	阳东县政府采购管理办公室	梁永春	阳东县城湖滨西路 18 号	529931	0662 – 6620011	0662 – 6620011	yd200188@21cn.com
77	阳西县政府采购管理办公室	刘志勇	阳西县新城三区福兴一街 5 号	529800	0662 – 5533089	0662 – 5538505	hh5588@21cn.com
78	江城区政府采购管理办公室	蔡传泳	马贾路行政小区财政大楼	529500	0662 – 3100880	0662 – 3100880	
79	海陵区政府采购管理办公室	黄就其	海陵闸坡旅游大道	529536	0662 – 3891672	0662 – 3891672	
80	**湛江市财政局政府采购管理办公室**	**罗红梅**	**湛江市赤坎区康顺路 48 号**	**524043**	**0759 – 3210982**	**0759 – 3322650**	**idzzou@163.net**
81	坡头区政府采购管理办公室	洪　江	湛江市坡头区财政局	524057	0759 – 3950157	0759 – 3951391	zhuhuagu@21cn.com
82	遂溪区政府采购管理办公室	黄文汉	湛江市遂溪县财政局	524300	0759 – 7772117	0759 – 7741767	
83	麻子章区政府采购管理办公室	杨　奇	麻子章镇政通路 3 号	524094	0759 – 273222	0759 – 273222	zjcgzx@163.com
84	开发区政府采购管理办公室	叶　林	湛江市人民大道 32 号	524022	0759 – 3616695	0759 – 3398608	
85	徐闻县政府采购管理办公室	李　天	徐闻县财政局	524100	0759 – 4868128	0759 – 4866258	

政府采购执行机构

序号	机构全称	负责人	办公地址	邮政编码	电话	传真	电子信箱
1	**广东省政府采购中心**	**李春露**	**广州市越华路118号之左**	**510030**	**020-83373886**	**020-83309916**	
2	**广州市政府采购中心**	**张以权**	**广州市恒福路**	**510095**	**020-83581689**	**020-83581646**	**yiquan@public.gd.cn**
3	**珠海市政府采购中心**	**易卫华**	**市府大院综合楼1楼**	**519000**	**0756-2121689**	**0756-2128871**	**ywh@cngpc.nef**
4	**汕头市政府采购中心（尚在报批中）**						
5	**韶关市政府招标采购中心**	**王　丽**	**复兴路24号金辉大厦4楼**	**512026**	**0751-8878818**	**0751-8878818**	**sgcgzx@shaoguan.gov.cn**
6	新丰县政府采购中心	潘佩英	新丰县城	511100	0751-2280081	0751-2280081	
7	**河源市政府采购中心**	**李远惠**	**新市区益民街9号**	**517000**	**0762-3388339**	**0762-3388332**	
8	**梅州市政府采购中心**	**姚福平**	**梅州市嘉应中路67号**	**514121**	**0753-2259198**	**0753-2252985**	
9	大埔县政府采购中心	黄学金	大埔县城区	514200	0753-5554133	0753-5554133	
10	蕉岭县政府采购中心	张建新	蕉岭县蕉城镇北街4号	514100	0753-7875519	0753-7875519	
11	平远县政府采购中心	林忠欣	平远县平城中路	514600	0753-8838123	0753-8828686	
12	兴宁市政府采购中心	谢始伟	兴宁市兴城镇	514500	0753-3263280	0753-3263280	
13	梅江市政府采购中心	吴小雪	梅州市仲元东路51号	514000	0753-2196664	0753-2196627	
14	五华县政府采购中心	李思中	五华县水塞镇前进街	514400	0753-4431000	0753-4436682	
15	**茂名市政府采购中心**	**谢鹏飞**	**茂名市财政局大楼**	**525000**	**0668-2282538**	**0668-2291458**	
16	茂港区政府采购中心	吴飞虎	茂港区财政局大楼	525000	0668-268611	0668-2688611	
17	茂南区政府采购中心	凌富伟	茂南区财政局大楼	525000	0668-2275719	0668-2275719	
18	化州市政府采购中心	陈　峰	化州市财政局大楼	525100	0668-7231959	0668-7231959	
19	高州市政府采购中心	张秋实	高州财政局大楼	525200	0668-6677520	0668-6677520	
20	电白县政府采购中心	张永有	电白县财政局大楼	525400	0668-5122963	0668-5122963	
21	信宜市政府采购中心	颜昭著	信宜市财政局大楼	525300	0668-8826368	0668-8826368	
22	**肇庆市政府采购中心（尚在报批中）**						
23	端州区政府采购中心	李　民	端州区蓓蕾北路11号	526060	0758-2724026	0758-2735224	
24	鼎湖区政府招标采购中心	钟文辉	鼎湖区港口路	526060	0758-2623616	0758-2621215	
25	四会市政府采购中心	罗伟明	四会市东城区水闸路83号	526300	0758-3315416	0758-3315416	
26	德庆县政府采购中心	梁文幸	德庆大道	526600	0758-7781636	0758-7781636	
27	封开县政府采购中心	梁其勇	江口镇东堤路21号	526500	0758-6687070	0758-6687070	
28	**潮州市政府采购中心**	**王　伟**	**潮州大道风新大厦**	**521000**	**0768-2280181**	**0768-2280182**	**webmqscer@chinaecai.com**
29	**揭阳市政府采购中心**	**苏炳茂**	**揭阳市政府大院内东附楼305室**	**522031**	**0663-5210673**	**0663-5210673**	
30	普宁市政府采购中心	李泽平	财政局8楼	515300	0663-2253011	0663-2253011	
31	**云浮市政府采购中心**	**陈政**	**市区城中路111号**	**527300**	**0766-8819556**	**8862189**	

续表

序号	机构全称	负责人	办公地址	邮政编码	电话	传真	电子信箱
32	云城区政府招标采购中心	张云汉	市区解放中路38号	527300	0766－8823602	0766－8823602	
33	罗定市政府采购招标管理办公室	陈光远	罗城镇龙园路44号	527200	0766－3818621	0766－3818621	
34	郁南县政府招标采购忠	陈海波	都城镇新生东路92号	527100	0766－7598328	0766－7598328	
35	云安县政府采购招标中心	张德明	城区白沙塘行政区	527500	0766－8638171	0766－8638171	
36	新光县政府采购招标中心	冯坤	新城镇大园路1号	527400	0766－2884088	0766－2891866	
37	**惠州市政府采购中心（尚在报批中）**						
38	**汕尾市政府采购中心**	**叶其灯**	**汕尾市财政局办公大楼**	**516600**	**0660－3310721**	**0660－3310721**	
39	汕尾城区政府采购中心	陈波城	汕尾市城区通港路途23号	516600	0660－3388161	0660－3388161	
40	海丰县政府采购中心	徐孝荣	海丰县城海银路县	516400	0660－6626029	0660－6623717	
41	陆丰市政府采购中心	郑少山	陆丰市财政局办公大楼	516400	0660－8883898	0660－8883898	
42	陆河县政府采购中心	郑建忠	陆河县财政局办公大楼	516700	0660－5521191	0660－54527889	
43	红海湾政府采购中心	潘杰辉	红海湾财政局大楼	516622	0660－34333477	0660－3437848	
44	华侨管理区政府采购中心	张运良	华侨管理区财政局大楼	516523	0660－8252198	0660－8252198	
45	**东莞市财政局政府采购中心**	**郑宽余**	**东莞市城区万寿路97号之一**	**523003**	**0769－2243138**	**0769－2248967**	**dggp@dg.gov.cn**
46	**中山市政府采购中心（尚在报批中）**						
47	**江门市财政局政府采购中心**	**陈中坚**	**江门市华园中路21—23号**	**529000**	**0750－3501908**	**0750－3501907**	**cgzx@jiangmen@21cn.com**
48	江门市新会区政府采购中心	赵惠权	江门市新会区会城镇朱紫路6号	529100	0750－6666177	0750－6628500	xhgpc@21.com
49	蓬江区政府采购中心	林荣贵	江门市建设二路18号	529000	0750－3225521	0750－3225521	
50	江海区政府采购中心	姚雪莹	江门市河南新路32—38号	529040	0750－3861670	0750－3861670	
51	开平市政府采购中心	吴国健	开平市长沙东兴大道人民东路5号	529300	0750－2266271	0750－2266271	
52	台山市政府采购中心	谭向阳	台山市台城镇南门路153号	529200	0750－5518028	0750－5521880	
53	鹤山市政府采购中心	吴福盛	鹤山市沙坪镇东升路68号	529700	0750－8962133	0750－8994044	
54	恩平市政府采购中心	吴卓灵	恩平市南堤中路70号	529400	0750－7813055	0750－7813055	
55	**佛山市政府采购中心**	**吴国伟**	**佛山市季华五路28号公交大厦6楼**	**528000**	**0757－83206119**	**0757－83209110**	
56	禅城区政府采购中心（尚未正式运作）						
57	南海区政府采购中心	黄冬如	南海桂城南新三路20号	528000	0757－83206119	0757－83209110	

续表

序号	机构全称	负责人	办公地址	邮政编码	电话	传真	电子信箱
58	顺德区政府采购中心	赵当强	顺德大良德文路市府大院	528333	0757－22833898	0757－22833939	
59	三水区政府采购中心	何志文	三水西南人民三路139号	528100	0757－87758205	0757－87758205	
60	高明区政府采购中心	区建强	高明区府大院	528500	0757－88688816	0757－88669011	
61	**阳江市政府采购中心**	**柳华味**	**阳江市行政服务大楼**	**529500**	**0662－3366331**	**0662－3366331**	**lhm－yib@21cn.net**
62	**湛江市财政局政府采购科**	**苏明富**	**湛江市行政服务中心**	**524000**	**0759－3367478**	**0759－3364478**	
63	霞山区政府采购中心	吴桂详	霞山解放西路28号	524013	0759－2170132	0759－2170134	
64	廉江市政府采购中心	郑恩瑞	廉江市罗州大道	524043	0759－3190033	0759－3190033	
65	雷州市政府采购中心	梁　彪	雷城镇广朝南128号	524400	0759－6671006	0759－6671006	
66	吴川市政府采购中心	李宇松	吴川市长寿路19号	524200	0759－8851267	0759－8813154	

深　圳　市

政府采购管理机构

序号	机构全称	负责人	办公地址	邮政编码	电话	传真	电子信箱
	深圳市财政局政府采购办公室	荣光新	深圳市福田区景田东路9号财政大厦1302室	518034	0755－83938536	0755－83938675	RGX@szfb.gov.cn

政府采购执行机构

序号	机构全称	负责人	办公地址	邮政编码	电话	传真	电子信箱
	深圳市政府采购中心	李健成	深圳市福田区景田东路9号财政大厦附楼	518034	0755－83938599	0755－83938753	Lijianchen@szzfcg.cn

广西壮族自治区

政府采购管理机构

序号	机构全称	负责人	办公地址	邮政编码	电话	传真	电子信箱
1	**自治区财政厅国库处**	**黄典伟**	**南宁市桃源路69号财政大厦二十四楼**	**530021**	**0771－5331600**	**0771－5307093**	
2	**南宁市政府采购监督管理办公室**	**吉海宁**	**南宁市东葛路129号财政局**	**530023**	**0771－2189102**	**0771－2189082**	**zfcg@giec.com.cn**
3	武鸣县财政局政府采购办公室	施　辉			0771－6236997	0771－6225503	
4	邕宁县财政局政府采购办公室	黄　忠	邕宁县城		0771－4790593	0771－4790601	
5	马山县财政局政府采购中心	韦英勇	马山县城		0771－6821913	0771－6822828	
6	横县财政局政府采购中心	蒙德志	横县县城		0771－7233567	0771－7222970	
7	宾阳县财政局政府采购中心	赵秀南	宾阳县城		0771－8231525	0771－8220019 转6313	

续表

序号	机构全称	负责人	办公地址	邮政编码	电话	传真	电子信箱
8	上林县财政局政府采购办公室	黄美丽	上林县城		0771-5228867	0771-5222304	
9	隆安县财政局预算股	陆 妍	隆安县城		0771-6529783	0771-6522241	
10	**崇左市政府采购管理办公室**	**裴希明**	**崇左市城西路66号**	**532200**	**0771-7835930**	**0771-7835930**	**czszfcgb@163.com**
11	扶绥县政府采购领导小组办公室	何如坚	扶绥县财政局	530021	0771-7535892	0771-7535892	
12	龙州县政府采购办公室	黄飞跃	龙州县财政局	532400	0771-8812665	0771-8812665	
13	天等县政府采购办公室	赵国军	天等县财政局	532800	0771-3531698	0771-3530533	gxtdhao@tom.com
14	宁明县政府采购领导小组办公室	许家恺	宁明县财政局	532500	0771-8630095	0771-8630095	
15	凭祥市政府采购中心	苏泰江	凭祥市财政局大院内	532600	0771-8536016	0771-8536016	
16	**柳州市政府采购管理办公室**	**李文杰**	**柳州市滨江东路1栋4楼**	**545001**	**0772-2830326**	**0772-2830320**	
17	柳江县财政局政府采购管理办公室	甘传斌	柳江县拉堡镇柳北路45号		0772-7216339	0772-7213121	
18	柳城县财政局政府采购管理办公室	王幼平	柳城县大埔白阳中路8号		0772-7612450	0772-7618861	
19	融水县财政局政府采购管理办公室	潘文辉	融水县融水镇华强路		0772-5122102	0772-5129074	
20	鹿寨县财政局政府采购管理办公室	成 健	鹿寨县金鸡路		0772-6822756	0772-6814930	
21	融安县财政局政府采购管理办公室	罗兆勋	融安县长安镇新民二区141号		0772-8137785	0772-8113255	
22	**来宾市政府采购中心**	**黄明方**	**来宾市北二路财政局**	**546100**	**0772-6686772**	**0772-6686761**	**govstock@sohu.com**
23	武宣县财政局政府采购办	卢志军	武宣县城		0772-5212188	0772-5212279	
24	桂林市政府采购管理办公室	许春燕	桂林市中山北路23号	541001	0773-2816067	0773-2816067	glzfcg@163.com
25	临桂县政府采购办	葛九连	临桂县财政局	541100	0773-5580131		
26	灌阳县政府采购中心	梁廷葵	灌阳县灌阳镇新华路1号	541600	0773-4218246		
27	龙胜县财政局政府采购办	蒙世庄	龙胜县兴龙中路	541700	0773-7512276		
28	永福县政府采购办	李 梭	永福县政府采购办	541800	0773-8518392		
29	阳朔县财政局政府采购中心	周 纯	阳朔县宝泉巷21号	541900	0773-8811598		
30	恭城县政府采购办	周 铎	恭城县恭城镇拱振街东道	542500	0773-8212104		
31	荔浦县政府采购办	莫家月	荔浦县财政局大院	546600	0773-7220153		
32	**梧州市政府采购管理处**	**陈浩亮**	**梧州市文栏路97号财政局**	**543002**	**0774-3856434**	**0774-3866434**	**wzcg123@sina.com**
33	藤县财政局政府采购办	黄祖全	藤县县城		0774-7273303	0774-7273607	
34	苍梧县财政局政府采购办	全 杰	苍梧县城		0774-2672555	0774-2673808	
35	蒙山县财政局政府采购办	李碧华	蒙山县城		0774-6282381	0774-6282362	

续表

序号	机构全称	负责人	办公地址	邮政编码	电话	传真	电子信箱
36	岑溪市财政局政府采购办	覃照荣	岑溪市		0774－8212813	0774－8222768	
37	**贺州市政府采购管理办公室**	**韦世杰**	**贺州市贺州大道财政局三楼**	**542800**	**0774－5135553**	**0774－5135553**	
38	钟山县政府采购管理中心	曾　梅	钟山县兴钟中路10号财政局	542600	0774－8986089	0774－8982809	
39	昭平县政府采购管理中心	叶素群	昭平县东宁中路26号财政局	546800	0774－6689708	0774－6689708	
40	富川瑶族自治县政府采购管理办公室	谢庆光	富川县凤凰路财政局	542700	0774－7882324	0774－7882324	
41	**玉林市政府采购管理中心**	**张　青**	**玉林市胜利垌开发区财政局**	**537000**	0775－2684925	0775－2684925	yulinshicaigou@163.com
42	博白县财政局政府采购管理中心	程智伟	博白县城		0775－8331601	0775－8331601	
43	容县财政局政府采购管理中心	余　荣	容县城		0775－5320196	0775－5330958	
44	陆川县财政局政府采购管理中心	陈　磊	陆川县城		0775－7221999	0775－7216631	
45	北流市财政局政府采购管理中心	严瑞强	北流市		0775－6233308	0775－6223453	
46	兴业县财政局政府采购管理中心	蒋振权	兴业县城		0775－3760298	0775－3763996	
47	**贵港市政府采购管理中心**	**胡胜文**	**贵港市金港大道财政局**	**537100**	**0775－4552358**	**0775－4552358**	**hhg4552358@163.com**
48	平南县政府采购中心	张刚艺	平南县财政局大院内	537300	0775－7820666	0775－7830062	pnzfcg@mail.china.com
49	桂平市政府采购管理办公室	黄志军	桂平市财政局	537200	0775－3380263	0775－3398333	CG3380263@sina.com
50	**百色市政府采购管理办公室**	**利超贤**	**百色市中山1路1北号**	**533000**	**0776－2849555**	**0776－2848963**	
51	田阳县政府采购管理办公室	叶　兵	田阳县田州镇金狮街财政局	533600	0776－3225673	0776－3225673	
52	田东县政府采购管理办公室	曾焕伟	田东县油城路13号财政局	531500	0776－5227597	0776－5235998	
53	平果县政府采购管理办公室	韦少隆	平果县财政局	531400	0776－5825152	0776－5825152	
54	德保县政府采购管理办公室	罗显林	德保县东安象山街40号财政局	533700	0776－3821171	0776－3821171	
55	靖西县政府采购管理办公室	邹新程	靖西县财政局	533800	0776－6231753	0776－6231753	
56	那坡县政府采购管理中心	章灌明	那坡县财政局	533900	0776－6825378	0776－6822158	
57	田林县政府采购管理办公室	彭祖明	田林县乐里镇新市街82号财政局	533300	0776－7215056	0776－7213840	
58	凌云县政府采购管理办公室	罗大庭	凌云县泗城镇前进街125号财政局	533100	0776－7612302	0776－7616781	
59	乐业县政府采购管理办公室	王若浩	乐业县三乐街186号财政局	533200	0776－7922202	0776－7922202	
60	隆林县政府采购管理办公室	吴　江	隆林县财政局	533400	0776－8205388	0776－8205388	
61	西林县政府采购管理办公室	黄宪茂	西林县八达镇新兴路030号财政局	533500	0776－8683258	0776－8683258	

续表

序号	机构全称	负责人	办公地址	邮政编码	电话	传真	电子信箱
62	**钦州市政府采购管理中心**	**苏明友**	**钦州市银河大街财政局**	**535000**	**0777－2895258**	**0777－2895258**	
63	浦北县人民政府采购工作领导小组办公室	张振奎	浦北县解放中路117号财政局	535300	0777－8314622	0777－8314622	
64	灵山县政府采购管理中心	唐　灵	灵山县友谊路财政局	535400	0777－6516806		
65	**河池市政府采购办公室**	**韦彩斌**	**河池市新建路财政局**	**547000**	**0778－2298073**	**0778－2284294**	**wcb8985@163.com**
66	金城江区区直机关政府采购办公室	韦汉革	河池市新建东路	547000	0778－2303425	0778－2303425	
67	宜州市政府采购办公室	马　兰	宜州市庆远镇	546300	0778－3213756	0778－3213756	
68	南丹县政府采购办公室	潘复良	南丹县城	547200	0778－7284728		
69	都安县政府采购办公室	韦翰淇	都安县安阳镇	530700	0778－5226511		
70	大化县政府采购办公室	廖宏峰	大化县城	530800	0778－5812407		
71	巴马县政府采购办公室	罗文先	巴马县城	547500	0778－6221733		
72	凤山县政府采购办公室	周君庭	凤山东县城	547600	0778－6818988		
73	**北海市财政局国库科**	**黄　雯**	**北海市**	**536000**	**0779－3034490**	**0779－3034625**	
74	合浦县财政局政府采购中心	张　强	合浦县城		0779－7200908	0779－7200676	
75	防城港市政府采购管理中心	李群胜	防城港市财政局	538001	0770－2831955	0770－2835018	fcgcgc@163.com

政府采购执行机构

序号	机构全称	负责人	办公地址	邮政编码	电话	传真	电子信箱
1	**广西政府采购管理中心**	**曾庆智**	**南宁市桃源路69号财政大厦七楼**	**530021**	**0771－5331809**	**0771－5331811**	
2	武鸣县财政局政府采购办公室	施　辉			0771－6236997	0771－6225503	
3	邕宁县财政局政府采购办公室	黄　忠	邕宁县城		0771－4790593	0771－4790601	
4	马山县财政局政府采购中心	韦英勇	马山县城		0771－6821913	0771－6822828	
5	横县财政局政府采购中心	蒙德志	横县县城		0771－7233567	0771－7222970	
6	宾阳县财政局政府采购中心	赵秀南	宾阳县城		0771－8231525	0771－8220019 转6313	
7	上林县财政局政府采购办公室	黄美丽	上林县城		0771－5228867	0771－5222304	
8	扶绥县政府采购领导小组办公室	何如坚	扶绥县财政局	530021	0771－7535892	0771－7535892	
9	龙州县政府采购办公室	黄飞跃	龙州县财政局	532400	0771－8812665	0771－8812665	
10	天等县政府采购办公室	赵国军	天等县财政局	532800	0771－3531698	0771－3530533	gxtdhao@tom.com

续表

序号	机构全称	负责人	办公地址	邮政编码	电话	传真	电子信箱
11	宁明县政府采购领导小组办公室	许家恺	宁明县财政局	532500	0771 - 8630095	0771 - 8630095	
12	凭祥市政府采购中心	苏泰江	凭祥市财政局大院内	532600	0771 - 8536016	0771 - 8536016	
13	柳江县财政局政府采购管理办公室	甘传斌	柳江县拉堡镇柳北路45号		0772 - 7216339	0772 - 7213121	
14	柳城县财政局政府采购管理办公室	王幼平	柳城县大埔白阳中路8号		0772 - 7612450	0772 - 7618861	
15	融水县财政局政府采购管理办公室	潘文辉	融水县融水镇华强路		0772 - 5122102	0772 - 5129074	
16	鹿寨县财政局政府采购管理办公室	成　健	鹿寨县金鸡路		0772 - 6822756	0772 - 6814930	
17	融安县财政局政府采购管理办公室	罗兆勋	融安县长安镇新民二区141号		0772 - 8137785	0772 - 8113255	
18	**来宾市政府采购中心**	**黄明方**	**来宾市北二路财政局**	**546100**	**0772 - 6686772**	**0772 - 6686761**	**govstock@sohu.com**
19	武宣县财政局政府采购办	卢志军	武宣县城		0772 - 5212188	0772 - 5212279	
20	临桂县政府采购办	葛九连	临桂县财政局	541100	0773 - 5580131		
21	灌阳县政府采购中心	梁廷葵	灌阳县灌阳镇新华路1号	541600	0773 - 4218246		
22	龙胜县财政局政府采购办	蒙世庄	龙胜县兴龙中路	541700	0773 - 7512276		
23	永福县政府采购办	李　梭	永福县政府采购办	541800	0773 - 8518392		
24	阳朔县财政局政府采购中心	周　纯	阳朔县宝泉巷21号	541900	0773 - 8811598		
25	恭城县政府采购办	周　铎	恭城县恭城镇拱振街东道	542500	0773 - 8212104		
26	荔浦县政府采购办	莫家月	荔浦县财政局大院	546600	0773 - 7220153		
27	**梧州市政府采购中心**	**许贤信**	**梧州市北环路88号**	**536000**	**0774 - 2822337**	**0774 - 2839515**	
28	藤县财政局政府采购办	黄祖全	藤县县城		0774 - 7273303	0774 - 7273607	
29	苍梧县财政局政府采购办	全　杰	苍梧县城		0774 - 2672555	0774 - 2673808	
30	蒙山县财政局政府采购办	李碧华	蒙山县城		0774 - 6282381	0774 - 6282362	
31	岑溪市财政局政府采购办	覃照荣	岑溪市		0774 - 8212813	0774 - 8222768	
32	**贺州市政府采购中心**	**覃靖评**	**贺州市新风街46号**	**542800**	**0774 - 5137828**	**0774 - 5137828**	
33	钟山县政府采购管理中心	曾　梅	钟山县兴钟中路10号财政局	542600	0774 - 8986089	0774 - 8982809	
34	昭平县政府采购管理中心	叶素群	昭平县东宁中路26号财政局	546800	0774 - 6689708	0774 - 6689708	

续表

序号	机构全称	负责人	办公地址	邮政编码	电话	传真	电子信箱
35	富川瑶族自治县政府采购管理办公室	谢庆光	富川县凤凰路财政局	542700	0774－7882324	0774－7882324	
36	**玉林市政府采购管理中心**	**张　青**	**玉林市胜利垌开发区财政局**	**537000**	**0775－2684925**	**0775－2684925**	**yulinshicaigou@163.com**
37	博白县财政局政府采购管理中心	程智伟	博白县城		0775－8331601	0775－8331601	
38	容县财政局政府采购管理中心	余　荣	容县城		0775－5320196	0775－5330958	
39	陆川县财政局政府采购管理中心	陈　磊	陆川县城		0775－7221999	0775－7216631	
40	北流市财政局政府采购管理中心	严瑞强	北流市		0775－6233308	0775－6223453	
41	兴业县财政局政府采购管理中心	蒋振权	兴业县城		0775－3760298	0775－3763996	
42	**贵港市政府采购管理中心**	**胡胜文**	**贵港市金港大道财政局**	**537100**	**0775－4552358**	**0775－4552358**	**hhg4552358@163.com**
43	平南县政府采购中心	张刚艺	平南县财政局大院内	537300	0775－7820666	0775－7830062	pnzfcg@mail.china.com
44	桂平市政府采购管理办公室	黄志军	桂平市财政局	537200	0775－3380263	0775－3398333	CG3380263@sina.com
45	田阳县政府采购管理办公室	叶　兵	田阳县田州镇金狮街财政局	533600	0776－3225673	0776－3225673	
46	田东县政府采购管理办公室	曾焕伟	田东县油城路13号财政局	531500	0776－5227597	0776－5235998	
47	平果县政府采购管理办公室	韦少隆	平果县财政局	531400	0776－5825152	0776－5825152	
48	德保县政府采购管理办公室	罗显林	德保县东安象山街40号财政局	533700	0776－3821171	0776－3821171	
49	靖西县政府采购管理办公室	邬新程	靖西县财政局	533800	0776－6231753	0776－6231753	
50	那坡县政府采购管理中心	章濉明	那坡县财政局	533900	0776－6825378	0776－6822158	
51	田林县政府采购管理办公室	彭祖明	田林县乐里镇新市街82号财政局	533300	0776－7215056	0776－7213840	
52	凌云县政府采购管理办公室	罗大庭	凌云县泗城镇前进街125号财政局	533100	0776－7612302	0776－7616781	
53	乐业县政府采购管理办公室	王若浩	乐业县三乐街186号财政局	533200	0776－7922202	0776－7922202	
54	隆林县政府采购管理办公室	吴　江	隆林县财政局	533400	0776－8205388	0776－8205388	

续表

序号	机构全称	负责人	办公地址	邮政编码	电话	传真	电子信箱
55	西林县政府采购管理办公室	黄宪茂	西林县八达镇新兴路030号财政局	533500	0776－8683258	0776－8683258	
56	**钦州市政府采购管理中心**	**苏明友**	**钦州市银河大街财政局**	**535000**	**0777－2895258**	**0777－2895258**	
57	浦北县政府采购工作领导小组办公室	张振奎	浦北县解放中路117号财政局	535300	0777－8314622	0777－8314622	
58	灵山县政府采购管理中心	唐　灵	灵山县友谊路财政局	535400	0777－6516806		
59	**河池市政府采购办公室**	**韦彩斌**	**河池市新建路财政局**	**547000**	**0778－2298073**	**0778－2284294**	**wcb8985@163.com**
60	金城江区区直机关政府采购办公室	韦汉革	河池市新建东路	547000	0778－2303425	0778－2303425	
61	宜州市政府采购办公室	马　兰	宜州市庆远镇	546300	0778－3213756	0778－3213756	
62	南丹县政府采购办公室	潘复良	南丹县城	547200	0778－7284728		
63	都安县政府采购办公室	韦翰淇	都安县安阳镇	530700	0778－5226511		
64	大化县政府采购办公室	廖宏峰	大化县城	530800	0778－5812407		
65	巴马县政府采购办公室	罗文先	巴马县城	547500	0778－6221733		
66	凤山县政府采购办公室	周君庭	凤山东县城	547600	0778－6818988		
57	**北海市政府采购中心**	**陈财初**	**北海市北海大道金湾大厦12楼**	**536000**	**0779－3069259**	**0779－3069259**	
68	合浦县财政局政府采购中心	张　强	合浦县城		0779－7200908	0779－7200676	
69	**防城港市政府采购管理中心**	**李群胜**	**防城港市财政局**	**538001**	**0770－2831955**	**0770－2835018**	**fcgcgc@163.com**

海南省

政府采购管理机构

序号	机构全称	负责人	办公地址	邮政编码	电话	传真
1	**海南省财政厅政府采购管理处**	**刘　芬**	**海口市滨海大道109号**	**570105**	**0898－68531659**	**0898－68546705**
2	乐东黎族自治县财政局政府采购办公室	王汉雄	乐东黎族自治县第二政府办公楼三楼	572500	0898－85531382	0898－85522013
3	昌江县政府采购办公室	江运胜	昌江县石碌镇东风路30号	572700	0898－26624377	0898－26636550
4	万宁市政府采购股	周祝英	万宁市万城镇人民中街133号	571500	0898－62223854	0898－62223854
5	三亚市政府采购管理办公室	陈　清	三亚市河西一路五号市财政局	572000	0898－88273143	0898－88273143
6	琼海市政府采购办公室	符传富	琼海市南门二路八号	571400	0898－62828054	0898－62815358
7	东方市政府采购办公室	陈文雄	东方市八所镇东海路24号	572600	0898－25512255	0898－25527118

续表

序号	机构全称	负责人	办公地址	邮政编码	电话	传真
8	定安县政府采购办公室	肖　巨	定安县城见龙大道财政大楼	571200	0898－63823751	
9	保亭县财政局行财股		保亭县保城镇宝兴路	572300	0898－83668616	
10	五指山市财政局政府采购办	王　炬	五指山市通什镇爱民路2号	572200	0898－86639123	0898－86629151
11	文昌市财政局采购股	韩昌元	文昌市清澜开发区二环道转盘	571300	0898－63330064	
12	屯昌县财政局政府采购管理办公室	李丽英	屯昌县屯城镇昌盛路	571600	0898－67818257	
13	临高县政府采购办公室	庞成球	临高县临城镇解放路25号	571800	0898－28276260	
14	陵水县财政局采购股	符琼辉	陵水县陵城镇新建路	572400	0898－83322968	
15	海口市财政局政府采购监督科	韩祝元	海口市海甸岛沿江一西路二号	570110	0898－66251850	
16	澄迈财政局政府采购办公室	王　健	澄迈县金江镇解放路91号	571900	0898－67627803	

政府采购执行机构

序号	机构全称	负责人	办公地址	邮政编码	电话	传真
1	万宁市政府采购中心	苏祥华	万宁市财政局	571500	0898－62223854	0898－62223854
2	琼中县政府采购中心	朱永辉	琼中县财政局	572900	0898－86238319	
3	三亚市政府采购中心	刘石栖	三亚市河西一路五号市财政局	572000	0898－88261655	0898－88264468
4	白少黎族自治县政府采购中心	罗智仁	县政府办公大楼三楼	572800	0898－27724477	
5	五指山市政府采购中心	林文静	五指山市	572200	0898－86622277	
6	洋浦经济开发区管理局办公室	腾利贵	洋浦国际商业大厦	578101	0898－28829035	
7	儋州市政府采购中心	薛蔚彬	儋州市那大镇中兴大道市政府办公大楼10楼	571700	0898－23335693	

重　庆　市

政府采购管理机构

序号	机构全称	负责人	办公地址	邮政编码	电话	传真
1	**重庆市财政局政府采购处**	**廖建蓉**	**重庆市财政局**	**400015**	**023－63897130**	**023－63897130**
2	渝中区政府采购办公室	鲁志东	渝中区财政局	400010	023－63276004	023－63276004
3	江北区政府采购科	祝　辉	江北区财政局	400020	023－89075627	023－89075627
4	沙坪坝区政府采购办公室	王越庆	沙坪坝区财政局	400030	023－65368356	023－65368356

续表

序号	机构全称	负责人	办公地址	邮政编码	电话	传真
5	九龙坡区政府财政局政府采购科	孙正丽	九龙坡区财政局	400050	023 – 68781318	023 – 68781318
6	大渡口区政府采购办公室	薛　莉	大渡口区财政局	400080	023 – 68926208	023 – 68926208
7	南岸区政府采购办公室	黄继德	南岸区财政局	400060	023 – 62988072	023 – 62988072
8	北碚区政府采购办公室	张小旗	北碚区财政局	400700	023 – 68863635	023 – 68863635
9	巴南区政府采购办公室	徐　伟	巴南区财政局	401320	023 – 66223773	023 – 66223773
10	渝北区政府采购办公室	陈君富	渝北区财政局	401120	023 – 67137686	023 – 67137686
11	高新技术产业开发区财政局	秦淑斌	高新技术产业开发区财政局	400039	023 – 68600243	023 – 68600243
12	经济技术开发区政府采购办公室	杨　林	经济技术开发区财政局	401122	023 – 67463825	023 – 67463825
13	万盛区政府采购办公室	令狐昌学	万盛区财政局	400800	023 – 48270728	023 – 48270728
14	双桥区政府采购办公室	陈　莉	双桥区财政局	400900	023 – 43332335	023 – 43332335
15	江津市政府采购办公室	杨在琴	江津市财政局	402260	023 – 47522976	023 – 47522976
16	合川市政府采购办公室	熊世红	合川市财政局	401520	023 – 42822846	023 – 42822846
17	永川市财政局政府采购科	陈启寨	永川市财政局	402160	023 – 49896528	023 – 49896528
18	綦江县政府采购办公室	李世贵	綦江县财政局	401420	023 – 48660380	023 – 48660380
19	潼南县政府采购办公室	曹卫东	潼南县财政局	402660	023 – 44551324	023 – 44551324
20	铜梁县政府采购办公室	杨永富	铜梁县财政局	402560	023 – 45631054	023 – 45631054
21	大足县政府采购办公室	杨　谦	大足县财政局	402360	023 – 43726512	023 – 43726512
22	荣昌县政府采购办公室	胡文学	荣昌县财政局	402460	023 – 46737320	023 – 46737320
23	璧山县政府采购办公室	何　刚	璧山县财政局	402760	023 – 41427841	023 – 41427841
24	南川市政府采购办公室	王廷书	南川市财政局	408400	023 – 71413655	023 – 71413655
25	涪陵区政府采购办公室	陈荣国	涪陵区财政局	408000	023 – 72224752	023 – 72224752
26	万州区政府采购办公室	吴庆华	万州区财政局	404000	023 – 58224860	023 – 58224860
27	黔江区政府采购办公室	王友谊	黔江区财政局	409000	023 – 79246810 – 6709	023 – 79246810 – 6709
28	长寿区政府采购办公室	黎　新	长寿区财政局	401220	023 – 40249813	023 – 40249813
29	梁平县政府采购办公室	周达明	梁平县财政局	405200	023 – 53222299	023 – 53222299
30	城口县政府采购办公室	胡乔飞	城口县财政局	405900	023 – 59224375	023 – 59224375
31	丰都县政府采购办公室	付廷英	丰都县财政局	408200	023 – 85600755	023 – 85600755
32	垫江县政府采购办公室	刘显明	垫江县财政局	408300	023 – 74513909	023 – 74513909
33	武隆县政府采购办公室	罗小平	武隆县财政局	408500	023 – 77907987	023 – 77907987

续表

序号	机构全称	负责人	办公地址	邮政编码	电话	传真
34	忠县政府采购办公室	申　建	忠县财政局	404300	023－54232587	023－54232587
35	开县政府采购办公室	郑朝辉	开县财政局	405400	023－52215217	023－52215217
36	云阳县政府采购办公室	胡明德	云阳县财政局	404500	023－55166020	023－55166020
37	奉节县政府采购办公室	李　策	奉节县财政局	404600	023－56557560	023－56557560
38	巫山县政府采购办公室	廖　平	巫山县财政局	404700	023－57682899	023－57682899
39	巫溪县财政局政府采购科	许建川	巫溪县财政局	404800	023－51521255	023－51521255
40	石柱土家族自治县政府采购办公室	谭逢元	石柱土家族自治县财政局	409100	023－73327163	023－73327163
41	彭水苗族土家族自治县政府采购办公室	张玉强	彭水苗族土家族自治县财政局	409600	023－78442379	023－78442379
42	酉阳县政府采购办公室	冉景辉	酉阳县财政局	409800	023－75557477	023－75557477
43	秀山土家族苗族自治县政府采购办公室	张益红	秀山土家族苗族自治县财政局	409900	023－76670928	023－76670928

政府采购执行机构

序号	机构全称	负责人	办公地址	邮政编码	电话	传真
1	重庆市政府采购中心	甘永祥	重庆市市级机关事务管理局	400015	023－67705899	－023－67705899
2	渝中区政府采购中心	黄远东	渝中区机关事务管理局	400010	023－63765312	－023－63276004
3	江北区政府中心	党增辉	江北区机关事务管理局	400020	023－67866841	－023－67866841
4	沙坪坝区政府采购中心	张　云	沙坪坝区机关事务管理局	400030	023－65368012	－023－65368012
5	九龙坡区政府采购中心	石翠英	九龙坡区机关事务管理局	400050	023－68781484	－023－68781318
6	大渡口区政府采购中心	吴丽珍	大渡口区机关事务管理局	400080	023－68920267	－023－68926208
7	南岸区政府采购中心	张　艳	南岸区机关事务管理局	400060	023－62988010	－023－62988010
8	北碚区政府采购中心	周华玖	北碚区财政局	400700	023－65368012	－023－65368012
9	巴南区政府采购中心	徐　伟	巴南区财政局	401320	023－66223773	－023－66223773
10	渝北区政府采购中心	陈君富	渝北区财政局	401120	023－67137686	－023－67137686
11	高新技术产业开发区财政局	秦淑斌	高新技术产业开发区管委会办公室	400039	023－68600243	－023－68600243
12	经济技术开发区政府采购中心	杨桂芝	经济技术开发区管委会国有控股公司	401122	023－62982533	023－67463825
13	双桥区政府采购中心	李　莉	双桥区政府办公室	400900	023－43332335	－023－43332335

续表

序号	机构全称	负责人	办公地址	邮政编码	电话	传真
14	江津市政府采购中心	郑述春	江津市财政局	402260	023－47521976	023－47522976
15	合川市政府采购中心	杨明权	合川市机关事务管理局	401520	023－42824003	023－42822846
16	永川市政府采购中心	陈　曼	永川市政府办公室	402160	023－49819168	023－49896528
17	綦江县政府采购中心	罗沛翼	綦江县财政局	401420	023－48660380	023－48660380
18	潼南县政府采购中心	曹卫东	潼南县政府办公室	402660	023－44551324	023－44551324
19	铜梁县政府采购中心	杨永富	铜梁县财政局	402560	023－45631054	023－45631054
20	大足县政府采购中心	马　科	大足县政府办公室	402360	023－43726512	023－43726512
21	荣昌县政府采购中心	胡文学	荣昌县财政局	402460	023－46737320	023－46737320
22	璧山县政府采购中心	彭贵泽	璧山县政府办公室	402760	023－41429205	023－41427841
23	南川市政府采购中心	程国伟	南川市政府办公室	408400	023－71428777	023－71413655
24	涪陵区政府采购中心	田汉平	涪陵区政府办公室	408000	023－72248017	023－72224752
25	万州区政府采购中心	秦续文	万州区政府行政服务大厅	404000	023－58221647	023－58224860
26	黔江区政府采购中心	许　进	黔江区财政局	409000	023－79246810－6709	023－79246810－6709
27	长寿区政府采购中心	邓雪峰	长寿区政府办公室	401220	023－40404932	023－40404932
28	城口县政府采购中心	胡乔飞	城口县政府办公室	405900	023－59224375	023－59224375
29	丰都县政府采购中心	付廷英	丰都县机关事务管理局	408200	023－85600755	023－85600755
30	垫江县政府采购中心	彭克成	垫江县机关事务管理局	408300	023－74513909	023－74513909
31	武隆县政府采购中心	王江华	武隆县政府办公室	408500	023－77712236	023－77907987
32	忠县政府采购中心	钟卫明	忠县财政局	404300	023－54233262	023－54232587
33	奉节县政府采购中心	李　策	奉节县政府办公室	404600	023－56557560	023－56557560
34	巫山县政府采购中心	王　新	巫山县国有资产经营公司	404700	023－57682899	023－57682899
35	石柱土家族自治县政府采购中心	田　晟	石柱土家族自治县政府行政服务大厅	409100	023－73327163	023－73327163
36	彭水苗族土家族自治县政府采购中心	谭明春	彭水苗族土家族自治县政府行政服务大厅	409600	023－78442379	023－78442379
37	酉阳县政府采购中心	秦代超	酉阳县政府办公室	409800	023－75557477	023－75557477
38	秀山土家族苗族自治县政府采购中心	张益红	秀山土家族苗族自治县政府办公室	409900	023－76670928	023－76670928

四 川 省

政府采购管理机构

序号	机构全称	负责人	办公地址	邮政编码	电话	传真	电子信箱
1	四川省财政厅国库处	张蜀钊	成都市南新街 37 号	610016	028 - 86662797	028 - 86961792	党政网
2	成都市财政局国库处	王仁章	成都市金家坝街 3 号	610021	028 - 86247282	028 - 86695634	www. cd - procurement. gov. cn
3	自贡市财政局国库科	朱德银	自贡市自流井区五星街 88 号	643000	0813 - 2106034	0813 - 2106034	
4	攀枝花财政局行财科	陈金瓶	攀枝花市东区人民街	617000	0812 - 3332826	0812 - 3332826	
5	泸州市财政局国库科	李雪梅	泸州市广凤路 4 号	646000	0830 - 2290841	0830 - 2290841	党政网
6	德阳市财政局国库科	肖新明	德阳市天山南路 196 号	618000	0838 - 2511205	0838 - 2511205	
7	绵阳市财政局国库科	王　彬	绵阳市安昌路 35 号	621000	0816 - 2227540	0816 - 2227540	
8	广元市财政局国库科	贾小平	广元市中区文化路 59 号	628000	0839 - 3260936	0839 - 3260936	
9	遂宁市财政局国库科	廖　芹	遂宁市嘉禾南路 289 号	629000	0825 - 2321954	0825 - 2321954	
10	内江市财政局国库科	陈　朗	内江市西林新区星桥街 256 号	641000	0832 - 2272527	0832 - 2272527	
11	乐山市财政局国库科	陈小敏	乐山市市中区春华路 367 号	614000	0833 - 2445029	0833 - 2445029	
12	宜宾市财政局国库科	易　果	宜宾市翠屏区小北街 9 号	644000	0831 - 8225531	0831 - 8225531	党政网
13	广安市财政局国库科	王小中	广安市开发区市政大楼 6 楼 621 室	638000	0826 - 2342519	0826 - 2342519	
14	南充市财政局国库科	马祺林	南充市涪江路 185 号	637000	0817 - 2222284	0817 - 2222284	
15	达州市财政局国库科	李道春	达州市达县南外镇通达路	635000	0818 - 2675693	0818 - 2675693	
16	巴中市财政局国库科	廖桂林	巴中市江北大道	636000	0827 - 5267726	0827 - 5267726	BALGL@.163.com
17	雅安市财政局国库科	程丽华	雅安市雨城区沿江北路 15 号	625000	0835 - 2622644	0835 - 2622644	
18	眉山市财政局国库科	蒋会强	眉山市眉州大道 111 号	612160	0833 - 8169788	0833 - 8169788	
19	资阳市财政局国库科	李志东	资阳市雁江区孙家坝	641300	0832 - 6632365	0832 - 6632365	
20	阿坝州财政局国库科	田庆稷	马尔康县团结街 1 号	624000	0837 - 2825227	0837 - 2825227	
21	甘孜州财政局国库科	张　立	康定县光明路 17 号	626000	0836 - 2833089	0836 - 2833089	
22	凉山州财政局国库科	陈家惠	西昌市石塔街 17 号	615000	0834 - 3233039	0834 - 3233039	

政府采购执行机构

序号	机构全称	负责人	办公地址	邮政编码	电话	传真	电子信箱
1	**四川省政府采购中心**	**向　东**	**成都市福德酒店2楼**	**610000**	**028－86961792**	**028－86961792**	
2	成都市政府采购中心	杨光顺	成都市西华门街19号	610015	028－86695634	028－86695634	www.cd－procurement.gov.cn
3	自贡市政府采购中心	彭世丽	自贡市自流井区五星街88号	643000	0813－2104175	0813－2104175	
4	攀枝花市政府采购中心	朱　燕	攀枝花市东区人民街	617000	0812－3333396	0812－3333396	
5	泸州市政府采购中心	汪永灵	泸州市江阳西路15号	646000	0830－3102899	0830－3102899	
6	德阳市政府采购中心	赵　政	德阳市天山南街196号	618000	0838－2516251	0838－2516251	
7	绵阳市政府采购中心	郭兴林	绵阳市临园路中段78号	621000	0816－2331306	0816－2331306	gxl33@163.com
8	广元市政府采购中心	易春明	广元市蜀门北路307号	628000	0839－3247961	0839－3247961	
9	遂宁市政府采购中心	曾国华	遂宁市嘉禾南路289号	629000	0825－2313124	0825－2313124	
10	内江市政府采购中心	杨少康	内江市西林新区星桥街	641000	0832－2272527	0832－2272527	
11	乐山市政府采购中心	肖　旭	乐山市春华路	614000	0833－2421411	0833－2421411	
12	宜宾市政府采购中心	唐云明	宜宾市翠屏区南岸政府政务中心	644000	0831－8236406	0831－8236406	
13	广安市政府采购中心	王小中	广安市开发区市政大楼	638000	0826－2211118	0826－2211118	
14	南充市政府采购中心	程全吉	南充市涪江路185号	637000	0817－2227938	0817－2227938	quanjicheng@sina.com
15	达州市政府采购中心	廖　波	达州市新达通路200号	635000	0818－2675065	0818－2675065	dzcgzx2675065@yahoo.com.cn
16	巴中市政府采购中心	何　玲	巴中市江北大道	636000	0827－5269634	0827－5269634	
17	雅安市政府采购中心	杨雅萍	雅安市雨城区沿江北路	625000	0835－2629644	0835－2629644	
18	眉山市政府采购中心	熊建成	眉山市眉州大道	612160	0833－8235800	0833－8235800	
19	资阳市政府采购中心	陆庆平	资阳市雁江区孙家坝	641300	0832－6632106	0832－6632106	
20	阿坝州政府采购中心	赵旭东	马尔康县团结街1号	624000	0837－2821417	0837－2821417	
21	甘孜州政府采购中心	杨　健	康定县光明路17号	626000	0836－2832350	0836－2832350	
22	凉山州政府采购中心	刘家强	西昌市三岔口西路政务中心	615000	0834－2167445	0834－2167445	

云 南 省

政府采购管理机构

序号	机构全称	负责人	办公地址	邮政编码	电话	传真	电子信箱
1	**云南省财政厅政府采购管理处**	**刘鸿芳**	**昆明市五华山**	**650021**	**0871－3637530**	**0871－3637530**	**cgc@yngp.com**
2	**西双版纳州政府采购管理办公室**	**陈占光**	**西双版纳州财政局**	**666100**	**0691－2126061**	**0691－2126061**	
3	勐腊县政府采购管理办公室	李　泉	勐腊县财政局	666300	0691－8123024	0691－8122496	
4	景洪市政府采购管理办公室	杨应祥	景洪市财政局	666100	0691－2152641	0691－2152641	
5	勐海县政府采购中心	余智鑫	勐海县财政局	666200	0691－5128126	0691－5128126	
6	**迪庆州财政局政府采购办公室**	**杨继才**	**迪庆州财政局**	**674400**	**0887－8229131**	**0887－8229131**	
7	香格里拉县财政局政府采购办公室	梁银辉	香格里拉县财政局	674400	0887－8230837	0887－8230837	
8	德钦县财政局政府采购办公室	郑　荣	德钦县财政局	674500	0887－8413077	0887－8413077	
9	维西县财政局政府采购办公室	陈天祥	维西县财政局	674600	0887－8629216	0887－8629216	
10	迪庆香格里拉开发区财政局政府采购办公室	曾志华	迪庆松园	674402	0887－8388377	0887－8388377	
11	**楚雄州政府采购中心**	**赵学明**	**楚雄州财政局**	**675000**	**0878－3122365**	**0878－3130022**	
12	双柏县政府采购股	谢建国	双柏县财政局	675100	0878－7712778	0878－7712778	
13	牟定县政府采购办公室	罗　云	牟定县财政局	675500	0878－5211906	0878－5211906	
14	姚安县政府采购办公室	周　林	姚安县财政局	653000	0878－5713448	0878－5713448	
15	大姚县政府采购办公室	曾学军	大姚县财政局	675400	0878－6221048	0878－6221048	
16	**保山市政府采购中心**	**李建兴**	**保山市财政局**	**678000**	**0875－2216983**	**0875－2216983**	
17	隆阳区政府采购中心	秦建明	隆阳区财政局	678000	0875－2219045	0875－2219045	lyqcqgzhx@sina.com
18	施甸县政府采购中心	杨培团	施甸县财政局	678200	0875－8124693	0875－8124693	
19	腾冲县人民政府采购中心	江　兴	腾冲县财政局	679100	0875－5166222	0875－5166222	czjcgb205@yahoo.com.cn
20	龙陵县政府采购中心	旦荣金	龙陵县财政局	678300	0875－6127749	0875－6127749	
21	昌宁县政府采购监督管理办公室	赵新华	昌宁县财政局	678100	0875－7130077	0875－7130077	
22	**德宏州政府采购中心**	**何学明**	**德宏州财政局**	**678400**	**0692－2121105**	**0692－2121105**	**cgzx@tom.com**
23	瑞丽市政府采购中心	段　斌	瑞丽市财政局	678600	0692－4129739	0692－4129739	
24	盈江县政府采购中心	丁弘建	盈江县财政局	679300	0692－8185156	0692－8117112	
25	梁河县政府采购中心	李根济	梁河县财政局	679200	0692－6163693	0692－6163693	
26	畹町开发区政府采购中心	胡向斌	畹町开发区财政局	678500	0692－5152226	0692－5152226	
27	**临沧地区政府采购中心**	**马　明**	**临沧行署财政局**	**677000**	**0883－2122360**	**0883－2122360**	

续表

序号	机构全称	负责人	办公地址	邮政编码	电话	传真	电子信箱
28	耿马县傣族佤族自治县人民政府政府采购管理办公室	王洪平	耿马县财政局	677500	0883－6122023	0883－6122023	
29	云县人民政府采购中心	王家良	云县财政局	675800	0883－3219516	0883－3219516	
30	镇康县政府采购中心	李永清	镇康县凤尾镇	677700	0883－6624217	0883－6621725	
31	凤庆县政府采购中心	姚亚明	凤庆县财政局	675900	0883－4211032	0883－4211032	
32	临沧县政府采购中心	李雪梅	临沧县财政局	677000	0883－2162740	0883－2162740	
33	双江县政府采购中心	王　彬	双江县财政局	677300	0883－7624151	0883－7624151	
34	永德县政府采购中心	李玉学	永德县财政局	677600	0883－5211264	0883－5214014	
35	**大理白族自治州政府采购中心**	**杨振宣**	**大理州财政局**	**671000**	**0872－2316224**	**0872－2316224**	
36	大理市政府采购中心	李新民	大理市财政局	671000	0872－2170256	0872－2128585	
37	漾濞彝族自治县政府采购中心	李汝刚	漾濞县财政局	682500	0872－7524859	0872－7524859	
38	祥云县政府采购中心	赵国强	祥云县财政局	672100	0872－3120814	0872－3120974	
39	剑川县政府采购中心	赵金龙	剑川县财政局	671300	0872－4524707	0872－4524707	jccgzx@sina102.com
40	南涧县政府采购中心	张　宪	南涧县财政局	675700	0872－8523445	0872－8523445	
41	弥渡县政府采购办公室	张开祥	弥渡县财政局	675600	0872－8164430	0872－8162394	
42	洱源县政府采购中心	高明星	洱源县财政局	672100	0872－5122263	0872－5122263	
43	巍山县政府采购中心	赵迎燕	巍山县财政局	672400	0872－6122959	0872－6122959	
44	鹤庆县政府采购中心	唐永新	鹤庆县财政局	671500	0872－4132843	0872－4132961	
45	宾川县政府采购中心	何训肃	宾川县财政局	671600	0872－7141076	0872－7141076	
46	永平县政府采购中心	杨从兴	永平县财政局	672600	0872－6521800	0872－6521800	wYQ－6291@163.com
47	云龙县政府采购中心	马跃华	云龙县财政局	672700	0872－5524738	0872－5521478	
48	**怒江州政府采购中心**	**张自明**	**泸水县六库镇人民路**	**673100**	**0886－3622743**	**0886－3622743**	
49	兰坪县政府采购中心	李增龙	兰坪县金顶镇人民路	671400	0886－3211642	0886－3211642	
50	泸水县政府采购中心	关玉生	泸水县六库镇	673100	0886－3632657	0886－3632657	
51	贡山县政府采购中心	王向红	贡山县茨开镇	673500	0886－3513350	0886－3513350	
52	**昭通市政府采购中心**	**康戈权**	**昭通市财政局**	**657000**	**0870－2158649**	**0870－2159484**	
53	昭阳区财政局政府采购管理科	龚德凤	昭阳区财政局	657000	0870－2238644	0870－2238644	
54	永善县财政局政府采购管理办公室	李廷富	永善县财政局	657300	0870－4125120	0870－4125120	
55	绥江县政府采购办公室	唐元槐	绥江县财政局	657700	0870－7621073	0870－7626506	
56	威信县政府采购管理办公室	刘华宇	威信县财政局	657900	0870－6124943	0870－6124943	

续表

序号	机构全称	负责人	办公地址	邮政编码	电话	传真	电子信箱
57	鲁甸县政府采购中心	李仁麟	鲁甸县财政局	657100	0870-8122151	0870-8122151	
58	巧家县政府采购中心	孙朝荣	巧家县财政局	654600	0870-7128779	0870-7128779	
59	盐津县政府采购中心	覃财武	盐津县黄葛槽	657500	0870-6631712	0870-6631685	
60	大关县政府采购中心	吴 松	大关县财政局	657400	0870-5621721	0870-5621377	
61	镇雄县政府采购中心	陈明清	镇雄县财政局	657200	0870-3120955	0870-3120955	
62	彝良县政府采购中心	李 坤	彝良县财政局	657600	0870-5126350	0870-5126350	
63	水富县政府采购中心	何 强	水富县财政局	657800	0870-8636458	0870-8636458	
64	**思茅市人民政府采购管理中心**	**李亚萍**	**思茅市振兴中路51号**	**665000**	**0879-2146488**	**0879-2146488**	**smzfcg@mail.sm263.net**
65	思茅市翠云区财政局国库股	苏 亚	思茅市边城西路19号	665000	0879-2140930	0879-2149312	
66	普洱县哈尼族彝族自治县政府采购管理委员会	李世武	普洱县宁洱镇春场街道19号	665100	0879-3237366	0879-3237366	
67	景谷傣族彝族自治县政府采购领导小组	周 荣	景谷县威远镇人民路8号	666400	0879-5224752		
68	镇源彝族哈尼族拉祜族自治县政府采购管理中心	罗德荣	镇源县恩乐镇人民路	666500	0879-5814557	0879-5813040	
69	景东彝族自治县政府采购管理中心	崔卫达	景东县景川路159号	676200	0879-6220492	0879-6221747	
70	澜沧拉祜族自治县政府采购管理中心	黄海滨	澜沧县勐朗镇水库东路	665600	0879-7233896	0879-7233896	
71	江城县哈尼族自治县政府采购办公室	杨尊荣	江城县勐烈镇振江路	665900	0879-3721087	0879-3721087	
72	孟连傣族拉祜族自治县政府采购办公室	杨顺宏	孟连县娜允镇莲花路9号	665800	0879-8721465		
73	西盟佤族自治县政府采购办公室	罗绍良	西盟县勐梭镇勐卡路035号	665700	0879-8344205		
74	**丽江市政府采购管理科**		**丽江市财政局**	**674100**	**0888-5168147**		
75	华坪县政府采购管理股		华坪县财政局	674800	0888-6128904		
76	古城区政府采购中心	李春梅	古城区财政局	674100	0888-5105904		
77	玉龙县政府采购中心	洪建新	玉龙县财政局	674100	0888-5101401		
78	宁蒗县政府采购中心	杨虎	宁蒗县财政局	674300	0888-5526249		
79	**红河州财政局政府采购管理科**	**刘玉蓉**	**蒙自县红河州政府行政中心B625**	**661100**	**0873-3732517**	**0873-3732517**	**liuyurong119@163.com**
80	蒙自县政府采购中心	吴江华	蒙自县天马路30号	661100	0873-3727476		
81	个旧市政府采购中心	赖正清	个旧市财政局	661000	0873-2165116	0873-2165116	

续表

序号	机构全称	负责人	办公地址	邮政编码	电话	传真	电子信箱
82	开远市政府采购中心	杨正兴	开远市财政局	661600	0873－7224529	0873－7224529	
83	弥勒县政府采购中心	韩　勇	弥勒县财政局	652300	0873－6126048	0873－6122275	
84	泸西县财政局政府采购科	朱永明	泸西县财政局	652400	0873－6628550		cgzx－lx@hh.gov.cn
85	建水县政府采购中心	罗光辉	建水县政府办公大楼	654300	0873－7612636	0873－7612636	
86	石屏县政府采购中心	张绍飞	石屏县财政局	662200	0873－4857577		
87	红河县政府采购中心	张鹏芬	红河县财政局	654400	0873－4622447	0873－4622447	cgzx－hh@hh.gov.cn
88	河口县政府采购中心	赵　娴	河口县迎宾路22号	661300	0873－3422727	0873－3422727	
89	金平县政府采购中心	凌　梅	金平县财政局	661500	0873－5222130	0873－5222130	
90	**曲靖市政府采购管理科**	**贾跃邦**	**曲靖市麒麟南路253号**	**655000**	**0874－3125412**	**0874－3125412**	**www.qjf.gov.cn/cgax**
91	麒麟区政府采购管理科	崔　萍	曲靖市翠峰路17号	655000	0874－3330759	0874－3330759	
92	沾益县政府采购管理办公室	龚石建	沾益县东风北路县财政局	655031	0874－3055655	0874－3055655	
93	宣威市政府采购管理办公室		宣威市城双路27号	655400	0874－7167209	0874－7167209	wxb19680725@163.com
94	会泽县政府采购管理科	杨世昌	会泽县钟屏镇钟屏东路80号	654200	0874－5686026	0874－5686026	
95	马龙县政府采购管理股	徐荣塘	马龙县龙泉路县财政局	655100	0874－8880880	0874－8880880	
96	陆良县政府采购管理办公室		陆良县中枢镇东门街	655600	0874－6226661	0874－6226661	LuLiang22@sina.com
97	师宗县政府采购管理股	金耘兴	师宗县南通街	655700	0874－5753201	0874－5753201	
98	富源县政府采购管理股	杨明坚	富源县中安街301号	655500	0874－4616239	0874－4616239	
99	罗平县政府采购中心	许腾林	罗平县文笔路	655800	0874－8227780	0874－8227780	
100	**昆明市财政局国库处**	**吕自银**	**永安路东段43号**	**650041**	**0871－3554160**	**0871－3544951**	
101	经济技术开发区政府采购领导小组	侯定边	经济开发区经开路1号	650217	0871－7275139	0871－7275003	
102	高新区政府采购领导小组	张兴华	二环西路中段398号	650106	0871－8355166	0871－8355189	
103	昆明市财政局滇池国家旅游度假区分局	曾丽云	滇池路六公里	650228	0871－4316267	0871－4316269	
104	五华区政府采购监督管理办公室	胡湘蓉	五华区崇仁街17号	650032	0871－3632359	0871－3629808	
105	盘龙区政府采购办公室	彭　云	人民中路8号	650051	0871－3160837	0871－3160837	plqczj@publis.km.cn
106	官渡区政府采购管理办公室	金幼和	关上双桥路328号	650200	0871－7174047	0871－7174047	
107	西山区政府采购办公室	冯顺亮	秀苑路188号西山区政府大楼7－10号	650118	0871－8227530		
108	东川区政府采购监督管理办公室	王兴昌	东川区桂苑街	654100	0871－2122724		

续表

序号	机构全称	负责人	办公地址	邮政编码	电话	传真	电子信箱
109	安宁市政府采购办公室	熊正玲	安宁市财政局内	650300	0871－8228478		
110	石林彝族自治县政府采购办公室	马继斌	石林县鹿阜镇石林中路93号	652200	0871－7791635	0871－7791635	
111	寻甸回族彝族自治县政府采购中心	高永莲	寻甸回族彝族自治县财政局	655200	0871－2665027	0871－2665027	
112	嵩明县政府采购办公室	韩绍祥	嵩明县县城秀嵩街71号	651700	0871－7926961	0871－7921402	
113	宜良县政府采购中心	张炳良	宜良县匡远镇寿山路57号	652100	0871－7596710	0871－7594874	
114	呈贡县政府采购办公室	蔡继林	呈贡县财政局	650500	0871－7479933	0871－7479326	
115	晋宁县政府采购办公室	方长文	晋宁县昆阳镇（县财政局内）	650600	0871－7800325	0871－7800325	
116	禄劝县财政局	朱淑芬	财政局预算科	651500	0871－8911979	0871－8911980	
117	富民县财政局	熊　勤	富民县黎阳路	650400	0871－8311353	0871－8811385	
118	**文山州州级政府采购中心**	**王彦山**	**文山州财政局**	**663000**	**0876－2184204**	**0876－2184334**	
119	文山县政府采购中心	袁兴波	文山县财政局	663000	0876－2191709	0876－2191709	
120	砚山县政府采购中心	陈树斌	砚山县财政局	663100	0876－3120193	0876－3120193	
121	广南县政府采购中心	王　伟	广南县财政局	663300	0876－5152004	0876－5152004	
122	富宁县政府采购中心	胡　勇	富宁县财政局	663400	0876－6122594	0876－6122594	
123	邱北县政府采购中心	柳东军	邱北县财政局	663200	0876－4121470	0876－4124470	
124	西畴县政府采购中心	吴春兰	西畴县财政局	663500	0876－7625106	0876－7625106	
125	麻栗坡县政府采购中心	依　凌	麻栗坡县财政局	663600	0876－6625585	0876－6625585	
126	马关县政府采购中心	左智堂	马关县财政局	663700	0876－7127669	0876－7127669	
127	**玉溪市政府采购管理办公室**	**张梅芳**	**迎春街2号**	**653100**	**0877－2024675**		
128	澄江县政府采购管理办公室	金俊宏	凤麓镇仙湖路东31号	652500	0877－6685430	0877－6685430	
129	新平县政府采购管理办公室	姚金萍	河滨路	653400	0877－7011721		
130	通海县政府采购管理办公室	杨云贵	秀山镇北门外	652700	0877－3011176	0877－3011176	
131	元江县政府采购管理办公室	曹顺祥	元江县兴元路中段	653300	0877－6515754		
132	易门县政府采购办公室	温　旋	龙泉中路1号	651100	0877－4963653	0877－4963653	
133	华宁县政府采购中心办公室	杨　楠	字锦路	652800	0877－5011523		
134	峨山县政府采购中心	施学华	双江镇练江南路桂峰小区	653200	0877－4014005	0877－4014006	eshancgzx@163.com
135	江川县政府采购中心	周绍聪	文卫街14号	652600	0877－8034779	0877－8034780	
136	红塔区政府采购中心	魏也萍	红塔大道44号	653100	0877－2073976	0877－2073977	

政府采购执行机构

序号	机构全称	负责人	办公地址	邮政编码	电话	传真	电子信箱
1	**云南省政府采购中心**	**王迤南**	**昆明市五华山**	**650021**	**0871-3619404**	**0871-3619404**	
2	**西双版纳州政府采购中心**	**刘红丽**	**西双版纳州财政局**	**666100**	**0691-2126061**	**0691-2126061**	
3	勐海县政府采购中心	余智鑫	勐海县财政局	666200	0691-5128126	0691-5128126	
4	**迪庆州财政局政府采购办公室**	**杨继才**	**迪庆州财政局**	**674400**	**0887-8229131**	**0887-8229131**	
5	**楚雄州政府采购中心**	**赵学明**	**楚雄州财政局**	**675000**	**0878-3122365**	**0878-3130022**	
6	保山市政府采购中心	李建兴	保山市财政局	678000	0875-2216983	0875-2216983	
7	隆阳区政府采购中心	秦建明	隆阳区财政局	678000	0875-2219045	0875-2219045	lyqcqgzhx@sina.com
8	施甸县政府采购中心	杨培团	施甸县财政局	678200	0875-8124693	0875-8124693	
9	腾冲县人民政府采购中心	江　兴	腾冲县财政局	679100	0875-5166222	0875-5166222	czjcgb205@yahoo.com.cn
10	龙陵县政府采购中心	旦荣金	龙陵县财政局	678300	0875-6127749	0875-6127749	
11	昌宁县政府采购监督管理办公室	赵新华	昌宁县财政局	678100	0875-7130077	0875-7130077	
12	**德宏州政府采购中心**	**何学明**	**德宏州财政局**	**678400**	**0692-2121105**	**0692-2121105**	**cgzx@tom.com**
13	瑞丽市政府采购中心	段　斌	瑞丽市财政局	678600	0692-4129739	0692-4129739	
14	盈江县政府采购中心	丁弘建	盈江县财政局	679300	0692-8185156	0692-8117112	
15	梁河县政府采购中心	李根济	梁河县财政局	679200	0692-6163693	0692-6163693	
16	畹町开发区政府采购中心	胡向斌	畹町开发区财政局	678500	0692-5152226	0692-5152226	
17	**临沧地区政府采购中心**	**马　明**	**临沧行署财政局**	**677000**	**0883-2122360**	**0883-2122360**	
18	耿马县傣族佤族自治县人民政府采购中心	王洪平	耿马县财政局	677500	0883-6122023	0883-6122023	
19	云县人民政府采购中心	王家良	云县财政局	675800	0883-3219516	0883-3219516	
20	镇康县政府采购中心	李永清	镇康县凤尾镇	677700	0883-6624217	0883-6621725	
21	凤庆县政府采购中心	姚亚明	凤庆县财政局	675900	0883-4211032	0883-4211032	
22	临沧县政府采购中心	李雪梅	临沧县财政局	677000	0883-2162740	0883-2162740	
23	双江县政府采购中心	王　彬	双江县财政局	677300	0883-7624151	0883-7624151	
24	永德县政府采购中心	李玉学	永德县财政局	677600	0883-5211264	0883-5214014	
25	**大理白族自治州政府采购中心**	**杨振宣**	**大理州财政局**	**671000**	**0872-2316224**	**0872-2316224**	
26	大理市政府采购中心	李新民	大理市财政局	671000	0872-2170256	0872-2128585	
27	漾濞彝族自治县政府采购中心	李汝刚	漾濞县财政局	682500	0872-7524859	0872-7524859	
28	祥云县政府采购中心	赵国强	祥云县财政局	672100	0872-3120814	0872-3120974	
29	剑川县政府采购中心	赵金龙	剑川县财政局	671300	0872-4524707	0872-4524707	jccgzx@sina102.com

续表

序号	机构全称	负责人	办公地址	邮政编码	电话	传真	电子信箱
30	南涧县政府采购中心	张宪	南涧县财政局	675700	0872－8523445	0872－8523445	
31	弥渡县政府采购办公室	张开祥	弥渡县财政局	675600	0872－8164430	0872－8162394	
32	洱源县政府采购中心	高明星	洱源县财政局	672100	0872－5122263	0872－5122263	
33	巍山县政府采购中心	赵迎燕	巍山县财政局	672400	0872－6122959	0872－6122959	
34	鹤庆县政府采购中心	唐永新	鹤庆县财政局	671500	0872－4132843	0872－4132961	
35	宾川县政府采购中心	何训肃	宾川县财政局	671600	0872－7141076	0872－7141076	
36	永平县政府采购中心	杨从兴	永平县财政局	672600	0872－6521800	0872－6521800	wYQ－6291@163.com
37	云龙县政府采购中心	马跃华	云龙县财政局	672700	0872－5524738	0872－5521478	
38	**怒江州政府采购中心**	**张自明**	**泸水县六库镇人民路**	**673100**	**0886－3622743**	**0886－3622743**	
39	兰坪县政府采购中心	李增龙	兰坪县金顶镇人民路	671400	0886－3211642	0886－3211642	
40	泸水县政府采购中心	关玉生	泸水县六库镇	673100	0886－3632657	0886－3632657	
41	贡山县政府采购中心	王向红	贡山县茨开镇	673500	0886－3513350	0886－3513350	
42	**昭通市政府采购中心**	**康戈权**	**昭通市财政局**	**657000**	**0870－2158649**	**0870－2159484**	
43	昭阳区政府采购中心	祖万顺	昭阳区财政局	657000	0870－2238644	0870－2238644	
44	绥江县政府采购中心	吴邦银	绥江县财政局	657700	0870－7621073	0870－7626506	
45	鲁甸县政府采购中心	李仁麟	鲁甸县财政局	657100	0870－8122151	0870－8122151	
46	巧家县政府采购中心	孙朝荣	巧家县财政局	654600	0870－7128779	0870－7128779	
47	盐津县政府采购中心	覃财武	盐津县黄葛槽	657500	0870－6631712	0870－6631685	
48	大关县政府采购中心	吴　松	大关县财政局	657400	0870－5621721	0870－5621377	
49	镇雄县政府采购中心	陈明清	镇雄县财政局	657200	0870－3120955	0870－3120955	
50	彝良县政府采购中心	李　坤	彝良县财政局	657600	0870－5126350	0870－5126350	
51	水富县政府采购中心	何　强	水富县财政局	657800	0870－8636458	0870－8636458	
52	**思茅市人民政府采购管理中心**	**李亚萍**	**思茅市振兴中路 51 号**	**665000**	**0879－2146488**	**0879－2146488**	**smzfcg@mail.sm263.net**
53	思茅市翠云区政府采购中心	陈武孝	思茅市边城西路 19 号	665000	0879－2149312	0879－2149312	
54	普洱县哈尼族彝族自治县政府采购中心	曲云涛	普洱县宁洱镇春场街道 19 号	665100	0879－3237366	0879－3237366	
55	景谷傣族彝族自治县政府采购办公室	李文丽	景谷县威远镇人民路 8 号	666400	0879－5224752	0879－5224757	
56	镇源彝族哈尼族拉祜族自治县政府采购管理中心	罗德荣	镇源县恩乐镇人民路	666500	0879－5814557	0879－5813040	
57	景东彝族自治县政府采购管理中心	崔卫达	景东县景川路 159 号	676200	0879－6220492	0879－6221747	

续表

序号	机构全称	负责人	办公地址	邮政编码	电话	传真	电子信箱
58	澜沧拉祜族自治县政府采购管理中心	黄海滨	澜沧县勐朗镇水库东路	665600	0879－7233896	0879－7233896	
59	江城县哈尼族自治县政府采购办公室	杨尊荣	江城县勐烈镇振江路	665900	0879－3721087	0879－3721087	
60	孟连傣族拉祜族自治县政府采购办公室	杨顺宏	孟连县娜允镇莲花路9号	665800	0879－8721465		
61	西盟佤族自治县政府采购办公室	罗绍良	西盟县勐梭镇勐卡路035号	665700	0879－8344205		
62	**丽江市政府采购中心**	**文剑毅**	**丽江市财政局**	**674100**	**0888－5161378**	**0888－5161378**	**ljcgzx@sina.com**
63	华坪县政府采购中心	吴国新	华坪县财政局	674800	0888－6128904		
64	古城区政府采购中心	李春梅	古城区财政局	674100	0888－5105904		
65	玉龙县政府采购中心	洪建新	玉龙县财政局	674100	0888－5101401		
66	宁蒗县政府采购中心	杨　虎	宁蒗县财政局	674300	0888－5526249		
67	**红河州政府采购中心**		**蒙自县红河州政府行政中心B625**	**661100**	**0873－3732517**	**0873－3732517**	
68	蒙自县政府采购中心	吴江华	蒙自县天马路30号	661100	0873－3727476		
69	个旧市政府采购中心	赖正清	个旧市财政局	661000	0873－2165116	0873－2165116	
70	开远市政府采购中心	杨正兴	开远市财政局	661600	0873－7224529	0873－7224529	
71	弥勒县政府采购中心	韩　勇	弥勒县财政局	652300	0873－6126048	0873－6122275	
72	泸西县政府采购中心	金晓生	泸西县财政局	652400	0873－6633459		cgzx－lx@hh.gov.cn
73	建水县政府采购中心	罗光辉	建水县政府办公大楼	654300	0873－7612636	0873－7612636	
74	石屏县政府采购中心	张绍飞	石屏县财政局	662200	0873－4857577		
75	红河县政府采购中心	张鹏芬	红河县财政局	654400	0873－4622447	0873－4622447	cgzx－hh@hh.gov.cn
76	河口县政府采购中心	赵　娴	河口县迎宾路22号	661300	0873－3422727	0873－3422727	
77	金平县政府采购中心	凌　梅	金平县财政局	661500	0873－5222130	0873－5222130	
78	**曲靖市政府采购中心**	**王保良**	**曲靖市麒麟南路253号**	**655000**	**0874－3117726**	**0874－3117726**	**www.qjf.gov.cn/cgax**
79	麒麟区政府采购中心	代明全	曲靖市翠峰路17号	655000	0874－3330759	0874－3330759	
80	沾益县政府采购中心	唐胥宁	沾益县东风北路县财政局	655031	0874－3055655	0874－3055655	
81	宣威市政府采购中心	徐传举	宣威市城双路27号	655400	0874－7167209	0874－7167209	wxb19680725@163.com
82	会泽县政府采购中心	徐铭	会泽县钟屏镇钟屏东路80号	654200	0874－5686705	0874－5686705	
83	马龙县政府采购中心	王　琼	马龙县龙泉路县财政局	655100	0874－8883926	0874－8883926	

续表

序号	机构全称	负责人	办公地址	邮政编码	电话	传真	电子信箱
84	陆良县政府采购中心	罗玉仙	陆良县中枢镇东门街	655600	0874-6226661	0874-6226661	LuLiang22@sina.com
85	师宗县政府采购中心	张立光	师宗县南通街	655700	0874-5759766	0874-5753201	
86	富源县政府采购中心	廖瑞芳	富源县中安街 301 号	655500	0874-4616239	0874-4616239	
87	罗平县政府采购中心	许腾林	罗平县文笔路	655800	0874-8227780	0874-8227780	
88	**昆明市市级机关事务管理局政府采购办公室**	**陈　卓**	**东风东路 17 号市政府院内**	**650011**	**0871-3132166**	**0871-3135835**	
89	经济技术开发区政府采购领导小组	侯定边	经济开发区经开路 1 号	650217	0871-7275139	0871-7275003	
90	高新区政府采购领导小组办公室	谢昌耀	二环西路中段	650106	0871-8355106	0871-8355189	
91	滇池国家旅游度假区政府采购办公室	王　咪	滇池路六公里	650228	0871-4311612	0871-4311612	
92	五华区政府采购监督管理办公室	胡湘蓉	五华区崇仁街 17 号	650032	0871-3632359	0871-3629808	
93	盘龙区政府采购中心	师云燕	人民中路 8 号	650051	0871-3160837	0871-3160837	plqczj@publis.km.cn
94	官渡区政府采购中心	普　俊	关兴路 320 号官渡区政府采购中心	650200	0871-7184489	0871-7184489	
95	西山区政府采购中心	冯正全	秀苑路 188 号西山区政府大楼 1 楼	650118	0871-8227530		
96	东川区人民政府采购中心办公室	钟　洁	东川区府街	654100	0871-2122682	0871-2123203	zjaster@yahoo.com.cn
97	安宁市政府采购办公室	熊正玲	安宁市财政局内	650300	0871-8697093	0871-8697093	
98	石林彝族自治县政府采购办公室	马继斌	石林县鹿阜镇石林中路 93 号	652200	0871-7791635	0871-7791635	
99	寻甸回族彝族自治县政府采购中心	高永莲	寻甸回族彝族自治县财政局	655200	0871-2665027	0871-2665027	
100	嵩明县政府采购办公室	韩绍祥	嵩明县县城秀嵩街 71 号	651700	0871-7926961	0871-7921402	
101	宜良县政府采购中心	张炳良	宜良县匡远镇寿山路 57 号	652100	0871-7596710	0871-7594874	
102	呈贡县县级机关事务管理局	胡国平	呈贡县县城环城西路 2 号	650500	0871-7476788	0871-7476788	
103	禄劝县财政局	朱淑芬	财政局预算科	651500	0871-8911979	0871-8911980	
104	富民县财政局	熊　勤	富民县黎阳路	650400	0871-8311353	0871-8811385	
105	**文山州州级政府采购中心**	**王彦山**	**文山州财政局**	**663000**	**0876-2184204**	**0876-2184334**	
106	文山县政府采购中心	袁兴波	文山县财政局	663000	0876-2191709	0876-2191709	
107	砚山县政府采购中心	陈树斌	砚山县财政局	663100	0876-3120193	0876-3120193	

续表

序号	机构全称	负责人	办公地址	邮政编码	电话	传真	电子信箱
108	广南县政府采购中心	王　伟	广南县财政局	663300	0876－5152004	0876－5152004	
109	富宁县政府采购中心	胡　勇	富宁县财政局	663400	0876－6122594	0876－6122594	
110	邱北县政府采购中心	柳东军	邱北县财政局	663200	0876－4121470	0876－4124470	
111	西畴县政府采购中心	吴春兰	西畴县财政局	663500	0876－7625106	0876－7625106	
112	麻栗坡县政府采购中心	依　凌	麻栗坡县财政局	663600	0876－6625585	0876－6625585	
113	马关县政府采购中心	左智堂	马关县财政局	663700	0876－7127669	0876－7127669	
114	**玉溪市政府采购中心**	**张梅芳**	**迎春街2号**	**653100**	**0877－2039820**	**0877－2039820**	
115	澄江县政府采购中心	金俊宏	凤麓镇仙湖路东31号	652500	0877－6685430	0877－6685430	
116	新平县政府采购中心	姚金萍	河滨路	653400	0877－7011721		
117	通海县政府采购中心	杨云贵	秀山镇北门外	652700	0877－3011176	0877－3011176	
118	元江县政府采购中心	曹顺祥	元江县兴元路中段	653300	0877－6515754	0877－6515754	
119	易门县政府采购中心	温　旋	龙泉中路1号	651100	0877－4963653	0877－4963653	
120	华宁县政府采购中心	杨　楠	字锦路	652800	0877－5011523	0877－5011523	
121	峨山县政府采购中心	施学华	双江镇练江南路桂峰小区	653200	0877－4014005	0877－4014006	eshancgzx@163.com
122	江川县政府采购中心	周绍聪	文卫街14号	652600	0877－8034779	0877－8034780	
123	红塔区政府采购中心	魏也萍	红塔大道44号	653100	0877－2073976	0877－2073977	

甘　肃　省

政府采购管理机构

序号	机构全称	负责人	办公地址	邮政编码	电话	传真	电子信箱
1	**甘肃省政府采购办公室**	**张　奇**	**兰州市静宁路308号**	**730030**	**0931－8883584**	**0931－8813984**	
2	**兰州市政府采购办公室**	**毛新华**	**兰州市城关区中山路143号**	**730030**	**0931－8469408**	**0931－8489181**	
3	城关区政府采购办公室	彭少杰	兰州市中街子57号	730030	0931－8475961	0931－8475961	
4	七里河区政府采购办公室	王应宏	兰州市七里河区财政局	730050	0931－2667242	0931－2667242	
5	安宁区政府采购办公室	扈明	兰州市安宁东路426号	730070	0931－7676949	0931－7676949	
6	西固区政府采购办公室	赵国兰	兰州市西固中路164号	730060	0931－7547269	0931－7547269	
7	红固区政府采购办公室	常学明	兰州市海石湾镇平安路	730084	0931－6211459	0931－6211459	
8	永登县政府采购办公室	何应元	永登县民主路71号	730300	0931－6421180	0931－6421180	
9	皋兰县政府采购办公室	张黎明	皋兰县北城路271号	730200	0931－5721383	0931－5721383	

续表

序号	机构全称	负责人	办公地址	邮政编码	电话	传真	电子信箱
10	榆中县政府采购办公室	张佩麟	榆中县文成中路 70 号	730100	0931－5222723	0931－5222723	
11	**天水市政府采购办公室**	**段世栋**	**天水市合作北路 1**	**741000**	**0938－8214987**	**0938－8214987**	
12	秦城区政府采购办公室	杨凯生	秦城区财政局	741000	0938－8214827	0938－8214827	
13	北道区政府采购办公室	张文辉	北道区财政局	741020	0938－2736147	0938－2736147	
14	秦安县政府采购办公室	雒　兢	秦安县财政局	741600	0938－6522540	0938－6522540	
15	甘谷县政府采购办公室	张建平	甘谷县财政局	741200	0938－5621494	0938－5621494	
16	武山县政府采购办公室	康　永	武山县财政局	741300	0938－3338433	0938－3338433	
17	清水县政府采购办公室	张　炜	清水县财政局	741400	0938－7151142	0938－7151142	
18	张家川县政府采购办公室	毛继荣	张家川县财政局	741500	0938－7881320	0938－7881320	
19	**白银市政府采购办公室**	**牟克鹏**	**白银市白银区人民路 2 号**	**730900**	**0943－8221502**	**0943－8221502**	**mingfei319@163.com**
20	靖远县政府采购办公室	王　淮	靖远县西大街 2 号	730600	0943－6120764	0943－6121433	
21	景泰县政府采购办公室	胡进祥	景泰县一条山镇西街	730400	0943－5523643	0943－5523637	
22	**金昌市政府采购办公室**	**刘兴邦**	**金昌市金川区延安路 2**	**737100**	**0935－8213453**	**0935－8333928**	
23	金川区政府采购办公室	余多学	金昌市金川区桂林路 49	737100	0935－8331067	0935－8332311	
24	**嘉峪关市政府采购办公室**	**朱秀萍**	**嘉峪关市迎宾西路**	**735100**	**0937－6318408**	**0937－6318941**	**fyx99@sina.com**
25	**庆阳市政府采购办公室**	**李秉谋**	**庆阳市西峰区南大街 62 号**	**745000**	**0934－8225042**	**0934－8225042**	
26	西峰区政府采购办公室	豆小评	西峰区安定东路 54 号财政局	745000	0934－8213504	0934－8213504	
27	环县政府采购办公室	梁环平	环县环城镇南街财政局	745700	0934－4421895	0934－4421702	
28	华池县政府采购办公室	王宪春	华池县中街 6 号	745600	0934－5125587	0934－5125587	
29	宁县政府采购办公室	孙义巧	宁县九龙路 10 号财政局	745200	0934－6625397	0934－6625397	
30	正宁县政府采购办公室	杨超英	正宁县西街 14 号财政局	745300	0934－6121242	0934－6123157	
31	合水县政府采购办公室	梁宏伟	合水县环城东路 5 号财政局	745400	0934－5524670－811	0934－5521817	
32	镇原县政府采购办公室	黄维辉	镇原县东街财政局	744500	0934－7121362	0934－7121362	
33	**平凉市政府采购办公室**	**杨鸿莲**	**平凉市西大街 61 号**	**744000**	**0933－8210672**	**0933－8213295**	**plszfcgb@163.com**
34	崆峒区政府采购办公室	汝廷魁	平凉市西大街 31 号	744000	0933－8217775	0933－8217775	
35	华亭县政府采购办公室	李拉虎	华亭县东大街 98 号	744100	0933－7721123	0933－7721123	
36	静宁县政府采购办公室	赵顺利	静宁县城关东街 145 号	743400	0933－2533566	0933－2521469	
37	庄浪县政府采购办公室	杨五银	庄浪县中街 103 号	744600	0933－3968099	0933－6621605	

续表

序号	机构全称	负责人	办公地址	邮政编码	电话	传真	电子信箱
38	灵台县政府采购办公室	孙涛锋	灵台县十字街23号	744400	0933－3621932	0933－3621936	
39	崇信县政府采购办公室	李三春	崇信县新西街3号	744200	0933－6121760	0933－6121760	
40	泾川县政府采购办公室	张剑冰	泾川县安定街7号	744300	0933－3321284	0933－3321284	
41	**定西市政府采购办公室**	**徐海军**	**安定区小北街11号**	**743000**	**0932－8221023**	**0932－8213262**	
42	安定区政府采购办公室	陆国壁	安定区中华路37号	743000	0932－8362107	0932－8362101	
43	通渭县政府采购办公室	赵作信	通渭县	743300	0932－5552831	0932－5552744	
44	陇西县政府采购办公室	王兴继	巩昌镇东大街2号	748100	0932－6622307	0932－6622307	
45	渭源县政府采购办公室	窦虎林	渭源县首阳路56号	748200	0932－4136897	0932－4136897	
46	临洮县政府采购办公室	张有全	临洮县广场路4号	730500	0932－2233039	0932－2242277	
47	漳县政府采购办公室	邓　刚	漳县武阳路65号	748300	0932－4862179	0932－4862179	
48	岷县政府采购办公室		岷县城关新南街155号	748400	0932－7723444	0932－7722044	
49	**陇南市政府采购办公室**	**李　彬**	**陇南市人民路143号**	**746000**	**0939－8235552**	**0939－8235552**	**lnzfcg@sina.com**
50	武都区控办	陈小平	武都区财政局	746000	0939－8260585－8012	0939－8260585－8012	
51	成县控办	贾让来	成县财政局	742500	0939－8200812	0939－8200812	
52	文县政府采购办公室	韩平松	文县财政局	746400	0939－5522168	0939－5522168	lnwx100cz@public.lz.gs.cn
53	康县控办	帅富奎	康县财政局	746500	0939－5128033	0939－5128022	
54	宕昌县控办	王建民	宕昌县财政局	748500	0939－6121583	0939－6121583	
55	西和县控办	王迎喜	西和县北关	742100	0939－6628056	0939－6628042	
56	两当县控办	李福平	两当县财政局	742400	0939－7121451	0939－7121451	
57	**武威市政府采购办公室**	**尚　勇**	**武威市胜利街文化巷**	**733000**	**0935－2253349**	**0935－2258352**	
58	凉州区政府采购办公室	张生武	武威市学习巷24号	733000	0935－2212406	0935－2212406	
59	民勤县政府采购办公室	陈爱民	民勤县财政局	733000	0935－4122296	0935－4122296	
60	古浪县行财股	王本禄	古浪县财政局	733100	0935－5121409	0935－5121409	
61	天祝县挂靠行财科	张智德	天祝县财政局	733200	0935－3121291	0935－3121291	
62	**张掖市政府采购办公室**	**吴康宁**	**张掖市民主西街**	**734000**	**0936－8220894**	**0936－8221994**	**zy8228090@public.lz.gs.cn**
63	甘州区政府采购办公室	施　强	张掖市民主西街	734000	0936－8224482	0936－8224482	
64	临泽县政府采购办公室	朱　雄	临泽县西关街194号	734200	0936－5527180	0936－5522064	
65	高台县政府采购办公室	孟学锋	高台县县府街14号	734300	0936－6621670	0936－6621670	

续表

序号	机构全称	负责人	办公地址	邮政编码	电话	传真	电子信箱
66	山丹县政府采购办公室	王建龙	山丹县北大街5号	734100	0936－2721150	0936－2721415	
67	肃南县政府采购办公室	张红梅	肃南县红湾寺镇	734400	0936－6121984	0936－6121077	
68	民乐县政府采购办公室	张丽君	民乐县西街	734500	0936－4421341	0936－4425016	
69	**酒泉市政府采购办公室**	**万兴东**	**肃州区专署街96号**	**735000**	**0937－2612119－3609**	**0937－2612119－3609**	
70	肃州区政府采购办公室	史天宝	肃州区南环西路2号	735000	0937－6986860	0937－6986858	
71	玉门市政府采购办公室	马瑜华	玉门市中坪区	735200	0937－3244753	0937－3243127	
72	金塔县政府采购办公室	章登余	金塔镇解放路266号	735300	0937－4426341	0937－4426341	
73	安西县政府采购办公室	王晓英	安西县县府街78号	736100	0937－5521753	0937－5526292	
74	敦煌市政府采购办公室	张自荣	敦煌市阳关中路16号	736200	0937－8850589	0937－8822260	
75	肃北县政府采购办公室	何生军	肃北县党城湾镇南街	736300	0937－8122424	0937－8122583	
76	阿克塞县政府采购办公室	桑宝成	阿克塞县红柳湾镇金山路4号	736300	0937－8322778	0937－8322778	aks zfcg@163.com
77	**临夏州政府采购办公室**	**徐懋诚**	**临夏市团结路23号**	**731100**	**0930－6221429**	**0930－6221429**	
78	临夏市政府采购办公室	马国华	临夏市红园新村	731100	0930－6287460	0930－6283422	
79	永靖县政府采购办公室	黄万忠	永靖县川西路213号	731600	0930－8832688	0930－8832688	
80	和政县政府采购办公室	杨春光	和政县城关镇东街4号	731200	0930－5523128	0930－5523128	
81	**甘南州政府采购办公室**	**赵　媛**	**甘南州财政局**	**747000**	**0941－8225102**	**0941－8225102**	
82	玛曲县财政局行财股	王文政	玛曲县财政局	747200	0941－6121014	0941－6121014	
83	碌曲县财政局行财股	贺卫东	碌曲县财政局	747300	0941－6621554	0941－6621554	
84	卓尼县财政局行财股	魏娟丽	卓尼县财政局	747400	0941－3621435	0941－3621435	
85	临潭县财政局行财股	王成明	临潭县财政局	747500	0941－3122472	0941－3122472	
86	舟曲县财政局行财股	许才斗满	舟曲县财政局	747600	0941－5122168	0941－5122268	
87	迭部县财政局行财股	杨亚泉	迭部县财政局	747400	0941－5622046	0941－5622046	
88	合作市财政局行财股	于昌平	合作市财政局	747000	0941－8232889	0941－8232280	

政府采购执行机构

序号	机构全称	负责人	办公地址	邮政编码	电话	传真	电子信箱
1	**甘肃省政府采购中心**	**张　健**	**静宁路308号**	**730030**	**0931－8814626**	**0931－8881917**	
2	**兰州市政府采购中心**	**李秉强**	**兰州市中山路143号**	**730030**	**0931－8489181**	**0931－8489181**	
3	安宁区政府采购中心	张建明	兰州市安宁东路426号	730070	0931－7675879	0931－7660845	
4	红古区政府采购中心	李保国	兰州市红古区财政局	730084	0931－6214001	0931－6211459	
5	西固区政府采购中心	马　毅	兰州市西固中路164号	730060	0931－7556884	0931－7556974	

续表

序号	机构全称	负责人	办公地址	邮政编码	电话	传真	电子信箱
6	榆中县政府采购中心		榆中县文成中路70	730100	0931－5222723	0931－5222723	
7	**白银市市采购中心**	**高维治**	**白银市白银区人民路2号**	**730900**	**0943－8221848**	**0943－8230269**	
8	平川区政府采购中心	强少君	平川区兴平北路19号	730913	0943－6622573	0943－6622573	
9	会宁县政府采购中心	何永吉	会师镇南大街6号	730700	0943－3223479	0943－3221079	
10	**天水市政府采购中心**	**乔　钧**	**天水市合作北路1**	**741000**	**0938－8227703**	**0938－8227703**	
11	**金昌市政府采购中心**	**李新华**	**金川区延安路2**	**737100**	**0935－8333928**	**0935－8333928**	**lxh127@avl.com**
12	**嘉峪关市政府采购中心**	**郭　强**	**嘉峪关市迎宾西路**	**735100**	**0937－6318428**	**0937－6318428**	**jyg_gq@163.com**
13	**庆阳市政府采购中心**	**王丽琴**	**庆阳市西峰区南大街62号**	**745000**	**0934－8213372**	**0934－8213372**	
14	庆城县政府采购中心	李仕国	庆城县南大街24号财政局	745100	0934－3222845	0934－3222845	
15	宁县政府采购中心	赵春生	宁县九龙路10号财政局	745200	0934－6625397	0934－6622566	
16	正宁县政府采购中心	杨超英	正宁县西街14号财政局	745300	0934－6121242	0934－6123157	
17	**平凉市政府采购中心**	**张　磊**	**平凉市西大街61号**	**744000**	**0933－8232460**	**0933－8213295**	
18	华亭县政府采购中心	李拉虎	华亭县东大街98号	744100	0933－7721123	0933－7721123	
19	**定西市政府采购中心**	**尚玲凤**	**安定区小北街11号**	**743000**	**0932－8216573**	**0932－8213262**	
20	临洮县政府采购中心		临洮县广场路4号	730500	0932－2233039	0932－2242277	
21	**陇南市礼县政府采购中心**	**田添补**	**礼县财政局**	**746400**	**0939－4422795**	**0939－4422795**	
22	徽县政府采购中心	王爱琴	徽县财政局	742300	0939－7621757	0939－7521156	
23	**武威市政府采购中心**	**满武元**	**武威市胜利街文化巷**	**733000**	**0935－2252456**	**0935－2252456**	
24	**临夏州政府采购中心**	**徐懋诚**	**临夏市团结路23号**	**731100**	**0930－6221429**	**0930－6221429**	
25	和政县政府采购中心	杨春光	和政县	731200	0930－5523128	0930－5523128	
26	东乡县政府采购中心	马国荣	东乡县锁南镇东西大街8号	731400	0930－7121400	0930－7121400	
27	临夏县政府采购中心	刘欲晓	临夏县韩集镇炉院街8号	731800	0930－3222184	0930－3222092	
28	广河县政府采购中心	马量福	广河县城关镇中街52	731300	0930－5622190－8	0930－5622190－8	
29	康乐县政府采购中心	刘长青	康乐县东街4号	731500	0930－4421175	0930－4421175	
30	积石山县政府采购中心	薛成芳	吹麻滩镇临夏路	731700	0930－7721147	0930－7721147	

宁夏回族自治区

政府采购管理机构

序号	机构全称	负责人	办公地址	邮政编码	电话	传真
1	宁夏回族自治区政府采购办公室	孟　虎	银川市解放西街 416 号	750001	0951－5043026	0951－5044771
2	银川市政府采购办公室	蒋富军	银川市财政局	750004	0951－4116422	0951－4116422
3	石嘴山市政府采购办公室	余化宁	石嘴山市财政局	753000	0952－2012139	0952－2012139
4	吴忠市政府采购办公室	刘晓军	吴忠市财政局	751100	0953－2121323	0953－2121323
5	中卫市政府采购办公室	秦发成	中卫市财政局	751700	0953－7012147	0953－7012147
6	永宁县采购办	李　峰	永宁县财政局	750100	0951－8017857	0951－8017857
7	灵武市采购办	张秀莲	灵武市财政局	751400	0953－4021324	0953－4021324
8	惠农县采购办	蒋庭云	惠农县财政局	753600	0952－7011059	0952－7011059
9	陶乐县采购办	熊建丽	陶乐县财政局	753500	0952－8011313	0952－8011313
10	盐池县采购办	薛　兰	盐池县财政局	751500	0953－6013416	0953－6013416
11	青铜峡市采购办	李学东	青铜峡市财政局	751600	0953－3722220	0953－3722220
12	中宁县采购办	蒋尽忠	中宁县财政局	751200	0953－5024053	0953－5024053
13	同心县采购办	马力民	同心县财政局	751300	0953－8022502	0953－8022502
14	海原县采购办	马国武	海原县财政局	756100	0954－4013946	0954－4013946
15	西吉县采购办	李成杰	西吉县财政局	756200	0954－3011374	0954－3011374
16	隆德县采购办	张志军	隆德县财政局	756300	0954－6012963	0954－6012693
17	泾源县采购办	咸永升	泾源县财政局	756400	0954－5011115	0954－5011115
18	彭阳县采购办	韩有恒	彭阳县财政局	756500	0954－7012562	0954－7012562

政府采购执行机构

序号	机构全称	负责人	办公地址	邮政编码	电话	传真
1	宁夏回族自治区政府采购中心	王德林	银川市进宁北街	750001	0951－5055998	0951－5055998
2	银川市政府采购中心	罗银全	银川市玉皇阁北街	750001	0951－6081562	0951－6081562
3	石嘴山市政府采购中心	崔艳萍	石嘴山市财政局	753000	0952－2027713	0952－2027713
4	平罗县政府采购中心	骆根川	平罗县财政局	753400	0952－6012505	0952－6012505
5	贺兰县政府采购中心	尤志勇	贺兰县财政局	750200	0951－8062109	0951－8062109
6	固原市政府采购中心	李守银	固原市财政局	756000	0954－2035318	0954－2035318
7	中卫市政府采购中心	拓兆成	中卫市财政局	751700	0953－7025001	0953－7025001
8	中宁县政府采购中心	唐晓玲	中宁县财政局	751200	0953－5030146	0953－5030146

新疆维吾尔自治区

政府采购管理机构

序号	机构全称	负责人	办公地址	邮政编码	电话	传真	电子信箱
1	新疆维吾尔自治区财政厅政府采购管理办公室	包振洋	乌鲁木齐市明德路16号	830002	0991－2819763	0991－2815783	zhumeiczt@163.com
2	伊犁哈萨克自治州财政局政府采购管理办公室	娄元海	伊宁市新华西路62号	835000	0999－8038600－7000	0999－8085151	
3	伊宁市财政局政府采购管理办公室	祁筱荣	伊宁市胜利街	835000	0999－8043182	0999－8043182	
4	奎屯市财政局政府采购管理办公室	任　海	奎屯市北京东路18号	833200	0999－3226324	0999－3221342	
5	新源县财政局政府采购管理办公室	崔　彪	新源县青年街13号	835800	0999－5022615	0999－5022615	
6	伊宁县财政局政府采购管理办公室	马银福	伊宁县五道桥路	835100	0999－4022482	0999－4022482	
7	霍城县财政局政府采购管理办公室	蔺景成	霍城县水定镇团结路	835200	0999－3022352	0999－3022352	
8	尼勒克县财政局政府采购管理办公室	赵明江	尼勒克县文化路	835700	0999－4624663	0999－4622579	
9	巩留县财政局政府采购管理办公室	张德全	巩留县乔勒盘路1号	835400	0999－5627676	0999－5627676	
10	察布查尔县财政局政府采购管理办公室	朱　旭	察布查尔县殷登路南街	835300	0999－3628008	0999－3621797	
11	特克斯县财政局政府采购管理办公室	陈根树	特克斯县阿扎提街	835500	0999－6623158	0999－6623158	
12	昭苏县财政局政府采购管理办公室	汪志军	昭苏县乌孙路166号	835600	0999－6021614	0999－6021614	
13	乌鲁木齐市财政局政府采购管理办公室	李新工	乌鲁木齐市人民路25号	830000	0991－2818423	0991－2818423	
14	克拉玛依市财政局政府采购管理办公室	王晓琳	克拉玛依市通讯路44号	834000	0990－6232813	0990－6883094	
15	克拉玛依市克拉玛依区财政局政府采购管理办公室	金月明	克拉玛依市天山路58号	834000	0990－6260249	0990－6224764	
16	克拉玛依市独山区财政局政府采购管理办公室	蒋斌华	克拉玛依市独山子区准南路52号	833600	0992－3877129	0992－3683530	
17	克拉玛依市白碱滩区财政局政府采购管理办公室	曾克斌	克拉玛依市白碱滩区门户东路108A	834009	0990－6982288	0990－6923799	
18	克拉玛依市乌尔禾区财政局政府采购管理办公室	陈建平	克拉玛依市乌尔禾区柳树街19号	834014	0990－6961001	0990－6961003	
19	石河子市财政局政府采购管理办公室	刘　航	石河子市开发区党政服务大楼	832000	0993－2068606	0993－2013361	

续表

序号	机构全称	负责人	办公地址	邮政编码	电话	传真	电子信箱
20	**塔城地区财政局政府采购管理办公室**	**栾清泉**	**塔城市文化路**	**834700**	**6241999－7000**	**0901－6222336**	
21	塔城市财政局政府采购管理办公室	富太平	塔城市友好路	834700	0901－6222333	0901－6229752	
22	托里县财政局政府采购管理办公室	刁永海	托里县城镇文化路	834500	0901－3682560	0901－3685130	
23	额敏县财政局政府采购管理办公室	崔江生	额敏县前进北路2号	834600	0901－3352166	0901－3342444	
24	沙湾县财政局政府采购管理办公室	马　辉	沙湾县三道河子镇少年路25号	832100	0993－6013291	0993－6011192	
25	和丰县财政局政府采购管理办公室	冷明军	和丰县赛尔路	834400	0990－6710313	0990－6710323	
26	乌苏市财政局政府采购管理办公室	于福江	乌苏市北京西路	833000	0992－8517818	0992－8507252	
27	裕民县财政局政府采购管理办公室	房彩霞	裕民县巴尔鲁克路	834800	0901－6526379	0901－6522621	
28	**阿勒泰地区财政局政府采购管理办公室**	**唐　华**	**阿勒泰市解放南路8号行署新楼**	**836500**	**0906－2123930**	**0906－2125596**	
29	福海县财政局政府采购管理办公室	石光云	福海县人民西路	836400	0906－3475605	0906－3472433	
30	阿勒泰市财政局政府采购管理办公室	买卫杰	阿勒泰市文化路	836500	0906－2121371	0906－2121371	
31	富蕴县财政局政府采购管理办公室	李　君	富蕴县赛尔江西路5号	836100	0906－8722584	0906－8722382	
32	布尔津县财政局政府采购管理办公室	代卫东	布尔津县城向阳南路7号	836600	0906－6522625	0906－6526021	
33	哈巴河县财政局政府采购管理办公室	邓世洪	哈巴河县人民路政府大院	836700	0906－6624707	0906－6623853	
34	吉木乃县财政局政府采购管理办公室	阿　丁	吉木乃县文明路	836800	0906－6184856	0906－6182216	
35	**博尔塔拉蒙古自治州财政局政府采购管理办公室**	**唐　波**	**博乐市文化路125号**	**833400**	**0909－2311586**	**0909－2310546**	**xjbzcztb@yahoo.com.cn**
36	博乐市财政局政府采购管理办公室	王　周	博乐市团结路87号	833400	0909－2222053	0909－2221026	
37	温泉县财政局政府采购管理办公室	王　坤	温泉县博格达尔镇东路8号	833500	0909－8222515	0909－8222937	
38	精河县财政局政府采购管理办公室	马进龙	精河县友谊南路9号	833300	0909－5335956	0909－5332257	
39	阿拉山口财政局政府采购管理办公室	曹春华	阿拉山口口岸委	833418	0909－6992260	0909－6993130	

续表

序号	机构全称	负责人	办公地址	邮政编码	电话	传真	电子信箱
40	**昌吉回族自治州财政局政府采购管理办公室**	**吴敦平**	**昌吉市建国西路39号**	**831100**	**0994-2522198**	**0994-2522198**	**wtp0305@sina.com**
41	昌吉市财政局政府采购管理办公室	周其利	昌吉市长宁路17号市	831100	0994-2528511	0994-2528511	
42	玛纳斯县政府采购管理办公室	郭　剑	玛纳斯县中华路	832200	0994-6655239		
43	呼图壁县财政局政府采购管理办公室	霍新革	呼图壁县昌化路27号	831200	0994-4511394	0994-4514958	
44	米泉市财政局政府采购管理办公室	曹冬梅	米泉市古牧地中路40号	831400	0994-5302386		
45	阜康市财政局政府采购管理办公室	赵新虎	阜康市博峰街39号	831500	0994-3233448	0994-3222580	
46	吉木萨尔县财政局政府采购管理办公室	陈　迁	吉木萨尔县文明西路5号	831700	0994-6912064	0994-6912141	
47	奇台县财政局政府采购管理办公室	韩　庚	奇台县东大街96号	831800	0994-7211690	0994-7211450	
48	木垒哈萨克自治县财政局政府采购管理办公室	赵生发	木垒县人民北路	831900	0994-4826356		
49	**吐鲁番地区财政局政府采购管理办公室**	**杜汉英**	**吐鲁番市青年路8号**	**838000**	**0995-8523181**	**0995-8523564**	
50	吐鲁番市财政局政府采购管理办公室	王　军	吐鲁番市绿州西路765号	838000	0995-8523831	0995-8523831	
51	鄯善县财政局政府采购管理办公室	梦建新	鄯善县新城路71号	838200	0995-8381315	0995-8381457	
52	托克逊县财政局政府采购管理办公室	金向斌	托克逊县始昌路16号	838100	0995-8808502	0995-8808502	
53	**哈密地区财政局政府采购管理办公室**	**张玉杰**	**哈密市文化路4号**	**839000**	**0902-2233397**	**0902-2233397**	
54	哈密市财政局政府采购管理办公室	王　文	哈密市中山北路14号	839000	0902-2251114	0902-2251114	
55	伊吾县财政局政府采购管理办公室	易晓玲	伊吾县振兴路	839300	0902-6723310	0902-6721114	
56	**巴音郭楞蒙古自治州财政局政府采购管理办公室**	**华正禄**	**库尔勒市人民东路35号**	**841000**	**0996-2024012**	**0996-2023600**	
57	库尔勒市财政局政府采购管理办公室	高　山	库尔勒市梨乡路	841000	0996-2023072	0996-2024168	
58	和静县财政局政府采购管理办公室	徐　兵	和静县团结路	841300	0996-5025210	0996-5025210	hjcgb@sina.com
59	轮台县财政局政府采购管理办公室	张玉成	轮台县新星1号	841600	0996-4690755	0996-4690755	

续表

序号	机构全称	负责人	办公地址	邮政编码	电话	传真	电子信箱
60	若羌县财政局政府采购管理办公室	唐明君	若羌县建设路	841800	0996－7102821	0996－7100896	
61	**阿克苏地区财政局政府采购管理办公室**	**周瑞国**	**阿克苏市北大街60号**	**843000**	**2123301**	**2123301**	
62	库车县财政局政府采购管理办公室	李元辉	库车县胜利路段	842000	7121458	7121458	
63	温宿县财政局政府采购管理办公室	马君霞	温宿县文化路1号	843100	4530138	4530138	
64	新和县财政局政府采购管理办公室	张　鹏	新和县解放路3号	842100	8129876	8129876	
65	拜城县财政局政府采购管理办公室	吐逊古丽	拜城县解放路109号	842300	8622156	8622156	
66	乌市县财政局政府采购管理办公室	许国强	乌市县热斯太东街	843400	5322354	5322354	
67	阿克苏市财政局政府采购管理办公室	朱永富	阿克苏市人民南路1号	843000	2131510	2131510	
68	沙雅县财政局政府采购管理办公室	田友喜	沙雅县人民路	842200	8322227	8322227	
69	阿瓦提县财政局政府采购管理办公室	李治平	阿瓦提县团结路5号	843200	5088658	5088658	
70	柯坪县财政局政府采购管理办公室	张　平	柯坪县团结路	843600	5822188	5823571	
71	**克孜勒苏柯尔克孜自治州财政局政府采购管理办公室**	**刘晓俊**	**帕米尔路西三院克**	**845350**	**0908－4235166－7000**	**0908－4235166－8200**	**LXJKb@sohu.com**
72	阿图什市财政局政府采购管理办公室	茹鲜古·买买提	松他克路七院阿图什市	845350	0908－4228571		zhuyusheng2004@21cn.com
73	阿克陶县财政局政府采购管理办公室	黄　涛	阿克陶县镇政府路97号	845550	0908－5721724		aktgz.j@163.com
74	乌恰县财政局政府采购管理办公室	庞　奇	乌恰县光明路15号	845450	0908－4622466	0908－4622466	awyj653024@163.com
75	**喀什地区财政局政府采购管理办公室**	**艾山江**	**喀什市解放北路92号**	**844000**	**0998－2826660－7000**	**0998－2826211**	
76	喀什市财政局政府采购管理办公室	徐月英	喀什市人民东路55号	844000	0998－2823363	0998－2842033	
77	巴楚县财政局政府采购管理办公室	关兆旭	巴楚县团结18号	843800	0998－6210619	0998－6210619	
78	疏附县财政局政府采购管理办公室	温世军	疏附县胜利东路1号	844100	0998－3252492	0998－3252963	
79	疏勒县财政局政府采购管理办公室	许长胜	疏勒县解放东路7院	844200	0998－6572100	0998－6577775	

续表

序号	机构全称	负责人	办公地址	邮政编码	电话	传真	电子信箱
80	麦盖提县财政局政府采购管理办公室	谭　文	麦盖提县文化路14号	844600	0998－7843971	0998－7843971	
81	**和田地区财政局政府采购管理办公室**	**刘志忠**	**和田市北京西路20号**	**848000**	**0903－2021866**	**2023443**	
82	和田市财政局政府采购管理办公室	黄卫东	和田市乌鲁木齐南路11号	848000	0903－2512322	2512322	
83	和田县财政局政府采购管理办公室	赵永刚	和田市唐巴格路	848000	0903－2516356	2516356	
84	洛浦县财政局政府采购管理办公室	侯春林	洛浦县英巴格路1号	848200	0903－6622186	6622186	
85	策勒县财政局政府采购管理办公室	刘莉丽	策勒县英巴扎街12号	848300	0903－6712345	6712554	
86	于田县财政局政府采购管理办公室	霍昌金	于田县木哈拉路26号	848400	0903－6811110	6811110	
87	民丰县财政局政府采购管理办公室	陈伟民	民丰县买地尼也提路10号	848500	0903－6750784	6750137	
88	皮山县财政局政府采购管理办公室	王　玉	皮山县波斯坦路	845150	0903－6422154	6427381	
89	墨玉县县财政局政府采购管理办公室	张晓玉	墨玉县英协海尔路2号	848100	0903－6512192	6512128	

政府采购执行机构

序号	机构全称	负责人	办公地址	邮政编码	电话	传真	电子信箱
1	**新疆维吾尔自治区政府采购中心**	**齐新梅**	**乌鲁木齐市明德路16号**	**830002**	**0991－2815071**	**0991－2815783**	
2	**伊犁哈萨克自治州政府采购中心**	**潘德俊**	**伊宁市新华西路62号**	**835000**	**0999－8022319**	**0999－8022319**	
3	伊宁市政府采购中心	汗杰尔	伊宁市胜利街	835000	0999－8043182	0999－8043182	
4	奎屯市政府采购中心	马贺民	奎屯市北京东路18号	833200	0999－3226324	0999－3221342	
5	新源县政府采购中心	王春燕	新源县青年街13号	835800	0999－5022615	0999－5022615	
6	伊宁县政府采购中心	李清建	伊宁县五道桥路	835100	0999－4022482	0999－4022482	
7	霍城县政府采购中心	韩宝堂	霍城县水定镇团结路	835200	0999－3022352	0999－3022352	
8	尼勒克县政府采购中心	吴永华	尼勒克县文化路	835700	0999－4624663	0999－4622579	
9	巩留县政府采购中心	粟若兰	巩留县乔勒盘路1号	835400	0999－5627676	0999－5627676	
10	察布查尔县政府采购中心	孔清涛	察布查尔县殷登路南街	835300	0999－3628008	0999－3621797	
11	特克斯县政府采购中心	张　玲	特克斯县阿扎提街	835500	0999－6623158	0999－6623158	
12	昭苏县政府采购中心	华　宁	昭苏县乌孙路166号	835600	0999－6021614	0999－6021614	

续表

序号	机构全称	负责人	办公地址	邮政编码	电话	传真	电子信箱
13	**乌鲁木齐市财政局政府采购中心**	**苏来曼**	**乌鲁木齐市人民路25号**	**830000**	**0991-2818420**	**0991-2818420**	
14	**克拉玛依市人民政府采购中心**	**刘和平**	**克拉玛依市天山路42号**	**834000**	**0990-6239063**	**0990-6239063**	
15	克拉玛依市克拉玛依区政府采购中心	王世武	克拉玛依市通讯路42号	834000	0990-6237191	0990-6224958	
16	克拉玛依市独山区政府采购中心	纪鹏亮	克拉玛依市独山子区准南路52号	833600	0992-3682751	0992-3682751	
17	克拉玛依市白碱滩区政府采购中心	杨学臣	克拉玛依市白碱滩区门户东路108A	834009	0990-6923799	0990-6923799	
18	克拉玛依市乌尔禾区区政府采购中心	王　荣	克拉玛依市乌尔禾区柳树街19号	834014	0990-6961001	0990-6961003	
19	**石河子市财政局政府采购中心**	**任卫忠**	**石河子市开发区党政服务大楼**	**832000**	**0993-2010054**	**0993-2010054**	
20	**塔城地区政府采购中心**	**叶丽努尔**	**塔城市文化路**	**834700**	**6241999-8200**	**0901-6222336**	
21	塔城市政府采购中心	戈　英	塔城市友好路	834700	0901-6221002	0901-6229752	
22	托里县政府采购中心	蒋学喜	托里县城镇文化路	834500	0901-3683260	0901-3685130	
23	额敏县政府采购中心	陈际新	额敏县前进北路2号	834600	0901-3345998	0901-3342444	
24	沙湾县政府采购中心	文茂东	沙湾县三道河子镇少年路25号	832100	0993-6021076	0993-6011192	
25	和丰县政府采购中心	李光旭	和丰县赛尔街	834400	0990-6710323	0990-6710323	
26	乌苏市政府采购中心	杨献武	乌苏市乌鲁木齐南路18号	833000	0992-8507252	0992-8507252	
27	**阿勒泰地区地直政府采购中心**	**冯红军**	**阿勒泰市解放南路8号**	**836500**	**0906-2123901**	**0906-2123901**	**fhj-ac@126.com**
28	福海县政府采购中心	马良	福海县人民西路	836400	0906-3474240-808	0906-3474240-808	
29	阿勒泰市政府采购中心	徐永祥	阿勒泰市文化路	836500	0906-2120424	0906-2120268	
30	富蕴县政府采购中心	刘新功	富蕴县赛尔江西路5号	836100	0906-8723477	0906-8723477	zfcgzx@21cn.com
31	布尔津县政府采购中心	代卫东	布尔津县城向阳南路7号	836600	0906-6522625	0906-6526021	
32	哈巴河县政府采购中心	杨　斌	哈巴河县人民路政府大院	836700	0906-6627101	0906-6627101	
33	青河县政府采购中心	马义军	青河县团结路182号	836200	0906-8824940	0906-8821119	qhzfcgb@163.com
34	吉木乃县财政局政府采购中心	文　勇	吉木乃县文明路	836800	0906-6184856	0906-6182216	
35	**博尔塔拉蒙古自治州政府采购中心**	**高学斌**	**博乐市文化路125号**	**833400**	**0909-2312153**	**0909-2310546**	**zfcg@xjboz.gov.cn**

续表

序号	机构全称	负责人	办公地址	邮政编码	电话	传真	电子信箱
36	博乐市政府采购中心	盛　梦	博乐市团结路87号	833400	0909－2225021	0909－2221026	
37	温泉县政府采购中心	王　珅	温泉县博格达尔镇东路8号	833500	0909－8222515	0909－8222937	
38	精河县政府采购中心	马进龙	精河县友谊南路9号	833300	0909－5335956	0909－5332257	
39	阿拉山口政府采购中心	曹春华	阿拉山口口岸天山街	833418	0909－6992260	0909－6993130	
40	**昌吉回族自治州政府采购中心**	**杨凯新**	**昌吉市延安北路210号**	**831100**	**0994－2344350**	**0994－2344503**	**qingmeizhuma@cj.gov.cn**
41	昌吉市政府采购中心	王新田	昌吉市长宁路17号市	831100	0994－2528512	0994－2528512	
42	玛纳斯县政府采购中心	李　军	玛纳斯县中华路	832200	0994－6661118	0994－6667686	
43	呼图壁县政府采购中心	李江豫	呼图壁县昌化路27号	831200	0994－4514958	0994－4514958	
44	米泉市政府采购中心	严　峰	米泉市古牧地中路40号	831400	0994－5318076	0994－5318076	
45	阜康市政府采购中心	杨金生	阜康市博峰街39号	831500	0994－3229206	0994－3222580	sjg20001@sina.com
46	吉木萨尔县政府采购中心	吴春新	吉木萨尔县文明西路5号	831700	0994－6981577	0994－6912141	
47	奇台县政府采购中心	张忠德	奇台县东大街96号	831800	0994－7211041	0994－7211450	
48	木垒哈萨克自治县政府采购中心	祁世靖	木垒县人民北路	831900	0994－4862162	0994－4862162	
49	**吐鲁番地区政府采购办公室**	**杜汉英**	**吐鲁番市青年路8号**	**838000**	**0995－8523181**	**0995－8523564**	
50	吐鲁番市政府采购中心	王　军	吐鲁番市绿州西路765号	838000	0995－8523831	0995－8523831	
51	鄯善县政府采购中心	梦建新	鄯善县新城路71号	838200	0995－8381315	0995－8381457	
52	托克逊县政府采购中心	金向斌	托克逊县始昌路16号	838100	0995－8808502	0995－8808502	
53	**哈密地区政府采购中心**	**张玉杰**	**哈密市文化路4号**	**839000**	**0902－2233397**	**0902－2233397**	
54	哈密市政府采购中心	王　文	哈密市中山北路14号	839000	0902－2251114	0902－2251114	
55	伊吾县政府采购中心	易晓玲	伊吾县振兴路	839300	0902－6723310	0902－6721114	
56	巴里坤县政府采购中心	于吉彬	巴里坤县镇东街31号	839200	0902－6822316	0902－6822316	
57	**巴音郭楞蒙古自治州政府采购中心**	**马剑挺**	**库尔勒市人民东路35号**	**841000**	**0996－2034090**	**0996－2034090**	
58	库尔勒市政府采购中心	杨江华	库尔勒市人民东路豪景大厦九楼	841000	0996－2216950	0996－2216950	
59	和硕县政府采购中心	李　娅	和硕县清水河北路187号	841200	0996－5622359	0996－5622359	
60	和静县政府采购中心	阿尤浦江	和静县团结东路	841300	0996－5025712	0996－5025210	

续表

序号	机构全称	负责人	办公地址	邮政编码	电话	传真	电子信箱
61	焉耆县政府采购中心	魏秀红	焉耆县新城路	841100	0996－6029970	0996－6029970	
62	博湖县政府采购中心	齐艳梅	博湖县中华北路3号	841400	0996－6623902	0996－6623902	
63	轮台县政府采购中心	李金风	轮台县新星路1号	841600	0996－4695172	0996－4695172	
64	尉犁县政府采购中心	宋铁英	尉犁县解放路	841500	0996－4022261	0996－4022261	
65	若羌县政府采购中心	赵　勇	若羌县建设路	841800	0996－7102464	0996－7100896	
66	且末县政府采购中心	陈彩香	且末县丝绸之路	841900	0996－7622383	0996－7622494	
67	**阿克苏地区财政局政府采购中心**	**陈红玮**	**阿克苏市北大街60号**	**843000**	**2128602**	**2128602**	
68	温宿县财政局政府采购中心	叶　琦	温宿县文化路1号	843100	4530137	4536406	
69	**克孜勒苏柯尔克孜自治州政府采购中心**	**蒋洪前**	**阿图什市帕米尔西路三院**	**845350**	**0908－4235166－8200**	**0908－4235166－8200**	**xjjhq@sina.Com**
70	**喀什地区政府采购中心**	**崔　丽**	**喀什市解放北路92号**	**844000**	**0998－2826660－8200**	**0998－2826211**	**Cuizi－ks@163.com**
71	喀什市政府采购中心	李桂萍	喀什市人民东路55号	844000	0998－2822387	0998－2823463	
72	叶城县政府采购中心	寇江波	叶城县团结路17号	844900	0998－7289957	0998－7289957	
73	英吉沙县政府采购中心	黄　立	英吉沙县新市路54号	844500	0998－3623897	0998－3623897	
74	莎车县政府采购中心	杨文君	莎车县团结路12号	844700	0998－8512672	0998－8512627	
75	伽师县政府采购中心	庹德群	伽师县团结路西18号	844300	0998－6722953	0998－6722953	
76	泽普县政府采购中心	朱江峰	泽普县北新街1号	844800	0998－8246887	0998－8246887	
77	岳普湖县政府采购中心	陈采霞	岳普湖县文化南路3号	844400	0998－6827161	0998－6822301	

附　　录

（一）部分省（自治区、直辖市）级政府采购公告媒体

序号	省份	媒体类型	媒体全称	信息发布周期
1	北京市	报纸	《中国财经报》	收到公告信息起三个工作日内
			《北京日报》（500万元以上的采购项目信息）	收到公告信息起三个工作日内
		网络（网址）	中国政府采购网（www.ccgp.gov.cn）	收到公告信息起一个工作日内
			北京政府采购网（www.bj-procurement.gov.cn）	收到公告信息起一个工作日内
2	天津市	报纸	《今晚报》	即时
		网络（网址）	天津市政府采购网（www.tjgp.gov.cn）	即时
3	河北省	报纸	《中国财经报》	随时发布
		杂志	《中国政府采购》	一个月
			《公共支出与采购》	一个月
		网络（网址）	中国政府采购网（www.ccgp.gov.cn）	随时发布
			河北省政府采购网（www.ccgp.hb.gov.cn）	随时发布
4	山西省	网络（网址）	中国山西政府采购网（www.ccgp.shanxi.gov.cn）	即时

续表

序号	省份	媒体类型	媒体全称	信息发布周期
5	辽宁省	报纸	《辽宁日报》	不定期
		网络（网址）	中国辽宁政府采购网（ccgp - liaoning.gov.cn）	每日
			东北新闻网（www.nen.com.cn）	每日
6	大连市	报纸	《大连日报》	周一、周四
		网络（网址）	www.ccgp.dl.gov.cn www.ccgp.gov.cn	每日
7	吉林省	报纸	《吉林日报》	不定期
		网络（网址）	吉林省政府门户网站（www.jl.gov.cn）	不定期
8	黑龙江省	报纸	《黑龙江经济报》	每周
9	上海市	报纸	《解放日报》	即时
		网络（网址）	上海政府采购网	即时
10	江苏省	报纸	《新华日报》	一天
		网络（网址）	江苏政府采购网（www.ccgp - jiangsu.gov.cn）	三天
11	浙江省	报纸	《中国财经报》、《政府采购信息报》	
		杂志	《中国政府采购》	
		网络（网址）	中国政府采购网、浙江政府采购网（zj.chinaecai.com）	
12	宁波市	网络（网址）	宁波政府采购网（ningbo.chinaecai.com）	即时
13	安徽省	报纸	《中国财经报》	不定期
		杂志	《中国政府采购》	不定期
		网络（网址）	中国政府采购网、安徽省政府采购网	每周定期发布
14	厦门市	网络（网址）	厦门市政府采购信息网（www.xmzfcg.gov.cn）	一个工作日
15	青岛市	报纸	《青岛财经日报》	每周二、五
		网络（网址）	中国青岛政府采购网（www.ccgp - qingdao.gov.cn）	每日
			青岛市政府采购网（zfcg.qingdao.gov.cn）	每日
16	河南省	报纸	《河南日报》	
		网络（网址）	中国河南政府采购网（www.ccgp - henan.gov.cn）	
17	湖北省	报纸	《中国财经报》	每周
		杂志	《中国政府采购》	每月
			《湖北财税》	每月
		网络（网址）	中国政府采购网（www.ccgp.gov.cn）	每天
			中国湖北政府采购网（www.ccgp - hubei.gov.cn）	每天

续表

序号	省份	媒体类型	媒体全称	信息发布周期
18	湖南省	报纸	《中国财经报》	
		杂志	《中国政府采购》	
		网络（网址）	中国湖南政府采购网（www.ccgp-hunan.gov.cn）	
19	广东省	报纸	《中国财经报》	每天
		杂志	《中国政府采购》	每月
			《广东财政理论与实务》	每月
		网络（网址）	中国政府采购网（www.ccgp.gov.cn）	每天
			广东省政府采购网（www.gdgpo.com）	每天
20	深圳市	报纸	《深圳商报》	每周一、三、五
		网络（网址）	深圳政府采购网	即时
21	广西壮族自治区	报纸	《中国财经报》	不定期
		杂志	《中国政府采购》	不定期
		网络（网址）	中国广西政府采购网（www.ccgp-guangxi.gov.cn）	不定期
22	海南省	报纸	《海南经济报》	每周五次
		网络（网址）	海南省人民政府网	每周二次
23	重庆市	报纸	《重庆商报》	即时
		网络（网址）	中国重庆政府采购网（www.ccgp-chongqing.gov.cn）	即时
24	四川省	报纸	《四川日报》	
		网络（网址）	中国四川政府采购网（www.ccgp-sichuan.gov.cn）	
25	云南省	网络（网址）	云南政府采购网（www.yngp.com）	即时
26	陕西省	报纸	《陕西日报》	当天
		网络（网址）	中国陕西政府采购网（www.ccgp-shaanxi.gov.cn）	当天
27	甘肃省	报纸	《甘肃日报》、《西部商报》	每日
		杂志	《财会研究》	每日
		网络（网址）	甘肃政府采购网（www.gszfcg.gansu.gov.cn）	每日
28	宁夏回族自治区	报纸	《中国财经报》	根据采购项目时间
		网络（网址）	中国宁夏政府采购网	根据采购项目时间
29	新疆维吾尔自治区	报纸	《新疆经济报》	即时
		网络（网址）	新疆政府采购网（www.xjzfcg.gov.cn）	即时

（二）部分省（自治区、直辖市）级政府采购监督举报电话

序号	省份	机构全称	负责人	监督电话	其他联系方式
1	北京市	北京市政府采购办公室	吴路岩	010－68430032	010－88549366
2	天津市	天津市政府采购办公室	邢立华	022－23303767	传真：022－23311740 电子信箱：togp@sina.com
3	河北省	河北省政府采购办公室	刘桂荣	0311－7026269	传真：0311－7028290
4	内蒙古自治区	内蒙古自治区财政厅	王扎拉	0471－6968665 0471－6945261	
5	辽宁省	辽宁省政府采购管理办公室	原　萍 李丽梅	024－22823174 024－22700983	
6	吉林省	吉林省财政厅政府采购管理工作办公室	王维春	0431－8904753	
7	黑龙江省	黑龙江省政府采购管理办公室	王凯峰	0451－53650829	0451－53658583－5513
8	上海市	上海市政府采购管理办公室	刘红薇	021－54679568 －67041	
9	江苏省	江苏省财政厅政府采购管理处	王卫星	025－83633056	电子信箱：zfcg@china.com
10	浙江省	浙江省政府采购管理办公室	俞建玉	0571－87055741 0571－87057615	

续表

序号	省份	机构全称	负责人	监督电话	其他联系方式
11	宁波市	宁波市政府采购管理办公室	包建华	0574－87188043	信函地址：宁波市中山西路19号
12	安徽省	安徽省财政厅政府采购处	孙学鹏	0551－5100260	0551－5100290
13	厦门市	厦门市政府采购管理办公室	黄金炳	0592－5036775	0592－5398218　0592－5398247
14	江西省	江西省政府采购管理办公室	曹银发	0791－7287861	0791－7287865
15	青岛市	青岛市财政局政府采购办公室	孙爱群	0532－2963817	电子信箱：qdzfcgb@163.com
16	河南省	河南省财政厅政府采购处	汤保全	0371－5808514	0371－5808511　0371－5808521
17	湖北省	湖北省财政厅政府采购管理处（湖北省政府采购办公室）	黄　明	027－67818721	传真：027－87890028
18	湖南省	湖南省财政厅政府采购管理办公室	张如田	0731－5165245	
19	广东省	广东省政府采购管理办公室	监管组	020－83195271 020－83357515	
20	深圳市	深圳市财政局政府采购办公室	荣光新	0755－83938536	
21	广西壮族自治区	广西壮族自治区财政厅国库处	黄典伟	0771－5331576	0771－5307093
22	海南省	海南省财政厅政府采购管理处	刘　芬	0898－68531659	
		海南省纪委监察综合室	邓　雷	0898－65343871	
23	重庆市	重庆市财政局政府采购处	廖建蓉	023－63897130	023－63897161
24	四川省	四川省财政厅国库处	黄永昶	028－86657615 028－86662729	
25	云南省	云南省监察厅监察综合室	周业勇	0871－4154991	
		云南省财政厅纪检监察室	方向前	0871－3627503	
		云南省财政厅政府采购管理处	刘鸿芳	0871－3637530	
26	陕西省	陕西省财政厅	刘生远	029－87611715	
27	甘肃省	甘肃省财政厅政府采购办公室	张　奇	0931－8813984	0931－8883584
28	宁夏回族自治区	宁夏回族自治区政府采购管理办公室	孟　虎	0951－5043026 0951－5043149	
29	新疆维吾尔自治区	新疆维吾尔自治区政府采购管理办公室	包振洋	0991－2826679	

（三）部分国家、地区政府采购救济制度介绍

五大通途 内外兼济

《中华人民共和国政府采购法》（以下简称《政府采购法》）第六章专门规定了质疑和投诉，从而建立了我国政府采购供应商救济制度。我国的供应商质疑和投诉制度，是建立在总结我国政府采购实践经验的基础上，同时借鉴了各国的立法经验，也基本符合 WTO《政府采购协定》的要求。所以，这一制度既体现我国的特色，又符合国际惯例。

询 问

我国的政府采购救济机制的途径包括询问、质疑、投诉、行政复议或行政诉讼程序。《政府采购法》第五十一条规定，供应商对政府采购活动事项有疑问的，可以向采购人提出询问。询问是对采购活动事项有疑问的供应商直接向采购人提出，采购人如果委托采购代理机构进行采购活动的，供应商也可以向采购代理机构提出询问。询问是针对采购活动中有疑问的事项提出的。询问的范围广泛，包括政府采购活动的任何事项。对于提起询问的时间法律上没有规定限制，在政府采购活动的任何时间均可提出。对询问的方式法律上也不作限制，既可以是口头的也可以是书面形式的。采购人对供应商询问的答复应当准确及时，但答复的内容不得涉及国家机密和商业秘密。所谓的商业秘密，根据《中华人民共和国反不正当竞争法》之规定，是指不为公众所知悉、能为权利人带来经济利益、具有实用性并经权利人采取保密措施的技术信息和经营信息。

询问与招标过程中的澄清是有一定区别的。询问的范围广泛，针对政府采购活动的事项，采购人仅就供应商提出的询问答复询问供应商，但询问的内容如涉及招标文件的具体内容且影响招标投标的，应当通知所有的投标供应商。澄清仅针对招标文件，澄清的内容必须明确具体，且应当通知所有的投标供应商。

设立询问制度赋予供应商询问权，对于监督采购人遵守和实行公开透明原则，保障供应商的知情权、了解权等程序权利是十分必要的。

质　疑

质疑是指供应商认为采购文件、采购过程和中标、成交结果使自己的权益受到损害而向采购人或采购代理机构提出请求，要求纠正或予以赔偿的一种救济方式。《政府采购法》对质疑的范围、质疑的时限、质疑的形式、质疑的机构都有明确的规定。

第一，质疑的范围。

质疑的范围仅限于采购文件、采购过程和中标、成交结果。供应商认为采购文件、采购过程和中标、成交结果造成其合法权益受到损害的，可以向采购人提出质疑。而对履约过程中发生的争议，属于违约责任的，应当适用合同法的规定进行救济。

第二，质疑的时限。

《政府采购法》规定，供应商应当在知道或者应当知道其权益受到损害之日起的七个工作日内向采购人提出质疑。时限的规定旨在促使供应商能及时行使其权利，同时也符合政府采购及时性的要求。

第三，质疑的形式。

质疑申请应由供应商在质疑的时限内以书面形式向采购人提出。质疑申请的内容应当包括质疑人和被质疑人的名称、住所、电话、邮编等基本情况，质疑的具体请求事项，质疑人受到损害的事实和理由。质疑文书也是政府采购文件之一，必须按照《政府采购法》的规定保存。所以，质疑应当采用书面形式。

第四，质疑的机构。

我国《政府采购法》规定的质疑程序属于内部的救济机制，对救济机构的设置并没有明确的规定，供应商质疑可以直接向采购人或采购代理机关提出。采购人或采购代理机构应当设立独立的质疑受理部门，而不能由采购部门的经办人员直接接受供应商的质疑。质疑受理部门应当由专职人员从事受理质疑工作。

第五，质疑的处理。

采购人或采购代理机构在收到供应商的书面质疑后，应当在七个工作日内以书面形式答复质疑的供应商和其他有关供应商。采购人在受理供应商质疑之后，向采购部门调取有关的采购文件，对质疑的事实进行全面的调查，审查政府采购文件和程序的合法性。对质疑供应商的质疑请求如何处理，《政府采购法》并没有明确的规定，一般地，经审查发现政府采购的文件和程序存在合法性的问题，应当要求采购部门及时纠正，给供应商造成损害的应当给予适当的赔偿，但赔偿额以供应商制作投标文件和投标之损失为限。

投　诉

提出质疑的供应商对采购人、采购代理机构的答复不满，或者采购人、采购代理机构未在规定的时间内答复的，可以在答复期满后的十五个工作日内向同级政府采购监督管理部门投诉。政府采购监督管理部门在收到投诉后的三十个工作日内，对投诉事项做出处理决定，并以书面形式通知投诉人和与投诉事项有关的当事人。在处理投诉期间，政府采购监督管理部门可以视具体情况书面通知采购人暂停采购活动。法律赋予政府采购监督管理部门暂停采购权，但要视具体情况而定。一般情况下，如果采购的继续进行将给供应商造成不可弥补的损失，或者是损害国家利益或社会公共利益，政府采购监督管理部门才可以行使暂停采购权，但暂停采购的时间最长不得超过三十日。

行政复议或行政诉讼

《政府采购法》第五十八条规定，投诉供应商对政府采购监督管理部门的投诉处理决定不服或者政府采购监督管理部门逾期未作处理的，投诉供应商还可以依法申请行政复议或者直接向人民法院提起行政诉讼。这一规定明确了政府采购行为的司法审查制度，符合世贸组织的要求。供应商申请行政复议或提起行政诉讼应当按照《中华人民共和国行政复议法》和《中华人民共和国行政诉讼法》进行。

评　价

我国《政府采购法》确立的政府采购救济机制的特征在于：内部救济与外部救济相结合，行政审查与司法审查相结合，以及救济方式的多样化。而且规定了严格的程序。质疑为投诉的前置程序，供应商只有在质疑后方可向政府采购监督管理部门提出投诉，对投诉处理不服的可以进行行政复议或行政诉讼。

《政府采购法》规定的救济范围仅限于招标文件、采购过程、中标及成交结果三个方面的内容，并未规定对政府采购合同订立后的政府采购合同履行阶段发生的争议如何进行救济。但《政府采购法》第四十三条规定："政府采购合同适用合同法。采购人和供应商之间的权利和义务，应当按照平等、自愿的原则以合同方式约定。"既然政府采购合同适用合同法，那么，在履行合同过程中发生的争议属于民事纠纷，应当适用民事诉讼程序。

各国（地区）政府采购救济机制普遍的做法是根据政府采购行为在政府采购不同阶段将其区分为不同的性质，即行政行为和民事行为两种，进而，可以将政府采购争议区分为"招标争议"与"履约争议"两种类型。招标争议，指政府采购合同成立前，从拟定采购规格、公告、选择供应商、竞标、开标至决标为止的采购过程中所发生的争议。其特点包括两个方面：一是双方之间还没有合同；二是争议的发生是由于政府采购机关的单方面行为所引起的。在这一阶段，政府采购机关依据其行政职能而为各种行为，处于主导地位。履约争议是指政府采购合同的履行阶段及履行完毕后的验收阶段所发生的争议。其特点与招标争议相对应：一是双方当事人已具有合同关系，故权利义务的归属已具有明确的判断依据；二是争议的发生既可能是政府采购机关的原因，也可能是供应商的原因导致的。在这一阶段中政府采购机关与供应商之间是私法上的债权债务关系，如因该债权债务关系不明确，或任一方当事人未完全履行合同规定应尽义务而致生争议，均应以该合同为判断双方当事人之间权利义务关系的依据。

由此可见，我国《政府采购法》规定的政府采购救济机制是符合国际惯例的。行政程序的救济是针对因政府采购行为引起的争议，主要集中在采购方式选择和操作阶段。由于采购方式的多样化以及在招标采购中供应商的众多，采购机构如何依照法定程序选择供应商，直接涉及到供应商的利益。所以，这一阶段的救济主要针对采购机构违反采购程序、损害供应商合法权益的行为。特别是在招标投标过程中，由于程序规范严格，因此稍有疏忽就可能出现矛盾。从已有的政府采购诉讼案件来看，基本上是由于采购机关在招标投标过程中疏于管理，或由于供应商对中标结果持有异议而产生的。政府采购主要采取公开招标、邀请招标、竞争性谈判、单一来源采购、询价等法定方式进行，供应商认为采购机构和中介组织在采购方式的应用、招标文件的发布、招标程序的操作等方面违反法律规定，导致其利益受损，可采取的救济方式有：质疑、投诉、行政复议或行政诉讼。这里必须明确的是行政复议并非是终局的，还可以通过司法审查。行政决定的司法审查也是 WTO《政府采购协定》的要求，所以，司法审查是必要的。

在政府采购合同履行阶段采取民事的救济方式。我们主张，无论在招标阶段还是在合同履行阶段，一旦发生争议应当鼓励通过协商的方式解决。在采购合同中，我们主张订立仲裁条款。目前，仲裁程序、仲裁机构尚未被人们充分认识。其实，仲裁所采取的一裁终局的原则，是解决纠纷的便捷而有效的途径，避免了旷日持久的诉讼。但如果在合同中没有订立仲裁条款或在争议发生后未能订立仲裁协议，那只能向有管辖权的法院提起民事诉讼了。

（本文选自2003年5月23日《中国财经报》。作者：王周欢）

供应商如何讨说法

——WTO《政府采购协定》有关救济程序之规定

WTO《政府采购协定》（Agreement on Government Procurement，简称 GPA）关于救济程序之规定，在 1979 年东京回合签署的《政府采购协议》中仅于第 6 条第 6 款规定缔约国应设立程序，以听证及审查在采购活动的各阶段所发生的申诉案件，确保尽可能公平迅速地解决供应商与采购机关之间关于政府采购所发生的纠纷。至于救济程序的具体内容，则未作任何具体的规定，而是由各缔约国自行决定。与东京回合相比，乌拉圭回合《政府采购协定》则对政府采购国内救济机制做出了较为详细的规定，其在第 20 条“质疑程序（Challenge Procedures）”中将救济程序分为磋商（Consultations）与质疑（Challenge)两种，并对质疑的主体、质疑的客体、质疑的形式、质疑的期限、质疑审查的程序及质疑审查决定的效力等事项规定了具体的要求。

（一）磋商

GPA 要求缔约方，在供应商对在一项采购违反本协定情况提出质疑时，鼓励该供应商与采购实体进行磋商以寻求解决其质疑，采购实体对供应商的质疑应当给予公正和及时的考虑。但磋商并非质疑的必经程序，且磋商应当以不损害在质疑制度下获得纠正措施的方式进行。

（二）质疑程序

依据《政府采购协定》第 20 条第 2 款之规定，要求缔约国提供不歧视、及时、透明而有效的程序，以使供应商对其有或曾经有利益关系的采购过程中可能存在的违反本协议的情况提出质疑。该协定第 20 条第 2 款至第 8 款规定了缔约国在设置质疑程序时应遵循的原则性要求。

1. 质疑程序应遵循的原则

根据《政府采购协定》的规定，在质疑程序中，应当遵循不歧视原则(non - discriminatory)、及时原则（timely)、透明度原则(transparent)以及有效原则(effective)。所谓不歧视原则，是指质疑程序中，采购机关对于同样来自缔约国的供应商一视同仁。及时原则，一是指质疑程序在正常情况下应及时完成，以保护商业利益和所涉及的其他利益；二是指质疑程序中应有“暂时的果断措施”(rapid interim measures)，以纠正违反《政府采购协定》的行为。关于透明度原则，在《政府采购协定》前言中即提到政府采购的法律、规章、程序及做法宜具有透明度。在第20条又规定：每一参加方应以书面形式规定其质疑程序并使其可普遍获得；有关采购过程所有有关文件应保留3年；在提出意见或做出决定前需听取参加人的意见；参加人应可参加所有程序且所有程序可公开进行。有效性原则包括：质疑案件审理中或完成后，受理质疑的机关应有权纠正采购机关的违法决定，以纠正违反《政府采购协定》的行为和保持商业机会；质疑案件完成审理后，如采购机关确有违反《政府采购协定》行为的，应予以纠正或对所受损失或损害予以赔偿，但此类赔偿可限于为准备投标书或抗拆所需的费用。

2. 质疑的期限

GPA规定供应商应在规定的时间开始质疑程序，并通知采购实体。GPA规定的质疑期限不得少于10天，该期限从供应商知道或者合理地应已知道该质疑时起计算。

3. 质疑案件的审理机构

GPA规定质疑案件应由法院或与采购结果无关的独立公正的审议机构进行审理。GPA规定了质疑案件的司法审查或审议机构依法制定程序独立审查的原则。GPA规定的审查的机构和程序包括：

第一，由法院审理。

第二，由对采购结果无利害关系的公正独立的审查机构进行审理，其机构成员在任职期间应不受外部影响，且该机构应接受司法审查。

第三，不受司法审查，但其程序必须有下列规定：

(a) 在做出一份评价或一项决议前，能听取参加人陈述其意见；

(b) 参加人可被代表和陪同；

(c) 参加人应可参加所有程序；

(d) 审议过程可公开进行；

(e) 应书面就做出评价和决议的依据进行说明；

(f) 证人可以出席；

(g) 向审议机构透露文件。

（三）评价

GPA质疑程序的特征在于要求成员方建立独立的质疑机构。根据GPA的质疑程序，供应商在认为采购实体违反规则时，可直接向采购实体提出申诉，所以，GPA要求成员方必须建立“非歧视、及时、透明和有效的”程序和独立的质疑机构，或直接向法院起诉。这些程序必须允许质疑机构采取快速的临时性措施，如果必要可以暂停采购程序等，而且必须对违反协定的行为进行改正，或为造成的损失或损害提供补偿。GPA的质疑程序完全脱离了WTO的争端解决程序，但成员方如果认为另一成员方未能履行协议的义务，就应当适用WTO的争端解决程序。

（本文选自2003年1月28日《中国财经报》。作者：王周欢）

GAO，美国供应商的首选

——兼论美国政府采购救济程序

美国政府采购分为联邦政府采购和地方政府采购。联邦政府采购制度的主要立法包括《合同竞争法》(Competition in Contracting Act, 1984;简称CICA)和《联邦采购规则》(Federal Acquisition Regulation;简称FAR)以及《购买美国产品法》(Buy American Act;简称BAA)等一系列规范联邦政府采购行为的法律、法规。另外,各州还根据自己的实际情况,颁布相应的法规。政府采购制度完全是建立在法制的基础上,从而使政府采购活动有法可依。美国政府采购法中规定了复杂的争议解决机制。

美国政府采购争议,按照其发生的阶段不同而划分为合同授予争议(Contract Award Dispute)与合同履行争议(Contract Dispute)两种。前者指未取得采购合同的供应商,因认为采购机关的采购过程有瑕疵,而向政府主管机关提出异议。后者指在采购合同签订以后,就合同的履行事宜而与采购机关发生争议。无论哪种争议,均可分别依照行政争议程序及司法诉讼程序加以救济。

(一)合同授予争议的解决机制

美国政府采购法对于合同形成过程中所发生的争议称为"合同授予争议",其对于合同授予争议的处理,可以向采购机关、联邦会计总署(General Accounting Office,简称GAO)或联邦赔偿法院(U.S. Claims Court)提起。供应商对于合同授予争议可以选择依FAR第33部分的规定向采购机关或联邦会计总署提起异议,或依司法诉讼程序向联邦诉讼法庭起诉。因而,美国政府采购中的合同授予争议不仅可以通过向行政机关提出异议的方式解决,同时也可以依据司法途径寻求救济。但在实践中,由于司法程序比较复杂,而且诉讼旷日持久,因而,一般情况下,在发生争议时,供应商通常会首先选择向行政机关提起。

美国最具权威性的政府采购救济机构是GAO。GAO成立于1921年,直接向国会负责。GAO受理供应商的投诉具有独立、高效快速和低成本三个特征。GAO处理争议所依据的法律主要是美国国会于1984年制定的《缔约中竞争法》。GAO主要受理政府采购两个阶段的投诉,一是在采购准备阶段对采购文件、供应商资格、技术规格等提出的异议;二是在中标人确定后的授予合同阶段,对评标和中标结果的投诉。GAO不受理在合同履行阶段的投诉。GAO受理投诉后,要求采购人在30天内向GAO提供所有的采购文件,申诉的供应商可以查阅有关文件,但涉及不能向公众公开的文件,供应商的代理律师可以查阅。GAO在做出判断前,可以举行听证会,各参与人平等参加。在GAO做出裁定前中止采购程序,GAO的裁定对采购人和供应商都有约束力,必须得到执行。目前,GAO由28名律师组成,他们都是资深的政府采购法律专家,属于政府公务员。GAO每年受理1100多件的政府采购投诉。GAO的独立、高效和权威,在美国政府采购救济机制中起了非常重要的作用。

(二)合同履行争议的解决机制

规范合同履行争议的依据主要是美国国会1978年制定的《合同争议法》(Contract Dispute Act of 1978)。依据该法规定,关于合同之争议,可以分为合同官裁定、向公共合同申诉委员会申诉和向法院起诉。

《合同争议法》规定,对于合同的争议由合同当事人提出,由"合同官"(Contracting Officer)做出初步裁决。对于该裁决,采购机关必须服从,但供应商有权提出异议。

供应商如果不服合同官的裁决,或合同官逾期未予裁决,可以在法定期间内选择向缔约机关公共合同申诉委员会(Agency Board of Contract Appeals)申诉,或向联邦赔偿法院提起诉讼。如供应商选择向缔约机关公共合同申诉委员会申诉,应于收到合同官裁决书之日起90日内提起,而且,依据

《合同争议法》的规定，申诉委员会应尽可能利用非正式、便捷及经济的方法解决争议。如供应商选择向联邦赔偿法院提起诉讼，应于收到合同官裁决书之日起 12 个月内提起，其程序依据联邦民事诉讼程序规则（Federal Rules of Civil Procedure）进行。

供应商如对申诉委员会的决定或法院的判决不服，均可向联邦区巡回上诉法院（U.S. Court of Appeals for the Federal Circuit）上诉。联邦区巡回上诉法院对于申诉委员会的决定，除有重大错误或欠缺实体证据外，不得变更其决定；对于联邦赔偿法院的判决，当其"显然错误"时，联邦区巡回上诉法院可否认其判决。

（三）评价

美国政府采购救济制度的特征在于：将政府采购合同形成过程中发生的争议按其发生阶段的不同划分为合同授予争议（Contract Award Dispute）与合同履行争议（Contract Dispute）两种，不同的争议适用不同的救济程序。合同授予争议可以向采购机关、联邦会计总署或联邦赔偿法院提起投诉或诉讼；合同履行争议适用《合同争议法》，可以由合同官裁定、向公共合同申诉委员会申诉和向法院起诉。在投诉机构设置上，GAO 是以其独立性和权威性构成美国政府采购救济机制的主要特征。

（本文选自2003年3月4日《中国财经报》。作者：王周欢）

欧洲共同体政府采购救济制度

欧共体政府采购之规范性文件是以各种指令的方式表现，目前，共有四个基本指令和两个救济指令，即：针对政府机构的四个指令和针对公用事业公司的两个指令。针对政府机构的四个指令（统称《公共指令》）是：1. 欧盟理事会第 92/50/EEC 号指令《关于协调授予公共服务合同的程序的指令》（简称《服务指令》）；2. 欧盟理事会第 93/36/EEC 号指令《关于协调授予公共供应品合同的程序的指令》（简称《供应指令》）；3. 欧盟理事会第 93/37/EEC 号指令《关于协调授予公共工程合同的程序的指令》（简称《工程指令》）；4. 欧盟理事会第 89/665/EEC 号指令《关于协调有关对公共供应品合同和公共工程合同授予及审查程序的法律、法规和行政条款的指令》（简称《公共救济指令》）。针对公用事业公司的指令有两个（统称《公用事业指令》）：1. 欧盟理事会第 93/38/EEC 号指令《关于协调有关水、能源、交通运输和电信部门采购程序的指令》（简称《公用事业指令》）；2. 欧盟理事会第 92/13/EEC 号指令《关于协调水、能源、交通运输和电信部门的采购程序执行共同体规则的法律、规则和行政条款的指令》（简称《公用事业救济指令》）。欧共体关于政府采购救济程序有专门的指令。

（一）行政救济程序

第 89/665/EEC 号指令及 92/13/EEC 号指令对采购机关进行商品、公共工程或服务采购过程中发生的争议提供救济机制，包括行政和司法程序的救济。无论行政程序还是司法程序，均可分为欧共体层次的救济和成员国层次的救济。

1. 欧共体层次的救济

欧共体层次的救济途径，主要是依据《罗马条约》的关于欧共体委员会命令改正制度，及第92/13/EEC号指令的磋商制度进行。若欧共体委员会认为成员国或其采购机构确有违反采购指令的行为，欧共体委员会有权要求成员国改正。欧共体委员会是依职权发动的，无须供应商的申诉。如供应商认为其权益因成员国或采购机关违反采购指令而受到损害，可以向隶属于欧共体委员会的工业和内部市场理事会（Directorate - General for Internal Market & Industrial Affaires）申诉，或就近向设在成员国的欧洲信息服务中心（Euro - Info Conter）提出，再由该中心转达，促使欧共体委员行使其职权，但这并不能停止采购程序的继续进行。

欧共体委员会在有证据确信成员国违背《罗马条约》时，它将向该成员国发出正式信函，要求其在一定期限内进行答复。如果成员国规定的日期内没有补正，同时主张其并未违背共同体法，则欧共体委员会将提出附理由的意见书，限成员国在一定期限内改正。如果成员国仍不改正，欧共体委员会有权将该案件提交欧洲法院，并可同时申请欧洲法院发出强制令（injunction）。这时，成员国可以通知委员会其违背法令之事已改正；或如尚未改正，应说明其理由；或告知程序已经停止。

欧共体在第92/13/EEC号指令中就共同体的救济途径设立了磋商程序，使对于取得采购合同有利害关系，而因采购机关违背采购指令或因实施指令的国内法而受到损害的当事人，有权向欧共体委员会或向采购机关的国内主管机关申请进行磋商。如果是向采购机关国内主管机关提起申请的，该主管机关应尽速将该申请转交欧共体委员会。欧共体委员会接受申请后，可就调停人人选提出建议，由调停人为双方达成协议，并向欧共体委员会报告调停结果。

2. 成员国层次的救济

欧共体成员国依据第89/665/EEC号指令及第92/13/EEC号指令的规范要求制定各自的政府采购救济程序，因此各成员国的救济程序各具特色。

依第89/665/EEC号指令及第92/13/EEC号指令的规定，成员国应确保任何对于取得政府采购合同的利害关系方中因采购机关违反采购指令而受到损害的当事人有机会依据审查程序（Review Procedure）救济。审查程序本身虽无停止采购程序进行的效力，但审查机关应具有以下权力：采取临时措施（Interim Measure）以改正违法行为，或避免其他损害；撤销采购机关的违法决定，包括删除招标文件或合同文件中有差别待遇的条件以及决定对因采购机关违背采购指令而受损害的利害关系方给予损害赔偿。至于审查程序系司法救济或行政救济，由各成员国自行决定。如果审查程序不具有司法程序的性质，则成员国应确保该程序的决定以书面形式进行，并确保审查机关如果采取违法措施或行使职权不妥当时，当事人有权向司法机关请求救济。

（二）司法救济程序

司法救济程序就欧共体层次而言，是指欧共体委员会依职权或供应商的申诉而要求违背采购指令的成员国改正时，如该成员国不改正不合法的采购行为，则欧共体委员会有权将该案件送交欧洲法院，申请由欧洲法院发出强制令的程序。就成员国层次而言，是指成员国国内具有司法程序性质的审查程序，或当审查程序不具有司法程序性资时，如审查机关采取违法措施或行使职权不妥当时，当事人有权向其国内司法机关请求救济的程序。

（三）评价

欧共体政府采购救济程序的特征在于欧共体制定专门的救济指令，成员国根据指令的要求制定国内的政府采购救济程序。政府采购的救济有欧共体和成员国两个层次的救济。政府采购的救济依行政程序进行，欧共体由欧共体委员会依职权行使，成员国设置专门的政府采购审议机构，受理供应商的申诉。当事人对行政审查不服的，可以申请司法机关进行司法审查。

（本文选自2003年3月11日《中国财经报》。作者：王周欢）

救济途径多元化

——我国台湾地区政府采购的救济制度

我国台湾地区于 1998 年 5 月 27 日颁布《政府采购法》，并于一年以后开始实施。台湾在救济制度的设计上根据招标机关与供应商之间是否存有合同关系分为两种，即有关招标过程中所发生的争议和有关履约、验收程序所生的争议。台湾《政府采购法》关于采购争议的处理，是在第六章专章设立“异议及申诉”制度，针对供应商与采购机关之间关于招标、审标、决标、履约、验收或供应商管理等争议，规定其适用异议及申诉程序的要件、机关的处置、采购申诉审议委员会的设置及申诉审议判断的效力等。此外，该法第六十九条另有关于采购履约争议调解的规定，使供应商救济途径更趋多元化。

（一）异议与申诉

对政府采购行为中的招标、审标、决标、履约或验收等任一行为所生争议，以违反法令或台湾所缔结的条约、协议而导致其权益受到损害为由，均可向招标机关提出异议。如果供应商对公告金额以上的采购争议的异议处理结果不服，或招标机关超过规定的异议处理期间而不做出处理的，可以就该争议向采购申诉审议委员会申诉。采购申诉审议委员会审议判断，应以书面附事实及理由，指明招标机关原采购行为有无违反法令之处；如有违反者，有权建议招标机关处置的方式。申诉的效力，“可视同诉愿决定或调解方案”。值得注意的是，台湾政府采购争议解决机制中的异议程序为申诉程序的必经程序，而且，对私法性质的争议，如果已经采取司法或其他救济程序，则不依异议及上诉程序。然而，该法并未对何种争议为私法性质的争议做出明确的界定。

（二）调解

供应商与采购机关之间因执行采购合同所发生的争议，通常依据仲裁或诉讼程序解决，但仲裁或诉讼程序耗时费力，因而有建立简易、迅速、公平、合理的调解制度的必要。因此，台湾《政府采购法》除明确供应商与采购机关间关于履约及验收的争议可依第六章“异议及申诉”的规定提出异议及申诉外，另外创设了针对合同履行争议的调解机制。

依据台湾《政府采购法》的规定，供应商与采购机关如果未能就合同履行争议达成协议的，任何一方均可向采购申诉委员会申请调解，而如果是供应商申请的，采购机关不得拒绝。同时该法还规定，采购申诉审议委员会办理调解的程序及其效力，准许用民事诉讼法有关调解的规定。由上述规定可以看出，供应商关于履约事项的争议应以双方协议不能达成为前提，只有在此前提下方可向采购申诉审议委员会申请调解。

（三）评价

台湾地区政府采购的救济机制符合 GPA 的要求，但也有特殊的规定。针对采购的不同阶段采取不同的救济方法，采购申诉审议委员会是独立的政府采购审议机构，主要受理对政府采购在招标阶段的申诉，同时，又承担合同争议的调解。在程序规范方面，规定向采购机构提出异议应为向采购申诉审议委员会申诉的必经程序。这种程序的规范是值得借鉴的。

（本文选自2003年4月8日《中国财经报》。作者：王周欢）